정민 鄭珉

'다함이 없는 보물' 같은 한문학 문헌들에 담긴 전통의 가치와 멋을 현대의 언어로 되살려온 우리 시대 대표 고전학자. 한양대 국문과를 졸업하고 모교 국문과 교수로 재직 중이다. 조선 지성사의 전방위적 분야를 탐사하며 옛글 속에 담긴 깊은 사유와 성찰을 우리 사회에 전하고 있다. 연암 박지원의 산문을 다룬《비슷한 것은 가짜다》《오늘 아침, 나는 책을 읽었다》《고전문장론과 연암 박지원》, 18세기 지식인에 관한《상두지》《다산과 강진 용혈》《나는 나다》《열여덟 살 이덕무》《잊혀진 실학자 이덕리와 동다기》《18세기 조선 지식인의 발견》과《다산선생 지식경영법》《미쳐야 미친다》《파란》 등을 썼다. 또 청언소품清言小品에 관심을 가져《일침》《조심》《옛사람이 건넨 네 글자》《석복》《습정》을 펴냈다. 이 밖에 조선 후기 차 문화사를 집대성한《한국의 다서》《새로 쓰는 조선의 차 문화》와 산문집《체수유병집─글밭의 이삭줍기》《사람을 읽고 책과 만나다》, 어린이들을 위한 한시 입문서《정민 선생님이 들려주는 한시 이야기》등 다수의 책을 출간했다.

KB211874

칠극

칠극 마음을 다스리는 7가지 성찰

1판 1쇄 발행 2021. 5. 20.
1판 5쇄 발행 2025. 4. 10.

지은이 판토하
옮긴이 정민

발행인 박강휘
편집 임지숙 디자인 윤석진 마케팅 김새로미 · 정희윤 홍보 강원모
발행처 김영사
등록 1979년 5월 17일(제406-2003-036호)
주소 경기도 파주시 문발로 197(문발동) 우편번호 10881
전화 마케팅부 031)955-3100, 편집부 031)955-3200 | 팩스 031)955-3111

값은 뒤표지에 있습니다.
ISBN 978-89-349-8924-0 03230

홈페이지 www.gimmyoung.com   블로그 blog.naver.com/gybook
인스타그램 instagram.com/gimmyoung   이메일 bestbook@gimmyoung.com

좋은 독자가 좋은 책을 만듭니다.
김영사는 독자 여러분의 의견에 항상 귀 기울이고 있습니다.

마음을 다스리는 7가지 성찰

DE SEPTEM VICTORIIS

Diego de Pantoja 龐迪我

칠극

七克

판토하 지음 ― 정민 옮김

Pride
Envy
Avarice
Wrath
Gluttony
Lust
Sloth

김영사

일러두기

1. 1628년 북경에서 간행된 이지조李之藻의 《천학초함天學初函》 본 《칠극》을 저본으로 삼아, 섭농葉農이 정리한 《야소회사방적아저술집耶穌會士龐迪我著述集》(중국 광동인민출판사, 2019)에 수록된 표점본 《칠극》을 참조했다.

2. 1931년 상해 토산만인서관土山灣印書館에서 펴낸 《칠극》 제8판에 근거해, '상제上帝'로 표기된 원문을 '천주天主'로 모두 고쳤다.

3. 각 권의 소서小序 끝 본문 바로 앞에, 청초 마카오의 중국인 신부 어산漁山 오력吳歷(1632~1718)이 지은 〈칠극시〉를 수록해, 서문과 본문을 구분하는 표지로 삼았다.

4. 《칠극》의 역대 여러 판본과 축약본인 《칠극진훈七克眞訓》에 실린 서문과 발문을 모두 수습해 자료로 제시했다. 그로 인해 수록 서발문만 11개에 달한다. 독자들의 편의를 위해 판토하의 자서만 앞에 놓고 나머지 서문은 본문 뒤로 옮겼다.

5. 검색의 편의를 위해 원본의 단락 구분을 기준으로 각 항목에 일련번호를 매겼다.

6. 번역문 바로 아래 한문 원문을 수록해 원문 대조가 가능하게 했다.

7. 서양 인명과 지명 중 알려진 경우는 소개하고, 알 수 없는 경우는 중국어 발음에 따라 추정한 명칭으로 제시하거나 '미상'으로 처리했다. 동일한 인명도 다른 표기가 많지만 첫 번째에만 주석을 달았다(에, 알렉산더: 歷山·歷刪·亞歷山·亞勒山·亞立刪·亞立山, 도미니코: 鐸敏我·多鳴). 서양 인명의 한글 표기는 일반적인 표기법에 따랐다.

8. 책 속에 인용된 《성경》 구절은 공동번역 《성경》에 따라 원출전과 해당 원문을 제시했다.

9. '혹惑'으로 써야 할 자리에 '감感'을 쓰거나, '구救'를 '구球'로 표기하는 등의 습관적 오기는 굳이 바로잡지 않고 원본에 따랐다.

옮긴이의 말

《칠극七克》은 1614년 스페인 선교사 판토하Diego de Pantoja(1571~1618), 중국명 방적아龐迪我가 북경에서 한문으로 펴낸 천주교 수양서다. 원제 'DE SEPTEM VICTORIIS'는 인간의 삶을 에워싼 일곱 가지 죄종罪宗에 맞서 최종적인 승리를 거두는 처방을 담았다는 뜻이다.

이 책과의 만남은 우연이었다. 다산 정약용의 천주교 관련 사실을 들여다보다가, 뜻밖에 이 책이 조선조 지식인들에게 널리 읽혔고, 그 영향과 파급력이 상당했음을 알았다. 궁금해서 원문을 구해 펼쳐보고 깜짝 놀랐다. 다산이 제자들에게 준 가르침 중에서도 불쑥불쑥 이 책 속에 있는 구절들이 튀어나오는 것이 아닌가?

무엇보다 잠언풍으로 이어지는 조곤조곤한 가르침이 마음에 쏙쏙 스며들었다. 처음엔 서양인의 언어구조로 인해 낯설어진 한문 때문에 글이 눈에 잘 들어오지 않았다. 유난히 포유문과 병렬문이 많아 뒤엉킨 구문에 익숙해지자, 그제야 읽기가 한결 수월해졌다. 책은 분량이 상당하다. 한자로 총 82,590자로《논어》의 7배,《맹자》의 2.7배나 된다.

《칠극》이 조선에 처음 들어왔을 때, 성호 이익 같은 대학자는 이 책이 유가의 극기복례克己復禮의 가르침과 다를 게 없고, 수양 공부에도 도움이 된다며 높게 평가했다. 큰 스승의 이 같은 인가가 있자 그의 후학들이 뒤를 따랐고, 이후《칠극》은 18세기 조선 지식인들이 천주학과 접속하는 유력한 통로 구실을 했다. 18세기 후반, 조선에 천주학이 들어온 바탕에는 이전 시기부터 들어와 꾸준히 읽혀온 이 책의 영향이 무엇보다 컸다.

《천주실의天主實義》나 《성세추요盛世芻蕘》 등 다른 천주교 교리 서적들이 제목을 놓고 설명을 더하는 논설문 형식을 취하고 있는 데 반해, 판토하의 《칠극》은 《논어》나 《맹자》 등 유가 경전의 어록체 저작 형식을 빌려와, 간행 직후부터 중국 사대부들의 격찬을 받았다. 다만 《논어》나 《맹자》 같은 책이 주제별 갈래에 따라 조리를 갖춰 제시하지 않고 어록을 순서 없이 나열한 데 비해, 이 책 《칠극》은 인간이 범하기 쉬운 일곱 가지 죄종을 극복하는 단계를 체계적으로 정리한 편집의 탁월성으로 중국인들의 이목을 더 끌었다. 일종의 갈래별 분류에 이은 집중 심화학습의 효과를 노린 구성으로, 서양인의 연역적 사유에 바탕을 둔 체계적 지식 전달 방식이 이전의 경전 독서에서 경험해본 적 없는 참신함을 안겨주었던 듯하다.

판토하는 아우구스티노, 그레고리오, 베르나르도 등 서양 중세의 교부철학자를 비롯해, 세네카와 아리스토텔레스, 디오게네스 같은 수많은 그리스 철학자와 중세 성인들의 숱한 잠언과 일화를 잇달아 소개하는 한편, 중간중간 중국 경전에서 예시를 끌어와 독서의 친밀도를 높였다. 그리고 《성경》 인용을 계속 곁들여, 은연중 천주교의 교리에 거부감을 줄이는 장치를 마련했다. 그냥 읽으면 교리 전파를 위한 서적이라기보다는 서양인의 수양론 같은 느낌을 준다. 그러면서 은연중에 천주교의 세계로 끌어들이는 강력한 흡인력이 있다. 중간중간 주제를 잠깐 벗어나 불교의 윤회설과 인과응보설을 집중적으로 비판하고, 천당지옥설을 의도적으로 소개하는 등, 드러나지 않게 천주교의 교리를 전달하려는 전략적 배치를 보여주기도 한다.

책의 내용은 현대인이 일반적인 수양서로 읽더라도 큰 일깨움을 주기에 충분하다. '인간은 어떻게 살아야 하는가?', '죄악은 우리의 삶을 어떻게 해치는가?', '바른 삶의 길은 어디에 있는가?', '삶은 왜 고통스럽고, 이 고통에서 우리는 어떻게 벗어날 수 있는가?', '우매를 버리고 지혜의 삶을 살려면 어찌해야 하는가?' 등등, 종교의 아우라를 떠나서도 충분히 설득력 있고 공감이 가는 보배로운 내용들이 책 전체에 가득하다.

각종 판본을 찾고, 기존에 나온 2종의 번역도 참고했다. 무엇보다 한문 원문을 제시해 대조해볼 수 있게 했다. 한자로 된 서양 인명과 지명 표기는 좀체 가늠할 수 없는 것이 많아서 찾는 데 애를 먹었다. 알렉산더 대왕만 하더라도 역산歷冊, 역산歷山, 아력산亞歷山, 아륵산亞勒山, 아립산亞立冊, 아립산亞立山 등 여섯 가지 이표기가 보인다. 예로니모도 엽락니葉落泥, 일라니日羅尼, 일라니逸羅尼, 협락니協落尼로 달랐다. 발음만으로는 가늠키 힘든 인명도 적지 않았다. 지명의 경우는 부분 음차가 많아 알기가 더 어려웠다. 154회에 달하는《성경》인용도 한문을 다시 옮기는 사이에 전혀 달라진 구문으로 인해 원출전을 찾기가 쉽지 않았다. 기존 번역서의 도움을 받는 한편으로 잘못되거나 찾지 못한 것을 모두 바로잡았다.

코로나19가 지구촌을 강타한 동안, 외부와 접촉을 끊고 이 책과 오롯이 접속할 수 있었다. 번역 과정에서 역자 또한 수많은 정화와 성찰의 순간을 공유할 수 있었던 것은 특별한 체험이었다. 원문의 입력과 정리는 제자 이패선이 도와주었고, 김영은과 이형우 선생이 초고를 꼼꼼히 검토해주었다.《성경》구절을 찾고, 그때그때 꼭 필요한 도움을 주신 박용식 선생의 성원도 든든한 힘이 되었다. 김영사의 임지숙, 이숙 두 분이 원문과 번역문을 꼼꼼히 검토해주는 수고로 여러 부족한 점을 보완할 수 있었다. 두루 고마운 뜻을 표한다.

바깥세상은 위험이 상존하고, 불안한 내면은 늘 요동친다. 인간은 언제 자유로운가? 섭리는 있는가? 바른 삶의 자리를 꿈꾸는 사람들에게 이 책을 선물한다.

2021년 신록의 시절

정민 쓰다

DE SEPTE

7 ─────────── 나태함을 채찍질함

Diego de Pantoja
VICTORIS

《칠극》 자서自序

만력 갑인년(1614) 음력 10월 15일에 방적아가 쓴다

萬曆甲寅孟冬望日, 龐迪我題

　　인생의 온갖 일이란 없애고 쌓는 두 가지 단서를 벗어나지 않는다. 무릇 닦는다는 것은 묵은 것을 없애고 새것을 쌓음을 말한다. 성현이 온갖 실마리를 들어 훈계한 것은 모두 악을 없애고 덕을 쌓는 바탕이 된다. 무릇 악은 욕심을 틈타는데, 욕심은 본래부터 악한 것은 아니다. 이는 바로 하느님께서 사람에게 내리셔서 이 몸을 보존하여 지키고 영혼과 정신을 보좌하게 한 공평한 의리의 비밀스러운 심부름꾼이다. 사람이 오직 사사로움으로 여기에 빠지는 바람에 온갖 형상의 죄와 허물이 비롯되어 여러 가지 악이 뿌리내리게 된 것이다.

　　人生百務, 不離消積兩端. 凡所爲修者, 消舊積新之謂也. 聖賢規訓萬端, 總爲消惡積德之藉. 凡惡乘乎欲, 然欲本非惡. 乃天主賜人, 存護此身, 輔佐靈神, 公義公理之密伻. 人惟汨之以私, 乃始罪釁萬狀, 諸惡根焉.

　　이 뿌리는 마음이라고 하는 흙 속에 몰래 숨어 있지만, 부자가 되

려 하고, 귀하게 되려 하며, 편안하고 즐거워지려는 세 개의 큰 줄기가 밖에서 성대하게 움튼다. 그 줄기가 또 가지를 돋워, 부자가 되기 위해 탐욕을 부리고, 귀하게 되려고 교만을 부리며, 편안해지려고 식탐·음란·나태가 생기게 한다. 혹 부와 귀와 일락이 나를 이기면 질투가 생겨나고, 나를 빼앗아가면 분노가 일어난다. 이 때문에 사사로운 욕심은 그 뿌리가 하나다. 부자가 되고 귀한 이가 되며 편안하고 즐겁게 지내고자 함이 줄기라면, 교만과 탐욕, 식탐과 음란, 나태와 질투 및 분노를 일으킴은 가지에 해당한다. 여러 종류의 죄와 허물, 의롭지 아니한 염려와 언행이 일곱 개의 가지에 맺혀서는 열매가 되고, 갈라져서는 잎새가 된다.

此根潛伏於心土, 而欲富, 欲貴, 欲逸樂三巨幹, 勃發於外. 幹又生枝, 欲富生貪, 欲貴生傲, 欲逸生饕生淫生怠. 其或以富貴逸樂, 勝我即生妬, 奪我即生忿. 是故私欲一根也. 欲富, 欲貴, 欲逸樂, 幹也, 而生傲, 生貪, 生饕, 生淫, 生怠及妬忿, 枝也. 種種罪訧, 非義之念慮言動, 七枝之結爲實, 披爲葉也.

지옥의 불길은 이 나무를 땔감으로 삼는다. 이 때문에 "사사로운 욕심을 버리고 나니 지옥불이 절로 없어졌다"고 말하는 것이다. 세간의 질병과 근심과 환란으로 몸과 마음이 편치 않음은 모두 다 이 나무의 열매를 먹어서 생긴 것이다. 세상에서 이 나무를 뿌리째 뽑아버린다면 사람은 모두 천사가 될 것이다. 남 보기를 자기와 같게 여기고, 죽는 것을 집으로 돌아가듯이 본다면 천당의 경계가 어찌 멀겠는가? 하지만 욕심을 이겨 덕을 닦으려고 종일 토론하며 세상 마칠 때까지 힘쓰더라도 교만과 질투, 분노와 음란 같은 여러 가지 욕심은 끝내 사라지지 않고 겸손과 어짊, 곧음과 인내 따위의 여러 덕행은 마침내 쌓이지 않는다. 그 까닭은 무엇인가? 세 가지의 가려짐이 있기 때문이다. 첫째는 본원本原을 생각지 않아서이고, 둘째는 지향志嚮이 맑지 않아서이며, 셋째는 절차節次를 따르지 않아서이다.

地獄之火, 此樹薪之. 故曰: "去私欲, 而獄火自無矣." 世間疾憂患亂, 身心不寧, 皆由食此樹之實而作者. 拔此樹於世, 而人皆天神也. 視人如己, 視死如歸, 天堂境界, 豈遠乎哉? 然而克欲修德, 終日論之, 畢世務之, 而傲妬忿淫諸欲, 卒不見消, 謙仁貞忍諸德, 卒不見積. 其故云何? 有三蔽焉. 一曰不念本原, 二曰不清志嚮, 三曰不循節次.

세상에서 거만하게 자신만 옳다고 여기는 자들은 덕을 닦고 욕심을 이기는 역량이 자기만 홀로 능하다고 하면서, 절로 생겨나는 줄은 잘 알지 못한다. 다만 한 생각을 이끌어서 깨우친다면 천지의 원래 주인께서 내게 내리시지 않은 것이란 없다. 부귀와 장수와 편안함 같은 아주 잠깐의 행복으로, 한 틈 사이의 밝음으로 있는 것조차 모두 천주께로부터 나온 것임을 알아야 한다. 그런데도 욕심을 이기고 덕을 닦는 가장 어렵고 몹시 힘든 일을 망령되이 스스로 자기가 능하다고 여기니, 그 잘못이 얼마나 심한가?

夫世之傲然自是者, 咸謂修德克欲之力量, 我自能之, 不知自有生來. 但有一念提醒, 莫非天地元主賜我者. 富貴壽安, 微暫之福, 有一隙之明者, 皆知出於天主. 而克欲修德, 最難劇務, 妄自認爲己能, 謬孰甚歟?

만약 역량이 모두 천주로부터 나오는 것임을 안다면, 그 공경하여 섬기고 기도하고 비는 미신에 대해 저절로 용납하지 못하게 되고, 덕을 이루고 욕망을 이기는 것조차 모두 하느님이 내리시는 것임을 깨닫게 된다. 저들은 '나 혼자도 능히 할 수 있으므로 천주의 힘에 기대지 않겠다'고 말한다. 이것은 바로 교만의 마귀에게 걸려 본원을 잊어버린 채 남몰래 자기가 옳다며 성을 내는 것이다. 아첨하는 말을 들으면 혼자 말할 수 없이 기뻐하고, 조금이라도 바른말로 지적하면 마땅히 받아야 할 대우가 아니라며 원망하고 탓해마지않는다. 이들이 닦는다는 것은 대체 어떠한 덕이란 말인가? 무릇 사람의 선악은 품은 뜻에 달려 있다. 훌륭한 사업이 있더라도 좋은 뜻이 없고 보면 사람의 형상만 지니고 정신과 영혼은 없는 것과 같으니, 사람이 아니라 한갓 인형일 뿐이다.

如知力量, 悉從上主而出, 其於欽事祈驚, 自不容已. 迨德成欲克, 皆認主賜也. 彼謂我自能之, 不緣主力, 乃由傲魔所中, 忘却本原, 冥悖自是. 聞諛則沾沾自喜, 稍拂則謂非所應遇, 而怨尤不已, 此其所修何德哉? 凡人善惡, 係於所志. 有善業而無善志, 猶人形而無靈神, 非人, 徒人形耳.

가벼운 배와 편리한 수레는 사람을 어려움에서 건져준다. 하지만 사람은 그 공功에 대해 고마워하지 않는다. 왜 그럴까? 배와 수레가 공은 있지만 사람을 건져줄 의지는 없기 때문이다. 덕성을 닦고 욕망을 이기는 것은 오로지 그의 한 마음을 한층 정결하게 해서 천주만을 사랑해야 그 뜻이 족히 귀하다. 그다음은 뜻을 하늘 덕의 아름다움을 부러워하는 데 둔다. 또 그다음은 사는 동안 뜻을 깨끗한 마음의 즐거움을 누리는 데 두어, 죽은 뒤에 천주를 만나뵙고 신성함과 더불어 짝이 되는 것이다. 만약 덕을 닦는다면서 부귀, 영화, 명예 같은 세상의 복을 바라는 마음을 섞는다면, 덕을 닦는 것이 아니라 다른 욕망을 닦으면서 덕스러운 모습을 꾸미는 것일 뿐이다. 덕을 가지고 욕망을 공격하는 것이 아니라 욕망을 가지고 욕망을 공격하는 것일 뿐이어서, 해묵은 욕망을 미처 제거하지 못한 상태에서 새로운 욕망이 또 늘어나 거기에 빠져들게 되고 만다. 덕이 가장 꺼리는 것은 세상의 복을 부러워하는 것이다. 욕망을 없애려는 사람이 공격해야 할 것은 바로 이러한 세상의 복을 선망하는 속된 마음이다. 공격하는 바가 있어서 덕을 쌓고는, 또 꺼리는 바를 붙들어서 이를 허물어버린다면 어찌 덕을 이룰 수 있겠는가? 이 때문에 뜻을 두는 지향이 맑지 않아서는 안된다.

輕舟利車, 濟人於難. 而人不賞其功, 何者? 舟車有功, 而無濟人之志耳. 修德克欲者, 惟是蠲潔其一心, 以媚玆上主, 其志足貴也. 次則志羨天德之美也, 次則志在乎生享浄心之樂, 而身後獲見天主, 與神聖耦也. 若修德而雜之以富貴榮名世福之望, 則所修非德, 乃修他欲, 而襲德貌耳. 非以德攻欲, 乃以欲攻欲耳. 舊欲未去, 新欲且增墊焉. 夫德所至忌, 世福之羨也. 祛欲者所攻, 正攻此羨世福之俗腸. 有所攻以積德, 又操所忌以毀之, 德烏乎成? 故志嚮不可不清也.

무릇 덕을 닦는 데 뜻을 둔 사람은 반드시 '나는 반드시 터럭만 한 인간적 욕망의 사사로움도 없게끔 하겠다'고 말하는데, 말은 참 훌륭하다. 다만 말하기는 쉬워도 실행에 옮기기가 어렵다. 한마디로 말한다면 백 년을 하더라도 능히 마칠 수가 없을 것이다. 한 가지 욕망을 공격하는 것이 한 나라를 이기는 것보다 어렵다. 하물며 여러 가지 욕망을 한꺼번에 치는 것이겠는가? 게다가 덕을 처음 닦을 때는 너무 미약한 상태인데, 욕망의 첫 공격은 받고 보면 거대하고도 막강하다. 미약한 덕을 가지고 크고 막강한 욕망을 공격하다 보면 마음만 예민해지고 욕망은 더 늘어나서, 얼마 못 가 공부를 그만두게 되어 도리어 그 해로움을 받고 만다.

凡有志修德者, 必曰吾必使無絲毫人欲之私, 語甚美矣. 第言之易也, 行之難也. 一言而盡, 百年不能迄. 攻一欲難於勝一國, 矧併攻諸欲乎? 且德之初修也, 甚微甚弱, 而欲之初受攻也, 方鉅方強. 以微弱之德, 攻鉅強之欲, 意徒銳而欲彌增,旋廢業而反受其害.

　사사로운 욕망을 이기는 것은 낡은 집을 허무는 것과 같다. 먼저
바닥부터 허물면 집이 내려앉고 재목이 부서져서 사람이 깔리고 만
다. 먼저 용마루와 처마를 제거하고 차츰 기둥과 주초柱礎에 이르러야
재목과 사람이 다치지 않고 일도 쉬 끝난다. 이 때문에 욕망을 이기는
것은 모름지기 하나하나 따로 떼어 공격해야만 한다. 쉽고 사소한 것
에서 시작해 덕성에 힘이 크게 붙기를 기다려서, 그제야 비로소 점차
어렵고 큰 것에 나아간다. 점점 치밀하고 정밀하게 힘을 붙여나가야
가는 길이 한층 편안해진다. 만약 빨리 지나가려고만 하면 걸려 넘어
지거나 떨어지기 쉽다. 그래서 '덕에 나아감은 사다리를 오르는 것과
같다'고 말하는 것이다. 조심스럽게 가야지 내달려서는 안 된다. 내달
리면 반드시 떨어져서, 땅에 구르지 않고는 끝나지 않는다. 닦는 것에
급급해서 절도가 없게 되면, 자신을 믿어 단계를 건너뛰거나 쉬 지쳐
서 힘이 빠지게 될 뿐이다. 이것은 절차를 따르지 않는 잘못이다.
　夫克私欲, 如折拆舊屋也, 先折址者, 室覆材破, 人受壓焉. 先折甍簷, 漸至於
柱礎, 則材與人不傷, 而功易奏. 是以克欲者, 須一一別攻之. 始於易小, 俟德力
滋鉅矣, 乃始漸進於難且大者, 以漸滋致精, 道路更穩. 如過於亟, 易於碍墜. 故
曰進德如升梯, 謹行勿奔, 奔必隕, 不控於地, 不已矣. 亟修而無度, 非自恃而凌
躐, 即速勉而委頓耳. 此不循節次之咎也.

　나 판토하는 8만 리 밖 이국의 나그네로 일찍부터 천주의 신령한
사랑을 입어, 이 세상의 행복이 지극히 잠시이고 너무도 하찮으며 굳
세지도 않고 오래 머물지도 않는 것임을 깨달았다. 죽은 뒤에 실로 영
원한 행복을 갖출 것을 돌이켜 생각하고, 이에 예수회의 가르침을 따

라 호걸스럽고 환하게 펼쳐진 뜻을 익혀서 자신을 바로잡고 풍속을 교화시켰다. 사특한 주장이 가득 차 천주께서 사람과 사물의 참주인이 되심을 알지 못하고, 천당에 참된 수행의 지름길이 있음을 생각지 않음을 불쌍히 여겨, 이에 몇 명의 벗과 함께 동쪽으로 왔다. 구사일생으로 바다를 건너 세 해 만에 중국에 도착했다. 중국의 언어와 문자가 서로 전혀 통하지 않아 힘들게 익히고 배우다 보니, 다시 어린아이와 같게 되었는데, 근래 들어서야 차츰 그 대략을 깨쳐서 강론을 접하게 되었다. 가만히 뜻있는 유학자와 현인이 덕을 닦고 자기를 이기는 공부에 힘쓰는 것을 살펴보니, 방향이 같고 뜻이 맞아서 만 리의 거리는 아무 문제가 되지 않았다. 다만 세 가지의 폐단으로 인해 울타리가 가로막힌 것이 한둘이 아니었다. 그래서 내가 들은 것과 본 것 한두 가지를 풀어내어 인가해주기를 청하는 바탕으로 삼는다.

迪我八萬里外, 異國之旅, 蚤荷天主靈慈, 悟此世福, 至暫至微, 匪堅匪駐. 轉思身後, 實具永年禔福, 爰從耶穌會教, 習聞豪傑光闡之旨, 正己化俗. 憫夫邪說充塞, 不知天主爲人物眞主, 不思天堂有眞修捷路, 乃偕數友東來. 九死一生, 涉海三載, 而抵中華. 中華語言文字, 迥不相通, 苦心習學, 復似童蒙. 近稍曉其大略, 得接講論. 竊見有志儒賢, 多務修德克己之功, 同方合志, 萬里非懸. 第緣三者之蔽, 隔藩未一. 因繹所聞及所管闚一二, 以資印可.

사람의 마음에 생기는 병은 일곱 가지가 있다. 마음을 치료하는 약 또한 일곱 가지가 있다. 요컨대 그 큰 뜻은 모두 묵은 것을 없애고 새것을 쌓는 것에 지나지 않는다. 쌓아둠을 지극히 하여 영원한 즐거움과 영원한 경사를 쌓고, 없앰을 지극히 해서 영원한 괴로움과 영원한 재앙을 없애는 것이다. 정성스럽게 가르침에 힘을 쏟느라 말을 많이 한 것은 대개 사람의 마음이 입과 같기 때문이다. 입은 저마다 좋아하는 맛이 있다. 그래서 음식도 각각 좋아하는 것을 준다. 덕은 한 가지 일 뿐인데도 여러 가지 말로 늘어놓았다. 이는 진실로 식탁 위에 놓인 것이 한 점의 고기만이 아니기 때문이니, 즐기는 자가 먹고 싶은 대로 맛보면 된다. 만약 "그 말이 너무 지루해서 그 덕마저 지루해졌다"고 한다면 내가 어찌 감당하겠는가?

夫人心之病有七. 而瘳心之藥亦有七. 要其大旨, 總不過消舊而積新. 積之之極, 以積永樂永慶, 消之之極, 以消永苦永殃焉. 諄諄箴勖, 良費辭說, 蓋緣人心如口也. 口各喜其味, 故饌各投其喜. 德一而已, 衆言錯陳, 固析俎之不一巒也, 惟嗜者之所染指. 如曰: "支離其辭, 以支離其德." 則迪我烏乎敢焉?

천주교는 으뜸가는 죄를 일곱 가지로 말한다.

첫째가 교만, 둘째는 질투, 셋째는 인색, 넷째는 분노, 다섯째가 음식에 빠짐, 여섯째는 여색에 빠짐, 일곱째가 선善에 게으름이다.

또 죄를 이기는 일곱 가지 단서에는 일곱 가지 덕이 있다고 말한다.

첫째, 겸양으로 교만을 이긴다.

둘째, 남을 아끼고 사랑하여 질투를 이긴다.

셋째, 재물을 희사하여 인색을 이긴다.

넷째, 인내를 길러 분노를 이긴다.

다섯째, 담박함으로 먹고 마시는 것에 빠지는 것을 이긴다.

여섯째, 욕망을 끊어서 여색에 빠지는 것을 이긴다.

일곱째, 천주의 일에 부지런히 힘 쏟아 선행에 게으른 것을 이긴다.

天主教要言罪宗七端. 一謂驕傲, 二謂嫉妒, 三謂慳悋, 四謂忿怒, 五謂迷飲食, 六謂迷色, 七謂懈惰于善. 又言克罪七端有七德. 一謂謙讓, 以克驕傲. 二謂仁愛人, 以克嫉妒. 三謂捨財, 以克慳悋. 四謂含忍, 以克忿怒. 五謂淡泊, 以克飲食迷. 六謂絕欲, 以克色迷. 七謂勤于天主之事, 以克懈惰于善.

서해 예수회 선교사 판토하가 짓고
무림의 정포거사 양정균이 교정, 출판하다

西海耶穌會士龐迪我譔述
武林鄭圃居士楊廷筠较梓

1

교만을 누름

七克

DIEGO DE PANTOJA

교만은 사자의 사나움과 같아

겸손으로 복종시켜야 하므로, 〈복오〉를 짓는다.

傲如獅猛, 以謙伏之, 作伏傲.

〈복오〉소서伏傲小序

사람의 마음은 오행五行에 있어 화火에 속한다. 불은 성질이 위로 올라간다. 위로 솟구치는 것은 불꽃이며, 불꽃은 태우고, 태우면 타버린다. 불에 타 뜨거운 화염을 불태워 사르면 그 형세가 이를 쳐서 꺼버리기가 어렵다. 다 타서 재가 되면 한순간에 스러져버린다. 이 때문에 불이 땔감과 만나면 빠르게 스러지고 만다.

人心于行, 爲火. 火性上, 上則炎, 炎則炙, 炙則焚. 至于焚而烈焰焦灼, 勢難撲滅. 化爲灰燼, 一息而盡. 故火遇薪, 速盡也.

사람의 마음은 갈림길이 몹시 많다. 유독 남의 위에 있기를 좋아하는 사람의 한 가지 마음만은 젊어서부터 장년이 될 때까지, 장년에서 노년에 이르기까지 조절하여 억누르도록 힘써야만 한다. 그 기미는 잘 드러나지 않아서 감정과 사물이 서로 부딪칠 때 갑자기 싹트는 것을 미처 깨닫지 못한다. 내면의 마음이 진실하여 스스로 능히 겸손한 자가 아닐 경우, 뿌리와 그루를 자르지 않고는 도끼질을 계속해도 없어지지 않고 생생하여 불붙은 숲은 꺼지지 않는다.

人心歧路甚多. 獨是好上人一心, 從少得壯, 從壯得老, 卽勉强調伏. 而幾微隱約, 情境相觸, 不覺忽萌. 自非內心眞實能謙者, 根株弗斷, 斧柯相尋, 星星弗滅, 焚林未已也.

이런 까닭에 겸손한 사람은 남을 기뻐하고 정신은 조화로워, 천주를 섬긴다. 교만한 자는 이와 반대로 한다. 겸손한 사람은 벗에게 신의가 있고 어버이에게 효도하며 임금에게는 충성한다. 교만한 자는 이와 반대로 한다. 하지만 겸손 이 한 가지는 아무리 말을 해도 다함이 없으니, 위대하도다 겸손이여! 사람이 겸손의 한 가지 덕을 온전히 한다면 나머지 여러 덕이 두루 갖추어져 온전해진다.

是故謙者, 悅於人, 和於神, 享於天主. 傲者, 反是. 謙者, 信於友, 孝于親, 忠於君王. 傲者, 反是. 然則謙一也, 累言之而不盡, 大哉謙乎! 人全一謙德, 衆德賅而全矣.

판토하는 교만을 가라앉혀 겸손을 펴는 것을 논의했다. 뜻은 가까운 데서 먼 데로 나아가고, 말은 간결하면서도 엄했다. 사물에 견주고 부류끼리 잇대어 창의적인 일가의 말이 되니, 겹겹으로 싸인 것을 열어줌과 같음을 깨닫겠다. 하지만 많은 보물을 보려면 또 겹겹의 문을 열 듯이 해야 한다. 밝은 해가 따스한데 그 책을 읽으면서 그 사람을 알고 그를 벗으로 숭상한다 함은 제자백가의 말이 아니라 판토하의 〈복오〉를 위한 말이다.

麗子伏傲演謙爲論也. 旨近而遠, 詞簡而嚴. 比物連類, 創爲一家言, 懍若啓
重襲也, 而衆寶覘, 又若開重扃也. 而朗日暄, 誦其書, 知其人, 尙其友, 此非百家
諸子之言, 而爲麗子之伏傲.

강동 최창崔涅[1] 서문
江東崔涅序

교만이라는 악 그 무엇과 비슷하던가?	傲惡知何似
교만한 사자 길들일 수 없음과 같네.	驕獅不可馴
웅장한 맘 재물 있음 자랑하면서	雄心誇有物
내려보아 눈에 뵈는 사람 없는 듯.	俯目視無人
고작 며칠 구름 위로 솟던 기세는	幾日凌雲氣
천년간 땅 먼지로 내던져지리.	千秋委地塵
어이해야 부지런히 자신을 이겨	爭如勤自克
모든 덕 겸손하고 참되게 할까?	萬德一謙眞

어산漁山 오력吳歷[2]

---

1 최창(생몰 불명): 명나라 말기의 문인으로, 장사長寺 사람이다. 자는 진수震水, 호가
학정鶴汀이다. 1601년 진사에 급제했다. 벼슬은 이부낭중吏部郎中에 이르렀다. 관
리로서는 청렴강직했고, 생활은 빈한했다. 문예에 특출해 저서로《지환초知幻草》
와《구문衢問》,《남악南岳》등이 있다. 초기 천주교와 관련한 글을 여러 편 남겼다.
《칠극》각 권 앞에 실린 최창의 '소서小序'는 초기《칠극》판본에는 실리지 않았으
나 이후 축약본인《칠극진훈七克眞訓》등에 수록되었고,《칠극》후대 판본에도 실
렸다.

2 오력(1632~1718):《칠극》각 권 본문 시작 전에 수록한 〈칠극시〉는 청나라 초 마
카오의 중국인 신부 오력이 지은 것으로, 그의 시집《삼파집三巴集》에 실려 있다.

1.1

교만이란 분수에 넘치는 영예를 원하는 것이다. 그 단서는 몹시 많지만, 큰 가닥을 추리면 네 가지가 있다. 첫째는 선善이 자기에게서 나온다고 여겨 천주께로 돌리지 않는 것이다. 둘째는 선이 천주로부터 나오는 줄을 알면서 자기의 공으로 여기는 것이다. 셋째는 실제로는 없는 것을 있다고 뽐내는 것이다. 넷째는 남을 우습게 보아 스스로를 다른 사람보다 특별하다고 여기는 것이다. 자만하여 스스로 쓰고, 제멋대로 하여 혼자 뽐내며, 남 이기기를 좋아하고, 기이한 것을 좋아하고 이름을 좋아하며, 장난삼아 남을 모욕하고, 싸움박질하여 공경스럽지 않으며, 효도하여 순종치 않고, 죄를 꾸미거나 선행처럼 속이는 것이 모두 교만의 종류다.

傲者, 過分之榮願也. 其端甚多, 綜統有四. 以爲善從己出, 不歸天主, 一. 知善從天主出, 而因己功, 二. 伐有所實無, 三. 輕人, 自以爲異於衆人, 四. 自滿自用, 自騁自誇, 好勝人, 好異好名, 戲侮人, 爭鬪不恭敬, 不孝順, 飾罪, 詐善, 皆傲之屬也.

천주의 《성경》에 말했다. "한결같이 교만한 것이 온갖 죄악의 으뜸

《칠극》을 읽고 나서, 각 편의 핵심 내용을 간추려 각각 한 편의 시로 요약한 것이다. 자료적 가치가 있어, 소서와 본문 사이의 구분도 둘 겸 함께 수록했다. 지은이 오력은 청나라 초기 산수화를 잘 그린 화가로도 유명하다. 그는 마카오에서 포르투갈 출신 예수회 신부들과 함께 생활했고, 신부가 된 뒤 상해와 가정嘉定에서 사목활동을 하다가 상해 서가회徐家匯에 있는 천주교 수도원에서 세상을 떴다. 《삼파집》은 이른바 천학시天學詩를 모은 시집인데, 천주교의 교리를 한시 형식으로 담아냈다.

이니, 이를 기르는 자는 반드시 재앙이 가득할 것이다."**3**

天主聖經云: "一傲之子萬罪宗, 蓄之者必滿其禍災."

1.2

성 그레고리오厄勒臥略**4**가 말했다. "교만은 모든 죄의 임금이다. 한 번 마음에 들어오기만 하면 온갖 죄악이 무리 지어 이를 따라와서 한 가지만 홀로 이르지 않는다. 갖은 선한 덕이 함께 떠나가버려 한결같이 나란히 서는 법이 없다."

聖厄勒臥略曰: "傲爲百罪之王, 一入於心, 罪惡萬端羣從之, 一不獨至. 善德萬端俱去之, 一不並立."

왜 그럴까? 다른 욕심은 덕과 일대일로 상대할 뿐이다. 분노는 인내와 등지고, 질투는 용서와 맞겨룬다. 어느 하나가 무너진다 하여 다른 것이 전부 무너지지는 않는다. 오직 교만은 겸손의 반대인데, 겸손은 모든 덕의 뿌리가 되는지라, 뿌리가 망가지면 덕이 어디에 쌓이겠는가? 이 때문에 교만은 비록 한 가지 죄이지만 모든 죄를 거느린다.

何也? 他欲倍德, 以一對一而已. 忿倍忍, 妬倍恕. 一雖壞, 他未全壞. 惟傲反謙, 謙爲萬德根, 根毁矣, 德安積? 故傲雖一罪, 萬罪總焉.

---

3 한결같이 …… 가득할 것이다: 〈집회서〉 10장 13절, "오만은 죄의 시작이므로 오만에 사로잡힌 자는 악취를 낸다. 그러므로 주님께서는 이런 자들에게 엄청난 벌을 내리시며 그를 멸망시키신다."

4 성 그레고리오Gegorius(540~604): 중세의 교황, 신학자. 최초의 수도사 출신 교황으로 서방 4대 교부 중 하나다. 성직의 매매를 금하고 교황권을 신장해 로마 교회의 독립성을 확보했다. 《그레고리오 성가집》을 편찬해 교회음악 발전에도 이바지했다.

1.3

사물 중에는 결연하게 서로를 없애는 것이 있다. 덕과 교만이 가장 그렇다. 정향나무는 성질이 지극히 뜨거워서 이를 심으면 그 곁의 초목이 다 말라버려, 나중에 심은 것은 반드시 죽고 만다. 마음에 교만을 쌓아두면 덕이 능히 들어오지 못한다. 덕을 품어 마음에 지녔더라도 교만이 또한 이를 없앤다. 한갓 덕이 있는 체하는 태도만 지녀도 덕성은 끊어져 없어진다. 이 때문에 "마음을 닦는 것은 욕심을 공격하는 것을 급선무로 한다"고 말한다. 욕심을 치는 데는 앞뒤가 있다. 교만함을 먼저 공격하지 않고 다른 욕심을 치면 다른 욕심은 없어지지 않는다. 교만을 없애면 다른 욕심은 쉬 없어진다.

성 크리소스토모契理瑣 [5]가 말했다. "먼저 남에게 뽐내는 마음을 없애야 다른 마음이 쉬 없어진다."

物有決然相滅者, 莫若德與傲. 丁香樹, 性至熱, 樹之, 其旁草木悉枯, 後栽者必不生. 蓄傲于心, 德不能入. 有德在心, 傲亦滅之. 徒存德態, 絶泯德性. 故曰: "修心以攻欲爲急." 攻欲有先後, 不先攻傲, 而攻他欲, 他欲不去. 傲去, 他欲易除矣. 聖契理瑣曰: "先除炫人之情, 他情易除."

1.4

성 요한若漢 [6]이 말했다. "교만이 덕을 망가뜨리는 것은 언제나 일이

---

5 성 크리소스토모Joannes Chrysostomus(347~407 추정): 안티오키아 출신으로 콘스탄티노플의 주교이자 교회학자다. 설교가의 주보主保로 축일은 9월 13일이다. 386년 사제품을 받았다. 그의 이름은 말을 잘한다고 해서 '황금의 입〔金口〕'이라는 뜻이다. 그의 설교는 이름뿐인 안티오키아의 기독교 생활을 윤리적으로 재활시키는 데 주력했다.

이루어지려 할 때다. 이는 마치 귀중한 보물을 싣고 미친 물결을 건너려다 너무 위험해 급히 언덕에 오르려고, 장사꾼이 용감하게 앞을 다투다가 배가 엎어져 실은 물건을 잃고 마는 것과 같다. 도리어 이러한 상황으로 말미암아 내가 덕을 닦고자 하면, 바람과 물결이 흉흉하게 솟구쳐 나를 뒤흔들고 깎아지른 바위가 마구 찔러 나를 부순다 해도 다행히 온전함을 얻을 것이니, 모두 잃기야 하겠는가?"

聖若漢有言: "傲之敗德, 每當其成. 如載重寶涉狂波, 危險過矣, 急于登岸, 賈勇争先, 覆舟失載. 反由于此, 我欲修德, 風濤洶湧以蕩我, 巉巖錯刺以破我, 幸而獲全, 顧以全喪乎?"

1.5

천주께서 교만을 미워하심은 어째서일까? 온갖 선과 모든 복이 다 하느님께서 주신 것이다. 교만한 자는 하늘이 주신 것을 자기가 스스로 소유한 것이라고 여긴다. 이처럼 배반하여 하느님에게서 받은 것을 가지고 도리어 하느님과 원수가 되고 마니, 하느님께서 어찌 그를 원수로 여기시지 않겠는가?

세상 사람은 모두 하느님께서 기르신 바여서 다 아끼고 사랑하신다. 교만한 자는 마음마다 일마다 오로지 자기가 높아지기만 원한 나

---

6 성 요한Joannes a Cruce(1542~1591): 에스파냐 언어권 모든 시인들의 수호성인이며, 교회의 가장 위대한 신비영성가다. 1567년 사제품을 받았다. 이듬해 두루엘로에서 아빌라의 성녀 테레사의 도움으로 개혁 수도생활을 시작했다. 수도회 개혁을 반대하던 카르멜회 수도자들에게 납치당해 감금된 뒤, 당시의 체험을 바탕으로 신비적·영성적·문학적인 성장을 이뤘다. 바에사에 개혁 카르멜회 대학을 세우고 학장이 되었으며, 1582년에는 그라나다의 로스 마르티레스 수도원 원장, 1585년에는 안달루시아 관구장이 되었다.

머지, 모든 사람을 업신여겨 굽혀서 억누르려고 한다. 그 결과 하늘과 사람이 모두 미워하게 만든다. 이 때문에 다른 죄악은 천주에게서 벗어나게 하나, 교만의 죄는 천주에게서 멀어지게 만든다. 질투는 남을 빼앗고 분노는 나를 빼앗지만, 교만은 천주를 빼앗아간다.

天主惡傲, 何故? 萬善萬福, 皆天帝賦予. 傲者以天賦爲己自有. 若斯倍負, 是以所受於天帝者, 反與爲敵讎也. 天帝豈不與爲敵讎哉? 世人皆天帝所育, 皆所慈愛. 傲者心心事事, 惟願尊己, 盡人類欲凌轢屈抑之. 則天人交惡焉. 故他罪離於天主, 傲罪遠於天主. 妬奪人, 怒奪我, 傲奪天主.

1.6

어떤 이가 물었다. "천주께서 교만을 원수로 여기신다면서, 그런 사람을 오히려 높은 지위에 있게 하는 것은 어째서인지요?"

내가 말했다. "교만한 사람을 높은 지위에 오르게 하는 것은 그의 영예를 더해주려는 것이 아니고, 다만 그의 떨어짐을 무겁게 하려는 것입니다."

성 베르나르도百爾納[7]가 교만한 사람에게 말했다. "네가 차츰차츰 단계를 밟아 올라갔더라도, 단계를 밟아 조금씩 내려오지는 못하고

---

7 성 베르나르도Bernardus(1090~1153): 프랑스의 가톨릭 사상가. 라틴어 이름은 '베르나르두스'다. 디종 근처 퐁텐의 귀족 집안에서 태어나, 1112년경 근친 형제 등 30명과 함께 시토회 수도원에 들어갔다. 3년 후 신설 클레르보Clairvaux 수도원의 원장이 되었다. 1128년 트루아 종교회의에서 승인한 성전기사수도회의 회칙을 그가 썼다고 한다. 신의 사랑을 오로지 자신의 신비적 체험을 바탕으로 펼쳤는데, 의지의 우위, 은총의 필요, 불가결성의 역할 중시 등이 그의 신학설의 특징으로 꼽힌다. 유려하며 리드미컬한 문체의 매력으로 신과의 합일과 기도를 중심에 두는 신학 전통의 대표자로 꼽힌다.

잠깐만에 벽력처럼 빠르게 내려오게 될 것이다."

或問: "天主讎傲, 猶有在高位者, 何故?"曰: "使傲人登高, 非增其榮, 獨重其
隕."聖百爾納謂傲者曰: "爾漸級而登, 不漸級而下, 乃暫然疾如霹靂也."

1.7

서양에 어떤 임금이 대단히 교만했다. 하느님의 《성경》을 외우는
사람이 "천주께서는 존귀한 이를 높은 지위에서 쫓아내시고, 겸손한
이를 올리신다"[8]고 말하는 것을 듣고는 이렇게 말했다. "이 말은 지워
버려야겠다. 내가 이제 임금의 지위에 있는데, 누가 나를 쫓아내고, 누
구를 내 위로 올린단 말이냐?"

며칠이 지나지 않아, 왕이 온천에 목욕하러 갔다. 방에다 옷을 벗어
놓자 따르던 신하들이 모두 피하여 떠났다. 갑자기 임금의 모습과 꼭
닮은 천사가 임금의 보배로운 옷을 입고는 낡은 옷과 바꿔서 횟대에
걸쳐두었다. 마침내 그가 나오자 여러 신하들은 그를 임금으로 여겨
모시고 조정으로 돌아왔다.

西有國王, 傲甚. 聞誦天主經者曰: "天主黜尊者於高位, 而陟謙者." 曰: "此
語可刪. 如我今處王位, 誰黜我, 誰陟我上乎?" 不數日, 王幸溫泉浴. 置衣於室,
從臣俱避去. 忽有天神肖王之容, 衣王之寶衣, 而易敝衣, 置之桁. 遂出, 諸臣以
爲王也, 扈從歸朝.

왕이 목욕을 마치고 나와 사람을 불렀지만 대답하는 자가 없었다.

---

8 천주께서는 …… 올리신다: 〈집회서〉 10장 14절, "주님께서는 군주들을 그 권좌
에서 몰아내시고 그 자리에 온유한 사람들을 앉히신다."

낡은 옷을 찾아 얻고는 몹시 이상하게 여겼다. 억지로 이를 입고 나와 시종하는 신하를 찾았으나 모두 이미 떠난 뒤였으므로 더욱 괴이하게 여겼다.

혼자 가서 조정으로 들어가니 왕이 자리에 있었으므로 요괴스러운 일로 생각했다. 총애하던 신하를 보고는 물었다. "네가 나를 알겠느냐?" 신하가 모른다고 하자 왕이 말했다. "내가 너의 임금이 아니냐?" 이 신하는 웃으면서 미친 사람이라 여겨 욕을 하며 그를 쫓아냈다.

왕은 근심으로 분통이 터지는 것을 견디지 못하다가, 문득 깨달아 말했다. "이는 생각지도 못한 근심이다. 바로 앞서 교만했던 말을 꾸짖으시는 것이로구나."

물러나 뉘우쳐 통곡하면서 반드시 고칠 것을 맹세하며 하느님께 용서를 구했다. 밤이면 조정에 들어가 매번 지난날의 영화와 복락, 오늘의 욕됨과 고초를 생각하면서 구슬피 탄식해마지않았다.

王浴竟, 呼無應者. 索得敝衣, 甚怪之, 强衣之出, 索從臣, 悉已去, 益怪之. 獨行入朝, 則王在也, 以爲妖異. 見寵臣, 問曰: "爾識我乎?" 臣弗識. 曰: "我非爾王耶?" 是臣笑以爲狂, 罵而逐之. 王不勝憂懣, 自悟曰: "此不虞之患, 正以責前日之傲言矣." 退悔痛哭, 矢必悛改, 求天主赦之. 夜入朝, 每念前日之榮福, 今日之辱苦, 哀嘆不息.

어느 날 저녁, 조정 신하들이 모두 흩어지자 천사가 나와서 물었다. "네가 이제 세상의 나라를 주고 빼앗는 권세가 천주께 있는 줄을 알겠느냐? 천주께서 빼앗는 것은 전쟁도 필요치 않다."

왕이 말했다. "눈으로 직접 보고 몸으로 겪었으니 어찌 감히 의심하겠습니까?"

천사가 말했다. "그렇다면 다시 네 옷을 입고 네 지위로 올라가거

라. 이제부터는 하느님의 전능하심을 삼가 공경하여, 교만한 말로 다시 무거운 재앙을 불러와서는 안 될 것이다."

말을 마치자 보이지 않았다. 왕은 예전처럼 임금이 되었지만, 궁궐 안과 조정 바깥에서는 이 사실을 아는 자가 없었다. 왕이 훗날 이 일을 직접 말하는 바람에 세상에 전해졌다.

一夕, 朝臣俱散, 天神出問曰: "汝今已知世國之與奪權在天主乎? 天主奪, 不必干戈也." 王曰: "目擊身受, 曷敢疑?" 神曰: "如是, 仍衣汝衣, 陟汝位. 但今以後, 宜敬信天主全能, 勿以傲言, 別致重殃, 可也." 言畢不見. 王爲故王矣, 而內宮外朝無知者. 後王自言之, 乃傳于世矣.

1.8

교만이 마음속에 들어오기만 하면 마침내 마음의 눈이 어두워지고, 정의롭고 공평한 의리는 갑자기 다 없어지고 만다. 다른 사람이 좋은 일을 하면 비록 훌륭해도 반드시 싫어하고, 오직 자기가 한 것만은 아무리 작아도 스스로 기뻐한다. 남이 공을 세우면 가볍게 보아 깎아내리고, 자기가 공이 있으면 과장해서 크게 만든다. 자기가 위에 있다고 보아, 남은 모두 자기 아래에 있는 것으로 여긴다. 남이 일을 성사시킬 경우 틀림없이 문제가 있어서 내가 살펴 보완해주지 않으면 모두 훌륭하지는 않으리라고 말한다.

傲入於心, 心目遂翳, 正平之義, 忽盡亡失. 他人爲善, 雖大必厭, 惟己所爲, 雖小自喜. 人有功, 輕之抑之, 己有功, 張大之. 視己在上, 視人悉在己下. 人有成事, 必謂有缺, 非我經營補綴, 不盡美也.

스스로 그 덕을 뽐내서 다른 사람들이 자신에게 이러한 덕이 있음을 믿게 하려 한다. 스스로 그 허물을 탓하면서도 남이 그 같은 허물이 있음을 믿게 하려 하지는 않는다. 다만 남이 나를 능력 있고 겸손하다고 칭찬하게 하려고만 할 뿐이다. 어쩌다가 이 같은 허물에 대해 나무라면 반드시 크게 성을 낸다. 모든 일에 자기만 옳고 자기만 믿으면서도, 유독 자기 일에서는 자기를 믿지 않고 남을 믿는다. 스스로 재주와 덕이 없음을 알면서도, 재주와 덕으로 기리는 자가 있으면 문득 자신의 믿음을 버리고 그 사람의 말을 깊이 믿는다. 교만한 자의 마음은 하나하나가 이와 같으니 자신을 속임이 지극한 것이다.

自矜其德, 欲人信其有是德. 自諱其過, 非欲人信其有過. 但欲人譽我能謙耳. 偶有以是過責之, 必甚怒. 每事自用自信, 獨於己事, 則不信己而信人. 自審無才德, 有以才德譽之者, 輒棄所自信, 甚信彼言. 傲者之情, 一一如此, 自欺之至也.

1.9

교만한 사람은 스스로를 지나치게 높이 보아, 자질구레한 사무는 마땅히 할 바가 아니라고 말하곤 한다. 남에 대해서는 또 낮춰 보아서, 무거운 임무는 능히 할 수 있는 바가 아니라고 말한다. 자기는 혹 잘할 수 있는 것도 기꺼이 하려 들지 않으면서, 남은 또 하고 싶은 일마저 하지 못하게 한다. 자기는 작은 것만 포기하면서 남은 큰 것을 포기하게 하므로, 사람들이 그를 버린다. 욕심 많은 장사꾼은 끝도 없이 값이 얼마 나가지 않는 물건을 비싼 값으로 속여, 실제 가격에는 팔려하지 않는다. 남들 또한 요구하는 값을 주려 하지 않으니, 끝내는 팔지 못하게 된다.

傲者自視過高, 謂細務非所當爲. 人又卑視之, 謂重任非所能爲. 己則不屑爲所或能爲, 人又不使爲所欲爲. 自棄於小, 人棄之於大, 棄人矣. 貪賈無厭, 貨直無幾, 而高誕其價, 不肯以實直售. 人又不肯與以所求直, 是終不售而已.

1. 교만을 이기는 일의 어려움克傲難

1.10

꿈에 대해 말하는 사람은 반드시 이미 꿈에서 깬 것이다. 악에 대해 인식하는 사람은 틀림없이 선으로 옮겨가기 시작한 상태다. 병을 처음 치료할 때는 모름지기 병이 있음을 알아야 한다. 만약 병을 병으로 인지하지 못해 치료하지 못하면 낫기가 어려워진다. 교만이 마음으로 들어오면 문득 마음과 눈이 흐려져서 교만이 있는 줄 알지 못하게 만들어, 망령되이 겸손을 지닌 것으로 알게 한다. 이 때문에 교만이 점점 더 깊어지는데도 스스로는 점점 더 겸손한 것으로 여겨서, 교만의 병은 날로 고질이 되어 치료할 방법이 없게 된다.

사람이 다른 악을 행할 경우에는 부끄러워 이를 감춘다. 다만 교만한 사람은 분명히 교만한 행동을 하면서도 부끄러워하지 않고 도리어 영예롭게 여긴다. 이 때문에 교만이 사람을 물들이기가 더욱 쉬워지고, 제거하기는 점점 더 어려워진다.

言其夢者, 必已醒, 識其惡者, 必始遷善矣. 治病之始, 須識有病, 若病不認病, 而不求治, 則難愈焉. 傲入於心, 輒瞀心目, 不使識有傲, 而妄認有謙. 故傲彌深, 自視彌謙也, 傲病日痼, 無由療矣. 人行他惡, 羞而匿之. 惟傲者明行其傲, 不以爲羞, 反以爲榮. 故其染人益易, 其除去益難.

1.11

아우구스티노亞吾斯丁[9] 성인이 말했다. "사람에게는 여러 종류의 정욕이 쌓여 있는데 그것이 죄가 될까 두려워함은 악을 두려워하는 것이다. 다만 교만이라는 한 가지 단서는 죄가 됨을 두려워하면서도 선을 두려워한다. 무슨 말인가? 덕과 교만은 비록 서로 반대지만, 덕스러운 뜻이 한번 어긋나면 덕을 가지고 교만이 생겨나 덕에 해가 됨이 심하다. 비록 덕의 외형을 지녔어도 덕성은 아예 없어지고 만다. 비유하자면 좀벌레가 그러하니, 좀벌레는 나무에서 생겨나 나무를 해친다. 껍질은 그대로 남아 있지만 그 속은 다 말라버린다."

亞吾斯丁聖人曰: "人積諸種情欲, 懼其爲罪, 懼之乎惡. 惟傲一端, 懼其爲罪, 懼之乎善. 何者? 德與傲雖相反, 德志一忒, 則以德生傲, 甚害于德. 雖存德形, 全滅德性. 譬之蠹然, 以木生而害木也. 皮之徒存, 其心槁矣."

1.12

다른 욕망은 육신을 공격하지만 교만은 정신을 공격한다. 오직 정신은 지극히 미묘하므로 나를 공격하는 것이 지극히 위험해 피하기가 어렵다. 다른 욕망이 나를 공격하는 것은 한 방면에 그친다. 교만이 나를 공격할 때는 예쁜 옷을 입고 오거나 아름다운 모습을 데리고 온다. 어젊과 함께 오거나 의로움을 끼고서 오며, 지혜와 함께 찾아오기도 한다. 심한 경우 겸손을 끼고 오기도 한다. 사방과 팔면에서 오지 않는 곳이 없다.

他欲攻形, 傲攻神. 惟神至微, 故攻我者, 至險難避. 他欲攻我, 止於一面. 傲之攻我, 挾美衣亦來, 挾美貌亦來, 挾仁亦來, 挾義亦來, 挾智亦來, 甚而挾謙亦來. 四方八面, 無不來也.

---

9 성 아우구스티노Augustinus(354~430): 타가스테에서 태어나 신앙심 좋은 어머니의 사랑 속에서 자랐지만 젊은 시절 방탕과 혼돈 속에 살았다. 카르타고에서 왕성한 지적 욕구에 불타 열심히 공부했지만 하느님을 만나지 못해 허무한 날이 이어졌다. 384년 밀라노에서 암브로시오 주교를 만나 그의 설교에 감동받고, 2년 뒤 회심했다. 397년 히포의 주교가 되었고, 이후 3년간《참회록》을 집필했다.

1.13

마귀의 꾀는 속임수다. 그 악으로 나를 이기지 못하면, 내가 저보다 나은 선의 모습으로 한꺼번에 들어와 나를 이기려 든다. 다른 욕망이 나를 치는 것은 오로지 악한 모습을 가지고 하므로, 알기도 쉽고 이기기도 쉽다. 하지만 교만이 나를 공격할 때는, 애초에 악한 모습으로 공격해서 먹히지 않으면, 모습을 덕스럽게 바꿔 나를 공격한다.

魔計詭矣, 不能以其惡勝我, 則以我所勝彼之善, 皆入而勝我. 他欲攻我, 惟以惡貌, 易識易勝. 傲之攻我, 初以惡貌攻不入, 則變貌爲德以攻我.

만약 교만한 모습으로 이기지 못할 경우, 모습을 겸손하고 후덕하게 한다. 부유한 모습으로 이기지 못하면 재물을 가볍게 여기는 듯이 행동한다. 존귀한 모습으로 이기지 못할 때는 벼슬을 사양하는 모양을 취한다. 재주와 언변을 갖춘 모습으로 이기지 못하면 고요히 침묵하는 모양을 띤다. 내가 드러내놓고 선을 행하면 마귀도 드러나게 선을 행함으로써 나를 공격한다. 내가 남몰래 선을 행하면 행실을 드러내는 교만을 피해 저도 남몰래 행하면서 교만을 피하는 선의 태도로 나를 공격한다.

如以傲貌不勝, 即貌爲謙厚. 以富貌不勝, 即貌爲輕財. 以貴貌不勝, 即貌爲讓爵. 以才辯貌不勝, 即貌爲靜黙. 我顯行善, 彼以顯行善攻我. 我陰行善, 以避顯行之傲, 彼以陰行避傲之善攻我.

내가 이미 다른 교만을 모두 피했을 경우, 오히려 교만을 피했다는 그 교만을 가지고 나를 공격한다. 이를 양파 까는 것에 비유해보자. 껍질 하나를 제거하면 안에 다시 하나가 있다. 백 번을 벗겨도 백 번 모두 다 있다. 문어는 몸에 일정한 색깔 없이 사는 물에 따라 색이 변한다. 다른 물고기를 잡으려 하면 문득 바위에 숨는데, 색깔이 바위와 다름이 없다. 그러면 다른 물고기가 돌인 줄로만 알고 혹 다가갔다가 잡아먹히고 만다. 또한 이 방법으로 다른 물고기의 공격도 피한다. 교만 또한 이와 한가지다. 능히 사특함을 밝힐 수 없을 경우 덕스러운 모양을 하고, 내가 살펴서 제거하려 들면 저 또한 그렇게 한다.

我既全避他傲, 猶以避傲之傲攻我. 譬之剝葱, 去其一, 內復有一, 百剝百有. 墨魚體無定色, 隨所居水爲色. 欲攫他魚, 輒伏石, 色與石無異. 他魚以爲石也, 或就之, 殲焉. 亦以此避他魚之攫也. 夫傲亦如是. 不能明爲邪, 卽貌爲德, 我欲察而祛之, 彼亦然.

1.14

다른 욕망은 아무리 커도 죽을 때가 되면 그친다. 교만만큼은 염을 해도 관에 그대로 드러나고, 장례를 치러도 그 묘에 나타나 영원히 없어지지 않는다. 다른 욕망은 극복하고 나면 점차 소멸하거나 힘을 잃어 다시 무성하게 자라지 않는다. 혹 그 장소를 바꾸고, 혹 그 시간을 바꾸면서 자주 끓어넘칠 것 같지만, 장작불을 빼버리면 차츰 가라앉는다. 색욕 같은 것은 젊어서는 실컷 즐겨도 늙고 나면 시들해진다. 분노 따위는 참으면 떠나가고 고요해지면 물러난다. 오직 교만은 한번 마음에 들어오면 때와 장소를 가리지 않고 딱 붙어다닌다. 움직일 때나 고요할 때나, 말할 때든 침묵할 때든, 무리와 있거나 혼자 있거나 벗어날 수가 없고 덮어 가릴 수가 없다.

他欲雖大, 至死則止. 惟傲, 殮尙形於棺, 葬尙形於墓, 永世不已. 他欲受克, 漸次消瘁, 不復滋長. 或易其處, 或易其時, 數如洗湯, 去其薪火, 稍得平矣. 如色慾, 少則饜, 老則息. 如忿怒, 忍則去, 靜則却. 惟傲一納於心, 時處附着焉. 或動或靜, 或言或黙, 或衆或獨, 必不可離, 且不可掩.

신체가 노쇠해도 교만은 줄어들기는커녕 날마다 더욱 심해진다. 내가 처지를 바꿔도 교만은 그대로이고, 내가 직업을 바꾸더라도 교만은 변함이 없다. 이를 뒤집어엎어 이기려 들면 들수록 점점 더 힘을 북돋워 다시 싸우자고 달려든다. 내가 내 힘으로 이를 이겨내고, 스스로의 정밀함으로 이를 분별하면, 교만 또한 어느새 사라져버린다. 하지만 사라진 가운데서 다시금 맹렬함을 더한다. 비유하자면 공차기와 같다. 땅에 대고 차는 것이 묵직할수록 튀어오르는 것은 더 높아진다. 이 때문에 교만이라는 한 가지 생각은 일어나는 것이 먼저고, 이기는 것은 나중이다. 덕이 아직 이르지 않았는데 생각은 이미 싹터 있는 것은 펴는 것이 앞서기 때문이다. 덕을 이미 이루었다 하더라도 해로움은 여전히 남아 있는 것은 이김이 뒤에 있기 때문이다. 비유하자면 옷 중에서 속옷을 가장 먼저 입고 제일 나중에 벗는 것과 같다. 속옷을 벗지 않으면 끝내 몸을 가리게 되고, 교만한 기운을 없애지 않고는 끝내 사람을 가리게 된다.

身能老而傲不衰, 日以益甚. 我易境而傲如境, 我易業而傲如業. 愈仆偃以勝之, 愈鼓力而復鬪. 我克之己力, 辨之己精, 彼亦已就滅絶. 滅絶之中, 復增猛烈. 譬猶蹴踘, 撲地滋重, 騰激滋高. 故傲之一念, 先發後勝. 德未至, 念已芽, 發之先也. 德已成, 害尙存, 勝在後也. 譬如裏衣, 衣之最先, 去之最後. 裏衣不去, 終爲蔽體. 傲氣不去, 終爲蔽人.

1.15

교만한 생각이 착한 행실과 짝을 이루는 것은, 검은 그림자가 햇빛과 나란한 것과 같다. 한쪽 면에는 빛이 있지만 반대 면에는 반드시 그림자가 짝을 이룬다. 해가 머리 위에 이르러 빛이 곧장 내려비춘 뒤에야 사면에 그림자가 없어진다. 내가 덕을 닦는 마음이 온전하게 천주께로 향하지 않으면, 그 빛은 반드시 치우쳐서 교만의 그림자가 여기에 붙는다. 오직 바른 덕과 순수한 마음으로 한결같이 천주와 마주해야만 아래위가 서로 맞아 온몸이 빛나게 되며, 교만이 저절로 오지 않게 된다.

傲念配善行, 如黑影配日光. 一面有光, 對面必有影配之. 至日在頂, 光直下照, 然後四面無影耳. 我修德之念, 未全向天主, 其光必偏, 傲影乃附. 惟正德純心, 一與天主對, 上下相合, 全身是光, 傲無自來矣.

2. 육신의 행복으로 교만해짐을 경계함戒以形福傲

1.16

시험 삼아 묻는다. 교만은 왜 부리는가? 너는 어째서 네 생명이 어디에서 와서 어디로 가는지, 그리고 지금 다시 무엇을 하고 있는지에 대해 생각지 않는가? 네가 온 것으로 말하자면, 천주께서 너를 만드셨다. 너 이전에는 이 어찌 귀중한 물건이었겠는가? 너는 없었다. 네가 없다면, 짐승보다 천하고 풀보다 미약하며 가는 먼지에 떠다니는 것일 뿐이었다. 네가 가는 곳으로 말하자면, 흙으로 돌아갈 뿐이다. 너는 영구한 존재가 아니요, 일백 년도 못 가서 썩어 재가 될 뿐이다. 네 행동으로 말한다면, 홀로 망령된 생각과 망령된 말, 망령된 행동을 지녔을 따름이니 모두 죄를 부르는 것들이다. 무슨 총명함이 있고, 무슨 지혜가 있으며, 무슨 역량이 있단 말인가? 앞서는 아무것도 없었고, 뒤에는 재가 될 뿐인데, 이제 또 죄를 짓고 있구나. 너는 이와 같이 끝날 것인데도 또 교만하기까지 하니, 안타깝다!

試問傲何故乎? 爾盍思爾生從何來, 將從何往, 今復何爲? 言爾來, 則天主造爾也. 爾以前, 是何貴重物? 無爾也. 無爾則賤於獸, 微於草, 浮於細塵者爾也. 言爾徃, 徃於土耳. 爾非永久物, 未及百年, 穢灰而已. 言爾爲, 獨有妄想妄言妄行在, 皆取罪者也. 有何聰明, 有何智巧, 有何力能乎? 夫前爲空爾, 後爲灰爾, 今又爲罪爾. 爾如是止矣, 而且傲, 嗟哉!

베르나르도가 사람들에게 말했다. "네가 온 곳을 생각한다면 너무도 부끄럽고 수치스러워할 만하다. 지금 있는 곳을 생각한다면 몹시 탄식하며 통곡할 만하다. 앞으로 갈 곳을 생각하면 심히 두려워 떨 만하다."

사람이 언제나 이 세 가지 생각을 간직한다면 교만은 마땅히 저절로 줄어들게 될 것이다.

百爾納語人曰: "爾思所從來, 甚可愧耻. 思今所在, 甚可嘆哭. 思所從徃, 甚可戰慄." 人恒存此三思, 傲當有自減矣.

1.17

어떤 사람이 수중에 몇 푼의 돈을 지니고서 스스로 대단한 부자라고 말하거나, 낮은 벼슬자리 하나 차지하고는 크게 귀하다고 으스대며, 갓 태어나 돌도 되지 않았는데 오래 장수했다고 말한다면, 누군들 이런 사람을 비웃지 않겠는가? 그 견식이 좁고 받은 것이 미천해서 그런 것은 아니겠는가? 아! 내가 남을 비웃으면서도 남이 나를 비웃고 있는 줄은 깨닫지 못하고, 내가 세상에서 부귀·영화·수명을 얻었다 하여 세상의 가난하고 천하고 일찍 죽은 사람들을 비웃고 있구나. 많은 것이 적은 것을 비웃는 것은 그럴 수 있다. 하지만 이 세상에서는 제아무리 많다 해도 또한 적고, 온전하다 해도 또한 부족한 법이다. 하물며 내가 차지한 것은 앞선 옛날과 뒤에 온 지금 가운데 한순간일 뿐이고, 내가 사는 곳은 높은 하늘과 드넓은 땅 가운데 티끌 하나일 따름이다. 그러니 어찌 이처럼 부족하고 결핍된 세상에서 온전한 복을 누리는 하늘을 비웃겠는가?

假令有人手數銖錢, 自謂至富矣, 沾一命, 謂大貴矣, 生未及期, 謂永壽矣. 如是者, 孰不笑之? 無以其見狹而受微乎? 嗚呼! 笑人而莫覺有笑我者, 我取富貴榮壽於世, 而笑世之貧賤夭折人. 以多笑寡, 宜矣. 然此世雖多亦寡, 雖全亦缺. 況我所當, 爲前古後今中一息. 我所居, 爲高天廣地中一塵. 奈何以此寡缺之世, 取笑于得全福乎天者哉?

나의 기준으로 세상을 살펴보면 세상은 많고 적음으로 나뉘지만, 하늘의 기준으로 세상을 본다면 많고 적음으로는 세상을 나눌 수가 없다. 살아서 지금을 본다면 지금은 있고 없고로 구분되지만, 죽은 뒤에 지금을 살펴본다면 지금에는 있고 없고의 구분이 없다. 어찌 자신만을 믿고서 교만을 부린단 말인가?

以我視世, 世分多少. 以天視世, 世無分多少矣. 以存視今, 今分有無. 以亡後視今, 今無分有無矣. 惡得自恃而傲乎?

1.18

사람이 감촉하는 바에 내맡겨서 한차례 돌이켜 생각해본다면, 모두 다 교만을 고쳐 겸손이 되도록 이끌 수가 있다. 어떤 이는 안팎으로 생각을 짓고, 어떤 이는 아래위로 생각을 짓는다. 또 어떤 이는 평등하게 마주하는 생각을 짓기도 한다. 바깥쪽을 생각하는 사람은, 남이 지능과 재주와 덕이 있는데 내가 혹 한 가지라도 남만 못할 경우 마땅히 겸손해야 한다. 내면을 생각하는 사람은, 내가 죄과가 있을 경우 천주께서 미워하고 천사가 싫어하므로, 삿된 욕심이 있더라도 막을 수가 있다. 선이 있음은 천주께서 빌려주신 것이고, 재주와 지혜가 있는 것은 진실로 남에게서 배운 것이다. 아는 것이 비록 많다 해도 아직 모르는 것이 틀림없이 더욱 많을 것이다. 그러니 나는 또 겸손해야만 한다.

夫人任所感觸, 但一回想, 皆可引使改傲爲謙也. 或作內外想, 或作上下想. 或作平等對境想. 想外者, 人有智能才德, 我或無一如人, 宜謙矣. 想內者, 我有罪過, 天主所惡, 天神所厭, 有邪欲可防. 有善固借之于天主, 有才智固學之于人, 所知雖多, 所未知必尤多, 我又謙矣.

아래쪽을 생각해보자. 아래에는 지옥이 있어 죄가 있으면 벌을 주니 몹시 두려워할 만하다. 마귀가 내 마음에 미혹을 부추겨 내 몸을 해칠 경우, 천주께서 나를 지켜주시지 않으면 나는 이것을 막을 도리가 없다. 짐승은 나보다 용감하고, 새는 나보다 민첩하다. 초목만 하더라도 꽃은 혹 볼만한 구석이 있고, 열매는 먹을 수가 있어 저마다 나에게 쓸모가 있다. 나는 사물에게 쓸모가 없다. 사물은 모두 내가 굳이 필요 없지만, 나는 사물이 필요하지 않을 수가 없다. 그러니 나는 또 겸손해야 한다.

想下, 下有地獄, 以罰有罪, 甚可畏. 有鬼魔能煽惑我心, 殘害我身, 非天主祐我, 我不能防之. 獸勇於我, 禽捷於我, 草木或花可視, 實可食, 各有用於我. 我不能有用於物, 物皆能無用我, 我不能無用物, 我又謙矣.

위쪽을 생각해보자. 위에는 천사가 있어서 그 성정이 나를 신령케 하니, 내가 항상 그 보호에 힘입어 세상의 근심을 피한다. 또 위에는 천주께서 계시니, 사람이 그 권능을 능히 빼앗지 못하고, 그 지혜를 가릴 수 없으며, 그 의로움을 어길 수가 없고, 그 어짊을 저버릴 수가 없다. 그 누가 이것을 벗어날 수 있으며, 또 그 누가 이보다 강할 수 있겠는가? 그러니 나는 또 겸손해야 한다.

想上, 上有天神, 其性情靈於我, 我恒賴其保護, 以避世患. 又上有天主, 人不能奪其能, 不能晦其智, 不能違其義, 不能槁其仁. 孰得外之, 又孰得强之? 我又謙矣.

나란히 마주한 것을 생각해보자. 나와 함께하는 무리는 너무도 많아서 이런저런 셈법이 밀려들고, 근심 걱정이 어지러이 모여든다. 이것과 만나면 반드시 다치게 되고, 도망가려 해도 방법이 없다. 그러니 나는 또 겸손하지 않으면 안 된다. 생각이 그 어떤 것에 미치더라도 오히려 교만을 버리고 겸손을 간직하지 않을 수 있겠는가? 생각해보지 않았을 뿐이다.

想平等對境者, 我儕類甚多, 計算沓至, 憂患紛集. 遇之必傷, 逃之無術, 我又謙矣. 想及諸種種, 猶不去傲存謙乎? 未想耳.

3. 마음의 덕을 뽐냄을 경계함戒以心德伐

1.19

어떤 사람이 장소를 가려서 도를 닦고 싶어 현인에게 물었다. "고요한 곳과 시끄러운 곳 중 어느 곳이 더 안전할까요?"

현인이 대답했다. "스스로를 꾸짖어 뽐내지 않는다면 두 곳 모두 안전하다네. 스스로를 꾸짖지 않고 뽐내기만 좋아하면 두 곳 모두 위험하겠지."

이 때문에 한 번이라도 기뻐하고 뽐내는 마음을 지니는 것은 저만 알든 남들도 알든 그 해로움이 똑같다.

有人欲擇地修道, 問於賢人曰: "靜處與囂處孰安?" 答曰: "自責不伐, 兩處是安. 不自責喜伐, 兩處是危." 故存一喜伐念, 獨知衆知之害, 均也.

1.20

헛되이 뻐기는 데는 세 갈래가 있다. 가만히 혼자 좋아하는 것이 첫째다. 드러내놓고 자랑하는 것이 둘째다. 그 말을 듣고서 받는 것이 셋째다. 앞의 두 가지는 자신의 내면에서 나왔고, 나머지 하나는 밖으로부터 왔다.

虛伐有三端. 隱而自喜, 一也. 顯而自譽, 二也. 遇其言受之, 三也. 兩自內出, 一自外來.

덕에 따라 교만이 일어나고, 교만에 따라 손상을 받게 된다. 처음 생각이 맺힐 때는 비유하자면 씨를 심는 것에 해당한다. 이때 교만하면 씨가 썩어 싹이 돋지 않는다. 이미 실행에 옮길 때는 비유하자면 싹이 돋아난 상태다. 이때 교만하면 싹이 좀먹어서 성장하지 않고 썩은 좀벌레가 안에서 나온다. 일을 성취한 때는 비유하자면 가지가 무성하고 열매가 많이 달린 것이다. 이때 남의 달콤한 말을 듣고 교만해지면, 바깥에서 바람이 불어와 가지를 꺾고 열매를 흩어, 마침내 결실을 이루지 못하는 격이다.

隨德起傲, 隨傲受傷. 初結念時, 譬之種果. 此時傲, 種朽不生. 已行踐時, 譬之發芽. 此時傲, 芽蠹不長, 朽蠹內出也. 迨成就時, 譬之蕃枝茂實. 此時以受人之甘言傲, 是風從外至, 枝摧實散, 遂以不成.

1.21

하인이 주인의 물건을 가지고 시장에서 맞바꾸면서 손을 대지 않으면 충직하지만, 손을 댄다면 도적이다. 착한 말과 아름다운 행실, 능한 재주는 천주께서 우리에게 내려주신 재물이다. 이것으로 천국의 영원한 행복을 사고, 천주의 영화로운 이름을 넓히며, 사람들에게 선행할 것을 권면하고 가르쳐야 한다. 그런데도 문득 스스로 뽐내면서 자신의 영화만 꿈꾼다면 주인의 재물에 손을 대는 것이 되고 마니, 도둑질한 죄과에서 어찌 벗어날 수 있겠는가?

僕者以主貲市易, 不染指則忠, 否則賊. 善言美行能才, 天主所賜我貲, 以售天堂永福, 廣天主榮名, 誨勸人爲善. 而輒自伐, 以圖己榮, 染指矣, 盜罪曷逃乎?

1.22

사람이 가장 선하더라도, 그 선을 하느님께로 돌리지 않는다면 가장 악하다. 성 보나벤투라博納文 [10]가 말했다. "네가 장차 물건을 자기가 가지려고 참람하게 물건의 주인이라고 한다면, 악마의 무리다. 재주와 덕, 지혜와 능력은 원래 천주에게서 나왔다. 망령되이 자기 것이라고 말한다면 이는 너무도 어리석다."

만약 이를 알면서도 함부로 자기의 영예로 여긴다면, 벽을 뚫거나

---

10 성 보나벤투라Bonaventura(1221?~1274): 가톨릭 성인. 이탈리아의 스콜라철학자이자 신비사상가다. 프란치스코수도회 작은형제회의 총장을 역임했다. 이탈리아 토스카나 출신으로 원래 이름은 조반니 디 피단차였다. 1234년부터 파리대학 인문학부에서 공부했고, 학위를 받고 나서 알렉산더 헬렌시스 밑에서 신학을 연구, 스승과 같은 프란치스코회에 들어갔다. 창립자 아시시의 프란치스코의 정신세계를 연구해 여러 저술을 남기고 공식 전기도 썼다.

담을 넘는 도둑과 무엇이 다르겠는가? 네가 먼저 네게 속하지 않은 것을 제거한다면, 그 나머지는 네가 스스로 뽐내는 것을 허락하겠다. 시험 삼아 네게 속하지 않은 것을 제거한다고 치자. 마땅히 재주와 덕과 능력과 지혜를 없애고, 여기에 더해 자기 자신마저 제거하여 마침내 무無로 돌아가고 말 것이다. 아무것도 없는 것을 뽐내는 것이 가능한가?

人最善, 而不以善歸天主, 乃最惡也. 聖博納文曰: "爾將使物歸己, 僭爲物主, 魔之徒也. 才德智能, 原出天主. 妄謂己有, 是則甚愚." 若其知之, 冒爲己榮, 何異穿窬乎? 爾能先除其不屬爾者, 餘則許爾自伐矣. 試除其不屬爾者, 則當除才除德除能除智, 復且除己, 終歸於無. 伐其無, 可乎?

1.23

스스로 그 덕을 자랑하는 자는 덕을 지녀 덕을 뽐내는 것이 아니라 덕을 뽐내려고 덕을 행하는 것이니, 나중을 통해 앞을 징험할 수가 있다. 천주의 《성경》에 이런 이야기가 있다.

두 사람이 천주당에 올라 천주께 기도했다. 한 사람은 재주와 지혜와 영예와 이름이 남보다 뛰어난 이였고, 한 사람은 무뢰한이었다.

재주와 지혜가 있는 사람이 앞으로 다가서서 감사를 올리며 말했다. "주님! 제게 특별히 후하게 해주시어 저로 하여금 다른 사람보다 특별하게 해주심을 감사드립니다. 다른 사람은 간음하였고, 도적질을 하고 의리를 범하였습니다. 또 이 무뢰한과는 너무도 달리, 저는 일주일에 이틀은 재계하고 제 재물을 바쳐서 천주를 위해 받들어 공경하며 주님께 감사드렸습니다."

무뢰한은 황송해하며 멀리 떨어져 무릎을 꿇고 감히 올려다보지도 못한 채, 가슴을 치면서 부르짖어 말했다. "오! 주님, 죄인을 불쌍히 여기소서."

예수천주께서 세상에 내려오실 때 이름께서 이를 판결하여 말씀하셨다. "이 사람은 악하지만 돌아보아 스스로 뉘우치고 자신을 낮추었으니, 들어올 때는 죄인이었지만 나갈 때는 깨끗해졌다. 저 뽐내는 자는 교만함과 거만함으로 스스로 앞선 선을 없애버렸으니, 나갈 때는 더욱 더 더럽게 되었다."[11]

自矜其德者, 非因有德矜德, 乃因矜德行德也. 即後可以徵前. 天主聖經有言: 兩人登天主堂, 祈祝天主. 其一才智榮名過人, 其一無賴也. 才智者近立謝曰: "謝天主獨厚我, 俾我異于他人. 他人姦淫, 盜賊犯義, 又大異此無賴人, 我一七二日齋, 捐己財什, 爲天主奉敬, 謝天主." 無賴者皇竦遠跽, 不敢仰視, 拊胸籲號曰: "嗟乎天主, 憐我罪人." 耶蘇天主降生名號判之曰: "此人惡. 顧自悔自下, 入時罪人, 出時潔矣. 彼誇者以傲以滿, 自滅前善也, 出時愈汚矣."

재주와 지혜가 있는 자는 덕으로 교만을 취하여서, 교만을 남긴 탓에 덕이 없어졌다. 무뢰한은 죄를 가지고 겸손을 취해, 겸손이 이르자 죄가 소멸되었다. 덕은 도리어 죄가 되고, 악이 도리어 덕이 되었다.

---

11 두 사람이 천주당에 …… 더럽게 되었다: 〈루가의 복음서〉 18장 10~14절, "두 사람이 기도하러 성전에 올라갔는데 하나는 바리사이파 사람이었고 또 하나는 세리였다. 바리사이파 사람은 보라는 듯이 서서 '오, 하느님! 감사합니다. 저는 다른 사람들과는 달리 욕심이 많거나 부정직하거나 음탕하지 않을뿐더러 세리와 같은 사람이 아닙니다. 저는 일주일에 두 번이나 단식하고 모든 수입의 10분의 1을 바칩니다' 하고 기도하였다. 한편 세리는 멀찍이 서서 감히 하늘을 우러러보지도 못하고 가슴을 치며 '오, 하느님! 죄 많은 저에게 자비를 베풀어주십시오' 하고 기도하였다. 잘 들어라. 하느님께 올바른 사람으로 인정받고 집으로 돌아간 사람은 바리사이파 사람이 아니라 바로 그 세리였다. 누구든지 자기를 높이면 낮아지고 자기를 낮추면 높아질 것이다."

이 때문에 이렇게 말한다. "훌륭한 음식으로 스스로 병드는 것은 독약으로 스스로를 치료하는 것만 못하다. 아름다운 덕으로 혼자 교만을 부리는 것은 악한 죄를 가지고 스스로 겸손하느니만 못하다."

또 말한다. "교만과 덕이 함께하면 덕은 온전히 사라져버린다. 하물며 죄와 함께하는 것은 어떻겠는가? 겸손과 죄가 함께하면 죄가 전부 없어지니, 하물며 덕과 함께하면 어떻겠는가?"

고운 옷을 입고 구걸을 하면, 어찌 능히 남들로 하여금 나를 불쌍하게 여겨 입혀주고 먹여주게 할 수 있겠는가? 내가 천주께 불쌍하게 보이려 한다면, 마땅히 부족한 점을 드러내어 마음이 움직이게 해야 한다. 행실에서 추한 점은 감추고 그 덕을 뽐내 자랑한다면 천주께서 나를 불쌍히 여기겠는가, 나를 미워하시겠는가? 이 때문에 여유가 있음을 믿고서 구함을 알지 못하는 것은 천하에 가장 가난한 것이다.

才智者以德取傲, 傲存而德亡. 無賴者以罪取謙, 謙至而罪滅. 德反爲罪, 惡反爲德. 故曰: "以美食自病, 不如以毒藥自療. 以美德自傲, 不如以惡罪自謙." 又曰: "傲與德兼, 德全滅, 況與罪兼乎? 謙與罪兼, 罪全滅, 況與德兼乎?" 鮮衣行乞, 安能使人憐而衣食我? 我欲見憫於天主, 宜露所不足以動之. 匿醜於行, 矜誇其德, 天主憫我乎, 憎我乎? 故恃有餘不知求, 天下之絶貧也.

1.24

베르나르도가 스스로 뻐기는 사람을 나무라며 말했다. "네가 지닌 것은 다만 천주께서 이미 주신 것일 뿐이다. 다른 사람이 없는 것은 천주께서 그저 그 사람에게 주지 않아서이다. 어찌 천주께서 주신 것을 가지고 너를 귀하게 여기면서 남을 천하게 여길 수 있단 말인가? 받은 것이 많을수록 네 책임은 더욱 무거워진다. 이것을 가지고 스스로 뽐낸다면, 네 책임이 크다고 자랑하면서 다른 사람의 책임이 적다고 천하게 여기는 것과 똑같다."

百爾納責自伐者曰: "爾所有, 特天主已授爾. 人所無, 特天主未授人. 豈可以天主之賜, 貴爾而賤人乎? 受愈多, 爾責愈重. 以此自伐, 猶伐爾責多, 而賤人之責少者."

1.25

베르나르도가 말했다. "물의 근원은 바다일 뿐이니, 강과 호수는 모두 지류다. 무릇 덕의 근원은 천주일 뿐이니 착한 생각, 훌륭한 말, 아름다운 행실은 모두 지류다. 강과 호수는 다시 바다로 돌아간다. 그래서 순환하여 도는 것이 끝이 없다. 재주와 덕은 받아서 다시금 천주께 돌려드려야 한다. 그래야만 능히 나고 이루어지는 것이 훼손되지 않는다. 네가 재주와 덕이 있다 해서 스스로를 믿거나 헛된 기쁨을 내어 다른 사람을 가볍게 대하지 말라. 모름지기 자기 자신에게서 온 것이 아니라 모두 주의 은혜임을 생각해야 한다. 능히 주었다면 주지 않을 수도 있고, 비록 이미 주었더라도 또다시 가져갈 수도 있다. 나는 그것을 잠시 맡고 있을 뿐이니, 어찌 주었다고 하여 교만을 부리겠는가?"

百爾納曰: "水之原, 海而已, 江湖皆流也. 凡德之原, 天主而已, 善念昌言美行, 皆流也. 江湖復歸海, 故能環轉不窮. 才德受而復歸天主, 故能生成不毁. 爾有才德, 勿自恃, 生虛喜而輕他人. 須念非自我來, 悉惟主惠. 旣能與, 卽能不與. 雖已與, 又能復取. 我其寄也, 何與而驕哉?"

1.26

나는 원래 나로부터 나온 것이 아니니, 지금 내가 존재함은 또 나 스스로 존재하는 것이 아니다. 나조차 능히 내가 될 수 없는데, 하물며 내가 소유한 것이 어찌 내 것이 되겠는가? 성품과 목숨을 천주께 받았다면 재주와 덕과 공적은 성품과 목숨의 하찮은 장식일 뿐이니 내가 어찌 간여하겠는가? 참된 덕이 있다면 영예와 찬미, 유익과 보답이 아울러 함께할 것이다. 영예와 찬미를 천주께로 돌리고, 유익과 보답은 내게로 돌린다. 만약 영예와 찬미를 자신에게 돌린다면 유익과 보답을 모두 잃고 말 것이다. 그러므로 참된 덕을 지닌 사람이 아름다운 덕과 선한 공이 있어서 찬미와 기림을 듣게 되면, 우러러 천주를 올려다보며 찬송하고 감사하여 이를 다시 돌려드린다. 그래서 공덕이 성대해질수록 유익과 보답이 더욱 단단해진다.

我原非從我出, 今存我, 又非我自存. 我且不能爲我, 況我所有, 奚能爲我乎? 性命受之天主, 則才德功績, 性命之末飾, 我曷與耶? 有眞德, 則榮讚益報兼配之, 榮讚歸天主, 益報歸我矣. 若以榮讚自歸, 并益報俱失也. 故誠德之士, 有美德善功, 聞讚譽, 則瞻仰天主, 而頌謝轉歸之. 是以功德愈盛, 益報愈定.

1.27

옛날 어떤 현인이 몇 사람과 함께 큰 강을 건너다가 배가 뒤집히는 바람에 물에 빠져 장차 죽게 되었다. 하늘을 우러러 도움을 빌었다. 천주께서 천사를 시켜 끌어서 언덕에 오르게 했다. 갑자기 혼자 자기의 공덕이 성대해서 하늘의 구원을 얻었다는 생각이 들었다. 잠시 후에 말이 발을 헛디뎌서 구르게 되니, 그제야 마음이 교만했던 죄임을 깨닫고, 두려워하며 고쳐 뉘우치고 용서를 구해 다행히 죽지 않았다. 사람이 천주의 보살피심을 믿는다면 위험한 가운데서도 안전하겠지만, 자기의 공덕이라고 믿는 순간 안전한 가운데서 위험해진다.

昔賢與數輩渡大江, 舟覆溺將死. 仰天祈祐. 天主使神援登岸. 忽自念以功德之盛, 獲救於天也. 俄馬躓躪焉, 始覺傲心之罪, 惕然改悔求赦, 幸而不死. 人也恃天主之祐, 險中乃安, 恃其功德, 安中乃險.

1.28

사람이 먼저 자기를 속이지 않는데 누가 그를 속일 수 있겠는가? 먼저 스스로 기뻐하지 않거늘 누가 이를 기뻐할 수 있겠는가?

베르나르도는 남긴 거룩한 자취가 대단히 많아 사방 바깥으로 이름이 알려지자, 이를 사양하며 말했다. "내가 들으니 거룩한 자취 중 참된 것은 정성으로 이루었으나, 거짓된 것은 가짜로 흉내만 낸 것이라 한다. 내가 나 자신을 보니 정성과 덕스러움은 없고 또한 거짓 행함도 있지 않으니, 내게 있어 자취가 무슨 상관이란 말인가? 천주께서 세상을 가르치라고 남겨두셨지만, 그것으로 내 이름을 드러내지는 말라."

일백 사람의 위에 있는 행실도 한 사람 아래 있는 마음을 이기지 못한다. 만 개의 입이 함께 높인다 해도 스스로를 낮추는 한 마음과는 대적하지 못한다. 성인은 이와 같으셨다.

人不先自欺, 孰得欺之? 不先自喜, 孰得喜之? 百爾納所遺聖跡甚衆, 四外聞名, 辭曰: "我聞聖跡之眞者, 誠成之, 僞者假襲之. 我自視無誠德在, 亦無假行在, 跡於我何與乎? 天主留以訓世, 勿以名我." 夫上百人之行, 不勝夫下一人之心. 萬口之共尊, 不敵夫一念之自貶. 聖人如此.

1.29

어떤 사람이 말했다. "선을 행하는 것은 내가 하는 것이니, 이는 마치 공인이 그릇을 만드는 것과 같습니다. 공인이 이를 만들고서 자랑하는 것이 왜 안 되는지요?"

내가 말했다. "그 까닭은 네 가지다. 비록 내가 실제로 했더라도 천주께서 나를 도와주지 않았다면 능히 할 수가 없다. 배가 물길을 따라 내려가지만, 물을 거슬러서 저절로 올라올 수는 없다. 물고기가 스스로 통발에 들어가지만, 제힘으로는 통발을 나올 수가 없다. 흙은 저절로 가시나무를 자라게 하지만, 온갖 곡식을 저절로 나게 할 수는 없다. 인간의 정리는 절로 악을 향하는데, 천주께서 도와주시지 않으면 스스로 착해질 수가 없다. 그래서 《성경》에서는 '무릇 아름다운 은혜는 하늘로부터 온 것이요, 하늘의 크신 아버지로부터 왔다'[12]고 했다. 또 천주께서 사람들에게 이렇게 말씀하셨다. '너의 손실은 모두 너 스스로 만든 것이나, 너의 복은 모두 내가 내려준 것이다.'[13] 이 때문에 선을 행한 칭찬은 마땅히 천주께 돌려야지, 자기가 차지해서는 안 된다. 이것이 첫 번째 이유다.

或言: "爲善者, 我爲之. 如工人作器, 工人作之, 伐何不可?" 曰: "其故有四. 雖我實爲, 非得天主佑我, 不能爲. 舟隨水下, 不能逆水自上. 魚自入筍, 不能自出筍. 土自生荊棘, 不能自生百穀. 人情自向惡, 非天主助祐, 不能自善. 故聖經曰: '凡嘉惠從上來, 自大父降.' 又天主謂人曰: '爾損悉自作, 爾祐悉吾降也.' 故爲善之譽, 宜歸天主, 不應自居, 一也.

선이 합당한지 그렇지 않은지에 대해서도 내가 스스로 결정하기는 어렵다. 욥若白[14] 성인 또한 '내 마음이 비록 순수하고 맑다 해도, 나

<hr/>

12 무릇 …… 아버지로부터 왔다: 〈야고보의 편지〉 1장 17절, "온갖 훌륭한 은혜와 모든 완전한 선물은 위로부터 오는 것입니다. 하늘의 빛들을 만드신 아버지께로부터 내려오는 것입니다."

13 너의 손실은 …… 내려준 것이다: 〈욥기〉 5장 7절, "재난은 사람이 스스로 빚어내는 것, 불이 불티를 높이 날리는 것과 같다네."

14 욥Job: 구약성서 〈욥기〉의 주인공. 다니엘, 노아와 함께 대표적인 의인義人으로 꼽힌다.

스스로는 알 수가 없다'고 말했다. 그런 까닭에 무릇 사람이 지금 세상에서 선을 행하는 것은 밤중에 한 일과 같다. 밤중에 한 일은 날이 밝기 전에는 좋고 나쁨을 분간하지 못한다. 사람이 행한 선도 천주께 물어보지 않고서야 누가 능히 그것이 진짜인지 가짜인지를 미리 정할 수 있겠는가? 성 바오로葆琭[15]는 '내가 나를 살펴서 악함이 없다고 해서 틀림없이 선한 것은 아니다'라고 했다. 대개 나를 판단하는 것은 내가 아니라 실로 천주일 뿐이다. 이것이 두 번째 이유다.

善之合否, 我難自定. 若白聖人亦曰: '我心雖純淸, 我自不能知.' 故凡人今世爲善, 如夜作事. 夜作之事, 不至白日, 美惡不分. 人爲之善, 不質之天主, 孰能豫定其眞僞乎? 聖葆琭曰: '我察己無惡, 未必卽是善.' 蓋判我非我, 實惟天主, 二也.

내가 행한 선이 비록 지극히 순수한 듯해도, 이지러지거나 잘못되지 않음이 드물다. 황금이 비록 깨끗해도 틀림없이 찌꺼기가 없지 않다. 내가 행한 악은 온전히 악하고, 내가 직접 한 것이다. 내가 행한 선은 반드시 순전히 착하지는 않지만 또 내가 혼자 능히 할 수 있는 것이 아니다. 물건을 만드는 사람은 완성되지 않은 물건을 남에게 내놓지 않는다. 완성되지 않은 선은 사람이 스스로 부끄러워해야 마땅한데 스스로 뽐낼 수가 있겠는가? 선이 비록 단서가 많다 해도 진실로 한번 악한 일이 있게 되면 마침내 선은 없어지고 만다. 이 때문에 덕

---

15 성 바오로Paulus: 초기 기독교 사도로, 기독교의 초석을 닦았다. 처음에 유대교적 율법주의에 따라 기독교를 탄압했으나 그리스도의 음성을 듣고 회심했다. 이후 각지를 순방하며 전도에 힘쓰다 순교했다. 그가 남긴 저서 및 서간이 《신약성서》의 대부분을 이룬다.

을 행하는 것은 마치 성을 지키는 것과 같다. 한 모퉁이의 흠으로도 만 가지 견고함이 소용없기 때문이다. 이것이 세 번째 이유다.

吾所爲善, 雖似至純, 鮮不缺誤. 金雖精, 不必無滓. 我所爲惡, 則純惡, 係我自爲. 我所爲善, 未必純善, 又非我所自能爲也. 未成之工, 工人不以示人. 未成之善, 人宜視以自愧, 可自伐乎? 善雖多端, 苟有一惡, 終爲無善. 故爲德如守城, 一陣之瑕, 萬堅無益, 三也.

덕은 굳세고 오래되지 않으면 사물을 움직이지 못한다. 어찌 한때의 덕을 가지고 스스로를 믿을 수 있겠는가? 전쟁은 일이 다 끝나기 전에야 누가 승리를 말할 수 있겠는가? 형상은 문득 변해버려서 일정함이 없다. 때문에 덕이 온전한지 이지러졌는지는 공격을 받아봐야 드러난다. 덕이 공격을 받아보지 않고는 군센지 틈이 있는지를 시험하지 못하는 법이니, 참된 덕이라고 말할 수가 없다. 하물며 스스로 뽐내는 것이겠는가? 이것이 네 번째 이유다."

德非堅久不動物, 安可一時自恃? 如戰未訖事, 孰可言勝? 形忽變遷, 至無常也. 故德之全虧, 受攻乃見. 德未受攻, 堅瑕未試, 未可謂眞德, 況自伐乎? 四也."

4. 다름을 좋아함을 경계함 戒好異

1.30

교만한 사람은 자신이 남과 다르다고 생각한다. 마치 혼자 산꼭대기에 서서 아래쪽을 살펴보면 사람들이 웅크려앉은 까마귀처럼 보여서 내가 높고, 귀하고, 특별하다고 여기는 것과 같다. 하지만 내가 멀리서 사람을 보며 '까마귀떼가 땅에 있구나'라고 말할 때, 남들 또한 멀리서 나를 보며 '까마귀 한 마리가 산에 있네'라고 말하는 줄은 알지 못한다.

傲者, 以爲異於人. 如自立山頂, 視其下, 如蹲烏也, 以爲我高矣貴矣異矣. 不知我遠視人, '謂衆烏在地', 人亦遠視我, '謂一烏在山'.

1.31

아리스토텔레스亞利思多[16]는 서양의 이름난 선비다. 스스로 특별하다고 뽐내는 사람이 있다는 말을 듣고, 그에게 훈계했다. "너는 사람일 뿐인데, 무엇으로 남과 다르단 말인가? 남과 다른 것은 사람이 아니다. 위로는 천사이고, 아래로는 짐승이다. 위의 존재와는 같아질 수가 없고, 아래 것과는 같아지고 싶지 않을 것이다. 사람과 같아야 하지 않겠는가?"

亞利思多, 西之名士也. 聞有自伐其異者, 訓之曰: "爾人耳, 何以異於人? 異於人者, 非人也. 上則天神, 下則獸. 上者不能同, 下者不欲同, 亡若與人同乎?"

1.32

모니카默搦加[17]는 몹시 교만해서 남들이 자신을 신처럼 공경하고 천주처럼 떠받들게 하고 싶어 했다. 필리포스費理薄 왕이 그를 꾸짖으려고 하루는 성대한 음식을 차려 손님들에게 잔치를 베풀었다. 별도

---

16 아리스토텔레스Aristoteles(BC 384~322): 고대 그리스의 철학자. 플라톤의 제자로 그리스 학문 전반을 집대성했다. 플라톤의 관념론적 견해를 비판하고 경험론·유물론적 입장을 함께 견지했다. 알렉산더 대왕의 어린 시절 스승이기도 했다. 저서로《범주론》,《자연학》,《니코마코스 윤리학》,《시학》등 다수가 전한다.

17 모니카Monika: 미상.

의 자리를 마련하여 모니카를 초대하자, 모니카는 왕이 자기를 뭇사람과 다르게 예우한다고 여겨 가만히 혼자 기뻐했다. 자리를 잡고 앉자 왕은 다른 손님들에게 한 상을 차려내라고 명했다. 하지만 모니카에게는 향 하나만 내오게 했다. 그런데도 그는 왕이 자기를 특별하게 본다고 생각해서 더욱 기뻐했다. 자리를 마칠 때까지 이와 같이 했다. 다른 사람들은 모두 배불리 먹었지만, 다시 먹을 것을 내려주지 않자 그는 몹시 부끄러워하며 떠나갔다.

默揶加甚傲, 欲人敬之如神, 奉之如天主. 費理薄王欲誚之, 一日盛饌宴客. 設別几延默揶加, 默揶加以爲王之待己異衆人也, 竊自喜. 坐定, 王命于他客進一饌, 則于默揶加進一香. 猶以王爲異視己也, 益喜. 終席如是, 衆飫矣, 弗復下肴, 慚極而去.

1.33

남보다 특별하게 되고 싶어 하는 사람은 많다. 하지만 남과 다른 까닭을 알거나, 남과 다른 것을 행하는 사람은 적다. 다르다는 것은 일반적이지 않다는 말이다. 뜻과 말과 행실이 보통과 같지 않아야 다른 것이다. 부귀는 누구나 바라는 것이지만 네가 그것이 보잘것없고 잠시일 뿐이며 영구한 물건이 아님을 알아, 어쩌다 얻더라도 마치 얻지 않은 것처럼 하고, 얻지 못했더라도 또한 마치 이미 얻은 것처럼 해서, 얻고 잃음을 가지고 즐거움과 근심을 나누지 않는다면 특별한 사람일 것이다.

人欲異于人者多. 知所以異于人, 與行所以異于人者, 寡矣. 異者, 非常之謂也. 志言行異於常, 卽異也. 富貴同欲也, 爾知爲微蠧不永久物, 偶得之, 如未嘗得之, 未嘗得之, 亦如已得之, 不以得失分樂憂, 則異人.

찬미와 기림도 같은 욕심이다. 하지만 네가 그것이 빠르게 지나가는 바람 같은 것임을 알아서, 선을 버리면서 이를 취하지 않고 음험한 마음으로 이를 꾀하지 않는다면 특별한 사람일 것이다. 편안함도 똑같은 욕심이다. 하지만 네가 이 편안함이 금수禽獸와 같고, 사람은 금수와 달라 즐기는 바를 똑같이 즐김은 마땅치 않음을 알아서, 이에 선을 행하려 힘써 마음에 즐거움이 생겨나 육신의 즐거움을 위하지 못하게 한다면 특별한 사람일 것이다. 만약 세상 사람들이 함께 구하는 바를 구하고, 세상 사람들이 함께 얻는 바를 얻는다면 무슨 차이가 있겠는가?

美譽同欲也. 爾知爲速過之風, 不捐善以取之, 不陰心以圖之, 則異人. 安逸同欲也. 爾知此安逸, 與禽獸等, 人旣異於禽獸, 不宜同樂所樂, 于是圖爲善, 以生心樂, 勿爲形樂, 則異人. 若也求世所等求, 得世所等得, 何異之有?

5. 이름을 좋아함을 경계함戒好名

1.34

크리소스토모 성인이 말했다. "네가 한 번도 천주께 드린 적이 없는데, 천주께서 무엇으로 네게 보답하겠는가?"

사람이 행하는 선은 사람에게 한 것일 뿐인데, 천주께 무슨 보탬이 된다고 드렸다고 일컫는가? 오직 천주를 위해 선을 행해야만 그것이 바로 천주께 드린 것이다. 그래야 천주께서 이를 받으시고 그 보답을 정하실 것이다. 만약 선행을 하면서 명예를 구한다면, 마음이 본래 세상을 위하고 세상의 명예를 얻으면서 베풀었다고 말하는 것이니, 어찌 천주께 드린 것이겠는가? 갑자기 죽을 때가 이르게 되면 어찌 가진

것을 가지고 하늘의 보답과 바꾸거나 지옥에서 영원한 형벌을 면하겠
는가?

契理瑣聖人曰: "爾未嘗與天主, 天主何從報爾乎?" 夫人爲之善, 人耳, 何益
天主, 而稱與之? 惟爲天主爲善, 是則與天主也. 故天主受之, 以定其報. 若行善
圖名, 心本爲世, 得世名, 報施稱矣, 於天主曷與乎? 忽至死時, 何所持以易報於
天, 而免永刑于地獄邪?

《성경》에 말했다. "네가 궁핍한 사람을 도와줄 때는 오른손이 한
일을 왼손이 알지 못하게 비밀스럽게 행하여라. 네 아버지께서 갚아
주실 것이다."[18]

또 말했다. "만약 네가 선을 행하더라도 삼가 드러내놓고 행하여
남들이 보게 해서는 안 된다. 그렇게 하지 않는 자는 하늘에서 보답이
없을 것이다."[19]

聖經曰: "爾賑窮乏時, 右手所爲, 勿使左手知, 秘密而行. 爾父則報爾." 又曰:
"即爾行善, 愼勿顯行使人視. 不者無報於天."

1.35
사람이 선을 행하면서 남을 위해 한다면 차라리 하지 않는 것이 낫

---

18 네가 궁핍한 사람을 …… 갚아주실 것이다: 〈마태오의 복음서〉 6장 3~4절, "자
선을 베풀 때에는 오른손이 하는 일을 왼손이 모르게 하여 그 자선을 숨겨두어
라. 그러면 숨은 일도 보시는 네 아버지께서 갚아주실 것이다."

19 만약 네가 …… 보답이 없을 것이다: 〈마태오의 복음서〉 6장 1절, "너희는 일부
러 남들이 보는 앞에서 선행을 하는 일이 없도록 하여라. 그렇지 않으면 하늘에
계신 아버지에게서 아무런 상도 받지 못한다."

다. 하지 않는 자는 하늘에서 얻을 것이 없지만, 세상에서도 잃을 것이 없다. 남을 위해 하는 자는 하늘에서 얻을 것이 없고, 세상에서도 다시금 잃음이 있다. 굶주린 이를 먹이고 헐벗은 이를 입혀주는 것 같은 일체의 여러 행실이 있을 경우, 누가 덕이 아니라고 하겠는가? 실제로 재물을 쓰고 혹 마음과 정신을 써서 실제 비용을 잃었더라도, 헛된 이름을 얻었다면 얻은 것이 아니다.

人之爲善, 與其爲人爲, 無寧不爲. 不爲者, 在天無得, 在世亦無失. 爲人爲者, 在天旣無得, 在世復有失. 有如食飢衣裸, 一切諸行, 孰謂非德? 實費貨財, 或費心神, 實費失矣, 虛名之得, 非得也.

성 안셀모亞塞捏[20]가 말했다. "선행을 하면서 명예를 구하는 것은 새는 술잔을 채우는 것과 같다. 이쪽으로 들어가서 저쪽으로 나오니, 많고 적음은 따질 것이 못 된다. 남는 것은 다만 덕을 행한 노고와 가볍게 덕을 무너뜨린 죄뿐이다."

聖亞塞捏曰: "爲善求名, 如實漏卮. 此入彼出, 不問多寡也. 所存惟行德勞苦, 與輕敗德之罪而已矣."

1.36

여기 어떤 물건이 있다고 치자. 내일 일백 금을 받을 수 있는데, 오늘 급히 싼값에 팔아치운다면 누가 이를 비웃지 않겠는가? 덕이란 지

---

20 성 안셀모Anselmus(1033~1109): 북이탈리아 출신의 교부. 이성의 합리성에 의해 신앙을 인식할 것을 강조했다. 스콜라철학의 비조로 여겨진다. 저서에 《신은 왜 인간이 되지 않았나》 등이 있다.

극히 중요한 보물이다. 잘 간직해서 하늘에 갚기를 천천히 기다리지 않고서, 헛된 이름을 싼값에 경솔하게 내어 서둘러 팔아버리니, 슬픈 일이다!

有物于此, 來日可得百金, 今日亟以微價售, 誰不笑之? 德, 至重寶也, 不能善藏, 以徐待報于天, 而以虛名微價, 輕出迫售, 哀哉!

1.37

우리에게 선을 행하지 않아도 되는 때란 없다. 다만 선을 드러내는 것이 더디고 빠른 것은 절로 정한 시기가 있다. 천주께서 이를 조정하시므로 우리는 간여하지 못한다. 때가 되지 않았는데 드러내서 다른 사람에게 칭찬을 받는 것은 길가에 있는 과일을 사람마다 따지만 그것이 익었는지는 묻지 않는 것과 같다. 백 개, 천 개, 만 개의 과일이 달려도 마침내 하나도 익지 못한다.

吾人無可不行善之時. 惟顯善之遲速, 自有定候. 天主操之, 我無與焉. 非時而露, 使人見稱, 路旁果也, 人人取之, 安問其熟. 百千萬果, 竟無一成.

1.38

내게 보배로운 재물이 있다 하여 남에게 보여주는 것은 도둑을 불러들이는 일이다. 비유하자면, 남에게 '너는 어째서 나의 이 보물을 알지 못하느냐?'고 말하고 싶어 하는 것이니, 이는 남에게 '너는 어째서 내 이 보물을 가져가지 않느냐?'고 말하는 것과 같다. 덕은 몸의 보물이다. 네가 이를 급히 드러내면, 부러워하는 자는 감탄하고 칭찬해서 너로 하여금 스스로 기뻐하게 할 것이다. 시샘하는 자는 비방하는 논의로 네가 두려워서 그만두게 하거나, 혹 참지 못하고 성을 내게 만들 것이다. 이것은 모두 덕을 없애고 공을 덜어내는 빌미가 된다.

我有寶賄明示人, 是誨盜也. 譬欲語人, '女何不知我此寶?' 則是語人, '女何不取我此寶?' 德, 身寶也. 爾急露之, 美者歎賞, 令爾自喜. 妬者訾議, 令爾懼而輟, 或不忍而怒. 此皆消德損功之緣矣.

그러므로 덕을 닦음은 마땅히 보리를 파종하듯 해야 한다. 보리를 파종하는 사람은 추위를 기뻐하고 더위를 두려워한다. 바야흐로 씨를 뿌릴 때는 그 뿌리가 가장 얕아서 한 번이라도 바람이나 더위를 쐬면 곧바로 싹이 말라버려 다시 보리를 거두지 못하게 된다. 이 때문에 덕을 심는 사람은 고요함 속에 지내면서 그 뿌리를 깊게 하기에 힘써야만, 나중에 비록 칭찬이나 헐뜯음과 같은 바람과 더위가 침범하더라도 끝내 흔들리지 않는다.

故脩德宜如播麥. 播麥者, 喜寒畏熱. 方種之時, 其根最淺, 一遇風熱, 即芽蘗乾枯, 無復此麥. 故種德者, 務居於靜, 以深其根, 後雖有稱毁之風熱犯之, 終不搖矣.

1.39

성현이 덕을 닦는 뜻은 오직 천주께 미쁨을 받아, 하늘에서 서서히 보답을 받으려는 것이다. 참된 덕을 더럽히고 하늘의 보답을 비우는 것으로는 명예만 한 것이 없다. 덕을 드러내 이름을 구하는 죄는 덕이 부족한 것보다 더 나쁘다. 이 때문에 성현이 덕을 닦는 뜻은 온건하게 감추는 뜻을 더하지 않으면서 세상의 기림을 피하기를 세상 사람들이 세상의 기림을 얻기 원하는 것보다 한층 더 심하게 한다.

聖賢修德之意, 惟是媚兹天主, 徐以食報于天. 若夫汚眞德, 虛天報, 莫名譽若矣. 露德求名之罪, 甚於乏德. 故聖賢修德之志, 不加於藏穩之志, 其避世譽也, 甚於世人願得世譽也.

바실리오罷西略[21] 성인이 말했다. "나는 지금 세상의 명예에 대해 홀로 감히 이를 바라지 않을 뿐 아니라, 설령 어쩌다 만나더라도 또한 감히 이를 받아들이지 않겠다. 지금 세상의 영예가 나의 덕을 소멸시키지는 못하더라도, 또한 반드시 하늘의 보답을 덜어낼 것이기 때문이다."

罷西略聖人曰: "吾於當世名, 微獨不敢冀之, 縱偶值, 亦不敢納之. 恐今世之榮, 即不及滅我德, 亦必滅天報也."

1.40

힐라리오係辣戀[22]는 거룩한 자취가 매우 많았으므로 이름이 만방에 퍼졌다. 찾아오는 자가 날로 많아지자, 성인께서는 기뻐하지 않으면서 자주 거처를 옮겨 이를 피했고, 여의치 못하면 울었다.

문인이 까닭을 묻자, 이렇게 대답했다. "《성경》에는 '무릇 어짊을 따르려 하면 반드시 박해를 받는다'[23]고 했다. 내가 앞선 여러 성현 중

---

21 성 바실리오St. Basil the Great(330∼379 추정): 3대 카파도키아 교부 중 한 사람. 니사의 성 그레고리오와 성녀 마크리나Macrina의 형제. 당시 이방인 문화와 기독교 문화가 한창이던 카파도키아의 카이사레아와 콘스탄티노폴리스, 아테네에서 교육받고 세속을 떠나 수도생활을 지망했다. 시리아와 이집트에서 오래 지내다가 358년 이리스Iris 강변에서 은수隱修 생활을 했다.

22 힐라리오Hilarius(?∼468): 이탈리아의 사르데냐섬 태생으로, 레오 1세가 선종했을 때 대부제였으며, 같은 해 11월 19일 교황좌에 올랐다. 전임 교황에 이어 로마 주교가 다른 주교들에 우선한다는 점을 강하게 주장했다. 또한 아리우스파를 배격하고, 갈리아와 이베리아 지역에 대한 교회의 지배권을 강화했다. 사후 시성되었으며, 축일은 2월 28일이다.

23 무릇 …… 박해를 받는다: 〈베드로의 첫째 편지〉 2장 20절, "선을 행하다가 고통을 당하면서도 참으면 하느님의 축복을 받습니다."

에 실다운 덕이 있는 사람을 살펴보니, 세상의 괴로움과 욕됨으로 인해 그 덕에 더 가까이 나아가 하늘의 보답을 받지 않음이 없었다. 이제 나를 공경하여 기리는 사람이 많으니, 천주께서 이것으로 나를 채워주어 세상에서 보답해주시려는 것인가 싶어 걱정된다."

係辣戀聖跡甚衆, 名播萬方. 來訪者日衆, 聖人不悅, 數徙避之, 不獲而哭. 門人問故, 答曰: "聖經云: '凡欲循仁, 必受窘迫.' 吾考前輩諸聖賢有實德者, 無不因世苦辱, 密就其德, 以蒙天報. 今敬譽我者多, 恐天主以是足我報於世乎."

1.41

니콜라泥哥老[24]의 마을 사람이 몹시 가난했다. 한 마을 사람이 딸을 셋 두었는데, 큰딸이 시집을 가지 못하자, 니콜라는 어두운 밤에 재물을 들고 가서 몰래 그 집에 던져주었다. 이 사람이 그 재물로 맏딸을 시집보냈다. 다시 처음처럼 던져주어 그의 둘째 딸도 시집을 갔다. 하지만 끝내 어디서 온 돈인지는 알지 못했다. 그가 혼자 말하기를, "어짊을 베풀어야 할 일이 아직 끝나지 않았으니, 어진 마음을 멈추지 않을 것이다. 내게는 막내딸이 남아 있으니 그가 반드시 다시 올 것이다" 하고는 몰래 숨어 엿보았다. 과연 그가 와서 재물을 던져놓고는 달아났다. 급히 쫓아가서 그를 만나고는 그 은혜에 깊이 감사하고, 무엇으로 갚아야 할지 물었다.

---

24 니콜라Nicolaus: 3세기 후반 소아시아에서 태어난 것으로 알려졌지만, 정확한 생몰 연도는 미상이다. 리키아 미라Myra의 주교, 성인. 부인과 뱃사람, 어린이의 수호성인이다. 가난한 마을 사람의 딸을 위해 지갑을 던진 이야기, 유괴된 아이를 소생시킨 이야기 등이 전한다. 축일 전날 밤 어린이에게 선물을 보내는 전통이 있는데, 이것이 산타클로스 전설이 되었다고도 한다.

니콜라가 말했다. "내가 이를 행한 것은 오직 천주를 위한 것이니, 남이 알까 염려스럽구려. 내가 살았을 때는 당신이 남에게 알리지 마시오. 이것이 나에 대한 보답이오."

남의 집 딸 시집보내는 것을 친족처럼 했고, 사람을 피하는 것을 도둑 보듯 하여, 덕을 감추고 헛된 기림을 피하였으니, 성인이다.

泥哥老之鄕人貧甚. 有三女, 長而未嫁, 暮夜挾賷潛擲其家. 是人得賷, 嫁其長女. 復擲如初, 嫁其仲女. 終莫解所從來. 私謂: "仁功未竟, 仁心當未休. 吾有少者在, 必復來也." 陰伺之, 果至, 擲賷而奔. 急追得見, 甚感其恩, 問何以報也. 泥哥老曰: "我之行此, 惟爲天主, 故恐人知. 當我生時, 爾弗告人, 是報我矣." 嫁女如親, 避人如盜, 藏德以避虛譽, 聖人也.

1.42

모세每塞[25]는 몸을 옹기장으로 감췄지만 이름이 만국에 드러났다. 어떤 귀한 손님이 그를 찾아가다가, 길에서 웬 늙은이가 지팡이를 끌고 오는 것을 보았다. 모세를 알 것이라고 여겨 그에게 묻자, 이렇게 대답했다. "모세는 영락한 사람일 뿐이라오. 풍채는 본받기에 부족하고 수행도 높이기에 충분치 않은데, 어찌 보려 하시오?"

귀한 손님은 그 말을 듣고는 그만두고 돌아왔다. 그 친구에게 말하고 나서야 그가 바로 모세임을 알았다. 더욱 탄복하며 말했다. "여태껏 그가 성자라고 들었지만 시험해보지 못했는데, 이제야 이 눈으로

---

[25] 모세Moses: 기원전 13세기경 이집트의 노예였던 이스라엘 민족을 해방시킨 민족의 지도자이자 위대한 예언자. 시나이산에서 〈십계〉를 비롯한 신의 율법을 받아 이스라엘 민족에게 전했다.

직접 보았다."

每塞身隱一陶, 名彰萬國. 有貴客徃訪之, 途見老者曳杖來. 以爲知每塞者也, 詢之, 答曰: "每塞落拓人耳. 丰儀不足象, 修行不足尊, 奚見爲?" 貴客聞言, 廢然而返. 以語其友, 知卽每塞也, 益嘆服曰: "向聞其聖者, 未試之, 今目擊矣."

1.43

성 그레고리오가 말했다. "교만한 사람은 실제로 자신에게 이 같은 덕이 없는 줄을 알면서도, 이것으로 그를 칭찬하면 기뻐하지 않음이 없다. 하늘이 준 알찬 덕을 잃는 것은 근심하지 않으면서, 오로지 남들이 주는 뜬 이름 얻는 것을 즐거움으로 삼는다. 겸손한 사람은 이와 다르다. 칭찬하는 말이 이르렀을 때 하나하나 스스로를 되돌아본다. 되돌아보아 내게 그것이 없다면, 이는 내가 없음을 헐뜯고 비방하는 것이니 내가 부끄러워하며 닦아야 한다. 되돌아보아 내게 그것이 있을 경우, 이는 내가 지닌 것을 날리어 흩으려는 것이니 내가 두려워하며 감춰둔다."

聖厄勒臥略曰: "傲者實知我無是德, 以是譽我, 乃無弗喜. 不以天與實德之失爲憂, 惟以人與浮名之得爲樂. 謙者異是. 譽言之至, 一一自反. 反之我無, 是毀詆我無也, 我愧而脩. 反之我有, 是飄散我有也, 我懼而藏."

《성경》에 말했다. "쇠를 시험하려면 시뻘건 화로에 이것을 넣고, 사람을 시험하려면 칭찬하는 입에다 그를 넣어라."[26]

---

26 쇠를 …… 그를 넣어라: 〈잠언〉 27장 21절, "도가니에서 금이나 은을 제련하듯, 칭찬해보아야 사람됨을 안다."

가짜 쇠는 불에 넣으면 연기에 따라 흩어진다. 진짜 쇠는 불에 들어가 단련할수록 더욱 정밀해진다. 기림은 사람에게 있어, 텅 빈 덕과 만나면 문득 헛된 기쁨을 일으키므로 사라져버린다. 알찬 덕과 만나면 문득 참으로 두려운 마음이 생겨나서 성장하게 된다.

經曰: "試金納之紅爐, 試人納諸譽口." 僞金入火, 隨烟而散. 眞金入火, 彌鍊彌精. 譽之於人, 虛德遇之, 輒生虛喜, 故消. 實德遇之, 輒生實懼, 故長.

1.44

알찬 덕은 마치 살아 있는 물건과 같다. 바깥을 기다리지 않고 스스로 능히 행한다. 그래서 바깥의 기림을 가지고 오고 가는 것은 나의 행동거지가 되지 않는다. 오직 텅 빈 덕만이 남이 칭찬해주기를 기다린다. 피리는 본래 소리가 없는데 입김을 불면 소리가 난다. 배는 본시 힘이 없지만 바람이 몰면 간다. 입김을 멈추고 바람을 거두면 그대로 놓여 있을 뿐이다.

實德如活物也, 無待于外, 自能行, 故不以外譽去來爲我行止. 惟虛德乃待人譽之. 笛本無聲, 氣吹則作. 舟本無力, 風御則行. 氣息風收, 頑然而已.

서양에 불량한 사람이 있었다. 사람들에게 이렇게 말했다. "너희가 남에게 아름다움을 보이지는 않으면서 남의 기림을 끌어오려 한다. 하지만 저자에 들어가도 적막하고, 남과 마주해도 다들 입을 다물고 있으니, 이런 재주와 이런 덕이 너희와 무슨 상관이겠느냐?"

뭇사람이 모두 성이 나서 그를 쫓아냈다.

西有不類者, 謂人曰: "爾不示人美, 以引人譽, 而入市寂然, 對人默然, 是才是德, 爾何與乎?" 衆皆怒而逐之.

옛날에 덕이 성대한 샤크보沙哥博[27]라는 사람이 일찍이 말했다. "나는 지금 세상 착한 사람들의 여러 괴로움과 근심을 내 한 몸으로 모두 대신 받기를 원한다. 저들 중 괴로움과 근심을 면함을 얻은 자가 나를 두고 죄가 무겁고 벌이 심하다고 말하면서 다시 나를 불쌍히 여기지 않는다고 해도, 나는 이를 가장 즐거워하겠다."

선하지 않은 자의 덕은 죽은 덕이다. 남의 풍문을 향하여서, 이를 얻으면 행하고 이를 잃으면 그친다. 성인의 덕은 살아 있는 덕이다. 천주께로 향하는지라, 기림이 와도 놀라는 법이 없고 떠나가도 적막해하지 않는다.

古盛德者沙哥博嘗曰: "我願當世善人諸苦患, 一切我身代受, 而彼得免苦患者, 謂我罪重罰深, 無復憐我, 我最樂此." 不類者之德, 死德也. 向人之風, 得之則行, 失之則止. 聖人之德, 活德也. 向於天主, 譽來不驚, 去亦不寂.

1.45

지혜로운 사람은 해와 같으니, 절로 빛이 있어 늘 존재하며 변함이 없다. 바람이 불거나 흙비가 오거나 구름과 안개가 가려도 사라지지 않는다. 어리석은 사람은 달과 같아, 밖에서 빛을 빌려와서 밖을 따라 모였다 흩어져서 줄어들거나 늘어난다.

참된 덕은 언제나 영예롭다. 만약 헐뜯는 자가 있더라도 덮어 가릴 수는 있어도 줄어들게 할 수는 없다. 거짓된 덕성은 사람들 입에서 영예롭더라도 한때의 빈 영예일 뿐이어서 불쌍히 여겨야 할 것 같다. 조금만 뜻을 이루지 못하면 문득 기운이 꺾여버린다. 이 때문에 기림에

---

27 샤크보: 미상.

따라 모였다 흩어져서, 이를 써서 줄어들거나 늘어나고, 갑자기 높아졌다가 갑자기 낮아진다. 또 잠깐 사이에 아무것도 없이 사라져버리거나 금세 이랬다저랬다 해서 한 시각도 고정할 수가 없으니, 어찌 족히 스스로를 믿겠는가?

智者如日, 自有之光, 常存不變, 風霾雲霧, 障而不消. 愚者如月, 借光於外, 隨外聚散, 以爲消長. 眞德常榮, 即有毁者, 能掩不能減. 僞德榮於人口, 一時虛譽, 似若可矜. 稍不遂意, 輒已沮喪. 故隨譽聚散, 用爲消長, 候崇候卑, 候焉消無, 閃忽不定, 無刻可固, 何足自恃哉?

1.46

조각가 프락시텔레스玻離隔[28]는 나라에서 알아주는 장인이었다. 한 번은 두 개의 조각상을 만들었는데, 정교하고 빼어나다고 자신했다. 그중 하나는 감춰두고, 하나만 꺼내 사람들에게 보여주었다. 어떤 사람이 "이곳은 마땅히 어떠해야 하겠네"라고 하면 바로 고쳤다. 아무개가 "이곳은 마땅히 어때야겠군"이라 하면 또 그 자리에서 고쳤다. 누군가가 "이곳은 마땅히 보태야겠네" 하면 덧붙였고, "줄여야겠어" 하면 줄였다.

雕者玻離隔, 國工也. 嘗作二像, 自信精絶. 藏其一, 出一示人. 某曰: "此處

---

28 프락시텔레스Praxiteles: 기원전 4세기에 활약한 그리스 조각가로, 그 전까지의 그리스 조각 양식과는 달리 섬세하고 우아한 감각의 양식을 창조했다. 조각가의 아들로 태어났고, 자신의 두 아들 또한 조각가가 됐다. 섬세하고 정교한 표현이 특징적이며, 다양한 색채 응용을 중시했다. 또한 여신을 최초로 전라로 표현하는 등 대담한 시도를 했다. 그의 작품과 그 양식은 이후 그리스와 헬레니즘 시대의 조각가들에게 큰 영향을 미쳤다. 그러나 그의 작품은 단 하나를 제외하고는 모두 지금까지 남아 있지 않고, 대부분 로마시대에 만들어진 모작들만 전한다.

當何似." 輒易. 某曰: "此處當何似." 又輒易. 某曰: "此處當增." 輒增. "當
減." 輒減.

마치고 나서 살펴보니 하나의 괴물이 되고 말았다. 보던 자가 깜짝
놀라서 연유를 물었다. 그러자 그는 감춰두었던 조각상을 꺼내 보여
주며 말했다. "이것은 내가 혼자 만든 것인데 이렇고, 이것은 당신과
함께 만든 것인데 이렇구려. 사람의 마음은 백 명, 천 명, 만 명이 다
달라서, 내가 모든 사람에게 아름답다고 칭찬을 받으려 들면 모두 백
천만의 차이가 생겨나니, 어찌 하나의 괴물이 만들어지지 않겠는가?"

已視之, 則成一怪形矣. 見者驚, 問故. 乃出藏像示之曰: "此夫我獨造者如
是, 此夫爾共造者如是. 人心百千萬異, 我欲人人稱美, 則合百千萬異, 安得不成
一怪乎?"

1.47

덕은 진주와 같고, 기림은 시장의 저울과 한가지다. 시장의 저울로
내 진주를 달아본다면 바르겠는가? 덕의 능력은 하늘에서 나오고, 덕
의 권능은 하늘에 달려 있다. 많고 적은 숫자는 오로지 천주께서만 판
결하실 수 있다. 천주의 저울은 지극히 일정하고 너무나 공평하다. 이
것에 달아 많으면 실제로 많은 것이다. 나의 저울이나 남의 저울을 가
지고 달아서는, 많더라도 틀림없이 많은 것은 아니다. 예를 들어 세금
을 거두는 사람은 왕부王府에서 재는 좋은 저울을 가지고 있는데, 내
되로 재면 많은데 공적인 되로 재면 적다고 하니, 이것은 많은 것인가
적은 것인가?

德猶珍珠, 譽猶市衡. 以市衡, 衡吾珍珠, 平乎哉? 德之能, 出於天, 德之權, 懸
於天. 多寡之數, 惟天主能判之. 天主之衡, 至定至平, 是而多, 實多也. 以我衡,

或以人衡, 而多未必多. 如輸稅者, 有王府之嘉量, 在我量謂多, 公量謂寡. 多乎寡乎?

1.48

선을 행하더라도 명예에 무심해야 명예가 따라온다. 그가 참으로 덕을 짓고, 참으로 능히 기림을 가볍게 여기는 두 가지 아름다움을 지니게 된다. 명예에 마음을 두면 명예는 떠나간다. 그가 소중히 여긴 것은 뜬 이름이고, 잃은 것은 실다운 덕이니, 두 가지 욕됨이 있다. 그래서 "영화로운 이름이 덕을 따름은 그림자가 형상을 따름과 같다"고 말한다. 내가 그림자를 잡으려 하면 그림자는 더욱 멀어진다. 내가 그림자를 등져 피하려 하면 자꾸 다가온다. 왜 그럴까?

行善而無心名譽, 名譽隨之. 其眞能作德, 眞能輕譽也, 有二美焉. 有心名譽, 名譽去之. 其所重浮名, 所喪實德也, 有二辱焉. 故曰: "榮名隨德, 如影隨形." 我向影取之, 愈去. 我背影避之, 愈來. 何者?

이름은 덕을 좇아 생기니, 덕을 따라오는 것이 마땅하다. 기림을 피해 덕을 간직한다면 이름이 어찌 스스로 떠나겠는가? 칭찬에 따라 덕을 무너뜨리면 이름이 어찌 스스로 오겠는가? 그 모습이 검고 흰지는 물을 것도 없이, 그림자는 모두 검다. 그림자는 존재하는 물건이 아닌지라 다만 빛이 없다. 영예로운 이름은 혹 참된 덕에서 생겨나지만, 거짓 귀함에서 생겨나기도 한다. 검은 그림자 아님이 없으니 붙잡을 만한 실지가 없고, 다만 뜬생각에 매여 있을 뿐이다. 헛생각으로 이를 얻고, 헛생각으로 이를 즐거워할 뿐이다.

名從德生, 當隨德至. 避譽存德, 名何自去? 逐譽敗德, 名何自來乎? 不問形黑形白, 均一黑影. 影非有物, 惟是無光. 榮名或生於眞德, 或生於僞貴. 莫非黑影, 無實可持, 惟係浮思. 虛想得之, 虛想樂之而已.

1.49

사람에게 귀중한 보배가 있으면 남에게 맡기려 하지 않고, 반드시 열 겹으로 싸서 간직하고, 끈으로 묶고 자물쇠를 걸고서야 실제로 가졌다고 여긴다. 천하의 참된 보배는 덕만큼 귀한 것이 없다. 덕을 보관하는 그릇은 마음만큼 견고한 것이 없다. 사악한 마귀가 엿보지 못하고 도적이 훔쳐가지 못하지만, 찾을 때마다 얻는다.

人有重寶, 不欲寄人, 必十襲藏之, 緘縢扃鐍, 方爲實有. 天下之實寶, 貴莫如德. 藏德之器, 堅莫如心. 邪魔不窺, 盜賊不竊, 隨索隨得.

사람의 입은 열쇠 없는 상자이니, 내가 이를 사람들의 입에다 맡긴다면 능히 오래 보존할 수 있겠는가? 사람들의 입에다 맡기면, 얻음과 얻지 못함이 내게 있지 않고 저들에게 있다. 저들이 칭찬하여 기리면 이름을 얻고, 헐뜯어 비방하면 잃고 마니, 어찌 나의 소유가 되겠는가?

그레고리오가 말했다. "덕이 알찬데도 남의 기림을 바라는 것은 그 덕이 천한 사람이다."

人口, 無鍵之櫝, 我寄之人口, 能永存哉? 寄之人口, 則得與不得, 不在我, 惟在彼. 彼稱譽則得, 毁詆則失, 奚爲我有哉? 厄勒臥略曰: "實德而冀人譽, 賤其德者也."

6. 선행으로 속여 명예 낚음을 경계함 戒詐善釣名

1.50

싼값에 귀한 물건을 얻는 사람은 없다. 있다면 가짜거나, 아니면 훔쳐온 것이다. 그렇지 않으면 파는 사람이 어리석기 때문일 뿐이다. 덕은 지극히 귀중한 물건이건만, 빈이름의 싼값으로 이를 사려 하니, 가짜인가? 훔친 것인가? 아니면 바보인가?

無有微價可得貴物者. 有之, 則贋物也, 不則竊以來也, 更不則售物者愚耳. 德爲至貴重物, 顧以虛名之微價售之, 贋乎? 竊乎? 其愚乎?

1.51

매는 천한 새다. 땅에 붙어 낮게 날며 땅에서 썩은 쥐를 잡는다. 간혹 하늘을 향해 높이 날지만, 하늘을 향하려 해서가 아니라, 썩은 쥐를 찾아 이를 잡으려는 것이다. 그래서 높이 날며 형편을 살핀다. 이름을 좋아하는 자가 이름을 사냥할 기회를 얻게 되면, 말과 외모가 뭇사람 위로 날아올라, 일견 천상의 사람처럼 보인다. 하지만 그 뜻이 향하는 바를 살펴보면, 그저 거짓 영화와 빈 명예의 썩고 더러운 물건 빌리기를 바랄 뿐이다. 행실을 꾸며 서로 뽐내다가 내려와서 그것을 취한다. 매가 썩은 쥐를 얻으면 능히 그 굶주림을 구할 수 있어 그래도 유익함이 있다. 사람이 빈이름을 얻으면 그 마음에 차지 않고, 또 그 덕도 다하고 마니, 또한 매보다 천하지 않겠는가?

鷹賤鳥也. 卑飛附地, 以取腐鼠于地也. 或高飛向天, 非欲向天, 見腐鼠而欲搏之. 故高飛以伺便也. 好名者, 得獵名之便, 則言貌飛出衆人上, 一似天上人. 察其志趣, 惟望假榮虛譽之腐穢物, 飾行相矜, 下而取之. 夫鷹得腐鼠, 能救其餓, 尙爲有益. 人得虛名, 不滿其心, 又匱其德, 不亦賤於鷹乎?

1.52

서양에 사해死海, 즉 죽음의 바다가 있다. 그 바닷가에 나무가 있는데, 열매의 빛깔이 너무 아름답다. 본 사람이 아껴서 이를 따보지만 손에 닿기만 하면 그대로 문드러진다. 속은 모두 더러운 연기뿐 아무것도 없다. 거짓 선행으로 빈 칭찬을 얻는 것은 이 열매와 비슷하다. 《성경》에서는 이를 백묘白墓, 곧 회칠한 무덤이라고 했다.[29] 밝은 색을 칠했지만 안에는 썩은 뼈만 있기 때문이다.

西有死海, 海濱有樹, 果色甚美. 見者愛而採之, 着手即破. 中皆穢烟, 一無所有. 假善行以取虛譽, 類是果矣. 經謂之白墓, 外設色, 內朽骨也.

1.53

선을 꾸미는 것은 선이 아니라 두 가지 악을 아우르는 것이다. 선하지 않은 것이 하나고, 선을 꾸민 것이 둘이다. 선을 꾸미는 해로움은 악을 드러내는 것보다 심하다.

성 크리소스토모가 말했다. "네가 선한 모습을 아름답게 여겨 이를 베풀려 하면 선의 본체가 더욱 아름다워질 텐데, 어찌 얻으려고 하지 않는가? 악한 모습을 추하게 보아 이를 감추려 한다면 악의 실체가 더욱 추해질 텐데, 어째서 없애려 하지 않는가? 이미 선을 드러내는 곳을 얻으려 하지 않는다면 차라리 악이 있는 곳을 드러내는 것이 낫다. 그래야 선을 꾸며 남을 속이지 않고, 또한 선을 꾸며 얻은 기림으로

---

29 이를 백묘 …… 무덤이라고 했다: 〈마태오의 복음서〉 23장 27절, "율법학자들과 바리사이파 사람들아, 너희 같은 위선자들은 화를 입을 것이다. 너희는 겉은 그럴싸해 보이지만 그 속에는 죽은 사람의 뼈와 썩은 것이 가득 차 있는 회칠한 무덤 같다."

남의 속임을 받게 되지도 않을 것이다."

詐善非善, 乃兼二惡. 不善一, 詐善一. 詐善之害, 甚于顯惡. 聖契理瑣曰: "爾
既以善貌爲美, 而欲張之, 善體更美, 何不欲得焉? 以惡貌爲醜, 而欲匿之, 惡體
更醜, 何不欲除焉? 既不欲得所顯善, 寧顯所存惡. 庶不以詐善欺人, 亦不來詐
善之譽, 受人欺也."

1.54

명예를 좋아하는 사람은 선한 것 같지만 진짜 그런 것은 아니다.
이 때문에 참된 선을 가장 꺼린다. 만약 선을 꾸미려는 노력을 가지고
참된 선을 행하는 데로 옮긴다면, 선한 정신과 선한 용모를 아우르게
된다. 하지만 그 힘을 가지고 악한 짓을 하고, 또 그 힘으로 이를 꾸민
다면, 힘이 드는 것은 곱절인데 선은 모두 잃고 만다.

好名者, 似善非眞, 故最忌眞善. 使以假善之勞, 移之圖眞善, 則善神與善貌
兼之. 而顧以其力造惡, 又以其力飾之, 力費者倍, 善失者全矣.

7. 칭찬 듣기를 경계함戒聽譽

1.55

음악을 듣는 사람은 아름다운 소리가 귀에 익어서, 고요할 때도 오
히려 들리는지라, 가만히 혼자 생각하느라 익히던 학업을 함께 그만
두게 된다. 칭찬을 듣는 사람은 칭찬하는 말이 마음에 익어서, 시간이
지난 뒤에도 오히려 이를 떠올려, 아름다운 말을 기뻐하며 혼자 즐거
위한다. 덕행을 실답게 하고 행실을 알차게 해야 하는데 해야 할 공부
가 함께 해이해진다. 그래서 이렇게 말한다. "지혜로운 사람이 귀를

기울여 칭찬하는 말을 들으면 어리석어지고, 듣고 나서 혼자 기뻐하면 미치광이가 된다."

聽樂者, 美聲瞢耳, 靜時猶聞, 隱隱自思, 習業俱廢矣. 聽譽者, 美言瞢心, 過時猶憶, 欣欣自喜. 實德實行, 要業俱弛矣. 故曰: "智者傾耳以聽譽則愚, 既聽而自喜則狂也."

1.56

사람의 감정은 변하는 자태가 일정치 않다. 나를 기리는 것은 나를 헐뜯고자 해서다. 내가 기림을 좋아하면 저들은 이것으로 헐뜯을 것이다. 어린아이들이 놀이를 할 때, 무리가 한 아이를 추대하여 높인다. 종이로 관을 만들어 씌우고, 풀을 꼬아 허리띠를 만든다. 서로 더불어 부르고 안으면서 높여 받든다. 하지만 한번 추대된 바가 되고 나면 깔깔대며 무리지어서 비웃는다.

人情變態無常. 其譽我, 欲毁我也. 我愛譽, 彼以是毁矣. 童兒嬉戲, 衆推一以爲尊焉. 楮爲其冠, 蒭爲其帶. 相與呼擁而崇奉之. 然一爲所推, 即嘻然而聚笑矣.

1.57

면전에서 기리는 것은 거울과 같아서 비슷하지 않음이 없지만 모든 것이 반대다. 내가 왼쪽에 있으면 거울 속의 나는 오른쪽에 있다. 저가 오른쪽에 있으면 나는 왼쪽에 있다. 아첨하는 사람의 말은 옳고 그름과 기뻐하고 노함이 하나하나 모두 그 사람과 같다. 그 마음의 기준은 평가와는 반대여서 또 모든 것이 다 상반된다. 처음에는 아첨으로 들어와서는, 나중에는 아첨을 받아주었다고 비난한다. 벌은 주둥이가 몹시 달지만 꼬리에는 독이 있다. 그 꿀을 취하려다가는 침에 쏘임을 당하고 만다.

面譽者如鏡, 無不似也, 無不反也. 我在左, 彼在右. 我在右, 彼在左. 諛人之言, 是非喜怒, 悉悉如人. 而其心準背評, 又悉悉相反矣. 始以諛入之, 既以受諛誚之. 蜂也口甚甘, 尾乃毒. 取其蜜, 受其螫.

1.58

우언寓言에 말했다.[30] 까마귀가 나무에 살면서 고기를 쪼고 있었다. 여우는 교활한 짐승인지라, 그 고기를 얻으려고 거짓으로 까마귀에게 아첨하여 말했다. "사람들이 까마귀처럼 검다고 말하지만, 눈처럼 깨끗하구나. 거의 온갖 새의 왕이 될 만하다. 다만 화답하여 우는 소리를 들어보지 못했다." 까마귀가 크게 기뻐 깍깍대며 울자 고기가 떨어졌다. 여우가 고기를 얻자 까마귀를 보며 비웃었다. 그 검은 것을 비웃고 또 그 어리석음을 비웃었다.

寓言曰: 烏栖樹啄肉. 狐巧獸也, 欲得其肉, 詭諛烏曰: "人言黑如烏, 乃濯濯如雪, 殆可爲百鳥王乎, 特未聞和鳴聲耳." 烏大喜, 啞然而鳴, 肉則墜矣. 狐得肉, 視烏而笑. 笑其黑, 且笑其愚也.

저 면전에서 너를 기리는 자들이 만약 너를 지혜롭다고 여겼다면, 틀림없이 네가 기림을 좋아하지 않음을 알아 감히 기리려 들지 못할 것이다. 오직 네게 구할 것이 있는데 얻지 못했거나, 또 너를 속일 수 있는 바보로 여겼기 때문에, 면전에서 칭찬하여 너의 어리석음을 보태주고는 얻고자 하는 것을 얻는다. 일단 한번 얻고 나면 또 너를 교

---

30 《이솝 우화》의 널리 알려진 이야기에서 끌어왔다.

만하다고 나무라고, 너의 어리석음을 비웃을 것이다. 네가 어찌 귀를 기울여 헛된 기림을 듣느라 비웃음과 나무람을 취한단 말인가?

彼面譽爾者, 若以爾爲智, 必知爾不喜譽, 而弗敢爲譽. 惟有求於爾不得, 且意爾爲愚可欺, 乃面譽以增爾愚, 而得所欲得焉. 一已得, 且譏爾傲, 笑爾愚也. 爾奈何傾耳以聽虛譽, 而取笑譏乎?

1.59

원숭이는 개처럼 지킬 수도 없고, 말처럼 짐을 질 수도 없으며, 소처럼 밭을 갈 수도 없다. 그저 사람들을 웃고 기쁘게 할 뿐이다. 면전에서 남을 칭찬하는 사람은 실다운 행동이나 유익한 일은 중시하지 않고, 빈 칭찬만 바쳐서 사람으로 하여금 웃고 기쁘게 할 뿐이니, 원숭이와 무엇이 다른가?

猴也, 不能守如犬, 負如馬, 耕如牛, 使人笑悅而已. 面譽人者, 不重實行有益之事, 而獻虛譽, 使人笑悅而已, 與猴何異?

1.60

면전에서 칭찬하는 것의 해악은 면전에서 비난하는 것보다 심하다. 헐뜯음은 남의 악을 드러내, 사람으로 하여금 자신을 알게 해서 스스로 낮아지게 만든다. 기림은 남의 악을 가려 덮어, 사람으로 하여금 자신을 잊고 스스로 높아지게 한다.

그레고리오가 말했다. "어렵고 힘든 일을 만나 바름을 잃지 않는 사람은 많아도, 칭찬과 기림을 만나 그 바름을 잃지 않는 자는 드물다."

세네카塞搦加[31]가 말했다. "사람을 바름에서 멀어지게 하는 것은 칭찬을 듣기 좋아하는 것만 한 것이 없다."

面譽之害, 甚于面毀. 毀者揚人惡, 使人識己而自下. 譽者掩人惡, 使人忘己

而自上. 厄勒臥略曰: "遇艱難而不失其正者多, 値稱譽而不失其正者寡矣." 塞
搦加曰: "離人於正, 莫如喜聽譽也."

1.61

면전에서 칭찬하는 것은 사람을 악에다 묶어두는 일이다. 악한 사
람이 바른말로 간하는 것이 두려우면 그만둔다. 간하는 말을 두려워
하지 않는데 칭찬까지 듣게 되면, 날마다 악에 빠져들면서도 스스로
깨닫지 못하게 된다.

아우구스티노가 말했다. "칭찬하고 기리는 자가 많고, 바른말을 해
주고 나무라는 사람이 적으면, 천주의 큰 노여움을 받게 될 것이다."

面譽者繫人於惡. 惡者畏諫則止. 不畏諫, 且聞譽, 日沉淪於惡, 不自覺矣. 亞
吾斯丁曰: "稱譽者多, 而諫責者寡, 則驗天主之甚怒也."

1.62

지혜로운 사람은 칭찬을 들으면, 그 마음이 마치 저잣거리에서 매
를 맞는 것처럼 여긴다. 서양에 어진 임금으로 라디슬라우스辣第思老[32]
라는 이가 있었다. 어떤 사람이 그의 덕을 칭송하자, 왕이 손으로 그의

---

31 세네카Lucius Annaeus Seneca(BC 4?~AD 65): 고대 로마의 철학자. 네로 황제의 스승
으로 유명하다. 인간의 도덕과 이성을 강조하는 스토아철학을 역설했으며, 영혼
을 육체보다 우위에 두었다. 저서로 《도덕서한》, 《자비에 대하여》 등이 있다.

32 라디슬라우스Ladislaus the Posthumous(1440~1457): 오스트리아의 공작이자 헝가리
와 크로아티아의 국왕이다. 프리드리히 5세 대공과 함께 최초로 합법적인 대공
칭호를 갖게 된 합스부르크 왕가의 인물이다. 유복자로 태어났는데, 두 살 때 어
머니마저 사망하면서 그는 고아의 처지에서 주변 유력자들의 보호와 간섭을 받
으며 자랐다. 평생 결혼하지 않았고, 혼외자도 없었다.

얼굴을 때렸다. 다른 이가 괴이하게 여겨 물었다. "저 사람은 왕을 기렸는데, 왕께서는 어찌하여 그를 때리시는지요?"

왕이 대답했다. "나는 그에게 그대로 되갚아준 것이다. 그가 먼저 나를 때렸다. 대개 아첨을 받는 것은 아첨을 하는 것과 죄가 같다. 내가 설령 때리지 않았더라도 좋거나 기뻐서가 아니다. 다만 그가 잘 보이려다가 얻지 못하게 되면 바로 그만두게 될 것이다."

智者耳聞譽, 其心若撻諸市焉. 西有賢王辣第思老, 或頌其德, 王手撾其面. 或怪問曰: "彼譽王, 王何撾彼?" 答曰: "我正報彼. 彼先撾我耳. 蓋受諛與造諛罪等. 我縱不撾, 無爲喜悅. 彼惟求悅不得, 即休矣."

1.63

예전에 어떤 무사가 있었다. 그 제자에게 공격하는 기술을 가르치자, 무리들이 감탄하며 칭찬했다. 무사의 스승이 갑자기 그를 꾸짖어 말했다. "너는 아직 온전히 훌륭하지는 못하다. 네가 온전히 훌륭하다면 사람들이 어찌 칭찬할 수 있겠느냐?"

그래서 순수한 덕은 칭찬을 기다리지 않는다. 내가 부족한 점이 있을 경우, 처음에는 칭찬하는 말로 이를 채워준다. 천체天體 같은 것은 두루 둥글지만, 누가 그것이 정말 둥글다고 칭찬하겠는가? 흐린 날도 있고 갠 날도 있기 때문에 날이 개었다고 말하는 것이다. 달도 차고 기울이 있어서 달이 찼다고 일컫는다. 사람의 정리도 이와 다를 게 없다.

昔有武士, 敎其徒技擊, 衆方稱賞. 師遽責之曰: "爾未盡善也. 爾盡善, 人安得稱賞?" 故純德不待譽. 我有不足, 始以譽言補之. 如天體周圓, 誰稱譽其周圓? 日有陰晴, 故稱日以晴. 月有盈闕, 故稱月以盈. 人情大抵如是.

1.64

성 프란치스코 法蘭濟 [33]는 덕행이 가장 훌륭해 칭찬과 기림이 대단했다. 성인께서 그 제자를 시켜, 자신을 기리는 자를 따라가서 문득 헐뜯고 비난하게 했다. 그가 프란치스코를 지혜롭다고 말하면, 이편에서는 어리석다고 바꿔 말했다. 저가 재주 있다고 말하면, 이쪽에선 못났다고 고쳐 말하게 했다. 어떤 사람이 일부러 나쁜 이름을 그에게 씌우자, 성인이 고마움을 표하며 말했다. "내가 스스로 그런 점이 있습니다. 당신처럼 나를 아는 사람은 처음입니다."

聖法蘭濟, 德行最多, 稱譽籍甚. 聖人令其徒隨所譽者, 輒詆毀之. 彼言智, 此易以愚. 彼言才, 此易以拙. 有人故以惡名加之, 聖人致謝曰: "自有我來, 未有識我如爾者."

1.65

성 도미니코 鐸敏我 [34]는 툴루즈 篤洛撒에 살면서 교화시킨 사람이 매

---

33 성 프란치스코Francesco(1182~1226): 이탈리아의 로마가톨릭교회 수사이자 저명한 설교가. 프란치스코회의 창설자이기도 하다. 본명은 조반니 베르나르도네 Giovanni, F. Bernardone. 아시시Assisi의 부유한 의복상의 아들로 태어나, 큰 병을 앓고 예수의 모범을 따르기로 했다. 소수의 동지와 암실에서 청빈, 정결 등을 엄수하는 공동생활을 시작해 점차 많은 동지를 얻어갔다. 아르베르나 산상에서 성흔을 몸에 받았다고 전해진다. 1228년 7월 16일 교황 그레고리오 9세에 의해 성인으로 시성되었다. 그는 동물과 자연환경, 상인뿐만 아니라 시에나의 가타리나와 더불어 이탈리아의 공동 수호성인으로 공경받고 있다. 2013년에 선출된 교황 프란치스코도 이 성인의 이름을 땄다.

34 성 도미니코Dominicus(1170~1221): 도미니크수도회의 창설자. 카스티야 지방의 칼라루에가Calaruega에서 태어났다. 발렌시아의 주교좌성당 부속학교에서 공부하고, 1203년 친구인 디에고 주교와 함께 덴마크와 북부 유럽을 여행하다가 이

우 많았다. 나중에 사람을 피해 카르카스 加爾加瑣에서 살았다. 어떤 사람이 연유를 묻자, 그가 대답했다. "툴루즈에는 나를 공경하고 기리는 사람이 많아, 그곳에 살 때는 헛된 기쁨이 이르기가 쉬웠지요. 카르카스에는 나를 헐뜯는 사람이 많아, 내가 이곳에 살면 참된 겸손을 보전하기가 쉽습니다."

聖鐸敏我, 居篤洛撒, 教化人甚衆, 已避居加爾加瑣. 人問故, 答曰: "篤洛撒, 敬譽我者多, 我居之, 虛喜易至矣. 加爾加瑣, 毀我者多, 我居之, 實謙易保矣."

1.66

어떤 사람이 말했다. "명예가 덕을 따름은 마치 북이 북채에 응하는 것과 같다. 굳이 명예를 두려워하다가 덕을 닦는 사람이 무서워하게 될까 걱정스럽다."

내가 말했다. "덕을 지녀 남이 이를 알게 하려 하는 것은 본래 죄가 아니다. 《성경》에서는 '네 빛을 남 앞에 밝게 드러내 너의 선행을 볼 수 있게 하여, 하늘에 계신 너희 아버지께 찬미를 드려라'[35]라고 했으

단집단인 알비파派에 의해 위험에 직면한 교회의 상황을 목격했다. 1206년 프랑스 프루이유에 수도원을 창립해 이단자들의 개종을 위해 노력했다. 1216년 교황 호노리오 3세에게 수도회 설립을 공식적으로 승인받았다. 1221년경 60개의 수도원이 건립되었으며, 1300년경에는 무려 500개가 넘는 수도원이 세워졌다. 청빈한 생활 속에서 설교로 복음 전파에 주력한 도미니코는 이탈리아 아시시의 프란치스코 성인과 함께 12~13세기 가톨릭교회에 가장 뛰어난 업적을 남긴 성인으로 기록된다. 1234년 9월 교황 그레고리오 9세에 의해 시성되었다.

35 네 빛을 …… 찬미를 드려라: 〈마태오의 복음서〉 5장 16절, "너희도 이와 같이 너희의 빛을 사람들 앞에 비추어 그들이 너희의 착한 행실을 보고 하늘에 계신 아버지를 찬양하게 하여라."

니, 오직 덕을 가지고 자기에게 돌리거나 선을 가지고 이름을 얻으려 드는 것이 죄가 될 뿐이다."

或曰: "名譽隨德, 如鼓應桴, 必畏名譽, 恐修德者懼矣." 曰: "有德欲人知之, 本非罪也. 經曰: '爾光明顯於人前, 俾視爾善行, 而讚美在天爾等父者.' 惟以德自歸, 及以善圖名, 是爲罪矣."

영예는 빈 것이 있고 알찬 것이 있으니, 마땅히 버리거나 나아가야 한다. 이때 마땅히 스스로 점검해야 할 것이 세 가지다. 첫째는 영예를 받게 된 일의 연유를 말한다. 둘째는 영예를 주는 사람을 말한다. 셋째는 영예를 도모하는 사람의 뜻을 말한다. 내가 영예를 받으려는 일은 마땅히 사실대로 해야 한다. 만약 실정보다 지나치면 부끄럽다. 있지도 않은 것을 취하는 것은 도둑이라고 한다.

夫榮譽有虛有實, 當去當就. 所宜自檢者三: 一謂所以受榮譽之事, 二謂授榮譽之人, 三謂圖榮譽人之志意. 吾所以受榮譽之事, 宜實爲之. 若其過情, 恥也. 取非其有, 謂之盜矣.

아우구스티노 성인이 말했다. "나는 나를 아끼는 사람이, 실제 있지 않은 것을 가지고 나를 기리는 것을 좋아하지 않는다. 이것은 나를 기리는 것이 아니라, 따로 한 사람을 기리면서 나에게 이름을 묶어둔 것일 뿐이다."

나를 기리는 사람이 진실로 밝고 성실하지 않다면 허실을 분별하지 못할 터이니 그의 말은 들을 만한 것이 못 된다. 그래서 "더러운 사람에게 나를 칭찬하고, 더러운 일로 나를 기리는 것, 이 두 가지는 욕됨이 똑같다"고 하는 것이다.

또 말했다. "네가 악한 부류에게 나무람을 받지 않았다 해도 너의 덕이 아직은 참되지 않다."

하물며 악한 부류에게 기림을 받는 것을 실제로 기린 것이라 할 수 있겠는가?

亞吾斯丁聖人曰: "吾不喜愛我者譽我以所未有. 此非譽我, 乃別譽一人, 係名於我耳." 授譽之人, 苟非明誠, 不辨虛實, 其言弗可聽也. 故曰: "譽我於汚人, 譽我以汚事, 兩辱等耳." 又曰: "爾不見訾於惡類, 爾德未眞." 況見譽於惡類, 可得爲實譽乎?

또 말했다. "너를 기리는 자가 몇 사람인지 논하지 말고, 어떤 사람인지만 따져보아라."

이름을 사려는 사람은 자신을 보려고만 하지, 위를 향해 천주를 찬송하고 남에게 이익이 되고자 하는 데는 마음이 없으므로, 그 영예가 몹시 헛되다. 명예는 원하여 아낄 만한 물건이 아니니, 오직 남에게 유익함이 있을 때라야 비로소 원하고 아낄 만하다. 내가 그 덕을 지녔다면 남들이 나의 덕을 보게 해서 마침내 능히 천주를 찬송하여 만덕萬德의 근원이 되심을 알게끔 해야 한다. 나의 선행을 보고서 각자 게으름과 나태함을 채찍질해서 공경하여 가르침을 따르게 한다면, 이것은 내가 천주를 섬기고 사람을 아끼는 참된 마음에 있어 크게 이로움이 있다. 이와 같이 한다면 명예는 귀하게 여기기에 충분하다.

又曰: "譽爾者勿論幾人, 惟論何人." 沽名者在自見, 無心向上以求讚頌天主及爲人之利益, 其榮甚虛矣. 夫名譽非可願愛之物, 惟有益於人, 始可願愛. 夫我有其德, 令人見我德, 遂能讚頌天主, 知爲萬德之原. 觀我善行, 各自警策懈惰, 欽從訓誡, 是於我事天主愛人眞心, 大有利益也. 如是, 則名譽足貴也.

8. 귀함을 좋아함을 경계함戒好貴

1.67

높은 지위에 있더라도 삼가서 그것을 믿지 말라. 오직 덕이 훌륭한 사람만이 벗어나지 않을 물건을 품에 안는다. 너무 쉽게 흘러가 옮기는 것으로는 귀한 지위만 한 것이 없다. 굳게 붙잡으려 해도 진흙탕의 미꾸라지를 잡는 것과 같아 단단히 잡으면 잡을수록 빨리 놓치고 만다. 검은 구름이 사방에 깔리고 우렛소리와 번갯불이 우르릉 꽝꽝 번쩍번쩍 번갈아 이르면, 길 가는 사람들이 이를 피한다. 비가 걷히고 구름이 흩어져 우레와 번개가 모두 사라지면 남는 것은 다만 진창길뿐이다. 세간의 높은 지위와 권위는 그 기세가 잠깐일 뿐이니, 우레나 번개와 무엇이 다르겠는가? 육신의 목숨이 떠날 때가 되면 지난날의 명성과 위세는 모두 진창길에 남겨지고 만다. 누가 다시 이를 중시하겠는가?

居高位, 愼勿恃也. 惟善德者, 抱不脫之物. 至易遷流, 莫如貴位. 欲固得之, 如握泥鰍, 握愈固, 失之愈速. 黑雲四布, 雷聲電光, 轟爗交至, 行道之人避之. 雨收雲散, 雷電俱滅, 所存惟泥塗而已. 世間貴位權威, 薰灼亹時, 雷電何異? 迨身命徂謝, 向時聲勢, 悉委泥塗, 誰復重之乎?

베르나르도 성인이 한 나라의 임금을 훈계했다. "당신은 높은 곳에 살면서 지위가 높아 뭇사람과 몹시 다르다고 생각하겠지요. 이와 함께 당신의 몸이 뜬 재와 같아서 뭇사람과 다르지 않다는 것도 생각하십시오. 이 두 가지 생각을 합친다면 저절로 자신이 존귀하다는 것을 잊게 될 것입니다."

百爾納聖人訓一國主曰: "爾思居尊位高, 與衆甚異. 兼思爾身是浮灰, 與衆不異. 合此二念, 自忘其尊高矣."

1.68

옛날에 어떤 국왕이 있었다. 일백만의 무리를 거느리고 정벌을 떠나 들판에 진을 펼쳐놓고 높은 데 올라가서 바라보자니, 문득 웅장한 마음이 생겨났다. 혼자 이렇게 생각했다. '일백만의 무리를 누가 능히 막을 수 있겠는가? 내가 그들의 주인이 되었으니 높고도 위대하다.'

그러다가 문득 교만하였음을 깨닫고 생각을 돌이켜 말했다. "그렇지 않다. 백 년도 못 가서 저들 일백만 명은 모두 죽을 것이고 나 또한 죽을 것이다. 한 번 죽을 인생이 많은 무리의 죽은 임금이 된다 한들 어찌 족히 뽐내겠는가?"

昔有國王, 統百萬衆征行, 布陣原野, 登高望之, 輒生雄心. 私念: '百萬之衆, 誰能禦之? 我爲其主, 尊矣大矣.' 忽覺爲傲, 反念曰: "不然. 不及百年, 彼百萬皆死, 我亦死. 以一死爲衆死主, 何足矜矣?"

1.69

물이 나뉘어 흐를 때는 얕고 깊고 크고 작음이 있다. 하지만 바다로 들어가면 똑같은 물일 뿐이다. 다시 어느 것이 깊고 크고, 어느 것이 얕고 작은지 알겠는가? 사람이 세상에 있을 때는 물이 땅 위로 흐를 때니, 그 귀하고 천함이 얕고 깊고 크고 작고의 다름이 있다. 죽을 때에 이르면 바다로 들어가니 어찌 귀하고 천함이 있겠는가?

水之分流, 有淺深大小, 入海則等水耳, 無復知孰深大, 孰淺小也? 人在世, 水流地也, 其貴賤, 淺深大小也. 至終時, 則入海矣, 豈有貴賤哉?

1.70

사물의 모습은 정밀할수록 더 거짓되고 더욱더 사람을 속인다. 정밀하면 할수록 더 비슷해져서 사람으로 하여금 진짜인 줄로 더 잘못 알게 만든다. 하지만 실제로는 진짜가 아니고, 그저 진짜와 닮은 형상일 뿐이다.

物像愈精, 愈僞, 愈欺人. 愈精, 則愈似. 愈似, 愈令人誤以爲眞物. 而實非眞物也, 乃惟眞物之象耳.

세상의 지위도 존귀해지면 질수록 더욱더 거짓되고 더더욱 남을 속인다. 존귀해질수록 욕심을 부릴 수 있을 것 같고, 욕심을 부릴 수 있을 것 같을수록 점점 더 사람으로 하여금 그것을 참된 복으로 오인하게 만든다. 하지만 실제로는 참된 복이 아니고, 그저 참된 복의 그림자일 뿐이다. 참된 복이란 마땅히 착한 사람만이 가지는 것이다. 존귀함은 선한 사람과 악한 사람이 모두 가질 수 있으니, 어찌 참된 복이라 말할 수 있겠는가?

世位愈尊貴, 亦愈僞, 愈欺人. 愈尊貴, 則愈似可欲, 愈似可欲, 愈令人誤以爲眞福. 而實非眞福也, 乃惟眞福之影耳. 眞福者, 獨善人宜有之. 尊貴則善與惡俱得有之, 豈可謂眞福哉?

1.71

어떤 이가 한 현자에게 물었다. "사람의 마음을 가장 뒤흔들어 쉬지 못하게 하는 것이 무엇인지요?"

그가 대답했다. "높아지려는 마음이 그것입니다. 아직 높지 않을 때는 구해 얻으려고 편안할 수가 없고, 이미 높아지고 나면 잃어버릴까 봐 염려되어 또 능히 쉴 수가 없다오."

或問一賢者曰: "人心之最擾不休者何物?" 答曰: "圖高者是也. 未高, 求得不能安, 既高恐失, 又不能息."

1.72

만물을 이루는 것에 네 가지가 있으니 흙, 물, 공기, 불이 그것이다. 온갖 죄를 이루는 행실이 두 가지 있으니, 귀해지는 것을 좋아함이 첫 번째고, 재물을 탐하는 것이 두 번째다.

成萬物有四行, 土水氣火是也. 成萬罪有二行, 好貴第一, 貪財第二.

세네카가 말했다. "귀해지는 것을 좋아하는 사람은 회오리바람이 자기가 먼저 돈 뒤에 다른 물건까지 돌게 하는 것에 비유할 수 있다. 바위가 산에 있을 때는 고요할 뿐이었다. 다만 스스로 무너진 뒤에는 여기에 부딪히는 것은 다치고, 맞서는 것은 부서진다. 사람이 선을 자랑할 때에는 자기 위에 있는 사람은 보이지 않고, 자기 아래에 있는 사람만 보인다. 귀해지기를 구할 때는 자기 아래 있는 사람은 보이지 않고, 자기 위에 있는 사람만 보인다. 그래서 네가 귀하게 되려면 반드시 너의 정신과 육신을 합쳐 온통 격동시켜서 이를 경영한 뒤라야 이를 얻을 수 있음을 알지 못한다. 그러면 사람들은 혹 파묻어 누르거나 밀쳐서 빠뜨려버린다. 나의 귀함을 가지고 남을 놀라게 하는 것이 아니라, 남의 귀함을 가지고 나를 놀라게 한 것일 뿐이다."

塞搦加曰: "好貴者, 譬之旋風, 先自旋而後旋物. 石之在山, 靜則已矣. 惟自崩而後觸之者傷, 當之者破也. 人當伐善時, 不見在己上者, 惟見在己下者. 迨求貴時, 不見在己下者, 惟見在己上者. 不知爾欲爲貴, 必合爾神身, 無不震動以營之, 而後得之. 而人乃或淹抑矣, 或擠陷矣. 夫非以我之貴震動人也, 乃以人之貴震動我耳."

1.73

지금 사람들은 세상의 귀함을 엿처럼 달게 여긴다. 귀함을 구하는 자도 얻으려 들고, 귀함을 얻지 못한 이도 또한 얻으려 든다. 이미 얻고 나서도 또한 욕심은 날로 더 치열해진다. 마치 소갈병에 걸린 사람이 물을 마시면 잠깐은 덜해도 조금 있다가 더 심해지는 것과 같다. 물이 도리어 불쏘시개가 된 셈이다. 귀함을 좋아하는 사람은 만족을 알지 못하고 항상 갖지 못한 것을 바라므로, 자기가 소유한 것을 누릴 수가 없다. 이는 마치 이미 배불리 먹었는데 또 더 먹고는 나와서 게워내는 것과 같으니, 아울러 쓸모없는 데로 돌아가고 만다.

今人視此世貴, 甘之如飴. 夫求貴者, 欲也. 貴不得亦欲, 既得, 亦欲日加熾焉. 如消渴者, 飲水暫減, 少頃愈加, 水反爲薪矣. 好貴不知足, 恒冀所未有, 不能享所已有. 如食已飽, 又加餐焉, 出而哇之, 並歸無用矣.

1.74

그레고리오가 말했다. "큰 것을 좋아하는 자는 다른 사람 위에 군림하려다가 스스로를 교만과 나태의 아래에 굽히고 만다. 다른 사람의 주인이 되려다가 먼저 그 욕망의 노예가 되어버린다. 내가 진실로 귀해지려거든 나를 수고롭게 하여 나를 낮춰야 하고, 내가 귀함을 얻었다면 더욱더 나를 도와 나를 억제해야 한다.

厄勒臥略曰: "好大者, 欲伸於他人之上, 而自屈于傲惰之下. 欲爲他人之主, 而先爲其欲之奴. 我苟欲貴, 是勞我以卑我也. 我即得貴, 益助我以抑我也.

장차 사람의 마음에 하고자 하는 것이 있게 되면, 가슴속에서 문득 그 형상이 그려지게 된다. 한번 귀하게 되려는 생각이 움직이면 가슴속에서 느닷없이 우뚝 솟은 으리으리한 건물이 떠오르고, 자기를 위해 일하는 하인들의 분주한 모습이 보이게 된다. 높은 단 위의 드넓은 자리에 앉아 늠름하게 1만 사람 위에 군림하는 모습이 보이고, 위풍당당하게 사람들을 함부로 쥐고 흔드는 모습이 느껴지는가 하면, 원수를 잡아다가 보복하는 모습도 보인다. 잠깐 사이에 앞뒤에서 '물렀거라'를 외치며 에워싸는 것과 무수한 수레와 말이 휘황찬란한 것도 떠오르고, 굽실거리고 아첨하며 웃는 자가 많이도 찾아와서 내가 문득 낯빛이 즐거워지는 것도 보인다. 한 사람을 밀어 떨어뜨려 땅에 처박을 수도 있고, 한 사람을 끌어당겨 하늘에 오르게 할 수도 있음을 깨닫는다. 집 아래에서 사람들이 온갖 형상으로 구슬피 애걸하고 내가 이를 불쌍히 여겨 용서해주는 모습이 떠오르기도 하며, 천상의 사람으로 나를 추대해 사례하면 나는 뻐기면서 젠체하다가 혹 거짓으로 사양하는 모습을 짓는 것이 보이기도 한다.

且人心方有所欲, 則胸中便成厥像. 動一欲貴之想, 胸中忽覺棟宇巍絶, 忽覺見奔走承役者, 覺崇壇廣筵, 凜然臨萬人上, 覺威風凌攝人, 覺取怨讐報復, 覺頃刻呼擁前後, 無數輿馬赫奕, 覺多脅肩諂笑者來, 我輒色喜, 覺推墜一人可至地, 提挈一人可至天, 覺堂下人哀乞千百狀, 我能憐之恕之, 覺天上人, 戴謝我, 我詡然自居, 或僞退讓.

이 같은 온갖 생각들이 마음에 콕 박혀 있다가, 한 번이라도 그 실마리와 접촉하게 되면 아득하기가 마치 그림자를 쫓는 것과 같다. 그러다가 문득 이 몸을 돌이켜 살펴보면 쓸쓸하게 예전 그대로일 뿐이니, 눈을 뜬 채로 꿈에 든 것이 아니고 무엇이겠는가? 그 지위가 주는 즐거움을 미처 누리기도 전에 먼저 이 즐거움이 가져다준 수고로움이 찾아올 것이다."

種種諸念, 牢印於心, 一觸其端, 茫如逐影. 還視此身, 蕭然而已. 非醒時入夢而何? 未及受是位之樂, 而先來是樂之勞."

1.75

귀해지는 것을 좋아하는 사람은 그곳이 지극히 위험하고 대단히 위태로운 곳임을 스스로 깨닫지 못한 채 망령되이 들어가려 한다. 몸이 가파른 고개에 올라서면 무겁지 않을 경우 반드시 기울어진다. 다리는 후들거리고 눈은 어찔하여 뜬구름처럼 나부끼게 되니, 다시 진정시킬 수가 있겠는가?

好貴者, 不自覺其至險至危, 妄爾欲入. 夫身登峻嶺, 不重則必傾, 足搖目眩, 飄然浮雲, 可復定乎?

높은 지위는 아무나 쉽게 있을 곳이 아니다. 그 어짊을 두터이 하고, 그 지혜를 깊게 하여, 내 몸을 무겁게 한 뒤라야 편안해질 수가 있다. 또 높은 지위에 있는 사람에게는 일백 가지 책임이 모여든다. 한 몸을 일백 가지 책임 가운데 내맡겨야 하니, 위험하고 위태롭다. 그런데도 이 속에 들어가는 것을 빠져들 듯 하는 것은 어째서일까?

高位非易居也. 厚其仁, 深其智, 吾身重而後能安之. 且居高位者, 百責聚焉. 以一身委百責之中, 險危極矣. 而入之如溺, 何哉?

1.76

옛날에 장차 왕위를 물려받게 된 사람이 있었다. 그의 삼촌은 현인이었는데 그에게 가서 물었다. 현인은 그를 지극히 높은 곳으로 데려가서 둥근 원반 가운데로 들어가게 하더니 이를 빠르게 돌렸다. 조금 지나자 현기증으로 어지러워서 떨어질 것 같았으므로 이를 내려왔다. 어지럼증이 그래도 가라앉지 않아 한참을 그렇게 앉아 있었다.

현인이 말했다. "높은 자리에 있으면 위험하고 떨어지게 되지만, 낮은 자리에 있으면 편안하고 또 머물 수가 있단다. 내가 네게 명한다. 버리고 떠나거라."

그는 마침내 왕위를 감히 받지 않았다.

昔有將受王位者, 其諸父賢人也, 就問之. 賢人引至高處, 令入圓盤中, 急轉之, 少頃, 眩瞀欲隕, 乃下之. 眩尙未定, 良久而坐. 謂之曰: "在高則險且隕, 在卑則安且止. 吾命女矣. 遣去." 遂不敢受.

얼마 뒤에 세상을 떠났는데, 그의 영혼이 사람들에게 나타나서 말했다. "천주께서 내게 천당에 올라 영원한 행복을 누리도록 해주셨습니다. 또 내게 일깨워주시기를, '먼젓번에 같은 말을 듣지 않고 왕위를 받았던 자는 반드시 더러운 행실에 빠져 능히 지옥의 영원한 근심을 벗어날 수 없을 것이다'라고 하셨습니다."

無何卒, 靈神示人曰: "天主賜予升天堂享永福. 且喩我云: '曩不聽若言受位者, 必墮汚行, 不能逃地獄永患矣.'"

1.77

귀해지는 것을 좋아하는 사람은 아직 얻지 못했을 때는 바라는 것을 도모하느라 마음이 근심스럽고, 이미 얻었을 때는 그 바탕을 훔쳐 갈까 봐 마음에 더욱 걱정이 되며, 지위를 잃음에 이르러서는 또다시 더더욱 마음에 근심이 된다. 처음 바람을 꾀할 때는 지위를 얻으려는 마음이 무겁기 때문에 그 밖의 다른 계획은 세울 겨를이 없다. 그래서 마침내 천주도 알지 못하고, 사람도 모르고, 자기도 알지 못하니, 모두 다 큰 근심이다.

好貴者, 其未得時謀望, 旣爲心患, 其已得時竊據, 更爲心患, 至於失位, 愈又更爲心患. 其始謀望時, 得位心重, 違計其他, 遂不知天主, 不知人, 不知己, 皆大患也.

    속으로 부족함을 두려워함이 많거나 남의 뜻을 잃게 될까 염려하면 말을 하거나 일을 할 적에 남에게 아첨하여 구하지 않음이 없다. 거짓으로 겸손하고 공손하게 하고, 또 얻을 생각이 없는 것처럼 자신을 굽혀 남을 따르며 갖은 꾀를 내 아첨을 하니, 이것은 뭇사람의 하인인 셈이다. 마음은 두 개의 생각으로 나뉘어 혼자만의 생각으로 다툰다. 그중 하나인 악한 마음은 본래부터 착하지 않은 일을 하고자 한다. 또 귀해짐을 좋아하는 것을 남들이 알아차릴까 봐 두려워하여 잠시 억지로 이를 눌러두니, 두 가지 악한 마음이 상반되어 조용할 때가 없다.

    內多歉畏, 恐失人意, 語言行事, 無不求媚於人. 僞爲謙恭, 又如不欲得者, 屈己狥人, 謟諛百出, 是衆役也. 心分兩念, 自想爲鬪. 其一惡情, 本欲爲不善. 又因好貴, 懼人知覺, 姑强抑之, 兩惡心相反, 不許有靜時.

    이미 높은 지위에 있게 되면 몸과 마음이 가장 위험하다. 대개 지위가 있으면서 악한 일을 하면 그 형세가 이미 편한 데다 또 곁에서 못하게 하는 이도 없으니, 이 때문에 지위에 있는 것이 오래될수록 죄를 지음이 더욱 깊어진다. 이미 지위를 잃고 나서는 지위에 있으면서 행한 선하지 않은 일에 대한 영원한 벌을 받게 될 터이니, 그 근심이 또 지극하다.

    《성경》에 말했다. "큰 사람은 괴로움을 받는 것 또한 크다."[36]

    아리스토텔레스가 큰 것을 좋아하는 자를 깨우쳐 말했다. "사람이 귀한 지위를 살필 때는 마땅히 뒤를 살펴야지 앞을 살피면 안 된다.

대개 앞에는 여유 있게 하고 뒤에는 좁게 하며, 먼저 달게 하고 나중에 괴롭게 한다. 이는 익지 않은 풋과일과 같아서, 색깔은 곱지만 맛은 시어, 처음 보면 문득 맛보고 싶다가도 막상 맛을 보면 문득 그 쓴맛을 보게 되는 것과 같다."

既處高位, 身心最險. 蓋有位爲惡, 其勢旣便, 又無從旁畜止者, 是以在位彌久, 造罪彌深. 迨旣失位, 而受居位不善之永罰, 其患又極矣. 聖經曰: "大者, 受苦亦大." 亞利思多喩好大者曰: "人視貴位, 俱宜視後, 不宜視前. 蓋先寬後窄, 先甘後苦. 如生果焉, 色美而味酸, 方見輒欲嘗, 方嘗, 輒受其苦矣."

1.78

말을 부리는 자는 말의 힘이 강한지 약한지 헤아려보고 실을 물건의 많고 적음을 견줘본 뒤에야 길을 떠난다. 배를 부리는 자 또한 무겁고 가벼움을 헤아리고 굳센지 흠이 있는지를 따져보고 나서도, 파도와 바람의 기색을 살핀 뒤에야 길을 떠난다. 사물에 있어서도 그렇지 않음이 없다. 유독 높은 지위를 좋아하는 자는 스스로 그 능력이 있는지 없는지는 헤아리지 않는다. 힘은 나약한데 책임은 크고 보니 허둥지둥 그저 얻지 못할까 염려하다가, 얻고 나면 감당하지 못해서 고삐를 거두고 키를 돌리지만 때가 이미 늦고 만다.

任馬者, 揣力强弱, 較物多寡, 然後行. 任舟者, 亦量重輕, 酌堅瑕, 察波濤風色, 然後行. 於物無不然. 獨好高位者, 不自度其能否. 力綿而任巨, 皇皇然惟恐不得, 得而不勝, 收轡迴舵, 則晩矣.

---

36 큰 사람은 …… 또한 크다: 〈지혜서〉 6장 8절, "권력자들은 엄하게 다스리신다."

1.79

사람이 할 수 없는 것을 스스로 할 수 있다고 믿는 자는 없다. 재봉사에게 베 한 자를 주면서 옷을 짓고자 하거나, 신발장이에게 가죽 한 치를 주면서 신발을 만들게 한다면 틀림없이 벌떡 일어나 힘껏 사양할 것이다. 귀한 책임을 맡아 사람을 다스리는 것은 가장 하기 어려운 일이다. 하지만 아무도 스스로 그 어려움을 아는 이가 없으니, 몹시 좁아 부족한데도 대단히 여유가 있다고 여긴다. 다만 참으로 사양하는 사람이라야 참으로 능히 맡을 수가 있다.

人無有自信所不能爲者. 與縫人以尺布, 而欲爲衣, 與履人以寸皮, 而欲爲舃, 必決起而力辭. 居貴任以治人, 最難爲之事, 而無人自識其難也, 甚狹不足, 以爲甚有餘. 惟眞能辭者, 乃眞能任焉.

우언에 말했다.[37] 여러 나무가 함께 의논해서 나무 하나를 어른으로 세워 함께 떠받들기로 했다. 제일 먼저 올리브를 추대했다. 올리브는 열매가 아름답고 기름이 좋은 나무였다. 올리브가 사양하며 말했다. "내 기름은 몹시 촉촉해서 사람을 위해 쓰이지만, 내 촉촉함을 흩어 너희 여러 나무의 어른 자리와 바꾸는 것은 원치 않는다." 다음으로 포도를 추대하자 사양하며 말했다. "내 열매는 몹시 달고, 내 술은 너무도 훌륭해서 사람을 위해 쓰인다. 나의 달고 훌륭함을 흩어서 여러 나무의 어른이 되는 것과 맞바꾸고 싶지는 않다."

寓言曰: 衆樹共議, 欲立一樹爲長, 共宗之. 首推阿理襪. 阿理襪, 美果美膏之樹也. 辭曰: "我膏甚潤, 爲人用, 不願散我潤, 易爾衆樹長也." 次推葡萄, 辭曰:

---

37 《이솝 우화》에 실려 있는 이야기다.

"我果甚甘, 我酒甚美, 爲人用, 不願散我甘美, 易衆樹長也."

결국 후추에게까지 차례가 왔다. 후추는 가시나무 부류로 꽃이 없고 잎은 두껍다. 덤불로 자라는데 가시가 많아 하나도 쓸 만한 구석이 없고 땔감으로나 쓸 뿐이다. 마침내 펄쩍 뛰며 일어나 말했다. "정말이냐? 그렇다면 마땅히 와서 내 그림자 아래로 모여라. 내가 하는 것을 누가 감히 거역하겠느냐? 거역한다면 나 후추가 마땅히 나가서 불에 태워버리겠다."

已及辣末. 辣末者, 棘屬也, 無花葉實, 叢生多刺, 一無可用, 燎爨而已. 遂躍起曰: "信然耶? 則當來就我影下. 惟我所爲, 誰敢逆者? 逆則我辣末當出, 火焚之矣."

덕이 있는 사람은 기름이 가득하고 열매가 풍성해도 귀한 책임으로 인해 그것이 흩어질 것을 염려한다. 기뻐하지 않을 뿐 아니라 두려워하고, 구하지 않을 뿐 아니라 외려 피해버린다. 어리석고 못난 사람은 흩어질까 봐 걱정할 만한 좋은 구석이 없는데도 두려워하지도 피하지도 않으니, 후추가 바로 그러하다.

夫有德者, 滿于膏, 豐於實, 懼因貴任而散也. 微特不喜且畏之, 微特不求且避之. 愚者拙者, 無美可懼散, 不畏不避, 則辣末而已.

1.80

프란치스코는 높은 지위를 피하여 받지 않으려고 천주께 여쭈어보았다. 천사가 유리병에 맑은 물을 따라서 그에게 보여주며 말했다. "자신이 이처럼 맑아서 이것으로 남을 씻긴다면 괜찮다." 마침내 이를 피했다.

덕을 두루 갖춘 사람이라 해도 천주의 명령이 아니고는 감히 가볍게 높은 지위를 받아서는 안 된다. 하물며 죄에 물든 자라면 어찌하겠는가?

法蘭濟避尊位弗得, 質之天主. 天神以玻璃缾注清水, 示之曰: "己清如此, 而以濯人, 則可矣." 遂避之. 夫周於德者, 非主命, 弗敢輕受尊位, 何況染於罪者乎?

1.81

그레고리오는 교황이 되기를 피하려 했으나, 뭇사람의 다그침이 몹시 심했고 지켜 감시하는 것이 대단히 엄중하였다. 그래서 스스로 큰 항아리 안에 숨어 두 사람이 떠메고 성을 나가 도자기를 포개서 이를 감췄다. 무리들이 그 집을 뒤졌지만 찾지 못했다. 잠시 후 먼 산에서 맹렬한 불길이 일어나 이를 뒤덮어버렸다. 괴이하게 여겨 가서 살펴보니 성인이 거기에 계셨다. 성인께서는 높은 자리에 있는 것을 몹시 두려워하여 급하게 이를 피하고자 했다. 높은 지위가 책임이 무겁고 위험한 일이 많은 것과, 몸이 높은 지위에 있으면서 마음에 겸손의 덕을 간직하는 것이 몹시 합치되기 어려운 것을 알았기 때문에, 절대로 어쩔 수 없는 경우가 아니고는 감히 스스로 그 덕을 믿어 갑자기 이를 맡으려 들지 않았던 것이다.

厄勒臥略欲避主位, 衆迫之甚急, 守之甚堅. 乃自匿巨甒中, 兩人舁出城, 而藏之復陶. 衆索之其家, 弗得. 俄見遠山有猛火幕之, 怪而徃觀, 聖人在焉. 夫聖人甚畏居位, 而急欲避之. 惟知高位之責重險多, 身居高而心存謙德甚難合, 故非萬萬不獲已, 弗敢自恃其德而遽當之.

1.82

귀해지는 것을 좋아하는 자는 한때의 거짓 영화를 위해 다시금 죽을 때까지의 참된 욕됨을 깨닫지 못한다. 한갓 뒤에 있을 이득을 헤아리느라, 마침내 이제까지의 공을 모두 내던져버린다.

好貴者惟爲一時之假榮, 不復覺終身之眞辱. 徒計在後之得, 遂盡擲從前之功.

1.83

귀해지는 것을 좋아하는 사람은 비웃을 만하고, 증오할 만하며, 부끄러워할 만한 구석이 있다. 미약한 공과 힘으로 높은 자리의 고귀함을 구하니, 웃을 만하다. 그것을 요행으로 얻으려 하니, 가증스럽다. 정신을 온통 다 쏟고 지혜를 다 기울이고도 끝내 얻지 못하고 혹 문득 잃기까지 하니, 참으로 부끄러워할 만하다. 높은 데로 올라가는 길은 높은 것을 가볍게 보는 것보다 빠른 것이 없다.

好貴人, 有可笑, 有可憎, 有可愧. 以微功力求尊高, 可笑矣. 其得之爲僥倖, 可憎矣. 若窮神盡智, 而終不得, 或旋失焉, 適可愧矣. 陟高之路, 莫捷於輕高也.

1.84

높은 지위에 있다 해서 대인이 큰 사람이 되는 것은 아니나, 큰 사람처럼 보이게는 한다. 세상의 정리를 가지고 세상 사물을 헤아릴 때, 사물 자체가 아니라 그 바탕을 가지고 하기 때문이다. 하지만 한없이 높은 무대에 올라가더라도 난쟁이가 키다리가 될 수는 없다. 거인을 깊이를 알 수 없는 연못에 들어가게 해도 키다리임을 잃지는 않는다. 이 때문에 높고 낮음을 분별하는 것은 그 사람을 보고 헤아려야지, 그 바탕을 함께 보아서는 안 된다.

居高位, 非大人所以爲大人, 而似大人. 蓋以世情量世物, 不於其身, 於其礎耳. 然登侏儒於無極之臺, 不得爲長人. 納防風於不測之淵, 不失爲長人也. 故辨高卑者, 獨量其身, 勿兼其礎.

서양에 필리포스費理薄[38]라는 사람이 있었는데 큰 나라의 임금이었다. 적국을 이기고 바로 그 땅을 소유하게 되자 크게 스스로 자랑하며 뽐냈다.

한 현자가 물었다. "왕께서는 이 나라를 멸망시키고, 이 땅을 취하셨습니다. 시험 삼아 왕의 그림자를 살펴보십시오. 예전과 견주어 조금이라도 더 자랐던가요?"

西有費理薄者, 大國王也. 勝敵國而奄有其地, 大自矜伐. 一賢者問之曰: "王滅是國矣, 取是地矣. 試度王影, 視昔得長少許否?"

1.85

사람은 높은 지위를 영예롭게 여긴다. 하지만 소인이 높은 지위에 있는 것은 도리어 욕이 될 뿐이다. 왜 그런가? 높은 지위는 소인을 영예롭게 할 수가 없고, 지극히 소인임을 보여줄 뿐이다. 만약 그로 하여금 높은 지위에 있게 하지 않았더라면 누가 그가 소인인 것을 알았겠

---

38 필리포스: 마케도니아 왕국의 필리포스 2세Philippos II(BC 382~336). 알렉산더 대왕의 아버지로, 대국 마케도니아의 기초를 다졌다. 군사식민지를 건설하고, 군제를 개혁해 강력한 군대를 만들었으며, 제3차 신성전쟁神聖戰爭에서 북부 그리스의 패권을 확립했다. 카이로네이아에서 아테네와 테베의 연합군을 분쇄해 그리스의 정치적 독립을 종식시키고 '코린트동맹'을 결성시켜 이를 자신의 지휘 아래 두었다.

는가? 원숭이가 지붕에 올라가 앉아 있으면 높아져서 영예롭게 되는 것이 아니라, 다만 사람의 웃음을 사게 되는 것과 한가지다.

人以高位爲榮. 然以小人居高位, 反辱矣. 何者? 高位不能榮小人, 極能見小人也. 若使不在高位, 孰知小人哉? 如猴升屋而坐, 非尊榮也, 第令人笑之.

1.86

사람은 마땅히 갖춤이 있기를 원해야지, 지위가 있기를 원해서는 안 된다. 재주가 있으면서 지위가 없으면 더욱 영예롭다. 지위가 있는데도 베풂이 없으면 더욱 욕되다.

서양 나라의 옛 풍속에 큰 공이 있는 사람은 동상을 세운다. 가단加當[39]이라는 사람은 공이 가장 큰데도 아직 동상을 세우지 않고 있었다. 어떤 사람이 까닭을 묻자, 그가 대답했다. "나는 사람들이 가단은 어째서 동상을 세우지 않는가 하고 묻기를 원하지, 사람들이 가단은 어째서 동상을 세웠는가라고 묻는 것을 원하지 않는다네."

人當願有其具, 不當願有其位. 有才無位, 彌榮. 有位無施, 彌辱. 西國古俗有大功者, 得立像. 加當者, 功最大, 未立像. 或問故, 對曰: "我願人問加當何故不立像, 不願人問加當何故立像."

39　가단St Derfel Gadarn: 6세기 영국 웨일스 지방의 전사. 캄란전투에서 생존한 아서왕의 7전사 중 한 사람으로, 후에 세속을 버리고 떠나 수도자가 되었다. 생애에 대해서는 알려진 것이 없다. 영국 어느 성당에 그의 목조 조각상이 있었는데, 영험하다는 소문이 퍼져 수많은 민간 전설의 주인공이 되었다.

9. 겸손의 덕을 논함論謙德

1.87

겸손이란 무엇인가? 스스로를 천한 곳에 두고, 스스로를 낮은 곳에 두는 것이다. 사람이 천주의 위대함과 자신의 부족함, 주님이 아니면 나지도 못하고 어른이 되지도 못하고, 어진 이도 못 되고 성인도 못 됨을 생각하면서, 그 마음을 천주 앞에 내려놓고, 나아가 남 앞에 내려놓는 것, 이것이 겸손이다.

謙者何? 自居賤, 自居下也. 人思天主之大, 己之眇焉, 非主弗生弗成, 弗賢弗聖, 其心下於天主, 即下於人, 斯謙已.

겸손은 덕의 뿌리여서, 무릇 덕은 이 뿌리에서 떨어지지 않아야만 시원스레 통하고 무성하게 사라난다. 그렇지 않으면 꺾이고 말라 시든다.

성 아우구스티노가 말했다. "겸손의 덕은 잠시도 떨어질 수가 없다. 겸손한 사람은 선에 앞장서서 선을 이끌고, 선을 안배하여 선을 굳세게 하며, 선을 따라가며 선을 덮어준다. 그렇지 않으면 교만해지고 또 틈을 타서 들어와 나를 온전히 빼앗아버린다."

謙爲德根, 凡德不絶於是根, 則暢達焉, 薿茂焉. 不則摧折焉, 枯萎焉. 聖亞吾斯丁曰: "謙德斯須不可離. 謙者先善以引善, 配善以固善, 隨善以掩善. 不則傲且取釁以入, 全奪我矣."

1.88

대臺를 쌓는 사람은 반드시 그 터를 다져야 한다. 만약 뜬 모래로 쌓는다면 쌓으면 쌓을수록 더 위험해지고 더 빨리 기울 것이다. 훌륭한 재능이 바탕을 다질 수 있는 것은 겸손보다 단단한 것이 없다. 만약 겸손한 마음을 가지고 쌓지 않으면, 많아지거나 높아질수록 더 위험해져서 쉬 무너지게 된다.

累臺者, 必固其址. 若以浮沙積, 愈累愈險, 愈速傾矣. 善才能基, 莫固於謙. 若不以謙心積, 愈多愈高, 愈險愈毀.

성 그레고리오가 말했다. "덕을 쌓을 때 겸손으로 하지 않는 것은 가벼운 재를 쥐고서 회오리바람에 맞서는 것과 같다." 또 말했다. "붉게 달아오른 화로의 숯도 재로 덮어주지 않으면 잠깐만에 꺼지고 만다. 가득 찬 덕도 겸손으로 덮어두지 않으면 잠깐만에 없어진다."

聖厄勒臥略曰: "積德不以謙, 如持浮灰而逆飄風." 又曰: "紅爐之炭, 不以灰蒙之, 須臾而滅. 盛滿之德, 不以謙掩之, 須臾而亡矣."

1.89

성 베르나르도가 말했다. "비록 지나치게 겸손하여 낮춘다 해서 반드시 스스로 의심하고 두려워할 것은 아니다. 만약 털끝만큼이라도 남보다 위에 서려는 마음이 있다면 참으로 두려워할 만하다. 비유하자면, 문에 들어서는데 문이 높더라도 내가 지나치게 숙이는 것이 무슨 해가 되겠는가? 몸을 곧추세워 곧장 가다가는 혹 그 머리를 부딪히게 된다."

聖百爾納曰: "雖過謙下, 不必自疑畏. 若有絲毫上人之心, 正可畏也. 譬如入門, 門高而我過屈, 奚害? 軒然直行, 或擊其首."

토마스多瑪斯[40]는 어진 사람이다. 그의 말은 이렇다. "마음이 1만 사람의 아래에 있는 것이 무슨 해가 되겠는가? 마음이 한 사람이라도 그 위에 있다면 해로움이 있다."

多瑪斯, 賢人也, 其言曰: "心下於萬人, 何害乎? 心上於一人, 有害矣."

1.90

천주의 《성경》에 말했다. "네 몸이 있는 곳이 높아질수록 일마다
더욱 겸손하게 낮추어야만 천주께서 너를 사랑하실 것이다."[41]

바다에 뜬 배는 돛을 이미 높이 달았더라도 짐을 무겁게 실어 채워
주지 않으면 뒤집히지 않음이 드물다. 사람은 나무다. 몸은 가지고 마
음은 뿌리다. 가지는 올라가고 뿌리는 땅에 잠겨 상하가 서로 호응해
야만 능히 바람을 막으면서도 줄기가 휘지 않고 꽃이 피고 열매를 맺
을 것이다. 그러므로 몸을 만 사람에게 편 사람은 마음은 만 사람에게
굽혀야 한다. 내 지위가 남보다 높으면 어두워서 보이지 않는 듯이 하
고, 남의 덕이 나보다 나을 경우 환하게 이를 보아야 한다.

天主經曰: "爾身所居愈高, 事事愈謙下, 天主寵爾." 浮海之舟, 帆既高, 無重
載以厭之, 鮮不得覆. 人者樹也, 身其枝, 心其根, 枝升根沉, 上下相應, 乃能禦風
而本不撥, 華且實焉. 故身伸於萬人者, 心屈於萬人. 我位勝人, 昧然不見. 人德
勝我, 灼然見之.

---

40 토마스Thomas Aquinas(1225?~1274): 이탈리아의 가톨릭 성인이자 도미니크교단
의 수사로, 중세 기독교의 대표적인 신학자다. 아리스토텔레스의 주요 작품에
대한 주해서를 저술했고, 《신학대전》과 《대이교도대전》 등 다양한 저서를 남겼
다. 1323년에 시성되었다. 학자, 교수, 학생, 철학자 등의 수호성인이다.

41 네 몸이 …… 사랑하실 것이다: 〈집회서〉 3장 18절, "훌륭하게 되면 될수록 더욱
더 겸손하여라. 주님의 은총을 받으리라." 〈루가의 복음서〉 18장 14절, "누구든
지 자기를 높이면 낮아지고 자기를 낮추면 높아질 것이다."

1.91

사람은 선할수록 더욱 겸손하고 더욱 낮춘다. 우물도 깊은 것이 물이 더 달고, 벌집도 아래 있는 것이 꿀이 더 많다. 황금은 여러 금속 중에 지극히 귀하므로, 몸이 가장 무거워 가장 낮은 곳에 있다. 열매가 알찬 것은 가지가 반드시 낮게 드리우고, 알곡도 알찬 것이라야 반드시 이삭을 숙인다. 백 가지 천 가지 만물이 어느 하나 그렇지 않음이 없다. 그래서 무거운 것과 낮은 것은 함께 가고, 덕과 겸손은 나란히 선다. 무거운 덕이 몸에 맺혀 있다 보니 그 마음은 더욱 부족하다고 여기게 된다. 자기의 부족한 점을 살피게 되면 낮은 데로 향하고, 이만하면 충분하다고 여겨 남을 업신여기면 위를 향한다. 이만하면 충분하다고 여겨 남을 업신여기는 것이 남음이 있어서겠는가?

凡人愈善, 愈謙愈下. 井之深者, 水逾甘, 蜂房之在下者, 蜜益多. 黃金者, 五金之至貴也, 體最重最下. 果之實者枝必垂, 粟之堅者穗必俛. 百千萬物, 無一不然. 故重與下俱, 德與謙幷. 重德結於身, 其心愈不足矣. 觀己所不足, 則向下, 凌人以有餘, 則向上. 凌人以有餘, 有餘乎哉?

1.92

거울은 해를 비추지만, 둥글게 가득 찬 것은 그 빛이 빛나지 않는다. 사발처럼 둥글면서 텅 비면 가까이 볼 수 없고 또 불이 붙는다. 빈 까닭에 받아들이고, 그래서 빛을 모아 불을 붙일 수가 있다. 사람이 자만하면 덕을 받아들일 곳이 없으니, 어찌 능히 사물에 미칠 수 있겠는가?

鏡之照日也, 圓實者, 其光不耀. 虛圓如盂, 不可逼視, 且發火焉. 虛故容也, 故聚也, 故能發也. 人自滿, 德無所受矣, 安能及物?

1.93

숫자 계산 방법에 '0'이라는 단위가 있다. '0'은 숫자가 아니다. 이 것을 숫자 뒤에 붙이면 10이 100이 되고, 100은 1000이 되며, 1000은 10000이 된다. '0'을 더할수록 숫자가 점점 커진다. 다른 덕에 대한 겸손의 관계는 정수에 대한 '0'의 관계와 같다. 그래서 "네가 한 일이 있더라도 한결같이 아무것도 하지 않은 것처럼 해야만 한 바가 온전하게 이루어진다"고 말하는 것이다.

算數法有空位. 空位非數也. 以之加於數後, 則進十爲百, 進百爲千, 進千爲萬. 空位益加, 數益大. 謙於他德, 如空位於正數也. 故曰: "爾有所爲, 一若未嘗有所爲, 所爲全成."

1.94

교만한 사람은 서로 다투기를 그치지 않지만, 겸손한 사람은 스스로 가장 편안한 곳에 처한다. 교만한 사람은 위로 올라가기를 구하지만, 누군들 올라가기를 구하지 않겠는가? 그래서 모두들 다툰다. 겸손한 사람은 내려가기를 구하는데, 어떤 사람이 내려가려 하겠는가? 그래서 혼자 편안하다. 겸손은 아래에 처하고 아래는 다시 떨어지는 법이 없다. 교만은 높은 데 있는지라, 위태롭다!

傲者相爭不息, 謙者自處最安. 傲者求上, 誰不求上? 故皆爭. 謙者求下, 誰則求下? 故獨安. 謙居下, 下不復墜矣. 傲居高, 危哉!

1.95

교만은 본래 겸손과는 원수인데도 간혹 그 교만함을 감히 함부로 행하지 못하고, 반드시 겸손한 자취를 보여서 스스로를 덮어 가린다. 이것은 겸손이 길한 덕이 됨을 분명히 알고 있다는 뜻일까! 겸손은 이익을 받지 않음이 없는지라, 홀로 교만에게는 원수로 보인다. 이제 그 원수마저도 겉으로 등 돌리면서 가만히 이를 빌리니, 겸손이 과연 길한 덕이긴 한가 보다!

傲本謙之讐, 或不敢徑行其傲, 必也襲謙之迹, 以自蓋焉. 是明知謙爲吉德也夫! 夫謙無不受益, 獨見讐於傲耳. 今并其讐, 亦且明叛之, 隱假之, 謙果吉德也夫!

1.96

세상의 영예가 겸손의 덕을 아우르지 않을 경우는 더욱 욕됨에 가깝게 된다. 겸손은 다른 영예로움은 없고, 스스로 만족하는 것이 영예라면 영예다. 하지만 겸손이 만약 다른 영예와 함께하면 더욱 영예롭게 된다. 비유하자면, 아름다운 향이 홀로 향기로울 뿐 아니라 다른 물건도 모두 향기롭게 해주는 것과 같다. 다만 교만은 이것과 반대로 하니, 아름다운 덕과 훌륭한 재주가 교만을 받으면 욕스럽게 되고, 물들면 더러워진다.

世榮不兼之謙德, 愈近辱也. 謙無他榮, 自足爲榮. 若兼他榮, 則更榮. 譬之美香, 非獨自香, 兼他物皆得香. 惟傲反是. 美德美才, 受若辱, 染若汚.

1.97

어떤 사람이 한 현자에게 물었다. "배움은 무엇이 가장 큽니까?"
그가 대답했다. "작게 되기를 배우는 것이 크지요."
다시 물었다. "작은 것을 배움은 어떻게 합니까?"
그가 말했다. "남에게 알려지지 않기를 원하고, 남보다 천해지기를 원하는 것이오."

或問一賢者曰: "學孰大?" 答曰: "學爲小者大." 問: "學小如何?" 曰: "願不

見知於人, 願見賤於人."

스타니슬라오蘇瑣[42]는 서양 나라의 덕이 성대한 인사였다. 어려서부터 어른이 될 때까지 언제나 덕 닦기만 생각했으므로 사람들이 다투어 그를 칭찬했다.

갑자기 천사가 이렇게 말했다. "너는 덕을 닦음에 참으로 부지런하여 사람들이 모두 무겁게 높이고 칭찬하여 기리게 되었다. 이 때문에 덕이 아직 높아지지 않은 채 간신히 소학小學만 마쳤다. 이후로는 천주께서 네게 남의 천대와 모욕, 핍박을 받게 하여 천하에서 가장 더럽고 악한 이가 되게 해서 친하던 이나 소원하던 이나 할 것 없이 너를 증오하고 미워해서 함께 말하는 것조차 달가워하지 않게 할 것이다. 네가 이를 기꺼이 즐겁게 받아들여 이전에 닦은 덕을 게을리하지 않는다면 대학大學에 들어갈 수 있을 것이다."

蘇瑣, 西國盛德士也, 從幼至壯, 念念修德, 人爭譽之. 忽天神謂曰: "爾修誠勤, 爲人皆崇重讚譽, 故德未尊, 僅臻小學. 是後天主令爾, 受人賤慢窘迫, 以爲天下最鄙惡, 親疎憎厭, 不屑與言. 爾能欣然樂受, 不怠前修, 則入大學矣."

---

42 스타니슬라오Stanislaus(1030~1079): 폴란드의 수호성인. 1072년 크라쿠프 교구의 주교가 되었다. 교구를 엄격한 생활규율로 다스리면서 행실이 좋지 않은 왕 볼레슬라프 2세를 비난하는 등 왕과 불편한 관계가 쌓여갔다. 그가 왕을 파문하자, 미사를 올리는 도중에 왕에 의해 살해당했다. 왕은 이 범죄 후 정치적인 패배를 겪고 헝가리로 도주해 수도원에서 죽을 때까지 속죄생활을 했다고 한다. 1253년 교황 인노첸시오에 의해 시성되었다. 스타니슬라오의 일대기는 전설적인 이야기들로 가득 차 있다.

1.98

마음이 겸손한 사람은 아름다운 덕과 훌륭한 지혜를 따르는 그릇
이다. 다른 그릇은 따르면 따를수록 점점 가득 차지만, 이 그릇은 부으
면 부을수록 점점 비워진다. 그래서 부으면 부을수록 더욱더 담을 수
가 있다. 다른 덕이 자라면 겸손의 덕도 함께 자라난다. 덕이 채워지면
채워질수록 스스로를 보는 것은 점점 겸허해지고, 겸손이 두터워질수
록 자신에게 겸손이 없다고 여기게 된다. 그래서 받을수록 비워지고
비울수록 천주께서 더욱더 주신다. 이 때문에 겸손한 사람은 가난한
것 같지만 날마다 부자가 되고, 천한 듯해도 더욱 귀해지며, 어리석은
것 같지만 크게 지혜롭고, 세상 사람과 같아 보여도 실은 하늘 위의
사람인 것이다.

謙心者, 注美德美智之器也. 他器愈注愈滿, 此器愈注愈虛, 故愈注愈容. 他
德長, 謙德與俱長. 德愈實, 自視愈虛, 謙愈厚, 倂己無謙, 是以愈受愈虛, 愈
虛, 天主愈授之. 故謙者如貧而日富, 如賤而益貴, 如愚而大智, 如世人而實天
上人也.

1.99

바라안拔剌諳 **43**은 서양의 어진 임금이었다. 길을 가다가 두 사람을
만났는데, 비쩍 마른 모습에 누더기를 걸친 채《성경》을 외우며 천주
를 찬미했다. 왕은 서둘러 수레에서 내려 그들에게 예를 표했다. 여러
대신들이 기뻐하지 않으면서 왕이 필부에게 몸을 가볍게 움직인다고
말했다. 왕은 돌아와 궤짝 네 개를 만들라고 명했다. 그중 두 개는 정

---

43 바라안: 미상.

밀하고 고운 데다 황금 자물쇠를 채웠지만, 마른 뼈와 여러 가지 더러운 물건을 가득 담게 했다. 다른 궤짝 두 개는 몹시 질박하고 보잘것없었으나, 안에는 진귀한 물건으로 채웠다.

拔剌諳, 西之賢王也. 行遇二人, 鵠形鶉服, 誦經讚美天主. 王趣下輦禮之. 諸大臣不悅, 謂王輕身匹夫也. 王歸, 命製四櫝. 其二絶精麗, 黃金爲鍵, 實以枯骷及諸穢物. 其二甚樸陋, 實以珍奇.

대신들을 불러 앞으로 나오게 하고는 어느 쪽이 값이 나가겠느냐고 묻자, 모두 다 대답했다. "아름다운 것이 값이 더 나갑니다."

왕이 말했다. "틀렸다!"

아름다운 것을 열자, 그 안에 담긴 추한 것들이 드러났다.

왕이 말했다. "이것은 비유하자면 교만한 사람에 해당한다. 겉 색깔은 곱고 아름답지만 속마음은 허물투성이에다 심술 사납다. 세상 사람들은 이를 높이겠지만 하느님과 천사는 미워하여 그를 내다버릴 것이다."

추한 궤짝을 열게 하니, 그 속에 담긴 아름다운 것들이 드러났다.

왕이 말했다. "이것은 비유하자면 겸손한 사람에 해당한다. 세상의 복을 가볍게 보므로 겉모습은 지저분하고 비쩍 말랐다. 세상 사람들이 천하게 보지만 속마음은 정결하고 도덕이 풍부하며 공적도 아주 많아, 하느님과 천사가 몹시 중히 여겨 아낄 것이다. 앞서 만난 두 사람이 바로 그렇다. 내가 수레에서 내려 예를 표한 것이 어째서 괴이하단 말이냐?"

召大臣前, 問價孰重, 俱曰: "美者重." 王曰: "謬矣!" 啓美者, 露其中醜. 曰: "此譬傲人, 外色艶美, 內心愆戾. 世人尊之, 天帝及天神則厭棄之." 啓其醜者, 露其中美, 曰: "此譬謙人, 輕忽世福, 外形汚瘠. 世人賤之, 內心精潔, 豐於道德,富於功勳, 天帝與天神甚重愛之. 向者兩人是也. 吾下輦禮之, 曷怪焉?"

1.100

천주의 지극한 자애를 움직임은 겸손만 한 것이 없다. 자애로운 마음은 가난한 이를 만나면 움직이지만 부자와 만나면 움직이지 않는다. 교만한 사람은 자신을 만족스럽게 보아 아무것도 필요 없는 듯이 행동하므로, 천주께서 버리고 폐하여 함께하시지 않는다. 겸손한 사람은 스스로를 몹시 가난하게 보아서 아무것도 지닌 것이 없어 항상 필요한 것이 있는 듯 행동한다. 그래서 천주께서 슬피 보고 불쌍히 여겨 넉넉하게 채워주신다.

《성경》에 말했다. "천주께서는 굶주린 이를 채워주시고, 부자는 돌려보내신다."**44**

또 말했다. "다만 보잘것없는 자가 불쌍히 여김을 받는다."**45**

動天主之至慈, 莫若謙. 慈心遇貧者則動, 富則否. 傲者自視滿足, 略無所需, 故天主棄廢不與. 謙者自視貧甚, 略無所有, 恒若有求, 故天主哀憫付足焉. 經曰: "天主盈飢者, 遺富者." 又曰: "惟小者見憫."

1.101

천주의 위엄과 분노를 녹이려면 또한 겸손만 한 것이 없다.

---

44 천주께서는 …… 돌려보내신다: 〈루가의 복음서〉 1장 53절, "배고픈 사람은 좋은 것으로 배불리시고 부요한 사람은 빈손으로 돌려보내셨습니다."

45 다만 …… 여김을 받는다: 〈루가의 복음서〉 1장 52절, "권세 있는 자들을 그 자리에서 내치시고 보잘것없는 이들을 높이셨으며." 〈시편〉 72장 13절, "약하고 가난한 자들을 불쌍히 여기고 가난에 시든 자들을 살려주며."

《성경》에 말했다. "스스로 뽐내는 자는 소송을 일으키지만, 스스로 겸손한 자는 이를 해소시킨다."**46**

또 말했다. "겸손으로 응대하면 노여움을 부순다."**47**

노여움이란 공차기와 같다. 단단한 것에 부딪히면 튀어오르고 부드러운 것에는 멈춘다. 사자는 온갖 짐승의 임금이다. 이와 맞서면 비록 배가 부르더라도 반드시 죽고, 그에게 복종하면 비록 배가 고파도 틀림없이 놓아준다. 사람에게 죄를 얻은 사람도 겸손하면 반드시 면한다. 겸손한 모습은 짐승의 사나움을 바르게 할 수 있고, 겸손한 말은 사람의 분노를 녹여주어 원수가 변해서 벗이 된다. 하물며 겸손한 마음이라면 어찌 천주의 자비하신 마음에 감동을 주어 그 노여움을 녹이기에 부족하겠는가?

消天主之威怒, 亦莫若謙. 經曰: "自伐者興訟, 自謙者消之." 又曰: "謙應則破怒." 怒猶蹴踘也, 遇堅則激, 柔則止. 獅, 百獸之王也. 敵之, 雖飽必殺. 服之, 雖餓必舍. 得罪於人者, 謙必免. 夫謙貌能格獸猛, 謙言能消人怒, 化讐爲友. 矧謙心乎, 豈不足感天主之慈心, 而消其怒哉?

1.102

어떤 사람이 아우구스티노에게 하늘로 가는 길을 묻자, 이렇게 대답했다. "참으로 겸손한 것이 으뜸이고, 참으로 겸손한 것이 그다음이

---

46 스스로 …… 해소시킨다: 〈잠언〉 29장 8~9절, "거만한 사람은 마을을 들쑤셔놓지만 지혜로운 사람은 화를 가라앉힌다. 지혜로운 사람이 어리석은 자를 소송하면 야료나 부리며 마냥 빈정거리리라."

47 겸손으로 …… 부순다: 〈잠언〉 15장 1절, "부드럽게 받는 말은 화를 가라앉히고 거친 말은 노여움을 일으킨다."

며, 참으로 겸손한 것이 세 번째다."

일백 번을 물어봐도 일백 번 모두 이렇게 대답했다. 천주께서 높이는 사람은 다만 스스로를 먼저 낮춘다. 천주께서 이루어준 사람은 오직 자신을 먼저 망가뜨린다. 천주께서 알아주는 사람은 다만 스스로를 먼저 잊는다. 천주께서 무겁게 여기는 사람은 오직 스스로를 먼저 가볍게 여긴다.

或請天路於亞吾斯丁, 答曰: "實謙其第一, 實謙其第二, 實謙其第三." 百問之, 百如是答. 夫天主所上者, 惟先自下之. 天主所成者, 惟先自虧之. 天主所識者, 惟先自忘之. 天主所重者, 惟先自輕之.

겸손한 사람은 실로 자신이 지닌 덕이 없어 받을 만한 보답이 없음을 안타까워한다. 천주께서는 바로 이 때문에 보답해주신다. 또 자신이 천주를 바라지만 바로잡을 겨를이 없음을 애석해한다. 천주께서는 이러한 까닭에 바로잡아주신다. 단지 그 바람대로 해주실 뿐 아니라, 또 바라지 않은 것까지 펴서 그의 겸손을 보태주신다.

그래서 《성경》에 천주께서 직접 말씀하셨다. "내가 돌아보아 살피는 것은 누구인가? 겸손하고 고요하며 내 말을 경외하는 사람이다."[48]

謙者實歎其無德在, 無可受報, 天主正以爲是應報. 實歎其望天主而未遑格, 天主正以是故格焉. 微獨如其望, 且申之望外, 以益其謙. 故經中天主自言: "吾所顧視爲誰? 謙靜而畏吾言也."

---

48 내가 돌아보아 …… 사람이다: 〈이사야〉 66장 2절, "내가 굽어보는 사람은 억눌려 그 마음이 찢어지고 나의 말을 송구스럽게 받는 사람이다."

1.103

《성경》에 천주께서 사람을 가르치며 말씀하셨다. "참된 복에 여덟 가지 단서가 있으니, 그 첫째는 이렇다. '마음이 가난한 자는 참으로 복되니, 자기를 위해 하늘나라를 얻으리라.'"**49**

공덕을 스스로에게 돌리지 아니하고 모두 천주께 돌린다. 스스로 만족치 아니하고, 자기를 믿지 않으며 남을 능멸하지 않는다. 몸이 남의 위에 있어도 마음은 남의 아래에 두니, 이것이 마음이 가난한 것이다. 이러한 겸손의 마음을 지닌다면 반드시 위로 올라가 하늘나라를 누리게 될 것이다.

經中天主誨人曰: "眞福有八端, 其第一曰. '神貧者乃眞福, 爲已得天上國也.'" 不以功德自歸, 悉歸天主. 不自滿足, 不恃己, 不凌人. 身居人上, 心居人下, 此神貧也. 存此謙心, 必上昇受享天國.

1.104

높은 데로 오르는 길은 오직 겸손뿐이다. 겸손으로 아래로 향하면 내려가는 듯 보여도 사실은 올라간다. 교만함으로 위를 향하면 올라가나 싶지만 사실은 내려간다.

《성경》에 말했다. "겸손한 사람이 스스로를 낮추면 천주께서는 더욱 낮추시어 그를 가까이한다. 교만한 자가 자신을 올리면 천주께서

---

49 마음이 …… 얻으리라: 〈마태오의 복음서〉 5장 3절, "마음이 가난한 사람은 행복하다. 하늘나라가 그들의 것이다." 〈루가의 복음서〉 6장 20절, "그때에 예수께서 제자들을 바라보시며 말씀하셨다. '가난한 사람들아, 너희는 행복하다. 하느님 나라가 너희의 것이다.'"

는 더욱 높아지셔서 그를 멀리한다."[50]

높은 산의 한 굽이에 나라의 서울이 있다. 임금과 가까운 사람은 귀하게 되니 평지인들 어찌 싫어하겠는가? 임금과 먼 사람은 천하게 되니 어찌 굳이 높은 산이라야 하겠는가? 사람이 존귀해지려면 하느님과 가까워져야 한다. 하느님과 가까워지려면 어떻게 해야 할까? 겸손이 바로 그것이다.

登高之路惟謙. 凡以謙向下, 似下實上. 以傲向上, 似上實下. 經曰: "謙者自下, 天主益下近之. 傲者自上, 天主益上遠之." 高山之隈, 爰有國都. 近君者貴, 何嫌平地? 遠君者賤, 何必高山? 人欲尊貴, 近天君者是. 近天君何道? 謙者是.

1.105

성 프란치스코의 한 벗은 덕이 가장 성대했다. 천주께서 신의 눈을 내려주어 천당을 몹시 환하게 보게 해주었다. 보좌寶座가 몹시 많았는데, 그중 한 자리는 더욱 높고 광채가 특별히 달랐다. 기이하게 여겨, 세상 사람의 공덕으로 누가 이 자리에 걸맞을지를 생각해보았다.

천사가 대답해주었다. "이 자리는 존귀한 신의 자리다. 처음에는 교만한 죄로 인해 내침을 당했지만, 지금은 천주께서 프란치스코의 겸손한 덕에 보답하려고 예정해둔 자리다."

聖法蘭濟一友最盛德, 天主賜以神目, 見天堂甚明. 寶座甚多, 一座尤高峻, 光耀絶異. 心奇之, 思世人功德, 孰有稱是座者. 天神應曰: "此尊神之座, 初以傲

---

50 겸손한 사람이 …… 멀리한다: 〈베드로의 첫째 편지〉 5장 5~6절, "여러분은 모두 겸손의 옷을 입고 서로 섬기십시오. 하느님께서는 교만한 자를 물리치시고 겸손한 사람에게 은총을 베푸십니다. 그러므로 여러분은 스스로 낮추어 하느님의 권능에 복종하십시오. 때가 이르면 하느님께서 여러분을 높여주실 것입니다."

罪見屛, 今天主豫定以酬法蘭濟之謙德也."

그 벗이 감히 드러내지 않은 채 한차례 그의 거룩한 덕을 시험해보려고 했다. 하루는 그와 함께 가다가 물었다. "그대는 자기 자신을 어떻게 보는가?"

프란치스코가 대답했다. "나는 세상 사람 중에 가장 악한 사람이라네."

벗이 불끈 성을 내며 말했다. "세상에는 악한 사람이 너무도 많다. 그대가 이렇게 말하는 것은 무성의한 것이 아닌가?"

그가 말했다. "세상에서 가장 악한 사람은 진실로 천주께서 내게 하시듯이 불쌍히 여기시고, 은총으로 보살피며 돌보아 도와주신다네. 힘을 다해 착한 일을 하고 마음을 쏟아 천주를 애모함이 틀림없이 나보다 나을 테니, 나는 바로 이와 같이 되고 싶을 뿐이라네. 그러니 어찌 저들보다 훨씬 악하지 않겠는가?"

友不敢宣, 欲一試聖德. 一日與同行, 問曰: "夫子自視何如?" 答曰: "吾爲世人最惡者." 友艴然曰: "世間惡者甚衆, 夫子乃作是言, 無乃不誠乎?" 曰: "世間最惡者, 苟得天主憐恤寵眷佑助之如我乎. 其殫力爲善, 盡心愛慕天主, 必勝我. 我乃如此而已, 豈不甚惡於彼哉?"

벗이 '휴' 하고 탄식하며 말했다. "내가 전날 본 것이 이제 실제로 증명되었다."

프란치스코는 스스로 남 아래에 처하였으므로, 천주께서 그의 자리를 다른 사람의 자리 위에 미리 마련해두셨던 것이다. 스스로를 낮춰서 더 낮아지면 천주께서는 더 높게 이를 올리신다. 이 때문에 "다만 교만은 천사를 사악한 마귀가 되게 할 수 있고, 겸손은 세상 사람을 천사가 되게 할 수가 있다"고 말하는 것이다.

友喟然嘆曰: "我昔所見, 今證其實矣." 法蘭濟自居人下, 天主豫定其位於他座之上. 自下彌卑, 天主上之彌高. 故曰: "獨傲能以天神爲邪魔, 獨謙能以世人爲天神."

1.106

우리가 덕을 닦으려 하면 마귀는 반드시 미워하여 나를 도모하려고, 항상 사악한 생각과 더러운 감정을 던져 나를 공격하려 들 것이다. 내가 나의 덕을 간직하여 그 해로움을 막아내려거든, 스스로 겸손하게 낮추어 천주께 도움을 바라는 것만 함이 없으니, 자신의 덕의 힘만 믿어서는 안 된다.

我欲修德, 邪魔必厭惡圖我, 恒投邪念穢感以攻我. 我欲存我德, 防禦其害, 計莫若自謙下, 冀祐於天主, 勿恃己德力.

어떤 사람이 한 현자에게 물었다. "사악한 마귀가 매번 음탕한 욕망으로 나를 공격해오면 내가 막아낼 수가 없습니다. 어째서 그런지요?"

대답하였다. "네가 오로지 너의 방패와 창을 버렸기 때문에 대적하지 못하는 것이다."

"방패와 창은 무엇을 두고 하는 말입니까?"

말했다. "겸손과 인내의 덕이다. 마귀가 와서 공격하면, 교만한 사람은 으스대며 자족하여 자신의 덕의 힘으로 이겨낼 수 있다고 믿기 때문에 꺾이고 만다. 겸손한 사람은 스스로 믿을 만한 덕이 없다고 보기 때문에, 오로지 천주께 도움을 청해 이것으로 대적하기를 바라므로 쉽게 이긴다."

或問一賢者曰: "邪魔每以淫慾攻我, 我不能當, 其故何也?" 答曰: "爾惟棄爾干戈, 故不敵." "何謂干戈?" 曰: "謙與忍德也. 魔之來攻, 傲者訑訑自足, 恃其德力當之, 故屈. 謙者自視無德可恃, 惟望祐於天主, 以此敵之, 故易勝矣."

안토니오閣當[51]는 옛날의 성인이다. 천주께서 일찍이 신의 눈을 주셔서 세상을 보게 하였다. 가득한 것이 모두 그물과 함정이었는데, 귀신과 마귀가 펼쳐놓아 이것으로 사람을 빠뜨리려는 것이었다.

성인께서 오싹하여 두려워 탄식하며 말했다. "세상은 위험하고 위태로운 것이 숨겨져 있고 또 많기도 하니, 사람이 뉘 능히 이를 피하겠는가?"

그러자 문득 천사가 대답했다. "마귀의 험한 것을 밟지 않을 수 있으려면 마음이 겸손해야 할 뿐이다."

閣當, 古聖人也. 天主嘗授以神目, 令見世界, 滿皆罟網機阱, 鬼魔所布, 用以陷人. 聖人悚然懼畏嘆息曰: "世之險危, 隱且多, 人孰能避之乎?" 輒有天神答曰: "能不蹈鬼險者, 心謙而已."

예전에 성 마카리오瑪加略[52]가 일찍이 마귀의 공격을 받아 겸손으로 이를 막자 마귀가 능히 들어오지 못했다. 하루는 마귀가 모습을 나

---

51 안토니오Antonius(1195~1231): 가톨릭 프란치스코수도회의 수사이자 설교가. 포르투갈 리스본 출생으로 이탈리아 파도바에 유해가 있어 '파도바의 안토니오'로 불린다. 성 프란치스코에 의해 신학 강사로 임명된 그는 훌륭한 강의와 설교로 많은 이들을 경탄케 했다. '기적의 성인'이라 불릴 정도로 많은 기적을 행했으며, 해박한 지식으로 '교회의 박사'로 추앙되고 있다.

52 성 마카리오Macarius the Great(300?~391?): 이집트 출신의 교부. 시리아 사막교부 중 한 사람이다. 사제로서 헌신적인 종교생활의 모범을 보이며 사막수도원운동을 이끌었다. 그의 설교는 영성을 강조했으며 신비주의적 경향을 띠었다.

타내며 말했다. "이제 내가 졌다. 너의 겸손이 나를 이겼다." 그러고는 마침내 오지 않았다.

대개 마귀가 와서 나를 공격하는 것은 오직 나의 덕을 덜어내고, 내 마음을 더럽히며, 나의 공을 없애려는 것이다. 내가 겸손으로 이를 상대하면 저들의 공격이 많아질수록 나의 공은 더욱더 커지고, 저들의 침략이 심해질수록 나의 덕은 더욱 완성될 것이다. 저들이 또 무슨 이로움이 있다고 나를 공격하겠는가?

昔有聖瑪加略, 嘗受魔攻, 以謙防之, 魔不能入. 一日魔見形, 謂曰: "今我負矣. 爾謙勝我也." 遂不至. 蓋魔來攻我, 惟欲損我德, 汚我心, 消我功. 我以謙當之, 彼攻愈多, 我功愈大. 彼侵愈甚, 我德愈成. 彼又何利而攻我哉?

1.107

무릇 겸손한 사람은 지혜롭고, 교만한 사람은 어리석다. 알렉산더 歷山[53]는 서양 나라의 이름난 임금으로 배우기를 좋아했다. 한 현자가 그가 몹시 교만하여 자만하는 것을 보고 이렇게 일러주었다. "천주께서 당신에게 직접 지혜를 내려주시려 하는데도, 다만 당신이 이를 받아들이지 않는군요."

대개 교만은 산에다 견주니, 비와 이슬이 내려도 흘러가버리고 남지 않아서 언제나 메말라 퍼석하다. 겸손은 골짜기에 비교되니, 비와 이슬이 내리면 간직해서 흘려보내지 않는지라, 능히 오곡을 기르는

---

53 알렉산더Alexandros(BC 356~323): 마케도니아의 정복왕. 그리스, 페르시아, 인도에 이르는 대제국을 건설했다. 33세의 젊은 나이에 죽었는데, 그 뒤 대제국의 영토는 마케도니아, 시리아, 이집트 세 나라로 갈라졌다.

밭이 된다.

凡謙者智, 傲者愚. 歷山, 西國之名王, 好學. 一賢者見其甚傲自滿, 謂曰: "天主自欲垂智於爾, 惟爾無以納之." 蓋傲比山焉, 雨露降之, 流而不存, 故常磽瘠. 謙比谷焉, 雨露降之, 存而不流, 故能爲五穀田.

1.108

방보邦薄[54]는 서양 나라의 덕스러운 인사였다. 천주께서 그에게 큰 지혜를 내려주셔서 사방에서 일로 자문을 청하는 사람과 어려운 것을 풀이해주기를 구하는 사람이 몹시 많았다. 방보는 감히 스스로 지혜롭다고 하지 않고, 반드시 먼저 천주께서 열어 인도해주시기를 기도한 뒤에 대답해주었다. 죽을 때까지 이렇게 했다. 죽을 때가 되자 그가 친구에게 말했다. "무릇 평생 동안 말한 것 중에 후회를 남길 말은 능히 한 마디도 기억하지 못하겠네."

잘못된 말은 정말 꺼내기가 쉽다. 하지만 방보가 평생 잘못된 말을 하지 않았던 것은 홀로 그 지혜가 넓고 커서가 아니라, 다만 스스로 지혜도 없고 덕도 없다고 하면서 언제나 천주를 믿어 감히 스스로 지혜롭다고 하지 않았기 때문이다.

邦薄, 西國德士也. 天主賜之大智, 故四方以事諮請者, 求釋難者甚衆. 邦薄弗敢自智, 必先祈天主開牖, 乃答之, 如是終其身. 臨歿, 謂其友曰: "凡生平所言, 不能記憶其遺悔之一詞." 謬言甚易出矣, 邦薄所以生平不出, 非獨其智廣大, 惟自謂無智無德, 恒恃天主, 不敢自智也.

---

54 방보: 미상.

《성경》에 말했다. "천주를 믿는 자는 반드시 참된 이치에 대해 몹시 밝다."[55] 또 여러 번 사람을 경계하여 말했다. "스스로 자기가 지혜롭다고 믿지 말라."[56]

성 클레멘스寄理瑪[57]가 말했다. "사람이 자기를 믿고 스스로에게 기대며 자기가 지혜롭다고 하면, 저절로 마귀가 된다. 어찌 반드시 마귀가 와서 어지럽히고 속이기를 기다리겠는가?"

聖經曰: "恃天主者, 必甚明于實理." 又屢儆人曰: "勿自恃己智." 聖寄理瑪曰: "人自信自恃己智, 自爲魔, 何必待魔來紛欺之?"

1.109

어떤 이가 한 현자에게 물었다. "가장 지혜로운 것은 무엇입니까?"

현자가 대답했다. "겸손입니다."

"가장 어리석은 것은 무엇인지요?"

"교만입니다."

그 까닭을 묻자 이렇게 말했다. "택하는 것을 살펴보십시오. 겸손

---

55 천주를 …… 몹시 밝다: 〈요한의 첫째 편지〉 4장 6절, "하느님을 아는 사람은 우리의 말을 듣지만 하느님께로부터 오지 않은 사람은 우리의 말을 듣지 않습니다. 이렇게 우리는 진리의 성령과 사람을 속이는 악령을 가릴 수 있습니다."

56 스스로 …… 믿지 말라: 〈잠언〉 26장 16절, "거만한 사람은 재치 있게 대답하는 사람 일곱보다 제가 더 잘났다고 생각한다." 〈잠언〉 28장 11절, "부자는 제가 지혜로운 사람인 줄로 알지만 가난해도 슬기로운 사람은 그 속을 꿰뚫어본다." 〈집회서〉 7장 5절, "주님 앞에서 의로운 자인 체하지 말며 왕 앞에서 지혜로운 자인 체하지 말아라."

57 성 클레멘스Clement of Alexandria(150?~215?): 초기 알렉산드리아학파의 교부. 오리게네스의 스승이다. 개종하기 전에 그리스 철학과 기독교를 배웠고, 이를 바탕으로 그리스의 철학적 전통을 기독교 교의와 결합시킨 사상을 전개했다.

은 내면을 택하고, 교만은 외면을 택합니다. 겸손은 얻음을 택하고, 교만은 소문을 택합니다. 겸손은 바탕을 고르나, 교만은 말단을 고르지요. 겸손은 골짜기를 택하므로 풍성한 복이 있고, 교만은 산을 고르기에 바람과 가뭄과 흉년의 재앙이 있습니다. 겸손은 자기를 이김을 택하고, 교만은 남을 이김을 택합니다. 겸손은 열매를 고르지만, 교만은 꽃을 취합니다. 겸손은 맛을 택하고, 교만은 빛깔을 고릅니다. 겸손은 진짜를 택하지만, 교만은 비슷한 가짜를 취하지요. 겸손은 의로운 본성을 고르고, 교만은 의로운 겉모습을 택합니다. 겸손은 죽은 뒤의 영원한 행복을 고르는데, 교만은 눈앞의 잠깐 동안의 편함을 고릅니다. 겸손은 낮춤을 택하므로 편안하고 고요해서 사람이 모두 이를 들어올리려 하고, 교만은 올라감을 택하기 때문에 다툼을 길러 사람들이 이를 끌어내리려 합니다.”

或問一賢者曰: “智之至者爲誰?” 答曰: “謙.” “愚之至者爲誰?” 曰: “傲.” 問故. 曰: “觀擇. 謙擇內, 傲擇外. 謙擇得, 傲擇聞. 謙擇本, 傲擇末. 謙擇谷, 故有豐盛之福. 傲擇山, 故有風旱險荒之禍. 謙擇勝己, 傲擇勝人. 謙擇實, 傲擇葩. 謙擇味, 傲擇色. 謙擇眞, 傲擇似. 謙擇義性, 傲擇義形. 謙擇死後永福, 傲擇目前蹔便. 謙擇下, 故安靜, 而人盡欲上之. 傲擇上, 故養爭, 而人盡欲下之.”

《성경》에 말했다. “교만의 길에는 무기가 가득하다. 그 마음을 간직하려는 사람은 이를 멀리해야 한다.”[58]

교만이 고르는 것은 모두 헛되고, 겸손이 선택하는 바는 다 알차다.

---

58 교만의 길에는 …… 멀리해야 한다: 〈잠언〉 22장 5절, “마음이 비뚤어진 사람 앞 길에는 가시덤불에 덫이 놓여 있다. 제 목숨을 지키는 사람은 이를 피해간다.”

어느 것이 지혜롭고, 어느 쪽이 어리석은가?

經曰: "傲路滿於干戈, 欲保其心者遠之." 夫傲所擇俱虛, 謙所擇俱實, 孰爲智爲愚哉?

1.110

옛날에 한 현인이 천주의《성경》을 읽다가 의문스럽고 어려운 대목에 이르자, 1년 넘게 거친 음식을 먹으며 스스로를 괴롭히면서 매번 천주께 가르침을 내려주십사 하고 기도했지만 얻지 못했다. 그래서 명사를 찾아가 가르침을 청하려 했다.

가는 도중에 천사가 나타나 이렇게 말했다. "1년 넘도록 거친 음식을 먹으면서 기도하며 구했어도 천주께서 감동하여 가르침을 내려주시기에는 부족하였다. 이제는 물러나 남에게 가르침을 청하므로, 천주께서 내게 명하시어 네게 알려주게 하셨다."

이를 통해 아주 작은 겸손의 공이 1년 넘는 고생보다 낫다는 것을 알 수가 있다. 그러므로 겸손의 덕은 구슬과 같아서 작아도 값이 비싼 것이다.

昔賢讀天主經, 至疑難處, 年餘蔬食自苦, 每祈天主垂誨, 不獲. 既乃徃請於名士. 途中天神見形, 謂曰: "年餘蔬食祈求, 不足感天主垂訓. 今退然從人諮請, 天主命我告爾." 因是可見微謙之功, 過年餘之苦. 故謙德如珠, 微而價重矣.

10. 자신을 알아 겸손을 지킴 識己保謙

1.111

성 이냐시오意納爵[59]가 말했다. "내가 가장 두려워하지 않는 것은 다만 교만이다."

어떤 사람이 이상하게 여겨 물었다. "교만한 생각은 가장 위험해서 쉬 들어와 피하기도 어려우니, 그 해로움이 큽니다. 어찌 두렵지 않으신지요?"

그가 대답했다. "사람이 자신을 알지 못하면 교만이 바로 들어오지요. 나는 내가 부족하다는 것을 깊이 아니, 무엇이 두렵겠습니까?"

聖意納爵曰: "我最不畏者, 惟傲." 人異而問曰: "傲念最危, 易入難避, 害重. 何得不畏?" 答曰: "人不識己, 即傲入之. 我深識我不足, 何畏矣?"

1.112

어떤 이가 한 현자에게 물었다. "어떻게 해야 겸손할 수 있습니까?"

현자가 대답했다. "겸손한 사람과 교유하고, 교만한 자와는 사귀지 마시오."

《성경》에 말했다. "교만한 자와 사귀면 반드시 그 교만이 들러붙는다."[60]

겸손한 이와 사귀면 이와 반대가 된다. 너의 죄과를 깊이 생각하고 남의 잘못은 생각지 말라. 남을 살피는 눈을 옮겨서 도리어 자신을 살펴보아라. 남을 따르고 자기를 따르지 말라.

或問一賢者曰: "何道而能謙?" 答曰: "交謙者, 勿交傲者." 聖經曰: "交傲者

---

59 성 이냐시오Sanctus Ignatius de Loyola(1491~1556): 스페인 출신의 사제이자 신학자다. 예수회 창립자로 가톨릭 개혁 시기에 안으로부터의 개혁을 역설했다. 그리스도와 교회에 대한 순명을 중시했다. 저서로 《영성수련》등이 있다.

60 교만한 자와 …… 들러붙는다: 〈집회서〉 13장 1절, "숯을 만지면 너도 더러워지고 오만한 자들과 사귀면 너마저 오만해진다."

必著其傲." 交謙者反是. 熟思爾罪過, 勿思人之罪過. 移視人之目, 反而視己. 從人勿從己.

1.113

지혜라는 것은 자기를 아는 데서 시작해 천주를 아는 데서 끝이 난다. 천주를 알므로 능히 천주를 섬긴다. 나와 나는 구분이 없다. 그래서 나와 가장 가깝다. 만약 내가 가장 가까운 나를 알지 못한다면, 어찌 가장 멀리 있는 천주를 알겠는가?

智者始於識己, 終於識天主. 識天主, 故能事天主. 夫我與我無分, 故最近我. 若我未識最近之我, 安識最遠之天主?

베르나르도가 말했다. "네가 두 가지 앎을 지니고 두 가지 알지 못함에서 달아난다면 지혜를 이룰 수 있다. 자기를 알면 겸손이 생겨나니 모든 선의 출발점이 된다. 천주를 알므로 천주를 사랑하니, 모든 선이 완성된다. 이것이 두 가지 앎이다. 자기를 모르기 때문에 교만이 생겨나니, 온갖 죄의 시작이 된다. 천주를 알지 못하는지라 천주를 두려워하며 바라는 바가 없어, 온갖 악을 이루게 된다. 이것이 두 가지 알지 못함이다."

百爾納曰: "爾持二知, 逃二不知, 則能成智. 知己則生謙, 爲衆善之始. 知天主, 故愛天主, 爲衆善之成. 此二知也. 不知己, 故生傲, 爲衆罪之始. 不知天主, 故無所畏望於天主, 爲衆惡之成. 此二不知也."

1.114

벌은 가벼워서 바람에 날려갈 수가 있다. 바람이 장차 올 것을 알면, 미리 모래와 돌을 안아 스스로를 눌러둔다. 겸손의 덕을 보전해 헛된 자랑을 면하려 한다면, 자기의 죄과를 생각해 이를 안아 돌로 삼는 것만 함이 없다. 그리하면 헛된 명성과 헛된 생각의 바람이 나의 덕을 흩어놓을 수가 없다.

蜂之輕也, 風能飄之. 知風將至, 豫抱沙石自鎭. 欲保謙德, 免虛伐, 莫若念己罪過, 抱以爲石, 卽虛聲虛念之風, 不能散我德矣.

성 크리소스토모가 말했다. "스스로 하루 동안의 죄과를 반성하면, 죽을 때까지의 덕을 보전할 수 있으니, 하물며 죽을 때까지의 죄과이 겠는가?" 그래서 겸손을 간직하고 교만을 피하려 한다면 자기 자신을 살펴야 할 뿐이다.

聖契理瑣曰: "自省一日罪過, 可保終身之德, 況終身之多罪乎?" 故欲存謙辟傲, 視己而已.

1.115

공작은 무늬를 지닌 새다. 사람이 보면 문득 스스로 기뻐서, 꼬리 날개를 펼쳐 사람들에게 보여준다. 그러다가 갑자기 발톱의 추한 모습이 보이면 이를 싫어해서 스스로 그만두어 채색 무늬를 거둬들인다. 새와 짐승은 지각이 없는데도 오히려 작은 나쁜 점을 가지고 온전한 아름다움을 그만둘 줄 알건만, 사람은 사소한 아름다움으로 온전한 악을 가리려 든단 말인가?[61]

孔雀, 文鳥也. 人視之, 輒自喜, 展翅尾示人. 忽見其趾醜, 則厭然自廢, 歛其采矣. 禽獸無知, 猶知以微惡廢全美, 人欲以微美掩全惡乎?

---

61 《이솝 우화》에 나오는 이야기다.

1.116

아타나시오亞得納斯 **62**는 서양의 옛 학자다. 그 문하에서 배출된 사람 중에 뛰어난 인사가 많았다. 배움에 나아가려는 사람이 천 리, 만 리를 멀다 하지 않고 끊임없이 이어졌다. 문을 지키는 사람이 말했다. "아타나시오를 따르는 사람들은 첫해에는 지혜롭고, 두 번째 해에는 분발하며, 세 번째 해에는 바보처럼 된다."

亞得納斯, 西之古學也. 出其門者多茂異之士. 就學者, 不遠千萬里, 踵相接也. 門難氏曰: "從亞得納斯者, 初年智, 二年奮, 三年愚."

무슨 말일까? 문하에 처음 들어왔을 때는 학문의 심오한 경지에 이르지 못해 헛되이 교만을 부리고 제 기운을 믿어, 가만히 스스로 지혜롭다고 여긴다. 한 해 남짓 학업에 정성을 쏟아 차츰 도道의 오묘함을 엿보게 되면 차츰차츰 그리로 향해가는 뜻을 막을 수가 없다. 또다시 한 해 남짓 지나 도가 더 깊이 쌓이고 도의 정밀함이 더욱 굳세지면 스스로를 돌아보매 아무것도 아닌 듯하다. 그래서 처음 배움을 시작한 사람의 마음은 마치 이미 얻은 것 같지만, 3년 뒤에는 도리어 처음 배우는 사람과 같게 된다. 이후로 그 조예는 더 깊어지고 그 지식은 더욱 우뚝해져서, 텅 빈 정신을 되비춰 마침내 앎이 없는 것과 같아진다.

何者? 及門之始, 未臻堂奧, 虛憍恃氣, 竊然自智也. 敬業歲餘, 稍窺道妙, 駸駸嚮往, 志不可遏. 又復歲餘, 道蘊彌深, 德精彌堅, 自顧無幾矣. 故初學人之心,

---

62 아타나시오Athanasius(295~373): 알렉산드리아 출신의 그리스 교부이자 성인. 젊을 때는 플라톤과 아리스토텔레스의 저술을 가까이했다. 당시 동로마제국의 보호를 받던 아리우스의 이단설을 깨뜨려 명성을 얻고, 알렉산드리아 주교가 되었다.

如已得者, 三年之後, 反若初學人. 自此以徃, 其詣益深, 其識益超. 還照虛靈, 竟同無知.

알찬 덕이 채워질수록 헛기운은 멀리 떠나간다. 빈 술병에 비유해 보자. 빈 공기만 가득한 곳에 천천히 좋은 술을 붓는다. 액체가 어느 정도 들어가면 공기는 딱 그만큼 빠져나간다. 좋은 술로 점점 채워지면 빈 공기는 거기에 따라 없어져서 더 이상 있을 곳이 없다. 좋은 술로 채우고 나면 삼가 스스로 받들어 붙잡아서, 빈 공기가 다시 들어가게 해서는 안 된다.

蓋實德愈充, 虛氣愈去. 譬罇之空, 虛氣必滿, 徐納佳液. 液入如許, 氣出如許. 佳液漸實, 虛氣隨盡, 無所容矣. 佳液既實, 愼自奉持, 勿使虛氣得復入之.

1.117

아우구스티노가 말했다. "덕에 나아가는 사람이 그가 도달한 곳에 이르러 참된 덕에서 멀어졌음을 깨닫는다면 참된 덕에 나아감이 적지 않은 것이다."

亞吾斯丁曰: "進德者, 就其所到, 覺遠於眞德, 所進於眞德不小矣."

그레고리오가 말했다. "사람이 덕에 나아감이 깊어지고 덕을 닦음이 정밀해질수록 자신을 살피는 것을 더욱 공허하게 보고 자기를 천하게 여김이 점점 심해진다. 천주께서 지극히 맑으심을 알게 되고, 자신의 죄과가 많음을 알며, 자신이 행한 선행이 하찮음을 더욱 밝게 알게 된다. 이 때문에 이미 이르렀다고 하지 않고, 도리어 아직 시작도 하지 않았음을 깨닫는다."

厄勒臥略曰: "人進德彌深, 修德彌精, 其視己彌空, 賤己彌甚. 知天主之至清, 識其罪過之多, 善行之微彌明也. 是以不曰已至, 反覺未始."

프란치스코는 이미 성인의 경지에 들어섰는데도, 오히려 날마다 스스로를 부르며 말했다. "프란치스코야! 덕의 길은 몹시도 멀어 이제 껏 시작도 하지 않았다. 지금을 딛고 속히 가서 지난날의 나태를 채워 야 할 것이다."

法蘭濟已入聖域, 猶日自呼曰: "法蘭濟! 德路甚長, 至今未始. 蹈今速行, 補 往日之怠, 可也."

1.118

겸손의 덕이 지극한 단계에 오르는 데는 일곱 가지 등급이 있다. 첫째, 자기가 죄인이며 스스로 보잘것없음을 안다. 둘째, 이로 인하여 안으로 아프게 뉘우친다. 셋째, 인하여 밖에다 분명하게 알린다. 넷째, 남들이 내가 실로 이 같은 죄가 있음을 믿게 하기를 원한다. 다섯째, 남에게 알려져 헐뜯어 의논하는 것을 내가 바로 참고 받아들인다. 여 섯째, 이로 인하여 나를 욕하고 나를 업신여겨도 기뻐하며 성내지 않 는다. 일곱째, 모욕과 업신여김이 내게 더해지기를 깊이 원한다.

登謙德之極域有七級. 識己爲罪人, 自覺可輕, 一. 因以痛悔於内, 二. 因以曉 告於外, 三. 願人信我實有是罪, 四. 傳聞於人, 譏議者, 我即忍受, 五. 因是辱我 慢我, 怡然不慍, 六. 深願侮慢之我加, 七.

1.119

어떤 이가 물었다. "사람이 죄가 있을 때, 스스로 잘못을 감추지 않 아야 함을 알면 겸손일까요?"

말한다. "그렇지 않다. 그 실다운 마음을 살펴야 한다. 참으로 겸손한 사람은 한번 자신의 죄를 보게 되면 스스로 물러나 깊이 뉘우치면서 반드시 고칠 것을 기약한다. 세상 사람들로 하여금 자신의 실제 과실을 분명하게 보게끔 해서, 이것으로 모욕을 당하더라도 실제 그 죗값에 해당한다고 여겨 굳세게 참고 받아들인다. 하지만 지금 그대가 말한 겸손은 꼭 그렇지는 않은 듯하다. 스스로 그 죄를 알고 나서 반드시 드러날 것을 헤아려, 도리어 스스로 내걸어 드러낸 것이다. 마치 속이지 않은 것 같아도 실은 남들이 자신에게 잘못이 있음을 믿게 하고 싶지는 않고, 다만 도리어 겸손하다는 칭찬 얻기를 바란 것이다."

대개 스스로에 대해 심하게 나무라는 것은 거짓으로 그 겸손을 내보이는 것이다. 사람들이 혹 이를 나무라기라도 하면 마침내 능히 참지 못한다. 겸손하다는 이름을 받고 교만한 성품을 감추는 것은 남에게 자기의 단점을 도리어 장점으로 보이게 하려는 것이니, 겸손에서 떨어짐이 더욱 멀어지고, 교만으로 들어감이 점점 깊어진다.

그래서 이렇게 말한다. "죄를 펼쳐 드러내도 겸손한 사람은 이것으로 겸손을 지켜내고, 교만한 사람은 이것으로 교만을 더 늘린다."

或問: "人有罪, 自知不諱過, 謙乎?" 曰: "否. 觀其實心. 實謙者, 一見其罪, 深自退悔, 必期悛改. 明令世人見我實過, 卽逢侮辱, 以爲實當其罪, 毅然忍受. 今所謂謙, 或未必然. 自知其罪, 度必呈露, 反自揭揚. 若爲不欺, 實不欲人信其有過, 但冀反獲能謙之譽." 蓋自刻責, 僞示其謙. 人或責之, 終不能忍. 襲謙名, 伏傲性, 以其所短於人, 顧欲見長於人, 離謙愈遠, 入傲更深. 故曰: "罪之宣露也, 謙者以保謙, 傲者以增傲."

1.120

겸손한 사람은 덕을 지녔더라도 드러내려 하지 않는다. 교만을 두려워하기 때문이다. 교만한 자는 죄가 있어도 드러내려 하지 않는다.

욕됨을 두려워해서다. 하지만 겸손과 교만은 저절로 드러나는지라, 각각 숨길 수가 없다. 불길이 쌓였는데 연기가 없겠는가? 덕과 죄를 쌓고, 겸손과 교만을 쌓았으니, 영예로움과 욕스러움이 없겠는가?

謙者有德不欲露, 畏傲也. 傲者有罪不欲露, 畏辱也. 而謙傲自露, 各不可隱. 蘊火無烟乎? 蘊德與罪, 蘊謙與傲, 無榮辱乎?

1.121

성 그레고리오가 말했다. "성인은 언제나 겸손의 덕을 간직해 지키려 한다. 스스로 아는 바나 선을 행한 것이 있음을 깨달으면, 뒤집어서 미처 알지 못하는 것과 착하지 않게 행동한 것, 그리고 미처 행하지 못한 선으로 생각을 돌렸다. 부족한 점을 생각해서 남음이 있다고 뽐내지 못하게끔 한 것이다. 이는 마치 낡은 옷을 사는 자가 꼼꼼히 살피다가 찢어진 곳이나 솔기가 터진 곳을 만나면, 그것을 가리키면서 그 값을 깎으려 드는 것과 같다."

聖厄勒臥略曰: "聖人恒圖保護謙德. 自覺有所知所行善, 翻然轉思所未知, 所行不善及所未行善. 思不足, 使不矜有餘. 如市故衣者徧察遇破隙, 指以消其價."

1.122

또 말했다. "덕은 겸손이 아니고는 이루지 못한다. 그래서 성현은 겸손을 간직하는 것을 급선무로 여겼다. 자신을 볼 때는 단점을 살피고, 남을 볼 때는 장점을 살핀다. 미처 이루지 못한 작은 선을 가지고 남의 큰 선에 견준다. 이 때문에 언제나 자신의 태만함을 자책하고, 그 덕을 스스로 힘써 자기가 남만 못하다고 말하니, 성현은 이것으로 겸손을 길렀다. 자기를 볼 때 장점을 살피고, 남을 볼 때는 단점만 살펴,

언제나 남이 자기만 못하다고 말한다. 자기의 죄악을 가지고 남의 더 큰 죄악과 견주면서 자기의 죄악을 외면하니, 어리석은 사람은 이것으로 교만을 기른다."

又曰: "德非謙不成, 故聖賢以保謙爲急. 觀己觀所短, 觀人觀所長. 以其未成之微善, 較人之大善. 故嘗自責其怠, 自勵其德, 謂己不如人, 聖賢以之養謙. 觀己觀所長, 觀人觀所短, 嘗謂人不如己. 以其罪惡, 較人之愈大罪惡, 而辭己之罪惡, 愚夫以之養傲."

1.123

남의 나쁜 점을 살피는 것은 모양과 소리, 형상과 겉모습만으로는 그 진실을 잘 알지 못한다. 혹 그 뜻이 또한 선하다면, 그 일을 어쩌다 하게 되었더라도 오히려 붙들어 이를 용서해야 한다. 만약 네가 직접 지은 악을 너 스스로 알면서 내버려둔다면, 비록 남이 용서하더라도 자기가 용서하기는 어렵다. 많은 악의 실상을 분명히 알면서도 스스로 뉘우치지 않고, 한 가지 아주 작은 선을 가지고 도리어 내가 저 사람보다 착하다고 말한다면, 어찌 심하게 속이는 것이 아니겠는가?

그래서 이렇게 말한다. "지혜로운 사람은 감히 다른 사람의 죄를 가지고 자기보다 무겁다고 말하지 않는다. 그 이유는 다른 사람의 죄악을 보는 것이 자신이 몹시 밝은 것만 같을 수는 없기 때문이다."

視人之惡, 形聲象貌, 未覈其眞也. 或其志亦善, 其事偶涉, 猶可持以解之. 若爾自作之惡, 爾自明之而縱之, 雖解於人, 難解於己. 夫明知多惡之實, 而不自恨, 一善之微, 反謂我善於彼, 豈不甚欺哉? 故曰: "智者不敢以他人罪, 爲重於己者. 見他人之罪惡, 未能如己之甚明故也."

1.124

베르나르도가 그 제자를 가르쳐 말했다. "너희는 다만 스스로 높여
서는 안 될 뿐 아니라, 또한 만에 하나라도 스스로를 남과 견주지 말
라. 큰 것과 비교하지 말고, 작은 것과도 비교하지 말며, 같은 것조차
도 비교하지 말라. 남과 견주는 정이 마음에 싹트면 교만해지니, 이는
위태로움의 기틀이다."

百爾納規其徒曰: "爾非但不可自上, 亦且萬勿自比. 勿比大者, 勿比小者, 勿
比相等者. 比人之情萌於心, 傲矣, 危之機矣."

또 말했다. "사람이 비록 자기의 선함과 상대방의 악함을 환히 알
더라도, 한 번이라도 비교하는 마음이 있으면 자랑하고 뻐기며 헐뜯
고 비방하는 마음이 있게 된다. 둘 다 착한 마음은 아니다. 하물며 눈
앞의 선함이 훗날 한 생각을 점검하지 못해, 변하여 악이 되어 마귀의
괴로움에 떨어지게 되지 않을 줄 어찌 알겠는가? 당장의 악함이 훗날
한 번 고쳐서 끝내 천사의 즐거움을 얻지 못할 줄 어찌 알겠는가?"

又曰: "人雖明知己之善, 與彼人之惡, 一有比心, 即有矜誇毀詆, 兩不善心.
況目前善, 安知異日一念不檢, 不變爲惡, 而墮幽魔之苦? 目前惡, 安知異日一
改圖, 不終得天神之樂?"

1.125

덕을 닦는 사람은 남이 알아주는 것을 경계할 뿐 아니라, 스스로
알아주는 것을 더더욱 경계한다. 감추는 것을 귀하게 여길 뿐 아니라,
아예 잊어버리는 것을 더 귀하게 친다. 어째서 그런가? 나는 잊어도
천주께서는 잊지 않으심은 굳이 말할 것도 없다. 잊으면 종전에 가졌
던 것마저 이미 없어진 것으로 보게 되니, 다만 날이 부족할 뿐 덕은

나날이 나아간다. 잊지 않으면 이전의 선을 고집해서 알차다고 여겨, 선을 그어 스스로 안주하므로 덕이 나날이 사라진다.

그래서 성 바오로葆琭가 말했다. "나중은 잊고서 앞의 것을 급히 하라."

爲德者, 不獨戒人知, 尤戒自知. 不獨貴能藏, 尤貴能忘. 夫何故? 我忘而天主不忘, 勿論也. 忘則從前所有, 視之已無, 惟日不足, 德乃日進. 不忘, 則既往之善, 執以爲實, 畫地自安, 德乃日消. 故聖葆琭有言: "忘其後而急於前."

도를 행하는 사람은 앞을 향해 내딛는 한 걸음이 뒤로 떨어지는 한 걸음이다. 다만 그가 어느 곳으로 돌아가는지만 묻고, 그가 얼마나 더 가야 하는지는 묻지 않는다. 정신을 가라앉히고 생각을 깊이 해서 바보나 미치광이처럼 손을 흔들고 걸음을 자주 떼다 보면 어느새 그 방향에 이르게 된다. 만약 뒤편의 길을 돌아본다면 반드시 앞으로 나아감에 방해가 된다. 앞으로 나아가는 데 방해가 될 뿐 아니라, 도리어 다시금 뒤로 물러나게 된다. 왜 그럴까? 덕의 길은 잠시도 멈춰서는 안 된다. 한 번이라도 선에 나아가려 하지 않는다면, 이미 악으로 물러나고 만다. 이는 마치 작은 배를 타고서 사나운 물결을 거슬러 올라갈 때, 힘을 다해 노를 저으면 물결을 거슬러 올라가지만, 잠깐만 멈춰도 흐름을 따라 내려가버림을 막을 수 없는 것과 같다.

夫行道之人, 向前之一步, 即落後之一步也. 但問其能歸何地, 不問其能過何許也. 沉神漫想, 若愚若狂, 掉手數足, 忽至其方. 若後途是顧, 必阻往前. 不惟阻于往前, 抑使復退於後. 何者? 德之路, 不聽暫止. 一不欲進于善, 乃既退於惡. 猶以小舟洄溯猛流, 竭力鼓棹, 則逆流而上. 稍止, 則順流而下, 不能遏也.

1.126

베르나르도가 말했다. "너희는 덕의 존귀함을 알아 이를 행해야지, 덕의 존귀함을 안다고 이를 뽐내서는 안 된다. 그리하면 하나를 하여 그 하나의 배가 될 것이다."

이를 두 명의 종에 비교해보자. 충성하고 아끼는 것도 같고, 부지런함과 힘도 똑같다. 한 사람은 기쁘게 스스로 일을 하는데, 한 사람은 투덜대면서 마치 힘이 미치지 못하는 듯이 하고, 어리석어 마치 알지 못하는 것처럼 군다. 너는 누구를 좋아하겠는가? 또한 들인 힘이 같더라도 주인에게 사랑받는 것이 크게 다르지 않겠는가?

그래서 《성경》에서는 우리를 이렇게 가르친다. "너는 천주의 명을 모두 행하고 천주의 계명을 다 지키고 나서, '그저 해야 할 일이어서 했을 뿐, 쓸모 있는 종은 아닙니다'라고 하여라."[63]

百爾納曰: "爾知德尊貴而爲之, 爾勿知德尊貴而伐之, 則爲一倍一矣." 譬之兩僕. 忠愛等, 勤力等, 其一則欣欣自爲功, 其一歎然若弗及, 闇然若弗識也. 爾誰善乎? 不亦效力同, 而取愛於主, 大殊乎? 故聖經誨我曰: "爾盡行天主命, 悉守天主誡. 即曰: '所爲惟所宜爲, 非能有益之僕也.'"

1.127

너의 덕을 남의 눈에 보이지 않게 하였더라도 다시금 자신의 눈에서도 숨겨야 한다.

---

63 너는 천주의 …… 하여라: 〈루가의 복음서〉 17장 10절, "너희도 명령대로 모든 일을 다 하고 나서는 '저희는 보잘것없는 종입니다. 그저 해야 할 일을 했을 따름입니다' 하고 말하여라."

爾德既隱於人目, 復隱於本目.

1.128

사람의 생각과 눈은 언제나 자기가 즐겨 기억하고 싶은 일에 모이게 마련이다. 이 때문에 무릇 자기가 이미 행한 악이나 아직 행하지 않은 선은 모두 기억하려 하지 않는다. 오로지 조금 행한 선에 나아가, 때때로 이를 떠올리며 스스로를 위로한다. 바야흐로 사소한 선을 행하면서 많은 악을 함께 잊어버려, 죄 가운데서 살면서도 마침내 스스로 알지 못한다.

人之念眼, 常聚於己所樂憶之事. 故凡己所既爲之惡, 及未爲之善, 皆不欲憶. 惟就所少行之善, 時想之以自慰, 方爲纖善, 多惡俱忘, 見居罪中, 竟不自識.

대개 빚이 있을 경우 많이 돌려주었다고 해서 갚았다고 말해서는 안 된다. 모두 돌려주어야만 비로소 갚은 것이 된다. 길 가는 사람은 이미 얼마나 지나왔는지 생각해서는 안 되고, 아직 지나가지 않은 것이 얼마인지를 생각해, 조금씩 지날 때마다 조금씩 버려야 한다. 아직 지나가지 않은 것은 올수록 점점 더 다함이 없고, 이미 지나온 것은 갈수록 더욱더 쓸데가 없다.

夫有責, 多還不可謂償, 全還始爲償也. 行路者, 勿念已過幾何, 當念未過幾何. 漸過之, 漸棄之. 未過者, 來愈無窮. 已過者, 去愈無用矣.

덕이란 하늘로 올라가고 천주께로 돌아가는 길이어서 몹시 멀다. 생각이 진실로 결코 속일 수 없는 천주께 미친다면 틀림없이 사소한 선으로 혼자 뽐내지 못하고, 다만 많은 악으로 스스로 근심하게 될 것이다. 반드시 한 가지 악이 어쩌다 없어진 것을 기뻐하지 않고, 오직 온전한 선을 되갚지 못한 것을 두려워하게 될 것이다. 이 때문에 성인은 날마다 미처 행하지 않은 선을 살피니, 그 빛이 온 세상을 비춰도 자신은 그 빛을 보지 못하고, 힘이 천하를 들어도 스스로는 그 힘을 깨닫지 못한다. 바야흐로 이를 행할 때에는 정신과 능력을 온통 모으지만, 이를 한 뒤에는 기억과 눈은 이미 닫혀버린다.

德者升天歸天主之路, 其遠甚也. 苟念及不可欺之天主, 則必不以纖善自矜, 而惟以多惡自憂. 必不喜一惡偶去, 而惟懼全善未償. 故聖人日觀所未爲之善, 光照萬方, 自不見光. 力擧天下, 自不覺力. 方爲之時, 神能畢集. 方爲之後, 記眼已塞.

2

DE SEPTEM VICTORIIS

질투를 가라앉힘

七克

DIEGO DE PANTOJA

질투는 파도가 일어남과 같아
용서로 가라앉혀야 하니, 〈평투〉를 짓는다.

妬如濤起, 以恕平之, 作平妬.

〈평투〉 소서平妬小序

질투하는 자는 뱃속에 가득한 것이 모두 살기殺機여서 여러 가지 독을 잔뜩 안아 쌓아두고 있다. 마음속에는 쇠뇌를 숨기고 함정을 감춰 그림자만 보여도 즉각 쏘아대고, 가시를 품고 칼날을 지녀 저보다 나은 사람을 만나면 그 자리에서 싸운다.

夫妬者, 滿腔皆殺機也, 包蘊諸毒叢千. 一心伏弩藏機, 見影卽射, 懷刺挾刃, 遇勝卽鬪.

질투의 명목에는 열 가지가 있다. 기울어 위태롭고, 거슬러 어그러지며, 분노를 펴고, 해쳐서 다치게 한다. 거짓으로 무고하고, 거짓말로 헐뜯으며, 한 입으로 두말하고, 소송을 걸어 다툰다. 원수처럼 사납게 굴고, 흉악하게 욕심을 부리는 것 등이 모두 질투가 아님이 없다. 밤낮으로 바꿔가며 꾸며 얽기를 쉬지 않지만 모두 다 물리치고 빼앗으려는 한 마음으로 귀결될 뿐이다. 물리치지 않고 빼앗지 않는 것은 질투가 아니다.

妬名有十. 傾危也, 忮懥也, 憤張也, 賊害也, 矯誣也, 讒毀也, 兩舌也, 訟爭也, 讐狠也, 兇貪也, 無非妬也. 晝夜相代, 營搆不息, 總歸于攘奪一念耳. 不攘不奪不妬矣.

어짊의 덕은 여러 가지 덕성을 갖추고 있는데, 질투라는 악도 여러 가지 악을 두루 갖추고 있다. 여러 가지 악이 드러날 경우 드러난 것은 막을 수가 있다. 질투라는 악은 숨어 있어서, 숨은 것은 반드시 맞춰야 한다. 여러 가지 악은 얄팍해서, 얄팍한 것은 풀기가 쉽다. 질투라는 악은 깊숙해서, 깊숙한 것은 틀림없이 위험하다. 여러 가지 악은 펴더라도 그와 똑같은 악을 펴서 그치게 하지만, 질투라는 악은 펴면 편 것을 해치울 부류가 없다.

仁德備衆德, 妬惡亦備諸惡也. 諸惡顯, 顯可坊也. 妬惡隱, 隱必中矣. 諸惡淺, 淺易釋也. 妬惡深, 深必危矣. 諸惡發, 發如其惡而止. 妬惡發, 發無噍類矣.

사람들은 악을 멀리해야 하는 줄은 알아도 질투를 멀리할 줄은 알지 못한다. 사람들이 악인이 악한 줄은 알면서도 질투하는 사람이 여러 가지 악을 다 갖추고 있는 줄은 모른다. 사람들은 겉으로 선한 체하면서 속으로 악한 것은 알지만 질투라는 악이 지극히 음흉해서 착한 구석이 없음은 알지 못한다. 일체의 악한 마음은 모두 질투로부터 일어나고, 일체의 악한 일은 모두 질투로부터 만들어진다.

人知遠惡, 不知遠妬. 人知惡人爲惡, 不知妬人備衆惡. 人知陽善陰惡, 不知妬惡極陰無陽也. 一切惡心, 皆從妬起, 一切惡事, 皆從妬造.

어떤 이가 말했다. "질투하는 자는 따르는 무리가 없다."

내가 말했다. "질투하는 자는 친족도 없고 높임도 없다. 어찌 따르는 무리가 없는 데 그치겠는가?"

친족이 없다 함은 부형父兄이 없다는 뜻이고, 높임이 없다는 것은 임금이나 윗사람이 없다는 말이다. 이 때문에 "질투하는 자는 뱃속에 가득한 것이 모두 살기다"라고 말하는 것이다.

或曰: "妬者無徒矣." 余曰: "妬者無親無尊. 何止無徒?" 無親是無父兄也. 無尊是無君上也. 故曰: "妬者滿腔皆殺機也."

판토하의 〈평투〉 편은 사람의 정리에 꼭 맞아서 폐부에 깊이 들어온다. 질투하는 자가 이를 읽으면 진땀이 줄줄 흐르면서 질투하는 병이 낫게 될 것이다!

龐子平妬, 切中人情, 深入肺肝. 妬者讀之, 泚然汗出, 妬病其瘳矣乎!

강동 최창이 쓴다

江東崔淐撰

질투라는 악 무엇과 비슷하던가?	妬惡知何似
잔잔한 물 갑작스레 파도 이는 듯.	平流忽起波
높은 재주 나 홀로여야만 하고	高才容我獨
좋은 일 남 많음은 유감스럽지.	好事恨人多
혀를 차며 모질게 핍박을 하고	咄咄偏相逼
눈 흘겨 째려본들 어찌하겠나?	睊睊奈若何
어이해 부지런히 자신을 이겨	爭如勤自克
다른 것 없이 용서로 함만 같겠나?	一恕百無他

2.1

질투란 무엇인가? 남의 복을 근심하고, 남의 재앙을 즐거워하는 것이 이것이다. 질투는 교만의 은밀한 벗이라 서로를 찾아 떨어지지 않는다. 남의 악을 헤아려 가늠하고, 남의 잘못을 헐뜯어 비난하며, 남에게 재앙이 있음을 다행으로 여긴다. 무릇 이러한 여러 가지 악은 모두 질투의 부류다.

妬者何? 人福之憂, 人禍之樂, 是也. 妬者, 傲之密侶, 相求不離. 計念人惡, 訾毀人非, 幸人之有災. 凡此諸惡, 皆妬之流也.

다른 마음은 비록 크더라도 안에서 가라앉혀 밖으로 드러나지 않게 할 수가 있다. 비록 마음의 덕이 손상되더라도 반드시 몸의 편안함을 다치게 하지는 않는다. 다만 질투하는 마음은 한번 일어나면, 눈은 휘둥그레지고 낯빛이 노래지며, 입술이 떨리고 이가 갈린다. 말이 거칠어지고 손은 놀라며, 골수가 떨리고 정신이 아득해져서, 온몸에 질투의 형상이 온통 드러나 모두 다 질투의 해침을 입고 만다.

《성경》에 말했다. "질투하는 사람은 반드시 그 수명을 누리지 못하고 근심 속에 먼저 죽는다."[1]

他情雖大, 可鎭於內, 使不著於外. 雖傷心德, 未必傷身安. 惟妬情一起, 目瞠面黃, 唇顫齒切, 言猘手驚, 髓寒神曡, 通身皆顯妬形, 皆受妬害矣. 經曰: "妬者

---

1 질투하는 사람은 …… 죽는다: 〈집회서〉 30장 24절, "질투와 분노는 수명을 줄이고 근심 걱정을 하면 빨리 늙는다."

必不享其命, 而先以憂終."

2.2

세네카色搦加가 말했다. "참된 복은 함께할수록 더욱 아름답다."

또 말했다. "길하고 상서로운 좋은 일이 있더라도 함께 누릴 벗이 없다면 복이라 하기에는 부족하다."

질투하는 사람은 도리어 이렇게 말한다. "복은 혼자 누릴수록 더욱 좋다. 함께할 벗을 얻느니, 좋은 일이 없는 것이 차라리 낫다."

色搦加曰: "眞福益公益美." 且曰: "有吉祥善事, 而無伴侶同享之, 尚不足爲福." 妬者反曰: "福益私益美. 與其得伴侶, 寧無善事."

서양 땅에 두 사람이 있었다. 한 사람은 질투가 심하고, 한 사람은 몹시 인색하기로 나라에 온통 소문이 났다. 그 나라의 임금은 어진 이였다. 꾀를 내 그 마음을 살펴보려고 두 사람을 불러 이렇게 말했다. "네가 원하는 것을 내가 모두 들어주마. 먼저 청하는 자에게 하나를 주고, 나중에 청하면 배로 주겠다."

두 사람은 저마다 나중에 하겠다며 양보했는데, 배로 받고 싶어서였다. 왕이 질투가 심한 자에게 먼저 말하라고 명했다. 질투하는 자가 한참을 생각하더니 말했다. "원컨대 왕께서는 제 눈 하나를 뽑아주십시오."

이게 무슨 뜻일까? 왕이 배로 준다고 했으니 반드시 배로 줄 것이다. 왕이 먼저 말하라고 명했으니 감히 먼저 하지 않을 수 없다. 내가 두 배의 복을 얻지 못한다면 차라리 남에게 두 배의 재앙을 얻게 하겠다. 내 눈 하나를 파내서 남의 눈 두 개와 맞바꿔야지 하는 심보였으니, 질투함이 심한 것이다.

西土有兩人, 一甚妒, 一甚慳, 俱聞於國. 國王賢者, 設計以探其情, 召謂之曰: "任爾所求, 我皆聽爾. 先請者予一, 後請則倍." 兩人各遜居後, 欲倍之也. 王命妒者先, 妒者諦思曰: "願王鑿我一目." 此何意? 王言倍, 必倍. 王命先, 不敢不先. 己不得倍福, 寧令人得倍禍. 鑿己一目, 易人兩目, 深于妒矣哉.

2.3

사람이 다른 악을 지녔을 경우에는 그 마음으로 엿처럼 달콤하게 여긴 뒤에야 이를 따른다. 도둑에게 재물을 탐하는 마음이 있고, 호색한에게 여색을 탐하는 마음이 있는 것과 같은 종류다. 질투만은 모두를 근심스럽게 하고 온통 괴롭게 만들어, 끝내 즐거움을 받지 못하게 하는데도 사람들은 오히려 이를 따라간다. 왜 그럴까? 사람이 다른 욕심을 따르는 것은 눈앞의 잠깐의 즐거움을 가지고 죽은 뒤의 영원한 괴로움과 맞바꾸는 것이다. 질투를 따르는 것은 눈앞의 무거운 근심을 가진 채 죽은 뒤의 영원한 괴로움을 아우르는 것이다. 그러므로 질투하는 자에게는 두 개의 지옥이 있다고 말한다. 살아서 하나, 죽어서 하나다. 죽어서는 마귀에게 붙잡혀 형벌을 당하고, 살아서는 질투가 스스로를 붙들어 형벌을 내리기 때문이다.

人有他惡, 其心飴然甘之, 而後從之. 盜有財貪, 淫有色貪, 類然. 惟妒悉爲憂愁, 悉爲痛苦, 了不受樂, 而人猶從之, 何哉? 人從他欲者, 以目前暫樂, 易死後永苦. 從妒者, 以目前重憂, 并死後永苦. 故曰妒者有兩地獄, 生一, 死一. 死魔爲掌戮, 生妒自爲掌戮.

2.4

질투는 분노보다 나쁘다. 남이 먼저 나를 해쳐서 내가 화가 나니, 내 분노는 그로 말미암은 것이다. 질투라는 마음만은 전부 나의 교만에서 나온다. 남의 덕과 복이 나보다 나을까 염려해서 이를 망가뜨리기를 원하는 것이다.

妬惡於怒. 人先傷我, 我則怒之, 我怒由彼. 惟妬一情, 悉出我傲. 恐人以德福勝我, 而願敗之.

2.5

질투하는 자는 다른 사람의 행복과 기쁨을 자신의 재앙과 똑같게 본다. 옛날에 어떤 어진 이가 시샘을 잘하는 사람과 만났다. 얼굴은 근심에 겨워 낯빛이 누렇게 떠 있었다. 그에게 물었다. "당신은 불쾌한 일을 만났나요? 그렇지 않으면 다른 사람의 즐거운 일과 만났습니까?"

바르트巴辣多[2]가 말했다. "나는 질투하는 사람이 일천 개의 귀와 일천 개의 눈을 갖추어, 다른 사람의 덕과 복을 보고 듣게 해서 근심이 끝없게 되기를 바란다."

他人福樂, 妬者視之, 與己之禍災等. 故昔賢遇一善妬者, 面憂色黃. 問之曰: "爾遇不快事? 抑他人遇快事耶?" 巴辣多曰: "我願妬者, 具千耳千目, 使視聽衆人之德福, 而憂無已焉."

2.6

남을 시샘하는 사람은 언제나 남을 이기고 싶어 한다. 그 자신을 살펴 수많은 사람을 이겨도 즐겁지가 않고, 한 사람을 이길 수 없으면 즐겁지 않게 된다. 남을 이기는 수많은 즐거움으로도 한 사람이 자기를 이기는 근심을 덜어내지 못한다. 질투하는 사람은 남이 위에 있으

---

2 바르트Barthes: 미상.

면 그가 위에 있음을 시샘하고, 남이 자기와 같으면 같은 것을 시샘한다. 남이 자기만 못하더라도 또 그가 혹 자기와 같아질까 봐 시샘한다. 모든 사람을 원수로 대하므로 홀로 지내며 벗이 없다. 위와 싸워 하늘을 사랑하지 않고, 밖과 다퉈 남을 포용하지 않으며, 안으로 싸워 자신을 들들 볶는다. 비록 세간에서 좋다고 선망해 다투는 것을 모두 다 갖는다 해도 또한 천하에 복 없는 사람이 될 뿐이다.

妬人者, 恒欲勝人. 其自視也, 勝萬萬人, 不爲樂. 不能勝一人, 爲不樂也. 多勝人之樂, 不減一勝己之憂. 夫妬者, 人在上, 妬其上, 人己等, 妬其等. 人不己若, 又妬其或己若也. 盡人讐之, 獨居無朋. 上鬪不愛於天, 外鬪不容於人, 內鬪不休于己. 雖全得世間所爭羨愛者, 亦爲天下無福人耳.

2.7

질투는 인색함보다 나쁘다. 인색한 사람은 차마 능히 주지 못하고, 또한 남이 주는 것도 헤아리지 않는다. 시샘하는 자는 스스로 그 복을 전달하는 것을 좋아하지 않고, 또 남이 이를 전달하는 것도 좋아하지 않는다. 천주께서는 주는 것을 마음으로 삼으시므로, 예쁘고 좋고 길하고 복된 것은 항상 사람들에게 전해주기를 원하신다. 그 마음은 지극히 공정하므로 사람의 선과 악을 따지시지 않는다. 해와 달이 그 빛을 골고루 비추고, 서리와 비가 사물을 고르게 적시는 것과 같다. 시샘하는 사람은 남의 나쁜 일을 기뻐하고, 남의 좋은 일을 근심해 빼앗을 마음을 먹는다. 오직 천주께서 자기만 돌아보고 남은 버리며, 자기만 사랑하고 남에게는 성내며, 자기에게는 풍성하게 하고 남에게는 인색하게 하기를 바라므로, 천주와는 서로 어긋나고 만다.

妬惡於吝. 吝者忍弗能予, 亦不計人予. 妬者, 自不肯傳達其福, 又不喜人傳達之. 天主以賜爲心, 故美好吉福, 恒願傳致人. 其念至公, 故不計人善惡, 日月均照, 霜雨均潤. 妬者喜人凶, 憂人吉, 以奪爲心. 惟願天主顧己棄人, 慈己怒人, 豊茂于己, 吝嗇于人, 與天主正相戾焉.

천주께서는 지극히 공정하시므로 지극히 선하시다. 시샘하는 사람은 지극히 사사로우니, 어찌 악에 이르지 않겠는가? 어진 사람은 천주께서 만물의 위에서 사람을 자신처럼 아끼시는 것을 사랑하여 사모한다. 그래서 남이 흉악한 일을 당한 것을 보면, 마치 자기가 흉악한 일을 당한 듯이 몹시 불쌍히 여겨 그를 도와주려 한다. 남의 덕과 복을 보면 마치 자기의 덕과 복을 본 것처럼 기뻐 즐거워하며 찬미한다.

天主至公故至善, 妬人至私, 豈不至惡乎? 仁者, 愛慕天主萬物之上, 愛人如己. 故見人凶惡, 如己凶惡, 痛憫欲救之. 見人德福, 如己德福, 則悅樂而讚美.

천주께서는 온갖 덕과 복의 근원이시다. 또 사람을 더욱 사랑하시므로 사람의 덕과 복을 자신의 덕과 복으로 여기신다. 시샘하는 사람은 그렇지가 않다. 남의 복을 보면 자신의 재앙으로 여기고, 남의 재앙을 보면 자신의 복으로 생각한다. 자기가 가졌는데 남도 또한 가졌으면 복으로 여기지 않는다. 자신이 큰데 남 또한 크면 크다고 생각지 않는다. 자기가 가졌는데 남은 아무것도 없고, 자기가 큰데 남은 모두 작아야만 가졌다고 하고 크다고 여긴다. 이 때문에 남의 덕과 복을 자기의 재앙으로 여기는 것이다.

天主爲諸德福之原, 且愈愛其人, 故以人德福, 爲己德福. 妬人不然. 見人福, 爲己禍, 見人禍, 爲己福. 自有, 人亦有, 不爲福. 自大, 人亦大, 不爲大. 自有, 人盡無, 自大, 人盡小, 乃爲有爲大矣. 故以人之德福爲己禍.

그레고리오가 말했다. "남을 시샘하는 사람은 남의 광채를 가지고 자신을 어둡게 하고, 남의 즐거움을 가지고 스스로 근심에 빠지며, 남의 선함을 가지고 자신을 악하게 만들고, 남의 편안함을 가지고 자신을 병들게 하며, 남의 살아 있음으로 스스로를 죽게 만든다. 슬프구나!"

근심과 즐거움, 좋아하고 미워함은 같은 사람끼리 벗을 삼는 법이다. 오직 사악한 마귀만이 남이 길한 것을 몹시 미워하고 남이 흉한 것을 기뻐한다. 시샘하는 사람은 항상 이와 함께하니, 또한 마귀의 무리가 아니겠는가?

厄勒臥略曰: "妬人者, 以人光自闇, 以人樂自憂, 以人善自惡, 以人安自病, 以人生自死. 悲哉!" 夫憂樂好惡, 同者爲友. 惟邪魔甚惡人吉, 喜人凶. 妬者悉與同之, 不亦魔之徒乎?

《성경》에서 이렇게 말했다. "하느님께서 그 무리에게 일러 말씀하시기를, '너희는 능히 서로 사랑하여라. 사람들이 이에 나의 무리가 된 줄을 알게 될 것이다.'"[3]

사악한 마귀는 사람들에게 이렇게 말한다. "너희가 서로 질투한다면 나의 무리라는 징표다."

마귀는 비록 질투를 하더라도 사람을 질투하지, 같은 마귀는 질투하지 않는다. 질투하는 사람은 같은 부류의 사람을 질투하니, 너무 심하지 않은가?

經言: "天主謂其徒曰, '爾能相愛, 人乃識爲我徒.'" 邪魔謂人曰: "爾能相妬, 則徵爲我徒." 夫魔雖妬, 妬人不妬魔. 妬者, 妬其同類之人, 不已甚乎?

---

3 하느님께서 …… 알게 될 것이다: 〈요한의 복음서〉 13장 35절, "너희가 서로 사랑하면 세상 사람들이 그것을 보고 너희가 내 제자라는 것을 알게 될 것이다."

2.8

교만한 마음이 크더라도 겸양과 만나면 멈춘다. 분노의 마음이 심해도 겸손과 인내를 만나면 그치고 만다. 탐욕의 마음이 깊어도 재물을 얻고 나면 잠깐은 가벼워진다. 이 같은 여러 종류는 그래도 고칠수가 있다. 질투만은 그렇지가 않다. 남의 덕과 복을 꺼리기 때문에 남의 덕과 복을 따라 질투도 함께 자라난다. 네가 참으면 참을수록 네가 능히 참는 것을 시샘하고, 겸손하면 할수록 네가 겸손한 것을 시샘해, 너의 덕이 사라지거나 네 몸이 없어지기 전에는 그치게 할 수가 없다. 남의 재물이나 형세, 지위 따위를 시샘한다면 물러나거나 버려서 이를 멈추게 할 수가 있을 것이다. 만약 남의 선함을 시샘한다면, 그 누가 자신의 덕을 잃고 자기의 목숨을 버리면서까지 그 시샘을 구해주려 하겠는가?

傲情雖大, 遇讓則止. 怒心雖甚, 值謙忍則息. 貪念雖深, 得財暫輕. 諸如此類, 尙爲可救. 惟妬不然. 忌人德福, 故隨人德福, 與爲滋長. 爾愈忍, 妬爾能忍. 愈謙, 妬爾能謙. 不及喪爾德, 滅爾躬, 不獲息焉. 夫妬人財物勢位等, 可退舍以止之. 若妬人之善, 孰肯自喪己德捐己命, 以救其妬哉?

2.9

영예의 열매는 공과 덕일 뿐이다. 지혜로운 사람은 그 덕을 두텁게 하고 그 공을 풍성하게 하므로 영예로운 이름이 절로 뒤따른다. 이 때문에 다른 사람이 지닌 것과 얻은 것을 부러워하지도 않고 질투하지도 않는다. 질투하는 자는 영예로운 이름을 얻기를 바라지만, 영예로운 이름의 바탕은 없다. 이 때문에 그가 영예를 구함은 오로지 남을 욕보여 자기를 영예롭게 하고자 할 뿐이다. 아래로 남을 억누르고, 스스로 그 위에서 뻐긴다. 남은 혼탁하게 뒤집어씌워놓고 저만 맑은 데서 지낸다. 깊은 물가에 임해 높다고 여기며, 남의 것을 덜어내 제게 보태려 할 뿐이다.

榮之實, 功德而已. 智者厚其德, 豊其功, 榮名自隨. 故他人所有所得, 不羨亦不妒. 妒者願得榮名, 而無榮名之本. 故其求榮, 惟欲辱人以榮己. 抑人於下, 自抗其上. 塗人以濁, 自居其淸. 臨深爲高, 損人自益而已矣.

2.10

다른 감정이 비록 악하다 해도, 사람을 끌어당겨 남을 해치고 자기를 욕되게 하는 일을 만드는 것으로 질투의 감정만큼 심한 것은 없다. 옛날에 어진 벗 수백 사람이 세상을 피해 도를 닦던 중, 한 소년이 매우 덕이 성대했는데, 이름을 파나巴拏[4]라고 했다. 그의 덕을 시샘한 자가 틈을 엿봐 그에게 모욕을 주려고 했지만 그렇게 하지 못했다. 그래서 그는 공부하던 책자를 몰래 파나의 방 안에 던져놓고는, 여럿이 모여 있을 때 거짓으로 그 책을 잃어버린 척했다. 모임을 주관하던 이가 이상하게 여겨 두 장로를 시켜서 두루 찾아보게 했다. 파나의 방에서 그 책을 얻자, 무리가 더욱 이상하게 여겼다.

어떤 사람이 말했다. "이같이 더러운 행실을 하다니, 앞서 덕이라고 했던 것은 겉모습일 뿐이었던가!"

파나는 변명하지 않았고, 또한 인정하지도 않은 채 무릎을 꿇고서 용서를 구했다. 주관하던 사람이 법에 의거해서 죄를 꾸짖고, 물리쳐 함께 모이지 못하게 했다.

他情雖惡, 其牽引人, 作害人辱己之事, 未若妒情甚也. 昔賢友數百人, 遁世

---

4 파나Pana: 미상.

修道中, 一少年甚盛德, 名曰巴拏. 有妬其德者, 欲伺隙螘之, 不得. 則以所業簡册, 私投其室中. 於眾會時, 佯亡其書. 主者異焉, 令二長年徧覓之, 得諸巴拏之室, 眾益異之. 或曰: "作此汚行, 向所爲德, 貌焉耳!" 巴拏不辨, 亦不承, 惟跪而求赦. 主者依法罪責之, 斥不與會.

열흘이 지났을 때 시샘하던 자가 스스로 계획을 얻었다고 하면서 몹시 기뻐했다. 삿된 귀신이 갑자기 그 몸에 붙어서 그 전에 있었던 일을 모두 이야기하자, 무리가 그제야 파나의 진실한 덕에 감복했다. 천주께서도 또한 진실한 덕의 표징을 내려주셨다. 무리가 함께 이 질투한 사람을 슬퍼하며 그 근심과 해로움을 면하게 해달라고 기도했지만 얻지 못했다. 파나가 머리를 조아려 청하자, 삿된 귀신이 그를 떠나갔다.

浹旬日, 妬者自謂得計, 快甚. 邪神忽憑焉, 盡道其前事, 眾而後服巴拏之誠德也. 天主亦賜焉, 以誠德之徵應. 蓋眾共祈禱, 哀此妬人, 免其患害, 不得. 巴拏控首請之, 邪神去之.

질투하는 사람은 참으로 비루하다. 참된 덕을 가지고 남의 위에다 자신을 펼 수 없자, 거짓 악으로 자기 아래에다 남을 굽히게 하려 했지만, 마침내 천주께서 내려오시어 감독함을 피할 수가 없었다. 그래서 선한 사람의 덕과 이름은 더욱 드러났고, 자기의 질투와 악도 더욱더 드러났다. 성대한 덕과 아름다운 이름은 모두 천주의 은혜다. 시샘하는 자가 남이 그것을 가진 것을 꺼리는 것은 천주가 주신 것을 꺼리는 것이다. 이 때문에 천주께서 미워하는 바가 되어, 눈앞에서 매번 빠르게 벌을 내렸으니, 죽은 뒤의 영원한 죄뿐만이 아니었다.

鄙哉妬人也. 不能以眞德, 自伸於人上, 圖以假惡, 屈人於己下, 竟不能逃天主降監, 而善人之德名愈彰, 己之妬惡愈顯焉. 蓋盛德令名, 皆天主之恩. 妬者忌人有之, 是忌天主授之. 故爲天主所惡, 目前每遭罰焉, 微獨死後永罪矣.

2.11

오직 질투는 지극히 어리석으니, 인정과 도리에 밝지 못하고 손해와 이익에도 밝지 못한 종류라고 말한다. 남의 행복을 질투함 같은 경우, 부귀와 안락을 남이 지녔어도 내가 빼앗지 못하고, 남이 그것을 잃더라도 꼭 내게 온다는 보장이 없다. 하물며 질투하는 사람은 남의 것을 덜어내 제게 보태려 하지만, 그렇다고 남이 반드시 손해 보는 것이 아니고 자기도 손해 보지 않음이 없으니, 질투를 왜 한단 말인가?

惟妬至愚, 謂其不諳情理, 不明損益之類也. 若妬人形福, 則富貴安樂, 人有之, 不奪我, 人失之, 不必歸我. 矧妬者欲損人益己, 人未必損, 己無不損, 妬何爲哉?

남의 재주와 덕을 질투함 같은 경우, 재주와 덕으로 나아가는 길은 몹시도 드넓다. 온 세상 사람들이 함께 들어가도 모두 들어갈 수가 있고, 저마다 취해 가져도 전부 가득 채울 수 있으며, 흩으면 흩을수록 더욱 자라난다. 등불에다 비유하자면, 등불 하나를 밝히면 천 개 백 개의 등불이 점점 더 많이 빛을 나눠도 본래의 빛은 줄어들지 않는 것과 같다. 이 같은 재주와 덕은 사람에게 달린 것이니, 네가 능히 취하더라도 어찌 너를 막겠는가? 재주와 덕이 네게 있어 네가 능히 이를 나눈다면 무엇이 너를 방해하겠는가? 그런데도 왜 질투를 한단 말인가?

若妬人才德, 則才德路甚寬, 擧世之人, 同入焉皆容. 各取焉皆滿, 彌散焉彌長. 譬之於燈, 以一燈然, 千百燈分光愈多, 本光不少. 是才德在人, 爾能取之, 曷禁於爾? 才德在爾, 爾能分之, 曷妨於爾乎? 妬何爲哉?

1. 남의 악을 헤아려 따짐을 경계함 戒計念人惡

2.12

착한 사람은 만인의 거울이다. 사람들이 마주 비춰보아 자기의 악을 없앤다. 마치 가난한 사람이 부자와 만나 부유함을 비춰보고 마침내 자신의 가난함을 알게 되는 것과 같다. 질투하는 사람은 남의 선함을 생각하기를 좋아하지 않는다. 남의 선함에 비춰보려 하지 않고, 혹작은 결점이나 하찮은 오점만 살피니, 이것은 깨진 거울이요 어두운 거울이다. 그러니 스스로 그 추함을 볼 수 있겠는가? 자신의 추함을 비추지 못할 뿐 아니라, 질투의 악함만 점점 더하게 된다. 마치 화약불이 물을 땔감으로 삼아 끼얹을수록 불길이 더 세지고, 올빼미가 햇빛을 가림막으로 여겨 밝으면 밝을수록 눈이 점점 더 어두워지는 것과 같다.

善人者, 萬人之鏡也, 對照己惡而去焉. 如貧人遇富, 以富對照, 遂見其貧. 妬者不喜思人善, 不於人善求照, 而於或細缺或微汚處視之, 是破鏡也, 昏鏡也, 得自見其醜乎? 不惟不照己醜, 且彌益妬惡. 如藥火以水爲薪, 愈灌愈熾. 如鴟鳥以日爲翳, 愈明愈昏.

2.13

무릇 사람이 마음으로 일을 헤아림은 유리를 통해 사물을 보는 것과 같다. 햇빛이 유리를 통해 나오면, 어떤 물건이라도 유리의 색깔과 비슷하지 않은 것이 없다. 마음이 어짊에서 나오면 무슨 일이든 어진성품을 받지 않음이 없고, 마음이 질투에서 나오면 어떤 일도 질투의성질을 받지 않음이 없다. 이 때문에 어짊과 질투는 모두 사나운 불길과 같다. 초목이 이것과 만나면 불이 붙고, 금석도 이것과 만나면 불이 붙는다.

凡人以心揣事, 如以玻瓈觀物. 日光從玻瓈出, 無物不似玻瓈色者. 心從仁出, 無事不受仁性. 心從妬出, 無事不受妬性. 故仁與妬, 俱如猛火. 草木遇之作火, 金石遇之作火.

어진 사람을 시험해보면 남의 선함을 보고는 반드시 믿고, 남의 악함을 보면 틀림없이 이해해준다. 악한 모습이 있을 경우 그는 "저것은 겉모습만 그럴 거야"라고 하고, 실제로 작은 악이라도 있게 되면 "꼭 그렇지는 않을 거야"라고 말한다. 악하다는 생각이 들더라도 "어쩌다 그랬겠지" 하고, 도저히 어찌해볼 수 없는 지경에 이르면 "저 사람이 형편이 얼마나 다급했으면 그랬을까? 내가 그 처지에 당했더라면 더 심했을 거야"라고 말한다. 이런 사람은 남의 악을 보면서도 또한 나의 어짊을 움직이니, 어찌 선에 대해 논하겠는가? 이는 마치 벌과 같다. 꽃이 비록 쓰고 매워도 이를 취해서 단꿀을 만든다.

試仁人, 見人善, 必信之. 見人惡, 必解之. 即有惡形, 曰: "彼貌然." 實有惡微, 曰: "意未必然." 意惡矣, 曰: "是偶然." 至不可奈何, 曰: "彼豈迫於勢? 我當之, 且甚焉." 是者見人惡, 亦動我仁, 何論善? 如蜂然, 花雖苦辛, 取之作甘.

질투하는 자는 그렇지 않으니, 남의 악을 보면 비웃고, 아주 작은 허물을 보고도 무거운 죄로 여긴다. 남의 선함을 보면 꼭 의심한다. "겉모습만 그렇지, 진짜가 아니다"라고 하거나, "어쩌다 그런 것이지, 변함없는 것은 아니다"라고 한다. 아니면 "형세가 그랬던 것이지, 늘 그런 것은 아닐 거야"라고 말한다. 이 같은 사람은 남의 선함을 보고도 또한 나의 악함을 보태고 마니, 어찌 악을 논하겠는가? 마치 뱀이 그런 것과 같다. 꽃이 비록 달아도 뱀은 이를 먹고 독을 만든다. 덕에 나아감이 진실하고 몹시 굳세도, 질투하는 마음은 끝이 없어 반드시 잘못된 곳을 찾으려고 애를 쓰고, 한결같이 선한 체하는 악이라 하며 이를 더럽힌다.

妬者不然, 見人惡, 嗤之. 見微過, 以爲重罪. 見人善, 必疑之. 或曰: "貌然非眞." 或曰: "偶然非堅." 或曰: "勢然非常." 是者見人善, 亦增我惡, 何論惡? 如蛇然, 花雖甘, 食之作毒. 即德眞實堅甚, 妬心不已, 必黽勉尋求曲處, 一背善之惡以汚之.

겸손한 것을 비굴하다고 하고, 참는 것은 겁쟁이라고 한다. 수양에 힘쓰면 덕이 있는 것처럼 꾸민다고 하고, 남의 것을 취하는 데 청렴하면 이름을 낚으려 한다고 말한다. 말수가 적은 것을 우둔하다고 하고, 판단이 분명한 것은 가볍고 허탄하다고 이야기한다. 정직한 사람을 거만하고 뻣댄다고 하고, 착하고 따뜻한 사람은 물러터졌다고 말한다. 묵직하게 공경스러운 사람은 그럴싸하게 꾸민다고 말하고, 온화하고 맑은 사람은 덩달아 따른다고 이야기한다. 베풀기를 좋아해서 남을 구하는 데 쓰면 쓸데없이 낭비한다고 했다가, 적게 베풀어 아껴서 자신에게 쓰면 이번에는 또 인색하다고 말한다.

謙謂卑下, 忍謂怯懦. 勤于修謂餙德, 廉于取謂釣名. 簡嘿者謂愚鈍, 明辨者謂浮誕. 正直者謂亢厲, 慈凱者謂柔靡. 莊敬者謂矯餙, 和霽者謂委隨. 好施救人, 既謂妄費, 少施節用以自給, 又曰吝嗇.

마음이란 수평을 재는 도구인 '준準'과 같다. 사람을 가늠하는 것은 담을 재는 것과 다름없다. 바른 수평기로 담을 재면, 바르게 쌓아 높아질수록 더 단단해진다. 하지만 잘못된 수평기로 담을 재면, 잘못 쌓게 되어 높아질수록 점점 더 위태로워진다. 그래서 질투하는 마음으로 착한 일을 헤아릴 경우, 그 사람이 선을 더할수록 나는 질투를 더하게 되고, 질투를 더할 때마다 덕은 점점 더 기울어지고 만다.

蓋心猶準也, 度人猶度垣也. 以正準度垣, 彌正彌累彌堅. 以邪準度垣, 彌邪彌累彌危. 故以妬心度善事, 人愈增善, 我愈增妬. 妬逾增, 德逾傾.

2.14

다른 사람의 선악은 판단하기가 가장 어렵다. 대개 일의 좋고 나쁨은 원래 마음속 뜻에 바탕을 두는데, 마음속 뜻이란 눈과 같다. 눈이 밝으면 온몸이 밝고, 눈이 어두우면 전신이 어두워진다. 먼저 마음속 뜻이 바르고 그른지 비춰보지 않는다면 어찌 일의 좋고 나쁨을 바르게 판단할 수 있겠는가? 사람의 마음은 비밀스레 감춰져 있어서 천주의 한없는 거울이 아니고는 깊이 살필 수가 없다. 이 때문에 참과 거짓, 선과 악은 오로지 천주만이 능히 모두 살펴서 바르게 판단할 수가 있다.

他人善惡, 最爲難斷. 蓋事之善惡, 原本心意, 心意如目. 目明, 全身明. 目闇, 全身闇. 不先照心意之邪正, 安能正斷事之善惡乎? 夫人心秘藏, 非天主無量之鑑, 不能窮探之. 故其眞僞善惡, 獨天主能悉審而正判焉.

《성경》에 말했다. "아직 그때가 이르지 않았다. 먼저 사람의 일로 판단하지 말고, 주께서 오실 때를 기다려라. 깊숙이 숨겨진 가운데 쌓아둔 것을 비춰서 여러 마음이 헤아리는 뜻을 드러내시면, 이에 저마다 천주에게 칭찬받게 되리라."[5]

---

5 아직 그때가 …… 칭찬받게 되리라: 〈고린토인들에게 보낸 첫째 편지〉 4장 5절,

그러므로 겉모습이나 사소한 자취로 문득 감춰진 악을 판단해 정하는 것은 모두 천주의 큰 권세와 전능하심을 범하는 것이니, 교만의 죄와 견줘 어느 것이 심하겠는가?

聖經曰: "未至其時, 勿先斷人事, 竢主來時. 照幽隱中蓄藏, 宣露諸心之擬意, 乃各得其讚美於天主也." 故凡以外貌微跡, 輒斷定隱惡者, 皆僭天主之大權全能, 傲罪孰甚乎?

《성경》에 말했다. "선을 악으로 여기는 것과 악을 선으로 여기는 것을 천주께서는 모두 몹시 미워하신다."[6]

네가 한 차례 악한 모습을 보고서 문득 진짜 악하다고 단정한다면 어찌 능히 속아서 진짜 선한 것을 악하다고 여기지 않을 수 있겠는가? 어쩌다 혹 속지는 않았더라도 사정을 잘 모른 채 경솔하게 사람을 미워한다면 어찌 죄가 아니겠는가? 사람이 공평한 마음으로 사람의 일을 결단하더라도 오히려 자꾸 속게 되는 것을 근심하거늘, 어찌 질투하는 마음이 지극해서 마음의 눈을 흐리게 만들어, 그로 하여금 참과 거짓을 분간할 수 없게 만듦에 있어서겠는가?

經曰: "以善爲惡者, 與以惡爲善者, 天主俱甚惡之." 爾一見惡象, 遽決眞惡, 豈能不誣而以眞善爲惡哉? 偶或不誣, 而事情未明, 輕必人惡, 獨非罪乎? 夫人

"그러므로 주님께서 오실 때까지는 무슨 일이나 미리 앞질러 심판해서는 안 됩니다. 주님께서 오시면 어둠 속에 감추어진 것을 밝혀내시고 사람의 마음속 생각을 드러내실 것입니다. 그때에는 각 사람이 하느님께로부터 응분의 칭찬을 받게 될 것입니다."

6 선을 악으로 …… 미워하신다: 〈잠언〉 17장 15절, "죄를 무죄로 돌리거나 유죄로 다루는 것, 이 둘은 야훼께서 다 미워하신다."

以平心決斷人事,猶患多誣,何况妬心極,能翳心目,不使見眞僞乎?

2.15

이 사람이 선하더라도 네가 사적인 증오심을 가지고 그를 본다면 마침내 악하게 된다. 시험 삼아 그가 너의 친구였다면 네가 그를 정말 악하게 보았겠는가? 혹 사사로이 꺼리는 마음으로 그를 살피면 정말로 악하게 된다. 시험 삼아 그게 너 자신이었다면 네가 스스로를 과연 악하다고 보았겠는가? 게다가 네가 남의 한 가지 선하지 않은 것을 어쩌다 보았을 때 그 모습이 비록 그렇게 보였어도, 그 뜻을 자세히 살피지 않았다면 어찌 능히 진짜 그럴 거라고 갑작스레 판단할 수 있겠는가? 만약 그가 정말로 착하지 않다 하더라도, 자기 자신의 많고 큰 착하지 않은 점을 돌이켜 살피고 나서, "나는 나의 많은 잘못은 꺼리지 않지만, 문득 남의 한 가지 잘못은 꺼린다"라고 말한다면 옳겠는가?

夫是人善矣, 爾以私憎視之, 遂惡. 試以移之平交, 爾復視果惡否? 或以私忌視之, 遂惡. 試以移之本身, 爾自視果惡否? 且爾偶見人一不善, 其貌雖肖, 其意未覆, 曷能遽決眞似乎? 即眞不善矣, 反視己之多且大不善, 而曰: "我不忌己之多, 輒忌人之一." 可乎?

어떤 사람이 한 현자에게 물었다. "언제나 제 마음을 움직여 남의 과실과 잘못을 생각하는 것은 어째서입니까?"

현자가 대답했다. "당신이 다만 자신을 살피는 데 익숙지 않아서겠지요."

옛날에 몇 명의 벗이 함께 살며 덕을 닦고 있었다. 그중에 죄를 범한 사람이 있었으므로, 붙잡아 대덕大德 모세에게 끌고 가서 그 죄를 심판해주기를 청했다.

모세가 모래주머니를 가져와 등에 지고 걸어갔다. 사람들이 까닭을 묻자, 이렇게 대답했다. "이것이 나의 죄다. 내 죄가 나를 눌러도 다 알 수가 없고 모두 없앨 수 없는데, 어느 겨를에 다른 사람의 죄를 판단하겠는가?"

或問一賢者曰: "嘗動我心, 思人之過惡, 何故?" 答曰: "爾惟不熟於觀己而已." 昔數友同居修德, 有犯罪者, 捕致大德每塞, 求判其罪. 每塞持囊沙負之行. 人問故, 答曰: "此我罪也. 我罪鎭我, 未能盡識之, 盡除之, 何暇判他人罪乎?"

가단은 서양 나라의 이름난 군자였다. 시샘하는 자가 있어 이렇게 말했다. "가단은 저문 밤에 멋대로 먹고 마셔대니, 어찌 군자라 하겠는가?"

그러자 풀이하는 자가 있어 이렇게 말했다. "가단은 밤낮 심력을 쏟아 부지런히 힘써 나랏일을 종합하여 살피고 있거늘, 당신이 어찌 듣지 못했단 말인가? 밤의 그림자만 보고 낮의 햇빛은 보지 못하니, 당신의 눈이 병든 것이 아닌가?"

똑같은 가단을 놓고, 시샘하는 자는 다만 사소하게 그의 소홀한 점만 보아 군자가 되기에 부족하다고 생각했다. 시샘하지 않는 사람은 그가 휴식을 취할 겨를이 없음을 아울러 밝혀 그가 군자 됨을 잃지 않았다고 여겼다.

加當, 西國名君子也. 有妬者曰: "加當, 暮夜恣食飲, 曷謂君子?" 則有解者曰: "加當旦晝勞勤心力, 綜理國事, 爾何不聞乎? 見夜影, 不見日光. 爾目不病乎?" 一加當也, 妬者獨見其細忽, 以爲不足爲君子. 不妬者并亮其無遑休憩之故, 以爲不失其爲君子.

2.16

서양에 킨드월近達襪爾[7]이라는 이가 있었는데, 참된 덕을 지닌 사람이었다. 가난한 사람을 보면 그는 이렇게 말했다. "부끄럽구나. 내가 어떻게 해야 이 사람처럼 세상을 가볍게 살 수 있을까?"

부유한 사람을 보면 이렇게 말했다. "부끄럽다. 내가 어찌해야 이 사람이 재물을 지키듯이 덕을 간수할 수 있을까?"

여인네가 성대한 복장으로 꾸민 것을 보면 울면서 말했다. "부끄럽구나. 내가 마음을 닦아 천주를 기쁘게 함을 어찌해야 이 사람이 용모를 꾸며서 세상 사람을 기쁘게 하는 것처럼 할 수 있을까?"

西有近達襪爾者, 誠德人也. 見人貧, 則曰: "媿哉. 我安得輕世如是人也?" 見人富, 則曰: "媿哉. 我安得守德如是人之守財?" 見婦女盛服修餙, 則泣曰: "媿哉. 我修心悦天帝, 安得如是人脩容悦世乎?"

평생 이렇게 살다가 죽게 되었을 때 그의 두 눈은 별처럼 반짝반짝 빛났다. 그의 친구가 괴이하게 여겨 그 까닭을 생각해보았다. 그런데 갑자기 어떤 소리가 들려왔다. "이 사람은 평생 남을 보면서 자기보다 낫다고 생각하지 않음이 없었다. 사는 동안 날마다 좋은 점만 받아들였기 때문에, 죽을 때의 눈조차 어둠을 받아들이지 않은 것이다."

生平如此, 洎死, 兩目炯炯如星. 其友恠之, 思其故. 忽聞有聲曰: "是人生平見人, 未嘗不以爲善於己. 夫惟生之日獨受善, 故死之目不受暗."

---

7 킨드월Kindwell: 미상.

2. 헐뜯는 말을 경계함 戒讒言

2.17

크리소스토모가 말했다. "남의 더러운 행실을 생각하면 그 마음이 더러워진다. 남의 더러운 일을 말하면 그 입이 지저분해진다. 이는 마치 남의 더러운 물건을 훔쳐서 남에게 보여주는 것과 같다. 남을 욕보이려는 것인가, 아니면 스스로 욕되게 하려는 것인가?"

契理瑣曰: "思人汚行, 汚其心. 言人汚事, 汚其口. 如竊人汚物, 而以示人, 爲辱人耶, 辱己耶?"

2.18

남을 헐뜯는 사람은 돼지와 같다. 발을 둘 곳에 입을 두기 때문이다. 돼지는 이름난 정원에 들어가서도 아름다운 향기를 맡지도 않고, 맑은 샘에서 씻지도 않으며, 아름다운 풍경을 돌아보지도 않는다. 다만 더러운 진흙을 달게 여기고 편안해할 뿐이다. 질투하는 사람은 남에게서 칭찬할 만하고 본받을 만한 좋은 덕과 높은 재주 및 많은 재능을 보게 되면, 묻기 싫어하고 듣기도 싫어한다. 그러다가 드러나지 않은 허물과 작은 잘못만 있으면 침을 흘리며 듣고 다급하게 물어 함부로 퍼뜨린다. 마음에 쌓아두고 입과 혀로 불어대는 것이 마치 나쁜 기운을 펴는 것과 다를 바 없다.

造毁者如豕. 置足焉, 即置口矣. 豕入名園, 芬香不采, 清泉不濯, 美景不顧. 獨汚泥是甘是安焉耳矣. 妬者見人好德高才多能, 可讚可效, 厭問之, 厭聞之. 有隱過微疵焉, 則津津聽之, 汲汲叩之, 汎汎洩之. 積於心神, 噓於口舌, 如其惡氣而發矣.

2.19

남을 비방하는 자는 뱀과 같다. 마주하면 두려워 피해가면서, 뒤돌아서는 나아와 물어버린다. 뱀은 구불구불 간다. 남을 헐뜯는 사람 또한 그렇다. 처음에는 좋은 말로 질투하는 뜻을 감춰서 남의 신뢰를 얻는다. 끝에 가서는 고약한 헐뜯음을 더해 남의 좋은 소문을 더럽힌다.

毀人者如蛇. 面之畏而避, 背之進而噬. 蛇曲行, 毀人者亦然. 始作好言, 掩其妬志, 以取人信. 訖加惡毀, 汚人善聞.

2.20

헐뜯음의 해로움은 도둑보다 심하다. 도둑은 재물을 덜어내므로 사람이 몹시 가볍게 여긴다. 비방은 훌륭한 이름을 앗아가는지라 사람이 대단히 무겁게 생각하고, 또 지옥보다 무겁게 여긴다. 지옥은 죽은 사람과 악한 자를 집어삼키나, 남을 헐뜯는 입은 산 사람과 죽은 사람을 따지지 않고, 선한 이와 악한 자를 가리지 않고 한꺼번에 집어삼킨다.

毀之害甚于盜. 盜損財物, 人所甚輕. 毀損善名, 人所甚重, 又重於地獄. 地獄嗡死人惡人. 毀人之口, 不簡生死, 不擇善惡, 并嗡之.

2.21

사악한 마귀가 악으로 사람을 유혹해도 사람이 반드시 따르는 것은 아니다. 설사 따른다 해도 또한 능히 드러내놓고 행하게 할 수는 없고, 가려서 감추고 숨겨 남으로 하여금 알지 못하게 한다. 그 결과 해로움이 그 사람에게서 그쳐 그다지 크지 않다고 말할 만하다. 헐뜯는 말을 만드는 자는 남의 드러난 덕을 덮어 가려서 사람으로 하여금 이를 의심해 다시는 그를 사모하지 못하게끔 만든다. 남의 감춰진 사특함을 헤아려서 남들이 보게끔 하고, 또 미혹시켜서 이를 따르게 한다. 그렇다면 사특한 마귀가 스스로 이루는 것은 작더라도, 헐뜯는 말을 만드는 자의 혀를 거치게 되면 커져서 해로움이 더욱 넓어지고야 만다. 마땅히 더욱 이를 피해야 한다.

邪魔誘人於惡, 人未必徇. 卽徇, 亦不能使之明行, 必也闇然藏匿, 不使人知, 害止其人, 可謂未大. 造毁者, 掩人之顯德, 使人疑之, 不復慕之. 計人之隱慝, 令人見之, 又惑而從之. 則邪魔所自成也小, 託造毁者之舌而大, 害尤廣, 尤宜避之.

그래서 베르나르도는 이렇게 말했다. "남을 헐뜯는 자는 독사보다 해롭다. 뱀이 한 번 깨물면 한 사람을 다치게 한다. 헐뜯는 자의 한 마디는 세 사람을 상하게 하니, 자기 자신이 하나고, 듣는 이가 하나며, 헐뜯음을 받은 자가 하나다."

이런 까닭에 나라와 집안을 무너뜨리고, 벗과 소원해지며, 형제를 멀어지게 하고, 부자를 이간하는 것은 모두 헐뜯는 말에 말미암는다.

故百爾納曰: "毁人者, 虐於毒蛇. 蛇一齕, 傷一人. 毁者一言傷三人, 己一, 聞者一, 受毁者一." 是故覆邦家, 疏友朋, 離昆弟, 間父子, 皆由讒言.

《성경》에서는 헐뜯는 말을 만드는 자를 일러 이렇게 말했다. "그 이빨은 병장기와 화살이고, 그 혀는 예리한 칼이다."[8]

또 말했다. "혀가 두 개인 사람은 반드시 큰 재앙을 등에 지고 있

---

8 그 이빨은 …… 칼이다: 〈시편〉 57장 4절, "나는 사자들 가운데에, 사람을 잡아먹는 그들 가운데에 누워 있습니다. 그들의 이빨은 창끝 같고 살촉 같으며 그들의 혀는 예리한 칼날입니다."

다. 매번 서로 맞는 것을 얽어서 어지럽히기 때문이다."**9**

또 말했다. "남을 헐뜯는 자를 쫓아내면 다툼이 절로 없어진다."**10**

聖經謂造毀者曰: "其齒兵箭, 其舌利劍." 又曰: "兩舌之人, 必負大禍. 每搆亂相合者故也." 又曰: "屛放作毀者, 而諍訟自息."

2.22

어리석은 자가 속에 헐뜯는 말을 품은 것은 개가 화살에 다친 것과 같아서 화살을 뽑지 않고는 편히 쉴 수가 없다. 그래서 《성경》에서는 사람들에게 이렇게 권면한다. "네가 우연히 남을 상하게 하는 말을 들었거든, 반드시 안에서 녹여 없애도록 해야 한다. 네 배를 찢고 나올까 두려워하여 밖에다 토해내지 말라."**11**

愚者中懷讒言, 如犬傷於矢, 矢不出, 不能休. 故聖經勸人曰: "爾偶懷傷人之言, 必使消融于內, 勿畏裂爾腹, 而吐之于外."

2.23

그레고리오가 말했다. "입으로 재를 부는 사람은 스스로 제 얼굴을 더럽히고 그 눈을 어지럽게 만든다. 남을 헐뜯는 자는 스스로 그 마음

---

9 혀가 두 개인 …… 때문이다: 〈집회서〉 28장 13~14절, "남을 헐뜯고 이간질을 하는 자는 저주받을 것이다. 이런 자들 때문에 평화롭게 사는 많은 사람들이 망하였다. 이간질하는 자는 많은 사람의 마음을 뒤흔들어 이 고장에서 저 고장으로 흩어놓았으며, 견고한 성곽을 무너뜨리고 궁정을 파괴시켰다."

10 남을 헐뜯는 …… 절로 없어진다: 〈잠언〉 22장 10절, "거만한 사람을 내쫓아야 말썽이 없어지고 다툼과 욕설이 그친다."

11 네가 우연히 …… 토해내지 말라: 〈집회서〉 19장 10절, "무슨 말을 듣거든 마음속에 묻어버려라. 그 말이 터져나올 리 없으니 조금도 걱정할 것이 없다."

을 더럽히고 그 영혼을 어둡게 한다."

또 말했다. "하늘나라에 오르려 하는 자는 반드시 비방하지 않는다. 비방하는 자는 절대로 하늘나라에 올라갈 수가 없다."

厄勒臥略曰: "吹灰者, 自汚其面, 迷其目. 毁人者, 自汚其心, 闇其靈神." 又曰: "欲升天者, 必不誹謗. 誹謗者, 必不能升天."

2.24

남을 헐뜯는 자는 구덩이를 파서 남을 빠뜨리려다가 번번이 제가 빠지고 만다.

한 현자의 우언에 이렇게 말했다.[12] "사자는 온갖 짐승의 왕이었다. 하루는 병이 나서 온갖 짐승이 찾아와 문안했는데, 여우만 오지 않았다. 이리가 마침내 헐뜯는 말을 올려 말했다. '대왕께서 아프셔서 저희가 모두 왔는데, 여우만 홀로 오지 않아 진실로 유감입니다.' 여우가 때마침 도착해서 뒷말하는 것을 듣고, 문득 앞으로 나아가 병문안을 했다. 사자가 크게 노해 어째서 뒤늦게 왔느냐고 물었다. 여우가 말했다. '대왕께서 아프신데 여러 짐승은 그저 와서 한 차례 문안만 할 뿐이니, 대왕의 병이 어찌 낫겠습니까? 제가 두루 좋은 처방을 구하러 다니다가 때마침 얻어서 바로 온 것이니, 어찌 감히 늑장을 부리겠습니까?' 사자가 크게 기뻐하며 무슨 약을 써야 하느냐고 물었다. 여우가 말했다. '마땅히 이리의 껍데기를 산 채로 벗겨서 뜨거울 때 대왕의 몸에 덮으시면 그 자리에서 나을 것입니다.' 사자가 문득 이리를 잡아서 그 방법대로 사용했다."

---

[12] 《이솝 우화》를 인용했다.

《시경》에 말했다. "어찌 너를 받아들이지 않을까, 나중엔 너도 버림받으리."**13**

讒人者, 設坎以陷人, 而屢自陷. 一賢寓言曰: "獅子爲百獸王, 一日病, 百獸來問安, 獨狐未至. 狼遂獻讒曰: '大王病, 我輩皆至, 狐獨否, 誠可恨.' 狐狸適至, 聞後言, 便進問疾. 獅子大怒, 問後至者何. 狐狸曰: '大王疾, 百獸徒來一問安, 於大王疾曷瘳? 小狐則徧走求良方, 頃得之, 即來, 何敢後?' 獅子大喜, 問用何藥. 曰: '當用生剝狼皮, 乘熱蓋大王體, 立愈耳.' 獅子便搏狼, 如法用之." 詩曰: "豈不爾受, 既其女遷."

2.25

남을 헐뜯는 데 일곱 가지 단서가 있다. 첫째, 까닭 없이 남의 감춰진 악을 드러내는 것이다. 둘째, 말 듣기 좋아하는 것이다. 셋째, 까닭 없이 전하고, 전하면서 보태는 것이다. 넷째, 증거를 속이는 것이다. 다섯째, 감춰서 한 선행을 인정하지 않는 것이다. 여섯째, 분명한 선행을 없애버리는 것이다. 일곱째, 선을 악으로 만드는 것이다. 그 해로움은 모두 같다.

毀人有七端: 無故而露人陰惡, 一. 喜聞, 二. 無故而傳, 傳而增益, 三. 誑証, 四. 不許陰善, 五. 消明善, 六. 以善爲惡, 七. 其害俱等.

---

13 어찌 너를 …… 버림받으리: 《시경》〈소아小雅 항백巷伯〉의 구절이다. "속닥속닥 조잘조잘, 헐뜯는 말 하려 꾸미네. 어찌 너를 받아들이지 않을까, 나중엔 너도 버림받으리(捷捷幡幡, 謀欲譖言. 豈不爾受, 既其女遷)."

2.26

착한 사람은 세상을 비추는 촛불이다. 촛불에는 그을음이 없을 수 없으나 심지를 잘라주면 밝아진다. 사람이 아무리 훌륭해도 과실이 없을 수 없다. 천주께서는 헐뜯는 입이 그것을 깨물도록 놓아두고서 그 그을음을 잘라내 빛을 더해주신다. 그러므로 손으로 그을음을 잘라내면 촛불은 밝음을 더하고, 손은 그을음을 더하게 된다. 착한 사람을 헐뜯는 자는 남은 맑음을 더하고 자신은 더러움을 더하게 된다.

善人, 照世之燭也. 燭不無煤, 剪之則明. 人雖大善, 不無過失. 天主縱讒口噬之, 以剪其煤, 以增其光. 故手剔煤者, 燭加明, 手加黑. 讒善者, 人加淸, 己加穢.

2.27

한 어진 이가 임금에게 존중을 받아 지극히 존귀함을 두루 갖추었다. 한번은 나갔다가 한 가난한 사람이 구걸하는 것을 보았다. 어진 이는 돈을 주라고 명했다. 그러자 그가 말했다. "저는 나그네라 돈은 원하지 않고 저를 거둬주시기를 원합니다. 제가 바로 갚을 수는 없지만, 바라건대 천주께서 공을 도와주실 것입니다. 훗날 혹 작은 쓸모라도 있을 줄 어찌 알겠습니까?" 어진 이는 속으로 그를 비웃었지만, 집과 곡식을 주게 하였다.

一賢者見重於王, 備極尊貴. 偶出, 遇一貧者乞施, 賢者命施錢. 曰: "我旅人也, 不願錢, 願收我. 我卽無以報, 冀幸天主佑公. 異日或得當尺寸之用, 未可知也?" 賢者竊哂之, 命館穀焉.

얼마 후 어진 이는 더욱 높아지고 총애를 받아 같은 지위에 있는 이들이 크게 꺼리는 바가 되었다. 이들은 함께 임금과 그를 떼어놓기로 모의하며 말했다. "아무개가 왕께 저토록 총애를 받고도 성에 차지 않아, 이제 장차 나라를 훔치려고까지 하니 어찌합니까?"

임금은 믿지 않았다. 그러자 또 이렇게 말했다. "내일 그가 왕을 뵙거든 왕께서는 시험 삼아 '나라를 버리고 산에 들어가 도를 닦으련다'라고 하셔서 이것으로 살펴보시지요. 그가 왕께서 자리를 떠나시고, 자기가 어린 임금을 도와 정사를 마음대로 하는 것을 이롭게 여긴다면, 오로지 왕께서 떠나는 것을 결단하지 못할까 염려해서 반드시 온갖 말로 그 결정을 찬성할 것입니다. 그가 왕께서 떠나심을 불리하게 여겨서 왕을 떠나지 못하게 막는다면, 신의 말은 그를 모함하는 것입니다."

久之, 賢者益尊寵, 大爲同列所忌, 謀共間之于王曰: "某之寵于王極矣, 無厭, 今且謀竊國, 奈何?" 王未之信也, 則又曰: "來日某見王, 王試語之, 欲棄國家, 入山脩道, 以是嘗之. 彼利王之去位, 而己輔幼主專政也, 惟恐王去之不果也, 必極口贊決矣. 彼不利王之去而沮王, 臣言則誣矣."

서양 나라의 어진 임금 중에는 세상을 버리고 도를 닦는 길로 들어가는 사람이 많이 있었다. 저들은 어진 이가 틀림없이 임금을 위해 이를 원하리라고 헤아려, 이 같은 꾀로 함정을 파면 걸려들지 않을 수 없다고 생각했던 것이다.

이튿날 임금이 그렇게 말하자 어진 이가 과연 크게 기뻐하며 힘껏 찬성하여 결단하려 했다. 임금이 사실이라고 여겨 발끈해서 낯빛이 변하고는 아무 말도 하지 않고 마음으로 마침내 그를 내치려 했다. 어진 이가 듣고 보는 것에 의심할 만한 점이 있음을 알았지만 그 까닭은 알지 못했다.

집에 돌아와 생각하다가, 틀림없이 왕께 헐뜯는 자가 있어 내가 왕께서 나라를 떠나는 것을 이롭게 여기리라고 말했으리라는 것을 문득 깨달았다. 근심과 분노를 참을 수 없었지만 또 자신을 변명할 방법이 없었다.

大抵西國賢王多有謝世入道者, 度彼賢人必爲王願之, 故設此謀窘, 慮無不入也. 翌日王如言, 賢者果大喜, 力贊決之. 王以爲實, 勃然色變, 口不言, 心遂欲圖之. 賢者覺耳目可疑, 未解其故. 歸而思之乃悟, 必有譖於王者, 謂我利王之去國矣. 憂懣不堪, 又無自白之理.

마침 가난한 사람이 이를 보고 연유를 묻자, 어진 이가 사실대로 알려주었다. 가난한 이가 곰곰이 생각하다가 말했다. "이것을 밝히는 것은 어렵지 않습니다. 이제 공께서는 관과 의복을 벗고 길 가는 사람의 해진 옷을 입으십시오. 집의 재산을 가난한 사람들에게 모두 나눠 주시고, 아침에 장차 왕을 따라가려 하신다면 왕께서 틀림없이 오해를 푸실 것입니다."

어진 이가 과연 그렇게 하고 가자, 임금이 보고는 어찌 된 일이냐고 물었다. 그가 대답했다. "어제 대왕께서 나라를 버리고 산에 들어가 도를 닦으려 하신다는 말을 듣고, 신은 너무도 기뻐 왕을 따라가고자 이미 집과 재산을 흩어버렸습니다. 청컨대 떠나실 날짜를 묻습니다."

適貧者見之, 問故, 賢者諦告之. 貧者諦思曰: "白此不難. 今公褫冠服, 衣道者之敝衣. 悉家資散於貧人, 以朝, 將從王而行, 王必釋然矣." 賢者果以是往, 王見問故. 對曰: "昨聞大王欲棄國家, 入山修道, 臣甚喜, 願從王行, 已散棄家業矣. 請問行期."

임금이 크게 깨달아 말했다. "너는 참으로 덕이 가득하고 충성스럽고도 착하다. 저 떠들어대는 자들은 모두 시샘하여 헐뜯고 아첨하는 사람들이다." 그러고는 모두 무겁게 꾸짖고 멀리 내쫓아버렸다.

《성경》에서는 "자기가 만든 함정에 빠진다"[14]고 했다. 남을 시샘하다가 이렇게 되는 자가 많다.

王大悟, 曰: "爾眞盛德忠良. 彼言者皆娟娟嫉讒諂人也." 悉重謫遠竄之. 經曰: "陷于自作之窋." 妬人如是輩者衆矣.

3. 헐뜯는 말 듣기를 경계함戒聽讒

2.28

《성경》에 말했다. "근심스러운 낯빛이 헐뜯는 말을 그치게 하는 것은 마치 북풍이 구름과 비를 흩어버리는 것과 같다."[15]

듣는 사람이 듣기 싫어하는데도 말하는 자가 말하기를 좋아하는 경우란 없다. 너희 듣는 자들이 듣기를 좋아하니까 저들 비방하는 자들이 떠들어대기를 좋아하는 것이다.

經曰: "憂面息讒言, 如北風散雲雨." 蓋聽者厭聽, 而言者喜言, 無有也. 爾聽者喜聞, 即彼謗者喜誦.

그래서 베르나르도가 말했다. "헐뜯는 말을 하는 죄와 헐뜯는 말을 듣는 죄는 어느 쪽이 더 무거울까? 그것을 구분하기는 쉽다. 가령 개가 산 사람을 잡아먹는 것을 보았다고 하자. 쫓을 수 있는데 쫓지 않

---

14 자기가 …… 빠진다: 〈전도서〉 10장 8절, "사람은 제가 판 구덩이에 빠진다."

15 근심스러운 …… 것과 같다: 〈잠언〉 25장 23절, "북풍이 비를 몰아오듯이 참소하는 혀는 사람 얼굴에 분을 일으킨다."

고 구할 수 있는데 구하지 않았다면, 개를 끌고 가서 사람을 잡아먹게 한 것과 무엇이 다르겠는가? 네가 남을 헐뜯으며 떠들어대는 말을 들었다면 정색을 해 막을 수 있고 바른말로 그만두게 할 수도 있다. 막지도 않고 그만두게 하지도 않고, 도리어 귀 기울여 듣고 고개를 숙여 되새기며, 단서를 바꿔가며 따져물어서 이야기를 끌어낸다면, 어찌 헐뜯은 죄보다 무겁지 않겠는가?"

故百爾納曰: "作毀之罪, 與聽毀之罪, 孰重? 易辨也. 假令見犬食生人, 能逐不逐, 能救不救, 與率犬食人何異? 爾聞讒吠, 以正色可防, 以貞言可止. 不防不止, 顧且傾耳聽之, 俛首銜之, 更端審問以導之, 豈不重于毀之罪哉?"

2.29

비방을 만드는 자의 말은 삼가 듣지 말라. 네게 남의 허물을 말한다면, 남에게는 너의 허물을 말할 것이다. 물건을 파는 사람에 비유하자면, 다른 물건을 가지고 이 지방에서 팔고, 바꿔서 이 물건은 다른 지방에 가서 파는 것과 같다.

造謗者愼勿聽之. 與爾言人過, 與人言爾過也. 譬之販者, 以他貨售此方, 轉以此貨售他方.

2.30

크리소스토모가 남을 헐뜯는 자를 꾸짖어 말했다. "네가 남의 선함을 말하면 나는 마땅히 귀를 열어 너의 아름다움을 받아들이겠다. 네가 남을 헐뜯으면 나는 귀를 닫고서 너의 더러움을 받지 않겠다."

또 헐뜯는 말을 듣는 자를 경계해 말했다. "너는 생각해보아라. 깨끗지 않은 것이 길에 있다고 치자. 어떤 사람이 네가 지나갈 때 그 냄새를 마구 흔들어대면, 너는 코를 막지 않고 지나가면서 이를 크게 나무라겠느냐, 아니면 서둘러 피하겠느냐? 더러운 냄새는 코를 찌르더라도 오히려 빨리 허공으로 흩어져버린다. 참소하는 말은 귀를 꿰고 마음에 들어앉아 덕을 이지러뜨리고 망가뜨리기에 이르니, 심하게 꾸짖고 얼른 피하는 것이 더더욱 마땅하다."

契理瑣責讒者曰: "爾道人善, 我當開耳, 承爾美膏. 爾毀人, 我則蔽耳, 不堪受爾穢汙." 又戒聞毀者曰: "爾試思, 不蠲在道. 人或于爾過時撓動其氣, 爾不掩鼻過, 切責之, 且速避之乎? 穢氣觸鼻, 猶速散在空. 讒言貫耳注心, 乃至虧損在德, 切責速避, 宜更甚焉."

2.31

몇 명의 벗과 함께 덕을 닦는 자가 있었다. 그중 한 젊은이가 갑자기 하직하고 떠나려 했다. 나이 든 사람이 까닭을 묻자, 그가 대답했다. "아무개가 나를 비방하므로 참을 수가 없습니다."

"어찌 그런 줄 알았는가?"

대답했다. "어떤 사람이 제게 알려주었습니다. 그 사람은 평소 장자長者였으므로 그 말을 믿습니다."

나이 든 사람이 말했다. "그렇다면 믿어서는 안 된다. 정말 장자라면 네게 알려주지 않았을 것이다."

젊은이가 깨닫고 말했다. "맞습니다. 저 사람이 나를 헐뜯은 것이 아니라, 이 사람이 나를 헐뜯었군요."

有數友同脩德者, 一少年遽欲辭去. 老者問故, 答曰: "某毀我, 弗堪也." "惡信然?" 答曰: "或告我. 其人素長者, 故信之." 曰: "然則不可信矣. 果長者, 弗女告矣." 少年悟曰: "是矣. 非彼毀我, 是人毀我."

2.32

프란치스코가 길에서 걸인을 만났다. 불쌍히 여겨 구해주려 했으나 할 수 없자, 그를 위해 눈물을 흘렸다.

그 제자가 말했다. "이 사람은 한갓 재물이 부족할 뿐 마음에는 혹 물욕이 몹시 많을 수도 있는데, 어째서 불쌍히 여기십니까?"

프란치스코는 문득 그 제자를 나무라며 옷을 벗어 그에게 입혀주게 하면서 말했다. "너는 혀를 가지고 그의 마음을 다치게 하였으니, 마땅히 옷을 가지고 그 몸을 보호해주어라."

성자께서 사람에게 헐뜯는 말을 경계시킨 것이 이토록 깊고 절박했다.

法蘭濟途遇乞者, 悶欲救之, 不得, 爲泣下. 其徒曰: "是者徒身貧于財, 心或甚富於物欲也, 奚恤焉?" 法蘭濟輒責之, 令解衣衣之, 曰: "爾以舌傷其心, 宜以衣保其身." 聖者戒人毁言, 深切如是.

2.33

남을 비방하는 사람은 그 즉시 꾸짖어야 하지만, 너를 비방하는 자에게는 성을 내지 말고 도리어 고마워해야 마땅하다. 그렇게 말하면 사람들은 이렇게 말한다. "저 사람이 나를 미워해서 나를 욕보이려 나를 헐뜯고 나를 비난하니, 그것만 해도 견디기가 어려운데 어찌 은혜에 감사하라고 한단 말인가?"

그래서 말한다. "저 사람이 실제로 너를 원수로 여긴다 하더라도, 그가 베푼 것이 벗을 이롭게 하는 일이라면, 네가 어찌 홀로 그 마음이 악한 것을 꺼려서 그 베푸는 훌륭함에 대해 감사하지 않겠는가? 네 얼굴이 더러운 것을 스스로 알지 못하다가 밝은 거울을 보면 거울에 비춰서 더러운 것을 닦아낸다. 이 경우 거울 주인이 너를 원수로 대했는지, 너를 아꼈는지를 따지는가? 네게 정말로 이 같은 악이 있어서 저 사람이 너를 욕보여 너로 하여금 능히 고쳐서 선으로 돌아오게끔 한 것이라면, 네가 서둘러 감사를 올리는 것이 마땅하다. 네게 이 같은 악함이 없더라도 서둘러 스스로를 돌이켜 반성한다면 어찌 다른 악함조차 없겠는가? 무거운 형벌을 내리더라도 또한 기쁘게 받아들여야 마땅한데, 하물며 귀에 거슬리는 말로 은근하게 벌주는 것을 참는 것이겠는가? 이런 까닭에 너는 네게 악이 있든 없든 따지지 말고, 진실로 덕을 행할 마음을 먹는 것이 마땅하다. 지극한 선을 다하려 한다면 남의 비방을 굳세게 참는 것보다 더 빠른 길은 없다."

訾人者, 急責之. 訾爾者, 即勿怒之, 併宜感之. 曰: "彼惡我, 欲辱我, 故毀我非我, 猶且難堪, 何況感恩哉?" 曰: "彼實訾爾, 其所施, 則益友事, 爾曷獨忌其心之惡, 而不感其施之善乎? 爾面涴不自知, 遇明鏡, 則照而去之. 計鏡主訾爾愛爾乎? 爾果有是惡, 彼辱爾, 令爾能改歸善, 爾亟宜謝酹之. 爾即無此惡, 亟自反思, 豈無他惡? 加以重刑, 亦宜忻然而受, 況忍逆言之微罰哉? 是故爾宜勿論有惡無惡, 苟有意作德. 欲臻至善, 路莫徑於堅忍人訾."

그래서 성현과 큰 덕을 지닌 이들은 헐뜯는 말을 듣는 것을 세상 사람들이 칭찬해 기리는 말을 듣는 것보다 기뻐했다. 진실로 헐뜯는 말을 참는 것이 덕에 보탬이 되고, 천주의 어질고 사랑하심을 잘 본받을 수 있는 것임을 알았기 때문이다.

프란치스코는 늘 이렇게 말했다. "이 사람이 나를 칭찬한다면, 그것은 나를 밀어서 떨어뜨리는 것이고, 나를 비방한다면 나를 옥박질러 선으로 옮겨가게 하는 것이다. 헐뜯는 사람이 있거든 감사를 표하며 '나를 칭찬하는 사람은 나를 아는 것이 아니니, 오직 그대만이 나를 안다'고 하여라."

그래서 헐뜯는 말은 큰 바람에 견줄 수 있다. 큰 바람이 불 때 작은 배는 이를 만나 엎어져도, 큰 배가 이를 만나면 더욱 빨리 가서 더 일찍 도착하게 된다. 헐뜯는 말은 덕이 부족한 사람이 이를 만나면 발끈하며 성을 내기 때문에 뒤엎어진다. 큰 덕을 지닌 사람이 이를 만나면 우뚝하게 다 받아들여서 흔쾌하게 기뻐하고 즐거워한다. 그래서 덕에 나아감이 더욱 빠르고, 지극한 선을 이루는 것이 더욱 빨라진다.

故賢聖大德, 其喜遇讒言也, 甚於世人喜遇讚譽. 誠知忍讒言之益德, 善體天主仁愛故也. 法蘭濟常曰: "是人譽我, 是推我以墜. 是人毁我, 是迫我以遷. 有毁之者, 則致謝曰: '譽我者, 非識我, 惟爾識我.'" 故讒言比颶風焉. 颶風, 小舟遇之覆, 大舟遇之行彌疾, 至彌速也. 讒言, 小德遇之, 艴然忿怒, 故覆. 大德遇之, 屹然勝受, 忻然喜樂. 故進於德彌疾, 臻於至善彌速焉.

2.34

서양에 거룩한 동정녀 리타理타[16]가 있었다. 어떤 이가 그녀의 덕을 질투해서 헐뜯어 비방했다. 성녀는 때때로 먹을 것을 후하게 보냈다. 어떤 이가 그 까닭을 묻자, 이렇게 대답했다. "천주의 《성경》에 말씀하셨지요. '의를 위해 박해받는 사람은 참으로 복되다. 그가 이미 하늘나라를 얻었다.'[17] 제가 덕을 닦아 하늘나라에 이르러 가려 하는데

---

16 리타Rita(1381~1457): 이탈리아 카시아의 성녀로, 불가능한 일을 이루어주는 주 보성인으로 알려져 있다. 결혼해서 두 아들을 두었으나, 폭력적인 남편으로 인해 고통을 겪었다. 남편과 두 아들이 죽은 뒤 수도원에 들어가려 했으나, 과부를 받아들인 예가 없어 거절당했는데, 1411년 고행기도 중에 수호성인들이 찾아와 그녀를 수도원으로 인도하는 기적이 일어났다. 1413년에 수녀복을 받았고, 수많은 은총의 이적을 보였다.

17 의를 위해 …… 얻었다: 〈마태오의 복음서〉 5장 10절, "옳은 일을 하다가 박해를

저 사람이 나를 재촉해주니, 제가 마땅히 후하게 대접해야지요."

西有聖童女理都, 或妬其德, 訾毁之. 聖女時厚餽焉. 或問故, 答曰: "天主經云: '爲義而被窘難者乃眞福, 爲其已得天國也.' 我修德, 欲行至天國, 彼趣我, 我當厚酬之."

4. 남을 아끼고 사랑함仁愛人

일곱 가지 죄악에는 저마다 상대되는 처방이 있다. 마치 병에 따라 약을 쓰는 것과 같다. 분노와 질투는 증오라는 한 가지 감정과 함께 있으니, 병의 근본이 서로 비슷하다. 어짊과 사랑은 한 가지 덕이라 아울러 이를 다스릴 수가 있다. 이 때문에 〈평투〉의 뒤에 이으니, 〈식분熄忿〉과 더불어 통한다.

七罪宗, 各有對治, 如因病用藥. 忿與妬俱有憎惡一情, 病本相似. 仁愛一德, 可兼治之. 故系諸乎妬之後, 與熄忿通焉.

2.35

천주께서 미워하는 죄 가운데 질투보다 심한 것이 없다. 기뻐하시는 덕으로는 또한 사랑보다 더한 것이 없다. 다만 이 덕은 천주께서 기뻐하시는 것일 뿐 아니라, 이 덕이 있는 곳에는 다른 모든 덕이 따라온다. 《성경》에 말했다. "사랑은 반드시 참고, 언제나 자애하며, 질투하지 않고 교만하지 않으며, 망령되이 행동하지 않고, 원수를 갚지

받는 사람은 행복하다. 하늘나라가 그들의 것이다."

도 않는다."**18**

이 사랑의 덕이 있지 않고는 다른 모든 덕이 다 헛되니, 비슷한 듯해도 사실은 아니다.《성경》에 말했다. "비록 하늘과 땅의 오묘한 진리를 다 깨달아 미래를 모두 예측하기에 이른다 하더라도, 사랑이 없으면 얻을 것이 없다. 비록 천사와 모든 성인의 말을 한다 해도, 사랑이 없으면 종소리와 같을 뿐이다. 비록 내가 가진 재물을 모두 베풀어 가난한 이를 기르고 육신을 버려 큰 괴로움을 당한다 해도, 사랑이 없으면 내게 아무 보탬이 없다."**19**

그래서 천주의 온갖 참된 도리는 모두 '주 천주를 만물의 위에 사랑하여 사모하라'와 '남을 사랑하기를 나를 사랑하듯 하라'는 두 가지로 돌아갈 뿐이다. 남을 사랑하라는 명령은 천주께서 스스로 '나의 명령'이라고 일컬으셨으니, 그것이 지극히 중요하여 견줄 바가 없음을 보이신 것이다.

18 사랑은 반드시 참고 …… 갚지도 않는다: 〈고린토인들에게 보낸 첫째 편지〉 13장 4~5절, "사랑은 오래 참습니다. 사랑은 친절합니다. 사랑은 시기하지 않습니다. 사랑은 자랑하지 않습니다. 사랑은 교만하지 않습니다. 사랑은 무례하지 않습니다. 사랑은 사욕을 품지 않습니다. 사랑은 성을 내지 않습니다. 사랑은 앙심을 품지 않습니다."

19 비록 하늘과 …… 보탬이 없다: 〈고린토인들에게 보낸 첫째 편지〉 13장 1~3절, "내가 인간의 여러 언어를 말하고 천사의 말까지 한다 하더라도, 사랑이 없으면 나는 울리는 징과 요란한 꽹과리와 다를 것이 없습니다. 내가 하느님의 말씀을 받아 전할 수 있다 하더라도, 온갖 신비를 환히 꿰뚫어보고 모든 지식을 가졌다 하더라도, 산을 옮길 만한 완전한 믿음을 가졌다 하더라도, 사랑이 없으면 나는 아무것도 아닙니다. 내가 비록 모든 재산을 남에게 나누어준다 하더라도, 또 내가 남을 위하여 불 속에 뛰어든다 하더라도, 사랑이 없으면 모두 아무 소용이 없습니다."

天主所惡罪, 莫過於妬. 所喜德, 亦莫過于仁愛也. 微獨本德爲天主所喜, 是德所在, 諸德隨之. 經云: "仁必忍, 必慈, 必不妬不傲, 必不妄行, 不復讐." 是德不在, 諸德俱虛, 似而實非. 經云: "雖盡洞徹天徹地之奧理, 以至悉測未來, 仁乏, 無所得也. 雖稱述天神及諸聖人之言, 仁乏, 猶鐘磬而已矣. 雖盡施我財, 以養貧者, 捨身當大苦, 仁乏, 無益於我也." 故天主眞道萬端, 總歸 '愛慕天主萬物之上' 與夫 '愛人如己', 二者而已. 愛人之命, 天主自稱我命, 示其至要無比也.

2.36

성 요한若盎[20]이 늙고 보니 말을 많이 할 수가 없었다. 항상 '서로 사랑하라(相愛)'는 두 글자를 써서 그 문인에게 권면했다. 이 말을 듣는 데 이골이 난 자들이 자못 싫증이 나서, 다른 가르침은 어째서 아예 없느냐고 물었다. 요한이 대답했다. "이것은 천주께서 친히 명하신 것이니, 이것만 행하여도 충분하다."

이 도리에는 네 가지 좋은 점이 있다. 어리석은 이나 지혜로운 이나 모두 알 수 있으니 지극히 명백하다. 한 마디로 다 할 수 있으니 지극히 간략하다. 가난한 이와 부자, 천한 이와 귀한 이, 젊은이나 장년 또는 노인과 병자 할 것 없이 모두 능히 행할 수 있어, 천주께서 "내 명령은 높지도 않고 멀지도 않으니 네 가슴속에 있다"고 하셨으니, 지

---

20 성 요한St. John Climacus(570~649 추정): 고행 수도자이며 영성 저술가. 시나이산수도원에서 공부한 후 은수隱修 수도자가 되었고, 후에 시나이산수도원장을 지냈다. 저서《천국의 사다리》는 수도생활에 관한 것으로, 은수생활과 공동생활, 그리고 감정의 평정을 설명하고, 완전한 평정심이야말로 기독교 완덕의 극치임을 강조했다. 30장에 걸쳐 올라갈 사다리의 30단계를 설명했는데, 이것은 그리스도가 세례를 받은 30세에 해당한다.

극히 쉽다. 성 예로니모葉落泥[21]가 말하기를, "서로 우애한다면 바로 우리 무리에게 크게 이익인데, 천주께서는 또 큰 보답을 베풀어 우리에게 주시니 그 자애가 가없다"고 했으니, 지극히 유익하다.

聖若盎既耄, 不能多言. 恒用 '相愛' 二字, 勸其門人. 習聞者頗厭之, 問何故都無他教. 答曰: "此天主親命, 獨行之足矣." 夫此道有四善. 愚智俱識, 至明也. 一言可盡, 至約也. 貧富賤貴, 少壯老病, 悉能行之, 天主云: "我命不高不遠, 在爾心中." 至易也. 聖葉落泥曰: "相友愛, 正我儕大益, 天主又陳宏報以酬我, 其慈無涯." 至有益也.

2.37

물이 불과는 적대적이지만 다른 물과는 화합한다. 사자가 뭇짐승을 죽여도 사자는 죽이지 않는다. 같은 부류의 새는 무리 지어 살며 무리 지어 난다. 무릇 영혼을 지니지 않은 여러 동물들도 같은 부류끼리 화합하지 않는 것이 없다. 하물며 영혼을 지닌 사람이야 말해 무엇 하겠는가?

천주께서 태초에 천지를 지으시고, 다만 남녀 한 사람씩을 만드셔서 인류의 공적인 아비요 어미로 삼아, 사람으로 하여금 서로를 형제처럼 여기고, 서로 질투하고 미워하거나 교만하지 못하게끔 하셨다. 하물며 천주는 뭇사람의 큰 아버지시고, 크고 작은 사람은 모두 천주가 낳아 사랑으로 기른 자식들이다. 큰 아버지께서 사랑한 사람을 자

---

21 성 예로니모Jerome(342~420): 서방 4대 교부 중 한 사람이다. 여러 언어에 능통했으며 성서 연구와 번역에 힘썼다. 교황 다마소 1세의 명으로 라틴어역 성서의 혼란을 바로잡아 《불가타》를 번역했다. 《불가타》는 후일 공인 라틴어역 성서가 되었다.

식이 어찌 감히 증오하고 업신여기겠는가?

《성경》에 말했다. "뭇사람의 큰 아버지는 또한 한 분이 아니겠는가? 네가 어찌하여 경솔하게 업신여겨 너의 형제를 증오한단 말인가?"22

그런 까닭에 공경하고 사랑하는 것은 뭇사람이 서로 짊어진 책임이다. 비록 늘 갚더라도 또한 항상 짊어지는 것이다.

夫水敵火, 與他水合. 獅殺衆獸, 不殺獅. 同類之鳥, 羣居羣飛. 凡諸不靈之物, 無不和其同類者, 矧靈人哉? 天主初造天地, 特生一男一女, 爲人類公父公母, 令人相視如昆弟, 不相妬憎傲慢焉. 况天主衆人之大父, 大小人悉其所生養愛育之子. 大父所愛人, 子曷敢憎慢之? 經云: "衆人之大父不亦一, 爾何故輕嫚憎惡爾兄弟乎?" 故敬愛者, 衆人相負之責. 雖恒還, 亦恒負.

2.38

서로를 사랑하는 덕은 우리에게 몹시 유익하다. 사람이 혼자서는 지더라도 합치면 이긴다. 서양에 어떤 임금이 있었는데, 병이 위독해지자 여러 아들을 모이게 했다. 말 한 필을 앞으로 끌고 오게 하더니, 맏아들에게 꼬리털을 잡아 한꺼번에 뽑게 했다. 온통 힘을 썼지만 마침내 뽑지 못했다. 한참 뒤에 어린 아들로 하여금 갈라서 하나하나 뽑게 하자 문득 다 뽑았다.

이에 그들을 경계해 말했다. "너희가 사랑으로 화합한다면 큰 힘을 지닌 사람이라도 너희를 이길 수가 없다. 너희가 나뉜다면 비록 힘이

---

22 뭇사람의 …… 증오한단 말인가?: 〈마태오의 복음서〉 23장 9절, "또 이 세상 누구를 보고도 아버지라 부르지 마라. 너희의 아버지는 하늘에 계신 아버지 한 분뿐이시다." 〈로마인들에게 보낸 편지〉 14장 10절, "그런데 어떻게 우리가 형제를 심판할 수 있으며 또 멸시할 수 있겠습니까?"

약한 자에게도 또한 지고 말 것이다. 나를 사랑하는 사람을 얻게 되면 그 사람과 함께 말을 할 수 있을 테니, 만약 너와 더불어 말한다면 또한 즐겁지 않겠느냐? 사람이 진실로 우애를 지닌다면 그 복지와 공덕, 지능과 재력이 모두 서로 통하여 함께하게 된다. 이 때문에 혼자서는 할 수 없더라도, 나를 아끼는 자를 믿는다면 할 수가 있다."

相愛之德, 甚益我也. 人孤則負, 合則勝. 西有國王, 集衆子大漸聚之. 命牽一馬至前, 令長子握尾驥齊拔之. 力甚費, 竟弗得. 已更令幼子析而漸拔之, 輒盡. 乃戒之曰: "爾等愛合, 即有大力, 不能勝爾. 爾分, 雖微力, 亦負焉. 得愛我者, 則可以與彼言. 如與爾言, 不亦樂乎? 人實友愛, 其福祉功德, 智能財力, 皆相通焉, 共得焉. 故獨所不能, 恃愛我者則能之."

우애의 덕은 천주께서 내리신 것이니, 악을 돕는 것이 아니라 선을 보태는 것이다. 혼자만의 덕으로는 스스로 그 길로 나아가거나 그 영역을 만들 수가 없다. 우애의 덕을 믿을 때만 능히 나아가고 만들 수 있다. 죄가 있는데도 스스로 깨달아 고칠 수 없을 때는 나를 사랑하는 사람의 권면과 꾸짖음을 듣고 능히 깨달아 고칠 수가 있다.

옛 어진 이는 "사람에게 우애의 덕이 없는 것은 세상에 해가 없는 것과 한가지다"라고 했다. 해가 없고 보면 검고 흰 것이 구별되지 않는다. 서로 사랑하는 벗이 없으면 선악이 보이지 않아, 세상의 즐거움이 모두 사라져버린다. 복이란 나누면 늘어나고, 화는 나누면 줄어든다. 네가 즐거운 일을 만났을 때 너처럼 기뻐해줄, 너를 사랑하는 사람이 없다면 너의 즐거움은 혼자만의 것이 되어 아주 작아진다. 근심스러운 일을 만났을 때 너보다 더 근심해줄, 너를 사랑하는 사람이 없다면 혼자서 감당해내야 하므로 몹시 무겁다. 우애의 덕은 남 보기를 자기처럼 하는 것이다. 그래서 먼 사람이 가까워지고, 가난하던 이가 부자가 되며, 병든 이가 낫고, 죽은 이가 살아난다.

友愛之德, 天主所賜, 非以助惡, 乃以輔善. 孤德不能自進其塗, 自造其域. 恃友愛之德, 乃能進造焉. 有罪不能自悟改, 聽愛我者之勸責, 能悟改焉. 古賢有言: "無友愛之德于人, 猶無日于世." 無日, 黑白不別. 無相愛之友, 善惡不見, 世樂悉亡矣. 夫福分則增, 禍分則減. 爾遇樂事, 無愛爾者, 樂之如爾, 則爾樂孤, 故微. 遇憂事, 無愛爾者, 憂之過爾, 則獨當, 故重. 友愛之德, 視人如己. 故遠者邇, 貧者富, 病者愈, 死者生.

2.39

사람이 서로 사랑하는 것에 세 가지가 있다. 하나는 습애習愛, 즉 익숙해서 사랑하는 것이다. 같이 살거나 직업이 같거나 감정이 같거나 의견이 같은 것처럼 서로 익숙해져서 사랑이 생겨나는 것이다. 이런 경우는 쉽게 모였다가 쉽게 흩어진다. 새나 짐승에게도 또한 이런 사랑은 있다. 나쁠 것은 없겠지만, 진실로 천주께서 내게 바라시는 남을 사랑하는 덕은 아니다.

人相愛有三, 其一習愛. 同居同業, 同情同議等, 相習生愛也. 是者, 易聚易散. 鳥獸亦有之. 縱不惡, 固非天主所責我愛人之德矣.

다른 하나는 이애理愛, 즉 이치로 따져서 사랑하는 것이다. 사람은 누구나 이 세상에 태어났으면 사람들과 함께해야 하는 것을 스스로 안다. 우애와 동정이 아니고는 세상의 도리를 이룰 수 없고, 세상일을 세울 수 없으며, 세상의 변고에 대비할 수가 없다. 이 때문에 항상 자기가 사랑하는 사람과 자기를 사랑하는 사람을 찾는다. 이것은 인간의 일이어서 그 사랑함이 사적이고, 덕이 됨은 미약하며, 악인 또한 이런 사랑은 있으니, 또한 천주께서 내게 바라시는 바가 아니다.

其一理愛. 人皆自知生斯世也, 同斯人也. 不友愛任卹, 不能成世道, 不能立世事, 不能備世變. 是故恒求己所愛人及愛己之人. 此人間之事, 爲愛也私, 爲德也微, 惡人亦有之, 亦非天主所責我也.

또 하나는 인애仁愛, 즉 어짊으로 사랑하는 것이다. 어진 이는 남을 자기와 같은 성품을 지닌 천주의 자녀로 보아, 그를 사랑하고 그가 복을 얻기를 원한다. 복이란 무엇인가? 살았을 때는 능히 천주를 알아 참된 덕을 행하고, 죽어서는 올라가 하늘의 복을 누린다면 참된 복이요 큰 복이다. 어진 사람은 먼저 스스로 천주를 참되게 사랑하고, 천주의 사랑을 옮겨서 사람을 사랑한다. 그래서 사람들이 천주를 사랑해 살아서나 죽어서나 참된 복을 누리고, 여러 가지 악을 고쳐 영원한 재앙에서 벗어나기를 바란다.

其一仁愛. 仁者, 視人爲天主之子, 與己同性, 故愛之, 而願其得福. 孰爲福? 生時能識天主, 行實德, 死時升享天福, 則眞福大福也. 仁者先自眞愛天主, 轉以天主之愛愛人. 故望人識愛天主, 以享生死眞福, 冀改諸惡, 脫永殃.

만약 다른 복이 이 같은 복에 방해되지 않는다면 이를 바라지만, 그렇지 않을 경우 미워한다. 이를 일러 인애라고 한다. 이것이 바로 천주께서 내게 바라시는 바다. 이것으로 서로를 사랑하는 것이야말로 참된 벗이다. 탐욕과 질투, 교만과 음란 등 여러 악한 마음을 없애지 않고, 천주의 참된 도리와 실다운 덕을 마음으로 만나지 않았다면, 비록 바깥일에는 합당하겠지만 인애를 얻을 수는 없다.

若他福無妨於此福, 望之, 否則惡之. 是謂仁愛. 乃天主所責於我焉. 若以是相愛者, 眞友也. 非除貪妒傲淫諸惡情, 非心契于天主眞道實德, 雖合于外事, 弗能得焉.

그래서 성 아우구스티노가 말했다. "너희가 사람을 지으신 천주를 사랑하지 않고는, 천주께서 만드신 사람을 잘 사랑할 수가 없다."

샘물은 위에서 솟아나 아래로 잘 내려간다. 천주를 사랑하는 사람은 남을 쉬 사랑한다. 어진 사람이 남을 사랑하는 것은 천주의 사랑에 바탕을 두고 있다. 천주의 사랑이 또 남을 사랑하는 데서 길러짐은, 옷이 몸에서 열을 취했지만 또 스스로 몸의 열을 보전해주는 것과 한가지다.

故聖亞吾斯丁云: "爾不愛造人之天主, 不能善愛天主所造人." 泉上出易下. 愛天主者易愛人. 仁者之人愛, 原于天主之愛. 天主之愛, 又受育于人愛. 如衣取熱于身, 又自保身熱也.

2.40

세상 사람은 하나의 전체 몸과 같다. 《성경》에 말했다. "여러 사람이 함께 한 몸을 이루므로, 사람은 모두 서로 일부분이 된다."[23]

서로 사랑하기를 마치 사람 몸뚱이의 백 가지 부분처럼 해야 마땅하다.

世之人, 猶一全身焉. 經云: "衆人共成一身. 故人皆相與爲體也." 其相愛, 宜如人身之百體焉.

---

23 여러 사람이 함께 …… 일부분이 된다: 〈고린토인들에게 보낸 첫째 편지〉 12장 12~14절, "몸은 하나이지만 많은 지체를 가지고 있고 몸에 딸린 지체는 많지만 그 모두가 한 몸을 이루는 것처럼 그리스도의 몸도 그러합니다. 유대인이든 그리스인이든 종이든 자유인이든 우리는 모두 한 성령으로 세례를 받아 한 몸이 되었고, 같은 성령을 받아 마셨습니다. 몸은 한 지체로 된 것이 아니라 많은 지체로 되어 있습니다."

몸의 각 부분은 저마다 높고 낮고 느리고 급한 차이가 있고, 각 부분이 맡은 역할 또한 힘들고 편하고 귀하고 천한 차이가 있게 마련이다. 다만 각자 그 자리에 편안하여 저마다 그 직분을 따른다. 낮은 것을 업신여기지 않고, 높은 것을 뻐기지도 않는다. 없다고 시샘하지 않고, 있다 하여 교만하게 굴지도 않는다. 이 때문에 발은 머리가 되려 하지 않고, 머리는 발을 우습게 보지 않는다. 눈은 듣지 못한다 하여 귀를 시샘하지 않고, 눈은 볼 수 있지만 귀에 대해 거만을 떨지도 않는다.

身之百體, 各有尊卑緩急, 百體所營, 亦有勞逸貴賤. 第各安其位, 各從其職. 卑者不陵, 尊者不嫚, 無者不妬, 有者不驕. 故足不求爲首, 首未嘗輕足. 目不聽, 不妬耳. 目能視, 不驕耳也.

몸은 저마다 맡은 일에 힘써, 저만 그 이익을 받지 않고 온몸이 함께 받는다. 예를 들어 눈으로 보는데도 사람이 본다고 말하고, 발로 걷지만 사람이 간다고 말한다. 입으로 먹는데 사람이 먹는다고 말하고, 마음이 밝은데 사람이 현명하다고 말한다. 보고 가고 먹고 밝은 직분을 각각의 몸이 나눠서 맡고 있지만, 그 이익은 한 사람이 온전하게 누린다.

體各營其業, 不私受其益, 諸體共受之. 如目視, 謂人視, 足行, 謂人行, 口食, 謂人食, 心明, 謂人明. 視行食明之職, 各體分任之, 其益一人全享之.

어진 사람은 천명을 편안히 여겨, 시샘하지도 않고 업신여기지도 않는다. 얻은 바와 아는 것을 아낌없이 전달해주어 오히려 뭇사람이 함께 얻고 같이 알게끔 한다. 자기 또한 자기 것이 아니라 남의 것이다.

仁者安於天命, 不妬不慢. 所得所知, 不吝傳達, 猶衆人公得公知焉. 己亦非己, 乃人焉.

2.41

몸의 한 부분이 얻은 것은 반드시 다른 부분과 나눠가져서 온몸이 함께 이득을 본다. 입은 먹고 위는 소화를 시키는데, 자기가 필요한 것만 남기고 나머지는 다른 기관에 나눠준다. 다른 기관 또한 필요로 하는 것만 취할 뿐이다. 남겨두는 것이 너무 많은 것은 결코 이익이 아니니, 병의 빌미가 될 뿐이다.

一體所得, 必分于他體, 諸體共得焉. 口食胃化, 自留所須, 餘則分於他體. 他體亦特取所須而已. 留者過多, 決非其益, 乃徵疾耳.

어진 사람은 남을 자기처럼 아낀다. 재물을 얻으면 꼭 필요한 것만 자기에게 남겨둔다. 남는 것이 있을 경우, 천주께서 주신 것이니 가난한 사람의 부족한 것을 도와야지, 인색하게 이를 붙드는 것은 가난한 사람에게서 훔치는 것과 같음을 안다. 그래서 감히 스스로 꽁꽁 붙들어 두어서 죄를 받지 않는다.

仁者愛人如己. 得財, 自留所必須. 有餘, 知是天主所賜, 以周貧者之乏也, 靳固之, 猶竊諸貧人焉. 故弗敢自封以取罪也.

2.42

신체 한 부분의 괴로움과 즐거움은 온몸이 함께 괴로워하고 즐거워한다. 어진 사람은 뭇사람을 자기처럼 살피는지라 괴로움과 즐거움, 화와 복을 모두 남과 함께 나눈다.

《성경》에 말했다. "우는 자와 함께 울고, 아픈 이와 더불어 아프며, 즐거워하는 이와 즐거움을 함께한다."[24]

뭇사람과 하나가 되어 뭇사람을 교화시킨다는 것이 이를 두고 하는 말이다.

一體苦樂, 諸體與俱苦樂. 仁者視衆如己, 故苦樂禍福, 悉與人同. 經云: "與哭者哭, 與病者病, 與樂者樂." 合于衆, 以化衆, 此之謂也.

신체의 한 부분에 펴는 것을 자기 온몸에 펴는 것처럼 여긴다. 그래서 발이 아프면 입은 신음하고 눈은 눈물을 흘린다. 그러다가 의원을 만나 낫게 되면 낯빛이 기쁘고 몸이 가뜬해져서 입으로 찬송하며 손에는 공경스레 예물을 들고 가서 고마워한다. 어진 사람은 남에게 베푸는 것을 마치 자기가 얻은 것처럼 여긴다.

所施于一體, 則以爲施己. 故足痛則口呻目泣. 迨得醫而愈, 則面悅身輕, 口頌讚之, 手恭敬携持酌謝之. 仁者視人得施, 猶己得之.

《성경》에 천주께서 말씀하셨다. "네가 나에게 아주 작은 것을 베풀더라도 내게 베푼 것이다."[25]

세네카 또한 말했다. "너의 손해나 이익이 아니고, 또한 나의 손해와 이익이다. 내가 너를 사랑하기 때문에 주는 것은 진실로 참된 사랑이 아니다. 무릇 네가 만나고 네가 얻은 우애의 덕을, 나와 네가 함께 만나고 함께 얻게끔 해야만 한다. 이 때문에 너와 나는 사사로운 길함도 없고 개인적인 근심도 없이 모든 것을 함께 얻는다."

24 우는 자와 …… 함께한다: 〈로마인들에게 보낸 편지〉 12장 15절, "기뻐하는 사람이 있으면 함께 기뻐해주고 우는 사람이 있으면 함께 울어주십시오."
25 네가 나에게 …… 베푼 것이다: 〈마태오의 복음서〉 25장 40절, "너희가 여기 있는 형제 중에 가장 보잘것없는 사람 하나에게 해준 것이 바로 나에게 해준 것이다."

經中天主曰: "爾施于我小者, 則施我也." 色搦加亦曰: "非爾損益, 亦我損益. 我與爾愛, 固非眞愛矣. 凡爾所遇所得, 友愛之德, 令我與爾共遇共得. 是故爾與我, 無私吉, 無私患, 俱共得焉."

2.43

신체의 각 부위는 먼저 몸 전체의 공적인 이익을 돌아본 뒤에야 자기의 개인적인 이익을 살핀다. 그래서 각 부분은 직접 해로움과 맞닥뜨리더라도 몸 전체의 해로움을 구한다. 작은 부위 또한 스스로 해로움을 당하더라도 큰 부분의 해로움을 면하려 든다. 예를 들어, 손과 팔뚝은 자기가 상처를 입더라도 머리가 다치는 것을 막는다. 이 부분이 저 부분을 위해 다치게 되더라도 성을 내거나 복수하지 않는다.

各體先顧身之公益, 而後顧己之私益. 故體各自當害以救身害. 小體亦自當害, 以免大體之害. 如手臂, 寧自受傷, 免首傷也. 此體爲彼體所傷, 不忿, 不復讐.

어진 마음은 지극히 공정해서, 여러 사람의 안전을 살피는 것을 자기의 안전보다 무겁게 여긴다. 이 때문에 근심 속에 뛰어들어 남의 근심을 구하기를 마다하지 않는다. 임금이 천주를 대신해 백성을 다스리는 것을 알기 때문에, 임금의 의로운 명령을 어기는 것을 천주의 명령을 어기는 것과 같이 여긴다. 임금을 위해 의로움으로 목숨을 내맡기는 것을 천주를 위해 목숨을 내놓는 것과 같게 보아, 근심이라고 말하지 않고 큰 다행이라고 말한다.

仁心至公, 視衆之安, 重于己安, 故不辭入患, 以救人患. 知君長代天主治民者也, 故違君上之義命, 猶違天主之命. 若爲君而以義委命, 猶爲天主委命, 不謂患, 乃大幸矣.

2.44

《성경》에 천주께서 직접 말씀하셨다. "너희는 내가 너희를 사랑하는 것처럼 남을 사랑하여라. 이것은 나의 명령이다."[26]

천주께서 나를 사랑하심은 어떤 것일까? 천주의 사랑은 지극히 정직해서, 내가 먼저 천주를 사랑하기를 기다린 뒤에 나를 사랑하는 것이 아니라, 스스로 먼저 나를 사랑하신다. 먼저 내게 받은 뒤에 주시는 것이 아니라, 스스로 먼저 내게 주신다. 어진 이는 남을 사랑할 때 그 사람이 나를 사랑하는지 여부는 따지지 않고 스스로 먼저 남을 사랑한다. 대개 주는 것이 받는 것보다 낫고, 남을 사랑하는 것은 나의 덕이요, 남에게 사랑받는 것은 나의 덕이 아니라 남의 덕임을 알고 있기 때문이다.

經中天主自云: "爾愛人, 如吾愛爾. 此則我命也." 夫天主之愛我何如? 天主之愛, 至正直, 不待我先愛之, 而後愛我, 乃先自愛我矣. 非先受於我, 而後授我, 乃先自授我. 仁者愛人, 非視人愛己與否, 而自先愛人. 蓋知授勝於受, 愛人是我德也, 愛于人非我德也, 人德也.

《성경》에 말했다. "너를 사랑하는 사람만 사랑하는 것은 악한 사람도 또한 잘한다."[27]

그럭저럭 이렇게 한다면 하늘에서 무슨 보답을 받겠는가? 천주의 사랑은 바라는 바가 없으므로, 당신의 이익을 바라지 않고 오직 나의 이익만을 꾀하신다. 내게 받기를 바라는 것이 아니라, 당신이 내게 주

---

26 너희는 …… 나의 명령이다: 〈요한의 복음서〉 15장 12절, "내가 너희를 사랑한 것처럼 너희도 서로 사랑하여라. 이것이 나의 계명이다."

시려고만 한다. 어진 이가 사람을 사랑하는 것 또한 그러하다. 사람을 사랑하고 사람을 위하므로 남의 이익을 도모할 뿐, 자기의 이익을 꾀하지 않는다.

세네카가 말했다. "내게 오는 이익을 헤아려서 남을 사랑하는 사람은 이익이 있어야만 사랑도 있게 되니, 이익이 다하면 사랑도 없어진다."

이와 같은 것은 사람을 사랑하는 도리가 아니라 재물을 늘리는 방법일 뿐이다.

經云: "獨愛愛爾者, 惡人亦能之." 僅僅若此, 蒙何報于天焉? 天主之愛無所冀, 非望己益, 惟圖我益. 非望受于我, 惟欲自授我矣. 仁者愛人亦然. 愛人爲人, 故獨圖人益, 非圖己益. 色搦加曰: "計益我而愛人者, 益在愛在, 益盡愛亡." 若此者, 非仁愛人之道, 而殖貨之道也.

우애라는 것은 무슨 뜻일까? 우애란 함께 서로를 위해 목숨을 내놓거나, 서로 같이 환난에 나아가거나, 더불어 재물을 쓰고 힘을 다하는 것을 말하지 않는다. 지혜로운 사람은 우애의 덕이 없어져 실추될까 염려하므로, 벗을 찾아서 이를 세우려 한다. 병이 들었을 때 나를 위로해줌을 구하거나, 가난할 때 나를 돌봐줌을 얻으려거나, 환난에서 나를 건져줌을 구하는 것이 아니라, 내가 병든 것을 위로해주고, 가난을 돌봐주며, 근심에서 건져줌을 얻고자 하는 것이다. 그렇지 않다면 우애는 덕이 아니라 나를 이롭게 하는 것이고, 남을 사랑함은 남을 사랑

<hr />

27 너를 사랑하는 …… 또한 잘한다: 〈루가의 복음서〉 6장 32절, "너희가 만일 자기를 사랑하는 사람만 사랑한다면 칭찬받을 것이 무엇이겠느냐? 죄인들도 자기를 사랑하는 사람은 사랑한다." 〈마태오의 복음서〉 5장 46절, "너희가 자기를 사랑하는 사람들만 사랑한다면 무슨 상을 받겠느냐? 세리들도 그만큼은 하지 않느냐?"

해서가 아니라 그저 나를 사랑해서일 뿐이다.

夫友愛者何意乎? 非謂其共相與委命, 共相與赴難, 共相與費財彈力也. 智者
恐友愛之德廢墜, 因索友以建立之. 非欲病而得慰我, 貧而得周我, 患而得拯我
者也, 乃欲得我所慰其病, 所周其貧, 所拯其患者矣. 不然, 友愛非德, 乃利我, 愛
人非愛人, 但愛我耳.

아! 지금 사람이 벗을 사랑함은 사다리를 사랑함과 같다. 높은 물
건에 올라가고 높은 데를 오르려 할 때만 사다리를 찾는다. 필요할 때
는 아무리 무거워도 놓지 않는다. 다 쓰고 나서는 방 모퉁이에 놓아두
고 다시는 거들떠보지 않는다. 거들떠보지 않는 것은 그래도 괜찮다.
그 힘을 빌려놓고도 되풀이해 이를 해치기까지 한다. 해는 기운을 끌
어당겨 구름을 만들지만, 구름이 이루어지면 마침내 해를 가려버린다.

그래서 말한다. "지혜로운 사람은 남을 벗처럼 사랑하고, 어리석은
자는 벗을 사랑하는 것이 오히려 남만도 못하다."

嗚呼! 今人愛友, 猶愛梯焉. 欲攀高物, 升高處, 方索梯. 負之, 雖重不釋也. 既
用, 置于室隅, 不復顧之. 不顧尚可, 或藉其力, 反復害之. 日攝氣成雲, 雲成遂掩
日. 故曰: "智者愛人如友, 愚者愛友尚不如人也."

2.45

천주의 사랑은 지극히 맑아 사람을 사랑하더라도 직접 만드신 선한
본성만을 사랑하고, 사람이 짓는 악한 죄는 미워하신다. 어진 사람은
세상 만물의 위와 천주의 아래에서 사람을 사랑한다. 그래서 물건 때
문에 남을 범하지 않고, 또한 사람으로 인해 천주를 범하지도 않는다.

天主之愛至淸, 愛人則愛自所造善性, 惡人所造惡罪也. 仁者愛人于世物之
上, 于天主之下. 故不因物犯人, 亦不因人犯天主.

《성경》에 말했다. "사람의 참된 사랑은 악을 행하지 못하게 하는
것이다."²⁸

벗을 위하여 악을 행한다면, 어찌 족히 네가 악에서 벗어나겠는가?
사람들이 우애의 인연으로 돕는다면 덕행일 뿐이다. 벗을 위해 악을
행한다면 덕은 없어지고 만다. 덕이 없어지면 우정의 뿌리도 이미 사
라져버리니, 우의가 어찌 남아 있겠는가? 그래서 남을 우애하는 덕성
은 남이 의롭지 않은 일을 못하게끔 구해주고, 나 자신에게는 의롭지
않은 일을 돕는 것을 듣지 못하게 해야 한다.

經云: "人之實愛, 不令爲惡." 爲友而行惡, 豈足辭爾惡? 人相友愛之緣, 則德
行而已. 爲友行惡, 則德亡. 德亡, 友根已亡, 友誼曷自存哉? 故友愛人之德, 于
人則禁求非義之事, 于我則禁聽非義事之求.

2.46

천주의 사랑은 빈말뿐이 아닌 실제로 행하는 것이다. 어진 사람 또
한 그러하다. 《성경》에 말했다. "너희는 입으로만 사랑하지 말고 실제
로 사랑을 행하여라."²⁹

지금의 사랑은 입만 크고 손은 작으니 또한 괴이하지 않은가? 참된
사랑이 마음에 있더라도 실제로 행하여 드러나지 않는다면 그 참됨을
증명할 길이 없다. 그래서 말한다. "참사랑이 살아 숨 쉬며 마음에 있
더라도 알지 못하니, 반드시 실천하는 행동으로 크게 드러내야 한다.

---

28 사람의 …… 하는 것이다: 〈로마인들에게 보낸 편지〉 13장 10절, "이웃을 사랑하
는 사람은 이웃에게 해로운 일을 하지 않습니다."

29 너희는 …… 사랑을 행하여라: 〈요한의 첫째 편지〉 3장 18절, "사랑하는 자녀들
이여, 우리는 말로나 혀끝으로 사랑하지 말고 행동으로 진실하게 사랑합시다."

실천하는 행동으로 드러나지 않는다면, 틀림없이 마음에 있지 않은 것이다."

天主之愛, 非虛言而已, 實行也. 仁人亦然. 經云: "我子勿獨以舌愛, 以實行愛." 今之愛, 舌大手小, 不亦怪? 實愛在心, 不以實行顯, 無以驗實焉. 故曰: "實愛不知息在心, 必大著於實行. 不著於實行, 必不在心矣."

2.47

천주의 사랑은 변함이 없고 굳세다. 어진 사람 또한 그러하여, 벗에 있어 망령되이 취하지 않고, 이미 취한 뒤에는 함부로 버리지 않는다. 멋대로 벗을 버리는 사람은 그 사랑이 어짊의 덕이 아닌, 어린아이의 잠깐의 정일 뿐이다.

《성경》에 말했다. "옛 친구를 가벼이 버리지 말라. 새로 사귄 벗은 반드시 그만 못할 것이다. 새로운 벗은 새로 담근 술과 같아서, 오래 묵혀야 그 아름다운 맛을 본다."[30]

지금 사람은 친구를 꽃처럼 보아 고운 것만 기뻐하니, 어찌 된 일인가?

天主之愛恒且毅. 仁人亦然, 於友不妄取. 既取, 不妄棄. 妄棄友者, 其愛非仁德也, 孩童之暫情耳. 經云: "舊友勿輕棄之, 新友必不如也. 新友如新酒, 久而享其美味." 今人視友如花, 喜其鮮, 何哉?

---

30 옛 친구를 …… 아름다운 맛을 본다: 〈집회서〉 9장 10절, "옛 친구를 버리지 말아라. 새로 사귄 친구는 옛 친구만 못하다. 새 친구는 새 술과 같으니, 묵은 술이라야 제맛이 난다."

2.48

사람이 마땅히 사랑해야 할 것이 네 가지 있다. 첫째는 천주다. 사람이 아껴 향해가는 바는 아름답고 좋은 것일 뿐이다. 만물의 아름답고 좋은 것은 천주께서 주신 것이니, 천주께 다 모여 있다. 그 아름답고 좋은 것이 만물의 위를 넘어섬은 한도 없고 끝도 없다. 천주는 만물의 큰 부모시니, 만물을 처음 만들고 맨 뒤에 남는 분이시다. 모두가 천주의 한없는 사랑에 힘입어서 보호할 수가 있다. 그 은혜가 또 너무나 커서, 잠깐 동안도 떠날 수가 없다. 그 사랑할 만함이 어찌 가장자리를 두어 다하고, 말로 설명해 비유할 수 있는 것이겠는가?

人所當愛有四: 其一天主也. 人愛所趣向, 美好而已. 萬物之美好, 天主付與之, 故悉聚於天主. 其美好踰於萬物之上, 無量無際矣. 夫天主, 萬物之大父母, 萬物之初造後存. 悉賴天主無方之慈能保護之. 其惠又甚大, 須臾不能離之. 其可愛也, 豈涯際所窮, 言説所喩哉?

2.49

두 번째는 나 자신이다. 나라는 것은 나의 육신을 말하는 것이 아니라 나의 정신을 말한다. 나를 잘 사랑하는 사람은 반드시 정신의 덕을 중하게 여기고, 육신의 즐거움을 가볍게 본다. 육신을 아낌이 자기를 아끼는 것 같아 보이지만, 실은 자기를 미워하는 것이다. 육신을 미워하는 것이 자기를 미워하는 듯해도, 사실은 자기를 아끼는 것이다.

《성경》에 말했다. "자기의 목숨을 아끼는 사람은 이를 잃을 것이고, 지금 세상에서 그 목숨을 미워하는 사람에게는 천상의 무한한 목숨이 보장될 것이다."**31** 바로 이를 말한 것이다.

其二, 我也. 我者, 非我形軀也, 我靈神也. 善愛己者, 必重靈神之德, 輕形軀之樂. 若愛形軀似愛己, 實惡己也. 惡形軀, 似惡己而實愛己. 經云: "愛其命者失之, 惡其命於今世者, 保之於天上無限之命." 此之謂也.

2.50

세 번째는 남이다. 남을 사랑하는 것은 용서뿐이다. "자기가 하고 싶지 않은 것을 남에게 하지 말라"는 공자의 말은 천주께서 말씀하신 "남을 자기처럼 사랑하라"는 것과 같다. 남을 자기처럼 사랑하는 사람은 자기에게 먼저 하고 남에게는 나중에 한다. 네가 자기를 바로 할 수 없으면서 남을 바로잡고자 한다면 남을 잘못 사랑하는 것이다. 탐욕과 질투, 교만과 음란 같은 여러 감정을 자기는 지닌 채로 남에게 없게 하려 한다면, 어찌 남은 사랑하고 자기를 미워하며, 남은 끌어당기면서 자기는 가라앉히는 것이 아니겠는가? 네가 남을 자기처럼 사랑하려 한다면 모름지기 먼저 자기를 아낄 줄 알아야 한다.

其三, 人也. 愛人者, 恕而已. "己所不欲, 勿施於人." 即天主所謂 "愛人如己." 是也. 愛人如己者, 則先己而後人. 爾不能正己, 而欲正人, 過愛人矣. 貪妒傲淫諸情, 不能無諸己, 而欲無諸人, 豈非愛人惡己, 援人沈己哉? 爾欲愛人如己, 須先知愛己.

성 아우구스티노가 말했다. "너희가 먼저 자기를 사랑할 줄 알아야 남을 자기처럼 사랑할 수 있게 된다. 자기를 사랑할 줄 모른다면 남을 자기처럼 망가뜨릴까 염려된다."

---

31 자기의 목숨을 …… 보장될 것이다: 〈요한의 복음서〉 12장 25절, "누구든지 자기 목숨을 아끼는 사람은 잃을 것이며, 이 세상에서 자기 목숨을 미워하는 사람은 목숨을 보존하며 영원히 살게 될 것이다."

너희는 스스로 자기를 사랑하는가? 이렇게 물으면 틀림없이 "사랑한다"고 말할 것이다. 누가 자신을 미워하겠는가?

聖亞吾斯丁曰: "爾先知愛己, 許爾愛人如己. 未知愛己, 恐壞人如己也." 爾自愛己否乎? 必曰: "愛矣." 誰自憎者?

《성경》에 천주께서 말씀하셨다. "악을 행하는 자는 자신을 미워하여 스스로를 자기의 원수로 만든다."[32]

그럴진대 네가 이미 자기를 사랑한다면 반드시 악을 행해서는 안 된다. 네가 악을 행하면서 남을 자기처럼 사랑하려 한다면, 남을 사랑하여 자기처럼 악하게 만드는 것이니, 잘못된 사랑으로 자기뿐 아니라 자기처럼 아끼는 사람까지 무너뜨리는 것이다. 그러므로 자기를 사랑할 줄 모르면서 또 남을 자기처럼 사랑해서는 안 된다. 사랑을 바꾸지 못하겠거든 반드시 벗을 떠나야 한다. 무너뜨리려면 다만 자기만 무너뜨려야 한다.

經中天主云: "爲惡者自憎, 自爲己讐也." 則爾旣愛己, 必不行惡. 爾欲爲惡, 而愛人如己, 則亦愛人爲惡如己, 以邪愛壞己及所愛如己之人矣. 故旣不知愛己, 且勿愛人如己. 不改愛, 必須辭友. 欲壞, 特壞己也.

2.51

네 번째는 자기 자신의 신체다. 본인 자신을 아끼는 것은 부리는 하인을 아껴 그가 영혼의 신령함을 받들어 섬겨 선해지도록 도우려는

---

32 악을 행하는 …… 원수로 만든다: 〈집회서〉 27장 27절, "악을 행하는 자는 그 해를 스스로 입게 되며 그것이 어디에서 오는 것인지도 알지 못한다."

것과 같다. 만약 이를 아끼는 것이 너무 지나치면 스스로 참람하게 주인이 되어 너를 만 가지 죄악에 빠뜨릴 것이니, 삼가야 한다.

其四則本身也. 愛本身, 則猶愛役奴, 欲其供事靈神, 而輔之爲善. 若愛之過當, 則自僭爲主, 而溺爾於萬罪矣, 愼哉.

2.52

사람이 벗을 아끼지 않을 수 없지만, 다만 친밀한 벗이 되기 위해 가려야 할 것에 두 가지는 있어야 하고 두 가지는 없어야 한다. 마땅히 있어야 할 것으로, 첫째 지혜를 꼽겠다. 우정은 빠르게 능히 서로를 물들인다. 벗으로 맺은 사람은 처음에는 서로 비슷하지 않지만, 나중에는 반드시 비슷해진다. 그러므로 지혜로운 사람의 벗은 반드시 지혜롭고, 어리석은 자의 벗은 틀림없이 어리석다. 두 번째는 덕이라 말하겠다. 벗이 덕이 없으면 벗을 사귐에 뿌리가 없으므로 금세 무너지고 말아 오래 간직할 수가 없다.

人無不可友愛, 第所擇爲密友者, 宜有二, 宜無二. 宜有者, 一謂智. 友情極能相染. 結友者非先相似, 必後相似. 故智者之友必智, 愚者之友必愚矣. 二謂德. 友無德, 則交友無根. 故速毀, 不能久存焉.

마땅히 없어야 할 것은 첫째로 분노다.

《성경》에 말했다. "성내는 사람과는 사귐을 맺지 말라. 성내는 사람은 가시나무와 같아서, 이를 가까이하는 사람은 반드시 찔리게 된다."[33]

---

[33] 성내는 사람과는 …… 찔리게 된다: 〈잠언〉 22장 24~25절, "성급한 사람과 벗하지 말고 성 잘 내는 사람과 가까이 지내지 마라. 그들과 어울리다가는 올가미

사귐을 맺음이 비록 굳세더라도 분노의 불길은 능히 갑작스레 이를 태워버린다.

두 번째는 교만을 꼽겠다. 참된 벗은 반드시 평등하다. 하지만 교만한 사람은 남의 위에 있고자 하여 남과 같은 것을 못 견딘다. 그러니어찌 능히 참된 벗이 되겠는가?

《성경》에 말했다. "교만함이 있으면 반드시 업신여김을 당한다."[34]업신여김이 이르면 우정은 모두 잃게 되고 만다.

宜無者, 一謂忿怒. 經云: "與忿人勿結, 忿人如棘樹, 近之者必受刺也." 締交雖固, 忿火能遽焚之矣. 二謂驕傲. 眞友必平等. 傲者, 欲在人上, 不堪與人等, 豈能爲眞友哉? 經云: "有驕必有侮慢." 侮慢至, 友情悉喪矣.

2.53

우정의 덕 가운데 마땅히 갖춰야 할 것이 아홉 가지다. 첫 번째는마음이 서로 화합해야 한다. 옳고 그름이 한결같고, 사랑하고 미워함도 변함없어야 한다. 두 번째는 마음이 서로 통해야 한다. 참 벗은 그마음이 벗에게 온통 기울어 있어 남기는 것이 없다. 벗이 된 사람은마음에 이미 사사로움이 없어 서로에게 품은 생각을 모두 말로 고하고, 일은 모두 함께 의논해 헤아린다.

友德中所宜備者九. 其一則心相和. 一是一非, 一愛一惡也. 其二心相通. 眞友其心盡傾於友, 無所遺焉. 爲友者心旣無私, 意悉相告語, 事悉同擬議焉.

에 걸려 목숨을 잃는다."

34 교만함이 …… 업신여김을 당한다: 〈잠언〉 11장 2절, "잘난 체하다가는 창피를당하는 법, 슬기로운 사람은 분수를 차린다." 〈잠언〉 21장 24절, "잘난 체 우쭐대는 사람을 거만한 자라 한다. 그런 사람은 남을 깔보며 무례한 짓을 한다."

세 번째는 은혜를 베푸는 것이다. 벗의 은혜를 갚을 때는 저울질해서는 안 된다. 마땅히 비옥한 밭이 하나를 받고 백으로 돌려주는 것과 같이 해야 한다. 다만 너의 능력과 벗의 힘을 넘어서면 안 된다. 그래서 벗과 더불어 네가 능히 줄 수 있고 벗이 감당할 수 있는 바를 헤아려야 한다. 벗을 도와주려다가 자기가 손해를 보고, 사랑이 지나쳐서 벗을 해쳐서는 안 된다.

其三行惠. 報友之惠, 不可操衡. 宜如沃田, 受一還百. 但勿過爾能及友之力. 故與友宜揣爾所能與, 友所能當. 勿因益友而損己, 勿因過愛而害友.

네 번째는 권면하고 나무라는 것이다. 사람이 누군들 잘못이 없겠는가? 네가 참된 벗이 되려면 벗의 잘못을 보았을 때 권면하고 나무라야 한다. 다만 권면하되 아첨해서는 안 되고, 나무라더라도 모욕을 느끼게 해서는 안 된다. 밝은 거울처럼 추한 것을 곧바로 그 사람에게 보여준다면, 그 사람 또한 이를 원망하지 못할 것이다. 벗에게 권면할 때는 그가 듣기 좋아하는 것을 살피지 말고, 그가 듣기 좋아해야 마땅할 것을 살펴라.

《성경》에 말했다. "달콤한 말로 거짓으로 그 벗에게 말하는 것은 그의 발 앞에 그물을 펴는 것이다."[35]

세네카가 말했다. "벗의 허물은 반드시 깨뜨려주어야 한다. 내가 이를 없애주지 않는다면 그를 사랑하지 않는 것이다. 내가 권면하고 나무란 것이 효과가 있을지 없을지는 알 수 없지만, 아무 말도 하지 않고

---

[35] 달콤한 말로 …… 펴는 것이다: 〈잠언〉 29장 5절, "이웃에게 아첨하는 사람은 그의 앞에 올가미를 치는 사람이다."

서 우의를 잃기보다는 차라리 말을 해주고 효험이 없는 것이 낫다."

알렉산더亞歷山는 서양 나라의 대왕이었다. 한 선비가 성대한 덕과 큰 지혜를 지녔다는 말을 듣고, 그와 맺어 가까운 친구가 되었다. 몇 달을 함께 지냈지만 권면하거나 나무라는 것이 없었다. 왕이 말했다. "나도 사람일 뿐이니, 어찌 죄와 허물이 없겠는가? 네가 보지 못했다면 지혜롭지 않은 것이고, 보고도 나를 나무라지 않았다면 아첨하는 것이다. 내가 바라던 바가 아니다." 마침내 그를 보내버렸다.

알렉시오亞熱西老[36]는 서양 나라의 임금이었다. 늘 자신의 잘못을 나무라는 사람이 아니면 어떤 칭찬도 듣지 않았다. 그는 "잘못을 보고 나를 꾸짖어야 그 기림이 틀림없이 참될 것이다. 허물을 보고도 나무라지 않는다면 칭찬하는 말은 의심할 만하다"고 말했다.

其四勸責. 人孰無過? 爾爲眞友, 見友過, 勸責之. 第勸, 毋佞諛, 責, 毋侮辱. 如明鏡, 醜直示其人, 人亦弗怨之. 勸友, 勿視其所喜聽, 惟視其所宜喜聽. 經云: "以甘言僞語其友者, 則布網於其足前也." 色搦加曰: "友之過, 必須破之. 我不傷之, 不愛之. 我勸責效與否, 未可知也. 與其不言失友誼, 寧言之無效矣." 亞歷山, 西國大王也. 聞一士有盛德大智, 結爲密友. 同居數月, 無所勸責. 王謂曰: "我人耳, 豈無罪過? 爾不見, 不智, 見而不我責, 阿矣. 非我所望也." 遂遣之. 亞熱西老, 西國王也. 非恒責其過者, 弗聽其譽, 謂: "見過責我, 其譽必實. 見過不責, 譽言可疑矣."

36 알렉시오Alexius(417년경): 가톨릭의 성인. 로마시대 원로원의 아들로, 결혼식 날 서로 동의하에 헤어져 시리아로 가서 17년을 살았다. 에데사Edessa의 성당에 기거하면서 놀라운 청빈의 덕을 실천하며 성덕을 닦았다. 후에 로마로 돌아와 거지로 살다가 죽은 뒤 자서전이 발견되면서 신원이 밝혀져 세상에 알려졌다. 본문에서 그를 '임금'이라 했는데, 그의 신분이나 일생과는 맞지 않는 부분이 있다.

다섯 번째는 벗에게 의롭지 않은 일을 요구하지 않는 것이다. 벗을 위해 의롭지 않은 일을 행하지 않는 것은 사람에 대한 사랑이 먼저고, 벗에 대한 사랑은 나중이기 때문이다. 그래서 벗을 위해 남을 해쳐서는 안 되고, 벗을 위해 남에게 복수해서도 안 된다.

옛날에 두 벗이 있었다. 한 사람이 의롭지 않은 일을 행하려 하자 한 사람이 듣지 않았다.

그 사람이 성을 내면서 말했다. "네가 내 말을 듣지 않는다면 너를 벗으로 삼는 것이 무슨 보탬이 된단 말이냐?"

그가 대답했다. "네가 의롭지 않은 일을 행하려 하는데 내가 네 말을 따른다면 내가 벗을 해치는 것이 아니겠는가?"

다만 일에는 벗을 위해 할 수 있는 일이 있고, 자기를 위해 해서는 안 될 일이 있다. 벗을 위해 이를 함이 의리에 맞더라도, 자기를 위해 이를 함이 의리에 맞지 않다면, 이것은 지혜로운 사람과 더불어 저울질해볼 만하다.

여섯 번째는 환난을 당했을 때 잊거나 버리지 않는 것이다.

《성경》에 말했다. "참된 벗은 변함없는 사랑으로 따른다."[37]

또 말했다. "벗이 가난해도 정을 잊지 않아야, 벗이 부유해졌을 때 함께 누릴 수가 있다."[38]

其五於友不求非義. 爲友不行非義, 人愛在前, 友愛在後. 故爲友不可害人, 爲友不可讐人. 古有兩友, 其一求行非義之事, 一弗聽. 彼怒曰: "爾不聽我, 爲爾

---

37 참된 벗은 …… 따른다: 〈잠언〉 17장 17절, "사랑이 한결같은 것이 친구다."

38 벗이 가난해도 …… 누릴 수가 있다: 〈집회서〉 22장 23절, "네 이웃이 가난할 때에 신의를 지켜라. 그가 잘살게 될 때에 덕을 보게 되리라."

友何益?" 答曰: "爾求行非義, 我聽爾, 非爾損友乎?" 但事有爲友可爲之, 爲己不可爲者. 爲友爲之合義, 爲己爲之非義, 是在智者可與權也. 其六患難不忘棄. 經云: "眞友隨恒愛." 又云: "友貧不忘情, 友富乃可與俱享矣."

일곱 번째는 벗의 비밀을 드러내지 않는 것이다.

《성경》에 말했다. "벗의 비밀스러운 뜻을 드러내는 것은 신의를 잃는 것이니, 마음이 맞는 참된 벗을 얻지 못하는 것에 그치지 않는다."[39]

여덟 번째는 벗의 나쁜 점을 감춰주는 것이다.

《성경》에 말했다. "나쁜 점을 덮어주는 사람이 벗을 찾는다."[40]

아홉 번째는 벗이 찾는 것은 바로 주는 것이다.

《성경》에 말했다. "벗이 너에게 구할 때 줄 수 있거든 바로 주고, 내일 주겠다고 말하지 말라."[41]

其七, 不露友秘. 經云: "露友之秘意者即失信, 非弗能得心合之眞友也." 其八, 隱友惡. 經云: "掩惡者, 索友." 其九, 友所求即予. 經云: "友求爾, 能予即予, 勿言來日予."

---

39 벗의 비밀스러운 …… 그치지 않는다: 〈집회서〉 27장 16절, "비밀을 누설하는 자는 신용을 잃고 진정한 친구를 얻을 수 없다."

40 나쁜 점을 …… 찾는다: 〈집회서〉 6장 9절, "어떤 친구는 원수로 변하여 너와 싸우며 너의 숨은 약점을 공개한다." 〈집회서〉 6장 14~15절, "성실한 친구는 안전한 피난처요, 그런 친구를 가진 것은 보화를 지닌 것과 같다. 성실한 친구는 무엇과도 비길 수 없으며 그 우정을 값으로 따질 수 없다."

41 벗이 너에게 …… 말하지 말라: 〈잠언〉 3장 27~28절, "도움을 청하는 손을 뿌리치지 말고 도와줄 힘만 있으면 망설이지 마라. 있으면서도 '내일 줄 테니 다시 오게' 하며 이웃을 돌려보내지 마라."

3

탐욕에서 벗어남

七克

DIEGO DE PANTOJA

탐욕은 손에 단단히 쥔 것과 같아서
은혜로 이를 푸니, 〈해탐〉을 짓는다.

貪如握固, 以惠解之, 作解貪.

〈해탐〉 소서 解貪小序

백주 대낮에 시장에서 황금을 훔친 자가 있었다. 왜 그랬느냐고 물어보니 그가 말했다. "저는 다만 황금만 보았고 사람은 보지 못했습니다."[1]

어떤 사람이 주머니에 보물을 넣은 채 길에서 구걸하고 있었다. 이를 나무라자 그가 말했다. "내 주머니 것은 쓰기가 어렵고, 남의 주머니 것은 구걸하기가 쉬워서지요."

---

1 저는 다만 …… 보지 못했습니다: 어떤 사람이 시장의 금은방에 들어가서 황금을 움켜쥐고 나오다가 붙잡혔다. 이유를 묻자 그는 "사람은 안 보였고, 황금만 보였다(不見人, 徒見金)"고 대답했다. 《열자列子》〈설부說符〉에 나온다.

아, 가소롭구나! 이것은 탐욕과 인색이라는 두 집의 그림이다.

人有白晝攫金於市者, 詢之曰: "吾但見金, 不見人耳." 人有囊寶, 而行乞於途者, 譏之曰: "內囊難捨, 外囊乞易耳." 吁可笑哉! 此貪吝兩家圖畵也.

이를 풀이하는 사람이 있어서 말했다. "능한 사람은 돈이 몰려들 것이고, 능하지 않은 사람은 기왓장이 무너지듯 없어질 것이다. 지혜가 같지 않기 때문이다."

또 풀이하는 사람이 있어 말했다. "사람이 혼인하거나 벼슬하지 않으면 인정과 욕심이 절반으로 줄어들고, 사람이 옷 입고 밥 먹지 못하면 임금과 신하의 도리가 끊어지고 만다."

有解之者曰: "能者輻輳, 不能者瓦解, 智弗若也." 又有解之者曰: "人不婚宦, 情欲失半. 人不衣食, 君臣道絶."

앞쪽을 말미암는다면 탐욕스러운 사람과 인색한 사람이 계획을 얻게 될 것이고, 탐욕스럽지 않고 인색하지 않은 사람은 능히 잃게 될 것이다. 뒤쪽을 따라 한다면, 또 탐욕스럽고 인색한 사람에게 죄를 돌리지 못하고 혼인과 벼슬, 옷과 음식에다가 죄를 돌리게 되어, 어떻게든 사람이 면할 도리가 없다. 이 어찌 탐욕과 인색이 들끓는 것을 불붙이고, 탐욕과 인색의 깃발을 더욱 세우는 것이 아니겠는가?

由前是, 貪者吝者, 爲計得, 不貪不吝, 爲能失也. 由後是, 又不歸罪於貪吝之人, 而歸罪於婚宦衣食, 人生所不獲免也. 豈非煬貪吝之沸, 益樹貪吝之幟哉?

판토하가 말했다. "한 세상의 부귀가 있고, 만세의 부귀가 있다. 한 세대의 빈천이 있고 만세 동안의 빈천이 있다. 한 세대의 빈천을 받은 사람은 만세의 부귀를 누릴 것이요, 한 세대의 부귀를 탐하는 사람은 만세의 빈천을 받게 될 것이다."

풍부하도다, 그 말이여! 내가 더 보탤 말이 없다. 하지만 다시금 두 가지 비유가 있다. 탐욕스러운 자는 잠자리에서 사슴을 얻고는 잠에서 깨고도 오히려 진짜로 사슴을 얻었다고 여겨 기뻐한다. 인색한 자는 꿈속에서 돈을 잃고는 깨고 나서도 오히려 실제로 돈을 잃었다고 여겨 한탄한다. 인간 세상의 거꾸로 됨이 대개 이와 같다. 슬프다!

龐子曰: "有一世之富貴, 有萬世之富貴, 有一世之貧賤, 有萬世之貧賤. 受一世之貧賤者, 享萬世之富貴矣. 貪一世之富貴者, 受萬世之貧賤矣." 富哉云乎! 余無以加矣. 然復有二喩, 貪者寢中得鹿, 寢覺而猶喜其眞爲得鹿也. 吝者夢中失錢, 及其覺而猶恨嘆其眞爲失錢也. 人世顚倒, 大率如此, 悲哉!

강동 최창이 쓴다
江東崔㵢序

탐욕이라는 죄악은 무엇과 같나?	貪惡知何似
바보 같은 원숭이가 움켜쥠 같지.	癡猴握固然
돈 꺼낼 땐 눈썹 먼저 찌푸려지고	解囊眉早皺
받을 때는 낯빛의 고움 다투네.	拜賜色爭姸
한평생 천 번 넘게 헤아려봐도	卒世饒千算
죽을 때는 그저 텅 빈 두 손뿐이지.	終期但兩攀
어이해 부지런히 자신을 이겨	爭如勤自克
은혜로 인색함을 깸만 하리오?	心惠破慳鍵

어산漁山 오력吳歷

3.1

탐욕과 인색이란 무엇일까? 한정 없는 재물을 원하는 마음이다. 하늘과 땅 사이의 물건은 모두 탐욕스러운 마음으로 원하는 바를 얻는다. 이 때문에 모두 그 탐욕을 끌어당기니, 탐욕의 마음이 날마다 깊어지지 않겠는가? 사람의 정 가운데 일찍부터 생겨나서 가장 늦게 식는 것으로는 재물에 대한 탐욕만 한 것이 없다. 시험 삼아 보면 어린아이들조차 다른 정이 생겨나기 전에 얻기를 구하고 많음을 구할 줄 안다. 늙은 사람조차 다른 정이 모두 시들해져도 탐욕의 마음만큼은 점점 더 깊어진다.

貪吝者何? 無度之財願也. 天壤中物, 皆貪心所願得也. 故皆引其貪, 貪心不日深哉? 凡情早發晚息者, 莫如財貪. 試幼稚之人, 他情未發, 而卽知求得求多也. 老耄之人, 他情俱怠, 貪心愈深.

《성경》에 말했다. "한번 재물을 욕심내는 것이 모든 악의 뿌리다."[2]
뿌리라는 것은 나무의 입이다. 줄기와 가지, 잎과 꽃과 열매가 뿌리를 통해 길러진다. 재물을 탐내는 것은 모든 악이 들어오는 입이다. 성을 내거나 소송하는 것, 속여 기만하는 일, 도둑질하거나 남을 잔혹하게 학대하는 것, 사특과 음란, 게으름 같은 모든 정이 재물을 통해 길러진다.

經曰: "一貪財, 諸惡之根." 根者樹之口也. 幹枝葉花實, 受育於根. 財貪, 諸惡之口也. 忿怒, 歸訟, 欺誑, 盜竊, 酷虐, 邪淫, 懈怠諸情, 受養於財也.

---

2 한번 …… 악의 뿌리다: 〈디모테오에게 보낸 첫째 편지〉 6장 10절, "돈을 사랑하는 것이 모든 악의 뿌리입니다."

옛 성현은 이렇게 말했다. "삿된 정에 있어 재물이란 초목에 거름을 주는 것과 같다. 초목은 거름을 안 주면 시들고, 거름을 주면 무성하게 잘 자란다. 사특한 정은 재물이 없으면 펴는 것이 미미하고 그마저도 쉬 사라진다. 하지만 재물이 있어 여기에 밑천을 대주면 쉽게 움직이고 빨리 자란다. 황금이 나는 땅은 가장 척박해서 오곡이 자라는 밭이 될 수가 없다. 재물을 아끼는 마음은 가장 황폐해서 선한 마음과 아름다운 덕의 터전이 될 수가 없다."

古賢有言: "財於邪情, 猶糞於草木. 草木失糞則萎, 得之則滋. 邪情無財, 發微易消. 有財資之, 易動速長矣. 生金之地最瘠, 不能爲五穀之田. 愛財之心最荒, 不能爲善念美德之田."

3.2

인색함은 세상 사람들이 타는 수레다. 나약한 마음과 잔혹한 학대, 천주를 가벼이 여김과 죽을 때를 잊음을 네 바퀴로 삼는다. 빼앗고 내침, 베풀 줄 모름이 수레를 끄는 두 마리 소다. 탐욕은 수레를 모는 사람이다. 이 수레를 타고서 어디로 갈까? 귀신의 땅으로 돌아간다.

吝者, 世人所乘之車也. 心弱, 酷虐, 輕天主, 忘死候, 四輪也. 奪攘, 不施舍, 兩牛也. 貪婪, 御夫也. 乘此何歸? 歸於鬼域.

《성경》에 말했다. "재물을 탐하는 것보다 더 큰 악은 없다."[3]

탐욕스러운 사람은 재물을 더할 형세와 만나면 마음이 온통 빠져

---

[3] 재물을 탐하는 …… 악은 없다: 〈디모테오에게 보낸 첫째 편지〉 6장 10절, "돈을 사랑하는 것이 모든 악의 뿌리입니다."

들고 만다. 천주의 신령스러운 마음과 하늘의 덕, 하늘나라를 문득 값도 얼마 되지 않는 재물과 바꿔버린다. 자기가 지닌, 바깥의 아무것도 아닌 물건을 팔 때는 제값을 받기를 구하지 않음이 없으면서, 자기 내면의 귀한 물건을 팔 때는 값이 적당한지 여부조차 따지지 않음은 어째서인가?

經曰: "惡莫大於貪財." 貪者値益財之勢, 心没没焉. 天主靈心, 天德天國, 遽以微財之價易之矣. 售己之外微物, 無不求價與物稱. 售己之內貴物, 乃不論價稱否焉, 何哉?

자기 바깥의 물건이 좋고 아름답기를 원하는 사람도 자기에 대해서만은 훌륭하고 아름답기를 원하지 않는다.

성 아우구스티노가 재물을 탐하는 사람에게 이렇게 말했다. "무릇 네가 쓰는 것 중에 아름답기를 원하지 않는 것이 있다면, 그것이 무얼까? 아내인가? 자식인가? 직업인가? 옷인가? 신발인가? 그런 것은 하나도 없을 것이다. 그저 아름다운 마음을 얻기를 원하지 않고, 맑은 마음을 지니려 하지 않을 뿐이다. 네가 남들이 자기를 천하게 보지 않기를 바라면서, 네 마음 보기를 네 신발을 보듯 하면 되겠느냐?"

己外之物, 無不願善美者, 特己不願善美矣. 聖亞吾斯丁謂貪財者曰: "凡爾所用, 有不願美者何物? 妻乎? 子乎? 役乎? 衣乎? 舄乎? 無一物矣. 而特不願得美心, 不圖得清心. 望爾勿賤己, 視爾心如爾舄, 可乎?"

3.3

굶주림에서는 간사함이 나오지 않고, 군색함에서는 음란이 생겨나지 않는다. 가난 때문에 죄를 받는 경우는 아직 보지 못했다. 배부르면 간사함을 생각하고, 넉넉하면 음란함을 저지른다. 부유함으로 인해 죄를 받는 사람은 이루 다 헤아릴 수조차 없다. 가난한 사람은 겁박함을 당하더라도 피하지 않고, 도둑을 만나도 두려워하지 않는다. 부자는 대인大人을 만나면 해코지당할까 염려하고, 소인을 보면 제 것을 훔쳐 갈까 걱정한다. 쫓아오지 않는데도 항상 달아나 숨고, 핍박함이 없어도 놀라 두려워하는 소리가 언제나 귀에 들린다. 그런데도 지금 사람들은 모두 다 나를 힘들게 만드는 부富를 부러워하고, 나를 편안하게 해주는 가난을 미워한다. 왜 그러는 걸까?

饑不生姦, 窘不生淫. 因貧而受罪, 未見焉. 飽思姦, 豐恣淫. 因富而受罪者, 可盡計哉. 貧人見刦不避, 遇盜不畏. 富者見大人恐謀之, 見小人恐竊之. 無或逐之而恒逃, 無或逼之而驚怖之聲, 恒注其耳. 今人俱豔富之我勞, 疾貧之我安, 何哉?

3.4

넉넉한 재물은 사람의 용기와 힘을 지극히 능히 사라지게 만들어 유약한 여인처럼 만든다. 가난은 큰 괴로움을 견딜 수 있게 하고, 힘은 무거운 임무를 짊어질 수 있게 한다. 한 차례 부유해지면 용기와 힘, 담력과 기운이 모두 사라져서 작은 괴로움, 아무것도 아닌 수고조차 모두 감당할 수 없게 된다.

夫財富極能消人勇力, 令柔弱如女人. 貧能忍大苦, 力能負重任. 一富則勇力膽氣俱消, 微苦微勞, 悉不能當矣.

알렉산더亞立山는 서양 나라의 큰 임금이었다. 이웃 나라 왕 다리우스達略[4]와 전쟁해서 그를 물리쳤다. 그 땅을 차지하고 그 재물을 빼앗아 사졸들이 노획한 것으로 부자가 되었다. 다리우스가 다시 전쟁을 걸어와 이번에는 알렉산더가 패했다.

그가 말했다. "사졸들에게 재물이 없을 때는 나를 대적하지 못했다. 재물이 넉넉해지자 기운이 솟지 않는구나."

많은 노획물을 모아 불 지르고, 다시 싸워 이를 멸망시켰다.

亞立山, 西國大王也. 與鄰國王達略戰, 敗之, 藉其地, 俘其財, 士卒富於鹵獲. 達略復戰, 亞立山敗績, 曰: "士卒無財, 莫我敵也. 富於財, 氣不揚矣." 聚衆俘焚之, 復戰滅之.

3.5

은혜를 받은 자가 은혜를 고마워하는 것은 한갓 사람의 정리일 뿐 아니라, 또한 새나 짐승의 정이기도 하다. 개나 말은 말할 것도 없고, 사자는 짐승 중에 가장 사납지만 사람의 은혜를 받으면 끝까지 잊지 않고, 또한 갚지 않음이 없다. 용과 뱀 또한 그러하다. 탐욕스럽고 인색한 사람만이 그렇지가 않아서, 언제나 아직 받지 못한 것을 바라기만 하고, 마침내 이미 받은 것과 그것을 받은 사람에 대해서는 잊어버린다. 그래서 "무지한 사람에게 말하기를 구하지 말고, 인색한 사람에게는 인정을 구하지 말라"고 하는 것이다.

受恩者感恩, 非徒人情, 亦鳥獸之情也. 無論犬馬矣, 獅子獸最猛, 受人之恩, 終不護, 亦無不報矣. 龍蛇亦然. 貪吝者獨否, 恒冀所未受, 遂忘所已受, 及所從受者也. 故曰: "石人勿求之言, 吝人勿求之情."

---

4 다리우스Darius III(BC 380?~330): 아케메네스왕조 페르시아제국의 마지막 왕이다. 이수스전투와 가우가멜라전투에서 알렉산더 대왕에게 대패하고 도망쳤다. 군세를 다시 일으키려 했으나 도주한 박트리아 총독에게 살해당했다.

세상의 부는 모두 천주께서 은혜로 내려주신 것이다. 내게는 주시고 저 사람에게는 주지 않으셨으니 마음을 닦고 받들어 섬겨서 감사를 드리고, 베풀기를 잘하고 급한 이를 보살펴서 이를 갚아야 옳다. 탐욕스럽고 인색한 사람은 은혜를 통해 사랑을 알아 은혜를 주실 분을 구하지 않고 부유해질수록 점점 멋대로 굴고, 천주를 잊어버릴수록 삿된 행실을 점점 더 멋대로 한다. 자애로운 마음을 끊어 남을 해치기까지 하니, 어찌 홀로 천주의 죄인일 뿐이겠는가? 또한 새와 짐승의 죄인이기도 하다.

夫世富悉天主恩賜矣. 賜我不賜彼, 修心奉事以謝之, 善施周急以報之, 可矣. 貪吝者不因恩求識愛授恩者, 彌富彌順意, 彌忘天主, 彌恣回行. 絶慈心, 害人, 豈獨天主之罪人? 亦鳥獸之罪人矣.

3.6

부자의 근심은 벗이 하나도 없는 것이다. 그가 벗이 없는 것은 어째서일까? 꿀이 있는 곳에 벌이 모이고, 썩은 고기가 있으면 이리가 몰려든다. 누린내 나는 고기가 있으면 개미가 꼬이고, 곡식이 있으면 쥐가 달려들며, 부유함이 있으면 벗이 모여든다. 너의 부가 남에게 사랑을 받는 것이니, 너를 사랑하기 때문일까, 너의 재물을 사랑하기 때문인가? 알 수가 없다. 알 수 없는 것과 있지 않은 것이 무슨 차이란 말인가?

富人之患, 無友其一. 其無友何也? 蜜在蜂聚, 胔在狼聚, 羶在蟻聚, 穀在鼠聚, 富在友聚. 爾富見愛於人, 其爲愛爾乎, 其爲愛爾財乎? 不可知也. 不可知與無有, 何異哉?

네가 재물을 잃으면, 재물을 사랑하던 자는 떠나버리고 너를 사랑하는 자만 남게 되어, 참 벗과 가짜 벗이 드러나게 된다.

《성경》에 말했다. "참된 벗은 복이 있을 때는 알지 못하고, 거짓 벗은 재앙이 있을 때 숨지 못한다."**5**

가난하게 산다고 너를 잊는 자는 부자일 때도 틀림없이 너를 사랑한 것이 아니다. 세상의 부는 좋은 벗보다 큰 것이 없다. 재물을 잃더라도 벗을 얻는다면 작은 부로 큰 부를 맞바꾼 것이니, 어찌 족히 아파하겠는가?

爾旣失財, 愛財者去, 愛爾者留, 眞僞友乃見焉. 經曰: "眞朋福時不識, 僞朋禍時不匿." 居貧忘爾者, 於富必非愛爾矣. 夫世之富, 無大於良友. 失財得友, 以小富易大富, 何足痛哉?

3.7

세상의 부를 《성경》에서는 가시에다 비유했다.**6**

어떤 이가 물었다. "가시는 몸을 다치게 하지만 돈은 마음을 즐겁게 하니, 이 둘의 정은 다르지 않을까요?"

내가 말했다. "하나도 다르지가 않다. 좋은 씨앗을 가시덤불 속에 뿌리면, 싹이 돋아나도 가시가 바로 이를 눌러버려 잘 자라지 못하게 만든다. 훌륭한 말과 아름다운 생각은 선행의 씨앗이다. 이것을 재물을 좋아하는 마음에다 뿌리면, 재물을 향하는 생각이 또한 즉시 이를 눌러버려서 더 자라나지 못하게 만든다. 가시는 날카로운 침으로 몸

---

5 참된 벗은 …… 숨지 못한다: 〈집회서〉 12장 8절, "행복할 때에 친구를 알아보기는 힘드나 불행할 때 원수를 알아보기는 쉽다."

6 《성경》에서는 …… 비유했다: 〈루가의 복음서〉 8장 5~15절.

을 찌르고, 재물은 악한 생각으로 마음을 찌른다. 사람이 가시나무가 자라는 땅에 들어가면 해를 입지 않음이 드물다. 너의 몸을 해칠 뿐 아니라, 반드시 너의 옷을 잡아당길 것이다."

世富者, 聖經譬之爲荊棘也. 或問曰: "棘刺傷身, 金錢娛心, 兩者之情不異乎?" 曰: "最不異也. 嘉種播叢棘中, 苗生, 棘即壓之, 不使滋長. 嘉言美意, 善行之種也. 播之嗜財之心, 財念亦即壓之, 不使滋殖焉. 夫棘以銳刺刺身, 財以惡念刺心. 人入棘地, 鮮不受害. 非害爾身, 必搏爾衣."

부자와 사귀면 내 집이야 낚아채지 못하더라도 틀림없이 내 밭을 빼앗아가서 손해를 입지 않음이 없다. 가시는 손을 펴서 취하면 다치지 않지만, 손바닥을 구부린 채 이를 쥐면 다치게 된다. 쥐는 것이 굳셀수록 더 심하게 다친다. 재물이라는 것은 손을 펴서 흩어 베풀면 해로움은 없고 유익함이 있다. 다만 굳세게 붙잡아서 놓지 않으면 유익함은 없고 그 해로움을 받게 된다.

交於富者, 非攫我室, 必奪我田, 未嘗不受損焉. 夫棘申手取之, 不傷也. 曲掌握之, 乃傷矣. 握愈固, 傷亦愈深. 財者, 申手散施, 無害有益. 惟固握不捨, 乃無其益而受其害焉.

독충은 흔히 가시덤불에 숨어서 가시에 기대 성城으로 삼는다. 여러 가지 더러운 죄악은 탐욕스러운 마음에 함께 모이고, 또한 부에 기대 그것으로 성을 삼는다. 사람이 방자하게 굴고 망령되이 행하려 하는 것은 얻은 재물이 그렇게 하도록 시키는 것이니, 정말로 아무 거리낌이 없다. 그래서 "부자가 행하는 악을 가난한 사람으로 하여금 하게 한다면, 감옥은 죄인을 다 수용하기에 부족할 것이다"라고 말한다.

夫毒螫多匿於棘域, 倚棘爲城. 諸凡罪汚, 俱聚於貪心, 亦倚富爲城. 人欲恣肆妄行, 得財爲之使, 最便無忌憚矣. 故曰: "富人所爲惡, 使貧人得爲之, 獄不足容罪人焉."

《성경》에 말했다. "부자는 악을 제멋대로 행하면서 오히려 성을 내고, 가난한 사람은 해를 입으면서도 도리어 입을 다문다."[7]

부자가 말을 하면 사람들은 모두 이를 찬미하지만, 가난한 사람이 입을 열면 무리가 어떻게 하겠는가? 그러므로 재물의 해로움은 지극히 많은데, 사람을 끌어당겨 악을 행하고도 아무 거리끼는 바가 없게 만드니, 이러한 해가 가장 크다.

經曰: "富恣惡而尙嚇, 貧蒙害而反噤." 富者有言, 人盡讚美之. 貧者發口, 則衆誰何? 故財害至多, 乃其牽人爲惡, 令無所忌, 此害最大矣.

가시라는 것은 찔릴 때 아프고, 제거하지 않으면 더 아프며, 제거할 때는 또 더더욱 아프다. 재물도 모을 때는 반드시 의롭지만은 않아 험하고 힘든 일이 많으니 마음이 진실로 불안하다. 이미 얻고 나서도 반드시 지켜지는 것은 아닌지라 더 근심하고 더 수고로워도 마음은 더욱 불안하기만 하다. 불행하게도 잃게 되면 상심의 고통이 더욱 심해진다. 그래서 "재물은 얻을 때는 거짓 즐거움이 생기고, 잃을 때는 진짜 근심을 남긴다"고 말한다.

성 베르나르도가 말했다. "재물을 꾀하는 사람은 모을 때는 몹시 힘들고, 얻을 때는 더욱 근심스러우며, 잃을 때는 몹시 아프다. 하물며

---

7 부자는 악을 …… 입을 다문다: 〈집회서〉 13장 3절, "부자는 남을 해치고도 오히려 큰소리를 치지만 가난한 사람은 피해를 입고도 오히려 사과를 해야 한다."

재물을 모으기에 힘쓰면서 의로움을 범하지 않는 자는 드물다.”

夫棘者, 刺時痛, 不除之愈痛, 除時又更愈痛. 財聚時未必義也, 故多險多難, 心固不安矣. 旣得之, 未必保也, 故甚憂甚勞, 心尤不安焉. 不幸而失, 傷心之痛更甚焉. 故曰: “財得時生假樂, 失時遺眞憂.” 聖百爾納曰: “謀財者, 聚時甚勞, 得時甚憂, 失時甚痛. 矧務聚財而不犯義者鮮焉.”

성 아우구스티노 또한 이렇게 말한다. “부자는 이익이 생겨도 마침내 손해가 나게 마련이니, 광주리는 더해져도 마음은 덜어진다. 옷을 얻고 어짊을 잃거나, 황금은 늘어나는데 의로움은 손상된다. 그러므로 부자는 악한 사람은 아니라 해도, 틀림없이 악인의 후예다.”

聖亞吾斯丁亦曰: “富者有益遂有損. 益於籯, 損於心. 得衣失仁, 增金毁義. 故富者非惡人, 必惡人之苗裔矣.”

가시나무는 온몸이 매끈하고 윤기가 나는데, 다만 끝의 예리한 것이 찌를 수가 있다. 재물을 좋아하는 사람은 목숨이 살아 있을 때는 재물을 몹시 매끈하고 윤기 나며 훌륭하고 아름답게 여긴다. 죽음에 이르러 재물이 나를 따라오지 못하고, 재물을 모은 죄만 나를 따라오게 되어서야 그 가시를 깨닫는다.

《성경》에 말했다. “그 재물을 편안해하는 자는 죽을 생각이 가장 괴롭다.”[8]

---

8 그 재물을 …… 가장 괴롭다: 〈집회서〉 41장 1절, “재산을 쌓아놓고 행복하게 살며 아무런 근심 걱정 없이 모든 일에 성공하고 아직도 음식을 즐길 수 있는 사람에게, 죽음아, 너를 생각한다는 것이 얼마나 괴로운 일이겠느냐!”

아이들은 서로 장난칠 때 기이한 꽃 가운데에 가시를 감춘다. 꽃을 본 사람은 문득 향기를 맡는데, 막 냄새를 맡으려다가 문득 그 가시에 찔리고 마니, 아이들에게 놀림을 받게 된다.

棘者通身平潤, 惟末銳能刺. 好財者身命存時, 視財甚平潤懿美. 至其末命, 財不我隨, 獨聚財之罪我隨, 乃覺其刺焉. 經曰: "安於其財者, 死念最苦." 夫童兒相戱, 藏棘于奇花之中. 見花者輒嗅, 方嗅, 輒受其刺, 爲童兒笑矣.

사특한 마귀는 재물을 끼고서 사람을 희롱함이 많다. 그 아름다운 빛깔은 드러내고 그 날카로운 가시는 감춘다. 이 때문에 《성경》에서는 재물을 일컬어 '속이는 재물'이라고 했다. 하나를 드러내면 또 하나를 감추고, 하나를 허락하면 또 하나를 준다. 풍족함을 허락하고서 마음의 가난을 주고, 안락함을 허락하고는 마음에 근심을 준다. 광영을 허락하고서 죄를 많이 짓는 욕됨을 주고, 남이 공경하고 사랑하게끔 허락하고는 여러 사람이 미워하는 바가 됨을 준다. 영구히 나를 따르게 허락하고서 잘 놓쳐 달아나게끔 한다. 얻지 못했을 때는 나를 도와서 선을 행해 남을 구하도록 허락해놓고, 이미 얻었을 때는 나를 악으로 꾀어서 남을 해치게끔 한다. 재물이 이제껏 대대로 사람을 희롱함이 끝이 없건만, 사람들은 온통 이것을 믿고 이것만 사모하니, 슬프도다!

邪魔挾財以戱人多矣. 顯其美色, 而匿其利刺. 故聖經稱財爲誑財. 所顯一, 所伏又一. 所許一, 所與又一. 許豐足而與心貧, 許安樂而與心憂, 許光榮而與以多罪之辱, 許爲人欽愛, 而與以爲衆所厭惡, 許永久我從, 而與以善脫能遁逃. 未得時, 許助我以爲善以救人. 旣得時, 乃誘我於惡而害人矣. 夫財至今, 世世戱人, 無有窮已, 而人盡信之慕之, 哀哉!

3.8

어떤 사람이 가난해도 자비로워, 얻는 것이 있으면 모두 남에게 베풀어주었다. 한 어진 이가 그 덕을 사모하여 말했다. "이 사람이 재물이 많지 않은데도 남을 구하니, 재물이 많다면 어떻겠는가?"

시간 날 때마다 천주께 그의 재물을 늘려주어 그로 하여금 널리 사람들을 구제할 수 있도록 해달라고 빌었다. 하루는 하늘에서 목소리가 들렸다. "내가 저 사람의 재물을 늘려주면, 네가 그의 덕을 보증할 수 있겠느냐?"

현자가 보증하기를 원하자, 천주께서 바로 큰 부유함을 주셨다.

一人貧而慈, 有所得, 盡以施人. 一賢者慕其德曰: "此人財薄, 能救人. 財厚更何如?" 時乞天主增其財, 使廣濟人. 一日聞有天語曰: "我增彼財, 爾能保任其德乎?" 賢者願保任之, 天主輒予大富.

이 사람은 부자가 되자 누가 이를 욕심낼까 걱정되어 마침내 서울로 옮겨 살며 부호와 귀족과 함께 어울렸다. 전날의 착한 생각과 자비로운 행동은 모두 지나간 자취가 되고 말았다. 현자가 찾아가서 그를 권면하여 교화하려 했지만, 그의 종은 업신여겨 욕하면서 그를 막고 쫓아냈다.

깊은 근심에 빠져 있자, 하늘에서 하는 말이 들렸다. "네가 이미 그로 하여금 부를 얻게 하고, 또 그 덕을 보증했으니 너의 잘못이 아니겠느냐? 이후로 아끼는 사람에게는 부유하게 되기를 구하지 말아야 할 것이다."

현자는 다시금 천주께 그의 재물을 빼앗아달라고 빌었다. 이 사람은 재물을 잃자, 착한 생각과 자비로운 행실이 처음과 같게 되었다.

是人既富, 恐或謀之, 遂徙居京都, 與豪貴伍. 前日之善念慈行, 悉如遺跡矣.

賢者往, 欲勸化之, 其僕侮辱屏逐焉. 憂甚, 聞天語曰: "爾旣使之得富, 又保任其德, 非爾過乎? 是後所愛人, 勿求得富乃可." 賢者復乞天主去其財. 是人失財, 善念慈行如初.

3.9

아리스토텔레스亞利斯多는 옛날의 이름난 스승이다. 서양 나라의 격물궁리格物窮理하는 학자 가운데 으뜸이 된다. 그는 사람의 참된 행복이 어디 있는지에 대해 논하면서, 먼저 세상의 부유함에는 행복이 있지 않다고 단정했다. 왜 그럴까? 참된 복이란 반드시 내 몸과 마음이 이를 간직해 지녀야 한다. 그런데 사람들이 부라고 말하는 것은 재물을 쓰는 데만 있다. 이 때문에 부의 아름다움과 복됨은 지녀 소유하는 데 있지 않고, 도리어 흩어 쓰는 데 있다. 내게서 얻는 데 있지 않고, 도리어 내게서 떨어져나가는 데 있으니, 어찌 나의 참된 복이라고 말할 수 있겠는가?

亞利斯多者, 古名師也. 西國之爲格物窮理之學者宗焉. 彼論人之眞福何在, 先定不在世富, 何也? 眞福者, 必我身心保有之. 人所以謂之富者, 乃在用財. 故富之美福, 弗在保有, 反在散用. 不在得於我, 反在離於我. 安可謂我之眞福哉?

3.10

황금의 귀하고 천함은 사람의 뜻에 따른다. 사람의 뜻을 떠나고 보면 기왓장, 자갈돌과 무엇이 다르겠는가? 이 때문에 황금과 보물은 그것이 소중히 여길 만해서 사람이 귀하게 여기는 것이 아니다. 그저 사람들이 귀하게 여기기 때문에 소중해진 것이다. 오직 덕만은 그렇지가 않아, 절로 정해진 값이 있어 중시한다 해서 늘지도 않고 가볍게 본다 하여 없어지지도 않는다.

金之貴賤, 從于人意. 去人之意, 瓦礫何殊? 是以金寶, 非因可重, 故人貴之. 徒因人貴, 故重之. 惟德不然, 自有之價, 重之不增, 輕之不消.

3.11

세간에서 서로 맞겨루거나 다투고 아래위를 나누는 것은 큰 하늘 가운데 한 점 땅에 지나지 않을 뿐이다. 한 자나 한 치의 땅이 있더라도 임금 개미가 이를 얻게 되면 반드시 나라와 고을로 나누고, 크고 작고 높고 낮은 사람들이 지내기에 넉넉하여 남음이 있다고 여길 것이다. 하지만 사실은 비좁기가 짝이 없다. 길이 좁아서 오가는 자가 서로 부딪치기 때문에 다툼이 일어난다.

世間相抗立者, 相爭鬪者, 分上下者, 不過於大天中一點地上耳. 有尺寸之壤, 蟻王得之, 必分邦國郡邑, 大小尊卑, 以爲寬然有餘也. 而實湫隘甚矣. 路狹, 往來者相觸故生爭.

세상의 부는 길이 몹시 좁기 때문에, 마치 두 사람이 굴속에서 만났을 때 저쪽이 물러나지 않으면 내가 나아갈 수 없는 것과 같다. 세상의 부는 가장 가난하다. 한 물건을 두 사람이 교대로 얻으려 하는데, 이 사람이 없어야만 내가 가질 수가 있고, 많은 사람이 가난해지지 않고는 내가 부자가 될 수 없는 것과 한가지다. 오직 덕만이 가장 넉넉하다. 가지려 하는 자가 다 가져도 줄어들지 않는다. 그 길은 가장 넓어서, 가려는 자를 다 받아들여도 서로 부딪치는 법이 없다.

世富之路甚狹, 如兩人相遇穴中, 非彼退, 我不得進. 世富最貧, 如一物而兩人交欲得之, 非是人無, 我不得有. 非多人貧, 我不得富. 惟德最富, 欲取者俱取而不減. 其路最寬, 欲行者俱容而不相觸.

3.12

세상의 재물은 거짓 벗과 같다. 편안할 때는 나를 따르다가 위태로워지면 나를 버린다. 어떤 사람이 탐욕과 인색함으로 큰 재물을 모았다. 그러다가 갑자기 병에 걸리자 죽는 것이 두려워 재물에게 구해달라고 호소했으나, 구해주지 않았다.

이에 성이 나서 말했다. "무정한 물건아! 평생 너를 사랑하고 너를 섬겼으며, 널 위해 하루도 쉬지 않고 밤에는 잠도 이루지 못했다. 이제 내가 근심을 만났는데도 너는 나를 건져주지 않고, 내가 떠나는데도 너는 나를 따라오지 않으니, 장차 다른 사람을 따르려는 게냐? 내가 반드시 너를 먼저 쫓아내마."

마침내 가난한 사람들에게 재물을 나눠 베풀어주었다. 재물을 다흩고 나자 탐욕과 인색함도 없어져서, 죽는 것이 가장 편안했다.

世財如僞友, 安則從我, 危則遺我矣. 有人以貪吝, 積得大財. 忽遘疾畏死, 呼救于財, 不得. 乃怒之曰: "無情之物! 平生愛爾事爾, 爲爾日不息, 夜不寐. 今我值患, 爾不拯我. 我去, 爾不從我, 而將從他人乎? 我必先遣爾." 遂以散施貧人. 財既散, 而貪吝息, 死乃最安矣.

3.13

너와 재물은 오래도록 함께 지낼 수는 없다. 재물이 달아나서 너를 버리지 않더라도, 반드시 네가 죽어 재물을 버리게 되기 때문이다. 그러므로 세간의 재물은 흘러가는 물과 한가지다. 먼저 많은 곳을 이미지나서 이제 이곳에 왔고, 잠시 후에는 다른 곳으로 흘러가버려 잠시도 머물거나 멈추지 않는다. 내게 오지 않았을 때는 나의 물이 아니다. 내게 와서 이를 써서 내 밭에 물을 대고 내 더러운 것을 씻으면 그제야 나의 물이다. 쓰지 않았는데 급히 가버리면 또 나의 물이 아니다.

爾與財不能久同居, 非財遯遺爾, 必爾歾遺財. 故世財如流水也. 先已過多方, 今及此方, 小頃則流於他方也, 不覷留止矣. 未及我時, 非我水也. 及我而用, 以灌我田, 以洗我汚, 我水也. 不用而遽逝, 又非我水矣.

세간의 재물은 나의 재물이 아니다. 다만 내 손을 거쳐가는 것일 뿐이다. 앞서 이미 많은 사람을 거쳐서 이제 나에게 미친 것이니, 서둘러 써서 천주를 공경하고 남을 돌보면서 선으로 옮겨간다면 나의 재물이 된다. 감춰두고 쓰지 않으면 바로 다른 사람의 것이 되고 마니, 어찌 나의 재물이겠는가?

世財非我財, 惟經我手. 先曾已經多人, 乃今及我, 亟用以敬天主, 周人遷善, 則我財也. 匿而不用, 旋屬他人, 豈我財哉?

두 사람이 같이 가는데 개 한 마리가 따라간다고 하자. 함께 가고 있을 때는 누가 개 주인인지 알기가 어렵다. 헤어진 뒤에 따라가는 것을 살펴보면 그제야 알게 된다. 네가 세상을 살아가는 동안, 세상과 함께 가므로 세상의 재물 또한 너를 따른다. 그래서 잘못 알아 너의 재물이라고 말한다. 세상을 떠날 때에 재물은 세상을 따르지 너를 따르지 않으니, 어찌 너의 재물이겠느냐? 바로 세상의 재물일 뿐이다.

二人同行, 一犬從之. 當同行時, 孰爲犬主, 難識也. 視別後所從, 乃識焉. 爾居世之時, 與世同行, 世財亦從爾, 故誤謂爾財也. 別世之時, 財從世不從爾, 豈爾財? 正世財耳.

3.14

영혼과 마음을 돌보는 것은 자기를 돌보기 위함이다. 육신을 돌보는 것은 자기를 돌보는 것이 아니라 자기의 물건을 돌보는 것이다. 재물을 돌보는 것은 자기를 돌보는 것이 아니고, 또한 자기의 물건을 돌보는 것도 아니며, 자기와 아무 상관도 없는 물건을 돌보는 것이다. 그러므로 군자의 부는 오로지 그 몸 안에 있어서 바깥에서 구함이 없다. 바깥 물건이 와도 늘지 않고, 떠난다고 해서 없어지지도 않는다.

顧靈心者, 爲顧己. 顧身形者, 非顧己也, 顧己物也. 顧財者, 非顧己也, 又非顧己物也, 顧與己不相關之物也. 故君子之富, 全在其身內, 無所求於外. 外物來不增, 去不消.

탐욕스러운 사람이 있었다. 그가 살던 나라가 적국에게 파괴되어 멸망하고 말았다. 성은 불타고, 그 처자도 죽었으며, 재물은 다 불에 타버려서 제 한 몸만 겨우 요행으로 탈출했다. 적국의 왕이 잃어버린 것이 있는지 묻자, 이렇게 대답했다. "없습니다. 제 물건은 모두 제 몸에 가져왔습니다."

재물에 탐욕스러운 자는 애쓰는 것이 모두 물건에 있다 보니, 자기는 잊고 만다.

有貪者, 所居國爲敵國所破滅, 城焚, 其妻子死, 財物燼, 子身幸脱. 敵國王問之有所失否. 答曰: "否. 我物悉攜我身也." 貪財者所營, 悉在於物, 己則忘矣.

성 아우구스티노가 말했다. "재물을 끊는 것은 얻는 것일 뿐이다. 만약 재물을 모으는 사무에 마음이 빠져 있다면 자신은 자기 자신이 아니다."

서양 속담에 "마음은 그가 있는 곳에 있지 않고, 그가 사랑하는 것에 있다"고 했다. 네가 재물을 사랑한다면 너의 마음이 어찌 너의 마음이겠는가? 바로 재물의 마음일 뿐이다.

聖亞吾斯丁曰: "絶財者, 所得則己. 若心溺於聚財之務, 則己非己." 西有諺:

"心不在其所在, 在其所愛." 爾愛財, 爾心豈爾心? 正財心耳.

서양에 부유한데 탐욕스러운 사람이 있었다. 몸이 죽어 염습하려 할 때 성인 안토니오閣多泥가 이를 빌려 대중에게 권면해서, 세상의 부를 가볍게 보고 하늘의 덕을 무겁게 여기게 하려 했다. 죽은 사람을 가리켜 말했다. "이 사람은 살았을 적에는 큰 부자였다. 이제 죽으니 그 영혼이 갑작스레 지옥으로 떨어져서 사악한 마귀의 무리가 되었다. 그 형체와 마음 또한 몸 가운데 있지 않고 은銀 바구니 속에 있구나."

西有一人富而貪. 身歿將殮, 有聖人閣多泥, 借以勸衆, 令輕世富, 重天德也. 向死者曰: "是人生則大富. 今死, 其靈神遽墮地獄, 爲邪魔徒. 其形心亦不在身中, 乃在銀籯中."

듣던 이들이 처음에는 권면하고 경계하는 말일 뿐이라고 하다가, 나중에는 그 말이 의심스러워 은 바구니 안을 살펴보니, 바로 고기와 심장이 있었다. 생피가 아직도 엉겨 있었다. 뭇사람이 그런 뒤에야 성인께서 말씀하신 영혼이 지옥에서 죄를 받는다는 말을 믿게 되었다.

聞者初謂勸戒語耳, 已而疑其言, 視銀籯中, 乃有肉心, 生血猶模糊也. 衆而後知聖人所言, 靈神受罪於地獄, 信矣.

3.15
세상의 부는 꿈과 한가지다. 부라는 것이 진짜가 아니라 그저 꿈일 뿐이라는 말이다. 배고프고 목마른 사람은 잠잘 때 귀한 음식을 먹고 맛난 술을 마시는 꿈을 꾼다. 그러다가 잠을 깨면 배고픔과 목마름은 처음과 똑같다. 부자가 재물을 얻으면 마구 베풀며 혼자 즐거워한다. 그러다가 잠깐만에 그 재화는 처음처럼 배고프고 목마르게 되고 만다. 배불리 먹는 꿈을 꾸는 사람은 그 꿈을 꾸고 있을 때는 그것이 진짜 배부른 것이 아닌 줄을 깨닫게 할 수가 없다. 재물을 좋아하는 자 또한 지금 얻은 재물이 결국 헛된 물건인 줄을 알도록 깨우칠 수가 없다. 죽을 때가 이르거나 꿈을 깨고서야 깨닫는다.

世富如夢焉. 謂富者非眞, 惟夢耳. 饑渴者, 寐則夢食飲珍味旨酒. 醒焉饑渴如初. 富者得財, 殷賑自樂. 頃焉貨財之饑渴如初. 夢飽食者, 當其夢也, 莫能使覺知其非眞飽也. 樂財者亦莫能使覺知今所得財之果虛物也. 死期既至, 夢訖乃覺矣.

애석하구나, 그때는 너무 늦었다! 이때가 되어서 재물을 가벼이 여기는 것은 덕이 있어서가 아니라 어쩔 수 없어서일 뿐이다. 자기가 재물을 버리는 것이 아니라, 재물이 자기를 버리는 것이다. 길 끝에는 엄한 관문이 있어서 크고 작고 할 것 없이 모든 물건을 다 빼앗아서 지니고 가지 못하게 한다. 길 가는 사람은 그 가진 것을 검사받아, 특별한 경우가 아니면 면할 수가 없으므로, 반드시 버리고 가져가지 못한다. 세상길의 끝에는 죽음의 관문이 있어서 반드시 이를 지나가야 한다. 크고 작은 물건을 모두 지녀가지 못한다.

惜乎晚矣! 此時輕財, 非德也, 不獲已耳. 非己遺財, 乃財遺己矣. 路之末, 有嚴關, 無論大小, 物悉奪之, 勿聽攜. 行路者檢其資, 非甚不可免, 必棄弗攜矣. 世路之末, 有死關焉, 必過之. 大小物悉不聽携.

《성경》에 말했다. "세상에 올 때 지녀온 것이 없듯이, 세상을 나설 때는 반드시 가져가는 것이 없다."[9]

노잣돈만 간신히 쓸 만큼 지니는 것이 큰 지혜다. 많이 지닌 자는 먼 길에 무겁게 짊어지는 노고를 겪고, 길 끝에서 또 전부 빼앗기는 근심을 받는다.

經曰: "入世無所納, 出世必無所携矣." 路資特携僅足者, 大智矣. 多携者, 旣
當長途負重之勞, 路竟又受全奪之憂.

3.16

사람이 높은 산에 오르면서 스스로 무거운 짐을 지는 이는 없다.
짐을 졌다는 것은 높은 산에 오르기를 원치 않는다는 분명한 증거다.
하늘은 너무도 높은데, 네가 무거운 부를 몸에 지니고 있다면, 하늘나
라에 오르기를 원치 않는다는 명백한 증거다.

어떤 사람이 자기의 부를 스스로 뽐내자, 성 아우구스티노가 이를
듣고 말했다. "너는 무엇을 뽐내는 것이냐? 자기의 짐이 큰 것을 뽐내
느냐? 자기의 짐이 무거운 것을 아름답게 여기느냐? 네 부를 줄이고
네 짐을 없애, 가난한 벗에게 나눠주어라. 가난한 벗을 이미 구하고 나
면 너의 짐이 또 줄어들 터이니, 양쪽에게 편하다."

人未有欲升高山, 而自負重任者. 負者, 明徵不願升高山也. 天高甚矣, 爾以
重富任己, 明徵不願升天也. 有人自伐己富, 聖亞吾斯丁聞之曰: "爾伐何也? 伐
己任大乎? 美己負重乎? 減爾富, 消爾任, 分施於貧伴. 貧伴已救, 己任又減. 兩
便矣."

---

9 세상에 올 때 …… 가져가는 것이 없다: 〈욥기〉 1장 21절, "벌거벗고 세상에 태어
난 몸, 알몸으로 돌아가리라. 야훼께서 주셨던 것, 야훼께서 도로 가져가시니 다
만 야훼의 이름을 찬양할지라."

3.17

대략 사람들이 궁핍해 가난해지는 것은 재물이 부족해서가 아니고 재물을 욕심내기 때문이다. 가령 네가 옷이 추위를 막기에 충분하고, 음식이 배를 부르게 하기에 넉넉하며, 편안히 지낼 집이 비바람을 가려주기에 충분하다면, 이 또한 쉽게 얻을 수 있는 것이 아니다. 사람들은 많이들 바라지만, 다행히도 이를 얻는다면 반드시 큰 복이요 큰 부로 여길 것이다. 네가 이를 얻고도 오히려 스스로를 너무 가난해서 복이 없다고 여긴다면, 이것은 필요로 하는 것이 부족해서겠는가, 즐기는 것이 부족해서겠는가? 그래서 "성품을 따르면 가난하지 않아도, 욕심을 따른다면 부유하지가 않다"고 말하는 것이다. 인색하고 욕심사나운 마음은 사람으로 하여금 부유한 가운데서도 가난으로 부족하게 만드니, 그가 범한 것은 벌을 받을 정의인 셈이다.

大約人之匱貧, 非因財乏, 乃因財貪. 假令爾有衣足御寒, 有食足飽腹, 有室安居, 足蔽風雨, 是亦不易得也. 人多望之, 幸得之, 必以爲大福大富矣. 爾得之而尙自視甚貧無福, 此爲乏所須乎, 爲乏所嗜乎? 故曰: "循性不貧, 徇欲不富." 吝貪之情, 使人于富中貧乏, 其所犯受罰之正義也.

3.18

사람으로 하여금 먹으면 먹을수록 배가 더 늘어나게 한다면 어찌 능히 배가 부르겠는가? 욕심 많고 인색한 사람은 새로 돈이 생기면 바로 새 바구니를 만들고, 새로 곡식이 생기면 즉시 새 창고를 짓는다. 앞서는 돈과 곡식이 있어도 바구니나 창고에 넣을 수 없는 것을 근심하더니, 나중에는 바구니와 창고는 있는데 돈과 곡식을 채울 수 없음을 근심한다. 앞서는 물건을 담아둘 장소를 생각하다가, 나중에는 그곳을 가득 채울 물건을 생각하니, 한 가지 탐욕이 끝나지 않았는데 한

가지 탐욕이 이를 잇는다. 그래서 탐욕스러운 마음은 큰길과 같다. 오가는 발걸음이 서로 이어져 끊이지 않고, 조용할 때가 없으니 말이다.

使人愈食腹愈寬, 何能飽乎? 貪者有新金, 旋制新籯也. 有新穀, 旋造新廩也. 先有金穀, 患無籯廩容之. 後有籯廩, 患無金穀實之. 先思容物之所, 後思實所之物, 一貪未終, 一貪續之, 故貪心如大道矣. 來往之跡, 相繼不絶, 無時可靜.

3.19

사물은 저마다 쓰임새가 있게 마련이다. 음식이 배를 채워주고 옷이 몸을 따뜻하게 해주는 것 같은 종류다. 음식이 배를 채워주지 못하거나 옷이 몸을 따뜻하게 해주지 못한다면, 그것을 어디에다 쓰겠는가? 재물에 대한 탐욕은 재물과 나란히 자란다. 스스로는 그 기호를 그치게 할 수가 없으니, 어찌 나에게서 구하겠는가? 이 때문에 재물을 늘리면서 탐욕을 그치려는 것은 소금물을 마셔서 갈증을 그치게 하려는 것과 같다.

物各有其用, 食飲能實腹, 衣能煖體, 類然. 使食飲不實腹, 衣不煖體, 又焉用之? 夫財貪與財均長焉, 不能自止其嗜, 於我何救哉? 故增財止貪, 如歃鹵止渴也.

물은 갈증을 그치게 할 수 있지만, 물이 우물에 있고 갈증이 입에 있을 경우 서로 구해주지 못한다. 마찬가지로 황금은 궤에 있는데, 황금에 대한 갈망이 마음에 있다면 어찌 서로를 구하겠는가? 재물은 형체가 있는 물건이고, 마음은 정신적 물건이다. 그 실체와 정은 각기 너무도 다르다. 궤에는 마음의 신령스러운 지혜와 덕을 채울 수가 없거늘, 어찌 마음을 궤 속에나 넣을 황금이나 물건 같은 것으로 채우겠는가? 하물며 재물은 또 절로 텅 빈 허망한 물건임에랴.

夫水能止渴, 第令水在井, 渴在口, 不相救矣. 金在樻, 金渴在心, 曷能相救乎? 夫財形物, 心神物也. 其體與情, 各甚懸殊. 樻不能盈於心之神智神德, 心曷能盈於樻中之形金形物哉? 矧財又自爲虛浮之物.

빈방에 비록 다른 물건이 없고 공기만 가득하더라도, 다만 능히 다른 물건을 받아들일 수 있다면 공기는 없는 것이나 다름이 없다. 그래서 공허하다고 말한다. 네가 비록 재물을 많이 얻었더라도, 네 마음이 능히 재물을 포용할 수 있고 이미 다시 즐길 수 있다면 재물이 없는 것과 차이가 없다. 이 또한 공허한 것이 아니겠는가? 이 때문에 "재물이 마음을 배부르게 할 수 없는 것은 공기가 몸을 배부르게 할 수 없는 것과 같다"고 하는 것이다. 이것을 모은들 무슨 이로움이 있겠는가?

空室雖無他物, 亦滿於氣, 但其能容他物, 無異于無氣. 故謂空虛也. 爾得財雖多, 爾心能容財, 旣得復嗜, 無異於無財, 不亦空虛乎? 故曰: "財不能飽心, 如氣不能飽身." 聚之何益乎?

3.20

자기가 얻은 것에 만족할 줄 아는 사람은 큰 부자고 참 부자다. 족함을 알지 못하는 자는 큰 가난뱅이고 진짜 가난한 사람이다. 그러므로 탐욕스럽고 인색한 사람은 부자 같아도 실제로는 부자가 아니다.

성 그레고리오가 인색한 사람에게 말했다. "당신은 남의 재물을 보고서 빼앗을 수 있으면 빼앗고, 빼앗을 수 없으면 욕심을 낸다. 탐욕으로 인해 날마다 남을 속이고, 날마다 남을 저주하며, 날마다 남에게서 훔치니, 이것은 부유함의 증거인가, 가난함의 증거인가? 궤가 비고 찬 것을 두고는 가난하다거나 부자라고 말하지 않는다. 사람이 텅 비었는지 알찬지로 가난하고 부유하다고 말한다. 당신의 마음이 손과 함께 비어 있다면, 당신의 궤짝이 황금 같은 물건으로 가득 채워져 있더라도 나는 당신을 부자라고 말하지 않겠다."

以其所得知足者, 大富也, 實富也. 不知足者, 大貧也, 實貧也. 故貪吝者, 如富焉, 未嘗富矣. 聖厄勒臥略謂吝者曰: "爾見財, 能奪則奪, 不能奪則貪. 因貪也, 日欺人, 日詛人, 日竊人, 此徵富耶, 徵貧耶? 櫝虛實, 不謂貧富. 人虛實, 謂貧富. 爾心與手俱虛, 即爾櫝實于金物, 我不謂爾富也."

탐욕스럽고 인색한 사람은 얻지 못했을 때는 그저 있지 못하고, 얻고 나서는 쓰지를 않으니, 어느 경우든 없는 것과 같다. 탐욕스럽거나 인색하지 않은 사람은 얻고는 이를 잘 쓰고, 얻지 못해도 능히 가벼이 여기므로 언제나 얻게 된다.

《성경》에 말했다. "얻은 것이 없는데도 항상 부자 같은 사람이 있고, 재물이 넘쳐나지만 늘 가난한 듯한 사람이 있다. 그 재물을 나눠주어도 날마다 풍족한 이가 있고, 자기 재물이 아닌 것을 빼앗으면서도 언제나 부족하게 지내는 이가 있다."[10] 바로 이를 두고 하는 말이다.

성 예로니모日羅尼가 말했다. "탐욕스럽지 않은 사람은 세계를 모두 자기의 부로 삼지만, 탐욕스럽고 인색한 사람은 아주 작은 것도 모두 가지려 한다."

貪吝者, 未得弗任得, 已得不任用, 兼乏焉. 不貪吝者, 已得能用之, 未得能輕之, 故兼得焉. 經曰: "有無所得者, 而恒如富, 有盈於財者, 而恒如貧. 有分其財

者, 而日豐, 有奪非其財者, 而恒居匱乏." 此之謂也. 聖日羅尼曰: "不貪者, 世界
咸爲其富. 貪吝者, 毫釐皆其所須."

3.21

어떤 이가 물었다. "재물은 사람을 부유하게 해줄 수 없는데, 얻으
면 얻을수록 그에 대한 갈증이 심해지는 것은 어째서인지요?"

내가 말했다. "사람이 하나를 얻게 되면 바로 둘을 얻을 바탕이 되
므로, 둘을 얻으려고 욕심을 내는 것이다."

사람 마음의 크기는 시원스럽게 크고도 넓어서, 스스로 능히 하늘
의 복을 누릴 드넓음도 포용할 수가 있다. 세상의 복은 너무도 작으니
어찌 능히 이를 채울 수 있겠는가? 사람은 저울로 무게를 달고 자로
길이를 잰다. 달고 재는 것은 반드시 한정이 있게 마련이다. 사람이 그
가 필요로 하는 바를 가지고 취할 것을 헤아리는데, 필요로 하는 것이
한정이 있으면 취하는 것 또한 한정이 있어 얻고 나면 만족한다.

或問: "財物不能富人, 愈得愈增其渴, 何故?" 曰: "人既得一, 即得二之基, 故
貪得二也." 夫人心之量, 恢然弘廣, 自能容享天福之廣. 世福纖微, 豈能充之哉?
夫人以衡稱, 以尺量, 所稱量必有限. 人以其所須度所取, 所須有限, 所取亦有
限, 得而足矣.

새나 짐승에게는 사람의 영혼이 없다. 그들은 정욕에 절제가 있어
서 능히 필요로 하는 것으로 취할 것을 정한다. 사자와 범과 매는 배가
고프면 잡아먹고, 그렇지 않으면 그만둔다. 진실로 얻고 싶은 대로 얻
어서 물욕으로 무게를 달고 길이를 재 사물을 취한다면, 물욕은 한정
이 없으니 물건을 취함이 어찌 끝이 있을 것이며 만족할 수 있겠는가?

鳥獸無人靈, 其情欲有節, 能以所須定所取. 獅虎鷙鳥, 餓則搏, 不則止矣. 苟

欲得爲得, 以物欲稱量物取, 物欲無限, 物取安所底止而能足乎?

　세간에 있는 하찮은 물건조차 모두 하느님께서 능히 만드신 물건인데, 한 사내의 한 마음속에 담긴 탐욕조차 채우지 못하니, 하물며 하잘것없는 세상에서 뭇사람의 탐욕을 채우겠는가?

　한 현인이 이렇게 말했다. "부족한 것과 족함을 알지 못하는 사람은 가난함이 똑같다."

　어떤 이가 말했다. "그렇지가 않다. 부족한 이의 부족함은 작은 재물로도 채울 수가 있다. 하지만 족함을 알지 못하는 자의 부족함은 마침내 능히 이를 채울 수가 없다."

　勿論世間所有簡微物, 即盡天帝所能造物, 不盈一夫一念之貪也, 矧簡微世以盈衆貪哉? 有賢人曰: "人之不足, 與不知足者, 其貧等." 或曰: "不然. 不足之不足, 微財可足. 不知足之不足, 竟莫能足之."

　알렉산더는 서양 나라의 대왕이었다. 하루는 크게 통곡하므로 대신들이 놀라 까닭을 물었다. 그가 말했다. "지난번에 하늘 아래 세계가 몹시 많다는 말을 들었다. 내가 여태 한 지방에서 높이는 주인도 되지 못했으니, 통곡하지 않을 수 있겠는가?"

　육신의 부유함이 견줄 데 없어도 마음의 가난함은 거지와 같다. 하고많은 즐거움을 얻더라도 즐김을 얻으려는 근심을 풀기에는 부족하다. 세속의 탐욕은 대부분 이와 비슷하다.

　亞立山, 西國大王也. 一日大哭, 大臣驚, 問故. 曰: "頃聞天中世界甚多. 我尙未及作一方之共主, 能無慟?" 身富無比, 心貧如丐. 得多之樂, 不足解嗜得之憂, 世貪率類此矣.

3.22

굶주리고 목마른 이가 먹고 마실 것을 얻고 나서 그만둔다면 튼튼하다는 증거다. 만약 그만두지 않고 더 심해진다면 아프다는 뜻이다. 그 병을 고치려 한다면 먹고 마시기를 더하는 데 달려 있지 않고 타오르는 불을 끄는 데 달려 있다. 재물에 대한 기호는 마음이 굶주리고 목마른 것이다. 재물을 얻어 만족할 줄 알면 마음의 정신 상태를 증명하는 것이다. 얻으면 얻을수록 더욱 즐거워한다면 마음이 크게 병든 것이 아니겠는가?

饑渴者, 得食飮而止, 則徵强. 若不止而逾甚焉, 則徵疾矣. 欲療其病, 不在益食飮, 在消浮火. 財之嗜, 心之饑渴也. 得財知足, 徵心之精神. 愈得愈嗜, 心不甚病乎?

한갓 재물이라는 약만 늘리면서 뜬 탐욕을 줄이지 않는다면 병이 나을 수 있겠는가? 물욕이란 물건과 나란해야만 만족한다. 이 때문에 사람의 마음이 만족하는 것은 많이 얻는 것에 달린 것이 아니고, 얻고자 하는 바를 얻는 데 달려 있다. 욕심은 한정이 없는데 물건은 한정이 있는지라, 물건을 늘리는 것으로는 욕심을 채울 수가 없다. 어찌 욕심을 줄여서 물건에 미칠 수는 없는 것인가? 이 때문에 네가 부유하고 풍족하기를 원한다면, 재물을 늘리기에 힘쓰지 말고 탐욕을 줄이기에 힘써야 한다. 너의 재물이 부족하다 하여 네가 네 재물을 채우려 들어서는 물건이 네 바람을 채워줄 수가 없으니, 어찌 네 바람을 물건보다 적게 하지 않는가?

徒增財藥, 不減浮貪, 可得瘳乎? 夫物欲與物齊, 乃足矣. 故人心之足, 不在多得, 在得所欲得. 夫欲無限, 物有限, 不能增物以及欲. 豈不能減欲以及物? 是以爾願爲富足, 勿務增財, 務減貪. 爾財物不足, 爾使爾足爾財物, 不能令物及爾願, 曷不令爾願不過物乎?

세네카가 재물에 욕심을 부리는 한 사람을 경계하며 말했다. "네가 구하는 것을 얻고자 한다면, 어찌 구함이 없게 하기를 원하지 않는가? 구함이 없는 것이 구함을 얻는 것보다 낫지 않겠는가? 구함이 없음은 자기에게 있는 것을 얻음이요, 구함을 얻음은 남에게 있는 것을 얻음이니, 어느 것이 쉽겠는가?"

色搦加箴一貪財者曰: "爾願得所求, 曷不願得無求乎? 無求不勝得乎? 無求得在己, 得求得在人. 孰易乎?"

3.23

재물을 가진 사람이 재물을 가볍게 보기는 쉽다. 이미 재물의 괴로움을 겪어보았기 때문이다. 그래서 재물이 없는 사람은 재물을 가볍게 보기가 어려우니, 다만 그 헛된 빛만을 보기 때문이다.

어떤 현자가 말했다. "귀하게 되려는 사람으로 하여금 능히 귀한 사람이 귀한 사람의 괴로움을 말하는 것을 믿게 하고, 부자가 되려는 사람으로 하여금 부자가 부자의 괴로움에 대해 말하는 것을 믿게 한다면, 되려고 하지 않을 것이다."

有財者輕財易, 既試財苦, 故無財者輕財難, 特視其虛光故. 有賢者曰: "使圖貴者, 能信貴人言貴者之苦, 圖富者, 能信富人言富者之苦, 不圖矣."

3.24

재물을 탐하는 것은 바로 재물의 종이 된 것이지 주인이 된 것이 아니다. 자기가 재물을 얻은 것이 아니라, 재물에게 걸려든 것이다. 그래서 탐욕스럽고 인색한 사람을 《성경》에서는 '재물에게 부림을 당하는 사람'이라고 말한다.[11] 사람이 재물을 부리는 것이 이치고, 재물이 사람을 부리는 것은 탐욕과 인색이다. 그래서 재물에 인색한 자를 재물에 걸려들었다고 말하니, 이는 감옥에 갇힌 자가 족쇄를 차게 되는 것과 같다. 실제로 직접 족쇄를 찬 것이 아니라 해도 족쇄에 걸려든 것이나 같다.

貪財者正爲財役, 非主也. 非自獲財, 惟獲於財. 故貪吝者, 聖經謂之財之人. 人之財, 理也. 財之人, 貪吝也. 故言吝財者獲財, 猶言囚繫者獲桎梏, 實非自獲桎梏, 正獲於桎梏矣.

주인이 기뻐하면 하인 또한 기뻐하고, 주인이 근심하면 하인도 근심하니, 이는 충성스러운 하인이다. 재물이 사라지면 너의 마음도 근심으로 녹는다. 재물이 늘어나면 너의 마음도 즐거움이 늘어나고 교만함도 늘어난다. 그러니 재물의 하인이 됨이 너무도 분명하다. 재물의 주인 된 사람은 하려는 것에 따라 그것을 쓴다. 재물에 인색한 사람은 마음으로 쓰기를 원하고, 이치 또한 써야 마땅하다 하고, 천주께서 네게 쓰라고 명하시더라도, 인색한 마음은 네가 그것을 쓰는 것을 허락하지 않는다. 모든 것을 그의 명령에 따르는데 그의 하인이 아니라고 한다면 되겠는가?

主喜役亦喜, 主憂役亦憂, 此忠役也. 財消, 爾心亦以憂消. 財長, 爾心亦以樂

---

11 탐욕스럽고 인색한 …… 사람'이라고 말한다: 〈디모테오에게 보낸 첫째 편지〉 6장 9~10절, "부자가 되려고 애쓰는 사람은 유혹에 빠지고 올가미에 걸리고 어리석고도 해로운 온갖 욕심에 사로잡혀서 파멸의 구렁텅이에 떨어지게 됩니다. 돈을 사랑하는 것이 모든 악의 뿌리입니다. 돈을 따라다니다가 길을 잃고 신앙을 떠나서 결국 격심한 고통을 겪은 사람들도 있습니다."

長, 且以傲長. 其爲財役甚明矣. 夫爲財主者, 隨欲隨用. 吝財者, 心本願用, 理亦
曰宜用, 天主亦令爾用, 而吝心不聽爾用. 旣悉聽其命, 而欲不稱其役, 得乎?

사람은 하인을 두어 근심과 걱정을 나누고, 번거롭고 힘든 일을 대
신 하게 한다. 재물이 있으면 근심 걱정이 더 깊어지고, 번잡하고 힘든
일은 더 무거워진다. 너는 재물을 놓아두고 문밖에 나갈 수 없지만, 재
물은 너를 놓아둔 채 멀리 놀러 가거나 바다를 건너갈 수도 있다. 험
한 곳에 들어가고 힘든 일을 짊어지더라도 너는 모두 순순히 그를 따
르기만 하니, 충성스러운 하인이 아니겠는가?

夫人有僕以分憂慮, 代煩勞. 財在, 憂慮尤深, 煩勞尤重. 爾不能遣財出戶, 而
財能遣爾遠遊涉洋. 入險負勞, 爾悉順從之也, 忠役矣哉?

사람이 하인을 두더라도 다만 그 육신의 힘을 구할 뿐 그 마음의
생각까지 요구하지는 못한다. 다만 탐욕과 인색의 마음이 나를 빼앗
았을 때는 내 힘을 다 쏟게 하고, 또 내 마음을 빼앗아가서 재물만 꾀
하게 만들고 다른 생각은 하지 못하게 한다. 주인 중에는 그 하인을
잘 돌봐주는 사람이 많다. 탐욕과 인색의 마음은 나를 가장 귀찮게 부
리면서도 나를 가장 박하게 대접한다. 내 음식과 내 의복마저도 온통
가져가서 제멋대로 한다.

人有僕役, 惟求其身力, 不責其心慮. 獨貪吝一情, 旣奪我時, 盡殫我力, 又奪
我心, 止使謀財, 不得他慮也. 主多有善視其僕役者, 獨貪吝之情, 役我最煩, 視
我最薄, 并我食我衣, 悉將靳之.

3.25

나무에 열매가 달렸는데 딸 때 쉽게 떨어지면 나무는 상하지 않는

다. 만약 높은 가지에 달렸거나 꼭지가 단단하면, 사람들이 장차 이를 끌어당기거나 쳐서라도 떨어뜨려 그 열매를 먹느라 그 가지를 찢을 것이다. 탐욕스럽고 인색한 사람은 스스로 차마 버리지 못하니, 남들이 누가 그저 두고 보려 하겠는가? 어떻게 해서든 그 뜻을 깨뜨리고 그 원하는 바를 떨쳐내려 들 테니, 재물을 잃고 나서는 몹시 쓰라리고 입맛이 쓸 것이다.

木有實, 采之易脫, 木不傷. 若在高杪, 或帶固蒂, 人將攀援擊落之, 食其實, 披其枝矣. 貪吝者, 自不忍舍. 人孰聽之? 多方以破其意, 拂其願, 財失而苦辛甚焉.

3.26

성 아우구스티노가 탐욕과 인색함으로 재물을 모으는 사람에게 물었다. "당신이 이토록 힘들게 수고하는 것은 누구를 위해서입니까?"

"내 아들을 위해서입니다."

"당신의 아들이 괴롭게 애쓰는 것은 누구를 위해서인가요?"

"아들의 아들을 위해서겠지요."

"이렇게 해서 끝없이 이르더라도 자기를 위한 것은 없군요. 당신은 재물을 모아서 아들에게 준다고 하지만, 재물을 모아 도적에게 주고, 불에게 주고, 원수에게 주는 게 아닐지 어찌 알겠습니까? 당신이 탐욕과 인색함으로 조금씩 모은 것을 당신의 아들이 방탕과 음란함으로 홀연 흩어버리는 건 아닐지 어찌 알겠습니까? 그러므로 당신이 아들을 사랑한다면 덕을 물려주십시오. 재물과 복은 아울러 따라갈 것입니다. 재물을 물려주면 덕과 재물이 모두 위험해지지요. 재물이라는 것은 온갖 죄악이 담기는 그릇입니다. 어린 아들이 많은 재물을 끼고 있는 것은 마치 미친 사내가 예리한 칼을 지닌 것과 같습니다. 자기를 죽이고 남을 해치는 것을 모두 면치 못할 것입니다."

푸치覆濟[12]는 서양 나라의 부귀한 사람이었다. 황금과 백금을 수억이나 주겠다는 사람이 있었지만 물리치고 받지 않았다. 어떤 사람이 아까워하며 말했다. "받아서 직접 쓰지 않더라도, 어째서 자손에게 물려주시지 않는지요?"

그가 대답했다. "자손이 이치에 따라 아껴서 쓴다면 내가 물려주는 것만 해도 많습니다. 만약 욕심 사납게 멋대로 쓴다면, 저것을 함께 지니더라도 또한 부족할 겁니다. 이를 받아 무슨 유익함이 있겠습니까?"

聖亞吾斯丁問貪吝聚財者曰: "爾勞苦, 誰爲乎?" 曰: "爲我子." "爾子勞苦, 誰爲乎?" 曰: "爲子之子." "如是以至無窮, 則無有爲已乎. 爾云聚以與子, 安知不聚與賊, 聚與火, 聚與讐乎? 爾以貪吝漸聚之, 安知爾子不以蕩淫忽散之? 故爾愛子, 遺之以德, 財福幷隨之. 遺之以財, 德與財俱險矣. 財者萬罪之器, 以幼子擁多財, 如狂夫擁利劍也. 殲己害人, 俱不免焉." 覆濟, 西國富貴人也. 有餽之黃白金數億者, 却不受. 或惜曰: "受之不自用, 盡以遺子孫乎?" 答曰: "子孫循理節用, 我所遺多矣. 若恣欲浪用, 兼彼亦不足, 受之何益乎?"

3.27

카터加德[13]는 서양 나라의 이름난 인사였다. 죽게 되자 황금과 백금 수억을 그 친구에게 부치며 말했다. "내가 죽은 뒤에 자손들이 덕을 쌓고 잘 쓴다면 이를 모두 주고, 그렇지 않거든 조금도 주지 말게."

---

12 푸치Pucci: 미상.

13 카터Carter: 미상.

어떤 사람이 그 까닭을 묻자, 이렇게 말했다. "돈이라는 것은 잘 쓰면 덕스러운 그릇이 되지만, 그러지 않으면 나쁜 도구가 되지요. 내 자손이 반드시 그것을 잘 쓸 수가 없을 경우, 그것으로 악을 행하는 데 도움이 되는 것은 원치 않습니다."

加德, 西國名士也. 將終, 以黃白金數億, 寄其友人, 曰: "我死之後, 子孫作德善用, 全予之, 否則毫末勿予." 或問故, 曰: "金錢者, 善用之爲德器, 否則爲惡器. 我子孫不能必其爲善, 不願助其爲惡."

3.28

서양 나라의 어느 한 사람이 부유하고 욕심이 많았는데, 아들 둘이 있었다. 맏아들이 가만히 걱정하며 말했다. "내 아버지가 재물을 굉장히 많이 가졌지만, 의롭지 않은 것이 있을 것이다. 그 재물을 나눠받으면 혹 그 죄도 나눠받게 될 것이다." 이로 인해 세상을 피해 숨어서 도를 닦았다.

아버지가 죽자, 둘째 아들이 마침내 재산을 전부 갖게 되었다. 몇 해가 지나 둘째 아들 또한 죽었다. 맏아들은 아버지와 동생이 재물로 인해 죄를 받았을까 봐 걱정을 그치지 않다가, 그들이 돌아간 곳을 보게 해달라고 천주께 기도했다. 천주께서 지옥 가운데서 죄를 받고 있는 자들을 보여주셨다. 두루 살펴보았지만 두 사람이 보이지 않았으므로 다행으로 여겨 기뻐했다. 그다음에 보니, 아버지와 동생 두 사람이 메마른 우물에서 나와 서로 욕을 하며 치고받고 있었다.

아버지가 아들을 꾸짖으며 말했다. "내가 너를 위해 마음과 힘을 다 쏟아서 재물을 모았거늘, 이 때문에 죄를 받았으니 내가 유감스럽다."

아들은 아버지께 욕을 하며 말했다. "아버지가 의롭지 못한 재물을 내게 주어, 나로 하여금 죄를 받게 하였으니 저야말로 유감입니다."

西國一人富而貪, 有二子. 長子私慮: "我父取財豐多, 有不義者乎? 分受其財, 或分受其罪." 因遁世脩道. 父卒, 少子遂全獲焉. 越數年, 少子亦卒. 長子恐父弟因財受罪, 憂慮不已, 祈天主賜見所歸處. 天主賜見地獄中受罪者, 徧閱無有, 喜幸. 次見父弟兩出於眢井, 互詈互擊. 父詈子曰: "我爲爾盡心力聚財, 以而受罪, 我恨爾." 子詈父曰: "爾不義財遺我, 使我受罪, 我則恨爾."

3.29

몹시 부유한 한 상인이 있었다. 장차 죽게 되자 그 벗에게 말했다. "내 몸뚱이는 어떤 곳에다 묻어주고, 내 영혼은 내 처자의 영혼과 함께 마귀에게 내맡겨서 함께 지옥에다 묻어주게나."

듣던 이가 크게 놀라 미친병에 걸렸다고 생각하며 몹시 나무랐다.

그가 대답했다. "아닐세. 내 마음은 몹시도 밝다네."

그래서 그 까닭을 묻자, 그가 대답했다. "내 아내는 고운 옷에다 황금과 보석으로 꾸미기를 좋아한다네. 아들은 멋대로 놀기를 좋아하지. 나는 재물을 모아서 이들에게 주고 싶어, 남을 속이고 남을 해치는 짓을 많이 했다네. 진실로 마땅히 함께 그 죄를 받아야 하겠지."

말을 마치고는 죽었다.

一商人富甚, 將終, 謂其友曰: "我身瘞之某處, 我靈神, 并我妻子之靈神, 付與鬼魔, 俱瘞於地獄." 聞者甚駭, 以爲狂病, 切責之. 答曰: "非也. 我心甚明." 因問故, 答曰: "妻喜鮮衣若金寶之餙. 子喜佚游. 我願聚財以給之, 多至欺人害人, 固宜并受其罪." 言訖而絶.

3.30

평온한 마음으로 가난을 받아들이는 것은 참을성이 있어야 한다. 가난을 즐거워하는 것은 큰 지혜니, 가난하여 부족함을 즐기는 것은 하늘나라로 올라가는 날개다.

《성경》에 말했다. "마음이 가난한 사람은 참으로 복되다. 이미 하늘나라를 얻었기 때문이다."[14]

하물며 가난을 즐거워하는 것은 가난한 것이 아니다. 몸이 가난하고 마음 또한 가난해야 가난은 덕이 된다. 몸은 가난한데 마음은 욕심 사나우면 가난은 덕이 아니라 근심이 된다. 이제 가난하다고 말하는 사람은 진짜 가난한 것이 아니라, 단지 거짓으로 가난을 꾸몄으나 실상은 탐욕스럽고 인색하다.

平心受貧, 忍也. 樂貧, 大智也. 貧匱之樂, 升天之翼. 經曰: "神貧者乃眞福, 爲已得天上國也." 況樂貧者非貧, 身貧心亦貧, 貧乃爲德. 身貧而心貪, 貧非德乃患. 今謂貧者非眞, 第假僞貧, 用餙實貪吝.

3.31

세상의 재물이 있는 곳에는 온갖 물건들이 따라온다. 그래서 세상 사람들이 재물을 얻으려는 것은 재물을 위해서가 아니다. 재물을 얻게 되면 세상 물건을 다 얻을 수 있고 세상일을 무엇이든 할 수 있기 때문이다. 성현이나 덕을 닦는 사람은 이와 반대로 한다. 사람의 성품은 나약하고 물러터져서 늘 악에 노출되는데, 재물의 편리함을 얻으면 정욕이 따라서 바뀌고 온갖 악이 쉬 이루어짐을 알기 때문이다.

世財所在, 百物隨之. 故世人欲得財, 非爲財也. 財得, 世物皆可得, 世事皆可

---

14 마음이 가난한 …… 때문이다: 〈마태오의 복음서〉 5장 3절, "마음이 가난한 사람은 행복하다. 하늘나라가 그들의 것이다." 〈루가의 복음서〉 6장 20절, "가난한 사람들아, 너희는 행복하다. 하느님 나라가 너희의 것이다."

爲也. 聖賢修德者反是. 知人性脆弱, 恒垂於惡, 得財之便, 情欲易遂, 諸惡易成.

정욕은 사람에게 갑자기 일어나는지라 제어하기가 어렵고, 한꺼번에 일어나므로 막기가 쉽지 않다. 그럴진대 절대로 이를 하게 만드는 계단을 없애야만 한다. 그 계단을 끊어버리면 정욕을 억누르기가 쉽고 공덕을 간직하기가 용이해진다. 그래서 성현은 부유함을 기뻐하지 않고 부유함을 두려워하지도 않는다. 오로지 자기 자신을 두려워하니, 육신의 거짓된 부를 가지고 마음의 참된 부를 해칠까 염려하기 때문이다.

情欲在人, 突發難制, 叢生難屛, 則絶令無以爲之階. 絶其階, 情欲易鎭, 功德易保矣. 故聖賢不喜富, 非畏富, 惟畏己, 恐以形之僞富, 害心之良富也.

3.32

부에도 중용의 길이 있다. 너를 가난의 근심에서 건지고, 네가 쓸 것을 채워주는 것이 이것이다.

아리스토텔레스가 말했다. "재물의 넉넉함이 정도를 넘지 않는다면 다행이다. 이 같은 사람은 순리를 따르기가 쉽기 때문이다."

사람은 재물을 모으는 데 있어서 모름지기 한도를 두는 것이 매우 좋다. 그렇지 않으면 만족하는 것으로 한도를 두는 것 또한 괜찮다. 이것을 벗어나면 함께 위험하다.

그래서 서양 나라의 큰 명사인 솔로몬撒辣滿[15]은 천주께 이렇게 기

---

15 솔로몬Solomon(BC ?~912?): 고대 이스라엘왕국의 제3대 왕으로, '지혜의 왕'으로 일컬어진다. 부왕 다윗의 명으로 왕위에 올랐다. 신에게 지혜를 달라 기도를 올

도했다. "속이는 말을 제 마음에서 멀어지게 하시고, 가난함과 부유함을 모두 내려주시려 한다면 알맞을 정도만 내려주시면 좋겠습니다. 부가 지나친 사람은 당신을 잊고서 누가 나의 주인이냐고 말하게 될까 봐 염려스럽고, 너무 가난한 사람은 또 도둑질과 거짓 맹세에 빠져들까 걱정스럽기 때문입니다."**16**

富有中道, 救爾貧患, 足爾用, 是也. 亞利斯多曰: "財富不過中則幸. 若此者, 易以順理故也." 人於財聚, 以所須爲限甚善, 不則以所足爲限, 亦可也. 外此俱險矣. 故西國大名士撒辣滿祈天主曰: "詿言遠之我心, 貧富咸欲見賜, 賜所足, 足矣. 富過者, 恐忘爾而云誰爲我主. 貧過者, 又恐流入盜竊詿誓故也."

3.33

가난이 큰 재앙이 아님을 아는 사람은 부가 큰 행운이 아님을 안다. 이 같은 사람은 부자가 되게 할 만하다. 군자는 재물에 대해 부러워하지 않고 다만 순리에 따른다. 얻더라도 버리지는 않고 그저 가볍게 여긴다.

知貧非大災者, 則知富非大幸也. 若此人, 可令富矣. 君子於財不羨, 惟隨順之. 得之不廢, 惟輕之.

리자 신이 부와 명예도 함께 약속하며 언제나 신을 따르라고 명했다고 한다. 그의 치하에 이스라엘왕국은 전성기를 맞이했다.

16 속이는 말을 …… 때문입니다: 〈잠언〉 30장 7~9절, "저에게는 당신께 간청할 일이 두 가지 있습니다. 그것을 제 생전에 이루어주십시오. 허황된 거짓말을 하지 않게 해주십시오. 가난하게도, 부유하게도 마십시오. 먹고살 만큼만 주십시오. 배부른 김에 '야훼가 다 뭐냐?' 하며 배은망덕하지 않게, 너무 가난한 탓에 도둑질하여 하느님의 이름에 욕을 돌리지 않게 해주십시오."

3.34

옛날에 남에게 일을 맡기는 사람은 그의 덕이 큰지 작은지를 살폈다. 오늘날 남에게 일을 맡기는 사람은 재물이 많고 적은지를 본다. 덕은 영예로운 것인데 이를 재물로 빼앗으니, 슬프다!

古以事任人者, 視德巨細. 今以事任人者, 視財多寡. 德榮, 財奪之, 哀哉!

3.35

한 사람이 부유하지만 인색했는데, 사변을 만나 그 재물을 모두 잃고 세네카에게 고하니, 그가 말했다. "만약 당신이 재물을 잃었다면 당신의 탐욕도 함께 잃은 것이니 큰 다행입니다. 탐욕을 잃지 않았더라도 재물을 잃은 것은 탐욕의 매개를 없앤 것이니 또한 다행입니다."

一人富而吝, 遇事變, 盡亡其財, 以告色搦加, 曰: "若失爾財, 兼失爾貪, 大幸矣. 即不失貪, 失財, 去貪之媒, 亦幸也."

3.36

성 그레고리오가 말했다. "탐욕스럽고 인색한 사람은 이미 얻은 것에는 싫증을 느끼고, 남이 얻은 것만 얻으려 든다. 아직 얻지 못했을 때는 밤낮으로 궁리하고 따지느라 갖가지로 부산을 떨면서 참된 일은 내버려둔다. 원하는 마음이 커질수록 궁리도 점점 넓어진다. 갑자기 한 가지 그것을 낚아챌 계책이라도 떠오르면, 스스로 원하던 바를 얻었다고 여겨 크게 기뻐한다. 갑자기 이미 얻은 것을 어떻게 운용해야만 넉넉한 이익을 얻게 될까 궁리하거나, 느닷없이 마땅히 내가 부자인 것을 시샘하는 자나 내 재물을 욕심내는 자가 있을 경우, 그들이 계획을 어떻게 펼칠지, 또 내가 어떻게 여기에 대응해서 이를 막을지에 대해 궁리하기도 한다. 아직 한 가지 물건도 얻지 못했는데 헛되이 즐거워하고, 헛되이 다투며, 헛되이 지키니, 재물의 이로움은 누리지도 못한 채 이미 탐욕의 어지러움과 번거로운 수고를 얻고 만다."

聖厄勒卧略曰: "貪吝者, 厭所已得, 而冀得人所得. 未得時, 日慮夜籌, 躁擾萬緒, 而棄置實事. 所願隨大, 計慮隨廣. 倏思得一漁獵之策, 自以爲得所願得也, 大喜矣. 倏思所已得, 若何運用之, 乃得饒益, 倏思當有妬我富者, 謀我財者, 其所設計畫如何, 我若何應之防之. 尙未得一物, 而虛樂之, 虛爭之, 虛保之, 未享財益, 而已得貪亂煩勞."

3.37

재물이 많으면 이를 탐내는 사람 또한 많아지고, 재물을 써야 할 일도 많아진다. 화려한 옷과 많은 하인, 풍성한 음식과 진기한 기물, 그리고 교만함을 드러내는 여러 자취는 모두 부가 새어나가는 구멍일 뿐이다. 교만이라는 것은 부를 갉아먹는 좀벌레니, 부에서 생겨나 부를 없애기 때문이다.

부자는 말한다. "나는 필요로 하는 일과 물건이 너무도 많으니, 풍성한 재물이 아니고야 어찌 이를 마련하겠는가?"

많은 일을 필요로 하는 것이 바로 그 부 때문에 생겨난 것인 줄은 알지 못한다. 필요로 인해 사물을 얻은 것이 아닌지라 재물을 얻는 데서 벗어나지 못하고, 도리어 재물을 얻었기 때문에 사물에서 벗어나지 못하게 된다. 재물이 사라지면 필요로 하는 물건 또한 사라져버린다.

財多, 貪之者亦多, 費財之緣亦多. 華衣衆役, 豐食珍器, 與凡顯傲之跡, 皆富之漏竇耳. 傲者, 富之蠹也, 以富生而消富也. 富者云: "我所須事物最多, 非豐財, 安能備之?" 不知多事之須, 正生於富. 非因須得事物, 故不免于得財, 反因得財, 故不免于事物也. 財消, 所須物亦消.

예전에 어떤 현인이 부유함을 끊고 가난을 기뻐했다. 하루는 큰 저자에 들어가서 귀한 물건이 몹시 많은 것을 보고 이렇게 말했다. "이제 내게는 아무 쓸모없는 물건이 이다지도 많단 말인가?"

성 아우구스티노가 말했다. "재물이 많다고 스스로 뽐내는 사람은 몸에 종기를 앓으면서 내가 얻은 종기의 처방이 매우 많다며 자랑하는 것이나 한가지다. 종기가 없으면 더욱 편안하지 않겠는가?"

한 사람이 늘 마귀에게 시달림을 받고 있었다. 성 이레네오意辣[17]가 구해주자 이 사람이 그 은혜에 몹시 감사하며 황금과 보물을 후하게 보내왔다. 성인께서 자기가 먹던 국수와 떡, 마시던 물과 입고 있던 나쁜 옷을 가리키며 말했다. "이것을 입고 이것을 먹고 마시기를 좋아하는 사람은 황금과 보물 보기를 흙같이 한답니다." 그러고는 마침내 이를 물리쳤다.

古有賢, 絶富喜貧. 一日入大市, 見貴物甚多, 曰: "今我所不須, 若此多乎?" 聖亞吾斯丁曰: "財厚自伐者, 猶身病瘍, 而云我所得瘍方甚多, 以自伐也. 無瘍, 不更安乎?" 一人恒受魔害, 聖意辣救之, 是人甚感其恩, 厚饋金寶. 聖人指所食麵餠, 所飮水, 所衣惡衣, 曰: "喜衣斯, 食飮斯者, 視金寶如土也." 竟却之.

3.38

우리 서양 나라에 두 사람이 이웃해 살고 있었다. 한 사람은 몹시

---

17 성 이레네오Irenaeus(130?~200?): 사도 요한의 제자이자 스미르나의 주교인 성 폴리카르포의 제자다. 즉, 사도 요한의 손제자로서 초대교회의 대표적인 교부 가운데 한 사람이다. 《이단 논박》 등의 저술을 통해 당시 초대 기독교 시절에 일어난 영지주의에 맞서는 등 초대교회 시절을 대표하는 변증가이자 신학자로 유명하다. 아우구스티노 이전 교부 중에서 가장 중요한 인물이다.

부유했고, 한 사람은 심히 가난했다. 부자는 날마다 경영하느라 근심으로 괴로웠다. 가난한 사람은 날마다 품팔이를 나갔다가 저녁이면 품삯을 가지고 돌아와 그럭저럭 먹고살 뿐이었지만, 그 밖에는 바라지도 않아 노래와 음악이 끊이지 않았다.

我西國有兩人隣居, 一甚富, 一甚貧. 富者日事經營, 煩擾憂慮. 貧者日出傭工, 夕持直歸, 自給而已, 不求其餘, 歌樂不輟.

부자가 이상하게 여겨 말했다. "저 사람은 가난한데 항상 즐겁고, 나는 부자인데 언제나 근심스럽다. 왜 그런 것일까?"

마침내 가난한 사람을 불러다가 말했다. "여러 해 동안 이웃으로 지내다 보니, 그대가 재물은 부족해도 덕이 넉넉한 줄을 알겠소. 서로를 건져 구제하고 싶군요. 이제 몇만 냥의 돈을 꾸어줄 테니, 시장에 가서 마음대로 장사하고, 대략 몇 해 뒤에 본전만 내게 돌려주면 충분하오."

富者異之, 曰: "彼貧恒樂, 我富恒憂, 何故?" 遂召貧者曰: "多年比屋, 知子寡於財, 豐於德, 欲相拯濟. 今貸錢若干萬緡, 任往市易, 約若干歲, 歸我以母錢, 足矣."

가난한 사람이 끊임없이 감사를 드렸다. 이렇게 재물을 얻자 근심 걱정이 없을 때가 없어, 다시 노래할 수가 없었다. 저 부자는 그 뒤에야 자기의 근심이 탐욕에서 생겨나고, 저 사람의 즐거움이 욕심 없는 데서 생겼음을 알게 되었다. 가난한 사람 또한 물건을 얻자 편안함과 즐거움을 잃은 것을 스스로 알아, 그 재물을 가지고 가서 당장 돌려주니, 노래와 음악이 처음과 같아졌다.

貧者感謝不已. 旣得財, 憂慮不間, 弗復歌矣. 彼富者而後知己憂生於貪, 彼樂生於無貪也. 貧者亦自知得物失安樂, 持其貨逡還之. 歌樂如初.

3.39

디오게네스第阿熱搦[18]는 서양 나라의 어진 선비였다. 젊은 나이에 도를 사모해 세상의 부를 끊어버리고 가난을 기뻐했다.

하루는 물가로 가서 혼자 채소를 씻고 있는데, 아리스토텔레스亞利思第가 이를 보고서 말했다. "당신에게는 큰 덕과 큰 지혜가 있소. 능히 나와 더불어 왕을 섬긴다면 크게 부귀해질 수 있을 텐데, 어찌 혼자 채소를 씻고 있단 말이오?"

그가 대답했다. "그대가 나와 더불어 만족함을 알아, 한 차례 가난의 즐거움을 시험한다면 크게 가난하고 천해질 수가 있을 거요. 어찌 아첨하는 말로 임금을 속이기에 이른단 말이오?"

弟阿熱搦, 西國賢士. 蚤年慕道, 絶世富而喜貧. 一日向水濱自浣蔬, 亞利斯弟見之, 曰: "子有大德大智, 能與我事王, 可大富貴. 何至自浣蔬?" 對曰: "子能與我知足, 一試匱乏之樂, 可大貧賤. 何至以諛言欺王?"

3.40

또 어떤 어진 이가 큰 부자였다. 스스로 재물에 대한 생각이 덕을 닦는 데 몹시 방해가 되는 것을 깨닫고는 황금을 운반해 바다에다 내던지며 말했다. "악한 물건아! 내가 먼저 너를 빠뜨려, 네가 나를 빠뜨

---

18 디오게네스Diogenēs(BC 400?~323): 고대 그리스의 철학자. 모든 인습과 권위에서 해방되어 물질적 허식을 배격하고 자족하는 삶을 최고의 행복이라고 여겼다. 그의 사상은 후일 스토아학파의 전조가 되었다.

리기를 기다리지 않겠다."

又一賢大富, 自覺財念甚阻於德修, 輋金投之海, 曰: "惡物! 我先溺爾, 不竢
爾溺我."

3.41

재화의 아름다움에 한 가지가 있으니, 사람이 품고 있는 선과 악을
환하게 밝혀줄 수 있다는 점이다.

貨財之美有一端, 能顯明人所懷善惡.

3.42

《성경》에서 나를 권면하여 말했다. "입고 먹는 것을 조급하게 도모
하려 애쓰지 말라. 네 하늘의 아버지께서는 너희가 모두 이것을 얻게
되리라는 것을 알고 계신다. 너희는 공중의 새를 보지 못했는가? 누에
를 쳐서 실을 뽑지도 않고 밭을 갈아 수확하지 않아도, 천주께서 입혀
주고 먹여주신다. 너희는 새보다 귀하지 않으냐, 어찌하여 너를 잊으
시겠느냐? 또 너희의 영혼과 육신은 모두 입고 먹는 것에 있어 큰 것
을 갖추고 있다. 천주께서 이미 네게 큰 것을 내려주셨는데, 어찌 너는
홀로 작은 것에 인색한가? 다만 너는 먼저 천국과 천국의 의로움을 구
하라. 그러면 천주께서 입고 마시는 여러 물건을 네게 더 많이 주실
것이다."[19]

---

[19] 입고 먹는 것을 …… 주실 것이다: 〈마태오의 복음서〉 6장 25~26절, 30~33절,
"그러므로 나는 분명히 말한다. 너희는 무엇을 먹고 마시며 살아갈까, 또 몸에는
무엇을 걸칠까 하고 걱정하지 마라. 목숨이 음식보다 소중하지 않으냐? 또 몸이
옷보다 소중하지 않으냐? 공중의 새들을 보아라. 그것들은 씨를 뿌리거나 거두

經勸我曰: "勿勞躁圖衣食. 爾天父知爾輩皆須得此. 爾盍視空中鳥? 不蠶繰, 不耕穡, 而天主衣之食之. 爾輩不貴於鳥乎, 焉忘爾哉? 且爾靈神暨爾身命, 俱大於衣食. 天主已賜爾大者, 獨靳爾小者哉? 惟爾先求天國, 及天國之義, 而衣食諸物, 天主多益爾矣."

솔로몬은 서양 나라의 대왕이었다. 천주를 공경해 받듦에 있어 가장 순수하고 가장 민첩했다. 천주께서 천사를 보내 말씀하셨다. "네가 기도하는 바에 따라 내가 모두 너를 따르겠다."

왕이 말했다. "저는 나이가 어리고 식견이 부족한데 나라 백성은 많아서, 이 무거운 직임을 감당하기에 부족함이 있을까 걱정입니다. 주님께서 제게 바르고 착한 마음과 밝고 환한 식견으로 착함과 악함, 마땅함과 그름을 구별할 수 있게 해주셔서, 이것으로 대중을 어루만질 수 있기를 바랍니다."

천주께서 크게 기뻐하며 말씀하셨다. "부귀와 장수, 복수 같은 것을 구하지 않고 다만 남을 다스리는 지혜를 구하는구나. 이제 앞에도 없고 뒤에도 없을, 더불어 비교할 자가 없을 만큼 네가 구한 큰 지혜를 주겠노라. 이 밖에 다시 네가 아직 구하지 않은 부귀와 장수, 영예

거나 곳간에 모아들이지 않아도 하늘에 계신 너희의 아버지께서 먹여주신다. 너희는 새보다 훨씬 귀하지 않으냐? …… 너희는 어찌하여 그렇게도 믿음이 약하냐? 오늘 피었다가 내일 아궁이에 던져질 들꽃도 하느님께서 이처럼 입히시거든 하물며 너희야 얼마나 더 잘 입히시겠느냐? 그러므로 무엇을 먹을까, 무엇을 마실까, 또 무엇을 입을까 하고 걱정하지 마라. 이런 것들은 모두 이방인들이 찾는 것이다. 하늘에 계신 아버지께서는 이 모든 것이 너희에게 있어야 할 것을 잘 알고 계신다. 너희는 먼저 하느님의 나라와 하느님께서 의롭게 여기시는 것을 구하여라. 그러면 이 모든 것도 곁들여 받게 될 것이다."

로운 이름도 더하여주겠다."**20**

撒落滿, 西國大王也. 欽奉天主, 最純最敏. 天主遣天神謂曰: "隨爾所禱, 我悉從爾." 王曰: "予小子年幼識薄, 國民衆多, 恐不足膺此重任也. 望主賜我良善心, 明朗識, 可辨別善惡當否, 以撫此大衆也." 天主大喜曰: "不求富壽復讐, 特求治人之智. 今如所求大智, 令絶前絶後, 莫與比者. 此外復益爾所未求富壽榮名也."

군자는 오래도록 한 마음을 곧게 하여 천주를 받들어 섬겨야 한다. 남는 힘이 있어서 혹 재물을 구하더라도 반드시 바른 도리로 쓰면 천주께서 주시지 않음이 없을 것이다. 재물이 비록 얼마 되지 않더라도

---

20 솔로몬은 서양 나라의 …… 더하여주겠다: 〈열왕기상〉 3장 5~14절, "하느님께서 '내가 너에게 무엇을 해주면 좋겠느냐?' 하고 물으셨다. 솔로몬이 대답하였다. '당신께서는 저의 아버지인 당신의 종 다윗에게 한결같은 은혜를 베푸셨습니다. 제 아버지가 당신의 면전에서 성실하고 올바르게, 또 당신을 향한 일편단심으로 살았다고 하여 당신께서는 그에게 한결같은 은혜를 베푸셨고 또 오늘 그에게 주신 이 아들로 하여금 그의 왕좌에 앉게 하셨습니다. 나의 하느님 야훼여, 당신께서는 소인을 제 아버지 다윗을 이어 왕으로 삼으셨습니다만 저는 어린아이에 지나지 않으므로 어떻게 처신하여야 할지를 알지 못합니다. 그런데 소인은 수도 헤아릴 수 없이 많은 당신의 백성 가운데서 살고 있는 몸입니다. 그러하오니 소인에게 명석한 머리를 주시어 당신의 백성을 다스릴 수 있고 흑백을 잘 가려낼 수 있게 해주십시오. 감히 그 누가 당신의 이 큰 백성을 다스릴 수 있겠습니까?' 이러한 솔로몬의 청이 야훼의 마음에 들었다. 그래서 하느님께서는 이렇게 대답하셨다. '네가 장수나 부귀나 원수 갚는 것을 청하지 아니하고 이렇게 옳은 것을 가려내는 머리를 달라고 하니, 자 내가 네 말대로 해주리라. 이제 너는 슬기롭고 명석하게 되었다. 너 같은 사람은 전에도 없었고 앞으로도 없으리라. 뿐만 아니라 네가 청하지 않은 것, 부귀와 명예도 주리라. 네 평생에 너와 비교될 만한 왕을 보지 못할 것이다. 네가 만일 네 아비 다윗이 내 길을 따라 살았듯이 내 길을 따라 살아 내 법도와 내 계명을 지킨다면 네 수명도 길게 해주리라.'"

이를 얻으면 크게 편안하고, 이를 누리면 크게 즐거울 것이다.

성 다윗達未得[21]이 말했다. "내가 어려서부터 지금 늙기에 이르기까지, 착한 사람이 버림받거나 착한 사람의 후손이 밥을 구걸하는 것을 보지 못했다. 부유함은 천주께서 내려주심에 말미암는다. 이것을 얻는 방법은 천주께서 직접 이미 정해두셨다. 네가 그 길을 따라가면 쉬 얻을 것이다. 다만 네가 부자가 되고자 하면서도 이를 천주께 바라지 않고, 정의로 구하지 않고 다만 교활한 계교를 믿어 남을 속이거나, 위세와 강함에 기대 남에게서 빼앗으며, 서둘러 얻으려고만 들고 어떻게 얻을 것인지는 헤아리지 않는다면, 이를 얻어도 편안치 않고, 이를 누려도 즐겁지 않으며, 이를 잃음은 가장 빠를 터이니, 어찌 족히 괴이하다 하겠는가?"

君子永貞一心, 奉事天主. 有餘力, 或以求財, 必用正道, 天主無不與之. 財雖微, 得之大安, 享之大樂. 聖達未得曰: "我自幼至今老矣, 善人而見棄, 善人之種而乞食, 未見也. 夫富由天主賜也, 所以得之道, 天主自已定矣. 爾從其道, 易得焉. 惟爾欲爲富, 不望之于天主, 不求之以正義, 恃恃巧計欺人, 恃威强奪人, 亟欲得而不計如何得, 得之不安, 享之不樂, 失之最速, 何足怪哉?"

3.43

어떤 어진 이가 자기가 본 것을 기록해두었다.[22] 한 사람이 몹시 가난했는데, 어쩌다 몇 푼의 돈을 얻었다. 가서 술을 사서는 강물을 섞어

---

21 다윗David(BC ?~961): 고대 이스라엘왕국의 제2대 왕으로, 본명은 엘하난Elhanan 이다. 유대교의 토대를 다져 이스라엘왕국의 종교를 통합하는 데 크게 공헌했으며, 왕국의 전성기를 이끌었다. 음악가이자 시인으로서도 명성을 떨쳤다. 다윗의 사적에 대해서는 〈사무엘상〉 16장 이하와 〈열왕기상〉 11~19장에 나온다.

두 배로 만들고, 파는 값 또한 배로 받았다. 몇 달을 이렇게 해서 천금의 재물을 쌓았다. 탐욕스러운 마음이 끝이 없어, 황금을 가죽주머니에 담고 시장에 가서 장사를 하려고 했다. 마침 배가 고파서 먹을 것을 사먹으려고 황금을 곁에다 내려놓았다. 까마귀가 이것을 고기인 줄 잘못 알고 낚아채 가버렸다. 이 사람은 크게 소리치며 까마귀를 쫓아갔다. 강가에서 주머니가 터지면서 황금은 떨어져 물에 가라앉고 말았다. 물을 통해 얻어서 물 때문에 잃었다. 다만 조금씩 점점 쌓았다가 잠깐만에 잃었으니, 헛되이 고생해서 한갓 죄만 남았을 뿐이다. 경계하지 않을 수 있겠는가?

有賢者記所見. 一人貪甚, 偶得數銖. 往粥酒, 用河水倍之, 售賈亦倍. 如是數月, 積得千金. 貪心不已, 盛之革囊, 入市貿易. 適饑欲買食, 委金於旁, 烏誤以爲肉也, 攫之去. 是人大呼追之. 河上囊破, 金隕沈焉. 從水而得, 從水而失. 但漸積暫亡, 枉用勞, 徒存罪耳. 可不戒哉?

3.44

성 그레고리오가 한 부자에게 이렇게 권면했다. "당신이 재물을 취할 기회를 만났을 경우, 마땅히 의롭지 못한 재물을 한 번이라도 취하면 바로 하느님께 죄를 얻게 된다는 것을 생각해야 합니다. 재물을 갚지 않고는 그 죄는 없애지 못합니다. 죄를 없애지 않고는 영겁의 재앙 또한 면할 수가 없지요. 그런데도 망령되이 이를 취하니 위험합니다. 당신이 이미 재물을 얻었거든, 마땅히 당신이 세상을 떠날 때 그 재물이 당신을 따르지 못하고, 재물을 취하고 재물에 인색했던 죄만이 당

22 《이솝 우화》에 나온다.

신을 따른다는 사실을 생각해야 할 것입니다. 재물의 즐거움은 다른 사람에게 줘버리고, 재물을 모은 죄를 영원히 스스로 짊어지는 것은 어리석습니다. 이 이치를 깊이 생각한다면 탐욕과 인색은 저절로 사라질 것입니다."

聖厄勒臥略勸一富者曰: "爾値取財之勢, 宜思非義之財一取, 即得罪於天主也. 財不償, 罪不得去. 罪不去, 永劫之殃, 亦不能免. 而妄取之, 險哉. 爾旣得財, 宜思爾去世之時, 財不隨爾, 特取財吝財之罪隨爾. 財樂遺之他人, 聚財之罪, 永劫自負, 愚哉. 深思此理, 貪吝自消."

3.45

두 선비가 도를 좋아해서 덕이 높은 사람을 찾아가 도움이 되는 말을 듣고자 했다. 천주당을 지나는 길에 들어가 예배를 드리려 했다. 문 옆에 세 장님이 앉아서 구걸하고 있었다. 직접 장님이 된 이유를 물어보았다.

그중 한 사람이 말했다. "저는 젊은 시절 게으름 때문에 가난하게 되었습니다. 하루는 부자를 후하게 장사 지내는데 황금과 보석을 몹시 많이 묻더군요. 제가 밤중에 그 묘에 들어가서 전부 꺼내왔습니다. 다만 그의 속옷은 남겨두었지요. 나오고 나니 또 그 옷마저 욕심이 나는 겁니다. 그래서 다시 들어가 이를 벗기는데, 죽은 사람이 벌떡 일어나 두 손가락으로 내 두 눈을 파내버려 마침내 장님이 되었습니다."

두 선비가 이 말을 듣고 말했다. "천주께서 장님에게 명하여 우리에게 탐욕을 경계해야 함을 가르쳐주셨으니, 받은 유익함이 크다."

마침내 다시 덕이 높은 사람을 찾아가지 않았다.

二士好道, 造先達求益. 經天主堂, 入瞻禮. 門側有三瞽者坐乞. 自相問致瞽之由, 其一曰: "我早年因惰故貧. 一日有富人厚葬, 藏金寶甚多. 我夜入其墓, 盡扣焉. 特遺其袒服, 既出, 又貪是服. 復入襪之, 死者輒起, 以兩指鑿我雙目, 遂瞽矣." 二士聞之, 曰: "天主命瞽者訓我戒貪耳. 受益多矣." 遂不復造先達也.

3.46

탐욕스럽고 인색한 것은 재물에 욕심을 내고 쓰는 데 인색한 것에만 그치지 않으니, 또한 지혜를 탐내고 재주에 인색한 것도 있다. 자기 재물이 아닌 것을 취함을 탐욕이라고 한다. 이치에 맞지 않는 일을 알고 사람을 넘어서는 이치를 헤아리려 하는 것은 지탐智貪, 즉 지혜에 대한 탐욕이라고 말한다. 화와 복, 일찍 죽고 오래 사는 것과 여러 미래의 일을 미리 아는 것은 모두 천주의 한없는 지혜와 능력에 속해 있어 천사조차 간여하지 못하거늘, 하물며 사람이겠는가? 네가 숫자로 이를 정하여 음양과 간지로 헤아리려 한다면 또한 지혜에 대한 탐욕이 아니겠는가?

貪吝者, 不止貪財吝用而已, 亦有貪智吝才者. 取非其財謂之貪, 圖知非理之事, 測人上之理, 謂智貪矣. 前知禍福夭壽, 及諸未來事, 悉屬天主無量智能, 天神不與焉, 矧人類哉? 爾欲以數定之, 以陰陽干支測之, 不亦智貪乎?

재물을 탐내는 것은 남의 재물을 빼앗는 것이지만, 지혜를 탐냄은 천주의 지혜와 권능을 넘보는 것이니, 어느 쪽이 죄가 더 무겁겠는가? 그래서 천주의 《성경》에서는 앎에 대한 바람이 합당함을 넘어서는 것을 엄하게 금하여, 앎에 대해 소박함에 힘쓰게 했다.[23] 사람의 가늠을

---

23 앎에 대한 바람이 …… 힘쓰게 했다: 〈베드로의 둘째 편지〉 1장 5~7절, "그러니 여러분은 열성을 다하여 믿음에 미덕을 더하고, 미덕에 지식을, 지식에 절제를,

넘어서는 이치를 억지로 구해 헤아리려 하는 것은 가장 위험하다. 다만 천명을 따르는 것이 가장 편안하니, 별점에 묻지도 말고 해몽을 믿지도 말며, 해와 달과 날과 때를 가리지도 말아야 한다.

財貪奪人之財物, 智貪僭天主之智能, 罪孰重乎? 故天主聖經嚴禁知願勿過當, 務廉於知. 人上之理, 强求測之, 最險. 惟從天命最安, 勿問星命, 勿信夢卜, 勿選年月日時.

성 아우구스티노 또한 이렇게 말했다. "세간에서 길흉과 미래를 예측하는 여러 술법은 모두 사특한 마귀의 악한 마음을 천하에 퍼뜨려 전해서 사람을 죄의 그물에 걸려들게 하는 것이다."

그래서 무릇 이 같은 여러 술법을 믿어 행하는 자는 천주께 죄를 얻어 공덕이 모두 실패하지 않음이 없고, 죽은 뒤에는 영원한 벌을 면치 못할 것이다. 눈앞에서 면하기를 바랐던 근심도 이 때문에 더욱 깊어질 테니, 대개 천주께서 범한 죄에 따라 벌주실 것이다.

聖亞吾斯丁亦曰: "世間測吉凶未來諸法, 悉以邪魔惡心, 傳流天下, 以網人於罪." 故凡信行諸術者, 無不得罪天主, 功德悉敗, 死後不免永罰. 目前所願免之患, 以此更深, 蓋天主因所犯罪罰之."

어떤 이가 말했다. "점성술사들이 미루어 헤아린 것이 자주 들어맞는 것은 어째서입니까?"

성인께서 대답하셨다. "이것은 천주께서 지혜를 탐한 죄를 벌주시

절제에 인내를, 인내에 경건을, 경건에 교우끼리의 사랑을, 교우끼리의 사랑에 만민에 대한 사랑을 더하십시오."

려는 것이다. 징험이 있을수록 점점 더 쓸 만하다고 여길 것이고, 쓰면 쓸수록 또 더욱 죄에 빠지게 된다. 지금 세상에서야 죄를 가지고 죄를 벌주지만, 후세에서는 더욱더 끝없는 형벌을 더 받게 될 것이다."

或曰: "星家推筭屢驗, 何也?" 聖人答曰: "此天主所以罰智貪之罪也. 愈驗, 愈以爲可用, 愈用, 又愈陷於罪. 今世以罪罰罪, 後世尤增無涯之刑僇焉."

3.47

사람이 지혜가 있으면 남의 어리석음을 열어줄 수 있고, 덕이 있으면 남을 선으로 이끌 수 있다. 좋은 처방이 있을 경우 남의 병을 치료해줄 수 있고, 능력이 있다면 남을 환난에서 끌어당겨줄 수가 있다. 이를 쓰는 데 인색한 것은 재주에 인색한 것이다. 재주라는 물건은 흩는다고 없앨 수 있는 것이 아니다. 이를 베푸는 사람은 잘 얻지만, 베풀지 않는 자는 여간해서 얻지 못한다.

人有智, 可以啓人之愚. 有德, 可以迪人於善. 有良方, 可以撩人之疾. 有力能, 可以援人於患. 靳用之, 吝才也. 才爲物, 非散之可消. 施之者, 善得之. 不施之者, 不善得焉.

재물은 눈앞에서 흩으면 흩을수록 점점 없어지기 때문에, 베푸는 데 인색한 사람이 많다. 만약 재주와 덕처럼 베풀수록 자란다면 왜 인색하겠는가? 재물에 인색한 사람은 살아서는 쓰지 않다가 죽어서 다른 사람에게 쓰라고 남겨준다. 재주 있는 사람은 살아서는 쓰지 않고, 죽어서는 그 자신과 함께 죽고 말아 남들은 쓸 수가 없으며, 온전히 무익한 곳으로 돌아가고 만다. 베풀기에 인색해서 무엇 하겠는가?

夫財, 目下愈散愈消, 故靳施者多也. 若才德愈施愈長, 何吝哉? 財吝者, 生不用, 死留他人用. 才者, 生不用, 死與爾同死, 人不能用, 全歸無益, 靳施何爲?

1. 베풂의 덕을 논함論施舍德

3.48

사물은 신령하고 굼뜨고를 떠나 착할수록 점점 더 높아진다. 그 아름답고 좋은 복을 미루어 전달하여 널리 사물에까지 이르게 되기를 더 바란다. 영혼이 없는 사물로는 해와 달보다 높은 것이 없다. 그 덕을 드리울 때 그 빛을 두루 비춰, 온 세상 안의 크고 작은 것에 똑같이 전달한다. 영혼이 있는 사물로 천사보다 더 높은 존재는 없다. 그 보호하고 붙들어주는 은혜는 미물이라 해도 입지 않음이 없다.

夫物無論靈蠢, 愈善愈崇, 愈願推達其美好吉福, 使廣至於物也. 無靈之物, 莫崇於日月, 其德下際, 其光普照, 寰宇之内, 大小共達焉. 有靈之物, 莫尊於天神, 其保護扶持之恩, 無微物不被焉.

사람은 덕이 크면 클수록 남을 선함과 덕으로 변화시키려 하고, 만물이 저마다 있을 곳을 얻게 하려 함이 더 간절하고 더 다급하다. 천주의 어짊과 의로움은 똑같이 한이 없다. 그래서 《성경》에서는 '홀로 인자하신 아버지'라고 부른다.[24] 그 은혜로운 베풂은 본성의 인자함에

---

24 천주의 어짊과 …… 부른다: 〈출애굽기〉 34장 6~7절, "야훼께서 그의 앞을 지나가시며 외치셨다. '나는 야훼다. 야훼다. 자비와 은총의 신이다. 좀처럼 화를 내지 아니하고 사랑과 진실이 넘치는 신이다. 수천 대에 이르기까지 사랑을 베푸는 신, 거슬러 반항하고 실수하는 죄를 용서해주는 신이다. 그렇다고 벌하지 않는 것은 아니다. 조상이 거스르는 죄를 아들 손자들을 거쳐 삼사 대까지 벌한다.'" 〈고린토인들에게 보낸 둘째 편지〉 1장 3~4절, "우리 주 예수 그리스도의 아버지 하느님을 찬양합시다. 그분은 인자하신 아버지이시며 모든 위로의 근원이 되시는 하느님으로서 우리가 어떤 환난을 당하더라도 위로해주시는 분이십

서 나온지라 공功이 항상 넘친다. 그 형벌로 견책함은 내 죄에서 나왔기 때문에 어쩔 수가 없지만, 언제나 죄에는 미치지 못한다. 그러므로 참된 덕을 지닌 사람은 반드시 만물보다 먼저 사람을 사랑하므로, 수고롭고 괴로움을 마다하지 않고 남을 근심에서 구해주며, 비용을 아까워하지 않고 남을 가난에서 건져준다. 만약 비용에 인색하다면 비루한 사람이며 덕이 없는 사람이라는 분명한 증거다.

人德彌大, 其欲化人於善德, 欲萬物各得其所, 彌切彌急也. 天主之仁與義, 均無量也. 而經中獨以仁慈之父爲號, 其恩施, 出本性之慈仁, 故恒過功. 其責譴刑罰, 出於我罪, 故不獲已, 而恒不及罪. 故有實德者, 必愛人於萬物之上, 不辭勞苦以救人患, 不惜費以拯人貧. 若吝於費, 明徵爲鄙人, 且無德焉.

3.49

성 예로니모逸羅尼가 말했다. "베풀어주기를 기뻐하면서 죽음을 근심하는 사람은 아직 보지 못했다. 남이 네게 구할 때, 네가 줄 수 있다면 주고, 줄 수 없다면 그 까닭을 알려주어라. 그렇게 하면 주지 않더라도 그 사람이 성내지 않을 것이다. 교활한 꾀를 피워 거절해서는 안 된다."

聖逸羅尼曰: "喜捨施而以患死者, 未之見也. 人求爾, 爾能予則予. 不能予, 告之以其故. 即不予, 人不恚矣. 若設巧計拒之, 不可也."

서양에 어떤 국왕이 몹시 인색했다. 많은 물건을 청하는 이가 있으

니다. 따라서 그와 같이 하느님의 위로를 받는 우리는 온갖 환난을 당하는 다른 사람들을 또한 위로해줄 수가 있습니다."

면 이렇게 말했다. "너무 많아 네가 구하는 것을 얻지 못할 것이다." 적은 것을 구하는 자에게는 이렇게 말했다. "너무 적어서 내가 별로 주고 싶지가 않다." 그러면서 누구에게도 주지 않았다. 사람들이 모두 유감스럽게 생각했다.

西有國王甚吝. 有求多物者, 曰: "已多, 爾不得求." 有求少者, 曰: "已少, 我不屑與焉." 悉不與焉. 人俱恨之.

알렉산더 또한 서양 나라의 대왕이었다. 그는 늘 이렇게 말했다. "내가 왕이 된 것을 즐거워하는 것은 바로 남에게 줄 수 있는 것이 즐거워서다."

어떤 사람이 적은 물건을 구하면 왕은 후하게 주었다. 그 사람이 사양하니, 왕이 말했다. "나는 네가 구하는 바를 살피지 않고, 다만 내가 마땅히 줄 바를 살핀다."

어떤 이가 말했다. "얻은 것을 모두 남에게 주시면, 자기에게는 어떤 물건이 남습니까?" 왕이 말했다. "남에게 주는 즐거움이 남는다."

나라 사람이 모두 아끼며 복종했다.

亞立山, 亦西國大王, 恒謂: "我樂爲王, 正樂得與人也." 或求以少物, 王厚賜之. 是人辭, 王曰: "我不視爾所求, 惟視我所當予." 或問曰: "所得盡予人, 己所留何物乎?" 王曰: "留予人之樂耳." 國人俱愛服之.

3.50

디오니시우스弟阿尼 [25] 왕이 태자에게 진기한 기물이 몹시 많은 것

---

25 디오니시우스Dionysius: BC 4세기경 고대 그리스의 왕 디오니시우스를 가리키는

을 보고, 이를 꾸짖어 말했다. "네가 이 기물들을 충성스러운 신하와 좋은 벗에게 나눠줄 줄 모르니 임금의 마음이 없구나."

사람의 마음을 얻는 것으로, 함께 슬퍼하고 베풀어주는 것만 한 것이 없음을 보여준다.

弟阿尼王見太子珍器甚衆, 責之曰: "爾不知以此器贈忠臣良友, 無王心矣." 示得人心, 莫如慷慨捨施也.

3.51

서양에 알렉산더歷冊라는 분이 있었는데 가르치는 임금이었다. 낮은 품계로부터 높은 지위까지 올라갔다. 늘 이렇게 말했다. "전에는 낮은 지위에 있었어도 부유했는데, 점차 가난해졌다. 지금은 왕의 자리에 있는데도 거지와 똑같다."

대개 지위가 높아질수록 무리의 마음을 얻는 것이 더욱 간절해져서 비용이 점점 더 많이 든 것이었다. 물건으로 구하는 자가 있을 때, 줄 수 있으면 반드시 주었다. 일로 구하는데 혹 의리에 합당치 않은 것이 있을 경우에는 바로 물어보았다. "네가 이것을 행하여 얼마나 얻을 수 있느냐?" 그러고는 마침내 그만큼 주면서 말했다. "내가 네게 얻을 것을 주마. 행하지 않는 것이 좋겠다."

西有歷冊者, 敎王也. 從卑秩陟尊位, 恒曰: "前居卑富, 稍遷貧. 今在王位, 如丐焉." 蓋位愈尊, 救衆心愈切, 費愈大. 有求以物者, 能予必予. 有求以事, 或不合義者, 卽問曰: "爾行此, 可得幾何?" 遂以予之, 曰: "吾與爾所得矣, 勿

것으로 보인다. 권력의 무상함과 위험을 강조한 다모클레스Damokles의 검 이야기로 유명하다.

行可也."

3.52

서양에 존귀한 사람이 있었는데, 부리는 하인이 몹시 많았다.

집사가 청하여 말했다. "하인이 너무 많습니다. 청컨대 쓸모 있는 자를 가려내서, 나머지는 그만두게 하여 돌려보내시지요." 인하여 그 이름을 두 가지로 나눠서 올렸다.

주인이 살펴보더니 마침내 이렇게 말했다. "여기 쓸모 있는 사람은 내게 그가 필요하고, 여기 쓸모없는 사람은 그들에게 내가 필요하다." 다 남겨두고 돌려보내지 않았다.

西有尊者, 僕役甚衆. 家令請曰: "役太衆, 請擇其有用者, 餘罷遣之." 因兩藉其名以進, 主閱, 竟曰: "此有用者, 我須彼. 此無用者, 彼須我." 悉留不遣.

3.53

남에게 베풀 때는 두 가지를 조심해야 한다. 하나는 굳이 억지로 하는 것을 경계해야 한다. 네가 주는 것을 기뻐하면 주는 것이 은혜가 되지만, 억지로 한 뒤에야 된다면 덕이 아니다. 그러므로 "내가 남이 기뻐할 것을 주는 것은 고맙지만, 내가 억지를 쓰는 것은 고맙지가 않다"고 하는 것이다.

施捨二戒. 一戒勉强. 爾喜予, 予乃爲恩, 强而後可, 弗德也. 故曰: "我感人所喜予, 不感我所强逼也."

세네카도 이렇게 말했다. "나는 남이 어떤 물건을 주는지는 따지지 않고, 오직 어떤 마음으로 주는지를 살핀다. 어떤 일을 하는가는 살피지 않고, 다만 어떤 마음으로 하는가를 살필 뿐이다. 어떤 사람이 주는 것을 기뻐하여 주면서도 자기가 받는 것처럼 여긴다면, 준 것이 비록 보잘것없어도 나는 가장 훌륭한 것으로 여길 것이다. 어째서 그런가? 나는 손이 편한 것을 기뻐할 뿐, 손에 가득한 것은 기뻐하지 않기 때문이다."

色揶加亦曰: "吾不視人以何物與, 惟視以何心與. 不視何所爲, 特視以何意爲. 有人喜與, 與而如自受, 所與雖微, 吾視之最厚. 何故? 吾喜順手, 不喜滿手."

3.54

두 번째로 경계할 것은 구하는 것을 더디 주는 것이다. 속담에서는 "빨리 주는 것은 두 배로 주는 것이다"라고 했다. 사람이 원하는 바가 있을 때 오래오래 매달려 바랐는데도 주지 않는 것보다 괴로운 것이 없다. 그래서 기다리게 하는 것은 그 자리에서 거절하는 것만 못하다. 그 자리에서 거절하면 속이는 것이 적다. 사람을 죽이는 것에 비유하면, 점차 조금씩 형벌을 더하는 것은 사랑하는 것처럼 보이지만 사실은 잔혹한 것이다. 하물며 더디게 베푸는 자는 오래되면 혹 아까워하기까지 한다. 사람을 욕보이고 업신여김이 은혜보다 더 깊다.

二戒需遲. 諺曰: "速與者, 兩與." 人有所願, 莫苦乎久久懸望而弗得焉. 故與其須, 不如卽拒. 卽拒, 欺微也. 譬戮人者, 以漸加刑, 似愛而實酷. 況遲施者, 久或靳之. 辱慢入人, 深於恩惠.

은혜는 쉬 잊어도 업신여겨 욕보인 것은 잊기가 어렵다. 남에게 주면서도, 먼저 여러 날을 기다리게 해서 욕보이고 업신여기며, 오래 매달리게 해서 미워하고 괴롭게 해놓고는, 오히려 상대가 너의 마음에 감사하고, 네가 은혜를 베풀어준 것에 대해 후하게 보답하기를 바란단 말인가? 너를 원망하지만 않더라도 충분할 것이다.

恩惠易忘, 慢辱難忘. 猶之與人也, 先以須暇辱慢之, 以久懸厭苦之, 尙望彼感爾情, 厚報爾恩施乎? 不爾怨足矣.

물건을 황금과 바꾸는 것은 오래오래 바꾸기를 소망했던 것을 구하는 것만 못하다. 값이 비쌀 경우, 스스로를 좋아하는 인사는 입을 열어 남에게 구할 때 얼굴에 부끄러움이 넘치게 마련이다. 너는 저 사람이 구하기를 기다리지 말고 먼저 줘서, 저 사람의 부끄러움을 면하게 해주어라. 이것이 은혜가 됨이 두텁지 않겠는가?

物以金易, 不如以久久求望易者. 賈貴也, 自好之士, 啓口求人, 羞有餘于面. 爾不竢彼求, 先予之, 而免彼羞焉. 此之爲恩, 不已厚乎?

3.55

은혜를 베푸는 사람은 마땅히 베푸는 사람과 베풀 물건을 살펴야만 한다. 물건은 한 사람에게 전부 베풀면 안 되고 마땅히 여러 사람에게 나눠주어야 한다. 자기를 먼저 하고 남을 나중 하며, 친한 이를 먼저 하고 소원한 사람을 나중에 한다. 착한 사람을 먼저 하고 악한 사람을 뒤로 한다. 네가 천주를 본받고자 한다면 악한 사람도 버리지 말아야 한다. 햇빛이 지상을 비출 때 악한 사람이라 하여 빠뜨리지 않는다. 가난한 사람이 비록 악하더라도, 그 악함을 살펴서 이를 버리기보다는 그 성품을 살펴서 건져주는 것이 낫다.

은혜를 베풀 때 네 역량을 넘어서면 안 된다. 벗을 자기처럼 보살피면 그것으로 충분하다. 어짊을 베푸는 차례는 자기 자신으로부터 시작해야 한다. 그런 까닭에 가난한 이에게 주는 것이 나를 가난하게 해서는 안 되고, 환난을 구하려다가 나를 환난에 들어가게 해서는 안 되니, 이렇게 해야 잘 주는 것이다.

施恩者, 宜視所施人及所施物也. 物勿全施一人, 宜及多人. 先己後人, 先親後疎. 先善者後惡者. 爾欲效天主, 勿棄惡者. 日光下照, 不遺惡人也. 貧人雖惡, 與視其惡而棄之, 無寧視其性而拯之. 所施恩, 勿過爾量. 視友如己足矣. 列仁之序, 從己身始. 故予貧不使我貧, 救患不使我入患, 乃善予也.

3.56

베풂이란, 한 사람을 보태주려고 한 사람을 손해 보지 않게 해야 잘 베푼 것이다. 진실로 저 사람에게 손해를 끼치면서 이 사람을 보태주면 손해와 이익이 반반이니, 잘 베풀었다고 말할 수 있겠는가? 청하기를 기다리지 않고 베푸는 것을 '아름다운 은혜'라고 말한다. 만약 나에게 의롭지 않은 일로 베풀어달라고 청할 경우, 이를 일러 '부드러운 원수'라고 한다. 내가 저 사람에게 베풀었을 때 그가 반드시 은혜를 믿고 악을 자행할 것을 안다면, 베풀어서는 안 된다. 그의 죄악이 내게까지 미칠까 염려되기 때문이다.

施者, 益一人, 不損一人, 善施也. 苟損彼益此, 損益半, 可謂善施哉? 施不待求, 謂之美恩. 如求我以非義而施之, 謂之柔讐. 知我施彼, 彼必恃恩以恣惡, 勿施之. 恐其罪惡及我故也.

3.57

잊어버리지 않으면 안 될 것은 남에게 은혜를 베풀어준 것이다. 잊어서는 안 될 것은 남에게 은혜를 입은 것이다. 네가 베풀어주었는데 상대가 감사할 줄 모르더라도 성을 내서는 안 된다. 성내지 않아야 혹 감화되어 고치게 할 수가 있다. 성을 내면 더더욱 상대방을 미워하게 될 뿐이다. 한 번 베풀어주어 반응하지 않을 경우, 두 번 베풀어주면 틀림없이 반응할 것이다. 두 번 베풀었는데도 잊어버린다면 세 번 베풀어주어라. 혹 앞서 두 차례 베푼 것까지 돌이켜 생각하게 될 것이다.

有不可不忘, 施恩於人者是. 有不可忘, 受恩於人者是. 爾施不知謝, 勿怒也.
不怒, 或可化令改矣. 怒之, 則令增惡彼人也. 不應一施, 必應再施. 再施亦忘, 三
施之. 或幷前二, 能追憶焉.

만약 새로운 은혜를 더하지 않을 경우, 어찌 예전에 베푼 은혜를
잃고 원수를 얻지 않겠는가? 또 너의 도량이 좁음을 증명하게 된다.
은혜를 베풀고 나서 그를 잃는 것은 도량이 큰 것을 증명하기에 부족
하다. 은혜를 잃고도 베풀어주어야만 큰 도량을 증명할 수가 있다. 그
러므로 군자는 무정한 사람에게도 능히 베풀어서 이를 감화시켜 유정
하게 만들기에 이른다. 이는 마치 훌륭한 농부가 부지런히 애를 써서
땅의 황폐함을 이겨내는 것과 같다.

若不增新恩, 豈不失舊恩而得讐乎? 且徵爾量狹矣. 施恩而失之, 不足徵大
度. 失恩而施之, 乃足徵大度也. 故君子能施於無情之人, 以至化令有情, 如良農
以勤功勝地荒.

3.58

은혜를 베푸는 공은 꼭 한 가지 방법만 있지 않다. 가장 큰 것은 천
주를 위해 가난한 이를 보살피는 것이다.

《성경》에 말했다. "네가 주는 것이 받는 것이다."[26]

---

26 네가 …… 받는 것이다: 〈루가의 복음서〉 6장 38절, "남에게 주어라. 그러면 너희
도 받을 것이다. 말에다 누르고 흔들어 넘치도록 후하게 담아서 너희에게 안겨
주실 것이다. 너희가 남에게 되어주는 분량만큼 너희도 받을 것이다."

또 말했다. "네가 귀를 막고 가난한 사람의 소리를 듣지 않으면, 네가 기도할 때 나 또한 귀를 막고 네 소리를 듣지 않겠다."[27]

또 말했다. "가난한 이를 보살피는 부자는 그 곳집의 튼튼함이 황금과 보물의 창고보다 굳세다."[28] 가난한 이를 보살피는 것은 이전에 지은 죄를 녹여 단련하고, 천주의 인자하심을 움직여서 천당의 영원한 생명을 얻게 할 수 있기 때문이다.

또 말했다. "나를 위해 한 되의 물을 베풀더라도 반드시 보답을 잃지 않으리라."[29]

施捨功非一端, 最大者爲天主周貧乏也. 經言: "爾授乃受." 且曰: "爾掩耳不聽貧人聲, 爾禱, 我亦掩耳不聽爾聲." 又曰: "周貧乏之富, 其藏之固, 固于金寶之藏." 周貧者, 可以消鍊往罪, 動天主慈, 而令得天堂長命故也. 又曰: "爲我施一升河水, 必不失報矣."

천주께서 사람을 심판하실 때 악한 자에게 벌을 주며 말씀하셨다. "내가 굶주리고 목말랐을 때 나에게 음식을 주지 않았고, 헐벗었을 때 나를 입혀주지 않았으며, 나그네로 있을 때 나를 재워주지 않았다. 이

---

27 네가 귀를 …… 듣지 않겠다: 〈잠언〉 21장 13절, "가난한 사람의 호소에 귀를 막으면 제가 울부짖을 때 들어줄 이 또한 없다."

28 가난한 이를 …… 굳세다: 〈마태오의 복음서〉 6장 19~20절, "재물을 땅에 쌓아두지 마라. 땅에서는 좀먹거나 녹이 슬어 못 쓰게 되며 도둑이 뚫고 들어와 훔쳐간다. 그러므로 재물을 하늘에 쌓아두어라. 거기서는 좀먹거나 녹슬어 못 쓰게되는 일도 없고 도둑이 뚫고 들어와 훔쳐가지도 못한다."

29 나를 위해 …… 잃지 않으리라: 〈루가의 복음서〉 6장 38절, "남에게 주어라. 그러면 너희도 받을 것이다. 말에다 누르고 흔들어 넘치도록 후하게 담아서 너희에게 안겨주실 것이다. 너희가 남에게 되어주는 분량만큼 너희도 받을 것이다."

제 영원한 지옥불과 마귀에게 가서 함께 큰 고통을 받게 될 것이다."

악한 자가 말했다. "나의 주님! 언제 제가 이렇게 해서 당신을 구하지 않았습니까?"

천주께서 말씀하셨다. "가난한 자에게 베풀지 않은 것이 내게 베풀지 않은 것이다."

착한 사람을 향해 말씀하셨다. "내가 굶주리고 목말랐을 때 내게 음식을 먹여주었고, 헐벗었을 때 내게 옷을 입혀주었으며, 나그네로 있을 때 나를 재워주었다. 이제 나와 함께 천국에 올라가 천사와 더불어 한없는 즐거움을 같이 받게 될 것이다."

착한 사람이 또한 말했다. "우리 주님! 제가 언제 이렇게 해서 당신을 구했는지요?"

천주께서 말씀하셨다. "가난한 사람에게 베푼 것이 내게 베푼 것이니라."[30]

그래서 《성경》에 말했다. "불쌍히 여기지 않는 사람은 천주께서 반드시 엄한 의리로 이를 심판하신다. 그는 조금도 불쌍히 여김을 받지 못하게 될 것이다. 오직 불쌍히 여기는 사람은 참으로 복되니, 장차 자기 자신이 불쌍히 여김을 입게 될 것이다."[31]

天主審判人時, 罰惡者曰: "我饑渴, 不我食飮, 裸不我衣, 旅不我舍. 今逝於

---

30 내가 굶주리고 …… 베푼 것이니라: 〈마태오의 복음서〉 25장 42~43절, "너희는 내가 주렸을 때에 먹을 것을 주지 않았고, 목말랐을 때에 마실 것을 주지 않았으며 나그네 되었을 때에 따뜻하게 맞이하지 않았고, 헐벗었을 때에 입을 것을 주지 않았으며, 또 병들었을 때나 감옥에 갇혔을 때에 돌보아주지 않았다." 그 아래 내용은 〈마태오의 복음서〉 25장 34~46절의 내용을 간추린 것이다.

31 불쌍히 여기지 …… 입게 될 것이다: 〈잠언〉 28장 27절, "가난한 자를 도와주는 사람은 아쉬운 것 없겠지만 가난한 자를 외면하는 사람은 저주를 받는다."

永火與鬼魔, 竝受大苦." 惡者曰: "我主何時若此, 而不爾救也?" 主曰: "不施貧
者, 是不施我也." 向善者曰: "我饑渴, 食飮我, 裸衣我, 旅舍我. 今與我升天域,
與天神同受無量樂矣." 善者亦曰: "我主何時若此而救爾乎?" 主曰: "施於貧者,
是施我也." 故經曰: "不哀矜者, 天主必以嚴義審判之. 略不蒙哀矜也. 惟哀矜
者, 乃眞福, 爲其將蒙哀矜己也."

3.59

하늘나라로 올라가는 길은 한 가지만이 아니다. 천주께서 너를 가
난하게 한 것은 너에게 가난을 통해 인내의 공덕으로 보답을 받게 하
려 하심이다. 천주께서 너를 부유하게 한 것은 너에게 가난한 이를 돌
본 공으로 보답을 받게 하시려는 것이다. 이 때문에 천주께서 너를 부
유하게 하신 것은 너의 덕을 갚아주려 하는 것이 아니라, 바로 너의
덕을 이루게 하시려는 것이다. 너에게 가난한 이를 돌보라고 명하신
것이 어찌 그저 저 가난한 이의 근심을 건지는 것만이겠는가? 너를 죄
의 근심에서 구하려 하시는 것이다. 네가 모름지기 지난날의 죄악을
뉘우쳐 고쳐야만 능히 가난한 이를 보살피는 공을 이룰 수가 있고, 천
주의 자비를 움직여서 죄의 사함을 받을 수가 있다. 만약 죄악이 예전
과 다름없다면, 이는 자기 물건을 가지고 천주를 받드는 것이고, 자기
자신을 가지고 죄를 받드는 것이다. 재물을 가지고 천주의 곧은 의리
를 없애고서 죄의 형벌을 면할 수 있겠는가?

升天之路, 非一也. 天主貧爾, 欲爾以貧忍功受報矣. 富爾, 欲爾以周貧功受
報矣. 是以天主富爾, 非欲酬爾德, 正欲成爾德. 命爾周貧, 豈徒救彼貧患? 尤欲
救爾罪患也. 但爾須悛改舊惡, 乃能以周貧之功, 動天主之慈而赦罪矣. 若罪惡
如故, 是以己物奉天主, 以己奉罪也. 能以財施泯天主之直義, 而免罪刑哉?

3.60

천주를 위해 가난한 이를 보살피는 것은, 주는 것 같아도 사실은 받는 것이다. 준 것은 땅인데 받는 것은 하늘이다. 이 때문에 가난한 사람은 또한 마땅히 이렇게 말할 것이다. "만약 내가 당신의 땅을 받지 않았다면, 당신이 어찌 능히 천한 땅으로 천국을 살 수 있겠는가? 당신이 나에게 보탬을 주었는가, 내가 당신에게 보탬을 주었는가?"

爲天主周貧者, 似授而實受. 所授則土, 所受則天也. 故貧人亦當云: "使無我受爾土, 爾安能以賤土售天國乎? 爾以授益我耶, 我以受益爾耶?"

3.61

온갖 곡식은 거두어두는 자는 잃고, 씨 뿌리는 사람은 더 늘어나게 된다. 세상의 재물 또한 그러하다. 당신이 이를 숨겨두고 지금 세상에서 쓰지 않는다면, 후세에도 또 능히 쓰지 못하고 함께 무익한 데로 돌아가고 만다. 가난한 사람에게 이를 베풀면 지금과 후세에 함께 유익하다. 이 때문에 당신이 거두어둔 재물은 항상 가질 수가 없고, 베푼 재물은 항상 얻는다. 베푼 것은 직접 누리지만, 베풀지 않은 것은 다른 사람에게 누리라고 주는 것이다.

百穀, 收之者失之, 播之者益之. 世財亦然. 爾匿之, 今世不用, 後世又不能用, 共歸無益也. 施之貧人, 今與後世, 俱有益焉. 故爾所收財, 不能恒得, 所施財, 乃恒得. 所施自享, 所不施遺他人享.

《성경》에 말했다. "가난한 사람을 사랑하는 것은 하늘나라에 부를 쌓아두는 것이다."**32**

이 때문에 가난한 이를 구제하는 재물은 잃는 법이 없으니, 안전한 곳에다 놓아두는 것일 뿐이다. 당신에게 곡식이 가득한 창고가 있다고 하자. 당신의 친구가 당신에게 고하기를, '이 땅은 낮고 습해 곡식이 틀림없이 싹이 나거나 썩을 것이다'라고 한다면, 당신은 급히 시원하고 높은 데로 옮기지 않겠는가? 벗이 곡식 옮기라고 권하는 말은 들으면서, 어찌 천주께서 재물을 나누고 마음을 나누라고 권하시는 말씀은 듣지 않는단 말인가?

經曰: "慈貧者, 積富於天域也." 故濟貧財不失, 乃置於安穩之處耳. 爾有粟盈廩, 爾友告爾, 此地下濕, 粟必芽且敗, 爾不遽移諸爽塏乎? 聽友勸粟, 曷不聽天主勸財勸心哉?

3.62

서양 나라 임금에게 한 대신이 있었다. 어떤 사람이 임금 앞에서 그의 지나친 부를 비난했다. 임금이 그에게 정말 그러한지 묻자, 그가 대답했다. "그렇지 않습니다. 신은 일천 금의 재산이 있을 뿐입니다."

그 사람이 말했다. "아무 집과 아무 밭만 해도 값이 얼만데, 어찌 면전에서 속이는가?"

대신이 말했다. "땅 같은 여러 물건은 왕께서 가져가려 하시면 바로 가져가실 수가 있으니, 어찌 저의 물건이겠습니까? 다만 일찍이 천주를 위해 가난한 사람에게 베푼 일천 금만큼은 제게서 능히 빼앗아 가시지 못하니, 신은 일천 금의 재산이 있을 뿐입니다."

西國王有一大臣, 或於王前訾其過富. 王問之果否, 對曰: "否. 臣千金産耳." 其人曰: "某室某田賈幾何, 曷面謾?" 曰: "田地諸物, 王欲取, 即能取, 豈我物

---

32 가난한 사람을 …… 쌓아두는 것이다: 〈집회서〉 7장 32절, "가난한 사람에게도 후하게 하여라. 그러면 주님의 충만한 축복을 받으리라."

耶? 獨嘗爲天主施於貧人者千金, 莫我能奪也. 臣千金産耳."

3.63

《성경》에 말했다. "가난한 사람을 구제하며 베푼 것은 천주께 맡겨두는 것이다. 창고에 보관한 것의 이자는 천주께서 갚아주신다. 하나를 베풀면 지금 세상에서 일백을 얻고, 후세에는 천당의 갚음을 입게 될 것이다."[33]

서양에 귀한 사람이 있었는데, 덕이 성대하고 크게 부유했다. 날마다 가난한 사람에게 베푸는 것이 몹시 많았다. 그는 늘 이렇게 말하곤 했다. "나는 사람을 구제하는 데 재물을 아끼지 않는다. 내 생각에는 천주께서 내게 작은 책임을 지우셔서 급히 후한 보답을 얻게 하시려는 듯하다. 하나를 베풀면 일백을 얻고, 일백을 베풀면 1만을 얻으니, 많이 베풀면 베풀수록 천주께서 빌려주신 책임이 더욱 무거워진다."

經曰: "濟貧者所施, 是質諸天主也. 質庫之利, 天主償之. 施一, 今世得百, 後世仍蒙天堂之報矣." 西有貴人, 盛德大富, 日所施貧人甚多. 恒云: "吾濟人不惜財. 意欲令天主負我微責, 乃遽得厚酬. 施一得百, 施百得萬, 故施愈多, 所貸天主責愈重也."

---

33 가난한 사람을 …… 입게 될 것이다: 〈마태오의 복음서〉 19장 21절, 29절, "네가 완전한 사람이 되려거든 가서 너의 재산을 다 팔아 가난한 사람들에게 나누어주어라. 그러면 하늘에서 보화를 얻게 될 것이다. …… 나를 따르려고 제 집이나 형제나 자매나 부모나 자식이나 토지를 버린 사람은 백배의 상을 받을 것이며, 또 영원한 생명을 얻을 것이다."

3.64

부자와 가난한 사람의 관계는 위장과 신체 여러 기관의 관계와 같다. 위장은 음식을 소화시켜 제가 필요한 것을 직접 취하고, 그 나머지는 신체의 다른 기관에 나누어준다. 그래서 위장이 튼튼하면 신체가 다 건강하다. 만약 다 간직해두고서 나눠주지 않는다면, 위장은 남아도는 근심이 있고 신체는 부족한 걱정이 있게 되어, 둘 다 병들고 만다. 부족한 병은 병이 온몸에 있고, 남아도는 병은 그 병이 가운데에 있으니, 어느 것이 더 크겠는가?

富之於貧, 如胃於諸體也. 胃消化食飮, 自取所須, 分其餘於百體, 故胃强而百體王. 若盡留而不散, 胃有有餘之患, 體有不足之患, 兩受病矣. 不足之病, 病在百體, 有餘之病, 病在中氣, 孰大哉?

3.65

어떤 이가 말했다. "천주의 능력은 한없으신데, 어째서 가난한 사람의 근심을 직접 구제해주시지 않습니까?"

내가 말했다. "주께서 곡식이 있어서 사람에게 명하여 나눠주게 했는데, 그 사람이 중간에서 훔쳐 많은 사람이 굶주리게 되었다면, 어찌 천주의 허물이겠는가? 아버지가 여러 아들에게 함께 한 이불을 덮게 했다고 하자. 한밤중에 아들 하나가 이불을 끌어당겨 독차지해버리면 나머지 아들들은 추위로 괴롭다. 잘못이 어찌 아버지에게 있겠는가? 사람은 모두 천주의 자식이다. 천주께서 주신 세상의 재물이면 세상 사람을 구하고도 남는다. 다만 너희가 탐욕으로 이를 독차지하고, 인색함으로 굳게 붙들어서, 천주께서 남에게 고루 나눠주라고 하신 명을 듣지 않는다. 과연 천주께서 주신 것이 부족한 것일까, 아니면 너희의 탐욕과 인색이 너무 심한 것일까? 저 가난한 사람은 춥고 배고프니, 너희가 남는 재물이 있다면 마땅히 입혀주고 먹여주어야 한다. 그들이 입지도 먹지도 못해서 죽는다면 너희가 그들을 죽인 것이다. 천주께서 틀림없이 너희의 행위를 꾸짖으실 것이다."

或曰: "天主之能無量, 何不自救貧者之患哉?" 曰: "主有粟, 命人給散之, 是人竊而衆餒焉, 豈其主過乎? 父有子, 令共一衾. 中夜, 一子掣而擅之, 餘子寒苦, 失豈在父哉? 人皆天主子也. 天主所與世財, 則足救世人有餘矣. 惟爾以貪擅之, 以吝靳固之, 不聽天主周人之命, 果天主所與不足耶, 爾貪吝有餘耶? 彼貧者饑寒, 爾有餘財, 當衣食之. 不衣不食而死, 則爾殺之, 主必責爾償焉."

4

DE SEPTEM VICTORIIS

성냄을 가라앉힘

七克

DIEGO DE PANTOJA

성냄은 불이 타오르는 것과 같아
인내로 꺼야 하므로, 〈식분〉을 짓는다.
忿如火熾, 以忍熄之, 作熄忿.

〈식분〉 소서 熄忿小序

　　최창이 말한다. "분노는 사람에게 독이 됨이 심하다. 이를 일찍 다
스리지 않기 때문이다."

　　이를 일찍부터 다스리려면 참을 인忍 한 글자에서 멈추는 것이 실
로 복의 바탕이 된다. 인이라는 글자는 심心과 인刃을 합쳐, 마음 위에
칼날을 붙인 것으로, 아프고 괴롭기가 말로 할 수가 없다. 지극히 참기
어려운 일인데, 이것을 참을 수 있다면 무엇인들 참을 수 없겠는가?

　　崔子曰: "怒毒於人甚矣哉, 由辯之弗早辯也." 辯之於早, 止一忍字, 實爲福
基. 忍字從心從刃, 心上着刃, 痛苦莫喩. 極是難忍事, 此而可忍, 孰不可忍?

　　세상에는 칼날을 앞에다 두고 참는 자는 있어도, 칼날을 목에다 댔
는데도 참는 자는 없다. 세상에는 또한 칼날을 목에다 댔는데 참는 자

는 있어도, 칼날이 심장을 뚫었는데도 참는 자는 없다. 칼날이 심장을 꿰뚫으면 이 얼마나 답답하고 괴로우며, 이 얼마나 원통함이 맺히겠는가? 반드시 그 신세의 참혹함이 지극하여 더불어 상대하지 못할 자인 뒤라야 가능할 것이다.

世有刃格于前而忍者矣, 未有刃加於頸而忍者也. 世亦有刃加于頸而忍者矣, 未有刃貫於心而忍者也. 刃貫于心, 是何等煩苦, 是何等冤結? 必其極身世之慘, 莫與爲對者, 而後可.

지금에 능히 조금도 참지 못하는 자라면 애초에 저들이 어찌 이러한 일이 있었겠는가? 분노가 분노를 공격하듯 노여움으로 노여움을 대적하여, 성채를 마주 펼쳐놓고 갑옷을 입은 채 싸운다. 저들은 장수가 열 명 백 명이나, 이쪽은 장수가 천 명 만 명이다. 함정을 설치하고 쇠뇌를 숨겨두어 큰 군사가 이기고 마니, 다만 이기지 못함이 염려될 뿐이다. 위태롭고 위태롭다!

乃今之小不能忍者, 初何彼有是事也? 如忿攻忿, 以怒敵怒, 對壘而陳, 擐甲而戰. 彼帥以十百, 此帥以千萬. 設機伏弩, 大師相克, 惟恐其不勝也. 危乎危乎!

네 집에는 나쁘지 않더라도 네 나라에는 흉한 경우가 있지 않겠는가? 이에 또 그 틈을 도발하는 자가 있고, 싸움을 거드는 자가 있다. 옛날에 술과 고기에 취했던 자는 이들의 술과 고기가 바로 창과 방패가 될 것이다. 예전에 달콤한 말을 맛본 자는, 이들의 달콤한 말이 쇠갈고리나 가시보다 심할 것이다. 이 때문에 "하루아침의 분노로 그 몸을 잊어 그 어버이에게까지 미친다"고 말하는 것이니 참을 것인가, 참지 않을 것인가? 위태롭고 위태롭다. 이것은 길흉이 들어오는 대문이요 화복으로 올라가는 사다리니, 두려워할 만하다.

其未有不敗于爾家, 凶于爾國者乎? 乃又有挑釁者焉, 佐鬪者焉. 疇昔醉之以酒肉者, 此輩酒肉, 即爲戈矛. 嘗之以甘言者, 此輩甘言, 甚于鈎棘. 故曰: "一朝之忿, 忘其身, 以及其親." 忍乎不忍乎? 殆而殆而, 是吉凶之門, 而禍福之梯也, 可畏哉.

강동 최창이 짓는다

江東崔淐撰

분노라는 악 무엇과 비슷하던가?	忿惡知何似
미친 바람 불길이 타오름 같네.	風狂火擧熛
뜬금없이 조금만 부딪친대도	無端纔有觸
죽기를 맹세해도 시원치 않지.	誓死不相饒
어이해 삼척동자 우습게 볼까?	豈是輕三尺
갑작스레 하루아침 근심겹구나.	居然患一朝
어이해 부지런히 자신을 이겨	爭如勤自克
언제나 태화太和에 적심만 할까?	常用太和澆

어산漁山 오력吳歷

4.1

분노란 무엇인가? 원수를 갚으려는 바람이다. 나쁜 말과 욕설, 다툼과 싸움, 살상과 지나친 형벌 같은 여러 가지 일이 모두 분노의 부류다.

怒者何? 復讐之願也. 惡言詈語, 争鬪戰伐, 傷殺過刑諸情, 皆怒之流也.

4.2

《성경》에 말했다. "갑자기 성내는 사람은 악에 흘러들기 쉽다."[1]

성 그레고리오가 말했다. "분노는 모든 악의 대문이다. 이를 닫아야 모든 덕이 그 거처에서 편안해진다."

이 때문에 인내가 마음에 있는 것은 어른이 집에 있어 온갖 일이 차분하게 이루어지고 조용하지 않음이 없는 것과 같다. 인내라는 주인이 한번 떠나가면, 마음은 성을 내고 눈은 부라리며 혀는 마구 떠들고 얼굴은 사납게 된다. 손은 흥분하고 몸은 마구 떨려, 모든 일이 한꺼번에 어지러워진다.

經曰: "輒怒者, 易流於惡." 聖厄勒卧略曰: "忿怒, 衆惡之門也. 闔之而衆德安其居." 故忍在心, 如長在家, 百役無不歙戢, 無不謐靜. 忍主一去, 心怒目瞋, 舌譯面厲, 手奮身顫, 百役盡亂矣.

4.3

쉽게 성내는 사람은 초가집에 사는 것이나 같다. 초가집은 불이 나면 그 자리에서 타버린다. 오늘 큰 부자였더라도 내일은 크게 궁색해진다. 분노의 불길을 거두지 않음은 재력을 다 쓰고 정력을 모두 소모하는 것이니, 이는 스스로를 태우는 것이다. 또 솥 안에 음식을 삶는 것과 같다. 장작을 잔뜩 넣어 불길이 타오르면 백번 끓어넘쳐도 멈추지 않는다. 처음 끓어넘칠 때 뜬 거품을 제거해도 그치지 않고, 국물이 모두 졸아도 그치지 않으며, 솥이 온통 바짝 타도 그치지 않아 솥마저

---

1 갑자기 …… 흘러들기 쉽다: 〈집회서〉 6장 2절, "격정에 사로잡히지 말아라. 그것이 미친 황소처럼 네 영혼을 짓밟아버릴까 두렵다."

깨지고 만다.

易怒者如居草舍. 草舍失火立燼. 今日大富, 明日大窮矣. 怒火不戢, 財力悉費, 精力悉耗, 是自焚也. 又如水煮物釜中, 薪盛火熾, 百沸不止. 初湧去浮沫不止, 滘汁俱盡不止, 釜實乾焦更不止, 釜并破裂.

4.4

갑작스레 성내는 것은 사람의 감정이다. 성냄이 쌓이면 죄인이 된다. 대개 성냄이 오래되면 악이 된다. 악을 이루는 것은 사람을 죽이는 죄와 같다.

忽怒者, 人情也. 畜怒則罪人矣. 蓋怒老則成惡, 惡成與殺人罪等.

4.5

하찮은 손해를 가지고 갑작스레 화를 내는 사람은 본래 자기가 이같은 손해를 받아서는 안 된다고 말하지만, 실은 그것이 이러한 손해를 마땅히 받아야 하는 이유가 된다. 살짝 부딪쳤는데 아픈 소리를 내는 사람은 틀림없이 다쳤다는 증거다. 하찮은 손해를 가지고 갑작스레 성내는 사람은 분명히 교만을 지녔다는 증거다. 큰 포용과 큰 교만은 비슷해 보이지만 사실은 다르다. 큰 포용을 지닌 사람은 세상의 근심을 가볍고 우습게 보기 때문에 항상 고요해서 어지럽지가 않고, 항상 영예로워 욕되지 않다. 다만 교만한 사람은 아주 작은 손해조차 참지 못하므로, 성내고 분노하는 것을 그만두지 않아 다툼이 끊이지 않는다.

以微害輒怒者, 本自謂不宜受此害, 而實爲所以宜受此害. 以微觸輒發痛聲者, 必徵其負創. 以微害輒發怒者, 必徵其負傲. 大容與大傲, 似而實異. 大容之人, 輕忽世患, 故恒靜不亂, 恒榮不辱. 惟傲人不能忍微害, 故慍怒不止, 爭鬪不絶.

4.6

의로움이 아닌 분노는 사나운 짐승의 감정이다. 이치로 마음을 부리지 못하고, 인내로 해로움을 감당함도 없다. 이 때문에 독한 기운이나 독을 품은 꼬리가 있고, 굳센 발굽과 날카로운 뿔이 있으며, 예리한 이빨과 긴 발톱을 갖추고 마음대로 이를 써서 해를 막고 원수를 갚는다.

非義之怒, 猛獸之情也. 無理以御心, 無忍以當害. 故有毒氣螫尾, 或有堅蹄鋭角, 或有利齒長距, 恣所用之, 以防害復讐.

홀로 사람만은 붉은 몸뚱이로 세상에 나와 아무것도 가진 것이 없다. 그 성품을 보면 선량해서 마땅히 서로 화합하며 지내고 싸움이 없다. 사람이 그 타고난 성품을 잊고서 직접 수많은 흉기를 만들어 남을 해치면서도, 본성의 이치를 가지고 분노를 가라앉힐 줄 모르고 짐승의 마음으로 원수를 갚고자 하니, 이것은 하느님께서 사람이 되게 해주셨는데 스스로 금수가 되겠다고 원하는 것인가?

獨人赤身而出, 一無所有. 示其性善良, 宜相合無鬪也. 人忘其本性, 而自造衆多凶器以害人, 不知以本性之理熄怒, 而欲以獸情復讐. 是天主賜爲人, 而自願爲禽獸乎?

게다가 금수는 아무리 사나워도 제 동류를 해치지는 않는다. 마귀들은 더욱 모질지만, 서로는 힘을 합쳐서 우리를 도모하고 우리를 해치지 않음이 없다. 유독 사람의 흉악한 분노는 그 동류의 사람을 다치게 하고 해치니, 이것은 악한 짐승이나 사악한 마귀보다 잔인한 것이다.

且禽獸雖虐, 無害其同類者. 即鬼魔更虐, 未嘗不相合以謀我害我. 獨人之凶怒, 乃傷害其同類之人, 是虐於惡獸邪魔哉.

4.7

무릇 사악한 마귀는 사람을 죄에 빠뜨리려고 은밀하게 비집고 들어갈 만한 틈을 구한다. 비집고 들어갈 만한 틈이란 분노했을 때만 한 것이 없다. 도둑이 남의 집에 들어가려면 반드시 어두운 밤을 기다리고, 비바람이 번갈아 일어날 때 이리는 가축을 낚아채며, 고기 잡는 그물은 반드시 흐린 물가에 설치한다. 사악한 마귀, 포악한 도적, 탐욕스러운 이리, 교활한 어부는 그 계책이 한가지다.

사람을 죄악에 빠뜨리려면 반드시 사람이 분노했을 때를 엿보아야 한다. 욕설과 사나운 행동, 남을 해치고 자신을 해치는 것이 모두 여기에 바탕을 둔다. 그래서 사악한 마귀는 사람의 분노를 가장 기뻐한다. 한 사람이 성을 내는 것은 한 사람을 얻는 데 그치지 않고, 이를 통해 아주 많은 사람을 얻는다. 어째서 그런가? 성냄은 반드시 상대가 있게 마련이니, 이것이 옮겨가면 돌고 돌아 서로 끌어당겨서 서로를 빠뜨리기 때문이다.

凡邪魔陷人於罪, 密求可乘之隙. 可乘之隙, 莫如怒時. 盜入人室, 必竢冥暮. 風雨交作, 狼乃攫畜. 魚網之設, 必在濁水之湄. 邪魔虐賊, 貪狼巧漁, 等計也. 欲陷人於惡, 必窺人怒時. 詈言虐行, 害人害己, 皆基於此. 故邪魔最喜人怒. 一人怒, 不止得一人, 因得衆多人. 何故? 怒必有敵, 或遷焉, 展轉相牽相陷矣.

4.8

지혜로운 사람은 절대로 한 사람에게 성내지 않는다. 왜 그럴까? 사람은 착하지 않으면 악하다. 지극히 바보가 아니라면 누가 착한 사람에게 화를 내겠는가? 악한 사람에게도 또한 화를 내서는 안 된다.

마음이 악한 것은 몸이 병든 것이나 한가지다. 몸이 아픈 사람은 함께 불쌍히 여겨야 한다. 마음이 악한 사람은 그 병이 더욱 무겁고 위태로우니 특히나 불쌍히 여겨야 하지 않겠는가?

한 사람이 세네카를 비방하자, 다른 사람이 이를 알려주었다. 세네카가 대답했다. "만약 제정신으로 나를 헐뜯었다면 내가 혹 화가 나겠지만, 단지 마음이 병들어서 나를 헐뜯은 것이라면 성을 내서 무엇 하겠는가?"

智者必不怒一人, 何者? 人非善即惡, 善者非至愚孰怒之? 惡者亦不宜怒. 心惡猶身疾也. 身疾者, 人共憐之. 心惡者, 其病益重且危, 不尤可憐哉? 一人訾色搆加, 人告之, 答曰: "若以存心訾我, 我或怒, 但以病心訾我, 何怒?"

4.9

소크라테스所加德 [2]는 서양 나라의 이름난 선비였다. 길에서 한 사람을 만나 예로 공경을 표했으나 그 사람이 대답하지 않았다. 따르던 자가 성을 내며 그를 꾸짖으려 했다.

소크라테스가 그를 말리며 말했다. "만약 몸이 나보다 병든 사람이 여기를 지나간다면 네가 성을 내겠느냐? 이 사람의 마음은 내 마음보다 병이 들었는데, 어찌 성을 낸단 말이냐?"

所加德, 西國名士. 途遇一人, 禮敬之, 其人不答. 從者怒, 欲責讓之. 所加德止之曰: "若有身病於我者過此, 爾怒之否乎? 此人之心病於我心, 何怒爲?"

---

2 소크라테스Socrates(BC 470~399): 고대 그리스의 철학자. 플라톤의 스승이다. 그리스의 자연철학에 대립해 관념론적인 학설을 주창했다. 참된 앎(知)을 통해 도덕적 행위를 고양시켜서 진리에 도달할 것을 추구했다. 말년에는 아테네의 정쟁에 연루되어 사형 판결을 받았다.

4.10

스테파노斯德望 [3]는 서양 나라의 이름난 선비였다. 어떤 이가 화를 풀 곳이 없자 그의 벼를 태워버렸다. 소작인이 와서 보고하며 원망했다.

그가 대답했다. "내 손해는 내 바깥에 있어서 그다지 크지 않다. 저 사람의 손해는 마음에 있으니 몹시 깊어 채우기가 어렵겠구나. 어찌 저 사람을 슬퍼하지 않고 나를 슬퍼한단 말인가?"

이 때문에 분노로 남을 해치는 것은 벌과 같다. 벌이 성이 나서 물건을 쏘면 물건은 약간 아프고 말지만, 저는 정작 목숨을 잃고 만다.

斯德望, 西國名士也. 或怒之無所洩, 則焚其禾. 佃者來報, 以爲恨. 答曰: "我害在我外, 未大. 彼害在心, 甚深難補. 盍哀彼而哀我哉?" 故以怒害人如蜂. 蜂以怒螫物, 物得微痛而自失命.

4.11

나와 똑같은 사람과 싸우는 것은 힘들고, 강한 사람과 싸우는 것은 미친 짓이며, 약한 사람과 싸우는 것은 욕스럽다. 이 때문에 너를 다치게 한 사람이 너보다 약하다면 그를 용서해야 마땅하고, 너보다 강할 경우 너를 용서해야 마땅하다. 너와 똑같으면 마땅히 그와 너를 함께 용서해야 한다.

與平等鬪險, 與强鬪狂, 與弱鬪辱. 故人之傷爾者弱於爾, 宜恕彼. 强於爾, 宜恕爾. 與爾等, 宜恕彼與爾.

---

3 스테파노Stephanos: 1세기경 최초로 순교한 기독교 성인. 12사도의 명령으로 예루살렘에서 최초로 서임된 7명의 보조자 중 한 사람이다. 유대교를 비판하고 예수가 그리스도임을 선포하여 하느님을 모독했다는 죄명으로 돌에 맞아 순교했다.

4.12

남이 너의 모자를 빼앗았다 하여 네가 이 때문에 네 옷을 버리거나, 두레박을 잡다가 우물에 떨어뜨렸다고 해서 두레박의 줄마저 던져버린다면, 누군들 너를 비웃지 않겠는가? 남이 너의 재물과 영화를 빼앗았다면, 재물과 영화가 이미 사라진 것이니 참아야만 해가 그친다. 네가 성을 내 복수할 경우 스스로 또 마음의 덕을 망가뜨리고 공력을 헛되이 쓰며 하늘의 보답을 잃고 만다. 네 재물을 빼앗은 자가 너를 부자의 명부에서 잘라냈다 해서 네가 성이 나 복수한다면 또 스스로를 선인의 명부에서 떼어내는 것이다. 저가 지상의 잠시 동안의 행복을 빼앗아갔는데, 스스로 또 천상의 영원한 행복을 빼앗아버린다. 저 사람은 너의 물건을 해쳤는데, 네가 또 스스로 자신을 해친다. 어떤 해로움이 더 무겁고, 누가 진짜 원수인가?

그래서 말한다. "남에게 성내는 사람은 먼저 무겁게 자신을 해치지 않고서는 가볍게라도 남을 해칠 수가 없다. 하물며 남이 반드시 그 해를 받는다는 보장은 없지만, 자신은 해롭지 않음이 없다."

人奪爾冠, 爾因棄爾衣, 挈缾墜井, 因而投縲, 孰不笑爾乎? 人奪爾財榮, 財榮已失矣, 忍而害止. 爾怒而復讐, 自又敗心德, 虛功力, 失天報也. 奪爾財者, 絶爾於富籍, 爾怒復讐, 自又絶於善人之籍. 彼奪地上暫福, 自又奪天上永福. 彼害爾物, 爾又自害己, 害孰重, 讐孰眞乎? 故曰: "怒人者不先重害己, 不能輕害人. 況人未必害, 己無不害也."

4.13

어떤 사람이 네게 호소하여 말했다. "장님이 내게 부딪쳐서 내가 몹시 화를 냈습니다." 너는 분명히 이렇게 말할 것이다. "저 장님이 어찌 능히 피하겠는가? 너는 눈이 있어 능히 피할 수 있는데도 피하지 않았으니, 네 잘못이다."

성난 사람은 마음의 눈으로는 이치를 살피지 못하고, 육신의 눈으로는 사람을 알아보지 못한다. 네가 피할 줄 몰랐으니 마땅히 너 자신에게 화를 내야지, 어째서 저 사람에게 화를 낸단 말인가?

人有訴爾者曰: "盲人觸我, 我甚怒之." 爾必曰: "彼盲者曷能避? 爾則有目能避不避, 爾則過矣." 怒人心目不識理, 形目不識人. 爾不知避之, 宜自怒, 何怒彼哉?

4.14

알렉산더亞勒山가 성을 잘 내자, 아리스토텔레스가 이를 경계하며 말했다. "스스로 사람들보다 훌륭하고 위대함을 살피셔서, 이것으로 비방하는 말을 가볍게 대하는 것이 옳습니다."

이 말은 충성스러운 듯하나 아첨하는 말이다. 악을 가지고 악을 공격하는 것은 악이 됨을 면치 못한다. 네가 남의 피해를 받았을 때, 너를 해치는 자보다 자기가 낫다고 여기지 말고, 저들의 해침보다 네 덕을 굳세게 가짐이 옳을 것이다.

亞勒山易怒, 亞利斯多箴之曰: "自視善且大於衆, 而以此輕其謗言, 可也." 此言似忠而佞. 以惡攻惡, 不免爲惡. 爾受人害, 勿以己爲善於害爾者, 惟以爾德爲堅於彼害, 可也.

4.15

엘저厄爾則[4]는 서양의 작은 나라 임금이었다. 일은 번다하고 수고

---

4 엘저Elser: 미상.

로움이 많은데도 근심과 분노의 기색이 없었다. 어떤 이가 괴이하게 여겨 물었다. "어떻게 해야 이렇게 할 수 있는지요?"

그가 대답했다. "성내는 마음이 싹틀 때 언제나 가만히 생각하며 '하인이 너의 수염과 머리를 뽑았다 치자'고 말하곤 한다네. 그래서 여태껏 작은 노여움의 해를 한 번도 입지 않았지."

두 가지 해로움 중에서 가벼운 것을 택해야지, 무거운 것을 택하겠는가?

厄爾則, 大西小國王也. 事繁役多, 未嘗有憂怒之色. 或怪問: "何以能如此?" 答曰: "怒心萌時, 恒默念曰: '使僕役拔爾鬚髮.' 尚未及一微怒之害." 兩害宜擇輕, 乃擇重耶?

4.16

성 베르나르도가 세상을 떠나려 하자, 그 제자가 성인의 경지에 들어가는 방법을 가르쳐달라고 청했다.

그가 대답했다. "항상 남을 따르고 자기를 따르지 않는 것이다. 남에게 손해를 입더라도 성내지 말고, 복수도 생각하지 않는다."

聖百爾納將終, 其弟子請教以入聖之方. 答曰: "恒從人, 不從己. 受人害, 不怒, 不思復讐."

4.17

마카리오가 파리 한 마리 때문에 화가 나서 이를 죽여버렸다. 마침내 자신을 꾸짖으며 말했다. "파리가 앵앵대는 것도 능히 참지 못하니, 큰 고통을 참을 수 있겠는가?" 마침내 옷을 벗고 들판으로 가서 모기와 등에에게 그 살을 깨물게 했다.

어떤 사람이 까닭을 묻자, 이렇게 대답했다. "인내를 익히고 성냄을 나무란 것일세."

덕을 닦은 지 여러 해가 되었을 때 갑자기 소리가 들렸다. "어떤 장소에 두 여자가 있는데, 덕을 닦음이 너보다 훌륭하다."

급히 가서 만나보고 그 덕을 닦는 방법을 물어보자, 이렇게 대답했다. "우리는 동서 사이입니다. 한집에서 15년을 살았지만 생각이나 말로 한 번도 서로를 거스른 적이 없습니다."

마카리오가 물었다. "어떻게 해야 그렇게 됩니까?"

대답했다. "다툼이라는 것은 너와 나 사이에서 일어납니다. 저희는 세간의 재물이나 세상의 영화를 함께 끊어버리자고 서로 약속했지요. 그래서 탐욕을 부리지 않아 네 것 내 것이 없습니다. 너를 버리고 나를 버리자 다툼 또한 떠나버렸습니다."

瑪加略怒一蠅而殺之. 遂自責曰: "蠅噆不能忍, 能忍大苦?" 遂解衣行野, 令蚊虻嗜其膚. 人問故, 答曰: "習忍責怒." 修德累年, 忽聞有聲曰: "某所有二女, 其德修精於爾." 遽往見之, 問其修德之方, 答曰: "姒娣也. 同居十五年, 無一念一言相迕耳." 問: "何以得爾?" 曰: "爭者起於爾我. 我輩相約共絶世財與世榮, 以不貪無爾我. 去爾去我, 爭亦去矣."

4.18

사람 마음의 눈을 가리는 것에 분노만 한 것이 없다. 이치가 아무리 분명해도 마음에 분노가 있으면 이를 볼 수가 없다. 앞서 이미 분명하던 것도 마음에 성이 나면 다시 어두워진다. 그래서 무릇 사람이 여러 일을 판단하고 결정할 때 가장 꺼려야 할 것이 두 가지인데, 조급함과 성냄이다.

서양 풍속에 죄인이 자신의 죄를 승복하지 못할 경우, 다른 재판관에게 올려 다시 판결을 내리게 한다. 국왕 필리포스가 조정 일을 살펴다가 한 대신에게 노해서 문득 사형에 처하려고 했다.

그 신하가 승복하지 않고 말했다. "마땅히 다른 재판관에게 올려 다시 판결하게 하소서."

왕은 더욱 성이 나서 말했다. "다시 내 위에 있는 어떤 사람에게 판결을 얻는단 말이냐?"

그가 대답했다. "지금 왕께서 노하셨으니, 성나지 않은 왕께 올리셔서 다시 판결해주십시오."

나중에 왕이 화가 풀리자, 과연 그가 죄 없음이 명백했으므로 용서해주었다.

翳人心目者, 莫如怒. 理雖甚明, 心怒不能見之. 先所已明, 心怒復暗. 故凡人斷決諸事, 最忌者二, 躁怒. 大西之俗, 罪人有未服者, 得上於他司更讞. 國王費理薄視朝, 怒一大臣, 輒欲論死. 其臣不服, 曰: "當上他司更讞耳." 王愈怒曰: "更誰居我上者, 得讞爾?" 答曰: "今王怒, 更上於王不怒, 更讞則是矣." 後王怒解, 果明其無罪, 貰之.

4.19

분노는 잠깐 동안 미치는 것이다. 술에 취하는 것과 분노에 취하는 것은 똑같다. 미친 사람과 술 취한 사람의 말과 행실은 옳은 것 같지가 않다. 이 때문에 "가장 함께 일을 계획할 수 없는 사람이 셋 있으니 여색을 탐하고, 술에 취하며, 성을 내는 사람이다"라고 하는 것이다. 성났을 때 행한 일은 분노가 풀리면 틀림없이 후회한다. 그래서 성났을 때는 마땅히 스스로를 금하여 잠깐 동안 생각하지도 말고, 말도 하지 말며, 또 성나게 만든 일을 행하지도 말고, 성나게 만든 사람을 나무라지도 말아야 한다.

이는 마치 물을 건너려는 사람이 바람이 순조로우면 가지만 역풍에는 멈추는 것과 마찬가지다. 분노가 일어나고 바람이 반대로 불 때 가는 것은 위험하다. 분노가 가라앉고 물결이 잔잔해지면 가도 괜찮다. 그러므로 분노했을 때는 다만 자기를 다스리기에 힘쓰고, 남을 다스리는 데 힘써서는 안 된다. 무릇 하고자 하는 바가 비록 대단히 이치에 합당한 듯해도, 다만 의심하여 믿지 말고, 다만 늦춰서 급히 하지 말아야 한다. 대개 이러한 때는 말을 하고 일을 행하기가 가장 불편한데도, 분노한 사람은 말을 가장 하고 싶어 하고 일을 행하고 싶어 하기 때문이다.

怒, 暫狂也. 以酒醉, 以怒醉, 等也. 狂人醉人之言之行不若義. 故曰: "最不可共計事者三, 色貪, 酒醉, 忿怒." 怒時所行, 怒解必悔. 故怒時宜自禁, 且勿思, 且勿言, 且勿行所以怒事, 且勿責所怒人. 如欲渡者, 風順則行, 逆則止. 怒動風逆, 此時行, 險哉. 怒息浪平, 行可也. 故怒時特務醫己, 勿務醫人. 凡所欲爲, 雖似甚近理, 第疑勿信, 第緩勿急. 蓋此時最不便語言行事, 而怒人最欲語言行事.

알렉산더는 성품이 쉽게 성을 내서, 분노로 인하여 쉬 사람을 해치곤 했다. 아리스토텔레스가 그를 깨우쳐서 말했다. "분노가 일어나면 반드시 먼저 우리나라의 자음과 모음을 몇 차례 외우신 뒤에 사람에게 명하고 일을 행하십시오."

소크라테스瑣加德는 화가 나면 날수록 말수가 점점 적어지고 소리가 작아졌다.

플라톤拔辣多[5]은 그 종에게 화가 나면 이렇게 말했다. "내가 성내지

---

5 플라톤Platon(BC 427~347): 고대 그리스의 철학자. 소크라테스의 제자로 객관적 관념론의 창시자다. 40세경 아테네 교외의 아카데메이아에 학교를 열어 교육에

않은 것은 반드시 꾸짖은 것과 같다."

亞勒山性易怒, 因怒易害人. 亞利斯多箴之曰: "怒動, 必先誦本國字母數過, 然後命人行事." 瑣加德愈怒, 言愈寡, 聲愈微. 拔辣多怒其僕曰: "我不怒, 必責爾."

4.20

무릇 병이 났을 때는 그래도 약을 쓸 수 있지만, 분노라는 하나의 감정만은 그렇지가 않다. 분노가 일어나면 마음의 눈은 닫혀버린다. 이때에는 그 분노가 잘못된 것임을 능히 알 수가 없다. 내달리는 말에 비유해보자. 말이 내달릴 때는 갑작스레 멈추게 할 수가 없다. 이 때문에 쉽게 성을 내는 사람은 분노가 일어나지 않았을 때 마땅히 분노를 막을 약을 준비해야만 한다.

凡病發時, 尙可用藥, 忿怒一情獨否. 怒起, 蔽心之目. 當是時, 無有能識其怒之非也. 譬馳馬, 馬馳無有能遮止之. 故易怒者, 於無怒時, 宜備防怒之藥.

서양 나라에 이름난 왕이 있었다. 어떤 사람이 유리 수정 그릇을 바쳤다. 왕은 기뻐하면서 그 사람에게 후한 상을 내렸다. 잠깐 펼쳐서 살펴보더니, 하나하나 부숴버리라고 명했다. 구경하던 사람들이 몹시 아까워하며 까닭을 물었다.

왕이 말했다. "내가 진실로 이것을 좋아한다. 다만 내가 성을 몹시

전념했고, 30권이 넘는 《대화편》을 남겼다. 그의 철학은 피타고라스, 파르메니데스, 헤라클레이토스 등의 영향을 받았고, 유명한 이데아설을 제창해, 관념론 철학에 큰 영향을 끼쳤다.

잘 내는데, 이 물건은 너무 깨지기가 쉽다. 만약 어떤 사람이 이를 깨뜨리면 내가 틀림없이 성을 낼 것이다. 이제 미리 그 단서를 끊어버려 분노가 나를 해치거나, 내가 분노로 남을 해치지 못하게 하려는 것이다."

西國有名王, 或貢以玻瓈水晶器. 王喜, 厚賞其人. 稍展視, 則一一命碎之. 見者甚惜, 問故. 王曰: "我信喜之. 第我甚易怒, 此物甚易壞. 若有人壞之, 我必怒. 今豫絶其端, 無使怒害我, 我怒害人也."

4.21

카이사르則撒爾[6]는 서양 여러 나라의 으뜸가는 왕이었다. 대신 중에 블랑薄量[7]이라는 사람이 있었다. 왕이 하루는 그의 집에 행차하니, 블랑이 잔치를 열었다. 그 쟁반과 그릇이 모두 유리와 수정으로 만든 것이어서 광채가 반짝반짝 빛났다. 심부름꾼이 바삐 달리다가 넘어지는 바람에 그릇 하나를 깨뜨리니, 블랑은 몹시 성이 나서 그 사람을 연못 속에 던져 물고기 밥이 되게 하라고 명했다. 그릇을 깨뜨린 자가 몸을 빼 대왕 앞으로 달려가서 무릎을 꿇고 구해주기를 청했다.

則撒爾, 大西諸國宗王也. 有大臣名薄量, 王一日幸其第, 薄量饗之. 其盤盂俱玻瓈水晶之屬, 光彩陸離. 役吏趨走, 傾跌壞一器, 薄量甚怒, 命投其人池中, 爲魚所食. 犯者脫赴大王前跽請救.

---

6 카이사르Gaius Julius Caesar(BC 100~44): 로마 공화정 말기의 장군이자 정치가. 폼페이우스, 크라수스와 함께 삼두동맹을 맺고 콘술(집정관)이 되어 대중에게 큰 인기를 얻었다. 여러 차례 전쟁을 거쳐 세력을 확장했고, 마침내 1인 지배자가 되었으나 브루투스 등 공화정 옹호파에게 암살되었다.

7 블랑Blanc: 로마 공화정 말기 카이사르의 부하장군 중 1차 삼두정치의 1인인 마르쿠스 리키니우스 크라수스의 아들 푸블리우스Publius Licinius Crassus(BC ?~53)를 가리키는 듯하나 분명치 않다.

왕이 앞서의 일을 다 듣고 나서 심부름꾼에게 명하여 보배로운 그
릇을 받들고 오게 하더니 두루 살펴보았다. 다 보고 나더니 하나하나
부숴버렸다. 또 물고기가 있는 연못을 메워 평지로 만들게 하고는, 블
랑을 귀양 보내면서 말했다. "천주께서 사람을 위해 만물을 내셨으니,
크고 작고 높고 낮고 할 것 없이 사람이란 하늘과 땅 사이의 보물에다
견줄 것이 아니다. 네가 사람보다 위에다 물건을 두어 아끼면서, 무겁
고 가벼운 것을 알지 못하니 너무도 어리석다. 하찮은 물건을 가지고
사람의 목숨을 해침은 큰 죄다. 이제 너의 그릇을 부숴서 너의 미친
단서를 막으려 한다."

王悉聞前故, 命役者捧寶器以來, 徧閱之. 旣見, 一一破毀之, 且命平魚池, 謫
薄量曰: "天主生萬物爲人, 故勿論大小尊卑, 是人, 則非天壤間寶物可比. 爾愛
物於人上, 不識重輕, 甚愚也. 以微物害人命, 大罪也. 今破爾器, 以杜爾狂端."

4.22

알렉산더 또한 서양 나라의 큰 임금이었다. 그의 어머니가 죄 없는
어떤 사람에게 화가 나서 그를 죽이라고 하였다.

그가 고했다. "어머님께서 다른 일로 아들에게 명하셨다면 명을 받
들지 않을 수 없습니다. 다만 죄 없는 사람의 목숨은 어떤 물건으로도
보상할 수가 없습니다. 그를 용서해주시기를 빕니다."

亞勒山, 亦西國大王也. 其母怒一無罪人, 求殺之. 告曰: "大人以他事命兒,
無不共命. 第無罪人之命, 無物可以償之, 乞赦之."

4.23

군자는 죄로 인해 남에게 성을 낸다. 성냄을 그만두지 못할 때는
죄를 고쳐야 분노가 가라앉는다. 소인의 분노는 자기의 마음에서 나

와 까닭 없이 화를 낸다. 이 때문에 한 가지 분노가 남아 있을 경우, 분노가 분노를 불러 곧장 무겁게 성을 내고 오래도록 성을 내서 마땅히 성낼 만했음을 드러내려고 한다.

君子緣罪怒人, 怒不獲已, 罪改而怒息. 小人之怒, 出於自心, 無故而怒. 故一怒則存, 怒增怒, 直欲以重怒久怒, 顯其宜怒.

4.24

어떤 이가 물었다. "분노는 모두 나쁩니다. 마땅히 모두 끊어버려야겠지요?"

내가 말했다. "그렇지 않소."

성 크리소스토모가 말했다. "마땅히 성내서는 안 될 때 성을 냈다면 스스로 죄를 범한 것이다. 마땅히 성내야 할 때 성내지 않았다면 남을 죄에서 구하려 하지 않은 것이니, 그 죄가 같다."

그러므로 잘못에 대해 성을 내는 것은 그 사람을 사랑하는 것이라고 한다. 의롭지 않은 일을 보고도 마음이 움직이지 않는다면, 잘 참는 것이 아니라 그저 지나치게 물러터진 것일 뿐이다. 이치로 따진 뒤에 분노가 따라온다면 의로움을 위해 일하는 것이 되므로 지나치게 무른 것이 되지는 않는다. 형벌은 그 죄에 합당해야 의로움에 큰 도움이 된다. 만약 이치로 따지기에 앞서 참람하게 주인 노릇을 하면 지나치게 가혹하여 인의를 해침이 심해질 것이다.

或問: "忿怒悉惡, 悉宜絶否?" 曰: "否." 聖契理瑣曰: "不當怒而怒, 自犯罪也. 當怒不怒, 不欲救人罪也. 其罪等." 故怒其罪, 謂愛其人. 見非義而心不動, 非能忍也, 惟過柔耳. 忿怒從於理後, 則爲義役, 勿得過柔. 刑當其罪, 甚助於義. 若在理前, 而僭爲主, 斯過於虐, 甚害仁義矣.

남에게 성을 내는 것은 병을 다스리듯 해야 한다. 의원은 사람을 사랑하기 때문에 그 병에 대해 성을 내서 이것을 공격하려고 한다. 어진 사람은 사람을 사랑하므로 그 악함에 대해 성을 내, 그의 죄를 다스려 이를 고쳐주려고 한다. 지금 사람은 그렇지가 않다. 악한 사람에 대해 화를 내는 사람은 다른 사람의 악에 대해 성을 내지 않는다. 그 결과 원래의 악이 그 사람에게서 고쳐지지 않고, 악에 대한 분노가 자신을 먼저 물들여버린다.

怒人如治病. 醫者愛人, 故怒其病, 求攻之. 仁者愛人, 故怒其惡, 治其罪, 求改之. 今人不然. 怒惡之人, 不怒人之惡. 原惡不改於人, 怒惡先染於己.

1. 원수를 사랑함 愛讐

4.25

너희가 힘든 일을 만났을 때 능히 참지 못한다면, 지금까지 행한 선이 도움이 안 된다. 무릇 노여움을 품었을 때는 그간 행한 착한 일이 비록 크고 받들어 천주를 섬기는 데 이바지한 것이 두텁다 하더라도 천주께서는 반드시 그를 미워하여 버릴 것이다.

《성경》에 말했다. "너희가 남에게 베푼 것에 따라, 천주께서도 또한 이것으로 너희에게 베풀어주실 것이다."[8]

---

8 너희가 …… 베풀어주실 것이다: 〈루가의 복음서〉 6장 38절, "남에게 주어라. 그러면 너희도 받을 것이다. 말에다 누르고 흔들어 넘치도록 후하게 담아서 너희에게 안겨주실 것이다. 너희가 남에게 되어주는 분량만큼 너희도 받을 것이다."

너희가 남에게 사랑을 베풀었다면 천주께서도 너희에게 사랑을 베
풀어주신다. 너희가 남에게 모진 일을 행하면 천주께서도 너희에게
모진 일을 베푸실 것이다.

爾遇難, 不能忍, 所行善無益. 凡懷怒時, 所爲善事雖大, 所奉以供事天主雖
厚, 天主必厭棄之. 經曰: "依爾施人者, 天主亦以是施爾." 爾以慈施人, 天主以
慈施爾. 爾以虐施人, 天主以虐施爾.

《성경》에 천주께서 사람들에게 이렇게 말씀하셨다. "너희가 재물
을 가지고 내게 바치려고 이미 내 앞에 이르렀더라도, 문득 너희에게
유감을 품은 사람이 떠오르거든, 잠시 앞에 놓아두고 가서 그와 더불
어 화해하여라. 그다음에 와서 받들어 바쳐야 할 것이다."[9]

그러므로 남과 더불어 화합하지 못한다면 천주와도 화합할 수가
없다.

經中天主謂人曰: "爾持物供我, 既臻我前, 偶憶人有憾爾者, 姑置前, 往與彼
諧, 次來奉供可也." 故不與人合, 不能與天主合.

4.26

《성경》에 말했다. "네가 남에게 원수를 갚으려 들면, 천주께서 반드
시 네게 원수를 갚으실 것이다."[10]

---

9 너희가 …… 바쳐야 할 것이다: 〈마태오의 복음서〉 5장 23~24절, "제단에 예물
을 드리려 할 때에 너에게 원한을 품고 있는 형제가 생각나거든 그 예물을 제단
앞에 두고 먼저 그를 찾아가 화해하고 나서 돌아와 예물을 드려라."

10 네가 남에게 …… 갚으실 것이다: 〈마태오의 복음서〉 18장 35절, "너희가 진심으
로 형제들을 서로 용서하지 않으면 하늘에 계신 내 아버지께서도 너희에게 이와

또 이런 이야기를 했다. 한 신하가 임금에게 만억의 빚을 졌지만 갚을 수가 없었다. 임금이 그의 처자를 다 팔아버리라고 명했다. 신하는 무릎을 꿇고서 청했다. "빌건대 신에게 시일을 늦춰주신다면 전부 갚겠습니다." 임금이 불쌍히 여겨 모두 사해주었다.

신하가 나가다가 그 동료로 자기에게 일백 금의 빚이 있는 자를 만났다. 윽박지르며 요구하자, 이 사람이 또한 무릎을 꿇고 청했다. "빌건대 내게 시일을 늦춰준다면 전부 갚겠네." 하지만 들어주지 않고 이를 묶어 가뒀다.

經曰: "爾欲復人讎, 天主必復爾讎." 又設言曰: 一臣負王萬億債, 不能償. 王命幷其妻子粥之. 臣跪請曰: "乞寬臣時日, 全償焉." 王憐而全赦之. 臣出, 遇其僚有負己百金者. 扼而索之, 是人亦跪請曰: "乞寬我時日, 全償焉." 不聽, 囚繫之.

곁에서 지켜보던 자가 분개하고 또 근심하여 임금에게 고했다. 임금은 크게 노하여 그를 붙잡아오게 해서 말했다. "못된 관리야. 네가 내게 청한 것을 나는 모두 들어주었다. 너는 어찌하여 저 사람을 불쌍히 보기를 내가 너를 불쌍히 여기듯이 하지 않는 것이냐?"

그러고는 형벌을 맡은 관리에게 넘겨 그에게 모두 갚게끔 했다. 너희가 정성된 마음으로 남을 용서하지 않는다면, 천주께서 너희에게 베푸시는 것이 이것과 다름이 없을 것이다. 그러므로 너희가 남에게 원수를 갚으려 들면, 천주께서 이미 사해주신 죄를 다시 뒤쫓아서 돌려받으실 것이다.[11]

같이 하실 것이다."

傍觀者憤且憂, 以告王. 王大怒, 命捕之曰: "惡吏, 爾求我, 我全貰爾. 爾曷不憐彼, 如我憐爾乎?" 乃付司刑, 俾全償焉. 爾不以誠心赦人, 天主施爾無異此. 故爾欲復人讐, 天主所已赦罪, 復追還之.

4.27

《성경》에 말했다. "네가 남을 용서하지 않는다면 천주께서도 너를 용서하지 않으신다. 남을 용서해야 천주께서도 너를 용서하신다."[12]

네가 천주께 죄를 얻은 것과 다른 사람이 너에게 죄를 얻은 것 중 어느 쪽이 더 많겠는가? 남이 너에게 죄를 얻은 것은 얼마 되지 않지만, 네가 천주께 죄를 얻은 것은 수없이 많다. 남의 얼마 안 되는 죄를

---

11 한 신하가 임금에게 …… 돌려받으실 것이다: 〈마태오의 복음서〉 18장 23~34절, "어떤 왕이 자기 종들과 셈을 밝히려 하였다. 셈을 시작하자 1만 달란트나 되는 돈을 빚진 사람이 왕 앞에 끌려왔다. 그에게 빚을 갚을 길이 없었으므로 왕은 '네 몸과 네 처자와 너에게 있는 것을 다 팔아서 빚을 갚아라' 하였다. 이 말을 듣고 종이 엎드려 왕에게 절하며 '조금만 참아주십시오. 곧 다 갚아드리겠습니다' 하고 애걸하였다. 왕은 그를 가엾게 여겨 빚을 탕감해주고 놓아 보냈다. 그런데 그 종은 나가서 자기에게 백 데나리온밖에 안 되는 빚을 진 동료를 만나자 달려들어 먹살을 잡으며 '내 빚을 갚아라' 하고 호통을 쳤다. 그 동료는 엎드려 '꼭 갚을 터이니 조금만 참아주게' 하고 애원하였다. 그러나 그는 들어주기는커녕 오히려 그 동료를 끌고 가서 빚진 돈을 다 갚을 때까지 감옥에 가두어두었다. 다른 종들이 이 광경을 보고 매우 분개하여 왕에게 가서 이 일을 낱낱이 일러바쳤다. 그러자 왕은 그 종을 불러들여 '이 몹쓸 종아, 네가 애걸하기에 나는 그 많은 빚을 탕감해주지 않았느냐? 그렇다면 내가 너에게 자비를 베푼 것처럼 너도 네 동료에게 자비를 베풀었어야 할 것이 아니냐?' 하며 몹시 노하여 그 빚을 다 갚을 때까지 그를 형리에게 넘겼다."

12 네가 남을 …… 용서하신다: 〈마태오의 복음서〉 18장 35절, "너희가 진심으로 형제들을 서로 용서하지 않으면 하늘에 계신 내 아버지께서도 너희에게 이와 같이 하실 것이다."

용서해, 천주께서 너의 무수한 죄를 용서해주심을 얻음이 낫지 않겠는가?

經曰: "爾不赦人, 天主不赦爾. 赦人, 天主乃赦爾." 爾得罪於天主, 人得罪於爾, 孰多乎? 人得罪於爾, 無幾也. 爾得罪於天主, 無數也. 赦人之無幾, 以得天主赦爾之無數, 不便乎?

비유해보자. 네가 남에게 억만 금을 빚졌고, 남은 너에게 수십 금의 빚을 졌는데, 모두 한 장의 증서에 실려 있다고 치자. 이를 남겨두면, 남이 네게 갚을 것은 조금이고, 네가 남에게 갚을 것은 많다. 남겨두지 않는다면 남이 네게 갚지 않아도 되는 것은 얼마 안 되고, 네가 남에게 갚지 않아도 되는 것은 많다. 네가 이를 남겨두기를 바라겠는가, 아니면 불태워버리기를 바라겠는가? 불태워버리기를 바랄 것이 틀림없다. 어찌하여 남의 작은 죄를 기억해, 천주께서 너의 많은 죄를 기억하시게 하려는 것이냐?

譬爾負人責億萬金, 人負爾責數十金, 悉載一券. 留之, 即人償爾少, 爾償人多. 不留之, 即人不償爾少, 爾不償人多. 爾願留之乎, 願焚棄之乎? 願焚棄必矣. 奈何記人少罪, 令天主記爾多罪耶?

4.28

공덕이 큰지 작은지를 가늠하려면 일이 어려운지 쉬운지를 살펴야 한다. 어려운 것은 공이 크고, 쉬운 것은 공이 작다. 사람이 다른 악이 있더라도 나의 사랑을 바로 뒤집지는 못하니, 내가 그를 사랑하는 것은 그다지 어렵지가 않다. 다만 나를 미워하고 내게 원수로 대한 자의 악은 나의 사랑을 바로 뒤집게 만든다. 이를 사랑하기란 참으로 어렵기 때문에, 그것은 나의 공을 깊이 더해주고 나의 덕을 증명해준다.

揣功德之巨微, 視事難易. 難者功巨, 易者功微矣. 人有他惡, 不直反我愛, 我愛之不甚難. 獨惡我讐我者之惡, 直反我愛, 愛之絶難. 故深增我功, 徵我德焉.

4.29

먼 곳의 물건을 태우는 불과 가까운 물건을 태우는 불 가운데 어떤 불이 세차겠는가? 먼 데 것을 태우는 불이 세찰 것이다. 나를 원수로 여기는 이를 사랑하는 어짊과 나를 사랑하는 이를 사랑하는 어짊 중에 어떤 어짊이 더 성대하겠는가? 원수를 사랑하는 것이 더 성대할 것이다. 큰 불이 타오르면 던지는 물건마다 문득 변해 불이 된다. 큰 어짊은 만나는 일마다 문득 그 어짊을 더하게 만든다. 은혜를 더해줄 뿐 아니라 해로움 또한 늘린다.

熱遠物之火, 熱近物之火, 火孰盛? 熱遠者盛也. 愛讐我之仁, 愛愛我之仁, 仁孰盛? 愛讐者盛也. 大火聚, 所投物輒化爲火. 大仁所値事, 輒益其仁. 微獨以恩益, 以害亦益.

여럿이 함께 노래할 경우 노래를 잘하는 사람이 묻혀버리지만, 혼자 노래하면 잘하는 사람이 바로 드러난다. 네가 천주를 사랑하는 마음으로 벗을 사랑한다면 벗은 혹 너와 하나가 되거나, 너에게 베풀어주고, 혹 너에게 기댈 것이다. 여럿의 사랑이 합쳐서 나오면 천주를 사랑하는 마음 또한 뒤섞인다. 원수로 여기는 사람은 달리 사랑할 만한 것이 없기 때문에 천주를 사랑하는 마음이 여기에서 바로 드러나고 만다.

羣歌合作, 則善歌者混, 獨歌, 善乃露焉. 爾以愛天主之心愛友, 友或爾契也, 或爾施也, 或爾倚也. 羣愛合出, 則愛天主之心亦混. 讐者無他可愛, 故愛天主之心, 特露于此.

4.30

《성경》에 말했다. "너를 사랑하는 이를 사랑하는 것은 가장 쉬우니, 악한 사람도 이것을 잘한다. 네가 그저 이것만 잘한다면 하늘에서 어떤 보답을 받겠는가? 네가 너를 원수로 여기는 사람을 사랑할 수 있고 너를 미워하는 자에게 은혜를 베풀 수 있어야 천주의 아들이라 할 것이다."[13]

가령 네가 천주 앞에서 "저 사람이 나를 사랑하고 내게 은혜를 베풀었으므로 제가 그를 사랑하고 그에게 은혜를 베풀었습니다"라고 말한다면, 천주께서는 틀림없이 "그 사랑은 이미 보답을 받았으니, 내가 갚아주지 않겠다"고 하실 것이다. 만약 "저 사람이 제게 악하게 하고 저를 해쳤지만, 제가 천주를 위해 그를 사랑하고 그에게 은혜를 베풀었습니다"라고 한다면, 천주께서 반드시 "이것은 나를 사랑하고 내가 빚진 것이니, 내가 갚아주겠다"고 하실 것이다.

經曰: "愛愛爾者最易, 惡人亦能之. 爾獨能如是, 蒙何報於天焉? 爾能愛讐爾者, 能惠惡爾者, 乃爲天主子也." 假令爾在天主前曰: "彼愛我惠我, 我愛之惠之." 天主必曰: "此愛已得報矣, 我不負矣." 若曰: "彼惡我害我, 我爲天主愛之惠之." 天主必曰: "此愛我負我矣, 我報矣."

---

13 너를 사랑하는 …… 할 것이다: 〈루가의 복음서〉 6장 32~35절, "너희가 만일 자기를 사랑하는 사람만 사랑한다면 칭찬받을 것이 무엇이겠느냐? 죄인들도 자기를 사랑하는 사람은 사랑한다. 너희가 만일 자기한테 잘해주는 사람에게만 잘해준다면 칭찬받을 것이 무엇이겠느냐? 죄인들도 그만큼은 한다. 너희가 만일 되받을 가망이 있는 사람에게만 꾸어준다면 칭찬받을 것이 무엇이겠느냐? 죄인들도 고스란히 되받을 것을 알면 서로 꾸어준다. 그러나 너희는 원수를 사랑하고 남에게 좋은 일을 해주어라. 그리고 되받을 생각을 말고 꾸어주어라. 그러면 너희가 받을 상이 클 것이며 너희는 지극히 높으신 분의 자녀가 될 것이다."

4.31

너를 원수로 여기는 사람이 있을 경우 마땅히 두 원수가 있음을 생각해야 한다. 사람이 하나고 마귀가 하나다. 하나는 사랑해야 하나, 하나는 피해야 한다. 하나는 밖에서 드러내놓고 공격하고, 하나는 안에서 남몰래 공격한다. 네가 지닌 육신의 복이 남보다 나은 것을 가지고, 남보다 나은 너의 복을 빼앗으려 한다. 네가 원수를 사랑함이 마귀보다 낫다 하여, 저보다 나은 사랑을 네게서 빼앗으려고 한다.

人有讐爾者, 宜即思幷有兩讐, 人一魔一. 一可愛, 一可避, 一明攻於外, 一暗攻於內. 爾以形之福勝人, 故欲奪爾所勝之福, 以讐之愛勝魔, 故欲奪爾所以勝之愛.

네가 남에게 원수를 갚으려 한다면 마귀로 하여금 네게 복수하게 하는 것이다. 네가 남을 이기려 들면 마침내 마귀로 하여금 자기를 이기게 하는 것이다. 네가 남의 편안함을 빼앗았다고 즐거워할 때 마귀는 능히 너의 덕을 빼앗았다고 즐거워할 것이다. 오직 네가 원수를 사랑할 때만 두 원수를 모두 이길 것이다.

爾欲復人讐, 則令魔復爾讐. 爾欲勝人, 遂令魔勝己. 爾樂能奪人安, 魔樂能奪爾德. 惟爾能愛讐, 兩讐俱勝矣.

4.32

원수를 갚는 자는 남을 해치는 데서 자기의 편안함을 찾고, 남의 손해를 가지고 자기의 이익을 구한다. 그러니 능히 얻을 수 있겠는가?

세네카가 말했다. "도량이 큰 군자는 원수가 이미 손아귀에 들어와 능히 복수할 수 있다면 그것을 복수한 것으로 친다. 복수 중에 가장 크고 영예로운 것이, 되갚아줄 수 있는데 갚지 않고 충분히 해칠 수 있지만 용서해주는 것만 함이 없음을 아는 것이다."

그래서 "원수에게 너그럽게 대하는 영예가 원수를 이기는 영예보다 더 낫다"고 한다. 하물며 네가 남에게 원수를 갚고자 하면 그 사람도 또한 네게 원수를 갚고자 할 것이다. 다툼으로 몹시 어지러워질 터이니, 어디서 멈추겠는가?

復讐者, 於人害覓其安, 以人損求其益, 能得乎? 塞搦加曰: "大容之君子, 讐旣在手, 則以能復讐爲復讐. 知復讐之大且榮者, 莫如能復而不復, 莫如能害而赦也." 故曰: "寬讐之榮, 甚於勝讐之榮." 況爾欲復人讐, 人又欲復爾讐, 爭鬪紊亂, 何所底止耶?

4.33

복수하는 사람은 이렇게 말한다. "모욕받은 것을 참지 못하겠다."

사소한 해로움을 능히 참지 못해 복수를 하려다가 다시금 제대로된 욕을 받게 됨을 깨닫지 못한다.

復讐者云: "不任受辱." 不悟不能忍微害, 而欲復讐, 更爲正辱.

4.34

《성경》에 말했다. "해로움을 해로움으로 갚겠다고 말하지 말고, 주님을 바라보며 너를 구하여라."[14]

너를 구한다는 것은 무엇인가? 복수하는 수고로움과 욕됨과 비용

---

14 해로움을 …… 너를 구하여라: 〈로마인들에게 보낸 편지〉 12장 19절, "친애하는 여러분, 여러분 자신이 복수할 생각을 하지 말고 하느님의 진노에 맡기십시오. 성서에도 '원수 갚는 것은 내가 할 일이니 내가 갚아주겠다' 하신 주님의 말씀이 있습니다."

에서 너를 구하고, 몸의 해로움과 마음의 죄에서 너를 구하며, 지옥의 영원한 재앙에서 너를 구하는 것이다.

經日: "勿日以害報害, 望主而捄爾." 捄爾何也? 捄爾於復讐之勞之辱之費, 捄爾於身害心罪, 地獄之永殃也.

《성경》에 천주께서 사람들에게 말씀하셨다. "원수를 갚는 것을 나로 말미암으면 내가 갚아주겠다."[15]

네가 말하지 않더라도 천주께서 네 말을 대신 해주시고, 네가 벌주지 않더라도 천주께서 네 벌을 대신 주실 것이다. 네가 말하고 네가 벌준다면 천주께서는 다시는 너를 돌아보지 않으실 것이다.

어떤 사람이 한 현자에게 말했다. "아무개가 나를 해쳤으니, 내가 복수를 하렵니다."

현자가 하늘을 우러러보며 말했다. "이 사람이 직접 복수를 한다니, 천주께서는 절대로 돌아보지 마십시오."

그 사람이 뉘우쳐 깨닫고 복수하지 않았다.

經中天主謂人日: "讐之復由之我, 我復也." 爾不言, 天主代爾言. 爾不罰, 天主代爾罰. 爾言爾罰, 天主則不復顧爾矣. 有人告一賢者日: "某害我, 我欲復讐." 賢者仰天日: "此人自欲復讐, 天主不必顧之." 其人悔悟, 不復也.

4.35

덕을 닦는 사람은 누구나 자기의 허물을 아는 것에 다급해야 한다.

---

15 원수를 …… 내가 갚아주겠다: 〈로마인들에게 보낸 편지〉 12장 19절, "원수 갚는 것은 내가 할 일이니 내가 갚아주겠다."

허물을 알아야만 허물을 고칠 수 있기 때문이다. 사람은 누구나 자기를 몹시 아낀다. 그래서 자기의 허물을 다 알 수가 없다. 아첨하는 사람의 말은 더더욱 믿어서는 안 된다. 나를 벗으로 하는 사람들은 정리 때문에 입을 닫아 나를 공격하지 않는다. 내 허물을 들으려면 오직 나를 원수로 여기는 사람밖에 없다. 그래서 "나를 원수로 여기는 사람은 내게 은혜를 베풀면서도 내게 보답을 바라지 않으니, 참으로 사랑스럽다"고 말하는 것이다.

修德者, 皆急于識己過, 識過斯能改過矣. 夫人皆重愛己, 故不能盡識己過也. 佞人之言, 又不可信也. 友我者狗情而閉口矣, 莫我攻也. 欲聞己過, 惟讐我者而已. 故曰: "讐我者惠我, 而不望我報, 正可愛焉."

4.36

이사벨意撒白[16]은 서양 나라의 거룩한 공주였다. 하루는 하느님 대전에 무릎을 꿇고 정성스러운 마음으로 기도하여 말했다. "매번 저를 해하는 자를, 원컨대 천주께서 한 번의 은혜를 내리셔서 갚아주소서."

문득 어떤 소리가 들렸다. "평생 행한 덕행도 이 같은 소원처럼 하느님을 감동시킨 적은 없었다. 이제 네 일생의 죄를 다 사해주리라."

意撒白西國聖公主. 一日跪天主臺前, 誠心祈曰: "每害我者, 願天主賜一恩以報之." 輒聞有聲曰: "生平所行德, 未有感動天主如此願者, 今悉赦爾一生之罪也."

---

16 이사벨Isabell(1451~1504): 카스티야-레온왕국의 공주로 태어났으나 궁에서 쫓겨나, 공주 신분에도 어린 동생들을 돌보며 직접 빨래하고 밥도 짓는 등 강한 생활력을 보였다. 가톨릭 신앙으로 우울과 절명을 견뎌내고, 후에 다시 왕궁으로 들어가서 엔리케 4세의 신임을 얻어 마침내 스페인 국왕의 자리에 올랐다.

4.37

몇 해 전 내 나라 스페인西巴尼亞에 과부의 아들을 죽인 자가 있었다. 관리가 그를 잡으려 하자, 과부가 그가 있는 곳을 알아내 좋은 말에 노자와 짐을 꾸려주며 속히 피해 달아나게 하여 이 사람이 벗어날 수 있었다.

그 아들이 홀연 큰 보배스러운 광채를 드러내며 나타나 그 어머니에게 사례해 말했다. "지은 죄를 다 씻지 못해 죽은 뒤에 마땅히 여러 해 동안 연옥 죄의 고통을 받아야 했습니다. 이제 어머니께서 은혜로 해침을 갚으시고 사랑으로 악을 갚으시니, 천주께서 마음으로 깊이 감동하셔서 제 죄를 사하고 제 형벌을 면해주셨습니다. 벌써 광명한 하늘로 올라가서 큰 복락을 누리고 있습니다. 이 은혜가 어찌 저를 낳고 길러주신 것에 견줄 수 있겠습니까?"

말을 마치자 보이지 않았다.

數年前敝國以西巴尼亞有殺寡婦之子者. 吏將收之, 寡婦知所在, 贈以良馬資裝, 令速避去, 是人得脫. 其子忽見大寶光, 謝其母曰: "死後過失未淨, 當受多年煉罪之苦. 今母以恩報害, 以愛報惡, 甚感天主心, 故赦我罪, 免我刑. 已昇光明天, 享大福樂. 此恩豈生養我可比哉?" 言畢不見.

성 아우구스티노가 말했다. "원수를 용서하지 않는 자에게 하늘 문은 이미 닫혀 있다. 그의 기도는 천주께 들어가지 못하고, 천주의 인자하신 은혜 또한 그에게 내리지 않는다."

聖亞吾斯丁曰: "不赦讐者, 天門已闔之. 其祈不入於天主, 天主之慈惠亦不降於己也."

4.38

바오로葆菉 성인이 말했다. "너를 힘들게 하는 사람을 찬미하여라. 그를 비방하여 헐뜯지 말고, 악을 악으로 갚지 말라."

葆菉聖人曰: "窘爾者贊美之. 勿謗訕之, 勿以惡報惡."

또 말했다. "네 원수가 굶주리면 그를 먹이고, 목마르면 마실 것을 주어라. 악을 이기려 들지 말고, 도리어 선으로 악을 이겨라. 만약 곧음을 가지고 해를 갚으면 자기가 죄를 범함을 면하게 된다. 은혜로 해를 갚으면 또 남을 죄에서 건져주는 것이다. 곧음으로 원수를 갚으면 남의 원수가 됨을 면하고, 사랑으로 원수를 갚으면 또 원수가 변하여 벗이 되니, 어느 것이 더 좋겠는가?"

又曰: "爾讐饑食之, 渴飲之, 不勝於惡, 反以善勝惡矣. 若以直報害, 免己犯罪. 以恩報害, 又救人罪. 以直報讐, 免爲人讐. 以愛報讐, 又化讐爲友, 孰善乎?"

4.39

필리포스費理白는 서양 나라의 임금이었다. 알츠亞爾奇[17]라는 자가 언제나 왕을 비방하곤 했으므로, 왕의 여러 신하가 붙잡아다 죄를 다스릴 것을 청했다. 하루는 우연히 그 사람과 만나자 왕은 예를 두터이 하고, 낯빛과 말씨를 따뜻하게 하면서, 후한 음식까지 대접했다.

며칠 지나 왕이 신하들에게 물었다. "알츠가 나에 대해 뭐라고 하더냐?"

모두 말했다. "대왕의 덕을 몹시 찬송하였습니다."

---

17 알츠Alz: 7.23에 한 번 더 나오는데, '亞爾色'으로 표기가 다르다. 미상.

왕이 말했다. "그렇구나. 내가 너희보다 치료를 잘하였구나."

費理白, 西國王也. 有亞爾寄者恒謗王, 王之諸臣請捕治之. 一日偶遇其人, 王優禮焉, 色和語溫, 申以厚饋. 越數日, 王問其臣曰: "亞爾寄謂我何?" 皆曰: "甚贊頌大王之德." 王曰: "然. 我爲醫良於爾."

4.40

알렉산더亞立刪는 서방의 가장 존귀하고 가장 덕이 성대한 사람이었다. 한 사람이 그의 황금으로 만든 기물을 잔뜩 훔쳐 달아났다. 훗날 이 사람이 적국에 사로잡히자, 알렉산더는 재물을 후하게 주어 그를 풀어주게 했다. 달리 그를 해친 사람이 있더라도 반드시 두터운 은혜로 갚아주었다. 그래서 그 나라 속담에 "알렉산더의 은혜를 얻고 싶다면 그를 해치면 된다"고 했다.

亞立刪, 西邦最尊最盛德人也. 一人大竊其金器物以逃. 他日此人爲敵國所虜, 亞立刪厚資贖之. 他凡有害之者, 必厚恩以報之. 故本國俗云: "欲得亞立刪之恩, 莫如害之."

4.41

서양 나라의 어떤 사람이 그 원수를 죽이려고 찾았지만 잡지 못했다. 대축일 날이 되어 천주당에 들어갔다가 마침 그를 보게 되었다. 급히 손에 칼을 들고 그를 향해 가려다가, 갑자기 스스로 생각을 돌려 말했다. "오늘은 대축일이라 사람마다 이 가운데로 향해 와서 죄과를 뉘우쳐 선으로 옮겨서 천주께 죄를 사해주시기를 청하고 있다. 그런데 나 홀로 이 가운데로 향해 가서 사람을 죽여 원수를 갚아서 천주께 죄를 거듭 얻는 일을 해서는 안 될 것이다."

급히 그 원수를 이끌고 함께 천주님 전에 나아가 맹세하며 빌었다.

"오늘 이후로는 천주만 위하겠다. 그러므로 네게 다시 복수하지 않겠다. 원컨대 너 또한 천주를 위하고 다시 내게 복수하지 말기 바란다."

西國有人欲殺其讐, 求之不得. 遇大瞻禮日, 入天主堂, 適見焉. 遽欲手刃向之, 忽自轉念言: "今日大瞻禮, 人人向此中, 悔過遷善, 求赦罪于天主. 獨我向此中, 殺人報讐, 重得罪于天主, 不可." 遽攜其讐, 同詣天主位前, 誓願: "今日以後爲天主故, 不復讐爾. 願爾亦爲天主, 不復讐我."

그 사람이 감동해서 서로 지난날의 악을 던져버리고, 함께 천주상 아래로 가서 그 발을 끌어안고 고개를 조아려 절을 올렸다. 이때 나무로 깎은 성상聖像이 갑자기 팔 하나를 뻗더니 아래로 내려와 그 사람을 안아주었다. 많은 사람들이 함께 보고는 놀라 감탄하며 우러렀다. 원망을 잊고 분노를 푸는 것을 천주께서 가장 무겁게 여기심을 알겠다. 그 성상은 손을 뻗어 안아주는 자세를 지은 것을 지금까지 다시 거두지 않고 있다.

其人感動, 相與捐棄前惡, 共詣天主像下, 抱足頂禮. 于時木塑聖像, 遽伸一臂, 下抱其人. 萬衆共見, 驚異歎仰. 知忘怨釋怒, 天主所最重也. 其聖像伸手作抱勢, 至今不復收矣.

2. 인내의 덕으로 환난에 대적함以忍德敵難

4.42

인내란 무엇인가? 평온한 마음으로 해로움을 받아들이고, 내게 해를 준 사람을 꺼리지 않는 것이다.

忍者何? 以平心受害, 不忌授我害者是也.

4.43

인내라는 것은 착한 사람의 갑옷과 투구다. 이것으로 세상의 변고를 감당하고, 마귀를 이기며, 여러 삿됨을 공격하고, 여러 가지 덕을 지킨다. 분노를 막고, 혀를 묶으며, 마음을 다스려 편안함을 기른다. 두려움을 누르고, 근심을 없애며, 다툼을 끊어낸다. 부자의 방자함을 누르고, 가난한 자의 굴욕을 펴주며, 높은 위치에 있는 사람에게 겸손을 간직하게 해주고, 어려운 지경을 당한 사람에게 용기를 지니게 해준다. 인내는 남이 내게 죄를 얻으면 내가 즉시 이를 용서해주게 하고, 내가 남에게 죄를 얻으면 또 나로 하여금 영원히 용서를 구하게 만든다.

夫忍者, 善人之甲冑也. 以當世變, 勝鬼魔, 攻諸私, 保諸德, 防怒, 羈舌, 御心, 養安, 鎭怖, 祛憂, 絶爭, 抑富者之恣, 伸貧者之屈, 居尊巍者使存謙, 受艱難者使存勇. 人得罪於我, 令我卽赦之, 我得罪於人, 又令我永求赦之.

인내가 마음에서 떠나가면 아무 일도 할 수가 없다. 이를 어찌 먼 것을 기다려 시험하겠는가? 바로 이 책에서 기술한 앞선 성현들의 인내를 가르치신 말씀이 바로 그것이다. 인내의 덕을 지닌 사람이 아니고는, 반드시 그 실마리를 자세히 살펴 깊이 그 이치를 헤아려보고, 그 가르침을 굳게 따라 그 이로움을 받을 수가 없을 것이다.

忍離於心, 無事可成. 此何待遠試? 卽此鄙篇所述前聖賢訓忍之說. 非有忍德者, 必不能熟察其端, 深思其理, 堅從其箴, 而受其益焉.

4.44

세상에서 말하는 흉한 재앙이라는 것은 인내의 덕으로 능히 이를 돌려 길한 복이 되게 할 수가 있다. 세상에서 천하게 여기고 두려워하는 것은 인내의 덕을 통해 귀하고 아낄 만한 물건으로 변화시킬 수가 있다. 세상 사람들이 천하게 여기고 미워하는 것 중에 가난과 군색함, 질병과 치욕, 손실과 손해만 한 것이 없지만, 참을성 있는 사람은 능히 즐겁게 이를 받아들인다. 그리하여 그것으로 죄의 책임을 보상하고, 죄의 형벌을 대신하며, 그 덕을 늘려 쌓고, 천국을 산다. 그 값어치를 어찌 세상의 진귀한 보배로 논할 수 있겠는가?

凡世所謂凶禍者, 忍德能轉爲吉福. 凡世所賤所畏者, 忍德能變爲可貴可愛物也. 世所賤惡, 無過貧窶疾病耻辱, 損失患害, 忍人能樂受之. 則以償其罪責, 以贖其罪刑, 以增積其德, 以市天上國也. 其直豈世間珍寶可論哉?

그러므로 참을성 있는 사람은 모욕을 영광으로 알고, 미천함을 존귀함으로 여기며, 내쳐짐을 윗자리로 올라가는 듯이 보고, 가난해도 부유하다고 생각한다. 배가 고파도 배부르다고 여기고, 지고서도 이긴 것으로 치며, 흉년인데도 풍년으로 여기고, 역풍에도 길을 간다. 이는 마치 배가 바다 위에서 험한 풍랑을 만났을 때, 파도가 높을수록 하늘에 더 가까워지는 것과 같은 이치다.

故忍人以侮辱榮光, 以賤微尊貴, 以降黜上昇, 以貧富, 以餓飽, 以負勝, 以荒歲豐, 以逆風行. 如海舟値浪險, 浪愈高, 廼愈近天也.

4.45

인내는 여러 가지 덕을 지켜주고 여러 가지 악을 막아준다.

《성경》에 말했다. "네가 천주께 나아가 섬기려 한다면 모름지기 언제나 두려운 마음을 품고 미리 준비하여, 마땅히 유혹과 재앙에 맞서야 한다."[18]

대개 사람이 선을 행하고 덕을 닦으려면 반드시 세속을 거스르고, 습벽이 된 감정의 공격을 받으며, 악마의 유혹을 막아내야 한다. 그럴진대 이 세 가지는 나의 원수다. 세 가지 원수는 요컨대 서로 합쳐서 나를 공격한다. 세상 사람들은 밖에서 어지러이 막으며 조롱하고 비웃고, 습벽이 된 감정은 내 안에서 충돌하며 어지러이 뒤흔들고, 마귀는 안팎으로 부추기고 유혹하며 공격하여 싸운다.

忍保諸德, 防諸惡. 經曰: "子欲就事天主, 須恒抱畏心, 而豫爲備, 以當誘惑窘迫." 蓋人欲行善修德, 必須忤世俗, 攻習情, 防魔惑, 則三爲我讐矣. 三讐者, 要結以攻我. 世人譏笑撓阻於外, 習情衝勃擾亂於內, 鬼魔煽誘攻戰於內外.

이는 비유하자면 새를 기르는 것과 같다. 새를 새장 안에 가둬둔다면 그뿐이지만, 새장 문이 열려서 날아가면 반드시 일백 번을 쫓아가서라도 다시 붙잡으려 한다. 사람이 악을 행하여 이미 마귀의 계략에 떨어졌다면 할 수 없지만, 결단하여 고쳐서 옮기려 한다면 반드시 일백 번 타일러서라도 다시 붙들기를 구한다. 진실로 인내의 덕으로 맞서지 않는다면 어제 없었던 악을 오늘 다시 행하게 될 것이다.

성 그레고리오가 말했다. "선을 행하려 하면서 인내의 덕이 없는 것은 삼엄한 진陣 가운데 갑옷 입은 군대가 없는 것과 같으니, 능히 다치거나 목숨을 잃지 않을 수 있겠는가?"

譬如畜鳥. 閉之樊中則已, 決而飛, 必百追以求復獲. 人爲惡, 已墮魔計則已, 決而遷改, 必百誘以求復獲. 苟無忍德以當之, 昨所去惡, 今復行也. 聖厄勒臥略曰: "欲行善無忍德, 如在嚴陣中無兵甲, 能不受傷失命哉?"

18 네가 천주께 …… 맞서야 한다: 〈집회서〉 2장 1~2절, "아들아, 네가 주님을 섬기려면 스스로 시련에 대비하여라. 네 마음을 곧게 가져 동요하지 말며 역경에 처해서도 당황하지 말아라."

4.46

어려움을 만나 목숨을 맡기는 사람은 많지만, 어려움을 당해 굳게 참는 사람은 적다. 힘으로 나라 사람을 굴복케 하는 사람은 많아도, 인내로 자기를 누르는 사람은 드물다. 이 때문에 한 번의 어려움을 참는 용기가 일백 번 몸을 내던지는 용기보다 더 낫다. 하나의 자기를 누르는 영예가 만국을 복종케 하는 영예보다 더 크다. 작은 어려움을 참아내는 공덕이 큰 일을 행하는 공덕보다 훌륭하다.

遇難而委命者多, 遇難而堅忍者寡. 以力服國者多, 以忍服己者寡. 故忍一難之勇, 甚於委百身之勇. 服一己之榮, 甚於服萬國之榮. 忍小難之功德, 甚於行大事之功德.

4.47

사람은 무엇이든 이길 수 있지만, 홀로 참는 사람만큼은 이길 수가 없다. 군사가 용력으로 싸워 승부를 결정할 수 없을 때, 인내로 싸우면 승부가 결정된다. 참는 사람에게 세상의 어려움을 입힐 수는 있어도, 세상의 더러움에 물들일 수는 없다. 그 신체를 멸할 수는 있어도, 그 어짊과 의로움을 없앨 수는 없다. 그 몸을 아프게 할 수는 있지만, 그 마음을 노하게 할 수는 없다. 세상의 복을 빼앗을 수 있더라도, 마음의 즐거움마저 빼앗지는 못한다.

人無不可勝, 獨忍人不可勝. 以勇力兵革鬪, 勝負不可定, 以忍鬪, 勝定矣. 忍者能加以世難, 不能染以世汚. 能滅其形軀, 不能消其仁義. 能使其身痛, 不能使其心怒. 能奪之世福, 不能奪之心樂.

그런 까닭에 참으로 인내하는 한 사람은 천하 사람을 합쳐도 능히 이길 수가 없다. 무기가 없이도 언제나 무기 가진 상대를 이긴다. 남과 대적하지 않아도 늘 대적하는 자를 복종시킨다.

《성경》에 말했다. "참는 사람이 강한 사람보다 훌륭하다."[19]

강한 사람은 힘으로 남을 윽박지르지만, 덕으로 자기에게 복종하게 할 수는 없다. 한 나라를 이기지만, 혹 한 마디 말을 능히 참지 못한다. 천하의 대중을 복종시키면서도, 언제나 마음의 욕심 앞에 스스로 굽히고 만다. 그러니 어찌 욕스러움을 이길 수 있으랴? 참는 사람은 덕으로 먼저 자기를 이긴다. 자기를 이기면 그 밖의 다른 것은 이기지 못할 것이 없다. 그래서 "자기를 이기는 사람은 감당하지 못할 것이 없다. 남들이 복종하고, 마귀 또한 두려워한다"고 말하는 것이다.

故一眞忍人, 總天下人莫能勝之. 無兵革, 而恒勝兵革. 不敵人, 而恒服敵之者. 經曰: "忍者善於强者." 强者以力脅人, 不能以德服己. 勝一國, 或不能忍一言. 服天下大衆, 常自屈於心欲. 豈不勝辱乎? 忍人先以德勝己. 己勝, 其外無不勝. 故曰: "勝己者, 無不能當. 人服之, 鬼魔亦畏之."

이사야意撒[20]는 서양 나라의 어진 이였다. 마귀가 그를 몹시 두려워했다. 어떤 사람이 그 까닭을 묻자, 이렇게 대답했다. "덕을 닦고 나서부터는 언제나 스스로 뜻을 들어, 반드시 분노의 생각이 마음에 들어오거나 성난 말이 입에서 나오지 못하게 했다."

意撒, 西國之賢人. 魔甚畏之. 或問故, 答曰: "從修德以來, 恒自擧意, 必不使

---

19 참는 사람이 …… 훌륭하다: 〈잠언〉 16장 32절, "함부로 화를 내지 않는 사람은 용사보다 낫다."

20 이사야Isaiah: 기원전 8세기 이스라엘의 선지자. 남쪽 유다왕국의 왕족 출신으로, 번영하던 시기에 태어나 이스라엘 민족의 멸망과 메시아의 등장 등을 모두 예언했다.

怒念注心, 怒言出口."

4.48

빈첸시오未曾德[21]는 서양 나라의 큰 성인이다. 마음으로 순수하게 천주만을 한결같이 섬겼다. 당시 국왕이 몹시 미워해, 억지로 버리고 떠나 다른 신상神像을 섬기게 하려 했다.

빈첸시오가 말했다. "하늘과 땅 사이에 지극히 존귀하신 참 주인은 오직 천주가 계실 뿐입니다. 이 밖에 주인이라 일컫는 것은 모두 참람한지라 마땅히 바로 끊어야 합니다. 천주를 버려 섬기지 않는다면 무엇을 섬깁니까? 이보다 무거운 죄악이 어디 있겠습니까?"

왕이 말했다. "내 말을 따르면 네게 높은 지위를 주고 또 후한 상을 내릴 것이고, 그렇지 않으면 장차 큰 형벌을 내리겠다."

성인이 듣지 않자 왕은 노해서, 그를 매달아 채찍으로 때리고 찢어 죽이라고 명했다. 성인은 마음과 낯빛이 모두 즐겁기만 하고, 아파 신음하는 어떤 소리도 내지 않았다.

왕이 더욱 노해 말했다. "내 말을 듣지 않으면 또 더 큰 형벌을 내릴 것이다."

성인이 대답했다. "그것은 제 소원입니다."

왕이 또 묶으라고 명하고, 가두어 옥 가운데 두었다. 바닥에는 가시를 뿌려놓고 뜨거운 불로 그를 지졌다. 온몸을 쇠로 달구고, 여러 날

---

21 빈첸시오Vincentius(?~304): 스페인의 첫 순교성인. 디오클레티아누스 황제의 기독교 박해 때 발렌시아에서 순교했다. 당시 총독에 의해 온갖 고문과 회유를 받았으나 끝까지 신앙을 부정하지 않았다. 포르투갈의 수호성인이다.

먹을 것도 주지 않았다.

성인이 왕에게 말했다. "세상에서 괴롭다고 말하는 것을 천주를 위해 받으면, 괴로움이 되기에 부족하고 바로 기쁘고 즐거운 일이 될 뿐입니다. 고통으로 제 마음을 바꾸려 하신다면 어찌 얻을 수 있겠습니까?"

위엄스러운 왕은 고통과 싸우고, 성인은 인내로 감당했다. 왕은 힘이 다하고 꾀도 다하고 나서야 겨우 성인의 생명을 빼앗을 수 있었지만, 끝내 그 인내를 무너뜨릴 수는 없었고, 그 의로움을 굽히게 할 수도 없었으며, 그 즐거움을 빼앗을 수도 없었다. 누가 이긴 것일까?

未曾德, 西國大聖人也. 心純一事天主. 時國王甚惡, 欲强令棄去, 事他神像. 未曾德曰: "天地間至尊眞主, 惟有天主. 此外稱主, 皆僭矣, 正宜絶之. 棄天主弗事, 事焉? 罪惡孰重此乎?" 王曰: "從我, 予若高位, 且厚賜, 不且爲大儍." 聖人不聽, 王怒, 命懸而榜箠磔裂之. 聖人心顏俱樂, 了無痛楚聲. 王益怒曰: "不聽我, 且更加大刑." 答曰: "此我願也." 王又命束縛, 囚之置獄中, 地布芒刺, 炮諸烈火, 周身熾鐵, 數日不給食. 聖人謂王曰: "世所言苦者, 爲天主受之, 即不足爲苦, 正惟喜樂事也. 以苦圖變我心, 曷可得乎?" 威王以苦鬪, 聖人以忍當. 王力竭計盡, 能陨聖人之生命, 卒不能敗其忍, 不能屈其義, 不能奪其樂, 孰勝乎?

4.49

오직 인내로 어려움을 막는 사람만이 능히 어려움을 피할 수가 있다. 만약 원망과 분노를 가지고 한다면 마침내 두 가지 괴로움만 얻고 만다. 원래의 괴로움이 하나요, 지금의 분노가 하나다.

나는 사람들이 하는 말을 여러 번 들었다. "내가 성낸들 무슨 보탬이 되랴? 잃어버린 것은 따라가지 못하는데, 다시금 분노로 나를 해치다니!"

이미 분노를 가지고 해로움을 제거할 수 없다면, 어찌하여 인내를 가지고 덕을 더 늘리지 않는가? 참을 경우 지금 분노의 괴로움을 살피면서, 아울러 원래 괴로움의 고통마저 없애준다. 왜 그런가? 사람이 어려움이 있는 것은 대부분 천주께서 죄에 대한 벌을 내리신 데 말미암는다. 분노는 죄를 더하게 하므로 더더욱 천주의 노여움을 건드려서 괴로움이 더욱 무거워진다. 인내로 덕을 보태는 까닭에 천주의 마음을 감동시켜 죄를 사하게 하니, 죄가 사해지면 고통도 없어진다.

惟以忍御難者, 能避難. 若以怨怒, 遂得兩苦. 原苦一, 今怒一. 余屢聞之, 人曰: "我怒何益? 所失不追, 而更以怒害我!" 夫既不能以怒去害, 奈何不以忍增德? 忍則省今怒之苦, 并消原苦之苦矣. 何者? 人有難, 大都由天主降爲罪罰, 怒增罪, 故愈觸天主怒, 而苦愈重. 忍增德, 故感天主心而罪赦, 罪赦而苦除.

세간에서 말하는 고통과 욕됨은 올바른 고통과 욕됨이 아니라, 다만 남의 뜻에 매인 것이다. 내 생각으로 욕되다고 여기면 욕됨이 되지만, 욕되지 않다고 생각하면 욕됨이 아니다.

디오게네스弟阿熱는 한 사람이 그를 모욕하자, 이렇게 대답했다. "네가 나를 모욕하지만 나는 너의 모욕에 얽매이지 않는다."

세네카가 말했다. "군자는 다만 죄악을 정말 욕된 일로 여긴다. 이밖에는 모두 욕됨이 아니다."

남에게 모욕을 받으면 이렇게 말한다. "저가 나를 욕보이려 하나, 일찍이 나를 욕보이지 못할 것이다." 이와 같이 한다면 다만 욕됨이 사라질 뿐 아니라, 나를 욕보이려던 자 또한 그치고 만다. 왜 그런가? 저가 나를 욕보이고자 해도 내가 욕됨으로 여기지 않음을 안다면, 나를 욕보일 방법이 없으므로 그치고 마는 것이다.

夫世間所謂苦辱, 非正苦辱, 惟係人意. 意以爲辱則辱, 不以爲辱, 不辱矣. 弟阿熱, 一人譏之, 答曰: "爾譏我, 我不任爾譏." 色揶加曰: "君子特以罪惡爲正辱, 舍此悉非辱也." 受人辱, 曰: "彼欲辱我, 未嘗辱我矣." 如此, 非特辱消, 辱我者亦止. 何者? 彼欲辱我, 知我不以爲辱, 無道可辱我, 止矣.

4.50

덕을 닦는 데는 세 등급이 있다. 시작함이 있고, 나아감이 있으며, 이미 도달함이 있다. 인내에도 또한 세 등급이 있다. 어려움을 만나 억지로 참는 것은 인내의 시작 단계다. 어려움을 만나 즐겁게 참으면 인내의 발전 단계다. 참기 어려운 일을 얻기 위해 이를 구하고, 얻은 뒤에는 즐기며 이것이 떠나가기를 원치 않는다면, 이미 인내의 지극한 단계다. 이미 지극한 단계에 이른 사람은 그 몸은 땅에 있더라도 실제로는 하늘의 사람이다.

修德者有三級, 有始者, 有進者, 有已至者. 忍亦有三級. 遇難强忍之, 忍之始. 遇難樂忍之, 忍之進. 願得所忍難而求之, 旣得而樂, 不願去之, 已忍之至也. 已至之人, 其身在地, 實天人矣.

4.51

어떤 이가 아리스토텔레스에게 물었다. "큰 포용력을 가진 사람을 어떻게 알아볼 수 있습니까?"

그가 대답했다. "능히 평온한 마음과 즐거운 낯빛으로 큰 어려움을 참아 받는 사람이 바로 그런 사람입니다."

이 때문에 쉽게 성을 내는 사람은 그 도량이 좁다는 증거다. 노인과 병자, 부녀자와 어린아이는 모두 도량이 좁아서, 쉽게 성을 내지만 풀리기는 좀체 어렵다.

或問亞利斯多曰: "大有容之人, 何自識之?" 答曰: "能以平心愉色, 忍受大難者是也." 故易怒者, 驗其量狹. 老人病人婦女孩童皆量狹, 皆易怒難解.

4.52

천주의 마음은 한없이 넓다. 그래서 또한 한없는 인내가 있다. 죄지은 사람을 능히 벌로 없앨 수 있지만, 오히려 관용으로 뉘우쳐 고칠 때까지 기다리신다. 대개 사랑과 상은 본성에서 나오기 때문에 한정이 없고, 분노와 벌은 내 죄에서 나오는지라 어쩔 수가 없다. 사람은 참을수록 도량이 점점 넓어지고, 천주를 닮아갈수록 하늘나라의 사람이 된다.

天主心無量寬, 故亦有無量忍. 人之得罪者, 能即罰滅, 而尙寬容以俟悛改. 蓋慈賞出于本性, 故無限, 怒罰出於我罪, 故不得已. 人逾忍, 量逾寬, 逾似天主, 爲天人也.

하늘나라는 구름이 그 빛을 가리지 못하고, 바람이 그 고요함을 흔들지 못한다. 예로부터 한결같다. 인간 세상은 절로 어두워졌다가 절로 개고, 절로 추워졌다가 절로 더워진다. 포용력이 큰 사람은 일이 변해도 마음은 일정하고, 세상이 어지럽더라도 마음은 고요하다. 몸이 힘들어도 마음은 근심하지 않는다. 정육면체처럼 여섯 면이 똑같아서 안온하지 않음이 없다.

天之所, 雲不掩其光, 風不撓其靜, 終古如一. 惟下處自暗自晴, 自寒自暑. 大容之人, 事變而心常, 世亂而心靜, 身難而心不憂. 如立方物, 六面如一, 無不安穩.

또 황금과도 같아 단련해도 줄지 않고 두드려도 끊어지지 않는다. 작은 그릇도 만들고 큰 그릇도 만들어서 그 값을 쳐서 받는다. 오직 관용이 적고 마음이 좁은 사람은 걸핏하면 화내다가 문득 사랑하고, 금방 근심하다가 어느새 즐거워한다. 마치 나뭇잎이 바람에 따라 바뀌듯 한시도 같을 때가 없다. 그래서 포용력이 큰 사람은 한 마음으로도 여러 가지 일을 처리하지만, 포용력이 작은 사람은 이랬다저랬다 하며 한 마음에 끌려다닌다.

又如黃金, 煉之不耗, 鍛之不斷, 以爲小器, 爲大器, 其價埒. 惟寡容狹心之人, 倏怒倏愛, 倏憂倏樂. 如樹葉隨風變動, 無刻得同. 故大容之人, 以一心御多事. 小容之人, 以多變御一心.

4.53

아들을 잃은 사람이 있었는데, 지극한 근심과 분노에 휩싸여 있었다.

데모나得磨納[22]가 그를 위로해 말했다. "당신이 온 나라 안을 두루 찾아다니면서, 평생 상喪을 만나 통곡해보지 않은 자가 있거든 세 사람만 데려오시오. 내가 능히 당신의 아들을 다시 살려내겠소."

그 사람은 쉽게 구할 수 있을 것으로 생각하고 두루 찾아보았으나, 마침내 한 사람도 찾지 못하고 돌아왔다.

데모나가 말했다. "그런 것입니다. 그런데 어찌 이토록 지나치게 애통해합니까, 당신 혼자만 이 근심을 받았단 말입니까?"

有喪子者, 極憂忿. 得磨納慰之曰: "爾徧求諸國中, 有生平未嘗遭喪而哭者, 得三人以來. 我能令爾子復生." 其人以爲甚易得也, 徧求之, 竟無一人以復. 得磨納曰: "旣爾. 何用過慟爲, 獨爾受此患也哉?"

---

22 데모나Demona: 미상.

4.54

이스라엘理爵國의 풍속은 남자가 근심을 만났을 때 여인의 옷을 입지 않고는 곡을 하지 못했다. 세상의 어려움을 만나 슬퍼하고 분개하는 것은 남자의 일이 아니라 바로 여자의 정일 뿐이라고 여겼기 때문이다.

理爵國之俗, 男子遇患, 不衣婦人衣, 不聽哭. 以爲遭世難而悲憤, 非男子事, 正惟女情耳.

4.55

나쁜 말로 너를 범하는 자는 스스로 먼저 악을 행하여 네가 이를 따라 하게 하려는 것이다. 이 때문에 말한다. "네가 악인의 해로움을 받더라도 참고 용서하라. 둘 다 악을 하지 말고, 둘 다 해로움을 받지 말라."

以惡言犯爾者, 自先爲惡, 而欲爾效之. 故曰: "爾受惡人之害, 忍而恕之. 勿兩爲惡, 勿兩受害."

4.56

어떤 이가 토마스得磨斯에게 욕을 하자, 그가 대답했다. "무릇 다투는 자는 이기는 것을 영광으로 안다. 그렇지만 오늘은 지는 자가 이긴 자보다 착하고 또 영예로우니, 내가 너와 어찌 다투겠는가?"

그래서 이렇게 말한다. "남이 네게 욕하는 말을 하더라도 대꾸하지 않으면 네가 이긴 것이다. 되갚지 않는 것이 배로 갚는 것보다 더 낫다." 또 말한다. "무릇 악한 말에 인내로 참는다면, 나온 곳으로 되돌아간다."

或詈得磨斯, 答曰: "凡爭者, 以勝爲榮. 惟今日負者, 善且榮於勝者, 我肯與爾鬪乎?"故曰:"人以詈言加爾, 勿答, 爾勝. 勿復, 愈重復." 又曰:"凡惡言以忍當之, 則激而歸乎其所從出."

4.57

고통과 욕됨 속에 사는 것은 공덕이 아니다. 고통과 욕됨을 참아내야 참된 공덕이다. 그래서 "받은 것이 무엇인지 논하지 말고 어떻게 받았는지만 논하라"고 말하는 것이다. 어려움을 겪은 것만으로는 성현임을 증험하기에 부족하다. 어려움을 기꺼이 참아내야 성현임을 증험하기에 충분하다. 진정한 인내는 반드시 참는 바의 것을 사랑한다. 대개 겉모습으로만 참고 마음으로 분노한다면, 인내의 덕이 아니고 성냄을 감추는 것일 뿐이다. 힘으로 원수를 갚을 수 없어 잠시 참고 있다면, 복수를 하지 않았더라도 복수할 마음이 있는 것이니, 복수의 죄가 있게 된다.

居苦辱非功德, 忍苦辱實功德. 故曰:"勿論何所受, 惟論何如受." 受難不足驗聖賢, 樂忍難乃足驗聖賢. 眞忍必愛所忍者, 蓋貌忍心怒, 非忍德, 乃怒翳也. 力不能復讐, 姑忍之, 即不復, 有復之心矣, 有復之罪矣.

내 몸을 생각해보았을 때, 남에게 참기를 원하는 것이 많은 사람은 반드시 남에 대해 참는 것이 어렵지 않을 것이다. 네가 여태도 능히 스스로 자기가 원하는 대로 자신을 다스릴 수 없다면, 남이 네가 원하는 대로 다 해주지 않는 것을 어찌 괴이하다 하겠는가? 네가 자신에게 성내지 않는다면 남에 대해 참을 수가 없다. 자기와 더불어 싸우지 않고는 남과 함께 화합할 수가 없다.

凡思我身, 多所願忍于人者, 必不難忍人. 爾尙未能自治己如己願, 安怪人不悉如爾願? 爾不怒己, 不能忍人. 不與己鬪, 不能與人合.

4.58

해로움과 욕됨을 받은 사람이 입으로 말하지 않고, 낯빛을 사납게 하지 않으며, 마음으로 근심치 않고 헤아리지 않는다면, 이것이 바로 인내다. 옛 현인에게 어떤 사람이 나쁜 말로 업신여겼다. 그가 대답했다. "네 멋대로 말하여라. 나는 이미 혀에게 말하지 말라고 하고, 마음과 손을 움직이지 못하도록 명령했다."

受害辱者, 口不言, 色不厲, 心不憂不計, 是正忍也. 古賢有人以惡言嫚之, 答曰: "任爾言. 我已命舌勿言, 心手勿動."

지금 사람들은 모욕을 받고 나서 능히 말하지 않고는 참았다고 말한다. 하지만 입으로는 줄였지만 마음에서는 더한다. 입은 조용하나 마음이 시끄러우며, 낯빛은 부드러워도 가슴속에 성이 나 있거나, 손은 내렸지만 속으로는 불끈하고 있다면, 이것은 참지 못함이 더욱 커서 그 해로움이 더욱 깊다. 가슴속에 성난 뜻을 품고, 입으로 성난 말을 하는 이 두 가지 악은 모두 해서는 안 된다. 하지만 침묵 속에 쌓아두고 성내기보다는 차라리 말로 펴서 흩어버리는 것이 더 낫다.

今人受辱, 能不言, 謂忍矣. 然而減於口, 增於心. 口寂而心喧, 色愉而胸慍, 手垂而中攘, 此爲不忍尤大, 其害尤深. 胸懷怒意, 口發怒言, 兩惡俱不可. 與其默畜而蘊, 無寧口發而散.

4.59

남을 감동시켜 남을 교화하는 덕은 차분한 마음과 기쁜 낯빛으로 의롭지 않은 말을 참고 받는 것만 한 것이 없다. 다만 보는 이를 감화시킬 뿐 아니라, 피해를 받은 사람 또한 빠르게 감화시킨다.

感人化人之德, 無如平心愉色, 忍受非義之言也. 非獨見者化, 并受害者, 亦速化矣.

옛날에 한 현인이 제자들과 함께 가다가 길을 잃고 헤매 남의 밭을 질러가게 되었다. 지키던 자가 몹시 성나서 크게 욕하며 말했다. "너희가 하늘을 두려워하지 않으면서 무슨 도를 닦는단 말이냐? 하늘을 두려워하면서 마땅히 이같이 행동하는가?"

스승은 제자들에게 대꾸하지 말라 명하고는 직접 그에게 대답했다. "당신의 말이 가장 합당합니다. 우리가 참으로 덕을 닦는 사람이었더라면 반드시 이렇게 하지 않았겠지요. 다만 죄를 용서해주기를 구할 뿐이오."

시골 사람은 그의 말에 감동받아, 좀 전에 부당하게 성을 내고 욕한 것을 깨달았다. 무릎을 꿇고서 용서를 빌며 이 같은 인내의 덕을 사모하여 그 밭 가는 일을 다 버리고 따라가 배웠다.

昔有賢人與弟子偕行, 迷失道, 蹊人之田. 守者甚怒, 大罵曰: "爾輩不畏天, 何道之脩? 畏天當如是行邪?" 師命弟子勿答, 自答之曰: "爾言最當. 令我輩正爲脩德人, 必不爾, 第求恕罪耳." 野人爲若言所動, 悟向者乃不當怒罵之也. 跽而祈赦, 慕此忍德, 盡棄其田業, 而受學焉.

그래서 말한다. "나를 모욕하고 업신여기는 자를 누르려면 그 업신여김을 참음만 한 것이 없다."

《성경》에 말했다. "분노는 다툼을 만들고, 인내는 이미 생긴 다툼을 없어지게 한다."[23]

---

23 분노는 …… 없어지게 한다: 〈잠언〉 15장 1절, "부드럽게 받는 말은 화를 가라앉

속담에 말했다. "무릇 사물은 강한 것이 부드러운 것을 이기지만, 인내의 부드러움만은 능히 분노의 강함을 이긴다."

故曰: "抑辱慢我者, 莫如忍其慢." 經曰: "怒者生爭, 忍者滅已生之爭." 語曰: "凡物剛勝柔, 獨忍柔能勝怒剛."

4.60

스타니슬라오는 서양 나라의 이름난 어진 이였다. 어떤 사람이 까닭 없이 나쁜 말로 그를 업신여기자, 아무 대답도 하지 않고 달아나 이를 피했다. 천사가 나타나 이렇게 말했다. "이것으로 어찌 충분하겠는가? 반드시 진짜 죄를 지은 사람처럼 무릎을 꿇고 용서를 구해야만 제대로 된 인내일 것이다."

천사의 말대로 하니, 그 사람이 스스로 깊이 부끄러워 뉘우치면서 도리어 용서를 구했다. 대개 분노를 분노로 상대하면, 상대방은 분노를 가지고 이겼다고 여길 것이다.

穌瑣, 西國名賢也. 有人無故以惡言嫚之, 賢者不答, 走避之. 有天神謂曰: "是奚足哉? 必跽而求赦, 如眞得罪者, 乃正忍矣." 如神言, 其人深自慚悔, 轉求赦. 蓋以怒對怒, 彼以怒爲得.

이런 말이 있다. "네가 악한 말을 가지고 악한 말에 대꾸하면 상대방은 반드시 자기가 이겼다고 생각할 것이다. 이 일을 똑같이 했지만 상대방이 한 수 앞섰기 때문이다. 인내의 빛으로 분노를 비추면 상대방은 자기의 분노가 얼마나 추악한지를 스스로 보게 된다."

히고 거친 말은 노여움을 일으킨다."

語曰: "爾以惡言答惡言, 彼必以爲己勝. 同作此事, 彼先一籌, 故也. 以忍光照怒, 彼自見其怒之醜矣."

4.61

고난은 크고 작고를 논하지 않고, 사람 탓인지 사물 탓인지 따질 것 없이, 모두 천주께서 뜻이 있어 내게 나눠주신 것이다. 성현은 이 같은 이치에 밝아서 고난을 맞닥뜨리게 되면 사람 탓인지 사물 탓인지 살피지 않고, 까닭이 있는지 없는지도 따지지 않는다. 오직 고난이 좇아온 근원을 살펴서 바로 승복하고 참는다.

夫苦難不論大小, 不論由人由物, 皆天主有意分予焉. 聖賢明於此理, 值苦難, 弗視由人由物, 不辨有故無故. 惟視難所從來之原, 即服而忍之.

네가 남에게 해로움을 받았을 때, 다만 사람이 더한 것으로 보아, 혹 능히 "내가 일찍이 이 사람에게 죄를 지은 적이 없다"며 이를 사양한다면, 참아 견디지 못한다. 만약 천주께서 더하신 것으로 본다면, 혹 능히 내가 일찍이 천주께 죄를 지은 적이 없다고 말할 수 있겠는가?

夫爾受人之害, 獨視爲人所加, 或能辭曰: "我未嘗得罪於此人." 則不堪忍. 若視天主所加, 能或言我未嘗得罪於天主乎?

사람은 누구나 스스로 악한 생각과 나쁜 말, 그리고 의롭지 않은 행실로 여러 번 하늘의 도리를 범한 줄을 잘 알고 있다. 이 때문에 고난을 만났을 때 묵묵히 범한 잘못을 생각해, 스스로 내가 예전에 어떤 죄를 범했고 내가 예전에 어떤 의롭지 못한 일을 행했는지 자책한다면, 이 같은 괴로움을 받는 것이 마땅한지라 참기가 쉽다.

성 그레고리오가 말했다. "사람이 가만히 자기가 행한 악을 생각한다면 모욕받음을 참기가 어렵지 않을 것이다. 죄가 많으니 마땅히 무거운 형벌을 받아야 한다고 깊이 생각한다면, 틀림없이 참아내기가 어렵지 않고 해로움도 적을 것이다."

人人無不自知以惡念惡言, 及非義之行, 屢犯天道. 是以值苦難, 默念所犯, 自責我曾犯某罪, 我曾行某非義之事, 正當受此苦, 故易忍矣. 聖厄勒臥略曰: "人私念所爲惡, 不難忍所值嫚. 深思以多罪宜受重刑, 必不難忍微害矣."

어떤 사람이 한 현자를 비방하자 다른 사람이 이를 알려주었다.

그가 대답했다. "내가 오히려 다른 큰 죄가 있는데, 저 사람이 미처 알지 못해서 그렇지, 만약 알았더라면 나를 욕하는 것이 어찌 이 정도에 그쳤겠는가?"

或訾一賢者, 人告之. 答曰: "我尚有他大罪, 彼人未及知. 使知之, 何訾我止此乎?"

현인 테오도로多落陁[24]가 말했다. "인내의 덕을 닦고 마음의 편안함을 간직함은, 그 방법이 어려움을 만났을 때 자신을 나무라는 것보다 간편한 것이 없다. 자기의 죄 때문에 생긴 것으로 여겨, 자기를 변명하면서 남을 탓하지 않는다. 그러므로 사람이 행한 선이 비록 크고 많다 하더라도, 스스로를 나무라지 않는다면 반드시 편안하고 고요해져서

---

24 테오도로Theodorus(350?~428): 안티오키아 출신의 신학자. 부유한 집안에서 태어나 이교도인 수사학자 리바니오스에게 교육을 받고, 20세에 요한 크리소스토모와 만나 평생 우정을 나눴다. 383년 안티오키아 주교 플라비아누스에게 사제품을 받고, 사목자와 신학자로 명성을 날렸다. 392년 킬리키아 지방 몹수에스티아의 주교가 된 후, 36년간 수많은 주석서와 교의서를 저술했다.

근심과 분노를 면할 수 없을 것이다."

多落陞賢人曰: "脩忍德, 保心安, 其道莫便於遇難自責. 以爲由己罪出, 而不辭己以尤人. 故人所行善, 雖大且多, 不由自責, 必不能安靜, 而免於憂怒."

현인이 말했다. "모든 덕은 다 한 집으로 돌아간다."

어떤 사람이 그 집에 대해 묻자, 이렇게 말했다. "스스로를 꾸짖는 것이다."

또 한 현인이 남에게 업신여김을 받고 마음이 갑자기 조금 흔들리자, 자책하면서 말했다. "내 마음이 흔들린 것은 저 사람이 나를 업신여긴 것이 커서가 아니라, 나의 인내가 작았기 때문이다. 내 인내가 굳다면, 고작 한마디에 어찌 능히 흔들리겠는가?"

賢人有言: "諸德皆歸一家." 或問家, 曰: "自責." 又一賢受人嫚, 心忽小動, 自責曰: "我心動, 非彼之嫚大, 乃我之忍小. 我忍堅, 一言之微, 曷能動之?"

4.62

욥은 이스라엘의 오래전 성인이다. 존귀하고 부유함이 당세에 비할 바가 없었다. 중간에 홀연 몰락해서 일곱 아들이 모두 요절했고, 자신은 문둥병까지 들었다. 앞서 서로 흠모하고 무겁게 대우하던 자들이 그가 죄인이라 이 같은 천형을 받았다고 비방했다. 성인은 조용히 참고 받아들여 근심의 기색을 보이지 않았다. 입에 원망하는 말이 없었고, 마음에 성내는 뜻이 없었다.

늘 이렇게 말했다. "알몸으로 어머니 배에서 나왔으니, 진실로 알몸으로 돌아가는 것이 마땅하다. 주께서 주시고 주께서 가져가시니, 모두 주님의 뜻에 따를 뿐이다." 그러면서 언제나 거룩한 이름을 외우며 찬송할 뿐이었다.

若白, 中西國上古聖人也. 尊貴富厚, 當世無比. 忽中落, 七子皆殀, 身復病癩. 前相欽重者, 謗爲罪人, 受玆天刑. 聖人恬然忍受, 憂不見色, 口無怨聲, 心無慍意. 恒曰: "赤身出母腹, 固當赤身歸矣. 主予主取, 悉如主意." 惟念聖名贊頌而已.

그의 아내가 그를 꾀어 하늘을 원망하며 죽자고 했다. 성인은 이를 꾸짖으며 말했다. "당신의 말은 너무도 어리석구려. 복과 즐거움을 주님께 받았으니, 근심과 괴로움을 어찌 참지 않겠소?"

이와 같은 것이 14년이나 되었어도, 남을 탓하거나 하늘을 원망함이 일찍이 마음에 싹터나거나 입 밖으로 나오지 않았다.

其妻誘之, 令怨天而死. 聖人責之曰: "爾言大愚矣. 福樂受之於主, 患苦奚不忍哉?" 如是者十有四載, 尤人怨天未嘗萌心出口.

원래 천주께서 이 같은 환난과 괴로움을 더한 뜻은 죄에 대한 벌이 아니라, 그 인내의 덕이 세상의 모범이 되게끔 본보기로 삼으려 한 것이었다. 14년이 지난 뒤에 그 근심을 거두고 부귀와 안락을 곱절로 돌려주었다. 그리하여 성대한 덕과 영예로운 이름이 만방에 퍼져 지금껏 전해온다. 그래서 "앞서 잠시의 괴로움을 참는 사람은 나중에 반드시 영원한 즐거움을 누린다. 향은 불로 살라야 그 진하고 매운 것이 드러나고, 선은 환난과 괴로움으로 그 성대한 덕을 드러내는 것이다"라고 하는 것이다.

原天主之意, 加此患苦者, 非以罪罰, 欲標其忍德爲世儀也. 十有四載之後, 除其患, 倍歸其富貴安樂. 而盛德榮名, 施於萬方, 流傳至今. 故曰: "先忍暫苦者, 後必享永樂也. 香者, 火爇之顯其郁烈. 善者, 患苦之著其盛德."

4.63

아우구스티노가 말했다. "천주께서는 혹 너를 편안케 하려 하시고, 혹 너를 아프게 하려 하신다. 너는 편안할 때는 기뻐하고 즐거워하다가, 병들었을 때는 근심하며 시름에 잠긴다. 이것은 천주께서 어짊이 있음을 기뻐하면서, 천주께서 의로움이 있음은 기뻐하지 않는 것이다. 또 네 마음이 천주의 마음을 따르기를 원하지 않고, 다만 천주의 마음이 네 마음을 따를 것을 원함이니, 네 마음이 삿되지 않은가?"

亞吾斯丁曰: "天主或欲爾安, 或欲爾病. 爾安時愉樂, 病時憂愁. 是喜天主有仁, 而不喜天主有義, 且不願以爾心從天主心, 但願天主心從爾心, 爾心不邪乎?"

4.64

어떤 사람이 곤란한 일을 만나자, 한 어진 이가 그에게 굳게 참아 근심치 말라고 권면했다. 그가 대답했다. "제가 죄가 있다면 달게 받겠지만, 죄 없이 이를 받았기에 근심과 분함을 견디지 못하는 것입니다."

어진 이가 말했다. "도둑은 죄 때문에 죽음을 당하고, 성현은 죄 없이도 곤경을 당한다. 너는 누구와 같이 되기를 바라느냐?"

《성경》에 말했다. "네가 죄로써 형벌을 받거나 악으로 해로움을 입는다면 무슨 공이 있겠느냐? 만약 실제로 선을 행해서 기꺼이 해로움을 참는다면, 이것이 바로 천주의 큰 은혜요 너의 큰 공이다."[25]

---

25 네가 죄로써 …… 큰 공이다: 〈베드로의 첫째 편지〉 2장 20절, "죄를 짓고 매를 맞으면서 참으면 영예스러운 것이 무엇입니까? 그러나 선을 행하다가 고통을 당하면서도 참으면 하느님의 축복을 받습니다."

또 말했다. "네가 어려움을 당했을 때 이 일로 인해 남의 물건을 훔치거나 남을 겁박하거나 다른 사람을 비난해서는 안 된다. 만약 이로 인해 선을 행한다면, 욕스럽다 여기지 말아야 참된 영예다."**26**

그러므로 남이 어려움을 당하는 것을 보면, 어려움을 당한 것을 묻지 말고 어려움을 당하게 된 까닭을 물어야 한다. 천주《성경》의 진복팔단眞福八端 중 제8은 "의로운 일을 하다가 박해를 받는 사람은 참으로 복되다. 그가 천상의 나라를 얻게 될 것이다"**27**라고 말한다.

或遇難, 一賢者勸之堅忍勿憂. 答曰: "我有罪甘之, 無罪而受此, 不堪憂憤耳." 賢者曰: "盜以罪受戮, 聖賢者以無罪蒙難. 爾願誰之如乎?" 經曰: "爾以罪負刑, 以惡受害, 有何功耶? 若實行善而樂忍害, 此正天主之大恩, 爾之大功也." 又曰: "爾受難, 勿因盜因劫因謗. 若因爲善, 則勿以爲辱, 酒眞榮也." 故見人受難, 勿問所受難, 惟問所以受難. 天主經眞福八端, 其第八曰: "爲義而被窘難者, 乃眞福, 爲其已得天上國也."

4.65

소크라테스는 옛날의 이름난 인사다. 국왕이 그를 몹시 꺼려해서 죽이라고 명했다. 죽게 되었을 때 어떤 사람이 탄식하며 말했다. "죄도 없이 죽음을 당하니, 참으로 슬퍼할 만하다."

소크라테스가 그 말을 듣더니 이렇게 말했다. "나를 죽이는 것만으

---

26 네가 어려움을 …… 참된 영예다: 〈베드로의 첫째 편지〉 2장 19절, "억울하게 고통을 당하더라도 하느님이 계신 것을 생각하며 괴로움을 참으면 그것은 아름다운 일입니다."

27 의로운 일을 …… 얻게 될 것이다: 〈마태오의 복음서〉 5장 10절, "옳은 일을 하다가 박해를 받는 사람은 행복하다. 하늘나라가 그들의 것이다."

로 부족해서, 오히려 죄를 가지고 나를 죽이려 한단 말인가?"

瑣加德, 古名士也. 國王忌之甚, 命殺之. 將死, 或歎曰: "無罪而被殺, 正可
悲." 瑣加德聞之, 曰: "我被殺不足乎, 尙願以罪殺我乎?"

4.66

도미니코多鳴는 덕이 성대한 사람이었다. 악한 무리가 그의 덕을
시기해 그를 죽이려 했다. 길에서 그를 만나 이렇게 말했다. "우리가
너를 죽이려 하는데, 네가 장차 어찌하겠느냐?"

그가 대답했다. "바라건대 나를 빨리 죽이지 마시오. 다만 조금씩
손발과 지체를 잘라 천주를 위해 고통을 오래 참도록 해주시오."

사람들이 그의 큰 인내를 기이하게 여겨 감히 죽이지 못했다.

뒷날 또 이들의 무리 중에 죽이려는 자가 있자, 이렇게 대답했다.
"나의 공덕은 너무도 작아서 이 같은 큰 영광을 능히 받지 못하게 될
까 염려스럽소."

성현은 덕이 성대한 사람이다. 천주를 위해 의로움을 행하다가 괴
로움을 받아 목숨을 잃게 될 경우 하늘의 은혜로 여겨 조금이라도 홀
로 피하지 않고 매우 즐거워한다.

천주께서 이렇게 말씀하셨다. "남들이 너를 핍박하면서 나 때문에
크게 너를 비방한다면, 너는 마땅히 기뻐 즐거워하여라. 하늘에 너의
보답이 풍성하고도 클 것이다."[28]

---

28 남들이 …… 클 것이다: 〈마태오의 복음서〉 5장 10~12절, "나 때문에 모욕을 당
하고 박해를 받으며 터무니없는 말로 갖은 비난을 다 받게 되면 너희는 행복하
다. 기뻐하고 즐거워하여라. 너희가 받을 큰 상이 하늘에 마련되어 있다."

그래서 성 그레고리오가 말했다. "천주께서 고통을 더해주시고, 이와 함께 참을 수 있는 덕을 내려주셨으니, 이 은혜가 큰 고통보다 더하다."

多鳴, 盛德人也. 惡黨妬其德, 欲殺之. 遇諸途, 曰: "我輩欲殺爾, 爾將若之何?" 答曰: "願勿速殺我, 惟漸磔手足肢體, 爲天主久忍痛苦矣." 衆異其大忍, 弗敢殺. 他日, 又有是輩欲殺者, 答曰: "我功德微小, 恐不克承此大榮也." 聖賢誠德人, 値爲天主爲義, 受苦失命, 以爲天恩, 微獨不避, 且甚樂之. 天主有言曰: "人窘迫爾, 爲我大謗爾, 爾宜悅樂, 爾報豐大於天也." 故聖厄勒臥略曰: "天主加苦, 而幷賜能忍之德, 斯恩甚於絶苦矣."

4.67

세상 사람의 마음은 온통 즐거움을 꾀하는 데 있다. 그러다가 갑작스레 환난을 만나면 어찌 능히 근심하지 않고 성내지 않을 수 있겠는가? 세상의 환난이 생각지 않았을 때 닥쳐오면 상처가 깊지만, 미리 살핀다면 상처는 미미할 것이다. 환난이 찾아오는 것은 틀림이 없다. 다만 그것이 이르는 시기가 정해져 있지 않을 뿐이다. 네가 환난의 때에 지나치게 근심하지 않으려거든, 환난이 아직 이르지 않았을 때 그 장래를 생각해서 두루 참아 이를 감당함만 한 것이 없다.

世人之心, 悉在圖樂. 忽値患, 奚能不憂不怒哉? 世患不虞而至, 則傷深, 豫視之, 則傷微. 夫患之至最定, 特至期未定耳. 爾欲患時, 不濫於憂, 莫若於患未至時, 思其將來, 備忍以當之.

부지런히 훈련한 병졸은 간소한 병장기로 무예를 익혀, 항상 평상시처럼 병영에서 편안하게 지내면서도 마치 적을 마주 대하고 있는 것처럼 뜻을 세워 기다린다. 이 때문에 적이 오더라도 여기에 대응함이 정돈되고 여유가 있다. 게을리 노는 병졸의 경우, 때로 기계를 집구석에다 썩혀두고 써보지도 못한 상태로 담력을 잃고 말아, 적과 만나면 벌벌 떨기나 하니 죽음을 당하지 않을 수 있겠는가?

勤練之卒, 簡器習武, 常在平時, 安居營壘, 如正對敵, 設志以待. 故敵來而應之整暇. 若惰游之卒, 時朽器械於室隅, 消膽力於不試, 遇敵戰慄, 能不受殲?

너희가 인내를 먼저 익히지 않고는 환난이 이르렀을 때 참지 못할 것이다. 이 때문에 덕을 닦는 군자는 인내의 덕을 급히 익혀야 한다. 환난을 통하지 않고 인내를 구해, 언제나 인내로써 환난에 대비해야만 한다. 날마다 일찍 일어나서 언제나 '오늘은 틀림없이 나를 업신여기고 나를 해치는 사람이 있을 것이고, 반드시 뜻 같지 않은 일과 만나게 될 것이다'라고 생각하면서, 마음을 가라앉혀 이를 받아들인다. 환난이 아직 이르지 않았을 때는 스스로 먼저 참고, 환난이 이르면 보통 때와 다름없이 한다.

爾忍不先習, 患至, 不及忍矣. 是故脩德君子, 急習忍德. 不因患覓忍, 常以忍備患. 日夙興, '恒念今日必有嫚我害我人, 必値不如意事', 定心受之. 是患未至, 能自先忍, 患至如常.

4.68

너희는 환난의 때를 만나면 오직 즐거움이 너보다 나은 자만 살피므로 참아내기가 어렵다. 만약 괴로움이 너희보다 더한 자가 있음을 살핀다면 참기가 쉬울 것이다.

옛날 한 현인의 우언에 이런 이야기가 있다. "짐승 중에서 토끼가 담이 가장 작았다. 하루는 여러 토끼가 의론하여 말했다. '우리는 짐승이 되어 그저 괴롭기만 하다. 사람들은 우리를 잡고, 큰 이리는 우리를 물어뜯으며, 매나 수리 또한 우리를 낚아채서, 한시도 편할 때가 없다. 살면서 두려움이 많으니, 죽느니만 못하다. 죽어서 두려움을 끝내자.'

爾遇難時, 惟視有樂勝爾者, 故難忍. 若視有苦勝爾者, 易忍矣. 昔有賢人寓言曰: "獸中兎膽最小. 一日衆兎議曰: '我等作獸特苦, 人搏我, 大狼噬我, 即鷹鷲亦得攫我, 無時可安. 與其生而多懼, 不如死, 死而懼止矣.'

앞쪽에 있는 호수로 향해 가며, 인하여 서로 약속하기를 가서 스스로 물에 빠지기로 했다. 물가에 개구리가 있었는데, 토끼를 보더니 놀라서 어지러이 물에 뛰어들었다. 앞서가던 토끼가 이를 보더니 여러 토끼를 멈추게 하며 말했다. '잠깐, 죽지 말자! 두려움이 우리보다 더한 놈도 있다.'"**29**

向前有湖, 因相約往自溺水. 水旁有蛙, 見兎驚亂入水. 前兎見之, 止衆兎曰: '且勿死! 尚有怖過我者.'"

4.69

어떤 이가 물었다. "세상의 일은 사람의 분노를 일으키기가 너무나 쉽고 또 그런 경우가 너무나 많습니다. 인내를 배우려 할 때 장차 고요한 곳에서 홀로 지내며 다만 성현과 교제한다면 괜찮을는지요? 만약 세상 사람과 접촉한다면 분노를 면하기가 어려울 듯합니다."

내가 대답했다. "인내의 덕을 밖에서 도움받으려 한다면 어찌 오래갈 수 있겠는가? 오직 안으로 쌓아야만 영구히 오래갈 수가 있는 것이라네. 독사와 맹수가 가만히 있으면서 사물을 해치지 않는다 해서 독

---

29 개구리와 토끼의 이야기는 《이솝 우화》를 인용했다.

사나 맹수라 말하지 않겠는가? 고요한 곳에서 성내지 않는 것은 분노의 감정이 없는 것이 아니라, 성낼 기회가 없는 것이라네. 그 뿌리를 뽑지 않고서 그 열매만 따낼 경우, 뿌리가 남아 있어서 때가 되면 열매가 맺히게 된다네. 성낼 사람이 없을 경우 또한 반드시 물건에다 대고 성을 내게 될 것일세."

或問曰: "世事觸人怒, 至易至多. 欲學忍, 將獨居岑寂, 特交聖賢, 可乎? 若與世人接, 難免焉." 答曰: "忍德求助于外, 曷能久? 惟內積, 能永久矣. 毒蛇猛獸, 寂不害物, 不謂毒猛乎? 靜處不怒, 非無怒情也, 無怒幾也. 不拔其根而摘其實, 根在, 有時而實. 即無怒人, 亦必怒物."

옛날에 도를 닦는 무리 수백 명이 있었다. 그중 한 사람이 성을 몹시 잘 냈으므로 이 때문에 숨어서 살았다.

그가 갑자기 성이 나서 그릇 하나를 깨고는 스스로 이렇게 말했다. "내가 거처를 바꿨지만 마음은 여태도 바꾸지를 못했구나. 사람만 피했지 나 자신은 피하지 못한 것이다. 내가 있는 한 성냄도 있을 것이니, 사람들 사이에서 인내를 익혀 분노의 마음을 공격하느니만 못하다."

그러고는 마침내 돌아왔다.

昔有道侶數百人, 其一甚易怒, 因屏居. 忽怒破一器, 自謂曰: "我易處, 未易心. 避人未避己, 己在怒在, 不如人間習忍, 以攻怒情." 遂歸.

이 때문에 "분노의 감정은 싸워야 이길 수 있지, 피하기만 해서는 이길 수가 없다"고 말한다. 만약 성현과 함께 거처하면서 성내지 않는다면, 이것이 어찌 나의 덕이겠는가? 성현의 덕일 뿐이다. 하물며 인내의 덕이 없이는 그저 성현과 교제하더라도 분노를 또한 면치 못하니, 분노의 뿌리를 뽑아내고 마음에서 인내를 익힘만 같지 못하다. 고요한 곳과 시끄러운 곳에서 모두 편안하고 어진 이와 못난 이, 다투기 좋아하는 사람과 고요함을 좋아하는 사람과 모두 화합해야만 한다.

故曰: "怒情以鬪能勝之, 以避不能勝之." 若與聖賢同居不怒, 玆豈我德? 蓋聖賢之德. 況無忍德, 獨交聖賢, 怒亦不免. 不如務拔怒根, 忍智於心. 靜處囂處俱安, 賢人不肖人好爭人好靜人俱合也.

4.70

세네카는 세상의 환난을 참아야 한다는 가르침을 담은 잠언에서 말했다.

"귀양 가는 것을 받아들여야 한다면 어찌하겠는가?"

"무릇 편안하고 고요한 곳이 바로 본향이다. 편안하고 고요하다 함은 장소에 달린 것이 아니라 바로 사람에게 달려 있다. 지혜로우면 유배가 여행이 되고, 어리석으면 귀양이 된다."

色搦加訓令忍世患箴曰: "受竄流云何?" 曰: "凡安靜之所, 即爲本鄕. 謂安靜者不在其所, 正在其人也. 智則旅遊, 愚則竄流."

"병들어 아프면 어찌할까?"

"조금 아플 때는 내버려두고서 조금 참는다. 많이 아프면 이를 참는 것이 큰 영광이다. 너무나 아픈 것은 통증이 심한 것이 아니라 너 자신이 나약하기 때문이다."

"著痛云何?" 曰: "痛小, 任之, 微忍矣. 痛大, 忍之, 大榮也. 痛峻, 非痛峻, 爾自柔矣."

"능력이 부족하고 힘이 약하면 어찌하나?"

"이것으로 남을 해칠 수 없고, 이것으로 남을 감히 업신여기지 못할 테니, 또한 훌륭하지 않은가?"

"能薄力微云何?"曰: "以此不能害人, 以此不敢慢人, 不亦美乎?"

"재물을 잃어버리면 어떻게 할까?"

"재물 또한 있다가도 때로 잃고 마는 것이다. 네가 지금 재물을 잃었다면 인색함도 함께 잃게 될 터이니 다행스럽다. 설령 인색함을 잃지 않더라도 망령된 행실의 바탕을 없애게 될 터이니 다행이 아니겠는가? 너는 재물을 잃었지만, 네 재물은 일찍이 많은 사람이 이미 잃어버렸던 것이다. 이제 행동은 더 가벼워지고 거처는 더 조용해졌다. 천주께서 네 책임을 덜어주시고 네 거처를 편안하게 해주셨으니, 어찌 길한 일이 아니겠는가? 네가 잃어버린 재물이란 저 다른 사람이 앞서 잃었던 것을 네가 얻은 것이 아니었던가?"

"失則云何?"曰: "財亦或有時失. 爾今失財, 并失吝, 幸矣. 縱不失吝, 去其妄行之質, 非幸歟? 爾失財, 爾財曾已失多人. 今行彌輶, 居彌靜. 天主減爾任, 安爾居, 豈非吉哉? 爾失財, 彼他人所先失, 以爲爾得乎?"

"시력을 잃으면 어찌할까?"

"이미 삿된 정욕의 길이 끊어진 셈이다. 눈이란 여러 가지 정욕의 매개고, 많은 허물을 불러들이는 것이다."

"失目云何?"曰: "已絕邪情欲之途也. 目, 諸情欲之媒, 諸愆試之引也."

"자식을 잃으면 어찌하나?"

"죽지 않을 수 없는 사람의 죽음을 곡한다는 것은 어리석지 않은가? 죽지 않을 수 없는 사람이 이미 죽었거든 다른 주인의 물건이 되었다고 여겨라. 너에게 주어 기르게 하다가 이제 너에게서 가져간 것이지, 빼앗아간 것이 아니다."

"失子云何?" 曰: "哭不能不死者之死, 不愚乎? 不能不死者已死, 徵爲他主
之物. 予爾育養之, 今于爾乎取之, 非奪之也."

"배가 가라앉아 물건을 잃어버리면 어떻게 하나?"

"네 물건을 잃어버렸다고는 해도 네 몸은 면하지 않았는가? 맨손
으로 언덕에 올랐더라도 이미 언덕에는 오른 것이다. 재물이 가라앉
았는데, 너는 어찌 함께 가라앉지 않았던가?"

"沉舟失物云何?" 曰: "失爾物, 不免爾身耶? 徒手登岸, 已登岸矣. 財沈, 爾
豈不能并沈?"

"도적을 만나 물건을 도둑맞으면 어찌해야 할까?"

"네가 도둑을 피한 것만 해도 다행이다."

"遇盜竊物云何?" 曰: "爾避之幸矣."

"좋은 벗을 잃는다면 어찌하나?"

"다시 구하면 된다. 구할 때는 마땅히 얻을 만한 장소에서 구해야
한다. 술과 안주의 사이는 그 장소가 아니다. 반드시 참다운 학문과 도
덕의 책무 속에 몸과 마음을 수고롭게 하는 가운데서 얻어야만 한다.
한 사람의 좋은 벗을 잃고 나서 다시 다른 벗이 없는 것은 부끄러운 일
이다. 큰 파도가 치는 바다에서 단지 하나의 닻만을 믿는단 말인가?"

"失良友云何?" 曰: "更求之. 求之當於可得之所. 酒殽之間, 非其所也. 必於
實學道德之務, 勞苦身心中, 乃得之矣. 失一良友, 更無他友者, 恥也. 大濤之海,
獨恃一碇乎?"

"어진 아내를 잃게 되면 어찌할까?"

"어진 아내를 얻는 것은 가장 쉬운 일이다. 자애로운 부모는 한번 잃고 나면 다시 얻을 수가 없다. 어진 아내 같은 것은 다시 이을 수 있는 복이다. 어진 아내를 잃었다고 울다가, 마침 더 어진 아내를 얻은 사람도 많다."

"失賢妻云何?" 曰: "求賢妻最易得矣. 慈父母既失, 不可復得. 賢妻屬可再致之福也. 哭失賢妻, 而適得更賢者多矣."

4.71

어떤 사람이 말했다. "당신은 죽을 것이오."

너는 말한다. "들어올 때 틀림없이 나갈 것을 약속했으니 반드시 죽겠지요. 받은 것을 돌려주는 것은 뭇사람이 정한 규칙이니 틀림없이 죽을 것입니다. 세상에 들어오는 것은 여행을 나온 것과 같아, 오래되면 반드시 돌아가야 합니다. 저 오랫동안 휴가를 보내는 자들도 끝내는 또한 벗어날 수가 없으니 반드시 죽게 됩니다. 내가 처음이 아니고, 또 반드시 끝도 아닐 것입니다. 무릇 나보다 앞선 자들은 모두 나보다 먼저 죽었고, 나보다 뒤진 자는 모두 나보다 나중에 죽을 것입니다."

或曰: "爾死." 爾曰: "入時約必出矣, 必死. 還所受, 衆人之定規也, 必死. 入世猶出旅遊, 久必須返焉. 彼久須暇者, 卒亦不能脫之, 必死. 我非首, 又必非末也. 凡先我者, 皆先我死. 後我者, 皆後我死."

"나그네로 죽을 것이오."

"내가 틀림없이 갚아야 할 것은 빌려준 주인이 요구하는 곳에 따라 바로 갚아야만 합니다."

"旅死." 曰: "我所必還, 隨責主所求處, 即償之矣."

"죽어서는 관과 무덤조차 없을 것이오."

"관과 무덤이 없는 것은 참기가 쉽습니다. 내 몸은 감각이 없기에 관을 얻고 관을 잃는 것이 나와는 무관합니다. 내 몸이 안다 하더라도 관과 무덤은 모두 큰 괴로움이 되지 못합니다! 관과 무덤을 만드는 것이 어찌 죽은 사람을 생각해서 하는 것이겠습니까? 바로 산 사람을 생각하는 것이지요. 사람은 죽는 것을 두려워하기 때문에 덮어서 격리시키려고 하는 것일 뿐입니다."

"死無棺塋." "棺塋之缺, 易忍矣. 我身無覺, 得棺失棺, 無我預矣. 我身覺, 棺塋不皆爲大苦乎! 棺塋之計, 豈緣顧死人? 正以顧生人也. 人死斯畏之, 故爲是掩離之耳."

"죽은 모습이 틀림없이 볼썽사나울 것이오."

"죽은 모습이 비록 볼썽사납다 해도 구할 것은 오직 하늘의 명일 뿐이라, 이것은 달리 근심이 없습니다. 늙는 근심은 반드시 오고야 마니 어찌 족히 두려워하겠습니까? 죽음에 이르게 만든 원인이 비록 크다 해도, 나의 죽음은 본래 아무것도 아닙니다. 돌멩이 하나가 나를 치는 것과 산 하나가 나를 누르는 것이 무슨 차이가 있습니까? 만약 죽는다면 어찌 하늘에서 죽지 않겠습니까?"

"死態必狠." 曰: "死態雖狠, 所求惟命而已矣, 斯即無他患. 老患所必襯, 何足畏歟? 所由致死之緣雖大, 我死本微小. 一石觸我, 一山鎮我, 何異哉? 若隕, 盍隕於天乎?"

"젊은 나이에 죽을 것이오."

"오히려 살 만할 때 죽음이 이르는 것은 아름다운 죽음이지요. 죽기 원하지 않았는데 죽음이 먼저 이른다면 다행입니다. 젊은 나이가 아닐 때 죽더라도, 생각지 못한 근심을 만나지 않을 줄 어찌 알겠습니까? 다른 근심이 없다 해도 늙어 쇠하는 근심만은 어찌 능히 면하겠습니까? 우리는 모두 함께 죽음을 향해 나아갑니다. 그러니까 지금 죽음의 여부는 논하지 않고 그저 일찍 죽고 늦게 죽는 것만 논하는 것이지요.

"少年死." 曰: "尙可生之時至死, 美死也. 未願死之先至死, 幸矣. 不少年死, 安知不遭不虞之患? 卽無他患, 老耄之患, 焉能免哉? 我曹皆幷逝死, 故今不論死與否, 惟論早晩.

가령 몇 사람이 사형에 처해졌다고 합시다. 그중 어떤 이가 조금 뒤에 죽게 된 것을 큰 복으로 여긴다면 누군들 그를 비웃지 않겠습니까? 우리가 모두 조금이라도 더디 죽기를 바라 큰 다행으로 여기는 것이 이것과 무엇이 다르겠습니까? 우리가 날마다 죽음에 가까이 가는 것도 같고, 뭇사람의 수명이 날마다 줄어드는 것 또한 같습니다. 내가 산 것이 길어질수록 내 목숨은 더욱 짧아지겠지요. 누구나 항상 매달리려 하지만, 어찌 한 번 죽지 않겠습니까?

數人令屬大辟, 或有以後見殺爲大福者, 誰不笑之? 我曹悉望稍遲死, 以爲巨幸, 何異此乎? 我儕日近于死, 等, 衆壽日減, 亦等. 我生愈長, 我命愈短. 誰欲恒懸, 而無寧一隕乎?

삶과 죽음은 이웃이라 가장 가깝습니다. 마치 바다 가운데 배에 있을 때 한 치의 나무토막으로 다투는 것과 같지요. 당신이 바다 위 배의 위험함을 떠올리면서, 생사의 바다 가운데서 당신만 따로 떨어져 있다고 말하는 것은 잘못입니다. 삶과 죽음은 서로 이웃하고 있어, 비록 각

처마다 현저하게 같지는 않더라도, 각처마다 완전히 비슷한 것은 별 차이가 없습니다. 육신의 목숨은 지극히 하찮은 물건이지만, 목숨을 버리는 것이 덕이 됨은 몹시도 큽니다. 이를 버리는 자는 바다가 끓어올라도 편안하게 이를 보고, 땅이 갈라져서 옆으로 일어서더라도 벌벌 떨지 않습니다. 당신이 덕을 보전해 편안히 살고자 한다면 육신의 목숨을 모름지기 담백하게 보아야 합니다. 질병으로 인한 것은 말할 것도 없고, 그 밖의 원인으로 와서 찾거든 기쁘게 그 즉시 돌려주어야 합니다."

生與死爲隣, 最切近. 如居海舟, 所爭者寸木耳. 爾憶海舟之險, 謂生死海中獨爾隔, 謬矣. 生死相隣, 雖各處顯著不一, 各處切近無異焉. 身命爲物微渺, 遺身命, 爲德甚大. 遺之者, 海沸而安視之, 地裂側立而不顫. 爾欲保德安居, 身命須澹視之. 勿論因疾病與他緣來索之, 欣然遽即償焉."

4.72

안토니우스闇第吾諾[30]는 서양 나라의 이름난 임금이었다. 두 사람이 크게 그를 비방했는데, 왕이 이를 엿듣다가 이렇게 말했다. "조금 멀리 가거라. 왕이 들을까 겁난다." 비방하던 자가 그가 성내지 않은 것에 깊이 감동해, 도리어 그를 기렸다.

闇弟吾諾, 西國名王也. 有兩人大誹謗之, 王伺聞之, 曰: "稍遠之, 恐王聞之."

---

30 안토니우스Marcus Antonius(BC 83~30): 로마 공화정의 정치인이자 장군. 로마의 공화정이 로마제국으로 바뀌는 데 중요한 역할을 했다. 기원전 44년 카이사르의 죽음 이후 레피두스, 옥타비아누스와 함께 3인 집정제를 열어 삼두정치를 펼쳤다. 이후 공화국 정부를 나눠, 안토니우스는 프톨레마이오스왕국을 비롯한 로마의 동방 속주들로 가서 그곳의 집정관이 되었다.

謗者甚感其不怒, 而轉譽之.

4.73

한 현인이 여러 해 동안 덕을 닦았다.

어떤 이가 물었다. "스스로 어떤 유익함을 느꼈습니까?"

그가 대답했다. "가슴속에 갖춰진 것이 있어 세상의 근심을 참아냅니다."

또 어떤 형편없는 사람이 헐뜯고 비웃고 모욕해 업신여기며 말했다. "오래도록 천주를 섬기며 덕을 쌓은들 어디다 쓰겠소?"

그가 대답했다. "내가 당신에게 이러한 나쁜 말과 큰 해를 받았는데도 마음이 흔들리지 않고 성을 내지도 않았으니, 그것으로 부족한가요?"

一賢人修德累年. 或問: "自覺何益?" 答曰: "衷有備, 以忍世患." 又無賴人譏笑侮慢之曰: "積久事天主修德, 安用之?" 答曰: "令我受爾此等惡言大害, 而心不動不怒, 不足乎?"

4.74

아그네스亞加爵[31]는 몹시 잘 참는 사람이었다. 죽은 날 어떤 사람이 일찍 세상을 뜬 것을 슬퍼했다. 관 속에서 갑자기 소리가 났다. "참는 사람은 죽지 않습니다." 참는다는 것은 영혼이 하늘나라에서 영원히

---

31 아그네스Agnes of Rome: 로마의 성녀. 13세 때 로마 집정관의 아들에게 구혼을 받았지만 그리스도의 신부임을 자처하며 거절했다. 이 때문에 박해받다 화형당해 순교했다. 사후 8일째에 부활해 흰 양을 데리고 사람들 앞에 나타났다고 한다.

살고, 아름다운 이름이 인간 세상에 언제나 환히 드러나므로 죽었다고 말해서는 안 된다.

亞加爵, 甚能忍人也. 死之日, 或悲其早世. 棺中忽有聲曰: "忍者不死." 夫忍者, 神靈永生於上天, 美名常彰於下世, 不可謂死.

4.75

어떤 현자가 큰 병에 걸렸다가 나았다. 그 뒤로 늘 통곡하며 말했다. "천주께서 다시는 나를 생각지 않으실 것이다."

이렇게 1년을 계속하자 천주께서 처음처럼 병들게 하여 괴로움으로 즐거워하게 하셨다. 어려움을 인내함이 큰 이익임을 안 것이 아니라면, 어찌 이처럼 깊고 간절하게 바랐겠는가?

有賢者大病而愈, 後恒哭曰: "天主不復念我." 如是一年, 天主使病如初, 以苦爲樂. 非知忍難之大益, 曷如此願望深切乎?

4.76

성대한 덕을 지닌 사람에게 어떤 사람이 나쁜 말을 했다. 그가 웃으며 말했다. "이것은 마땅히 비싼 돈을 주고 사야 하는데, 이제 거저 얻었으니 다행스럽다."

有盛德者, 或以惡言加之, 笑曰: "此當以重價市焉. 今而徒得之, 幸矣哉."

4.77

바르톨로메오白鐸落[32]는 서양 나라의 덕이 성대한 사람이었다. 병

---

32 바르톨로메오: 같은 이름을 가진 사람이 많아 특정하기 어려우나, 스페인의 도

으로 한쪽 눈을 잃자, 그가 말했다. "옛날에는 두 원수가 있더니만, 이제 하나를 없앴으니, 천주의 은혜로다."

白鐸落, 西國盛德人也. 病失一目, 曰: "故有兩讐, 今去其一, 天主之恩也."

3. 박해로 덕을 보탬窘難益德

4.78

어떤 사람이 내게 물었다. "《서경》에서는 '하늘의 도는 착한 이에게 복을 주고, 음란한 이에게 재앙을 내린다'[33]고 했고, 또 말하기를 '오직 상제께서는 일정함이 없으시니, 선을 하면 일백 가지 상서로움을 내려주고, 선하지 않은 일을 하면 일백 가지 재앙을 내리신다'[34]고 했습니다. 선한 자가 복을 받고 악한 자가 견책을 받는 것은 이치가 본시 그러하므로, 어떤 일이고 그렇지 않음이 있겠습니까? 하지만 어떤 이는 생각지 못한 재앙과 만나고, 어떤 이는 분수에 넘치는 복을 얻습니다. 뒤집어지고 엎어짐이 너무 많고, 뒤죽박죽인 것이 절반이 넘습니다. 그래서 결국 군자의 의심을 더하거나 소인에게 요행을 바라는 마음을 일으킵니다. 하늘의 도리가 공평치 못해 이를 탄식한 것

미니크회 소속 사제였던 바르톨로메 데 라스 카사스Bartolomé de las Casas(1484~1566)를 가리키는 듯하다. 치아파스의 초대 임명주교를 역임했고, 대다수 유럽인이 원주민 착취를 당연하게 받아들이던 당시에 일평생을 원주민 인권을 위해 헌신했다.

33 하늘의 도는 …… 재앙을 내린다:《서경》〈탕고湯誥〉에 나온다.

34 오직 상제께서는 …… 재앙을 내리신다:《서경》〈이훈伊訓〉에 나온다.

이 오래입니다. 이것을 진실로 어떻게 말씀하시렵니까?"

或有問于余曰: "書云: '天道福善禍淫.' 又云: '惟上帝無常, 作善, 降之百祥, 作不善, 降之百殃.' 是以善者蒙福, 惡者膺譴, 理有固然, 奈何事有不然? 或遭不虞之災, 或冒非分之福. 顚倒孔多, 參錯過半. 無乃增君子之疑, 起小人之倖. 天道不平, 厥歎久矣. 是誠何謂?"

내가 말했다. "착한 사람은 복을 받고 악한 자는 재앙을 입으니, 이러한 뜻은 바르고도 정확합니다. 어찌하여 그것을 불평하겠습니까? 사람이 진짜로 선하고 참으로 악한 것은 누가 능히 판별합니까? 생각과 언행이 모두 의리에 맞다면 이것은 참된 선이 됩니다. 조금이라도 그렇지 않다면 어찌 참된 선이겠습니까? 선을 구하더라도 온전함이 아니고는 이루지 못합니다. 만약 선하지 않음을 구한다면 한 모서리가 조금 이지러지더라도 괜찮습니다. 온전히 선하여 애초에 작은 결점도 없는 사람이 세상에 어디 있겠습니까? 지금 사람들은 외형을 살피지만 천주께서는 마음을 살피십니다. 사람들이 선하다고 칭찬하는 사람이 천주께서는 악하다고 일컫는 자가 아닐 줄 어찌 알겠습니까?

曰: "善者蒙福, 惡者蒙禍, 斯義正矣確矣, 奈何哉其不平也? 夫人之眞善眞惡, 誰能決判? 念想言行, 咸若義理, 此爲眞善. 微有不然, 豈眞善也? 求善非全不成. 若求不善, 一缺已足. 夫全善了無微缺之人, 世間有之乎? 今人視形, 天主視心, 烏知人所稱善, 非天主所稱惡者耶?

또 당신은 '이 사람은 선을 몹시 잘 행하니, 그를 괴롭히는 것은 옳지 않다'고 말합니다. 하지만 나는 '천주께서는 지극히 밝아 어두움이 없으시고, 지극히 공정하여 사사로움이 없으시므로, 선과 악을 능히 잘 알아보신다. 그를 괴롭히는 것이 틀림없이 옳다'고 말하겠습니다.

당신은 사람이 선을 감춘 것은 믿으면서, 천주께서 의로움을 드러내시는 것은 의심합니다. 하지만 나는 천주께서 의로움을 드러내심을 믿고, 사람이 선을 감추는 것을 의심하겠습니다. 어느 쪽이 옳습니까? 이 사람이 정말로 선하다고 합시다. 당신은 그를 괴롭게 함은 불행이니 천주께서 마땅히 이를 더해서는 안 된다고 말하겠지요. 하지만 천주께서 괴롭게 함을 통해서 선한 사람을 더 선하게 하신다면 큰 다행인 줄 어찌 알겠습니까?

且爾謂此人甚能作善, 苦之非是. 余謂天主至明無暗, 至公無私, 甚能識善惡, 苦之必是也. 爾信人之隱善, 疑天主之顯義. 余信天主之顯義, 疑人之隱善. 孰是乎? 即是人果善矣. 爾謂苦爲不幸, 天主不宜加之. 抑知天主用苦以加善人, 乃大可幸乎?

아! 세상 사람들은 정신의 눈이 항상 어두워 장님과 같습니다. 길을 가다가 한 사람과 부딪치고는 성내며 욕하기를, '너는 장님이냐?'라고 합니다. 그 사람이 장님이 아니고 자기가 소경인 게지요. 착한 사람이 괴로움을 당하는 것을 보고 하늘이 밝지 않다고 의심을 하는데, 하늘이 밝지 않은 것이 아니라 그 사람이 밝지 않은 것입니다. 화복의 이치를 밝히려 한다면, 마땅히 먼저 화복이 진짜인지 가짜인지를 밝혀야 합니다. 진정한 재앙은 착한 사람에게 미치지 않고, 진정한 복은 흉악한 사람에게 들어오는 법이 없습니다.

嗚呼! 世人神目常昏, 如瞽焉. 往觸一人, 怒而詈曰: '爾瞽耶?' 人非瞽也, 己則瞽也. 見苦善人, 疑天不明. 天非不明, 人則不明也. 欲明禍福之理, 當先明禍福之眞僞. 眞禍未有及善人, 眞福未有被凶人者也.

왜 그럴까요? 세간의 일은 세 종류에 불과합니다. 참된 복이 하나요, 참된 재앙이 하나며, 복도 아니고 재앙도 아닌 것이 나머지 하나입니다. 살아서 덕을 쌓으면 죽어서 즐거움이 영원하니 참된 복입니다. 살아서 죄를 지으면 죽어서 괴로움이 영원하니 참된 재앙입니다. 사람이 스스로 선을 행하고 악을 행함을 원치 않는데도 천주께서 이를 강요하는 이치란 없습니다. 스스로 마땅히 받아야 할 천상 즐거움의 공덕이 있는데 천주께서 이를 막는다거나, 응당 받아야 할 지옥의 죄과가 있건만 천주께서 이를 내리시지 않는 이치 또한 없습니다. 그럴진대 어찌 천주께서 진짜 재앙을 착한 사람에게 내리시고, 참된 복을 악한 사람에게 더해주신다고 말할 수 있겠습니까? 그 나머지 빈부와 귀천, 병든 것과 편안함, 오래 살고 일찍 죽음 등은 본래 재앙도 아니고 복도 아닙니다.

何者? 世間之事, 不過三種. 眞福一, 眞禍一, 非福非禍者一. 生積德, 則死永樂, 眞福也. 生作罪, 則死永苦, 眞禍也. 夫人自不願爲善爲惡, 而天主强之, 于理無有. 自有應受天樂之功德, 而天主拒之, 有應受地獄之罪過, 而天主不加之, 亦于理無有. 則曷可謂天主以眞禍加善人, 以眞福加惡人與? 若其餘貧富賤貴, 病安壽夭等, 斯本非禍非福也.

성 아우구스티노가 말했습니다. '부귀와 안락을 천주께서 착한 사람에게 주시면 진짜 재앙이 아님을 보이심이요, 악한 사람에게 주시는 것은 진짜 복이 아니라는 증거입니다.' 그것이 재앙이 되고 복이 되는 것은 다만 쓰는 바를 살펴야 합니다. 덕을 세우는 데 써서 영원한 즐거움을 입으면 바로 복이 되고, 악을 돕는 데다 쓰면 영원한 벌을 받게 되니 재앙이 됩니다. 부유함을 통해 천주를 공경하는 마음으로 가난한 사람을 돌보면 부유함이 복이 되겠지만, 만약 이것을 통해 멋대로 남을 해치려 든다면 부유함은 재앙이 될 것입니다. 가난을 통해 천주를 원망하고 부자에게 욕심을 부리면 가난은 재앙이 되고 맙니다. 만약 이를 써서 감정을 누르고 인내를 더한다면 가난은 복이 될 것입니다. 이 같은 여러 종류는 모두 미루어 가늠할 수가 있습니다. 다만 이 두 가지 손해와 이익은 사람이 매번 스스로 미리 정할 수 없고, 오로지 천주의 한없는 안목으로만 정할 수가 있습니다.

聖亞吾斯丁云: '富貴安樂, 天主予之善人, 徵非眞禍. 予之惡人, 徵非眞福.' 其爲禍福, 特視所用. 用以建德, 蒙永樂乃福. 用以助惡, 蒙永罰乃禍也. 因富以敬天主, 周貧人, 則富爲福. 若因而縱欲害人, 則富爲禍也. 因貧以怨天主, 貪富人, 則貧爲禍. 若用以抑情增忍, 則貧爲福矣. 諸如此類, 可槪推也. 第兩者之損益, 人每不能自豫定之, 獨天主無量之鑑, 乃能定之.

행인이 갈림길을 만나 아직 그 중간을 지나가지 못했고 그 끝에 닿지도 못했다면, 다만 그 출발점을 보고 편안할지 위험할지 평탄한지 험난한지를 가늠할 수가 없습니다. 세간의 괴로움과 즐거움 두 갈래 길에서, 어리석은 사람은 다만 괴로움과 즐거움의 출발점만 살피고 그 중간과 끝은 따지지 않고서, 망령되이 즐거운 것은 편안하고 평탄하며 괴로운 것은 험하고 위태롭다고 말합니다. 저를 좇아 이를 피하기를 마치 말이 내달리는 것처럼 다급하게 합니다. 지혜로운 사람은 감히 출발점을 믿지 않고, 또한 망령되이 그 중간과 끝을 헤아리지도 않습니다. 천주께 밝음을 돌려 천주께서 직접 결정하시기를 기다립니다.

行人遇岐路, 未歷其中, 未造其末, 特見其始, 安危夷險, 莫得定也. 世間苦樂兩岐, 愚人特視苦樂之始, 不審其中與末, 妄謂樂者爲安夷, 苦者爲險危. 從彼避此, 急急如馬鶩. 智人不敢信始, 亦不妄測其中與末, 歸明於天主, 待天主之自決焉.

그렇기 때문에 세상 사람들은 천주에 대해 마땅히 병든 사람이 훌륭한 의사에게 하듯이 해야만 합니다. 병든 사람은 다만 병을 고쳐서 편안함을 얻기를 원할 뿐입니다. 복용하는 약의 맛이 달고 쓴 같은 것은 오직 의사가 결정하는 것이니, 병든 사람이 감히 스스로 취하거나 버리겠습니까? 성현께서는 참된 복을 얻기 원하지 않음이 없고, 또한 참된 복을 구하지 않음이 없습니다. 하지만 이것을 얻는 방법은 혹 고난과 천대와 욕스러움이거나 혹 안락과 영화와 부귀이기도 해서, 감히 스스로 기필期必하지 못하고 하늘의 명을 들어야 합니다. 어떤 때 뜻과 같이 될 경우, '천주께서 나를 권면하는 은혜로 위로해주시는구나' 할 것이고, 간혹 뜻과 어긋나더라도 '천주께서 나를 경계하게 해주시는 은혜로 조심시키시는구나'라고 해야 할 것입니다. 그런 까닭에 뜻대로 되거나 뜻에 어긋나는 것은 일정하지 않으므로, 힘써 닦기만을 한결같이 해야 합니다. 그러면 온갖 세상길에서 무엇이든 덕을 보태게 해줄 것입니다.

故世人於天主, 宜如病人於良醫. 病人特願除病得安而已. 若所服藥味, 爲甘爲苦, 惟醫者所爲, 病人敢不取舍哉? 聖賢無不願得眞福, 亦無不求得眞福也. 然所以得之道, 或苦難賤辱, 或安樂榮貴, 弗敢自必, 聽命于天. 時或順意, 謂天主慰勸我之恩. 時或逆意, 謂天主儆戒我之恩. 故順逆無常, 修勵惟一. 種種世途, 悉以增德.

《성경》에서는 이렇게 말합니다. '천주를 사랑하는 사람은 순경과 역경이 계속 바뀌더라도 모두 그 복을 도와준다.'[35] 못난 사람은 그렇

35 천주를 …… 그 복을 도와준다: 〈로마인들에게 보낸 편지〉 8장 28절, "하느님을

지가 않습니다. 일이 순조롭게 풀리면 선을 권면하지 않고, 역경이 닥쳐와도 악을 징계하지 않습니다. 그래서 순경과 역경이 계속 바뀌더라도 온통 재앙으로 귀결되고 맙니다. 예나 지금이나 덕을 닦는 사람은 세상의 복을 가볍게 여기는 마음을 통해 성현이 됨을 성취하지 않음이 없습니다. 세상 사람으로 죄를 범하는 자들 또한 세상의 복을 중하게 여기는 마음을 통해 사악한 마귀에게 속임을 당하거나 유혹을 받지 않음이 없습니다. 그렇다면 세상의 복이라는 것은 선을 빠뜨리는 함정이어서 성현이 두려워한 바입니다. 또 악으로 이끄는 사다리여서 사악한 마귀가 의탁하는 바입니다. 사람들이 세상의 복을 두고 덕을 채워주는 보상으로 여기는 것은 잘못이 이만저만이 아닙니다. 천주께서 반드시 세상의 복으로 덕을 갚아주시고, 덕을 행한 사람이 마침내 세상의 보답을 바라게끔 한다면, 물건 만드는 사람이 비싼 값을 받기를 바라는 것과 무엇이 다르겠습니까? 탐욕스러운 마음을 품고서 덕을 행하는 것은 덕의 헛된 모습만 남게 되니, 어찌 덕을 보존하고 성품을 실답게 하겠습니까?"

經曰: '愛天主者, 順逆萬端, 皆助其福.' 不肖者不然, 順來不以勸善, 逆來不以懲惡. 故順逆萬端, 皆歸於禍焉. 夫古今脩德者, 莫不因輕世福之念, 成就其聖賢. 世人犯罪者, 亦莫不因重世福之念, 受欺惑於邪魔. 則世福者, 陷善之阱, 聖賢所懼, 引惡之梯, 邪魔所據. 人以爲實德之報, 謬莫大矣. 使天主必以世福酬德, 行德者遂希世報, 與工人冀値何異? 挾貪心以行德, 即存德虛形, 豈存德實性哉?"

사랑하는 사람들 곧 하느님의 계획에 따라 부르심을 받은 사람들에게는 모든 일이 서로 작용해서 좋은 결과를 이룬다는 것을 우리는 압니다."

4.79

착한 사람이 고통을 받는 것에서 천주의 사랑을 알 수 있다.

천주의《성경》에 말했다. "나는 아끼는 사람을 반드시 꾸짖고 나무란다."**36** 또 말했다. "천주께서 받아들여 자식으로 삼은 사람은 반드시 야단치신다."**37**

성 아우구스티노가 말했다. "네가 천주의 나무람 밖에 있다면 틀림없이 그분의 사랑 밖에 있는 것이니, 끝내 그분의 아들이 될 수 없다."

세상의 백성에게 죄가 있으면 천주께서는 형벌을 내리시지 않을 수가 없다. 지금 용서한다면 죽은 뒤에는 틀림없이 용서하지 않을 것이다. 지금의 형벌은 미미하고 잠깐이니 바로 집안의 형벌일 뿐이다. 죽은 뒤의 형벌은 무겁고도 영원하므로 바로 나라의 형벌인 셈이다.

善人受苦, 驗天主之愛. 天主經曰: "我所愛者必譴責之." 又曰: "天主所受爲子必責之." 聖亞吾斯丁曰: "爾在天主責外, 必在其愛外, 終不能爲其子也." 下民有罪, 天主不能不刑. 今宥, 死後必不宥也. 今刑微且暫, 則家刑耳. 死後刑重且永, 廼國刑焉.

성 그레고리오가 말했다. "천주께서 지금 용서하는 것은 반드시 영원히 꾸짖으시려는 것이다. 지금 나무람은 틀림없이 영원히 용서해주시려 함이다. 그러므로 지금의 나무람은 자애의 징표고, 지금의 용서는 노여움의 표징이다. 희생에 쓸 소를 죽이려 할 때는 마음대로 놀고

---

36 나는 아끼는 …… 나무란다: 〈잠언〉 3장 12절, "야훼께서는 사랑하는 자를 꾸짖으시되 귀여운 아들에게 매를 드는 아비처럼 하신다."

37 천주께서 …… 야단치신다: 〈히브리인들에게 보낸 편지〉 12장 6절, "주님께서는 사랑하시는 자를 견책하시고 아들로 여기시는 자에게 매를 드신다."

먹게 한다. 다만 살려두려는 것은 묶어둔 채 힘든 일을 맡긴다."

聖厄勒臥略曰: "天主今恕, 必欲永責. 今責, 必欲永恕. 故今責徵慈, 今恕徵怒. 犧牛將殺, 任其遊食. 惟所欲生者, 拘繫之, 勞任之."

4.80

가령 아버지에게 두 아들이 있는데 하나는 어리석고 하나는 지혜롭다고 하자. 어리석은 아들은 틈만 나면 즐기며 놀지만 한 번도 꾸짖거나 성내는 법이 없다. 지혜로운 아들은 때때로 부지런하고 민첩하게 일을 하는데도 감독하면서 나무란다. 어린아이의 정은 단지 눈앞만 보고 훗날에는 뜻이 없어서, 어리석은 아들에게는 후하면서 지혜로운 아들에게는 박하다고 생각하게 마련인데, 아버지가 어리석은 아들에게는 바라는 것이 없고, 지혜로운 아들에게는 무겁게 기대함이 있어서 그런 것인 줄은 알지 못한다.

假令父有兩子, 一愚一慧. 愚者時時嬉遊, 了無譴怒. 慧者時時勤敏, 則督責之. 童兒之情, 但見目前, 無志日後, 以爲厚於愚, 薄於慧, 不知父無望於愚者, 慧則重有冀也.

세상 사람의 정리가 어리석은 아들과 무엇이 다르겠는가? 부귀롭고 편안하며 오래 살면 하늘이 후하게 대한다고 말하고, 군색하고 가난하며 천하고 일찍 죽으면 하늘이 박대한다고 말한다. 하지만 지금의 복과 나중의 복을 나란히 누리지는 못한다는 것은 알지 못한다. 천주께서 하늘에서 풍성하게 보답하려고 하는 사람일 경우, 먼저 세상에서 그를 낮춰 괴로움으로 그 허물의 찌꺼기를 단련하고 변화시켜서 그 공덕을 더 보태게 한다. 언제나 세상의 복을 풍부하게 누리고 환난 없이 지내면서 의롭지 않은 일을 멋대로 저지르면서도 견책을 받지 않는 사람은, 천주께서 하늘에서 버릴 바로 지옥에서 영원한 벌을 약속했다. 이는 의사가 어떻게 해볼 수 있는 병이면 입에 쓴 약을 내고 금지해 꺼리는 것도 많지만, 병이 무거워 구할 수 없을 경우에는 원하는 대로 다 하게 하면서 금하지 않는 것과 같다.

世人之情, 何異愚童? 富貴寧壽, 謂天厚之. 窮貧賤夭, 謂天薄之. 不知今福後福不幷享. 天主所欲豊報於天者, 先卑之於世, 以苦鍊化其過滓, 增其功德也. 恒豊於世福, 無患難, 恣其非義, 而不見譴責者, 天主所棄於天, 約永罰於地獄也. 如醫然, 病可爲, 則進苦口之藥, 多所禁忌, 其重不可救, 乃悉惟所願, 不禁焉.

4.81

아버지가 자식에게 어려운 일을 요구하고, 임금이 신하에게 위험한 일을 맡겨도, 효자와 충신은 반드시 아버지와 임금이 나를 악하게 하고 나를 해치게 한다고 말하지 않는다. 대개 나를 귀하게 대하고 나를 무겁게 여김은 나를 효자와 충신으로 여기기 때문이라고 말한다. 천주는 사람의 공통된 주인이요 공적인 아버지시니, 어려움을 나에게 내리시고 저 사람에게 주시지 않음은 저 사람보다 나를 아끼고 무겁게 여기신다는 증거다.

세네카가 말했다. "어려움을 만나지 못한 사람은 참으로 가장 불행한 사람이다. 그것은 천주께서 나의 게으름과 나태함으로 인해 문득 나를 잊으셨다는 분명한 증거일 뿐이다."

덕을 닦는 사람은 싸우지 않고는 이길 수가 없고, 싸움이 위태롭지 않으면 이겨도 영예롭지 않다는 사실을 잘 안다. 그래서 어려움을 참는 것을 얻어 천주께 효자와 충신의 공을 세우기를 원한다.

父以難事責於子, 君以危事託於臣, 孝子忠臣, 必不謂君父惡我害我. 蓋乃貴我重我, 以我爲孝子忠臣故也. 天主, 人之共主公父, 以艱難遺我, 而不遺彼, 以驗其愛我重我於彼也. 塞搦加曰: "不遭艱難者, 正爲最無幸人. 明徵天主因我怠惰, 忽忘我耳." 修德者知不戰不能勝, 戰不危, 勝不榮. 故願得所忍難, 以建孝子忠臣之功于天主焉.

4.82

장사꾼은 이 고장에서 가장 흔하고 제일 싼 물건을 가져다가, 적은 곳과 귀한 곳에 옮겨 비싼 값을 받는다. 이 세상의 물건으로 고난과 욕됨보다 흔하고 천한 것이 없다. 하지만 하늘나라에는 하나도 없다. 착한 사람은 영혼의 재물을 취급하는 장사꾼이다. 천상에서는 고난을 참아낸 값이 가장 비쌀 줄을 알기 때문에, 괴로움과 어려움을 만나면 이를 참아내고 이를 즐거워하며 훗날의 무거운 값과 바꾼다.

《성경》에 말했다. "지금의 어려움은 훗날 우리에게 드러내 보여주실 복락과는 견주지 못한다."[38]

商人以此方最多物, 最賤物, 遷于少處貴處, 以取重值. 此世之物, 未有多且賤於苦難僇辱, 而天上一無所有. 善人, 神貨之商人也. 知爲天上忍苦難之價最重, 故遇苦難, 則忍之樂之, 易異日之重値也. 經曰: "此時艱難, 不當日後所顯于我輩福樂也."

4.83

옥을 쪼아 갈고 금을 단련해 조각하는 것은 마치 원수처럼 두드리

---

38 지금의 어려움은 …… 견주지 못한다: 〈로마인들에게 보낸 편지〉 8장 18절, "장차 우리에게 나타날 영광에 비추어보면 지금 우리가 겪고 있는 고통은 아무것도 아니라고 생각합니다."

고 매만져야만 이름난 그릇이 될 수가 있다. 사람이 질병과 고통을 겪지 않고 모욕과 업신여김을 맛보지 않으며, 여러 가지 어려움을 당해보지 않고서 천상에서 쓰일 덕스러운 그릇이 되는 경우란 있지 않다.

夫玉琢之磨之, 夫金鍛煉之雕刻之, 無不攻治如讐焉, 以成名器. 人不經病苦, 不嘗嫚辱, 不試諸艱難, 而成天上所用德器者, 無有焉.

그래서 《성경》은 이렇게 말한다. "어짊을 닦는 사람은 반드시 세상의 핍박을 받는다. 세상에서 환난을 받지 않고는 그 덕이 참되지 못하다."[39] 또 말한다. "천당에 오르려는 사람은 반드시 세상의 괴로움을 받아야만 한다."[40]

아우구스티노가 말했다. "천주께서 천국을 팔 때, 그 값은 고난과 괴로움일 뿐이다." 또 한 어진 이가 말했다. "세상의 복을 뜻대로 이루는 것은 두려워할 만하다. 끝에 가서 하늘의 사람이 될 수 없음을 염려하기 때문이다."

故經曰: "修仁者, 必受世之窘迫也. 不窘於世, 其德不誠." 且曰: "欲升天堂者, 必由頗受世苦." 亞吾斯丁曰: "天主沽天國, 其價艱難而已." 又一賢曰: "世福遂意者, 可畏也. 恐其終不能爲天人故也."

---

39 어짊을 닦는 …… 참되지 못하다: 〈디모테오에게 보낸 둘째 편지〉 3장 12절, "그리스도 예수를 믿고 경건하게 살기를 원하는 사람은 누구나 박해를 받게 될 것입니다."

40 천당에 오르려는 …… 받아야만 한다: 〈데살로니카인들에게 보낸 둘째 편지〉 1장 5절, "여러분은 지금 하느님 나라를 위하여 고통을 당하고 있습니다. 그러나 여러분이 장차 그 나라를 차지할 자격을 얻게 되겠으니 결국 하느님의 심판이 공정하다는 것이 확실합니다."

매는 살아 있을 때 사람들이 귀하게 여겨 깨끗한 방에 놓아두고 고기를 먹여서 기른다. 하지만 죽으면 골짜기에 내던져서 개에게 먹히는 바가 된다. 닭은 살았을 때는 더러운 곳에 놓아두고 겨를 먹여 기른다. 하지만 죽으면 밥상 위에 놓여서 좋은 술안주가 된다. 악한 사람은 세상의 매다. 살아서는 풍요롭고 즐겁고 영화롭고 존귀해서 사람마다 부러워하고 흠모한다. 하지만 죽으면 큰 골짝에 버려져서 늑대의 밥이 되고 만다. 착한 사람은 살아서는 혹 남에게 무시당하고 언제나 고난 속에서 살지만, 죽으면 하늘의 자리에 놓여 천주와 천사가 보배롭게 여기는 바가 된다. 누구의 복이 더 나은가?

鷙鳥生時, 人貴之, 置於淨室, 養以肉食, 死則委之于壑, 爲犬所食. 雞生時, 置穢處, 養以糠麩, 死則置於几案, 以爲美餚. 惡人, 世之鷙鳥也, 生則豊樂榮貴, 人人美慕之, 死則棄於巨壑, 爲獄犬食. 善人, 生或爲人所輕, 恒居難苦, 死則置於天几, 天主天神所珍重. 福孰勝哉?

그러므로 세상의 괴로움과 즐거움은 일정함이 없다. 즐거움이 다하면 괴로움이 이어지고, 괴로움이 끝나면 즐거움이 이어진다. 한때의 괴로움은 여러 해 동안의 즐거움을 잊어버리게 만든다. 지나간 즐거움을 잊게 만들 뿐 아니라, 지나간 즐거움에 대한 생각이 또한 지금의 괴로움을 증가시킨다. 한때의 즐거움 또한 여러 해 동안의 괴로움을 잊어버리게 만든다. 지나간 괴로움을 잊어버리게 만들 뿐 아니라, 지나간 괴로움에 대한 생각이 또한 지금의 즐거움을 더하게 해준다.

그래서 《성경》은 이렇게 말한다. "좋은 일이 있을 때는 나쁜 일을 잊지 말고, 나쁜 일이 있을 때는 좋은 일을 잊지 말아야 한다."[41]

좋을 때 나쁜 시절을 떠올리면 거기에 빠져들지 않게 되고, 나쁠 때 좋던 시절을 떠올리면 그 나락으로 떨어지지 않을 것이다.

故世之苦樂無常, 樂訖苦繼之, 苦終樂續之. 一時之苦, 令忘多年之樂. 微獨令忘往樂, 往樂之念, 亦增今苦. 一時之樂, 亦令忘多年之苦. 非徒令忘往苦, 往苦之念, 亦增今樂. 故經曰: "吉時勿忘凶, 凶時勿忘吉." 吉時念凶不陷, 凶時念吉不隕.

4.84

세상을 섬기는 사람은 먼저 자잘한 즐거움을 얻지만 나중에 큰 고통으로 벌을 받는다. 앞서 잠깐의 편함을 얻고는 뒤에 영원한 어려움을 입는다. 천주를 섬기는 사람은 먼저 작은 수고를 겪고 나중에 큰 안락을 받는다. 앞서 잠시의 고통을 받지만 뒤에는 영원한 즐거움을 누린다. 너는 누구를 섬기기를 원하느냐?

人之事世者, 先得微樂, 後責大苦. 先得暫便, 後加永難. 事天主者, 先受微勞, 後蒙大安. 先承暫苦, 後享永樂. 爾願事誰乎?

농부는 먼저 힘들게 씨를 뿌린 뒤에 즐겁게 수확한다. 물건을 만드는 사람은 먼저 만들고 나서 나중에 값을 받는다. 병사는 먼저 목숨을 바치고, 나중에 전쟁에서 이긴 상을 받는다. 장사꾼은 먼저 물건을 팔고 나서, 그 후에 십분의 일의 이익을 누린다. 세상 모든 일이 다 그렇다. 네가 덕을 닦으면 반드시 먼저 덕을 닦는 수고로움과 너 자신을 극복하는 괴로움, 덕스럽지 못한 자의 시샘과 마귀의 유혹, 그리고 천주께서 덕을 시험하심을 겪어야만 한다. 덕이 이미 크게 이루어진 뒤

---

41 좋은 일이 …… 잊지 말아야 한다: 〈집회서〉 11장 25절, "사람은 행복할 때 불행을 잊고, 불행할 때는 행복하던 때를 잊는다."

라야 마음이 깨끗한 즐거움을 누리고 천주의 보답을 바랄 수 있을 것이다.

農人先以苦種, 後以樂收. 工人先造作, 而後受直. 兵先致死, 而後蒙戰勝之賞. 商賈先以貲市物, 而後享什一之利. 萬事盡然. 爾修德, 必先負德修之勞, 與夫克己之苦, 與夫不德者之忌, 與夫鬼魔之誘惑, 與夫天主之德試. 德旣大成, 然後可享心淨之樂, 望天之報焉.

지금 사람들은 겨우 아무것도 아닌 선을 행하고 나서, 마음으로 마치 천주께서 내게 안락을 주시고 부귀를 주실 것처럼 생각한다. 주시지 않으면 원망하고 탓하면서 세상의 보답을 바란다. 스스로 그 마음이 탐욕스럽고 원망하고 남 탓하는 것과, 눈이 큰 교만을 보임을 드러냈으니, 천주께서 마땅히 복을 내리시겠는가, 재앙을 내리시겠는가?

今人僅行微善, 心若天主負我安樂, 負我富貴, 不與則怨尤, 望世報. 自徵心貪怨尤, 目呈大傲, 天主當降祥耶, 降殃耶?

4.85

절뚝대는 나귀가 길을 잘못 가면, 채찍을 들어 가야 할 바른길로 가도록 알려준다. 바른길로 가면, 채찍을 들어 마땅히 빨리 가도록 알려준다. 무릇 천주께서 꾸짖어 나무라시는 것도 바른길로 빨리 가게 하려는 것일 뿐이다. 지금 사람들의 고통이 오래도록 풀리지 않는 것은, 복을 얻은 사람은 덕을 쌓은 응보라고 하고, 환난을 당한 사람은 혹 운 나쁘게 어쩌다가 재앙을 만났다고 하거나 선대의 묵은 인연이 지금 생의 과보果報가 된 것이라 하면서, 눈앞의 죄와 허물을 반성하지 않기 때문이다. 끝까지 뉘우쳐 고치지 않는지라 괴롭고 어려운 일이 종종 서로 잇달아서 영원토록 끝나지 않으니, 어찌 족히 이상하다

하겠는가?

塞驢邪行, 見鞭知當正路行. 正路行, 見鞭知當速行. 凡天主所譴責者, 欲使正路速行而已. 今人之苦, 永久不釋, 惟得福者, 即謂德之報應, 得難者, 或曰無幸而偶値禍災, 或曰前世往因, 今生果報, 未嘗反思目前之罪試. 迄不悛改, 艱難往往相繼, 永久不息, 何足異哉?

4.86

어떤 이가 성 그레고리오에게 물었다. "천주께서 항상 착한 사람에게 고난을 더하는 것은 어째서입니까?"

그가 대답했다. "그 허물의 찌꺼기를 단련시켜서 그 공덕을 늘려주어, 이를 통해 풍성한 보답을 얻게 하려는 것입니다. 또 그로 하여금 세상의 즐거움에 빠지지 않게 하려는 것입니다. 어떤 물건을 솥에서 오래 삶을 때 저어주지 않으면 솥에 눌어붙어 색깔과 맛을 잃고 말지요. 착한 사람이 오래도록 편안할 때 어려움으로 뒤흔들지 않으면 점차 세상의 즐거움으로 빠져들까 염려해서입니다."

또 악한 사람에게 스스로 깨닫게 하면서 이렇게 말했다. "지금은 천주께서 사랑으로 죄를 사해주는 세상이 되었다. 또 착한 사람을 무겁게 사랑하지만, 오히려 작은 허물에도 무거운 견책을 얻는다. 하물며 죽은 뒤에 의로움으로 죄를 판단하는 세상이 되었을 때, 악을 짊어지고 간다면 엄한 벌을 다시금 어찌한단 말인가?"

或問聖厄勒臥略曰: "天主恒以苦難加善人, 何也?" 答曰: "以煉其過滓, 增其功德. 因得豐報於天也. 且使不溺於世樂. 物久煮不撓動, 則膠於釜而失色味. 善人久安, 不以難撓動之, 恐漸陷於世樂也." 且令惡者自悟曰: "今者爲天主用慈赦罪之世. 又重愛善人也, 尙以微過, 得重譴乃爾. 況死後爲用義判罪之世, 負惡以往, 嚴罰更何如乎?"

4.87

한 현인이 나와 가다가 덕이 성대한 어떤 사람이 사자에게 물려 들판에서 죽은 모습과 만났다. 교외에 이르러서는 한 악인의 상여가 몹시 성대한 것을 보았다. 가만히 의심하며 말했다. "저 어진 이는 횡사했는데 아무도 거두어주는 이가 없다. 이 사람은 못난 악인인데도 사람들이 이를 높인다. 천주께서 내게 이 까닭을 분명하게 풀이해주시지 않는다면 내가 앞으로 나아가지 않겠다."

一賢出行, 遇一盛德人, 被獅子齕, 死於野. 及郊, 遇一惡人之喪甚盛. 竊疑曰: "彼賢而橫死, 無人收之. 此不肖, 而人崇之. 非天主明釋我此故, 我不前矣."

홀연 천사가 나타나 말했다. "이 사람은 진실로 악하지만, 일찍이 작은 선행이 있었으므로 천주께서 작은 영예로 보답해주셨다. 하지만 그의 영혼은 귀신의 지경에서 큰 고통을 무겁게 받고 있다. 저 사람은 참으로 어질지만 일찍이 작은 허물이 있었으므로 천주께서 이러한 횡사로 그를 단련하셨다. 그 영혼은 자못 하늘나라에서 큰 즐거움에 젖어 있다. 다만 너는 이후로 천주께 삼가 요구해서는 안 된다. 무릇 천주께서 하시는 일은 다만 믿어 복종해야지, 억지로 헤아려서는 안 된다." 말을 마치자 보이지 않았다.

忽有天神曰: "此誠惡, 曾有微善, 天主以微榮酬之. 其靈神重受大苦於鬼境. 彼誠賢, 曾有微過, 天主以此橫死鍊之. 其靈頗霑大樂於天域也. 但爾以後愼勿要天主, 凡天主所爲, 惟信服之, 勿强測之." 言訖不見.

4.88

네가 물에 빠졌는데 급히 당기려다가 네 손을 다치게 한 사람이 있다고 치자. 너는 조금 다친 것을 기분 나빠하겠느냐, 아니면 목숨을 건져준 것을 고마워하겠느냐? 네가 남과 싸울 적에 갑자기 네 적을 죽여서 너로 하여금 이길 수 있게 했다면, 그 사람의 덕이 무겁지 않겠는가? 내 영혼과 육신의 껍데기는 몸에서 가장 가깝지만 정에 있어서는 전혀 다르다. 정신은 이치를 좋아하고 몸은 욕망을 기뻐한다. 이 때문에 정신이 원하는 것은 몸이 미워하고, 몸이 추구하는 것을 정신은 피해, 항상 적이나 원수가 되고 만다. 네가 도덕으로 정신을 돕게 되면 몸은 반드시 져서 이치에 굴복할 것이다. 이것이 바로 천사를 본받는 것이다. 맛난 음식과 고운 치장과 안일과 쾌락으로 몸을 부추기면 정신은 반드시 져서 욕망을 따르게 되니, 땅 위의 짐승을 본받는 것이다.

爾溺水, 有因急援傷爾手者, 爾忌其微傷耶, 感其拯命耶? 爾與人鬪, 忽有殲爾敵, 使爾能勝, 不重德其人乎? 我靈神與軀殼, 體最親, 情最異也. 神喜理, 身喜欲. 故神之所願, 身之所惡, 身之所求, 神之所避, 恒爲敵讐也. 爾以道德助神, 身必負, 而屈於理, 乃所以效天神也. 以甘食冶容逸樂助身, 神必負, 而從于欲, 乃所以效地獸矣.

천주께서 질병과 곤궁 같은 여러 가지 고난으로 네게 더하심이 어찌 너의 고난을 즐겨서겠는가? 바로 이같이 몸을 죽이는 굳셈과 형체를 줄이는 힘을 가지고 정신에 복종하여 이치에 따를 줄 알게 함으로써, 부림을 당하고 주인이 되지 않게 해서 정신을 죄악에 빠뜨림에 이르지 않게 하려는 것이다.

성 바오로保祿가 말했다. "나는 쇠약할 때 굳세진다." 이 때문에 덕을 지닌 군자는 환난을 만나 이를 기뻐할 수는 없더라도 굳세게 가만히 참으려고 애쓸 뿐, 감히 천주께 이를 없애줄 것을 구하지 않는다. 떠나고 머묾, 어느 것이 자기에게 이익이 될지 모르기 때문이다.

天主以病窘諸苦難加爾, 豈樂爾難? 正以此殺身之强, 減形之力, 使知服於

神, 從于理, 爲役勿爲主, 不至陷神於罪惡. 聖保琭曰: "我衰時乃疆." 是以誠
德君子遭患, 即不能樂之, 强勉安忍, 弗敢眞求天主去之. 去與留, 未知孰爲己
益故也.

4.89

유다物達[42]는 서양의 현인이다. 세상을 뜬 뒤에 거룩한 자취가 드
러난 것이 가장 많다. 한 장님이 그의 무덤 앞에 꿇어앉아, 그의 공덕
을 빌려서 앞을 보게 되기를 구하자 문득 보게 되었다. 그러고 나서는
묵묵히 의심하며 말했다. "보이는 것과 보이지 않는 것, 어느 것이 내
게 유익한지 아직 모르겠다." 다시 기도하며 말했다. "만약 보는 것이
제게 유익함이 없다면 원컨대 처음 장님의 상태로 저를 되돌려주십시
오." 그러자 문득 처음처럼 다시 장님이 되었다.

物達, 西賢人也. 身後顯聖跡最多. 一瞽者踞其墓前, 因其功德, 求得見輒見.
已默疑曰: "見與不見, 未知孰有益於我." 復祈曰: "若見無益於我, 願以初瞽還
我." 輒瞽如初.

4.90

에우제니오厄午羨[43]는 살아 있을 때도 또한 자못 사람을 구하는 거

---

42 유다Yudas Maccabaeus(BC ?~161?): 기원전 2세기에 셀레우코스제국의 지배와 신
앙의 그리스화에 반대해 일어난 유대의 영웅이다. 〈마카베오하〉 7장에는 흔히
'마카베오 형제'라 불리는 7형제와 그의 모친이 안티오쿠스 4세 때 장렬하게 순
교하는 이야기가 나온다. 중세 때 기독교도에 의해 안티오키아의 성인으로 널리
숭앙되었다.

43 에우제니오Eugenius(138년경): 로마 황제 하드리아누스의 기독교 박해 당시 로마
근교 티볼리에서 살던 성녀 심포로사Symphorosa와 함께 순교한 일곱 아들 중 막

룩한 자취를 드러내곤 했다. 한 장님이 볼 수 있게 해달라고 청하자, 그가 대답했다. "당신은 육신의 눈이 없어 두더지처럼 색깔을 볼 수가 없습니다. 그래도 정신의 눈이 있어서 능히 천사처럼 도를 볼 수는 있지요. 육신의 눈이 다시 보이게 되면 정신의 눈은 반드시 멀어 마침내 당신에게 해가 될 것입니다. 이를 구하지 마십시오."

厄午哉生時, 亦頗見救人聖跡. 一瞽者求賜視, 答曰: "爾即無形目, 不能見色如狸犬. 尙有神目, 能見道如天神. 身目復見, 神目必瞽, 終害於爾, 勿求之."

4.91

어떤 사람이 병에 걸렸다. 요한若闇 성인에게 알리고, 구해달라고 빌었다. 성인이 대답했다. "너는 바로 네 일에 보탬이 되는 것을 없애려고 하느냐? 몸의 때는 물로 목욕하고, 정신의 더러움은 병으로 갈아낸다. 옷이 더러운 것은 비벼빨아 없애고, 마음의 죄는 어려움으로 제거한다."

또 한 사람이 병들었다. 그 스승인 현자가 위로하며 말했다. "네가 쇠라고 치자. 병으로 꺾인다면 녹을 없애야 한다. 네가 황금이라고 하자. 병으로 단련하면 더 반짝거리게 될 터이니, 무엇을 근심하느냐?"

或有疾, 告若闇聖人, 祈救焉. 答曰: "爾正欲除有益於爾事耶? 身垢以水浴, 神穢以病磨, 衣汚以煩撋去, 心罪以艱難除." 又一人病, 其師賢者, 慰之曰: "爾爲鐵, 以病剉則除銹. 爾爲黃金, 以病煉則增光, 何憂乎?"

내다. 축일은 7월 18일.

4.92

그레고리오가 말했다. "이 세상은 항상 어렵고 힘든 일을 사람들에게 안겨준다. 이것은 저 스스로 울어 남들이 나를 사랑하지 않게끔 하는 것이 아니고 무엇이겠는가?"

厄勒臥略曰: "此世界恒以艱難加人, 此非自鳴令人勿愛我而何?"

4.93

세상의 바람을 다 이룬 것을 세상 사람들은 천행이라고 여긴다. 하지만 이것이 바로 장차 오게 될 하늘의 재앙에 대한 징험임은 깨닫지 못한다. 성 암브로시오益薄削 [44]가 길을 가다가 한 부호의 집에 묵게 되었다. 주인이 스스로 뽐내며 말했다. "평생 편안하고 즐겁게 살았고, 작은 근심도 만난 적이 없습니다."

성인께서 따르던 사람들과 함께 바로 떠나면서 말했다. "이 사람이 일생 동안 편안하고 즐거웠다고 하니, 마땅히 빨리 피해야겠다. 그와 함께 큰 근심을 받게 될까 두렵다."

떠난 지 백 걸음도 되지 않아 땅이 갑자기 갈라지면서 사람과 집이 모두 묻혀버려 남은 자취가 없었다. 이 때문에 성현과 덕행을 닦는 사람은 오래 편안하여 괴로움이 없는 것을 몹시 두려워했다. 당장 눈앞

---

44 성 암브로시오Ambrosius(340?~397): 4세기에 활동한 서방 교회의 4대 교부 중 한 사람. 법률가이자 밀라노의 주교다. 아리우스파에 맞서 정통 기독교의 전례와 성직에 대한 개혁을 이룩한 성인이며, 교회박사 가운데 한 사람이다. 축일은 12월 7일. 암브로시오는 그리스어에서 유래한 이름으로 '불멸'을 뜻한다. 미술작품에서 그는 흔히 목장을 든 주교의 모습으로 표현되는데, 때때로 승마용 채찍을 휘두르면서 말을 타거나 꿀벌을 거느리고 있기도 하다.

의 느긋함을 무거운 보상으로 마치게 될까 염려하기 때문이다.

世願悉遂, 世人以爲天幸, 不悟此正驗將來之天災. 聖盍薄削行次, 宿一豪家. 主人自伐云: "生平安樂, 不値微患." 聖人偕其從者輒去之, 曰: "此人一生安樂, 宜速避之. 恐與俱受大患也." 去不百步, 地忽裂, 人與室俱陷, 無遺跡矣. 是以聖賢修德者, 甚畏久安無苦. 恐目下之寬遲, 卒以重補故也.

4.94

아우구스티노가 말했다. "금은 불에 들어가면 빛이 나고, 풀은 불에 넣으면 연기가 난다. 괴롭고 힘든 것은 한가지인데, 선한 사람이 이를 만나면 천주께 감사하며 찬송하여 더욱 맑아진다. 악한 사람이 이를 만나면 분노하면서 원망하고 남을 탓하느라 더욱 탁해진다."

세상의 괴로움에는 절로 선과 악이라는 것이 없다. 오직 내가 참아내면 이익이 되고 천주의 사랑을 징험하게 된다. 참지 못하면 손해가 되어 천주의 분노를 불러들인다.

그래서 성 그레고리오가 말했다. "눈앞의 괴로움이 진실로 너를 변화시켜 착하게 한다면 앞선 죄의 끝이 된다. 변화하여 착하게 되지 않고 그대로 악하다면 장차 올 영원한 고통의 시작이 될 것이다."

亞吾斯丁曰: "金入火生光, 草入火生煙. 苦難一也, 善人遇之, 而以感頌天主, 愈清矣. 惡人遇之, 怒而怨尤, 愈濁矣." 世苦自無善惡, 惟我忍則爲益, 而徵天主之愛. 不忍則爲損, 而徵天主之怒. 故聖厄勒臥略曰: "目前之苦, 苟化爾爲善, 則爲前罪之終. 不化爲善, 而尙爲惡, 則爲將來永苦之始."

5

식탐을 막음

七克

DIEGO DE PANTOJA

식탐은 골짜기가 받아들임과 같은지라

절제로 이를 막아야 하므로, 〈색도〉를 짓는다.

饕如壑受, 以節塞之, 作塞饕.

〈색도〉 소서塞饕小序

옛날에 정鼎을 주조할 때 도饕라는 짐승을 그렸는데, 그것이 입은 있어도 목구멍은 없다고 한다. 어떤 이가 내게 물었다. "먹었다면 막히지는 않을 텐데, 또한 막힐 수도 있나요?"

내가 말했다. "그럴 수 있다. 새는 술잔은 당할 수가 없으니, 그것을 강과 바다에 던지더라도 끄떡없을 것이다. 입과 배는 새는 술잔인 셈이니, 대단하다! 술과 밥에 시달리고 취하고 배부름에 헤매면서도, 온 세상에 욕심을 내지 않는 자는 드물다. 진秦나라 사람은 이 욕심을 가지고 여섯 나라를 즐겼지만, 먹은 것을 삼켜 내리기도 전에 목구멍을 돌아서 나왔으니, 이것은 탐욕의 응보였다.[1] 진晉나라에서는 임금이 신하에게 맛있는 것을 청했고, 제노齊奴의 여러 아들은 서로 돌아가며 잘못을 본받았다.[2] 심지어 하루 식대로 1만 전을 쓰면서도 오히려 젓가락을 댈 만한 것이 없다고 말했다. 하증何曾의 아들 하소何邵는 마침 내 그 아비보다 더해 2만으로 늘렸다고 하니, 어찌 노도老饕의 허물이 아니겠는가?[3] 오호五胡가 일찍이 진晉을 탐내지 않았는데도 진나라가 스스로 탐욕을 부렸으니, 이것이 또 어찌 식탐의 거울이 아니겠는 가?[4]

在昔鑄鼎象饕, 謂其有口而無咽也. 或問余曰: "食不受塞, 亦可塞乎?" 余曰: "可. 漏巵無當, 投以江海弗給也. 口腹爲漏巵也, 夛矣! 困於酒食, 迷於醉飽, 擧 世不爲饕者, 或寡矣. 秦人以饕嗜六國, 食未下咽, 轉喉而出, 此饕報也. 晉以人 主乞味於臣, 齊奴諸子轉相效尤. 甚至日食萬錢, 猶謂下箸不給. 曾之子邵, 遂勝 其父, 而益之以二萬, 豈非老饕之尤乎? 五胡未嘗饕晉也, 而晉自饕焉, 此又孰 非饕鑑哉?

1 진나라 사람은 …… 응보였다: 진시황이 6국을 병합해 천하를 통일했지만 2세 호 해胡亥 때에 이르러 바로 망하고 만 일을 말한 것이다.

2 진나라에서는 …… 본받았다: 진晉나라 때 사치 풍조가 극에 달해, 귀족들이 임금 이 베푸는 연회에 와서 먹을 게 없다며 음식에 손도 대지 않을 정도였다. 이에 진 나라 임금이 그들이 먹는 음식을 알아보게 했을 정도였다. 《진서晉書》〈하증열전何 曾列傳〉에 나온다. 제노는 원래 진나라의 갑부 석숭石崇의 젊은 시절 이름이다. 중 국 역사상 전설적인 거부로 알려진 그는 사치가 말로 할 수 없을 정도였다. 그의 아들들도 앞다퉈 사치를 경쟁했다는 의미다.

3 심지어 …… 허물이 아니겠는가?: 서진西晉의 태위 하증이 사치가 심해, 매일 하루 식사를 위해 1만 전의 돈을 썼다. 음식의 가짓수가 그렇게 많았어도 그는 오히려 먹을 만한 음식이 없어 젓가락을 댈 것이 없다고 투덜거렸다고 한다. 그 아들 하 소는 아비보다 더해, 하루에 2만 전이나 썼다. 역시 《진서》〈하증열전〉에 나온다.

4 오호가 …… 거울이 아니겠는가?: 오호는 흉노와 선비 등 북방의 5대 소수민족을 가리킨다. 진나라가 사치와 내정 문란으로 쇠락해 남쪽으로 쫓겨가고, 북방 민족 들이 남하해서 북방의 땅을 차지해 북방 정권을 수립한 일을 두고 말한 것이다. 자신의 탐욕으로 인해 오호에게 안방을 내준 결과가 되었음을 뜻한다.

그러므로 '위에서 좋아하는 것이 있으면 아래는 틀림없이 더 심하다'고 말하는 것이다. 소인배의 탐욕을 그치게 하려면 마땅히 노도로부터 시작해야 한다. 노도란 무엇을 말하는가? 물건을 쓰는 것이 많고 숫자를 취함이 많은 자를 가리킨다. 《주역》에서는 '한 동이 술과 두 대그릇의 제물을 질그릇에 담는다'고 했고, 또 말하기를 '두 그릇만 가지고도 제사 올릴 수 있다'고 했다.[5] 이것이 오늘날 때를 구하고 욕심을 막는 가장 중요한 뜻인 셈이다."

故曰: '上有好者, 下必甚焉.' 欲止細人之饕, 當從老饕始. 老饕者何? 用物弘而取數多者也. 易曰: '樽酒簋貳用缶.' 又曰: '二簋可用享.' 此今日救時塞饕第一義乎."

훌륭하다! 내가 판토하의 말을 읽고서 양생을 얻었고, 아울러 나라를 경영하고 백성을 부유하게 하는 방법을 얻었도다. 그래서 "먹는 것이 검소한 자는 흥하고, 사치스럽게 먹는 자는 망한다"고 했다. 예禮가 음식에서 시작됨을 어찌 믿지 않겠는가?

善乎! 吾讀龐子言, 得養生焉, 并得經國而富民焉. 故曰: "食儉者興, 食奢者亡." 禮始於飮食, 豈不信哉?

어떤 이가 말했다. "서양 사람은 채우는 것을 가늠하고 비워서 건너는 데 교묘합니다. 저들 나라는 배를 운항하여 건널 적에 때와 더불어

---

5 한 동이 술과 …… 있다고 했다: 앞은 《주역》〈감괘坎卦〉 육사六四의 효사爻辭에 나온다. 조촐한 음식을 질박한 그릇에 담았다는 뜻이다. 뒤는 《주역》〈손괘損卦〉의 효사다. 질박하고 검소하다는 뜻으로 썼다.

알맞게 하고, 건너지 않을 때는 번갈아 줄이고 차례로 절약합니다."[6]

　　내가 말했다. "이것은 서양 인사의 말이 아니다. 덜고 더하고 차고 비는 것은 때와 더불어 줄어들고 늘어나니, 이것은 하늘의 도리와《주역》의 도리의 큰 날줄이요 큰 법칙이다. 하늘이 어길 수 없는데 사람이 이를 어기겠는가? 서양 인사는 덜고 더함의 정밀함을 얻어서 이를 활용하는 자라고 말할 수 있다. 욕심을 막았기 때문만은 아니다."

　　或曰: "西人巧於酌盈而濟虛也. 彼國舟航, 濟則與時宜之, 不濟則遞減而遞節焉." 余曰: "此非西士之言也. 損益盈虛, 與時消息, 此天道易道之大經大法也. 天不能違, 而人違之乎? 西士可謂得損益之精而用之者也. 非但塞饕而已."

강동 최창이 쓴다

江東崔淐撰

식탐의 죄악은 무엇과 같나?	饕惡知何似
큰 바다가 뭇강물을 삼킴이라네.	溟墟吸衆流
만 전 음식 손댈 것이 없다고 하며	萬錢難下箸
한 번 웃고 사발을 들어 보이지.	一笑爲擎甌
배와 등이 딱 붙기를 기다려서야	直待腹相負
몸뚱이가 원수임을 그제야 알리.	方知軀是仇
어이해야 부지런히 자신을 이겨	爭如勤自克
절제를 달게 여겨 덕과 짝할까?	甘節德之儔

6　배를 운항하여 건널 적에 …… 절약합니다: 배를 타고 이동할 때는 그에 맞게 식사량을 조절했다는 의미인 듯하다.

5.1

식탐이란 무엇인가? 먹고 마시는 데 절제가 없이 즐기는 것을 말한다. 말이 많거나, 성을 내거나, 시끄럽게 떠들고, 음욕에 빠지며, 탐욕이 끓어넘치고, 착한 일에 게으른 것 등 여러 가지 감정이 모두 그 부류다. 식탐이라는 것은 내 몸 가운데 가장 밀접하고 가까운 적이다. 덕을 닦는 인사라면 마땅히 먼저 공격해서 먼저 이겨야만 한다. 몸 가운데 형상 있는 적을 먼저 이겨내지 못하고서, 한갓 몸 바깥에 있는 정신의 적을 공격한다면 반드시 이기지 못할 것이다.

饕者何? 食飮無節之嗜也. 多言, 忿怒, 譁囂, 淫慾, 沓貪, 懈怠于善, 諸情皆其流耳. 夫饕者, 我身中最密邇之敵, 脩士所當先攻先勝也. 身中形敵不先勝, 徒攻身外神敵, 必不勝矣.

사방의 적을 토벌했더라도 나라 가운데 배반한 신하를 남겨두었다면 무슨 소용이 있겠는가? 하물며 몸안의 감정으로 식탐의 마음보다 나약하고 알기 쉬우며 이기기 쉬운 것이 없다. 나약한 것을 이기지 못하면서 강경한 것을 능히 이길 수 있겠는가? 이 때문에 고금의 성현과 덕스러운 인사들이 극기로 말미암아 그 공덕을 성취해, 올라가 하늘의 보답을 받지 않음이 없었다. 만약 극기의 자취를 살펴본다면, 식탐을 극복해 사업을 세운 것이 아님이 없다.

討四境之寇, 遺國中之叛臣, 何益耶? 矧身中之情, 莫劣弱, 莫易識, 易勝於饕情者. 弗能勝劣弱, 能勝强梗歟? 是以古今聖賢德士者, 無不由克己, 而成就其功德, 升受天報也. 若稽克己之跡, 無不以克饕肇業耳.

5.2

　천주께서 직접 만든 물건은 모두 일정한 의미가 있다. 사람의 영혼을 만들어, 참다운 이치를 밝히고 참다운 선을 행하여, 이를 통해 천주를 섬기고 하늘에 올라 천국의 영원한 즐거움을 받게끔 하셨다. 사람의 육신을 만들어서는, 정신의 하인이 되어 이를 도와 선을 행하게 하셨다. 육신은 먹고 마시지 않고는 살지 못함을 아시어, 많은 맛난 것을 만들어 그 목숨을 기르게 하셨다. 사람은 먹고 마셔서 몸을 길러, 그로 하여금 힘이 있게 해서 선을 행하는 정신을 돕게끔 하셨다. 뜻을 천주의 뜻에 맞게 하여, 먹고 마시는 것을 덕으로 삼고, 또 반드시 절도를 넘지 않으니 몸이 왕성하고 정신은 건강했다. 만약 먹고 마심에 즐거움을 꾀하여 뜻이 천주의 뜻과 어긋나면, 먹고 마시는 것이 의로움이 아닌 것이 되고, 또 반드시 절도를 넘어서게 되니, 육신의 강함과 마음의 덕스러움이 모두 사그라질 것이다.

　夫天主所自造之物, 皆有定趣也. 造人之靈, 使能明實理, 蹈實善, 因而事天主, 升受天國之永樂焉. 造人之形軀, 使爲神靈役, 輔之爲善矣. 知形軀不食飮不生, 故造多味以養其生焉. 人食飮以養身, 俾有力以輔神於善. 意合天主之意, 食飮爲德, 且必不過節, 身王而德建矣. 若食飮圖樂, 意悖天主之意, 即食飮爲非義, 且必過節, 身强與心德咸銷矣.

　성 아우구스티노가 말했다. "네가 먹고 마시는 것을 절제하여 다만 그것으로 몸을 기른다면, 설령 입으로 네가 먹고 마시는 것을 말하지 않더라도 천주를 찬미하는 것이다. 만약 즐거움을 도모하는 자는 설령 입으로 네가 먹고 마시는 것을 소리 내 찬미하더라도 또한 천주를 더럽히는 것이다."

　사람은 뜻이 향하는 것을 하기를 원하니, 아름답고 좋은 것이 그것일 뿐이다. 아름답고 좋은 것에는 세 가지가 있다. 하나는 이로움이 아름답고 좋은 것이고, 하나는 의로움이 아름답고 좋은 것이며, 하나는 즐거움이 아름답고 좋은 것이다. 네가 먹고 마시는 것을 절제하면 이로움과 의로움, 즐거움 세 가지를 모두 누릴 것이나, 그렇지 않으면 모두 잃을 것이다. 이 때문에 먹고 마시는 것에서 즐거움을 꾀하는 자는 홀로 몸을 상하고 덕을 손상할 뿐 아니라, 꾀하는 즐거움마저도 함께 잃어버릴 것이다.

聖亞吾斯丁云: "爾食飲以節, 特以養身, 縱口不言爾食飲, 讚美天主也. 若圖樂者, 縱口鳴讚爾食飲, 亦藝之矣." 夫人願欲所趣向者, 美好而已. 美好有三, 一曰利美好, 一曰義美好, 一曰樂美好. 爾食飲以節, 利義樂三咸享也, 否則咸亡焉. 故食飲圖樂者, 微獨傷身損德, 所圖樂並消亡矣.

5.3

이로움의 아름답고 좋은 것을 잃는다 함은 무슨 뜻일까?

속담에 말했다. "두터운 맛은 온갖 병을 일으킨다."

등불은 기름이 아니고는 불타지 못하지만, 기름이 너무 많으면 꺼지고 만다. 곡식은 물이 아니고는 자라지 못하나, 물이 너무 많으면 썩는다. 불은 땔감이 아니면 붙이지 못하지만, 땔감이 너무 많으면 꺼져버린다. 음식은 절제로 몸을 기르고 몸을 편안하게 해서 지켜준다. 그렇지 않으면 함께 손상된다.

의방醫方에도 역시 이렇게 말했다. "먼저 먹은 음식이 소화되지 않았는데 또 밥을 더 먹으면 반드시 병이 생긴다."

利美好亡, 何也? 語云: "厚味百疾." 燈非膏不燃, 膏溢亦滅. 穀非水不成, 水淫亦朽. 火非薪不熾, 薪厭亦熄. 食飲以節, 身養與身安兼保也. 否則兼損焉. 醫方亦云: "前食未化, 又加飡焉, 必生疾矣."

세네카가 말했다. "사람들은 자신에게 원수가 되는 사람을 가혹하게 살피지만, 식탐이 내가 먹는 것을 심하게 살피는 것만은 못하다. 사람은 원수가 있더라도 그를 눈멀게 만들 수 있다면 분노는 틀림없이 식어버릴 것이다. 식탐은 이를 따르는 자를 눈멀게 하고, 귀머거리가 되게 하며, 벙어리로 만들고, 약해지게 하며, 늙게 해서 끝내는 죽게 만든다. 하찮은 몸뚱이의 잠깐의 즐거움을 가지고 온몸에 죽을 때까지 근심을 남긴다. 한 가지 안주의 묘한 단맛을 가지고 여러 해 동안 쓴 약을 먹어야 하는 괴로움을 자주 불러들인다. 이 때문에 '식탐은 도둑과 같아서 나와 친하다가 나를 죽인다'고 하는 것이다."

또 말했다. "병장기에 죽은 사람은 얼마 안 되지만, 식탐 때문에 죽은 사람은 너무나 많다. 식탐을 이긴 사람은 반드시 이 미약한 신체의 편안함을 지켜 그 수명을 늘릴 수가 있다."

色搦加曰: "人有酷視仇我者, 未如饕情之酷視服我者. 人有仇, 能盲之, 怒必熄矣. 饕於從之者, 盲之聵之瘖之弱之老之, 終而殺之. 以微體頃刻之樂, 遺全體終年之憂. 以一肴之妙甘, 屢致數年辛藥之苦. 故曰: '饕情如盜, 親我以殺我.'"
又曰: "兵刃所殄人寡, 饕所殄人甚多矣. 能克饕者, 必能護斯微形之安, 延其壽期耳."

오래 사는 것은 모든 사람이 바라는 바다. 식탐이 있는 자라고 해서 홀로 그렇지 않겠는가? 그런데 어찌하여 그리하는가? 선한 덕의 온갖 형상이 절로 서로 맞아떨어지더라도, 사사로운 욕심이 서로를 찔러 그르치기 때문이다. 이 때문에 이 욕심이 즐기는 것은 저 욕심이 꺼린다. 식탐이 기약하는 바는 오래 살려는 소원이 피하는 것이다.

夫壽者, 衆人冀之. 饕者獨否乎? 豈然哉? 第善德萬狀, 自相契合, 而私欲自相刺謬也. 故此欲所嗜, 彼欲所忌. 饕之所期, 壽願所避也.

하나의 욕망이 일어나면 마침내 마음의 밝음을 가리고 만다. 어찌 다만 바른 이치를 살피지 못하게 할 뿐이겠는가? 또한 이 욕망이 원하는 것만 보게 만들어, 저 욕망이 미워하는 바를 살피지 못하게 한다. 이 욕망의 유익함만 보게 하여, 저 욕망의 손해됨은 살피지 못하게 만든다. 이렇듯 사람의 욕심이 지닌 작은 이익은 언제나 큰 손해를 아우르고 있다. 그래서 "욕심을 따르는 자는 그 몸과 목숨을 아끼면서, 또 그 몸과 목숨을 미워한다"고 하는 것이다. 덕을 닦는 것은 말할 것도 없고, 몸을 간수하고 형상을 온전히 하는 것이 어찌 모두 자기를 이기고 욕심을 줄이는 데 달려 있지 않겠는가?

一欲既發, 遂蔽心明. 詎惟不使視正理? 亦特令視是欲所願, 而不令視彼欲所憎. 使視斯欲之益, 不使視彼欲之損. 是人欲之微益, 恒兼於大損矣. 故曰: "從欲者, 愛其身命, 而又憎其身命." 勿論脩德, 即保身全形, 豈不悉在克己寡欲哉?

5.4

의로움의 아름답고 좋은 것을 잃는다 함은 무슨 뜻일까? 의로운 생각과 도의 행실은 모두 영혼으로부터 생겨난다. 삿된 생각과 잘못된 행동은 육신으로부터 생겨난다. 이 두 가지는 적이나 원수와 같아서 서로를 공격하며 다투는데, 하나가 강해지면 하나는 약해진다. 이쪽에서 보태지면 반드시 저쪽을 덜어내고, 저쪽이 더해지면 틀림없이 이쪽이 축난다.

義美好亡, 何也? 義思道行, 悉由靈神生. 邪思回行, 由形軀生. 兩情如敵寇, 相攻互鬪. 其一强, 其一弱矣. 益此必損彼, 益彼必損此.

육신을 풍성하게 기르는 사람은 그 정욕도 함께 기른다. 육신이 강해질수록 삿된 정이 행하여짐도 나날이 번성한다. 영혼은 갈수록 약해져서 착한 마음과 의로운 행실은 날마다 줄어들고 날로 미약해진 다. 《성경》에서 "하인에게 두터이 대해주는 사람은 나중에 반드시 그가 뜻을 거스르는 것을 깨닫게 될 뿐이다"[7]라고 한 것이 이를 두고 하는 말이다. 속담에 "부른 배는 맑은 생각을 품지 못한다"고 했다. 삿된 생각을 바꾸려고 하면서 입과 배를 두터이 기르는 것은 나쁜 나무가 번성하는 데 물을 주고 흙을 북돋우는 것과 같다.

豐養形軀者, 兼養其情欲. 形軀增强, 其邪情回行, 日繁日盛. 靈神替弱, 其善念義行, 日少日微矣. 經云: "厚視其僕者, 後必覺其忤逆耳." 此之謂也. 語曰: "饜腹不抱清念." 欲革邪念, 而厚養口腹者, 猶惡木繁盛, 而加漑壅也.

나귀를 잘 먹이고 오래도록 한가롭게 놓아기른 뒤에 짐을 실으면, 틀림없이 뜻을 거슬러 짐을 버린다. 올라타면 반드시 주인을 버리고, 몰더라도 반드시 고삐와 재갈에 따르지 않을 것이다. 만약 거칠게 먹이고 마구 부리면 무거운 짐을 거역하지 않고, 가고 멈추고 더디고 빠름을 오직 주인의 목소리에 따라서, 채찍질을 기다리지 않을 것이다.

驢馬厚食之, 久習閑放, 後載之, 必逆而棄任. 跨之, 必棄主, 御之, 必不順轡銜矣. 若薄食肆勞之, 即重任不逆, 行止遲速, 惟主謦欬, 不竢鞭箠也.

우리 육신의 정도 나귀와 어찌 다르겠는가? 풍성하게 길러서 오래 편안하게 지내다 보면, 반드시 뻗대고 거슬러서 다시 명령에 따르지 않고, 도리어 스스로 제멋대로 주인 행세를 하려 들 것이다. 힘든 일에

---

7 하인에게 …… 깨닫게 될 뿐이다: 〈잠언〉 29장 21절, "종이 어리다고 응석을 받아주면, 자라서 버릇없이 군다."

익숙해져서 진한 맛에 담백해지면, 도심道心의 명령을 따르기가 틀림없이 대단히 쉬워진다. 그래서 "육신이 편안하고 즐거우면 영혼은 문득 병들고, 육신이 괴로우면 정신의 병이 낫는다"고 말하는 것이다.

我形軀之情, 與驢馬何異? 豐育之, 久居逸樂, 必抗畔, 不復理命, 而反自擅篡爲主. 習以勞事, 淡泊滋味, 其聽從道心之命, 必甚易焉. 故曰: "形軀優樂, 靈神遽病. 形軀居苦, 靈神病愈矣."

5.5

성 프란치스코가 입도入道할 때, 천주께 정진의 방법을 깨우쳐주시기를 구했다. 갑자기 어떤 소리가 들려왔다. "프란치스코야! 세상의 즐거움 피하기를 참된 괴로움처럼 하고, 세상의 괴로움 안기를 참된 즐거움처럼 하거라."

성인은 여러 해를 명대로 따랐다. 이미 그 유익함을 시험해보고는 이렇게 말했다. "천주께서 내게 이 이치를 분명하게 깨닫게 해주셨다. 삿된 마귀는 바로 풍성한 음식과 안일과 즐거움 가운데 깃들어 있다. 입과 배의 즐거움을 마음껏 누리는 자는 삿된 마귀가 마침내 우습게 보아 감히 공격해서 번번이 이긴다."

聖法蘭濟入道時, 求天主諭以精進之術. 忽聞有聲云: "法蘭濟! 避世樂, 如眞苦, 抱世苦, 如眞樂." 聖人多年如命. 既試其益, 曰: "天主賜我明悟此理. 邪魔正寓於豐食逸樂之中, 恣口腹之樂者, 邪魔遂輕忽之, 敢攻而幾勝焉."

남해도에는 소를 삼키는 뱀이 있다. 온갖 짐승이 모두 두려워하며 이를 피하지만, 제어할 수 있는 방법이 없었다. 다만 소를 먹고 나서 배가 부르면 절대로 움직일 수가 없었다. 이때를 틈타면 한 사람으로도 능히 저며서 자를 수가 있다. 도를 닦는 선비는 스스로 세상의 즐거움을 사절하고 괴로운 곳을 택하여 지내야만 한다. 먹고 마시는 것은 약 먹듯이 해서, 꼭 필요한 것만 취해 몸의 편안함을 지키고 굶주리고 목마른 병을 막아야 한다. 삿된 유혹의 큰 구멍이 이미 막히게 되면 삿된 마귀가 선동해 유혹하는 일이 반드시 드물어질 것이다. 나를 이기지 못해 더욱 공격하다가 그 공덕이 더욱 굳세질까 두려워하기 때문이다.

南海島有吞牛之蛇, 百獸皆畏避之, 無法可制. 獨食牛旣飽, 絶不能動. 乘此時, 一人能鬠截之. 脩士自辭世樂, 而擇居苦處. 就食飮, 如就藥, 特取所須, 以保身安, 抹饑渴之病. 邪惑之大竇已杜矣, 邪魔之煽誘必希. 懼不我勝而彌攻, 彌固其功德焉.

옛 현인이 이렇게 말했다. "입이란 마음의 문이다. 삿된 마귀는 식탐으로 입을 주장케 하여, 일체의 삿된 정이 모두 사람의 마음을 부리게 한다." 그러므로 식탐은 삿된 마귀가 사람의 입에 씌운 재갈이다. 욕심에 따라 덩달아 끌려가게 만든다.

古賢有言: "口者心門. 邪魔以饕主口, 一切邪情, 皆令人心." 故饕者, 邪魔所加於人口之銜也, 隨欲隨牽之.

5.6

사악한 마귀가 침범해서 내 마음의 덕을 무너뜨리는 것은 모두 나의 육신을 통해서니, 나의 육신이 어찌 나의 적이 아니겠는가? 내가 육신을 두터이 기르는 것은 실은 나의 적을 기르는 셈인 것이다. 그런데도 스스로는 자신을 기르는 것으로 여기니, 이보다 더 큰 잘못이 어디 있겠는가? 적을 공격하는 자는 단단히 포위해 먹고 마실 것을 차단해야만 이길 수가 있다. 몸뚱이는 적 중에서도 가장 강한 적이니, 그 욕심을 이기려 하면 먹고 마시는 것을 줄이거나 거칠게 하여 강량强梁, 즉 식귀食鬼를 죽이지 않고는 예로부터 이를 이겨낼 수가 없다. 지금 사람들 중에도 어찌 이기기를 원하는 자가 없겠는가? 다만 진한 맛을 아울러 보존해 그 편안한 즐거움을 크게 간직하고, 옛것은 버리지 않고 다시금 새것을 구하려고만 드니, 어찌 이룰 수 있겠는가?

夫邪魔侵敗我心德, 悉由我形, 我形詎非我敵耶? 我厚養之, 實養我敵, 而自己爲養我也, 謬孰大乎? 夫攻敵者, 能困圍之, 隔絶其食飮, 乃能必其勝矣. 形軀爲敵最强, 欲勝其欲, 而不減粗其食飮, 殺其强梁, 從古莫能克之. 今人豈無願勝之者? 第欲兼保厚味, 大存其逸樂, 不舍舊而更求新, 豈能就哉?

음식의 맛을 줄이거나 거칠게 하는 것이 어찌 홀로 정신에만 이롭겠는가? 또한 육신에도 크게 유익하다. 정신은 혹 절제의 덕을 통해 공을 세우고 길함을 입게 되나, 어떤 때는 음식에 대한 탐욕 때문에 죄를 범하고 재앙을 받기도 한다. 육신은 모두 행실로 이를 따르므로, 보답에 있어서도 어찌 이를 따르지 않을 수 있겠는가?

夫減粗肴味, 豈獨益於神靈? 亦大益於肉身也. 神靈或因節德建功蒙吉, 或因饕饞, 犯罪受殃. 肉身悉從之於行, 豈不從之於報耶?

5.7
즐거움은 또한 괴로움의 씨앗이고, 괴로움 또한 즐거움의 씨앗이다. 지금 괴로움을 기르지 않는다면, 나중에 어찌 즐거움을 거둘 수 있겠는가? 지금 즐겁고 나중에도 또 즐거워 지금 세상에나 뒷세상에나 모두 으뜸이 되고, 지금 세상에서도 배가 부르고 뒷세상에서도 배가 부른 것은 절대로 얻지 못한다. 잠시 배가 고팠다가 오래도록 배가 부르다면 누군들 좋다고 하지 않겠는가?

하물며 나의 이 육신이라는 것은 잠깐 뜻에 맞으면 마침내 으레 그러려니 여겨서 반드시 꼭 붙들고 놓아주려 하지 않는다. 처음에 잠깐 느슨하게 하면 나중에는 스스로 오랜 규칙으로 생각하게 되니, 먼저 즐거움과 만나는 것을 면할 수 있어야, 나중에 꼭 필요할 때 즐거움을 면할 수 없게 된다. 처음에 조금 즐겁다가 나중에 무겁게 떠안게 되니, 그 단서를 열 때 신중하지 않을 수 있겠는가?

夫樂亦苦種, 苦亦樂種. 今不以苦栽, 後安能以樂收? 今樂後又樂, 今世後世, 皆爲第一, 今世滿腹, 後世滿心, 萬萬不得也. 暫饑以得永飽, 疇不謂益哉? 況我此肉身者, 稍若其情, 遂以爲例, 必且固握, 不肯捨置也. 先爲之暫寬, 後自以爲永規. 先爲能免之偶樂, 後爲不能免之切須. 先爲微娛, 後爲重任, 可不愼啓其端乎?

옛날에 현인이 있었다. 먹는 것에 너무 검소하여 그만 병에 걸렸다. 그의 제자가 권하여 조금 나은 음식을 드셔야만 병이 전과 같이 회복된다고 했다. 그가 대답했다. "너는 지금 잠깐이라고 생각하겠지만, 이 몸이 이후로 평상적인 것으로 받아들여, 내게 이것을 끊지 못하게 해서 옛날을 회복하기 어렵게 될까 염려스럽다. 이것은 거죽만 낫고 속마음은 병든 것이니, 그 실마리를 열지 않는 것이 어떻겠느냐?"

古有賢人, 甚廉於食, 遘疾. 其徒勸之, 稍洗腆, 病已復故. 答曰: "爾今以爲暫, 恐此身後以爲常, 要我勿絶之, 難復于故矣. 是則外殼愈而內心疾也, 何如勿開其端乎?"

5.8

달콤한 맛의 즐거움에서 아름답고 좋은 것을 잃는다 함은 무슨 뜻일까? 음식의 달콤함은 풍성하게 많이 차린 것에서 생기지 않고, 배고프고 목마른 데서 생겨난다. 지금 어떤 사람이 병이 나거나 배가 너무 불러서 배고프고 목마른 것이 모두 잠시 없어졌다고 하자. 이럴 때는 풍성하고 맛난 음식을 얻더라도 반드시 물려서 내버릴 것이다. 한창 배고프고 목마른 자라면 아무리 거칠고 담백한 음식을 차려 내와도 틀림없이 달게 먹을 것이다.

甘樂之美好亡, 何也? 夫飮食之甘, 不生於豐腆, 生於饑渴也. 今人或因病, 或因飽, 饑渴皆暫止. 此時得豐美味, 必厭棄之矣. 正饑渴者, 雖設粗淡味, 必甘嘗之.

식탐을 마음껏 부리는 사람은 배가 늘 잔뜩 불러 있으니, 어찌 능히 배고프고 목마른 상태에서 훌륭한 음식을 조리하는 즐거움을 누릴 수 있겠는가? 이 때문에 "멋대로 즐기는 자는 즐거움을 누리는 것이 아니라, 즐거움을 섬기는 것이다"라고 말하는 것이다. 욕심이 없는 선비는 반드시 배고프고 목마르기를 기다린 뒤에 먹고 마신다. 진실로 좋아하는 훌륭한 음식을 얻지 못하더라도 내가 소박한 음식을 싫어하지 않을 때까지 기다린다. 중국의 선비들도 이렇게 말한다. "늦은 식사는 고기반찬에 해당한다."

恣饕者, 腹恒飽飫, 焉能享饑渴所烹調美味之樂哉? 故曰: "恣樂者, 不享樂, 乃事樂也." 廉士必竢饑渴, 然後食飮. 苟弗得所喜厚具, 必竢我不厭草具焉. 中士亦曰: "晚食當肉."

5.9

세네카가 말했다. "청렴한 인사는 반드시 먹고 마시는 때를 놓치지 않고, 반드시 평범하고 소화가 잘되는 음식을 먹는다. 먹을 때가 되면 다만 먹는 곳에 나아갈 뿐, 즐기려고 나아가지 않는다. 그저 배가 고파서 먹고 목이 말라서 마실 뿐, 맛난 술과 좋은 안주로 하여금 나를 이끌어 먹고 마시는 데로 나아가게 하지 않는다.”

대개 덕을 닦는 선비는 정욕을 좇기에 힘쓰지 말고 오직 이를 막기에 힘써야 한다. 미물을 그치게 할 수 있다면, 어찌 풍성하고 아름다운 물건을 써서 이를 따르겠는가?

色攋加曰: “廉士必不犯食飲之時, 必用庸常易化之物. 食期既逮, 特就於食, 不就于樂. 惟饑引之食, 渴引之飲, 不令旨酒嘉肴, 牽我就食飲焉.” 蓋脩士於情欲, 不務從之, 惟務止之. 微物可止之, 安用豐美物從之耶?

다리우스는 서양 나라의 예전 대왕이었다. 성이 무너지고 나라가 불탔는데 요행으로 달아나 벗어났다. 목이 너무 말라 시신이 널려 있고 피가 흐르는 가운데서 고인 물을 얻어 마시고는 말했다. “평생 물을 마셔보았어도 이것보다 단 것은 없었다.” 이 어찌 고인 물이 달았겠는가? 목이 너무 마르다 보니 달았던 것이다.

達略, 西國古大王也. 城破國燼, 幸奔脫. 渴甚, 于枕骸流血中, 得潦水飲之, 曰: “生平飲水, 無甘于此者.” 此豈潦水甘哉? 渴甚, 甘之矣.

5.10

먹고 마시는 것은 즐거움이 아니라 괴로움이다. 사람은 배고프고 목마른 것을 큰 괴로움으로 여겨 먹고 마셔서 이를 없애고는 즐겁다고 말한다. 하지만 배고픔과 목마름을 없애려다 너무 배부르게 먹으면, 또 먹고 마시는 것이 괴로운 줄을 깨달아 배고프고 목마른 것을 바라게 된다. 먹는 것과 배고픈 것은 둘 다 괴롭고 서로 맞물려 있다. 앞의 괴로움이 끝나면 뒤의 괴로움이 시작된다. 마치 불에서 나와 물로 들어가고 물에서 나와 불에 들어가지만 모두 오래갈 수 없고 다 민을 수가 없는 것과 마찬가지다. 오직 하늘 위 온전한 즐거움의 세상에서는 배고프고 목마른 괴로움이 사라져, 먹고 마실 필요 또한 그치게 된다.

食飮非樂, 乃苦也. 人以饑渴爲大苦, 食飮能除之, 謂樂. 旣除饑渴, 若過飽, 卽又覺食飮爲苦, 而望饑渴矣. 食與饑兩苦互相尋. 前苦之終, 後苦之始. 如出火入水, 出水入火, 俱不可久, 俱不可恃. 惟天上全樂之域, 饑渴之疾旣去, 食飮之須亦已.

5.11

먹고 마시는 즐거움이란 하잘것없는 육신의 잠깐 사이의 즐거움이다. 지금 사람들이 특별히 중시하는 것은 단맛인데, 목구멍과 혀의 두 치 사이일 뿐이다. 이것을 지나고 나면 그뿐이다. 한 치 몸뚱이의 즐거움이지만 흙 속과 물속, 공중의 물건을 다하여도 여기에 부응하기가 충분치 않고, 잠깐의 즐거움이건만 세월이 쌓여 지나가도 두루 갖추기에 부족하니, 또한 이상하지 않은가? 소와 코끼리는 비록 몸뚱이가 크지만 몇 이랑의 땅이면 살아가기에 충분하다. 하지만 천하의 큼과 만물의 많음으로도 한 사람의 보잘것없는 몸뚱이를 기르기에 부족한 것은 어째서인가?

夫食飮之樂, 微體瞬息之樂也. 今人所特重, 味之甘旨, 喉舌之間, 二寸而已, 過是則已矣. 寸體之樂, 而窮土中水中空中之物, 不足應之. 片時之樂, 而經歲累月, 不足備之, 不亦異乎? 牛與象, 雖大身, 數畝之地, 足生之. 而天下之大, 萬物之衆, 不足養一人之微軀, 何哉?

참으로 배고픔과 목마름은 그치게 하기가 어렵지 않지만, 배고픔과 목마름을 즐기는 것은 그치게 하기가 어렵다. 배고프고 목마른 것은 사치스럽지 않아도 식탐은 사치스럽다. 성품이 바라는 바는 노력하지 않고도 도모하기 쉽지만, 식탐이 즐기는 바는 몹시 노력하더라도 도모하기가 어렵다. 짐승은 비록 몸집이 커도 그 먹고 마시는 것은 다만 몸을 길러 배고프고 목마름을 그치게 하기 위해서니, 만족하기가 쉽다. 식탐이 있는 자는 먹고 마시며 기욕을 따르는지라, 비록 크게 수고하더라도 반드시 만족하지 못한다.

속담에 말했다. "먹어서 배부르고 싶거든 밥을 더 먹지 말고, 다만 욕심을 줄여라."

眞饑渴不難止, 嗜饑渴難止. 饑渴不侈奢, 饕侈奢. 性所須, 不勞力而易營. 饕所嗜, 甚勞力而難營矣. 獸雖大身, 其食飲特以養體, 已饑渴, 故易足也. 饕者, 食飲以狥嗜, 故雖大勞, 必不能足焉. 語曰: "欲食而得飽, 勿加飡, 惟減嗜."

5.12

먹고 마시는 것을 즐김은 배고프거나 목말라서가 아니다. 배고프고 목마른 것은 몸이 실제로 결핍된 것이지만, 먹고 마시는 것을 즐기는 것은 식탐 때문에 거짓으로 결핍을 느끼는 것이다. 저쪽은 조금만 먹어도 채워지지만, 이편은 먹으면 먹을수록 점점 더 부족해진다. 비유하자면, 진짜 목이 마른 것과 소갈병으로 목마른 것의 차이니, 저쪽은 물을 조금만 마시만 가라앉지만, 이편은 마시면 마실수록 더욱 갈증이 심해진다.

그래서 말한다. "식탐을 좇아 먹을 것에 나아가는 사람은 먹는 것에 만족을 구할수록 더욱 허전하고 배부름을 구할수록 더욱 배가 고파진다. 배고픔이 없는데 배고픔을 만들어내니, 배고픔에 어찌 멈춤이 있겠는가?"

夫食飲之嗜, 非饑渴也. 饑渴者, 身之實乏, 食飲之嗜, 饕之僞乏也. 彼微食而

足之, 此愈食愈不足. 譬之實渴, 與中消之渴, 彼飲微水卽息, 此彌飲彌熾. 故曰:
"狗饕就食者, 以食求滿而益虛, 求飽而增饑. 以無饑生饑, 饑安所底止哉?"

《성경》에 말했다. "착한 사람은 먹으면 배가 부르지만, 악한 사람의
배는 족함을 알지 못한다."[8]

이 때문에 식탐이 있는 사람은 일찍이 능히 배부른 법이 없다. 설
령 생각대로 얻고 나서도 또 뜻대로 채우지 못할까 근심한다. 뜻대로
다함을 얻더라도 또 혹 음식의 조리가 뜻대로 되지 않을까 염려한다.
설령 이 세 가지가 모두 뜻대로 된다 하더라도 또 배가 생각대로 받아
들일 수 없을까 봐 걱정한다.

經云: "善者食而飽, 惡者之腹, 不知足矣." 故饕者未嘗能飽. 縱得如意, 又患
不足如意也. 得盡如意, 又或患烹調不如意也. 縱三者, 皆得如意, 又患無腹能容
納之如意矣.

양식이 부족하지 않으면 자루가 부족하고, 배가 밥보다 크지 않으
면 굶주림이 배보다 커진다. 먹고 마시는 것이 배에 충분치 않음을 한
탄하지 않으면, 배가 먹고 마시기에 족하지 않음을 한탄한다.

그래서 말한다. "세상 사람들이 일컫는 즐거움이라는 것은 조금만
절도를 넘어서면 문득 괴로움이 되기 시작한다."

또 말한다. "이 몸이 늘어놓는 즐거움이라는 것은 탁한 데다 또 잠
시일 뿐이며, 게다가 후회를 안겨주고 또 몹시 청렴한 것도 아니어서,

---

8 착한 사람은 …… 알지 못한다: 〈잠언〉 13장 25절, "착하게 살면 배고픈 줄 모르
지만 악하게 살면 배를 곯는다."

이를 쓰게 되면 문득 바뀌어 근심이 되고 만다."

非乏糧, 即乏橐, 非腹大於食, 即餃大於腹. 非恨食飮不足腹, 即恨腹不足食飮. 故曰: "世人所稱樂者, 稍踰節度, 輒始爲苦." 又曰: "斯身所陳樂者, 濁且暫, 且貽悔, 且非甚廉, 以用之, 遽轉爲患焉."

5.13

옛날에 훌륭한 요리사가 있었는데, 여러 나라에서 모두 그를 소중하게 여겼다. 야즈드辣則德[9]라는 나라에 이르자, 그 나라 임금이 그에게 빨리 국경을 나가라고 하면서 말했다. "내 나라 사람들이 부지런한 노동을 통해 배고프고 목마르게 되어, 배가 고프고 목이 말라서 평범한 음식도 달게 여기기를 바란다."

古有良庖, 諸國皆重之. 至辣則德國, 國主令之速出境, 若曰: "我國人願其以勤勞致饑渴, 以饑渴甘庸常之味."

5.14

곡식을 저장해둔 창고에는 쥐가 많고, 식탐을 제멋대로 부리는 마음에는 죄가 많으며, 식탐을 마음껏 부리면 틀림없이 탐욕과 음란함을 함부로 하게 된다. 옛 현인이 이런 말을 했다. "식탐을 버려야 탐욕과 음란함이 절로 멈춘다."

식탐을 주인으로 삼으면 너무 사치스러워 큰 비용이 아니고는 능히 댈 수가 없다. 식탐을 따르는 자가 몇 달 동안의 큰 수고로 모은 것

---

9 야즈드: 이란 중부의 휴양도시인 야즈드Yazd로 보인다. 카비르 사막 인근으로, 테헤란에서 인도 대륙으로 통하는 길목에 자리잡은 대상隊商들의 집결지였다.

이라도 식탐을 내는 주인의 한 끼 식사를 대기에도 부족하니, 능히 탐욕스럽게 훔쳐서 비용을 대는 데로 흘러가지 않겠는가?

夫藏粟之宮多鼠, 恣饕之心多罪, 恣饕必恣貪淫. 古賢有言: "去饕而貪淫自已." 饕之爲主甚侈, 非大費莫能給之. 從饕者, 數月之大勞所萃, 不足備饕主之一湌, 能不流于貪竊以給之乎?

먹고 마시는 것이 담박하면 음란한 욕망도 조금 일어나고, 먹고 마시는 것이 풍족하고 두터우면 음란한 욕망도 사납게 일어난다. 사람이 먹고 마시는 것을 줄이거나 박하게 하면 육신의 삿된 기운을 없애고 육신의 굳셈을 지킬 수가 있으니, 오히려 마땅히 이를 해야 한다. 하물며 마음의 탐욕과 음란함을 없애고 정신을 지킬 수 있는 것이야 말해 무엇 하겠는가?

어떤 사람이 한 현인에게 말했다. "제가 음란한 욕망이 사납게 일어나면 억제하기가 어렵습니다."

현인이 말했다. "나는 절대로 그렇지 않습니다."

까닭을 묻자, 이렇게 말했다. "내가 이 몸뚱이를 몹시 박하게 길러, 배부른 상태에는 이르게 하지 않았습니다. 생각하는바 먹고 마시는 것이 즐김에 미칠 겨를이 없습니다."

食飮淡泊, 淫慾發微. 食飮豐厚, 淫慾發猛. 人減薄食飮, 可以消形之邪氣, 護形之强, 猶當爲之. 矧可以消心之貪淫, 護其精靈哉? 或告一賢曰: "我淫慾猛發難制." 賢曰: "我必不爾." 問故, 曰: "此身我養之甚薄, 不令至飽. 所思食飮, 弗暇及娛樂矣."

5.15

식탐이라는 것은 또한 게으름과 나태의 어머니라고도 한다. 식탐을 마구 부리는 자는 먹기 전부터 먹고 마시는 데 너무 정신이 팔려, 도덕에 대한 생각이 들어올 길이 없다 보니, 쓸모 있는 사업은 할 겨를이 전혀 없다. 먹고 마신 뒤에는 배와 머리가 온통 무겁고, 눈은 침침하고 정신은 몽롱해서 그저 잠잘 생각뿐이다. 도를 향한 생각과 덕에 대한 바람은 푹 가라앉아 떨치지 못하고, 유익한 사업은 아예 할 힘조차 없다. 왜 그럴까? 잔뜩 부른 배에 정신이 파묻힌 것이 몸이 진흙 속에 빠진 것과 같아서, 누가 당겨줄 수도 없기 때문이다.

夫饕者, 亦謂之怠惰之母也. 恣饕者, 未食之前, 食飲之最繁, 道德之慮, 無由自入, 有益之業, 悉不暇爲. 食飲之後, 腹首俱重, 目冥神昏, 惟思寢寐. 道慮德願, 沈淪不振, 有益之業, 盡無力爲之. 何者? 神瘞於果然之腹, 猶身陷泥中, 莫之或援矣.

5.16

성 베르나르도가 그 제자들에게 훈계해 말했다. "너희는 음식을 먹을 때마다, 먹고 마신 뒤에는 모름지기 도덕과 함께 찬송하고 기도하는 정신의 사업에 힘쓸 것을 생각해야만 한다."

이 뜻을 가지고 미리 음식의 많고 적음을 가늠해서 알맞게 먹도록 해야지, 정도를 지나쳐서는 안 된다. 만약 음식이 앞에 나온 뒤에 그 많고 적음을 헤아린다면, 눈은 색깔을 보고 코는 향기를 맡으며 입은 맛을 보아, 사람으로 하여금 온통 깊이 음식으로만 향하게 한다. 이 때문에 위장에 억지를 써서 받아들이게 하니, 알맞음을 유지해 지나치지 않게 되기가 몹시 어렵다. 위장이 너무 많이 받아들이면 속에 불이 나서 소화시킬 수가 없다. 이 때문에 몸을 기르는 것으로 몸을 더럽히고 몸을 싫어하게 만든다. 속에서 일어나는 불 또한 나란히 손상을 받고 만다. 이를 등촉에다 비유하자면 이렇다. 안쪽의 심지와 바깥쪽의 기름이 알맞은 것은 기름이 넘쳐흐르지 않아 등불이 환해진다. 만약 기름이 너무 많으면 불이 이를 녹여버려 끌 수가 없다. 그렇게 되면 불빛은 어두워지고 기름은 넘쳐흘러서, 등불이 더러워져 금세 불이 꺼지고 만다.

聖百爾納箴其徒曰: "爾就食時, 須念食飮之後, 尚須務道德誦念之神業也." 以此意豫度量食飮多寡, 乃可令得中, 不過節矣. 若食飮至前後, 度其多寡, 則目視色, 鼻聞香, 口嘗味, 皆令人深向之. 因而强其胃憖受之, 欲持中不過, 則甚難也. 胃受過多, 內火不能化. 是以其養身者, 汚身厭身矣. 內火亦並受損焉. 譬之於燭, 內心與外膏稱者, 膏不淋溢, 燭爲明朗. 若膏過多, 火能液之, 不能消之, 則光闇膏溢, 燭汚而速滅焉.

5.17

식탐은 또 사람을 가난하게 할 수 있다.

《성경》에 말했다. "식탐은 틀림없이 가난을 부른다."[10]

성 그레고리오가 말했다. "식탐을 따르는 것은 육체와 영혼에 미치는 해가 너무나 많다. 다른 피해는 말할 것도 없고, 사람으로 하여금 천주께서 내려주셔서 나온 몸과 기른 집안을 헛되이 낭비하게 만들어서, 자손에게 남겨주고 가난한 이를 돌봐 자기 죄를 보속해야 할 재물을 가지고 가난과 결핍에 이르게 하는 것만큼은 또한 몹시 두렵고 피해야만 할 일이다. 하물며 이 육체는 밑바닥이 없는 자루여서, 채워 담는 것마다 문득 변하여 썩고 더러운 것이 되고 만다. 귀하고 아름다운

---

10 식탐은 …… 가난을 부른다: 〈잠언〉 23장 21절, "고기와 술에 빠지면 거지가 되고, 술에 곯아떨어지면 누더기를 걸치게 된다."

물건으로 채운다 한들 무슨 유익함이 있겠는가?"

세네카가 말했다. "네가 배가 불렀다면 몸을 기를 물건으로는 충분하다. 무릇 배가 받아들이는 것은 좋고 나쁜 것을 떠나 모두 다 썩어 문드러진다. 어찌 굳이 풍성하고 아름다운 것이라야 하겠는가?"

饕又能貧人. 經云: "饕情必致貧匱." 聖厄勒卧略曰: "隨饕者, 形軀及靈神之害甚衆. 且無論他害, 特令人空費天主所賜育身養家, 遺子孫, 周貧乏, 以贖己罪之財, 而致貧乏, 亦甚可畏避焉. 況斯身形, 正爲無底之囊, 且凡所盛貯, 遽變爲朽汚, 以貴美物實之, 何益哉?" 色搦加云: "爾得飽腹, 養身之物足矣. 凡腹所受, 無論好醜, 皆並朽壞之, 何必豐美乎?"

5.18

세네카가 말했다. "입과 배를 따르는 자는 새나 짐승의 벗이 되는 것이 옳지, 사람의 무리가 되는 것은 마땅치가 않다. 저 새나 짐승을 살펴보면, 배고프고 목마른 것이 그치고 나면, 먹고 마시는 것과 먹고 마시는 것에 대한 생각마저 모두 멈추고, 편안하게 배부른 즐거움을 누린다. 또한 먹다가 몸을 상해 병드는 일이 없으니, 오히려 절도가 있다고 말할 만하다. 유독 사람만이 음식으로 몸을 상해 병에 이르게 되어 그 몸을 위험하게 할 줄 뻔히 알면서도 그만둘 줄을 모른다. 먼저 먹은 것을 채 삼키기도 전에 문득 다음에 먹을 것을 도모하니, 배가 가득 차서 터질 지경인데도 크게 굶주린 사람처럼 먹기를 생각하는 것은 어째서인가? 식탐의 마음이 사람으로 하여금 배부른 중에도 배고프고 목마르게 만들어서, 진실로 그 범한 바가 정의의 벌을 받게 될 뿐이다."

色搦加云: "凡從口腹者, 宜儔之鳥獸, 不宜儔之人類矣. 相彼鳥獸, 饑渴既止, 食飲與食飲之思慮俱止, 而安享飽飫之樂, 亦未有傷食而病者, 尚可謂有節也. 獨人明知傷食致疾, 險危其身, 曾不知輟. 前嚥未畢, 遽圖後湌, 腹滿欲裂, 而慮食若大饑, 何也? 饕情令人飽中饑渴, 固其所犯, 受罰正義耳."

5.19

청렴한 선비는 훌륭한 맛과 많은 음식을 경계할 뿐 아니라, 먹고 마시는 것을 통해 즐거움을 도모하는 것을 더욱 경계한다. 만약 먹고 마시면서 즐거움을 도모하지 않는다면, 비록 정도가 지나치더라도 그 지나침은 미약하고 또 작다. 만약 즐거움을 즐기느라 절도를 넘어서면, 먹은 것이 비록 비루하고 천하다 해도 그 지나침이 더욱 크니 참으로 식탐이 되고 만다. 그래서 식탐인지 아닌지를 알려거든, 먹고 마신 것을 살피지 말고 어떤 마음으로 먹고 마셨는지를 살피면 된다. 나물밥 먹고 물을 마시면서 즐김에 응하는 것이 차라리 맛난 술과 훌륭한 안주로 본성을 따르는 것만 못하다.

廉士不獨戒嘉味與多食, 尤戒因食飲圖樂矣. 若食飲不圖樂, 雖過節, 其爲過微且小矣. 若因嗜樂, 故過節, 所食雖賤陋, 其爲過尤大, 爲眞饕焉. 故欲識饕與否, 勿視所食飲, 惟視以何意食飲. 與其食蔬飲水以應嗜, 無寧旨酒嘉肴以應性也.

새나 짐승이 먹는 것이 사람만 못하다 해서 사람보다 청렴하다 말할 수 있겠는가? 청렴한 선비는 먹고 마실 때 내가 입과 배의 주인이된다. 그래서 음식의 맛이 그 절도를 손상시키지 못한다. 식탐이 있는 사람은 먹고 마실 때 내가 입과 배의 종이 된다. 그렇다 보니 먹는 것이 거칠어도 또한 절도를 손상하고 만다. 맛있는 음식을 먹다가 절도에 지나치면 그래도 할 말이 있지만, 먹는 것이 거친데도 절도를 넘어서면 더더욱 그 식탐을 드러내 보인 것이 아니겠는가?

鳥獸所食, 不若於人, 可謂廉於人乎? 廉士食飮, 我爲口腹主, 故食旨不傷其節. 饕者食飮, 我爲口腹奴, 故食饢亦傷節矣. 食旨過節, 小有辭. 食饢過節, 尤呈饕乎?

5.20

식탐의 근심 중 절도에 지나친 것으로는 술이 가장 크다. 술은 비유하자면 비와 같다. 서서히 내리면 흙 속 깊이 들어가 능히 흙을 기름지게 할 수가 있다. 만약 세차게 소나기로 내리면 땅을 윤택하게 하는 데는 도움이 못 되고 땅 위를 쓸어가버리고 만다. 절제해서 마시는 술은 능히 조화를 길러주고 근심을 녹이며 힘을 보태주어, 육신과 정신에 모두 유익하다. 절도에 지나친 자는 이와 반대로 한다. 육신과 정신이 모두 술의 물결 속에 빠져서 고꾸라지고 흐리멍덩해져서 눈은 살피지를 못하고, 귀는 듣지를 못하며, 몸은 느낌이 없고, 마음은 밝게 판단할 수가 없다. 온갖 뼈마디가 따로 놀아서 육신과 정신이 모두 술에 속박되는 것이 차꼬나 족쇄보다 단단해서 그 사람됨을 완전히 잃게 만든다.

그래서 말한다. "음란함을 범하는 자는 살아도 죽은 것과 같고, 술에 취한 자는 죽어서 이미 염을 한 것이나 다름없다."

饕患過節, 酒最大. 酒譬之雨焉, 徐徐零, 故入土深, 能增土膏. 若猛而驟, 無益于澤, 土脉蕩盡矣. 節飮之酒, 能養和, 消憂增力, 外形與內靈, 咸益焉. 過節者反是. 形與靈, 皆溺於酒濤, 顚倒迷督, 目無視, 耳無聽, 體無覺, 心無明. 百骸亂營, 形與靈, 皆束縛於酒, 固於桎梏, 盡失其所爲人矣. 故曰: "犯淫者, 生而猶死. 酒醉者, 猶死而已殮也."

죽은 사람은 살아날 수가 없으니, 선과 악이 모두 끝난다. 취한 사람은 착한 마음이 모두 떠나가고, 악한 생각은 점점 더 생겨난다. 아름다운 말과 훌륭한 행실은 다 없어지고, 망령된 말과 잘못된 행실이 떼를 지어 나온다. 말짱할 때는 절대로 감히 하지 못하던 짓을 술에 취하면 전부 한다. 그래서 "술에 취한 사람은 모든 선에 대해 문을 닫아걸고, 모든 악에 대해 문을 열어젖힌다"고 말하는 것이다.

死者無生, 善惡並止. 醉者善念悉去, 惡念愈生. 嘉言懿行盡亡, 而妄言回行群出焉. 醒時所必不敢爲, 醉則悉爲之. 故曰: "酒醉者, 闔門於諸善, 而關門於諸惡."

《성경》에 말했다. "누가 다투는가? 누가 손상시키는가? 누가 구덩이에 떨어지는가? 누가 눈을 찌르는가? 누가 생각지 않게 죽었는가? 또한 벼슬에 힘 쏟지 않고 술 마시는 데 힘쓰는 자인가?"[11]

또 말했다. "지혜로운 자를 도에서 멀어지게 하는 것은 여자와 술만 한 것이 없다."[12]

성 아우구스티노가 말했다. "술이 정도에 지나치면 마음을 빼앗아 가버려 오관을 둔하게 하고 심령을 어둡게 한다. 음란한 욕망을 부채질하고, 혀를 어지럽히고, 피를 썩게 하며, 몸을 약하게 하고, 정신을 녹이고, 수명이 줄어들게 만든다."

---

11 누가 …… 힘쓰는 자인가?: 〈잠언〉 23장 29~30절, "재난을 맞을 사람이 누구냐? 근심하게 될 사람이 누구냐? 다투게 될 사람이 누구냐? 속상해할 사람이 누구냐? 애매하게 상처 입을 사람이 누구냐? 눈이 충혈된 사람이 누구냐? 술자리를 뜰 줄 모르고 혼합주만 찾아다니는 사람들이다."

12 지혜로운 자를 …… 것이 없다: 〈집회서〉 19장 2절, "술과 여자는 현명한 사람을 망치고……."

또 말했다. "술은 부드러운 마귀고, 맛 좋은 독이며, 달콤한 죄악이다. 여기에 복종하는 자는 죄를 범할 뿐 아니라 온통 죄 그 자체가 된다. 스스로는 술을 마신다고 생각하지만, 실제로는 술에 먹히고 있다."

經云: "孰爭乎? 孰傷乎? 孰隕於坎乎? 孰目瞖乎? 孰不虞之死乎? 不亦肆於爵, 務飲酒者乎?" 又云: "離智者於道, 莫女與酒若也." 聖亞吾斯丁云: "酒過節, 則奪心, 鈍五官, 昏靈神. 煽淫慾, 涸舌, 朽血, 弱體, 銷精神, 減壽命." 又云: "酒, 柔魔也, 甘毒也, 飴罪也. 服之者, 非特犯罪, 全是罪也. 自以爲飲酒, 而實飲於酒也."

그래서《성경》에 말했다. "너희는 스스로를 속이지 말라. 술에 취한 사람은 하늘나라에 나눌 자리가 없다."[13]

어찌한단 말인가? 어떤 사람은 술을 마셔 취하여 근심을 풀려 들고, 혹 취할 것을 권하는 것으로 손님을 공경한다고 여기니 경계해야 한다.

故經云: "子勿自欺. 酒醉者, 無分於天國也?" 奈何哉? 有人焉, 飲醉以解憂, 或勸醉以敬客乎, 戒之哉.

5.21

가령 어떤 사람이 자리를 풍성하게 마련한 것을 손님을 우대하고 자신을 영예롭게 한 것으로 여긴다면, 사실은 손님을 업신여기고 자

---

13 너희는 …… 자리가 없다: 〈고린토인들에게 보낸 첫째 편지〉 6장 10절, "도둑질하는 자나 탐욕을 부리는 자나 술주정꾼이나 비방하는 자나 약탈하는 자들은 하느님의 나라를 차지하지 못합니다."

기를 욕보인 것이다. 풍성하고 후하게 손님을 대접하는 것은 음란의 뿌리를 그 뱃속에 던지는 격이다. 또 저 사람이 후한 것을 기뻐하고 박한 것을 싫어하므로 두텁게 받들어준다고 생각하겠지만, 이는 바로 그가 사치스러워 절제와 염치가 없는 것을 나무란 것일 뿐이니, 어찌 심하게 업신여긴 것이 아니겠는가?

令人設席豐盛, 以爲優賓榮己, 實則慢賓辱己也. 以豐厚待客者, 以淫根投其腹中矣. 且意彼喜厚厭薄, 故厚奉之, 正以訕其侈奢無節廉耳, 豈不甚慢之乎?

옛날에 한 현자가 있었다. 어떤 사람이 자리를 마련해 그를 초대했다. 현자가 말했다. "나를 대접할 때 나를 덕스러운 선비로 대해주신다면 가겠습니다."

내가 풍성하고 후하게 남을 대접하는 것을 남을 공경하는 것으로 여긴다면, 틀림없이 남이 풍성하고 후하게 나를 대접해 나를 공경하는 것으로 여기기를 바랄 것이다. 자신이 청렴하지 않음을 분명하게 드러내는 것이 어찌 스스로를 모욕함이 아니겠는가?

古有賢者, 或設席邀之. 賢者曰: "待我, 如以我爲德士, 可也." 夫我以豐厚待人, 爲敬人, 必也望人以豐厚待我爲敬我. 豈非明顯己之不廉, 正自辱乎?

소크라테스瑣加得가 여러 손님을 불렀는데 차린 것이 몹시 형편없었다. 어떤 사람이 책망하자, 그가 대답했다. "남이 나를 이렇게 대접하면, 나는 그가 나를 공경하는구나 하고 말합니다. 내가 이렇게 남을 대접하는 것 또한 내 생각에 남들이 내가 자기를 공경하는구나 하고 말할 것으로 여겨서입니다. 또 저 손님들이 청렴한 선비라면 부족하다고 말하지 않을 것이고, 저들이 청렴한 사람이 아니라면 나는 그것도 충분하다고 말할 것입니다."

瑣加得延衆賓, 爲具甚薄. 或誚之, 答曰: "人以是待我, 我謂敬我. 我以是待人, 亦意人謂我敬己也. 且彼客廉士, 不謂不足矣. 彼非廉者, 我謂有餘矣."

5.22

취하는 것은 사람이 스스로 기뻐서 잠깐 미치는 것이다. 이스라엘의 법은 술에 취해서 죄를 범하면 보통보다 배의 형벌을 준다. 지금 서양 여러 나라의 법은 술에 취해서 죄를 범할 경우, 스스로 취한 것을 인정하면 보통보다 가벼운 형벌을 내린다. 형벌을 행하는 것은 비록 달라도 법의 취지는 똑같다.

저쪽에서는 이렇게 말한다. "취하는 것은 온갖 죄악의 뿌리가 되므로, 사람이 일부러 마셔서 취하기에 이른다. 이 때문에 죄를 범하려 하면 벌을 배나 무겁게 주는 것이 마땅하다."

이편에서는 이렇게 말한다. "사람은 정신이 있는데, 스스로 술에 취했음을 인정한다면 이는 스스로 미친 사람임을 인정하는 것이니, 이보다 더 욕될 수가 없다. 마침내 마땅히 큰 형벌을 내려야 한다. 그러므로 뜻이 있는 사람은 혹 술에 취해 죄를 짓느니, 차라리 온전히 형벌을 받아 스스로 취했음을 인정하지 않는다."

醉者, 人所自喜之蹔狂也. 利爵國之法, 因醉犯罪, 戮倍於常. 今大西諸國之法, 因醉犯罪, 自承醉者戮輕於常也. 行僇雖異, 法意則同. 彼曰: "醉爲萬罪根祇, 人故飮致醉, 是故欲犯罪, 罰宜倍重也." 此曰: "人靈而自承酒醉, 是自承爲狂人, 辱莫甚焉, 遂可當大僇耳. 故有志者, 或因醉取罪, 寧受全刑, 不自承醉矣."

큰 서양 나라의 풍속은 평생 한 번이라도 술에 취한 사람은 재판하는 사람이 끝내 끌어와 증인으로 삼지 않는다. 믿을 수가 없다고 여기기 때문이다. 혹 남이 취했다고 꾸짖으면 지극히 욕스럽게 여겨 마치 저자에서 매를 맞은 것처럼 생각한다.

大西國之俗, 生平嘗一醉者, 訟獄之人, 終不引爲證佐, 以爲不足信故也. 或詈人以醉, 則爲至辱, 若撻諸市焉.

5.23

술을 두고 세속에서는 키가 없는 물건이라고들 한다. 바다 위의 배가 키가 없다면 바람에 따라 나아가거나 물러나서, 능히 똑바로 가 위험을 피하게 할 수가 없다. 마음을 다스리는 것은 사람의 키에 해당한다. 다스려진 마음이 술 때문에 가려지면 사람은 마침내 그 키를 잃고만다. 이 때문에 말과 용모가 모두 술에 따라 문란해지고, 행동거지가모두 위엄과 무게를 잃는다. 마구 웃거나 헛소리를 하고, 더러운 말과 욕하는 말이 되는대로 튀어나오며, 비방하는 말이 더욱 많아진다. 이것은 장차 새와 짐승의 고기를 먹을 뿐 아니라 또 사람의 고기를 먹고, 술만 마시지 않고 또 사람의 피까지 마셔서 큰 재앙을 쉬 불러들인다.

무릇 사람으로 하여금 속마음에 비밀스레 감춘 것을 누설하게 하는 것은 술만 한 것이 없다. 바닷바람이 물에 불어오면 파도가 솟구쳐일어나 바다 밑이 모두 드러난다. 술의 바람이 사람에게 들어가면 하는 말에서 물결이 또한 일어나 마음속이 죄다 드러난다.

夫酒者, 俗謂之無舵之物也. 海舟失舵, 隨風進退, 莫能使之正行避險也. 理心者, 人之舵也. 理心以酒蔽蒙, 人遂失其舵矣. 故口舌容貌, 皆隨酒紊亂, 而動靜俱失其威重. 浪笑戲言, 汚言詈言群出, 誹言尤多. 是且不獨食禽獸之肉, 又食人肉, 不徒飲酒, 又飲人血, 易致大禍焉. 凡令人漏泄中心之秘藏, 莫酒若也. 海風入水, 波浪湧起, 海底盡露. 酒風入人, 談言之波浪亦起, 心底盡露矣.

야즈드는 옛날 중동의 이름난 나라였다. 그 풍속에 잔치를 열어 손님이 모이면 감독관이 이렇게 경계하는 말을 한다. "여기서 하는 말은 집 밖에 나가서는 안 됩니다. 밖에 전하는 사람이 있다면 비루한 자라고 할 것입니다." 그래서 그 나라에는 이런 속담이 있다. "나는 마음속으로 기억하는 손님이 있는 것을 미워한다."

술이 사람의 혀를 어지럽혀 사람으로 하여금 남을 업신여기고 남을 모욕하게 하며 비밀을 옮겨적게 할 줄을 알아, 술 마실 때 들은 말은 전하지 못하게 하는 것을 큰 경계로 삼았던 것이다.

辣則德, 中西古名國也. 其俗張筵, 客既集, 則有監史戒之, 曰: "此中之言, 不出堂. 有外傳者, 目爲卑人也." 故彼國有諺云: "我憎有心記之客." 知酒能亂人舌, 令人慢人辱己, 輸寫秘密, 故酒間所聞言, 不令得傳, 以爲大戒焉.

나랏일은 비밀리에 이루어진다. 만약 기밀로 해야 할 일이 누설된다면 패하여 어지럽게 되기가 쉽다. 이 때문에 나라를 다스림에 있어 가장 꺼리는 것이 바로 술이다.

《성경》에 말했다. "나라를 다스리는 사람에게는 술을 주지 말라."[14] 술에 휘둘리면 비밀스러운 계획이 없어지기 때문이다. 오늘날 서양 여러 나라의 풍속에 술을 좋아하는 자는 나랏일을 듣는 데 참여하지 못한다. 비밀이 새는 것을 막기 위해서다.

루소諾瑣[15] 왕은 다른 나라에서 사신이 오면 먼저 성대한 음식을

---

14 나라를 …… 술을 주지 말라: 〈잠언〉 31장 4절, "르무엘아, 임금이 해서는 안 될 일이 있다. 포도주를 마시는 것은 왕이 할 일이 아니다."

15 루소Rousseau: 미상.

내와 술이 거나해지면 그에게 물어봐서, 마침내 그 마음에 품은 뜻과
그 나라의 비밀스러운 계책을 다 알아낼 수가 있었다.

國事以密成, 若機務漏洩, 亦易致敗亂矣. 故治國所最忌者, 彝酒也. 經云:
"治國者, 勿畀之酒." 酒所主, 無秘計故耳. 今大西諸國之俗, 好酒者, 不得與聞
國事, 防不密也. 諸瑣王, 有他國使臣來, 先設盛饌, 酒酣, 扣之, 遂能盡探其心
意, 及其國之秘計矣.

5.24

술이란 음란을 지펴주는 땔감이다. 술을 마음대로 마시면서 함부
로 음란하지 않은 경우는 드물다. 《성경》에 말했다. "삼가 술에 취하지
말라. 음란함이 그 가운데 있기 때문이다."**16**

서양 나라의 상고적 풍속에 소년과 여인은 모두 술을 마시지 못하
도록 강력하게 금지하였다. 여인이 술을 마시는 것은 간음을 범한 것
과 같게 보았다. 오늘날에는 여인이 혹 조금 마시기는 하지만 몹시 드
물다. 여자가 술에 취했다는 것은 고금을 통틀어 들어보지 못했다. 남
자도 서른이 되기 전에는 또한 한 잔의 술도 마실 수가 없었다. 소년
과 술은 음란함의 두 날개일 뿐이다. 나이 젊은 사람은 내면의 불이
막 타오르면 음란한 욕망이 세차게 일어나서 막기가 어렵다. 물을 마
시더라도 이를 줄이기에 부족하거늘, 하물며 술을 마셔서 불기운을
더해서야 되겠는가? 그 욕망의 마음과 음란한 행동을 끊고 곧은 덕에
날개를 달 수가 있겠는가? 어찌 젊은이만 그렇겠는가? 음란함을 끊고

---

16 삼가 술에 …… 있기 때문이다: 〈에페소서〉 5장 18절, "술 취하지 마십시오. 방탕
한 생활이 거기에서 옵니다."

곧음을 지키는 데 뜻이 있는 사람이라면 누구나 술이 곧은 덕에 독이 된다고 보아, 병을 앓거나 약해져서 어떻게 해볼 수 없는 경우가 아니라면, 절대로 이를 맛봐서는 안 된다.

酒, 淫薪也. 恣酒不恣淫, 鮮矣. 經云: "愼勿酒醉. 淫在其中故也." 西國上古之俗, 少年及女人, 皆有厲禁, 勿飮酒. 女人飮, 猶犯奸也. 今世女人或少飮, 甚希. 女而醉, 古今未聞焉. 男子未三十, 亦不得嘗一勺酒. 蓋少年及酒, 淫之兩翼耳. 年少者內火方熾, 淫慾怒發, 猶且難防. 飮水減之不足, 矧加酒以益火乎? 其慾念淫行可絶, 貞德可翼哉? 豈必少年? 凡有志絶淫守貞者, 皆視酒爲貞德之毒. 非因疾弱, 萬萬不獲已, 必弗嘗之.

5.25

술이 들어가면 기분이 좋아진다. 마음이라는 것은 여러 가지 정욕의 바탕이다. 심혈이 술로 타오르면 여러 가지 정욕도 함께 타오른다. 거의 없어져가던 것이 다시 살아나고, 이미 생겨난 것은 힘이 더해져서 모두가 성대해진다. 이 때문에 술을 많이 마시는 사람은 기쁨과 성냄, 음란과 욕망, 잔혹함과 사나움, 교만과 질투 등 여러 가지 감정이 모두 제멋대로 날뛰게 된다. 마음을 다스려도 술과 담배에 가려져 그 힘을 다 써서 이를 막을 수가 없다. 죄는 더욱 늘어나고, 덕은 자꾸만 줄어든다. 술은 모든 덕의 적이요 온갖 악의 매개가 된다. 그런데도 사람들은 이를 절제해 쓸 줄을 알지 못하니, 슬픈 일이다!

酒入適心. 心者諸情欲之地也. 心血以酒熾, 諸情與俱熾. 殆滅者復生, 已生者增力, 皆勃發焉. 是以酒盛者, 喜怒淫慾酷虐傲妬, 諸情皆縱. 理心爲酒烟蒙蔽, 不能盡用其力以防之. 罪益增, 德益消矣. 夫酒爲諸德之敵, 諸惡之媒, 而人不知以節用之, 哀哉!

5.26

술은 능히 기억력을 손상시킨다. 그래서 술을 잘 마시는 사람은 건망증이 심하고, 또 지혜가 줄어들어 사람이 어리석게 되고 만다. 《성경》에서는 "술을 즐기는 자는 지혜를 이룰 수가 없다"[17]고 하고, 또 "지혜로운 사람은 편안한 즐거움에 힘쓰는 사람의 처지를 구하지 않는다"[18]고 했다. 속담에도 "즐거움의 성채에는 지혜가 살지 못한다"고 했다. 어째서일까? 잔뜩 부른 배로는 생각이 정밀하지 못하므로 능히 오묘하고 아득한 이치를 밝게 깨칠 수가 없기 때문이다.

酒能傷心記, 故健酒者健忘, 又損神智, 令人昏愚. 經云: "樂酒者不能成智." 又云: "智者不索與務逸樂人之地." 諺亦曰: "娛樂之城, 智無寓." 何也? 果然之腹, 念慮不精微, 故不能澄徹奧遠之理.

솔로몬은 서양 나라의 지혜가 대단한 임금이었다. 그가 말했다. "나는 지혜에다 내 마음을 옮길 생각이다. 그래서 술을 끊기로 맹세한다." 술 먹는 사람은 마음이 언제나 어두워서, 비록 큰 지혜를 쌓았더라도 또한 능히 그 지혜를 쓸 수가 없다. 마음으로 생각하고 입으로 말하는 것이 지혜가 시키는 것이 아니라 술이 시키는 것이기 때문이다.

撒辣滿, 西國宏智之王, 曰: "我思遷心於智, 故誓絶酒." 酒人者, 心恒昏昧. 雖積大智, 亦不能用其智. 心意口言, 弗智所令也, 酒所令也.

---

17 술을 즐기는 자는 …… 이룰 수가 없다: 〈잠언〉 20장 1절, "술에 빠져 곤드라지는 것은 슬기로운 일이 못 된다."
18 지혜로운 사람은 …… 구하지 않는다: 〈집회서〉 18장 32절, "쾌락의 생활에 빠지지 말고 또 그러한 무리에 섞이지도 말아라."

5.27

바다 위의 배는 풍파가 아무리 험해도, 뱃사공은 오히려 지혜를 쓰고 방법을 내서 이를 구할 수가 있다. 겁박과 약탈을 당하더라도 힘껏 이를 대적할 수가 있다. 하지만 만약 물이 여기저기서 스며드는데 실은 화물이 너무 무겁다면, 비록 바람이 고요하고 바다가 잠잠하며 사공이 지혜롭고 배가 튼튼한 데다 일꾼이 많고 기술이 정밀하다 하더라도, 또한 스스로 그 상태 그대로 가라앉고 말아 끝내 구할 수가 없게 된다.

海舶風波之險, 舶師尙能用智, 設方略捄之. 遇刦掠, 能力敵之. 若多滲水, 載物過重, 雖風恬海靜, 師智舶堅, 役衆藝精, 亦自以本任沈淪, 終不能捄之.

함부로 식탐을 부리는 사람은 배가 술과 고기로 가득 차서, 착한 생각과 바른 권고, 부끄러움, 지옥에 대한 두려움과 천당을 향한 갈망, 그리고 온갖 선을 향해 나아가고 악을 거둬들이는 방법들이 그 마음을 전혀 움직이게 할 수가 없다. 생각과 바람, 정신과 육체가 모두 죄악의 바다에 가라앉아버려서 누구도 건져줄 수가 없다.

恣饕之人, 腹果於酒肉, 善念規勸羞作, 地獄之畏, 天堂之望, 與凡一切迪善董惡之道, 悉不能動其心. 而念慮願欲, 靈神與形軀, 皆沈於罪海, 莫或能拯焉.

5.28

먹고 마시는 것에는 일정한 법도가 없다. 다만 필요로 하는 것만 취해서 몸의 힘을 더하고 건강을 지킨다면 좋을 것이다. 필요한 것을 정해놓고서 배고프고 목마른 것은 살피지 말라는 것은 어째서인가? 건장하고 힘이 좋은 사람은 배고프고 목마를 때 먹는 것이 항상 필요한 정도를 지나친다. 시험 삼아 배고프고 목마를 때 입에 당기는 대로 먹어보면, 식사를 마쳤을 때는 틀림없이 배가 너무 부르고 위장의 기운 또한 능히 다 소화시킬 수가 없다. 배고프고 목마를 때 입에 당기는 대로 먹지 않는다면, 먹어도 배가 부를 지경은 되지 않는다. 식사를 마쳤을 때 배가 고프지도 않아 스스로 족함을 알게 되고, 위장의 기운도 더욱 튼튼해진다. 이에 참으로 배고프고 목마른 것은 필요로 하는 것에 한정이 있어서, 이것을 지나치게 되면 모두 식탐을 즐기는 것임을 알게 된다.

夫食飮無定度. 特取所須, 以益身力, 保康寧, 斯美矣. 定所須, 勿聽饑渴, 何也? 壯强者, 饑渴之嗜, 恒過所須. 試聽從饑渴之嗜而食, 食已, 必過飽, 胃氣亦不能盡化. 不聽饑渴之嗜, 食不至飽, 食己, 必不饑, 自知足矣, 而胃氣愈强. 乃知眞饑渴, 所須有限, 過此以往, 皆饕嗜也.

이 때문에 식탐을 바로잡고자 하는 사람은 마땅히 차츰차츰 헤아려서 내 몸이 필요로 하는 것이 많아야 할지 적어야 할지를 상세히 살피고 연구해보아야 한다. 많을 것 같으면 줄이고, 적다고 여겨지면 더해 딱 알맞게 해서 멈춘다. 필요로 하는 것을 정하려 할 때는 먹을 때를 기다리지 말고, 마땅히 먼저 직접 정해야 한다. 이미 정한 뒤에는 절대로 거짓으로 배고프고 목마른 것에 속거나, 맛난 음식에 이끌려서 한도를 넘어가게 해서는 안 된다.

是以欲正饕者, 宜漸次度量, 詳審究察, 本身所須, 應多應寡. 覺多則減, 覺少則加, 持中而止. 求定所須, 勿竢食時, 宜先自定. 既定之後, 萬勿爲僞饑渴所欺, 美味所牽, 致令踰限可也.

5.29

성 이냐시오가 그 제자를 훈계해 말했다. "너희가 능히 맛있는 음식을 사절하고 푸성귀와 조악한 음식을 먹는 데 익숙해지면 식탐을 이겨내기가 더욱 쉬울 것이다. 맛난 음식을 먹을 때 그 맛의 즐거움을 온전히 없앨 수는 없겠지만, 줄이는 것은 가능할 것이다."

맛의 즐거움을 줄이는 방법에 대해 묻자, 이렇게 말했다. "식사할 때에는 반드시 먹을 때 생각할 도덕적인 일이나 성현의 덕행을 미리 준비해, 육신과 정신이 각각 길러지도록 해야만 한다. 마음에 도덕을 향하는 일을 생각하게 되면, 반드시 다시금 음식에 마음이 쏠리지 않고 그 즐거움이 더욱 줄어들어, 식탐으로 흘러가는 것이 거의 끊어지게 된다. 또 마땅히 먹어야 할 것의 양을 정하는데, 반드시 배고프고 목마르지 않을 때 해야 한다. 배고프고 목마를 때에도 절대로 어겨서는 안 된다."

聖意納爵箴其徒曰: "爾能辭甘旨, 習食飮蔬惡, 克饕愈易也. 即食佳味, 不能全消其味樂, 能減耗之, 亦可矣." 問減耗之道, 曰: "就食必豫備食時所思道德之事, 聖賢之德行, 或使形與神各得其養. 心有所思向道德之事, 必不復傾於食飮, 而益減其娛樂, 絶其流於饕之幾焉. 且量定所當食飮, 必在不饑渴之際. 至饑渴時, 萬萬勿違之."

5.30

옛 현인 테오도로篤羅陡라는 사람에게 따르며 도를 배우는 많은 소년들이 있었다. 테오도로는 그들이 먹고 마시는 것이 정도가 넘음을 깨닫고 이를 절제시키려 했다. 처음에는 마음대로 먹게 하다가 나중에는 조금씩 줄여나갔다.

한 달이 지나서 배가 고픈지 묻자, 이렇게 말했다. "처음 줄였을 때는 조금 배가 고팠지만, 지금은 이미 습관이 되어 배고픈지 모르겠습니다."

그다음에 또 처음처럼 줄여나가 점차 절도에 맞게 했어도 배고픔의 괴로움을 느끼지 못했다.

古賢篤羅陡者, 有多少年從遊學道. 覺其食飲過度, 欲節之. 初任令食, 後稍減之. 匝月, 問饑否, 曰: "初減時稍饑, 今已習, 不覺矣." 次又減如初, 漸令歸節, 不自覺饑苦焉.

5.31

성 빈첸시오 또한 제자를 훈계해 말했다. "많은 맛난 음식이 앞에 이르거든, 너희는 즐기지 않는 것을 기꺼이 취하고 평소 즐기던 것은 기꺼이 버려 식탐을 이겨야 할 것이다."

제자들이 말했다. "물건은 모두 천주께서 만드시어 사람을 기르는 데 쓰는데, 어찌하여 좋아하는 것을 버리고 미워하는 것을 취하라 하시는지요?"

聖未曾德亦箴其徒曰: "多味至前, 爾取嗜所不樂, 舍嗜所向樂以克饕, 可也." 其徒曰: "物皆天主所造, 用以養人, 奈何舍好取惡耶?"

성인이 말했다. "천주께서 많은 맛난 것을 만드심은 대왕이 베푼 잔치와 같다. 많고 적고 풍부하고 소박한 것을 어찌 손님이 마땅히 먹고 마실 정도로만 한정하여 마련하겠는가? 다만 그 지극히 높고 부유한 손님에 걸맞게 마련하려 할 것이다. 천주께서는 널리 훌륭한 음식을 만들어 전능하심을 드러내고 그 한없는 덕을 베풀어 펴시어, 사람으로 하여금 그 큰 은혜에 감동해서, 이로 인해 사랑하여 섬기게 하신다. 또 사람으로 하여금 그 가운데서 취하거나 버리게 하여 식탐의 습관을 극복하게 하신다. 만약 이러한 수많은 맛이 없었다면, 사람이 식탐을 얻을 일도 없었을 것이다. 이는 천주께서 직접 조절하신 것이니,

사람이 어찌 조절함을 드러내겠는가?"

曰: "天主造多味, 如大王宴設也. 多寡豐約, 豈以賓客所當食飮爲度? 特以其至尊富, 所應借爲度矣. 天主博造嘉味, 以顯全能, 敷布其無量德也, 令人感其宏惠, 因而愛事之. 且令人取舍其中, 以克饕習節也. 若無此衆多味者, 人無從得饕. 是天主自節之, 曷顯人之能節乎?"

5.32

사람은 사물의 즐거움에 지나치게 쏠리는지라 조물주에게 죄를 얻고 있다. 이제 의로움을 범치 않고 사물의 즐거움에 머물면서, 그동안 취했던 의롭지 않은 즐거움을 꾸짖어 지은 죄를 속죄하고 천주께서 용서해주심에 감사드리는 것이 또한 마땅치 않겠는가?

성 아우구스티노가 말했다. "술과 고기와 여러 가지 맛난 음식을 끊으려는 뜻은 그 물건에 먹을 수 없는 나쁜 것이 있어서가 아니다. 오직 자신의 몸을 꾸짖어 그 죄과를 씻어내려는 것이다. 사람이 스스로 죄를 범한 것이 많고 클수록 더더욱 즐거움을 끊어버려야만 한다. 이미 크게 어겨놓고서 어찌 아주 작은 것에라도 스스로를 나무라지 않겠는가? 식탐으로 인하여 천주를 배반하고 도에서 멀어진다면, 진실로 마땅히 배고프고 목마른 것을 조금 꾸짖어서 다시금 천주께로 향하고 도에 돌아오게 해야만 한다."

夫人因向物樂過當, 得罪物主. 今舍不犯義之物樂, 以督責所取非義之娛, 贖其罪負, 感天主赦宥之, 不亦宜乎? 聖亞吾斯丁云: "絶酒肉及諸美味之意, 非因物有惡不可食者. 惟以督讁本身, 贖其罪讁也. 人自知犯罪愈多且大, 愈宜斷娛樂. 旣違於大, 曷不自責於微小? 因饕背天主, 離於道, 固當因饑渴之微責, 令復向天主, 歸於道矣."

5.33

이미 어긴 죄를 나무랄 뿐 아니라 아직 어기지 않은 잘못도 막아야만 한다. 성 그레고리오가 "의롭지 않은 데로 흘러가지 않는 사람이라야 다만 능히 그 의로움을 아껴쓸 수가 있다"고 말한 것이 바로 이것이다.

성 아우구스티노가 말했다. "맛난 음식을 사양하는 것은 육신을 두텁게 기르는 사이에 삿된 마음까지 함께 기르게 될까 두려워해서다."

육신이 살찌면 정욕이 왕성해져서 대적하기가 어렵다. 육체는 땅과 같다. 땅이 본래 비옥한데 여기에 다시 물을 대고 북돋워주면 자라는 물건이 점점 더 번성하고 크고 무성해진다. 땅이 척박한데 거름도 적게 주면 작물 또한 볼품없고 파리해져 말라비틀어지고 만다. 먹는 것이 박하고 육신이 비쩍 마르면 정욕이 일어나더라도 시들하고 약해서 극복하기가 쉽다. 먹는 것이 풍족하고 몸이 충실하면 정욕이 일어남이 몹시 맹렬해서 대적하기가 어렵다.

不獨責已違之罪, 亦防未違之罪. 聖厄勒臥略云: "不流於非義者, 獨能節用其義." 者, 是也. 聖亞吾斯丁云: "辭謝嘉味, 恐厚育形質, 並育其邪情." 形腴情壯, 故難敵矣. 形質猶地, 地本沃饒, 復加漑壅, 其生物愈繁碩暢茂焉. 地瘠少壅, 生物亦且簡微羸瘠也. 食薄形臞, 情欲雖發, 替弱易克耳. 食豐體充, 情發甚猛, 難敵矣.

5.34

식탐하는 마음이 문득 일어날 경우, 마땅히 세간에는 가난한 사람이 몹시 많은데 그들은 성글고 거친 음식을 얻어 배를 채울 수만 있다면 큰 다행으로 여길 것이라는 생각을 해야 한다. 네가 식탐을 채우려고 들이는 한 끼의 비용이면 여러 사람의 굶주림을 구하기에 충분하니, 너 한 사람의 식탐이 많은 가난한 사람을 굶주리게 하지 않겠는가? 천주께서 너에게 큰 재물을 내리셔서, 너는 이를 근거로 식탐을 마음껏 누리고 있다. 천주의 은혜를 써서 천주의 뜻에 어긋나 근본을 등지고 은혜를 저버린다면 어찌 죄가 됨을 면하겠는가? 천주께서 너를 내신 것은 네가 선을 행하는 데 부지런하여 천주를 섬기게 하려는 것이다. 너는 너의 생각과 너의 공업을 온통 입에다가 바치고, 해와 달의 시각을 전부 배를 즐겁게 하는 데에만 쓴다. 네가 배를 받들기를 천주를 받들 듯이 하니, 배가 너의 천주라도 된단 말이냐?

饕情忽發, 宜思世間貧匱者甚多, 冀得疏糲充腸, 則爲大幸. 爾應饕一湌之費, 足捄多人之饑. 爾一人饕, 不令多貧人饑乎? 天主賜爾大財, 爾據以恣饕. 用天主之恩, 以違天主, 背本負恩, 罪孰逭乎? 天主生爾, 欲爾勤於爲善以事之. 爾念慮, 爾功業, 悉在供口, 年月時刻, 盡用樂腹. 爾奉腹如奉天主, 腹爲爾天主乎?

여러 성현과 덕을 지닌 선비들이 지금 천사와 더불어 함께 복을 누리는 것이, 모두 음식의 즐거움을 줄이고 배고프고 목마른 고통을 참아냄을 통해 겨우 이룬 것인 줄을 어찌 생각하지 못하는가? 네가 죽을 때까지 식탐의 즐거움에 힘쓰면서 성현과 행실을 다르게 하고 있으니, 능히 똑같은 보답을 받을 수 있겠는가? 어찌 하늘의 보답만 받지 못할 뿐이겠는가? 또한 하잘것없는 몸뚱이의 잠깐의 즐거움으로 인해 온몸이 영원한 재앙을 받게 될 터이니, 어쩌면 이다지도 생각이 없는 것인가?

盍思凡聖賢德士, 今與天神同福者, 皆由減耗食飮之樂, 忍饑渴之苦, 僅乃致之? 爾終年務饕娛, 與聖賢異行, 能與同報歟? 奚啻不蒙天報? 亦緣微體之暫樂, 致全身之永殃, 不思甚哉?

1. 절제의 덕을 논함論節德

5.35

온갖 부류 가운데 사람은 천주께서 홀로 그 몸을 크게 만들고 그
입은 작게 만드셨다. 어째서일까? 마땅히 먹고 마시는 것을 절제하고
검소해야 한다는 징표가 아니었을까? 새는 먹는 것이 더욱 적고 날개
가 더 길고 커서 빨리 날고 또 높이 날 수가 있다. 거위나 오리같이 많
이 먹는 것은 가장 뚱뚱해서 늘 땅에 산다. 날개가 능히 그 몸을 들어
올릴 수가 없다.

人於萬類中, 天主獨爲之大其身, 小其口者, 何? 非以徵其宜節廉於食飮乎?
禽鳥逾薄食者, 翼逾長大, 能迅疾且高飛. 多食如鵝鶩者最肥, 恒地居, 翼不能擧
其身也.

사람 마음의 날개는 생각과 바람이다. 먹고 마시는 것이 많으면 몸
이 뚱뚱해지고 생각과 바람이 모두 무겁고 탁해져서, 그 형세가 아래
로 떨어져 스스로 위를 향해 날 수가 없다. 먹는 것이 박하면 몸은 가
볍고 빠르며 기운은 맑아져서, 오관에 힘이 생기고 심령이 명랑해진
다. 생각은 정밀해져서 능히 오묘한 이치에 통하고 하늘의 일을 생각
할 수가 있다. 바람이 청결한지라 인간 세상의 티끌 먼지에 물들지 않
는다. 선에 나아감에 걸리거나 막힘이 없어서 마음이 절로 천주를 향
해 천상의 변함없는 명을 바라니, 천주와 자신을 더욱 분명히 알게 될
것이다.

人心之翼者, 念慮願欲也. 食飮多, 身厚, 念慮願欲皆重濁, 其勢下墜, 不能自
擧向上矣. 食薄者身輶疾, 氣淸, 五官有力, 心靈明朗. 念慮精微, 能通豁奧理, 能
思天事. 願欲淸潔, 不染下土之塵垢. 進善無滯閡, 而心自向於天主, 冀天上之常

命, 識天主及己益明焉.

5.36

음식은 우리의 육신이 여기에 힘입어 생명을 보존하는 것이다. 그래서 우리 사람에게는 갚지 않을 수 없는 세금에 해당한다. 세금을 갚는 사람이 내야 할 것을 다 채웠는데 더 내려고야 하겠는가? 음식의 욕구는 항상 즐거움을 함께하려 한다. 그러니 먹고 마시는 자가 본성에 따라야 할까, 식탐의 즐거움을 따라야 할까? 가장 알기가 어렵다. 식탐의 욕심이 자주 거짓으로 꼭 필요한 모양을 꾸며, 사람으로 하여금 성품의 필요에 부응하는 절제의 덕인 줄로 의심하게 만들지만, 사실은 식탐의 마음을 따르는 죄와 허물이 될 뿐이다. 이 때문에 식탐이라는 것은 바로 도리 가운데 도둑이라, 쉬 피하지 못한다.

食飮者, 我肉身所資以存生也, 故爲吾人所不得不償之稅焉. 償稅者, 既滿所負, 肯多償乎? 夫食飮之須, 恒兼於樂, 故其食飮者, 爲應性須邪, 爲狥饕樂邪? 最難明之. 饕嗜屢竊假須之貌, 令人疑爲應性須之節德, 而實狥饕情之罪釁也. 故饕者, 正道中之盜, 未易避焉.

성 아우구스티노가 말했다. "배고프고 목마른 것은 성품의 병이니, 음식이라는 약을 써서 치료해야만 한다. 다만 몸에 배고프고 목마른 괴로움을 지니고 있으면, 항상 실컷 배가 부른 편안함을 구하게 마련이다. 맛있는 것을 즐기려는 마음이 중도에 마침내 여기에 영합해서, 몸이 필요로 하는 것을 가지고 식탐을 즐기는 즐거움을 가려서 꾸미게 하고, 천주께서 주셔서 성품의 병을 구하라 하신 것을 가지고 스스로 성품을 손상시키고 덕을 잃는 데다 쓰게끔 만드니, 삼가지 않을 수 있겠는가!"

聖亞吾斯丁云: "饑渴性疾也, 用食飲之藥治之. 第身負饑渴之苦, 恒求壓飽之安. 嗜樂遂中道迎合之, 令以身之須, 掩餙饕嗜之樂, 而令天主所賜, 以抹性疾者, 自用以傷性喪德, 可不愼哉!"

5.37

《성경》에 말했다. "맛난 음식이 앞에 이르거든 아껴 먹어야지, 너무 많이 먹어 너를 살펴보는 자가 증오하거나 성내게 해서는 안 된다."[19]

남과 같이 먹을 때는 남보다 늦게 시작해서 남보다 먼저 마친다.

經云: "殽味至前, 節用之, 愼勿過多, 致視爾者之憎與恚也." 同人食, 後人始, 先人終.

절제 있는 선비는 먹고 마실 때 마땅히 살피는 것이 네 가지 있다. 한 가지는 '시간'이다. 절제 있는 선비의 식사는 정해진 때가 있어야 한다. 큰일이 아니고는 이를 어겨서는 안 된다.

《성경》에 말했다. "어떤 나라가 있는데, 존귀한 사람과 큰 집에 사는 사람들이 먹고 마시는 데 정해진 때가 있어 어기지 않고, 그 먹고 마심에 식탐의 즐거움에 맞기를 꾀하지 않으며, 다만 성품이 필요로 하는 것에만 응한다면 행복한 나라가 될 것이다."[20]

節士於食飲際, 所宜視有四. 一曰時. 節士之食, 有定候, 非大故弗違之. 經

---

19 맛난 음식이 …… 성내게 해서는 안 된다: 〈집회서〉 31장 16절, "네 앞에 놓인 것을 점잖게 먹어라. 게걸스럽게 먹으면 남의 빈축을 산다."

20 어떤 나라가 …… 될 것이다: 〈전도서〉 10장 17절, "뜻이 서 있는 사람이 왕이 되어, 고관대작들이 먹을 때를 알고, 마셔도 취하지 않아 몸가짐을 바로 하게 되면 그 나라는 흥한다."

云: "有國者, 其尊人巨室, 食飲有定時, 弗違之. 其食飲不圖應饕樂, 惟應性須, 止有幸之國耳."

또 하나는 '맛'이다. 절제 있는 선비는 먹고 마실 만한 물건을 얻었을 때 만족스럽게 여길 뿐 고르지 않는다. 어쩌다 맛난 음식을 만나더라도 버리지는 않고, 식탐에 빠질까 염려해서 뜻을 더해 이를 아껴 절약하니, 아름다움은 더 늘어나고 헤아림은 자꾸 줄어든다.

에비厄彼[21]는 옛날 서양 나라의 하는 일 없이 놀고먹는 사람이었다. 언제나 즐거움을 추구했지만, 음식만은 늘 거칠게 먹었다. 어떤 사람이 까닭을 묻자, 그가 대답했다. "기름지고 달고 무른 음식을 내가 너무나 즐깁니다. 다만 준비하고 마련하는 수고로움이 먹고 마시는 즐거움보다 더한지라 잠시 내려놓았지요."

一曰味. 節士得可食飲之物, 以爲足, 弗選也. 偶遇甘旨, 不棄, 惟恐即于饕, 加意節用之. 增於美, 減於數矣. 厄彼, 古西國無賴人也. 一意求樂, 而恒蔬食. 或問故, 答曰: "膏粱甘膩, 我甚樂之. 第求備之勞, 勝食飲之娛, 姑置焉."

다른 하나는 '조금만'이다. 절제 있는 선비는 음식을 먹을 때 마땅히 두 사람의 손님을 나란히 받는다고 생각해야만 한다. 육신이 하나고 정신이 하나다. 각자 그 맛있는 것을 먹을 때, 보잘것없는 거칠고 담백한 음식으로 육신의 맛을 기르고, 절제하는 덕으로 정신의 맛을 길러야 한다. 음식을 절제해서 육신은 육신의 맛에 배부르고 정신은 정신의 맛에 배가 불러 저마다 그 기름을 얻는다면, 모두 편안하고 고

---

21 에비: 미상.

요해서 이로움을 받게 될 것이다. 음식에 절제함이 없는 사람은 육신은 남아도는 근심이 있고 정신은 부족한 근심이 있어, 모두 손해를 받게 된다.

一日幾何. 節士就食, 宜思並設兩客也. 肉身一, 靈神一. 各食其味, 芻豢蔬素, 養肉身之味也, 節德, 養靈神之味也. 食飮以節, 形飽於形味, 神飽於神味, 各得其養, 皆安靖受益焉. 食飮無節者, 肉身有有餘之患, 靈神有不足之患, 皆受損焉.

마지막 하나는 '모습'이다. 절제 있는 선비는 먹고 마실 때 입과 배의 주인처럼 행동한다. 비록 굶주려 배고프더라도 음식에 이끌려 유혹을 받아 예의를 잃거나 법도를 잃는 법이 없도록 해야 한다. 절제가 없는 사람은 음식이 나오기도 전에 위엄스러운 모습을 흩뜨리고, 턱을 늘이고 목을 길게 빼며 소매를 걷고 팔뚝을 떨쳐, 차린 음식과 술잔과 밥상을 한꺼번에 삼켜버릴 듯이 군다. 몸은 한 자리를 차지해놓고, 그 손과 눈은 여러 방향을 돌아다니며 욕심 사납게 곁을 흘깃대니, 마치 장수가 성을 공격하려 할 때 쳐들어갈 곳을 살피듯이 한다. 이는 모두 식탐 때문에 드러나는 행동이니, 절제 있는 선비는 마땅히 피해야만 한다.

一日狀貌. 節士食飮, 如口腹之主. 雖飢餒, 不使牽誘於食飮, 而喪儀失度. 無節之人, 食飮至前, 威容則紊, 朶頤延頸, 攘袂振臂, 看羞杯案, 欲幷呑之. 身居一席, 其手與目, 旋行諸方, 耽耽旁睨. 如將攻城, 而揣所從入也. 此皆著饕之跡, 節士所當避焉.

5.38

절제는 내 음욕의 불길을 줄여주고 저 삿된 마귀를 막아주며, 유혹을 부추기는 것을 이기게 해주고 그 계략을 깨뜨려준다. 사사로운 욕심을 경계시켜 이치에 복종하게 만들며, 육신의 탁한 즐거움을 없애고 마음의 해맑은 즐거움을 이루게 한다. 교만을 억눌러 겸손을 펴게 하고, 죄를 뉘우치게 해서 마음의 어두움을 활짝 열어준다. 게으름을 채찍질하고 잠을 줄여서 사람에게 시간이 많아지게 한다. 몸의 편안함과 고요함을 지켜주고 몸의 삿된 기운을 없애주며, 수명을 늘려 천주의 사랑에 감동케 한다. 죄의 용서를 받고 죄의 벌에서 풀어주며, 온갖 악을 없애고 여러 가지 덕을 늘려준다.

夫節者, 減我淫火, 拒彼邪魔, 勝其煽惑, 破其計謀. 箴砭私欲, 使服於理, 祛形之濁娛, 致心之淸樂. 抑傲揚謙, 悔罪啓心之暗昧. 策怠惰, 減寢寐, 令人富于時. 保身之安靖, 消身之邪氣, 延壽期, 感天主之慈. 蒙罪赦, 釋罪罰, 消諸惡, 增諸德也.

사람의 마음이 욕심을 내서 얻으려는 것은 입과 배가 좋아하는 것에 응하는 것이 많다. 입과 배가 좋아하는 것을 절제로 극복해 담박하게 스스로 만족하면, 탐욕과 인색함의 뿌리가 끊어져서 비록 가난하더라도 또한 편안하다. 음란한 욕망의 불은 식탐으로 땔감을 삼는다. 식탐을 극복하면 음란한 욕망도 절로 사그라든다. 이 때문에 절제를 곧은 덕의 깃발이라고 말한다. 식탐을 끊은 사람은 탐욕과 인색함과 음란함 등의 여러 가지 욕망도 함께 없어져서, 마음은 망령된 생각에 대해 더욱 조용해지고 더러운 욕심과 점점 부딪쳐서, 도를 생각함이 더욱 밝아지고 정진함도 한층 빨라져서 아무 막힘이 없게 된다. 그래서 절제의 덕을 지혜의 어머니라고 말한다.

人情貪得, 多以應口腹之嗜. 口腹之嗜, 以節克之, 淡薄自足, 貪吝之根則斷, 雖貧亦安矣. 淫欲之火, 以饕爲薪. 饕旣克, 淫欲自滅也. 故節謂之貞德之旌. 絶饕者, 貪吝淫諸情并息, 心愈靜于妄念, 愈觸于穢欲, 思道益明, 精進益速, 無沮閡焉. 故節德謂之智母.

여러 가지 덕이 음식과 같다면, 절제의 덕은 음식 속의 소금이 된다. 굳세고 오래가게 만들어서, 썩거나 상해 삿된 생각과 더러운 욕심의 구더기가 생겨나지 않게 하니, 또 여러 가지 마음과 몸의 병에 좋은 약이라고 말한다. 장차 도를 닦고 극기의 공부에 힘쓴 인사는 말할 것도 없고, 시험 삼아 만국의 사람들 중 비록 몹시 어리석고 무지한 사람을 살펴보더라도, 생각지 않은 변고를 만나면 혹 하늘의 재앙을 두려워하며 천주께 감응하여 바로잡아서 죄의 용서를 구하려 한다. 가뭄에 비를 빌고 비 올 때 개기를 기도하며, 싸움에 이기기를 청하고, 일체의 재앙을 물리치고 복을 부르며, 큰일이 잘되기를 바랄 때에도 모두 먹고 마시는 것을 줄이거나 거칠게 해서 재齋를 지킴을 가장 경건하게 했다. 그래서 그사이에 능히 큰일을 해낼 수 있었던 사람은, 맛난 음식을 줄여서 재계하는 음식으로 스스로를 괴롭게 하여 성취하지 않음이 없었던 것이다.

諸德如肴, 節德爲肴心之鹽, 能令堅久, 不致敗餲, 生邪念穢欲之蛆也. 又謂諸心與身疾之良藥也. 且無論脩道務克己之士, 試察萬國人, 雖甚愚無知, 凡遇不虞之變, 或畏天殃, 欲感格天主, 求罪之赦. 旱禱雨, 雨禱晴, 戰禱勝, 與夫一切禳禍致福, 興作大事, 皆知減粗食飲, 持齋最虔. 故其間能濟大事者, 無不減損肴味, 以齋食自苦, 而成就焉.

새와 짐승과 곤충 중에 눈이 없는 것도 있고 귀와 코가 없는 것도 있지만, 유독 입으로 먹고 몸으로 느끼는 두 기관만은 아무리 하찮은 곤충이라 해도 모두 갖고 있다. 그래서 이 두 기관이 가장 비루한 것임을 알겠다. 다른 기관은 사물과 접할 때 능히 스스로 먼 데까지 따라가서 향할 수가 있지만, 이 두 기관만은 그렇지가 않다. 사물이 바싹 가까이 오지 않으면 향해가서 느낄 수가 없다. 조금만 멀어져도 즐거움은 끝나고 만다. 이 때문에 그 즐거움이 가장 짧고 가장 탁하다. 사람이 절제의 덕이 몹시 오묘하고 크게 유익함을 깊이 생각해보아, 식탐의 즐거움이 추하고 더러우며 짧고 좁은 것에 견주어본다면, 큰 바보가 아니더라도 차마 어찌 이것을 가지고 저것과 바꾸려 들겠는가?

鳥獸昆蟲, 有無目者, 無耳鼻者, 獨口啖體覺二官, 雖甚微之蟲, 皆有之. 乃知二官, 最爲鄙陋焉. 他官與物接, 能自遠趨向之. 二官獨否. 非物狎近之, 不能向覺之也. 稍遠焉, 娛則已矣. 故其樂最短最濁矣. 人深思節德之善妙大益, 比饕樂之汚醜短隘, 非大愚焉, 忍以此易彼哉?

5.39

절제의 덕을 갖춘 행실은 한 가지 일만은 아니다. 여러 종류의 훌륭한 맛을 끊는 것도 있고, 음식을 몹시 박하게 섭취해 배부른 상태에 이르지 않는 것도 있다. 과일의 씨만 먹고 물을 마시는 것과, 채소만 먹으면서 소금이나 장, 기름을 뿌리지 않는 것, 술과 고기를 끊고 소식素食만 하는 것도 있으니, 모두 절제에 뿌리를 둔 가지다. 이것은 모두 육체를 괴롭게 하는 것으로, 이 같은 덕만 살펴서는 안 된다. 이 같은 덕의 여부를 살피는 것에다 다시금 향하는 뜻까지 살펴야 한다.

節德之行不一. 或絕諸種美味, 或食飲甚薄不至飽, 或獨食果核飲水, 或獨食蔬菜不下鹽豉膏油, 或絕酒肉而齋素, 皆節根之枝也. 此都爲形軀之苦, 未審是德. 審是德與否者, 更視趣向之志.

만약 음식을 절제해 몸을 지키고 목숨을 보존하는 자가 설령 악을 행하지 않더라도, 이는 다만 자기를 아끼는 정일 뿐이다. 만약 재물을 덜어 이름을 낚으려 한다면 교만과 탐욕에 속한다. 만약 죄의 책임을 갚아 삿된 정을 이겨내고 덕의 수행을 돕는다면, 이것은 천주께서 아끼는 바니, 참된 절제의 덕이다.

若節食以衛身保命者, 縱不爲惡, 特愛己之情耳. 若以省財釣名, 屬傲貪矣. 若以贖罪責, 克邪情, 助德修, 此則天主所愛, 眞節德也.

참된 절제의 덕은 먹고 마시는 것이 너무 많음을 경계하지만, 또 너무 적은 것도 경계한다. 많이 먹는 지나침을 절제로 극복하고, 또 너무 적게 먹어 부족한 것은 지혜로 이겨내서 중용으로 나아가게 한다. 먹고 마시는 것이 너무 많으면 육신이 이를 막아 거부해서 이치에 따르지 않는다. 너무 적을 경우 육신이 약해져서 덕을 행함에 있어 정신을 보필할 수가 없게 되니, 그 해로움이 똑같다. 이 때문에 간소한 음식과 절제의 덕을 갖춘 행실은 삶을 해치고 성품을 없애는 것이 아니라, 오직 죄를 없애고 욕심을 지워준다. 능히 죄를 줄이고 욕심을 없애서, 몸을 축내고 의로움을 막는 행실에 미치지 않는 것은, 지혜로운 사람이 자기를 재계齋戒하는 것이다.

그래서 이렇게 말한다. "육신은 모름지기 음식으로 지켜서 손상시키지 않고, 또한 재계함으로 이를 눌러 저항하지 못하게 한다."

眞節德者, 旣戒食飮過多, 又戒過少. 旣以節克多食之過, 又以智克少食之不及, 令就中也. 食飮過多, 則肉身距違, 不若於理. 過少, 則肉身弱, 不能輔神于行德, 其害一也. 是以齋素之食, 與凡節德之行, 非以傷生滅性, 惟以去罪滅欲. 能減罪消欲, 不及損身沮義行, 智士之齋已. 故曰: "肉身須以味衛之勿隕, 亦須以齋抑之勿抗也."

소식素食으로 재계하면서 선한 덕을 함께 쌓는다면 덕을 드러내는 것이 된다. 간소하게 먹더라도 죄악과 함께하면 죄에 가려지게 된다. 마음의 죄와 더러움을 없애지 않으면서, 그저 음식을 절제하며 몸을 괴롭히기만 한다면 무슨 유익함이 있겠는가? 사람이 먹을 만한 맛을 경계하면서 해서는 안 될 사특함을 경계하지 않는다면 덕이라고 말할 수 있겠는가?

齋素而兼善德, 爲德餙. 齋食而兼罪惡, 爲罪翳. 不去心之罪汚, 獨以齋食勞身, 何益耶? 戒人所可食之味, 不戒所不可爲之慝, 可謂德歟?

성 베르나르도가 말했다. "입과 배로 죄를 범한 것은 재계만 하더라도 괜찮다. 진실로 몸의 다른 부분이 각각 죄를 지었다면, 어찌 눈이 삿된 것을 본 것에 대해 재계하고, 귀가 헐뜯는 말을 들은 것에 대해 재계하며, 혀가 남을 비방해 헐뜯은 것에 대해 재계하고, 손이 망령된 행동을 한 것에 대해 재계하며, 마음이 죄를 지으려 한 것에 대해 재계하지 않겠는가? 입만 재계하고 마음은 재계하지 않는 것은 밭 둘레의 땅은 김매면서 정작 밭은 내버려두는 것과 같다."

聖百爾納云: "口腹犯罪, 獨齋可也. 苟他體各造罪, 盍目齋於邪視, 耳齋於謗聽, 舌齋於詆毁, 手齋於妄作, 心齋於欲罪乎? 齋口不齋心, 猶耕耨近田苗之地, 而棄田苗矣."

이런 까닭에 소식을 하며 삼가는 것은 깨끗한 마음으로 천주를 받들어야 천주께서 기뻐하며 이를 받으신다. 마음이 더러운 것은 훌륭한 과일을 바치면서 더러운 쟁반에 담아내는 것과 같으니 공경하는 것이겠는가, 모독하는 것이겠는가? 몸이 소식으로 비쩍 말랐더라도 마음이 교만함으로 가득하고, 입이 맛난 술을 끊었다 해도 마음이 분노와 증오에 취해 있다면, 어찌 천주께서 그 재계함을 기뻐하시겠는가? 음식을 절제하는 것은 은혜를 베푸는 것과 함께해야만 한다. 네가 네 음식을 절제해 가난한 사람을 먹인다면, 절제함과 은혜로움을 함께 얻고 탐욕과 식탐을 아울러 없애게 될 것이다.

是故齋素者, 以淨心奉之天主, 天主喜而受之. 若心巇者, 猶供嘉果, 而盛之穢槃, 爲敬耶, 褻耶? 身瘠於齋食, 心滿於倨傲, 口絶於醇釀, 心醉於忿憎, 豈天主所喜齋歟? 齋食者, 須兼之利濟. 爾節爾食, 以食貧乏, 節惠具得, 貪饕並除.

5.40

어떤 이가 내게 물었다. "우리의 앞선 옛 성현을 살펴보니, 재계할 때는 다만 면하기 어려운 잡스러운 일들을 깨끗이 없애고 그 마음을 청결하게 하여, 경건하게 상제를 섬기고 상제께 제사하는 데 그쳤습니다. 불교가 우리나라에 들어온 뒤로는 그렇지가 않습니다. 모두 소식素食으로 재계하게 하고 훈채를 먹지 못하게 하니, 그 뜻은 살생을 경계한 것입니다. 그들은 대개 이렇게 말합니다. '전후로 만세의 사람은 여러 짐승과 더불어 윤회하며 변화한다. 전생에 새나 짐승이었던 자가 금세에는 혹 사람이 되고, 금세에 사람이었던 자가 후세에 반드시 새나 짐승이 되지 않으리란 법이 없다.' 인하여 이 같은 주장을 믿어, 새나 짐승을 죽이는 사람은 그 보이지 않는 재앙이 사람을 죽인 것과 다름이 없다고 말합니다. 이 때문에 새나 짐승을 죽이는 것이 사람을 죽이는 것과 다름이 없다고 경계합니다. 이 같은 주장이 옳은지 그른지, 그 뜻이 착한지 악한지에 대해 귀국에서는 틀림없이 정해진 논의가 있겠지요. 삼가 제게 가르쳐주십시오."

或問於余曰: "稽古我先聖賢, 其齋也, 止以滌除所難免之瑕穢, 蠲潔其心, 以虔事上帝, 祭上帝也. 佛敎入我國之後, 不然. 皆勸食齋素, 不茹葷, 其志意, 則戒

殺生也. 蓋曰: '前後萬世之人, 與諸畜生, 轉輪變化. 前世爲鳥獸者, 今世或爲人
也. 今世爲人者, 後世未必不爲鳥獸也.' 因信此說, 謂殺鳥獸者, 其陰禍無殊殺
人, 故戒殺鳥獸, 無殊戒殺人. 其說正邪, 其志意善惡, 貴國必有定論, 奉以敎我."

5.41

내가 말했다. "변화하여 윤회한다는 주장은 처음 나온 곳이 있습니
다. 예전 우리 서양의 동쪽에 있는 그리스라는 나라의 아테네亞德納성
에 피타고라스彼達臥辣氏[22]라는 사람이 있었는데, 그가 맨 처음 이 같
은 주장을 만들었고, 인하여 세상에 전해진 것입니다. 이때 아테네성
에는 이름난 선비가 많아서 모두 사물을 살펴 이치를 궁구했지요. 옳
고 그름을 갈라 따지는 자가 그의 주장에 크게 놀라 이를 가리켜 허탄
하다고 하면서, 그에게 대체 무슨 까닭으로 이 같은 말을 갑자기 만들
어냈느냐고 물었답니다. 그가 대답하기를, '세상 사람들이 이따금 멋
대로 악한 일을 하며 돌아오지 않는 것이 오래되었소. 내가 그 악함을
마음 아프게 여겨 이 같은 주장을 만들어서 바로잡으려 한 것이오.'
그러자 여러 선비가 그를 꾸짖어 말했습니다. '천주께 절로 능히 선을
권면하고 악을 징계하는 바른 도리가 있는데도 세상 사람들이 오히려
이를 저버려 어기고 멋대로 악을 행하는 것이오. 당신이 아무 근거 없

---

22 피타고라스Pythagoras(BC 580?~500?): 고대 그리스의 정치가, 수학자, 철학자. 처
음 사모스섬에서 살다가 이탈리아로 옮겨가 크로톤시에서 살았다. 그는 고대 그
리스의 민주주의를 질서 파괴로 간주했다. 이집트로 가서 학문을 배웠으며, 돌아
온 뒤 그리스의 종교의식에 열성적으로 참여했다. 이후 그를 중심으로 피타고라
스학파가 형성되었고, 주변에 상당한 영향을 미쳤다. 그의 철학은 신비주의 성향
을 띠며, 영혼의 불멸과 윤회 등을 주장했다. 죽음이 삶의 끝이 아니고 사후에 혼
의 삶이 있으며, 사람의 혼은 불멸하며 다른 동물에게 옮겨갈 수 있다고 믿었다.

는 허탄한 말로 새롭게 바로잡으려 하는 것은 잘못된 것이 아니겠소?' 세상의 악함을 바로잡을 수 없다 하여 다시금 이같이 삿된 주장을 남겨 세상에 전해서 사람을 속이고 바른 도리를 어지럽힌다면, 이는 실로 천주와 만민의 죄인이 될 뿐입니다. 이제 우리 서양의 여러 나라에서는 한 마디 말이나 한 가지 일이라도 아무 근거 없는 뜬소리 하는 사람을 가리켜 모두 '피타고라스의 잠꼬대'라고 말하곤 한답니다."

余曰: "變化輪廻之説, 有所自始. 昔我大西之東境, 厄勒祭亞國亞德納城, 有彼達卧辣氏者, 始造爲之, 因而流傳於世也. 爾時亞德納城, 多有名士, 皆能格物窮理. 分比正邪者, 大詫其説, 目爲狂誕, 問之何故忽刱此言. 答曰: '世人徃徃恣惡, 不返久矣. 我痛其惡, 創此説以懲之.' 諸士謫之曰: '天主自有能勸善, 能懲惡之正道, 世人尙背違之, 而肆爲惡. 爾以無憑之誕言, 圖令創懲, 不悖哉?' 世惡不可懲, 而更遺此邪説, 流傳於世, 以欺人亂正道, 斯實天主及萬民之罪人耳. 今我大西諸國, 凡指一言一事懸空無憑者, 皆目爲彼達卧辣夢語也."

5.42

살생하지 않는 것이 덕이 되지는 않지만 그렇다고 죄는 아니고, 살생이 죄가 되지는 않지만 또한 덕도 아니다. 어짊의 덕은 천주를 사랑하는 것을 으뜸으로 삼고, 그다음은 사람을 사랑하는 것이다. 이 어짊을 확장해서 사물에까지 미치게끔 해야 한다. 사물을 사랑하는 것 또한 참된 어짊을 증명하는 징표다. 만약 그저 사물을 향한 애정만이라면 이것은 어짊의 그림자니, 어찌 참된 어짊이겠는가?

夫不殺生不爲德, 亦非罪. 殺生不爲罪, 亦非德. 仁德以愛天主爲主, 次則愛人. 廣此仁, 俾及物. 愛物亦眞仁之徵印也. 若特向物之愛, 是爲仁影, 豈眞仁哉?

5.43

새나 짐승은 사람이 바뀌어 태어난 것으로 의심해, 이를 아껴 차마 죽이지 못한다. 이는 사람을 아끼고 사랑하기 때문에 새나 짐승까지 아끼고 사랑하는 것이다. 그렇다면 사람을 아끼고 사랑하는 것은 반드시 이보다 배는 지극해야 마땅하다.

지금 차마 살생하지 못하는 것이 모두 그러한가? 대단히 그렇지 않다. 새나 짐승은 사랑하여 구해주면서, 사람에 대해서는 잔혹하기 짝이 없다. 붙잡힌 산 짐승을 보면, 재물을 주고라도 이를 사서 거두어 기르거나 놓아준다. 보잘것없는 백성으로 배고픔과 추위에 괴로워하면서 다니며 구걸하는 자에 대해서는 일찍이 돌보지도 않고 멀찌감치 떨어져서 간다. 몹시 슬프게 빌어도 아무렇지도 않게 그러려니 하면서 콩 반쪽도 주려 들지 않는다. 설령 베풀어줌이 있다 해도 어찌 그 근심을 불쌍히 여겨서겠는가? 그 번잡함을 막으려는 데 그칠 뿐이다. 돈 한 푼이나 반쪽짜리 베풂도 땅에다 내던져서 그들로 하여금 몸을 굽혀 이를 줍게 하니, 사람을 개처럼 보는 것인가? 혹 꾸짖어 욕함을 얹어주기까지 하니, 이것이 어찌 베풀어주는 것이겠는가?

夫鳥獸疑爲人類轉生, 愛不忍殺, 斯因矜愛人, 故矜愛鳥獸也. 則其矜愛人, 必倍至矣. 今不忍殺生者, 皆然乎? 甚不然也. 憐恤鳥獸, 酷虐人民. 遇捕獲生物, 捐貲贖之, 收養之, 放釋之. 至小民之困苦飢寒者, 行乞者, 曾不反顧, 跡之甚遠. 乞之甚悲, 恬然漠然, 莫捐半菽也. 即有施予, 豈緣愍其患? 止以杜其煩擾耳. 一錢半字, 投擲於地, 令俛拾之, 視人如犬耶? 或益以詢辱, 豈施予哉?

소서양, 즉 인도를 중국에서는 부처의 땅으로 일컫는다. 내가 몇 달 동안 잠깐 머물면서 그들의 도리와 말을 따져보고 그들의 행적을 살펴보니, 새나 짐승을 아끼고 불쌍히 여기는 것을 하나의 큰일로 삼고 있었다. 큰 집을 세워 높은 단과 깊은 건물에 돈과 곡식을 널리 쌓아 두고서 새와 짐승을 기른다. 바깥 사방으로 사람을 보내, 새나 짐승 중 늙고 병든 것을 두루 찾아오게 해서, 집을 주고 이를 길러준다. 병이 들어 죽으면 땅에 묻어주고, 병이 나으면 풀어준다. 궁한 살림으로 괴로워하는 백성 중 늙은이나 병을 앓아 외치며 부르짖는 사람, 쓰러져 땅에 엎던 사람은 불쌍히 여겨 거두어 보살피기는커녕 또한 눈길 한 번 주는 법이 없었다.

小西洋者, 中華所稱佛地也. 余暫居數月, 熟稽其道言, 審其行跡, 以愛愍鳥獸, 爲一大事. 建巨室, 崇壇邃宇, 廣儲錢穀, 以養鳥獸. 走人於四外, 徧索諸鳥獸之老者病者, 舍之養之. 病死瘞之, 病痊釋之. 至窮苦之民, 老者, 病叫號者, 僵仆地者, 何論存恤收視, 亦莫之盻睞也.

내가 이상하게 여겨 이에 대해 물어보았다. "새나 짐승을 이처럼 중하게 보살피는 것은 어째서입니까?"

대답했다. "사람이 바뀌어 태어난 것일까 걱정되어서, 불쌍히 여겨 집을 만들어주고 기르는 것이지요."

내가 말했다. "그렇군요. 사람이 바뀌어 태어난 것일까 의심해서 새조차 아낀다면, 어째서 여기 이미 태어나 아직 바뀌지 않은 사람은 더 사랑하지 않는지요? 그가 새나 짐승이 바뀌어 태어난 것이라고 여겨서 그 사람을 사랑하지 않는 건가요?"

그가 말했다. "그런지 아닌지는 나는 잘 모르겠소. 다만 예전부터 이렇게 하는 것이 전해온지라, 내가 이를 써서 지키는 것일 뿐이오."

묵묵히 다른 대답 없이 부끄러움을 품고서 물러갔다.

余異而問之: "視鳥獸若此其重者, 何?" 答曰: "恐其爲人類轉生, 故矜恤舍養之." 余曰: "然. 因疑人類轉生, 故愛禽鳥, 盍尤愛此見生未轉之人乎? 抑爲其鳥

獸轉生也, 故不愛其人乎?"曰: "吾不識其是否, 第從上以來, 用是傳之, 我用是
守之耳."默無他答, 懷慚而退.

아아, 괴이하도다! 삿된 마귀가 사람의 마음을 미혹시킬 때면, 반
드시 착한 자취를 빌려와서 사람으로 하여금 덕스러운 모습을 가지고
스스로 편안하고 만족스럽게 해서, 다시 참된 덕을 구하지 않게끔 만
든다. 새나 짐승을 불쌍히 여기는 것은 스스로 어질다고 여기면서, 천
주께서 명하시고 고금 여러 나라의 성인이 훈계한, 본성으로 갖춘 사
랑과 불쌍히 여기는 마음을 똑같이 지닌 사람의 참된 어짊은 능히 행
하여 이루지도 못하고, 또한 알지도 못한다. 사물을 사랑하는 것이 덕
이 되기에는 부족하고, 사람을 사랑하지 않으면 죄가 되기에 충분한
줄을 깨닫지 못한다. 또 천주께서 새나 짐승을 죽였기 때문에 우리를
벌주는 것이 아니라, 사람을 사랑하지 않아서 우리를 몹시 벌주는 것
임을 깨닫지 못하니, 슬픈 일이다!

嗚呼譎哉! 邪魔矣, 迷惑人心, 必假善迹, 令人以德貌, 自安自足, 不復求眞德
也. 矜恤鳥獸, 自以爲仁, 而天主所命, 古今諸國聖人所訓, 本性所具, 仁愛哀矜,
同類人之眞仁, 既不能致行之, 亦并不識之. 不悟慈愛物, 不足爲德, 不慈仁人,
足爲罪. 不悟天主不因殺鳥獸罰我, 而因不愛人甚罰我. 悲哉!

단지 이뿐만이 아니다. 윤회를 믿는 곳에서는 가난한 사람이 자식
을 낳으면, 혹 양육의 어려움과 혼인의 비용을 염려해서 문득 죽이고
는 이렇게 말한다. "내가 너를 낳았지만 가난할 뿐이니, 원컨대 내게
죽어 일찌감치 부귀한 집에 의탁하여 태어난다면, 이것이 바로 너의
복일 것이다." 아, 마음이 아프다!

非獨此也. 凡信輪廻之處, 貧人生子, 或慮養育之難, 嫁娶之費, 輒殺之, 曰:

"吾生爾貧爾, 願爾死, 早託生貴富家, 正爾福也." 痛哉!

　　중국 땅의 성현들은 친족과 가까이 지내고 백성을 사랑하라고 했다. 우리 서양 나라에서는 가까운 친족을 죽인 죄를 논할 때 남을 죽인 죄보다 심하게 처분한다. 어째서 그런가? 거짓된 사랑의 모습을 가지고 잔인하게 해치는 마음을 꾸몄고, 거짓으로 속이는 말을 빌려다가 일부러 죽이는 죄를 덮어 가렸으며, 탐욕스럽고 인색한 마음을 따라 부모의 사랑을 망각한 것이니, 이보다 큰 잘못이 있겠는가? 그러니 이렇듯 죽임을 당하는 어린아이들에게 윤회해서 바꿔 태어나라는 한마디 말이 도끼가 되고 칼날이 되는 것이 아니겠는가? 말로는 온통 남을 아끼고 남을 사랑한다고 하면서, 행실로 드러나는 것은 남을 증오하고 남을 해친다. 이를 두고 겉에는 양가죽을 둘렀지만 속으로는 승냥이의 마음을 품었다고 하는 것이다. 바로 삿된 마귀가 사람을 해치는 잔혹한 계책이다. 이것이 바로 윤회와 인과를 믿은 명확한 효험인 셈이다.

　　中土聖賢, 言親親而仁民, 我西國論殺至親之罪, 甚於殺人之罪, 奈何哉? 以僞慈之貌, 餙殘賊之心, 借虛誣之言, 掩故殺之辜, 緣貪吝之情, 忘父母之慈, 謬孰大乎? 則此諸被殺之小兒, 非輪廻轉生之一言, 爲之方斧方刀也哉? 語悉愛人慈人, 行顯憎人害人, 此謂外襲羊皮, 内懷狼心, 正邪魔惎人類之酷計也. 此則信輪廻因果之明效矣.

5.44

　　윤회해서 바꿔 태어난다는 주장을 믿는 것은, 선에 나아가고 악을 깨닫게 하기에 부족할 뿐 아니라, 또한 도리어 선을 행하는 길을 거슬러 막고 악을 자행하는 길을 활짝 열어준다. 어째서 그런가? 악을 행하려는 사람은 이 말을 붙들고서 뉘우치고, 선을 행하려 들지 않는 사람은 이 말을 지녀서 권하려는 것이지만, 저들은 장차 이렇게 말할 것이다. "악을 행하더라도 다른 재앙이 없고, 선을 행한다 한들 다른 보답이 없지 않은가? 새나 짐승은 새나 짐승이 될 적에 그 성품에 스스로 만족할 뿐이어서, 우리보다 편안하고 즐겁다. 어찌 전생에 사람이 되었다고, 후생에 새나 짐승이 될 줄을 알아서 괴로워하겠는가? 또한 그 성품에 따를 뿐이다. 설령 바뀌어서 새나 짐승이 된다 한들 어찌 족히 두려워하겠는가?"

夫信輪廻轉生之說, 旣不足迪善董惡, 亦反逆阻行善之途, 平開恣惡之路, 何者? 欲爲惡者, 持此言懲之, 不欲爲善者, 持此言勸之, 彼將曰: "爲惡無他殃, 爲善無他酬乎? 禽獸者, 方其爲禽獸也, 自適其性已矣, 安樂於我矣. 夫安知前身之爲人, 後身之爲禽獸, 而以爲苦? 亦順其性已矣. 縱轉爲鳥獸, 曷足畏哉?"

이렇게 될 경우, 선을 행함은 더욱 게을러지고 악을 행함은 더 거리낌이 없어질 것이다. 세상에서 새나 짐승으로 변하는 것을 두려워해 하고 싶은 악을 그만두거나 행하기 싫은 선을 행하는 사람을 나는 한 번도 본 적이 없다. 윤회를 믿는 사람이 기꺼이 속으로 자기 마음에다 찾아보고 실제로 궁구하여 헤아려본다면 절로 증명하기에 충분할 텐데, 어째서 들은 것에 빠져 스스로를 속이기에 이른단 말인가?

若是, 行善益怠, 行惡益無忌矣. 世有懼變鳥獸, 而置所願爲之惡, 行所不願行之善者, 余未見其人也. 信輪廻者, 肯內求諸心, 實究圖之, 自足爲證, 何至溺所聞以自欺乎?

도덕을 지닌 인사는 세상에서 생각지 못한 변고를 만나게 될 경우 반드시 자신을 돌이켜보면서 이렇게 말한다. "천주께서 내게 이 같은 괴로움을 내리신 것은, 이것으로 내 죄를 벌하고 내 게으름을 채찍질하시려는 것이다."

그러면서 지난 허물을 맹렬히 반성하며, 선에 게을렀는지 부지런했는지를 엄하게 살펴, 아프게 뉘우쳐 고치려 들 것이다. 혹 길을 따라간 것이 바르지 않고 선을 행한 바가 참되지 않았나 의심이 날 경우에는 마음을 비워 천주께 물어서 그 어리석음을 열어 깨우쳐주시기를 바라고, 성현과 선각先覺에게 물어 그 행실을 이끌어 도와주기를 구한다. 이것은 세상의 근심을 통해 참된 복을 이룬 것이다.

道德之士, 遭世不虞之變, 必反諸己曰: "天主降我此苦, 用以罰我罪, 策我怠矣." 猛省過譽, 嚴督其勸勤於善, 痛悔改圖之. 或疑所循道非正, 所行善非眞, 則虛心質之天主, 望開牖其愚, 徵之聖賢先覺, 求引翼其行. 是因世患, 致眞福也.

인과응보를 믿는 사람은 그렇지가 않다. 세상의 변고를 만나면 자기를 돌아보지 않고 행한 일을 살피지 않으며, 간 길을 의심하지도 않은 채 그저 이렇게 말한다. "전생의 인연이 선하지 않아서 지금 그 응보를 받는 것이다."

눈앞에 분명하게 드러난 죄악을 버려두고 돌아보지 않으며, 다시금 고치려고도 하지 않는다. 그러면서 눈을 돌려 아직 경험해보지도 않은 저승과 범하지도 않은 헛된 죄를 살피니, 어찌 삿된 마귀가 온갖 죄의 함정 속에 사람을 빠뜨리면서도 스스로 자각하지 못하게 만드는 지극한 계책이 아니겠는가? 그런데도 인과응보의 주장을 선을 권면하고 악을 징계하는 것이라고 말할 수 있겠는가?

信因果者不然. 遇世之變, 不反諸己, 不省行事, 不疑道術, 惟曰: "前因不善, 受今果報矣." 目前顯明之罪惡, 弃置不顧, 不復改圖, 而轉目視未經之冥世, 未犯之虛罪, 豈非邪魔陷人於萬罪之阱, 而不令自覺之至計哉? 因果之説, 可謂勸善懲惡者乎?

5.45

인과의 주장에 따르면, 몹시 악한 사람은 마땅히 대단히 악한 짐승으로 바뀌게 된다고 한다. 그렇다면 잔인하게 죽이는 것에 익숙한 사람은 마땅히 사자나 범 같은 짐승이 되어야 마땅하고, 그다음은 마땅히 말이나 소 같은 짐승이 되어야 한다. 성품으로 논한다면, 저 새나 짐승의 여러 부류는 모두 본성에 편안해한다. 정으로 논할 경우, 말과 소의 종류는 평생 속박되어 풀을 먹는 괴로움과 밭을 갈고 수레를 끄는 수고로움을 받으니, 여러 짐승 중에서도 가장 괴로운 것이 될 뿐이다.

夫據因果之説, 甚惡人當轉爲甚惡獸也. 則習殘殺者, 當爲獅虎屬, 其次者當爲馬牛屬矣. 夫論性, 彼鳥獸諸類, 皆安於本性也. 論情, 即馬牛之屬, 生平受束縛草食之苦, 耕駕負任之勞, 正於諸獸中爲最苦耳.

사자와 범은 사람이나 짐승이나 모두 두려워서 이를 피한다. 평생 한가롭게 다니며 근심과 수고로움이 거의 없으니, 그 편안하고 즐겁기가 말과 소의 열 배는 되지 않겠는가? 의리에 근거해서 볼 때, 가장 악한 사람은 가장 무거운 벌을 받아야 마땅하다. 윤회의 법에 근거하면 가장 악한 사람이 가장 가벼운 벌을 받은 셈이니, 어찌 천주의 전지하심으로 세우신 생사의 큰 도리와 공변된 뜻이, 바로 어리석은 사람이 행하는바 도를 어기고 의리를 비난하는 어리석은 계책일 뿐이더란 말인가?

獅與虎, 人獸皆畏避之. 生平閑放, 略無愁苦, 其安樂不十倍馬牛歟? 夫據義, 即最惡人, 當受最重罰. 據輪廻法, 即最惡人, 受最輕罰, 豈天主全智所建生死大道公義, 正惟愚人所爲悖道非義之蠢計耳?

5.46

저 축생도畜生道에 떨어진 것들이 전생에는 사람이었는데 지금 죄 때문에 벌을 받아 짐승이 된 줄을 스스로 알겠는가? 만약 모른다고 한다면, 반드시 짐승의 성품에 만족해서 스스로 벌인 줄 알지 못할 테니, 또 그 본성이 변해 사람의 성품으로 바뀌는 것을 원치 않을 것이다. 스스로 벌인 줄 알지 못하므로, 이 같은 벌을 받게 된 마음과 죄에 대해서도 또 어찌 능히 뉘우쳐서 고칠 수가 있겠는가? 죄를 아프게 뉘우쳐 없애지 않고서는 죄도 없어지지 않을 테니, 짐승으로 변한 인연도 없어지지 않을 것이다. 그러니 짐승으로 변한 형벌을 어찌 능히 스스로 풀어서 멈추겠는가? 그러므로 축생도에 빠질 경우 마침내 바뀌어 사람이 될 수 있는 방법이 없는 것이 아니겠는가?

夫彼淪畜道者, 自知先爲人類, 今以罪故, 罰爲畜乎? 如曰不知, 必也以畜性自適, 不自知罰矣. 且不願變其本性, 易人之性也. 不自知罰, 其所以受此罰之心與罪, 又安能痛悔悛改哉? 罪不痛改不去, 罪不去, 變畜之緣不滅. 變畜之刑, 奚能自釋止哉? 豈非淪畜道, 竟無法可轉爲人乎?

어떤 이가 말했다. "고난을 받아서 죄를 보상하는데, 죄를 갚으면 형벌이 끝납니다."

내가 말했다. "나는 힘든 것을 참으면 천주의 마음을 움직여 능히 죄를 면하고 형벌을 그치게 할 수 있다고 하는 말을 들었습니다. 하지만 힘들고 괴로운 일만으로 천주의 마음을 감동시켜서 죄를 면하고 형벌을 그치게 할 수 있다는 말은 들어보지 못했습니다. 저 축생도에 떨어진 것들은 괴롭다고 말하지 못하고 선악도 알지 못합니다. 아무 생각 없이 그 괴로움을 굳게 참아 죄를 면한다고 하니, 어찌 죄의 사함과 형벌 풀어줌을 입어 사람으로 바뀔 수 있겠습니까?"

或曰: "以受苦難償罪, 罪贖, 刑已矣." 余曰: "我聞艱難之忍, 足動天主之心, 能贖罪消刑. 未聞艱難之任, 足感天主之心, 贖罪消刑也. 彼淪畜道者, 不謂艱難, 不識善惡, 無意堅忍其艱難以贖罪, 焉能蒙罪之赦釋刑僇, 而轉爲人類耶?"

5.47

만약 자신이 옛날에는 사람이었는데 이제 죄로 벌을 받아 새나 짐승이 되었음을 안다면, 틀림없이 크게 괴롭게 여길 것이다. 그 정신은 새나 짐승의 형상 안에 사는지라 근심과 번민과 슬픔을 이기지 못한다. 진실로 한 차례 죽기를 바라야만 능히 새의 형상을 벗어나서 바뀌태어나 사람이 되니, 반드시 죽임을 당하는 것을 근심으로 여기지 않게 될 것이다. 그는 죽임을 당하는 것을 오히려 감옥을 깨고 나와 하늘 해를 보는 것처럼 여겨서, 발돋움을 하고 목을 빼 오직 더뎌질까 염려할 터이니, 또 어찌 이를 죽임을 경계하겠는가?

如曰自知昔嘗爲人, 今以罪罰爲鳥獸, 必也以爲大苦難. 其靈神居鳥獸形中, 不勝憂懣哀悲. 苟冀一死, 則能脫乃禽之形, 而轉生爲人, 必不以見殺爲患. 其視見殺, 猶破狴狂, 見天日, 企足引領, 惟恐遲遲也, 又曷爲戒殺之乎?

만약 능히 근심과 즐거움을 깨달을 수 있다고 하면, 반드시 또한 능히 선과 악을 깨달아 공을 세우고 죄를 범함을 알 수 있을 것이다. 가령 가장 악한 사람이 해치고 죽이는 데 익숙해서 바뀌어 사자나 범, 이리가 되었고 이미 전생에 포학한 짓을 해서 지금 생에 벌을 받은 줄 안다고 하자. 또 다시금 그 해독을 함부로 해서 붙잡아 움키고 끌어당겨 물어뜯어서 그 죄를 더한다면, 죽은 뒤에 또 어떤 물건으로 변하겠는가?

若云能覺憂樂, 必亦能覺善惡, 知建功犯罪也. 假令最惡人, 習于殘殺, 既轉

爲獅子虎狼, 旣知爲前生作虐, 今生受罰矣. 又復肆其毒害, 搏攫援噬, 而增其
罪, 死後又變爲何物乎?

범과 이리가 선과 악을 아는 물건이라면 반드시 또한 두려워할 줄
알고 바랄 줄 알 것이다. 어찌 악을 징계하고 선을 권면하는 방법을
세우지 않으며, 어찌 현명한 스승을 주어서 그를 이끌어 선을 따르고
악을 피하게 하지 않는가? 어찌 관청에다 그를 세워 칭찬하고 나무라
며 상 주고 벌주는 것을 정하지 않는가? 이미 그럴 수가 없어 그 악을
더하는 것을 내버려둔 것이라면, 반드시 마땅히 다시 바뀌어 사람이
되지는 못할 터이니, 어찌 세상 사람은 날로 줄어들고 새나 짐승은 날
마다 많아지지 않겠는가? 하지만 새나 짐승은 사람보다 신령스럽지
가 않다. 사람이 전생의 일을 능히 알지 못하니, 그렇다면 새나 짐승도
아무것도 모른 채 그 타고난 성품에 편안해할 것이 틀림없다. 새나 짐
승이 됨이 즐겁고, 죽지 않는 것은 더욱 즐겁다. 이래서 축생도가 즐거
운 경지가 되는 것이다.

虎狼爲知善惡之物, 必亦知畏知望也. 盍建之懲惡勸善之法, 盍與之明師,
引之循善避惡乎? 盍立之官司, 以定其褒貶賞罰乎? 旣不能然, 任其增惡, 必不
當復轉爲人, 豈不令世人日少, 禽獸日多哉? 然而禽獸不靈于人, 人不能知前
生之事, 則禽獸之不知, 而自適其性必矣. 爲禽獸, 樂也. 不殺, 更樂也. 是畜道
爲樂境也.

5.48

사람이 행하는 선과 악은 정신이 주체가 되고 육신은 이를 함께한
다. 그 보응은 정신과 육신이 함께 받는 것이 마땅하다. 세상의 부귀와
안락, 빈천과 고난은 모두 형상 있는 물건에 속한다. 이 때문에 모두

육신의 화복이 될 뿐, 정신의 화복이 되는 것은 아니다. 만약 덕을 베풀거나 죄를 지은 보답이라고 한다면, 저 선을 행하고 악을 행한 육신이 그 보응을 감당해야 함이 마땅하다.

人所爲善惡, 靈神爲主, 形軀共之. 其報應也, 則靈神與形軀兼受, 義矣. 世之富貴, 安樂, 貧賤, 苦難, 悉屬形物, 故皆爲形軀之禍福, 非靈神之禍福也. 若以爲德與罪之報, 彼爲善爲惡之形軀, 宜當之.

이제 사람의 육신이 죽으면 그 즉시 염을 해 묻고, 며칠 만에 썩어서 다시는 영원히 관을 벗어나지 못한다. 그럴진대 네가 말한 다른 곳에서 바뀌어 태어나는 것은 진실로 저 선을 행하거나 악을 행한 육신이 아니라 다시 만들어진 육신일 뿐이다. 선을 행하여 공을 세운 육신은 여기서 썩고, 선을 행하지 않아 공을 세우지도 않은 육신은 저기서 복을 받으니, 죄는 이 육신이 범했는데 재앙은 저 육신이 받게 되는 셈이다. 사람들이 이 말을 듣는다면 낯빛이 변해 참지 않으려 들 터이니, 어찌 천주의 지극히 공평한 의리라 하겠는가?

今人形軀徂謝, 即殮瘞, 數日則腐朽, 永年不復離于棺槨. 則爾所言轉生他處者, 固非彼爲善爲惡之形質, 乃再造之形質耳. 夫爲善建功之形質, 腐朽於此, 不爲善, 不建功之形質, 蒙福於彼, 此形質犯罪, 彼形質受殃. 人聞之, 愀然不忍, 豈天主至公至平之義哉?

5.49

사람들이 행한 일이 참으로 선한지 여부를 알고자 하면 그의 뜻과 취향을 보면 된다. 선을 행하여 천주의 명을 높이고 덕을 행하여 덕의 아름다움으로 삼는다면 참된 선이요 실다운 덕이다. 덕을 행하면서 이름을 바라고 재물을 바란다면 어찌 진짜 덕이겠는가? 바로 교만과 탐욕에 속한다. 세상의 부귀와 안락을 가지고 선한 덕의 보답을 정한 다면, 선을 행하고 덕을 짓는 자로 하여금 인하여 이를 빌고 바라게 하는 것이다. 이 선한 덕은 한갓 선한 덕의 겉모습이고, 사실은 탐욕스 럽고 교만한 성품이다. 선한 덕의 성품을 잘못된 뜻으로 먼저 잃었으 니, 영원한 재앙을 면치 못할 것이다. 하물며 길하고 상서로운 보답을 입겠는가?

人行事, 欲知眞善與否, 在其志趣也. 爲善以尊天主之命, 行德爲德之美, 則 眞善實德也. 行德以冀名冀財, 詎眞德? 正屬傲貪矣. 以世之富貴安樂, 定善德 之報, 則令行善作德者, 因而冀望之. 是其善德徒善德之貌, 實貪傲之性也. 善德 之性, 以忒志先喪, 不免永殃, 矧蒙吉祥之報哉?

하물며 세간의 여러 죄악의 뿌리에는 세 가지가 있다. 재물을 좋아 하고, 귀함을 좋아하며, 안락함을 좋아하는 것이다. 사람이 행하는 크 고 작은 죄악은 모두 이 세 가지 뿌리에서 싹튼다. 이 세 뿌리를 뽑아 내야 공덕이 이루어진다. 사람이 선을 행하여 부귀하고 안락한 곳에 바뀌어 나는 것을 가지고 그 응보를 정한다고 하면, 반드시 끊어야 할 바를 써서 선을 행해놓고 선으로 보답받으려는 것이다. 이는 선을 행 함으로 인해 선을 잃고 덕을 무너뜨리는 데로 내던져서 온갖 죄의 함 정에 빠뜨리는 것이다. 어찌 천주께서 참된 덕으로 갚아주시는 보답 이겠는가? 바로 삿된 마귀가 덕을 꺼리고 덕을 잃게 만드는 상등의 계 책일 뿐이다.

況世間諸罪惡之根柢有三, 一好財, 一好貴, 一好安樂. 人所爲大小罪惡, 悉 此三根萌也. 拔此三根, 功德乃成. 人爲善, 而以轉生於富貴安樂處, 定其報, 則 用其所必絶, 以爲善者而報善也. 是因爲善, 而投之喪善敗德, 陷於萬罪之穽也. 詎天主酬實德之報? 正邪魔忌德喪德之上計耳.

5.50

인과의 이치를 믿는 이는 분명한 이치로 증거 댈 만한 것이 없을 경우, 일의 자취로 이를 증명하려 든다. 이치로 증명할 수 없을 경우, 직접 본 것으로 증거를 대려고 한다. "어떤 곳의 아무개는 나면서부터 말을 할 수 있었다"거나, "나는 본래 아무 집안의 자식이었다. 여기는 내 진짜 부모가 아니고 삶을 의탁한 부모일 뿐이다"라고 한다. 또 능히 전생의 일을 기억하거나 말할 수 있는 사람도 있다. 이 같은 종류는 몹시도 많으니, 윤회의 드러난 자취가 아니겠는가?

信因果者, 旣無明理可據, 則圖以事跡驗之. 旣不能徵之以理, 則圖徵之以目. 曰: "某所某甲, 生而能言." 曰: "我本某家子也. 此非我正父母, 乃託生父母耳." 又有能憶能言前身事者. 是類甚多, 非輪廻顯跡乎?

5.51

내가 말했다. "분명한 이치지만 증명하기 어려운 일은 그저 눈만으로 증명하기가 충분치 않다. 하물며 바른 이치인데 오류로 여기는 일이야 말해 무엇 하겠는가? 천주께서 사람에게 눈을 주신 것은 다만 색깔을 구분하기 위해서다. 눈의 이로움은 몹시 보잘것없다. 혹 질병으로 인해 또는 물건이 멀리 떨어져 있거나 연기로 막혀 있다 보니, 사물의 성글고 조밀함은 자주 큰 오류를 불러와서 검은 것을 희다고 하고, 큰 것을 작다고 하며, 곧은 것을 굽었다고 한다. 삿된 마귀가 사람을 속이려 할 때도 또한 사물의 색깔과 형태를 바꾸거나, 또한 사람의 눈을 혼미하게 하여 헛그림자를 보고 실물로 여기게 만든다. 눈을 믿고 색깔을 구별하는 것도 오히려 오류가 또 이렇게 많거늘, 어찌 일의 참된 이치를 증명함을 믿을 수 있겠는가? 눈에 바탕을 두어 분명한 이치를 버리는 것과 밝은 눈에 의거해 눈을 의심하는 것은 어느 것이 옳고 어느 것이 그르겠는가? 하물며 그들이 말하는 윤회의 드러난 자취라는 것은, 이 사람의 말이 저 사람의 말에 근거했고, 저 사람은 또 다른 사람의 말을 들은 것이어서, 돌고 돌아 서로 믿은 것일 뿐, 실로 명백하게 한 사람의 윤회를 살펴본 자가 없다. 이는 홀로 귀를 증거로 삼은 것이지, 또 어찌 눈을 증거로 삼은 것이겠는가?"

余曰: "明理所不足徵之事, 徒目不足徵之, 矧正理所謬事哉? 天主賜人目, 特以別色. 目利甚微, 或因疾病, 或因物遠離, 或因隔氣, 物疎密, 屢致大謬, 以黑爲白, 大爲小, 直爲曲也. 邪魔欲欺人, 亦能變物色與物形, 亦能昏迷人目, 令視虛影爲實物. 恃目別色, 猶且謬誤多端, 豈可恃以徵事之實理哉? 據目棄明理, 據明目疑目, 孰非孰是乎? 況所言輪廻顯跡者, 此人言又據彼人言, 彼人又聞之他人言, 展轉相信, 實無有明視一人之輪廻者也. 此獨耳爲證, 又何嘗以目證耶?"

5.52

바른 도리는 쉽고도 분명해서 비록 어리석은 사내라도 절로 능히 깨우칠 수가 있다. 윤회의 주장은 만국의 백성 중에 여태 이를 능히 깨우친 사람이 없다. 성현과 도리에 밝은 선비들이 또 다들 꾸짖고 나무라며, 사람들에게 망령되이 믿지 말라고 권했다. 바른 도리는 또한 지극히 공변되어, 천주께서 사람마다 이를 알게 하시려고 수시로 여러 곳에서 이를 써서 분명한 징험을 보여주고 뚜렷한 자취를 드러내셨다. 이제 불교가 들어가지 못한 여러 나라의 기록들을 살펴보더라도, 개벽 이래로 한 사람도 윤회한 이가 있다는 말은 듣지도 보지도 못했다. 그사이 하늘에서 내려온 신성한 이들 또한 윤회에 대해 말한 적이 없다. 부처만 홀로 스스로 윤회한다며, "직접 해명하고 직접 증명한다"고 말했으나, 사람들은 반드시 믿지 않았다. 윤회의 주장은 부처가 설명한 것이고, 윤회를 증언한 것은 부처의 제자들이어서, 속이기가 몹시 쉬웠을 테니 어찌 족히 믿겠는가?

夫正道易明, 雖愚夫自能悟之. 輪廻之說, 萬國之民, 未有能悟之者. 聖賢明道之士, 又皆刺譏之, 勸人勿妄信焉. 正道亦至公, 天主欲人人知之, 是用隨時隨處見明驗, 著顯跡. 今竅佛教未入諸國所紀, 開闢以來, 未見未聞有一人輪廻者. 其間天縱神聖, 亦未有言輪廻者. 佛氏獨自輪廻, 語曰: "自訟自證." 人必不信. 輪廻之說, 佛氏之訟也, 輪廻之證, 佛氏之徒也, 流誣甚易, 曷足信哉?

예가 아닌 것을 행함이 죄일진대, 의롭지 않은 것을 믿는 것이 어찌 죄가 되지 않겠는가? 윤회의 주장은 지극히 어둡고 지극히 사사로워 결코 이치에 합당치 않고, 흠이 많아서 공격하기가 쉽다. 이것은 참으로 삿된 도의 자취니, 어찌 족히 바르다고 믿겠는가? 이를 바르다고 믿는다면, 삿된 말을 경솔하게 믿은 허물과 욕됨을 면할 수 있겠는가?

行非禮, 罪也. 信非義, 豈不爲罪乎? 輪廻之說, 至暗至私, 絶不合理, 多瑕釁易攻. 此眞邪道跡也, 何足信正耶? 信正之, 能免輕信邪語之譽與僇歟?

5.53

윤회의 주장이 과연 있다고 하면, 개벽 이래로 한 사람의 영혼이 겪어온 세계는 너무나 많고 본 일과 아는 사람도 대단히 많을 것이다. 마침내 한 사람도 한 가지 일을 능히 기억하거나 한 사람이라도 능히 아는 이가 없다. 그런데 부처만 홀로 그 일을 기억하고 그 사람을 안다고 하니, 어찌 뭇사람은 유독 잘 잊어버리는데 부처의 무리만 홀로 잘 기억한단 말인가? 그렇지 않으면 부처만 홀로 지혜롭고 나머지 사람은 다 어리석다는 것인가? 내가 나와 뭇사람이 모두 기억하지 못하는 것은 분명히 알지만, 저 한 사람만 홀로 기억한다는 것은 분명하게 알 수가 없다. 어찌 반드시 자기와 뭇사람은 모두 잘 잊어버린다고 의심하면서, 저 한 사람의 말이 거짓말임은 의심하지 않는단 말인가?

輪廻之說果有之, 則自開闢以來, 一靈神所經世界甚多, 所見事, 所識人甚衆, 竟無有一人能記一事, 能識一人. 而佛氏獨記其事, 識其人, 豈衆人獨善忘, 佛之徒獨善記耶? 抑佛氏獨智, 而餘人皆愚乎? 我明知己及衆人皆不記, 不能明知彼一人獨記. 何必疑己與衆皆善忘, 而不疑彼一人語爲誑語乎?

5.54

천주께서 선을 칭찬하고 악을 나무람을 정해둔 것은 진실로 이미 범한 죄악을 벌주고, 이미 세운 공덕에 상을 주시려는 것이다. 또한 아직 범하지 않은 악을 감독하고, 아직 세우지 못한 공덕을 열어주시려는 것이다. 만약 윤회의 변화를 실제로 천주께서 베풀어, 이를 써서 선을 권면하고 악을 징계하셨다면, 틀림없이 사람으로 하여금 즐거움을 기억하여 이를 바라게 하고 괴로움을 떠올려서 이를 두려워하게 하여, 그 선과 악을 능히 권면하고 징계할 수 있었을 것이다. 만약 온전히 기억할 수 없게 했다면, 선 또한 권면할 것이 못 되고 악 또한 징계할 만한 것이 못 될 테니, 마침내 우리에게 무슨 유익함이 있겠는가?

夫天主定善惡之褒貶, 固以罰已犯之惡, 賞已建之功德. 亦以董未犯之惡, 迪未建之功德也. 若輪廻之變, 實天主所設, 用以勸善懲惡, 必也令人憶樂而望之, 憶苦而畏之, 其善與惡, 乃能勸懲矣. 若令全不能記憶, 善亦不足勸, 惡亦不足懲, 終何益於我耶?

5.55

만약 전생에 어떤 집안의 자식이 되었다고 하면, 지금 나를 낳아준 것은 진짜 부모가 아니요 다만 몸을 맡겨 태어난 부모인 것이니, 더더욱 황당한 말이다. 사람은 영혼과 육체를 가지고 있다. 영혼이라는 것은 천주께서 아무것도 없는 중에 만들어서 있게 되었으니, 부모와는 상관이 없다. 다만 뼈와 살로 된 육신은 이 남자와 이 여자로 말미암아 이를 얻으므로 내 부모가 되는 것이다. 지금 생의 육신은 전생의 육신과는 다르다. 전생의 육신은 저 남녀를 통해 얻었으므로 실로 내 부모가 된다. 지금 생의 육신은 이 남녀를 통해 얻었는데, 어찌 홀로 실제 내 부모가 되지 않는단 말인가?

若言前生爲某家之子, 今生我者非眞父母, 惟托生之父母, 更誕語也. 人有靈神, 有形軀. 靈神者, 天主自無中造有之, 與父母無預也. 惟有骨肉之身, 由此男此女得之, 故爲我父母也. 夫今生之肉身, 異於前生之肉身也. 前生之肉身, 由彼男女得之, 故實爲我父母. 今生之肉身, 由此男女得之, 曷獨不實爲我父母歟?

만약 지금 육신의 부모가 참 부모가 아니고 몸을 맡겨 태어난 부모라고 하자. 전생의 앞에는 또 전생이 있으니, 전생의 부모 또한 내 부모가 될 수는 없을 것이다. 설령 나면서 이 말을 하는 자가 있더라도, 이는 바로 삿된 마귀가 사람을 유혹해 아비와 자식이 서로 사랑하고 공경하는 바른 도리를 버리게 하고, 사람의 마음을 괴상하고 요사스러운 말로 꾀는 것일 뿐이니, 어찌 윤회의 참다운 증거겠는가?

若今身之父母, 非眞父母, 乃托生之父母. 前身之前, 又有前身. 前身之父母, 亦不能爲我父母也. 縱有生而爲此言者, 正爲邪魔誘人棄父子相愛敬之正道, 惑人心怪妖之語, 豈輪廻之實徵哉?

5.56

어떤 이가 말했다. "윤회가 허탄함이 옳습니다. 감히 묻건대, 생사의 바른 이치란 어떤 것인지요?"

내가 말했다. "영혼과 육신, 이 두 가지가 합쳐져서 사람이 됩니다. 하나의 육신이 만들어지자 천주께서 아무것도 없는 가운데 하나의 영혼을 만들어, 이를 부여하여 합쳐주자 사람의 성품이 비로소 온전하게 된 것이지요. 이 육신이 있기 전에는 이 영혼도 없었습니다. 이 때문에 사람의 영혼은 처음 태어날 때에 아무런 지식이 없습니다. 그 뒤로 눈으로 보고 귀로 듣는 것에 따라 날마다 조금씩 아는 것이 늘어나게 됩니다. 사람이 죽은 뒤에는 비록 몹시 악한 사람도 그 영혼이 만세토록 능히 흩어져 없어지지 않고, 또 바꿔 태어나 윤회할 수도 없습니다. 그저 죽을 때 이룬 바가 선한지 악한지에 따라 마침내 응당 가야 할 곳으로 들어가게 될 뿐이지요. 이미 이곳에 들어가면 영원히 다시 나올 수가 없고, 받는바 괴로움과 즐거움이 너무도 크고 끝이 없어서, 세간의 괴로움과 즐거움은 능히 만에 하나에도 견줄 수 있는 것이 아닙니다. 또 사람이 마음으로 능히 생각하거나 세상의 이치로 능히 논할 수 있는 것이 아니지요.

或曰: "輪廻爲虛誕是已, 敢問生死正理何如?" 余曰: "靈神肉身, 兩者締結成人也. 一肉身旣成就, 天主從無中造有一靈神付與締結之, 人之性始全焉. 此肉身之前, 未嘗有此靈神也. 是以凡人之靈神初生時, 絶無知識. 後隨目所視, 耳所聽, 日漸滋長其所曾知曾識焉. 人旣死後, 雖甚惡者, 其靈神萬世不能散滅, 又不能轉生輪廻. 乃隨死候所就, 或善或惡, 遂入其報應之境耳. 旣入此境, 永不能復出, 所受苦與樂, 甚大無極, 非世間苦樂所能比其萬一, 且非人心所能思, 世理所能論也.

이것은 천주께서 고금 만세에 가르쳐주신 것이고, 성현들이 자신에게서 믿어 세상에 전한 바꾸지 못할 바른 도리입니다. 그 밖의 삿된 주장은 모두 사악한 마귀가 못난 사람을 유혹하여, 세상에 전해주어 세상 사람을 어지럽혀서 죄에 빠지게 만든 것입니다. 그 계획은 몹시 비밀스럽고 자칫 참다운 이치가 있는 듯 보여, 천주께서 내 마음을 밝게 열어주시지 않으면 온전히 알아 완전히 피하기가 어렵습니다.

此則天主所訓古今萬世, 聖賢所信於己, 所傳於世, 不可易之正道矣. 其他邪說, 悉邪魔誘不肖之人, 傳貽於世, 以紛亂世人, 使淪溺于罪也. 其計甚秘, 稍似實理, 非天主牗明我心, 難以盡識罄避焉.

대개 하늘과 땅에는 사람과 사물을 주재하는 주인이 있고 세간에는 선하고 악한 사람이 있는지라, 반드시 선을 상 주고 악을 벌주는 정한 법과 정해진 장소가 있습니다. 이것이 이른바 천당과 지옥입니다. 삿된 마귀는 사람들이 이 같은 참된 이치를 독실하게 믿어 반드시 능히 악을 없애고 선으로 돌아올 것을 두려워하여, 부처로 하여금 여기에 끼어들어 여러 가지 허튼 말을 하게 해서, 사람들로 하여금 비록 천당과 지옥이 있음을 믿더라도 그다지 두려워하거나 바랄 만한 것이 되지 않는다 하여 가볍고 우습게 여기게끔 만들었습니다. 또 유가瑜伽[23]의 삿된 법을 만들어서, 적은 재물만 바치면 바로 요행으로 천당에 갈 수 있고 지옥을 다행히 면할 수 있다고 말합니다. 또 짐승으로 윤회한다는 주장을 여기에 더해서, 사람으로 하여금 허탄함을 깨닫게 하고, 아울러 천당과 지옥의 주장이 모두 마땅히 근거가 없다며, 다만 우언寓言으로 권하여 유혹할 뿐입니다.

蓋乾坤有主宰人物之主, 世間有善惡之人. 必有賞善罰惡之定法定所, 即所

---

23 유가: 세상의 온갖 일이 주관과 객관의 모든 사물이 서로 조응하여 이루어지므로 모든 현상이 마음의 작용에 지나지 않는다는 가르침을 말한다.

謂天堂地獄是也. 邪魔懼人篤信此實理, 必能去惡歸善, 則令佛氏雜之, 誣語多端, 俾人雖信有天堂地獄, 不以爲甚可畏望, 而輕忽之. 又作瑜珈邪法, 謂捐少財物, 即天堂可倖致, 地獄可倖免焉. 又令兼之輪廻畜生之説, 俾人悟斯爲虛誕, 并天堂地獄之説, 俱當無憑, 特寓言勸誘而已.

이미 실제로 천당과 지옥이 있음을 믿을 수 없다면, 이른바 죽은 뒤에는 아무 바랄 것이 없습니다. 죽은 뒤에 두려움과 바람이 없다면, 세상의 법으로 상 주고 벌주는 것도 반드시 사람의 선과 악에 걸맞을 수가 없게 될 테니, 사람으로 하여금 악을 제멋대로 행하고 선에 게으르게 만드는 것이 어찌 날로 깊어지지 않겠습니까?"

既不能信實有天堂地獄, 則無所謂望於死後. 去死後之畏與望, 即世法之賞罰, 必不能稱人之善惡, 使人肆於惡, 怠於善, 豈不日深歟?"

6

DE SEPTEM VICTORIIS

음란함을 막음

七克

DIEGO DE PANTOJA

음란함은 물이 넘치는 것과 같아서
정결함으로 이를 막아야 하므로, 〈방음〉을 짓는다.

淫如水溢, 以貞坊之, 作坊淫.

〈방음〉 소서坊淫小序

진晉나라 군사가 융戎을 쳐서, 여융女戎 여희驪姬[1]를 얻어 돌아왔다. 융을 미처 이기지 못했는데 여융이 먼저 진나라를 이겨, 세 공자는 달아나고 그 나라의 운명을 빼앗겼으니, 슬프도다! 융이 침실에서 일

---

1 여융 여희(BC ?~650?): 여융은 여화女禍라는 뜻으로, 한 나라의 재앙이 여자로부
   터 말미암는다는 의미다. 여기서는 '나라를 말아먹은 여자 여희'라는 의미로 썼
   다. 여희는 춘추시대 융국戎國 군주의 딸로, 붙잡혀와서 진헌공晉獻公의 왕비가 되
   었다. 왕의 총애를 한 몸에 받게 된 그녀는 권력을 독차지하려고 공자 신생申生과
   중이重耳, 이오夷吾를 이간질해서 신생은 자살하고, 중이와 이오는 도망가게 했다.
   그러고는 자기가 낳은 아들 해제奚齊를 태자로 세웠다. 진헌공이 죽은 뒤 해제가
   보위를 이으려 하자 이극里克이 해제를 죽이고, 순식荀息이 탁자卓子를 세우려 하
   자 이극이 또 그마저 죽여서 진나라가 망하고 말았다.

어나자, 그 재앙이 전쟁보다 참혹했다. 사람마다 능히 이를 말했다면 이를 믿을 수가 있을 것이다. 하지만 또 사람마다 그 누가 능히 이를 진짜로 믿고, 누가 참으로 이를 두려워하겠는가?

晉師伐戎, 獲女戎驪姬以歸. 戎未克, 而女戎先以克晉. 走三公子, 而奪其國命, 悲夫! 戎興於衽席, 禍慘于戈戟. 則人人能言之, 能信之矣. 則又人人誰能眞信之, 誰能眞畏之也?

　재앙의 물이 불꽃을 꺼버리고,[2] 많은 수레가 말을 어지럽게 만들며, 암사슴이 당나라에 모여들었으니,[3] 일이 어그러짐이 서로 잇달았음은 일천 년 동안 한 모양이었다. 만승萬乘의 천자로부터 필부에 이르기까지, 마음으로 기꺼이 융에 나아갔으면서도 융에 대해 경계하지 않은 것은 어째서일까? 칼날에 꿀을 묻혀 핥으면 꿀만 보이고 칼날은 보이지 않으며, 험한 비탈에서 토끼를 몰면 토끼만 보이고 험한 것은 보이지 않기 때문이다. 이에 더해 지닌 바를 떠올려 생각하여 한번 가서는 돌아올 줄 모르고, 맺혀 있는 미혹한 정을 가지고 얽매여 벗어나지 못했기 때문이다.

禍水滅炎, 芊車亂馬, 牝麀聚唐, 敗績相循, 千載一轍. 自萬乘以至匹夫, 甘心即戎, 而不戒于戎, 何哉? 舐蜜于刃, 見蜜不見刃矣. 逐兎于險, 見兎不見險矣.

2　재앙의 …… 꺼버리고: 주나라 여왕厲王의 후궁 동첩童妾이 용이 흘리는 침을 맞고서 임신해 절세미녀 포사褒姒를 낳았는데, 주나라 유왕幽王이 그녀에게 혹해 주나라를 망하게 했다. 서유본徐有本의 〈재거감흥齋居感興〉 제41수에 "재앙의 물 불꽃 정기 다 꺼버리자, 용의 침에 주희周姬가 어지럽구나(禍水滅炎精, 龍漦亂周姬)"라고 한 구절이 있다.

3　많은 수레가 …… 모여들었으니: 모두 임금이 여색에 빠져 나라가 망하게 된 고사와 연관이 있으나, 따로 전거를 찾지 못했다.

加以想念所持, 往而不返, 迷情所結, 繫而不脫.

여기 판토하의 〈방음〉은 뜻을 이김에서 말미암는다. 음탕함은 마치 물이 사물에 스며드는 것과 같아서, 지극히 무젖어 쌓이지 않고는 반드시 능히 스며들지 못한다. 그래서 음란하다고 일컫는 것이다. 막는 것은 마치 제방이 물을 막는 것과 같아서, 지극히 견고하지 않고는 반드시 범람을 견디지 못한다. 그래서 막는다고 일컫은 것이다.

此龐子坊淫, 所繇志克也. 淫如水之浸物然, 非極浸積, 必不能滲入. 故稱淫焉. 坊如堤之捍水然, 非極堅固, 必不勝氾濫. 故稱坊焉.

어떤 이가 말했다. "배고프면 먹을 것을 생각하고, 장성하면 아내 얻기를 생각하는 것은 사람의 정리가 아닙니까! 홀로 어찌 그것이 정리가 아니라고 하시는지요?"

내가 응하여 말했다. "정이라면 정일 것이오! 정을 따르고 욕망을 탐하면서 예로써 이를 절제하지 않는다면, 이는 융마戎馬가 침상에서 나와 군대를 이끌고서 스스로를 죽이는 것이라고 할 것이오."

결론적으로 말해, 융을 이겨놓고 융에 나아가는 일은 없어야 한다.

或曰: "饑思食, 壯思室, 非人情乎! 獨奈何其不情也?" 余應之曰: "情則情矣! 縱情殉慾, 不以禮節之, 是謂戎馬生于牀第, 而引兵自刑也." 總之克戎, 而無即戎.

판토하의 말이 있고 나서부터 생각을 물리치고 미혹됨을 풀기에 이르렀으니, 그렇다면 또 〈방음〉 중 핵심이 되는 뜻이고, 무쇠 성이 내게 있는 셈이다. 잠시 그 말을 다 마치지 않는다.

自有龐子之言在, 至于郤想釋迷, 則又坊淫中之要旨, 而金城在我矣. 姑未竟其說.

강동 최창이 짓다

江東崔淐撰

음탕한 악 그 무엇과 비슷하던가?	淫惡知何似
정욕 흐름 시내 넘쳐흐름과 같네.	流情水決溪
잠깐만 더럽혀도 얼굴 붉은데	乍汚顏尚赧
놓아두면 뜻이 온통 미혹된다네.	稍縱意全迷
짐승 행실 손가락질 많이 받거늘	獸行叢多指
신의 감독 어둔 방도 환히 비추리.	神監逼暗閨
어이해 부지런히 자신을 이겨	爭如勤自克
곧은 덕으로 무쇠 제방 삼음만 하리.	貞德是金隄

어산漁山 오력吳歷

6.1

음란이란 무엇인가? 지저분한 즐거움을 즐기면서 스스로 금하지 못하는 형세를 말한다. 마음의 눈이 멀어 헤아리지 못하고, 가볍게 바뀌어 일정함이 없으며, 무너질 듯 급하게 내닫고, 자기의 감정만 좇거나 천주를 미워하고, 도덕과 의리 및 죽은 뒤의 일을 싫어하는 것이 모두 음란이라는 악에서 나온다.

淫者何? 樂穢娛而不自禁之勢也. 心盲不度, 輕變無恒, 急趨如崩, 縱己情, 惡天主, 厭德義, 及身後之事, 皆從于淫之惡.

베르나르도가 말했다. "삿된 마귀가 도리를 향하는 마음을 공격할 때 그 수레가 몹시 많으니, 음란이라는 수레가 그중 하나다. 풍성한 음식과 화려한 의상, 일이 없어 잠만 자는 것과 소란스러움을 떠올려 쉽게 타오르는 것이 네 개의 바퀴다. 일이 순조롭게 이루어지고 재물이 넉넉한 것이 두 마리 말이 되고, 게으르고 나약한 것과 구차하게 편안한 것이 두 명의 하인이다."

百爾納曰: "邪魔攻道念, 其車孔多, 淫車爲一. 豐食飮, 華衣裳, 閑而多寐, 念擾易熾, 四輪也. 事順, 物裕, 兩馬也. 怠懷, 苟安, 二僕也."

6.2

음란한 욕망은 마음에 일어나는 불길이다. 이 불이 한번 일어나면 착한 마음, 덕스러운 바람, 의로운 행실이 모두 타버린다. 땔감은 술과 음식이고, 불길은 거만함과 방자함이며, 불똥은 남을 욕보이는 말이고, 연기는 더러운 이름이며, 재는 고약한 질병이다. 불이 처음 일어날 때는 비록 미약해도 이를 소홀히 보면 반드시 큰 불길이 되어 쳐서 끄기가 가장 어렵다.

淫欲, 心火也. 此火一發, 善念, 德願, 義行, 悉熸焉. 其薪酒食, 其燄倨傲, 其熛纖言, 其煙穢名, 其燼惡疾矣. 火初發雖微, 忽之必至大烈, 最難撲滅也.

음욕이 처음 일어날 때 마귀가 더러운 형상을 늘어놓으면 내 생각이 움직인다. 생각이 움직일 때 급히 이를 억제하지 않으면 욕망이 움직인다. 욕망이 움직이면 즐겁고, 즐거우니 행한다. 오래 행하다 보면 습관이 되고, 습관이 되면 자신을 거기에 내맡긴다. 자신을 내맡기면 부끄러움을 놓게 되고, 부끄러움을 놓으면 더더욱 지키려 든다. 지키면 공격하여 치게 되고, 공격하여 치면 건져내기가 어렵다.

淫欲之初, 魔陳汚象, 我乃動念. 念動, 不亟抑之, 則動欲. 欲動乃樂, 旣樂乃行, 行久則習, 習則自誘, 自誘則置羞, 羞置則增護, 護則伐, 旣伐則難捄矣.

이에 대해 간언하면 성을 내고, 도리의 말을 들으면 짜증을 부린다. 의로운 행실을 보면 비난하니, 뱃속이 누린내 나는 더러운 것들로 가득 차서 맛난 음식을 만나더라도 모두 싫증을 내며 맛보고 싶어 하지 않는 것과 같다.

《성경》에 말했다. "여색을 좋아하는 자는 지혜의 말을 들으면 억눌러 등 뒤로 던져버린다."[4] 그래서 도의로써 음란한 사람에게 말하는 것은 보배를 돼지 앞에 두면 반드시 이를 밟아 더럽히는 것과 같다.

諫之則怒, 聽道言則厭, 視義行則譏, 猶腹實羶穢, 遇嘉味, 俱厭不欲嘗焉. 經曰: "好色者, 聽智言則壓, 擲之背後." 故以道義語淫人, 猶以珍寶置豕前, 必踐汚之.

6.3

음욕은 처음에는 달지만 끝에는 쓰다. 마귀는 사람을 유혹하려고 그 단 것만 드러내고 쓴 것은 감춘다. 네가 마귀를 이기고 싶거든, 그 큰 쓴맛을 깊이 생각해야만 처음에 눈앞에 바쳐진 약간의 달콤함을 사절할 수가 있다.

淫慾始甘終苦. 魔欲惑人, 露其甘, 匿其苦. 爾欲勝魔, 則深思其大苦, 始可辭目前所獻微甘.

세네카가 말했다. "음란한 즐거움은 중하게 여길 만한 것이 못 된

---

4 여색을 …… 등 뒤로 던져버린다: 〈집회서〉 21장 15절, "교양 있는 사람이 현명한 말을 들으면 그 말을 중히 여길 뿐 아니라 거기에 더 좋은 말을 보탠다. 그러나 어리석은 자는 그 말을 듣기가 역겨워 등을 돌린다."

다. 인성의 존귀함에 걸맞지 않고, 한갓 천한 몸뚱이를 가지고 이르러 더러운 것을 많이 가져온다. 잠깐 사이에도 죽을 때까지의 근심을 남길 뿐이다."

色擖加曰: "淫樂無可重, 不稱人性之尊貴, 徒以賤體而致, 携多穢汚. 一息遺終身之憂耳."

한 사람이 여러 해 동안 음란한 유혹을 굳게 막아가며 동정의 몸을 간직했다. 갑자기 음란함의 쾌락을 떠올리며 틀림없이 대단히 훌륭할 것이라고 말했다. 직접 맛보고 나더니 탄식해마지않으며 말했다. "잠깐의 더러운 쾌락을 가지고 죽을 때까지의 근심과 후회를 끼치고 말았다. 동정의 몸이라는 더할 나위 없는 지극한 보배와 맞바꾸다니, 아!"

一人多年堅坊淫感, 以保童身. 忽憶淫樂, 謂必大美. 既試, 嘆息不已, 曰: "以瞬息之穢樂, 貽終身之憂悔. 易童身不可補之至寶, 嗟乎!"

6.4

여색에 대해 음란한 것은 마치 입구가 좁은 우물이 들어가기는 쉬워도 나오기가 어려운 것과 같다. 처음 생각으로는 잠깐 맛만 본 뒤에 그만둘 수 있으려니 한다. 알지 못해 아직 시험해보지 않았을 때는 일어나는 것이 미약해 대적하기가 쉽다. 하지만 맛을 보고 나면 욕망이 일어남이 맹렬해서 대적하기가 어렵다. 그래서 덕으로부터 음란함으로 떨어지는 자가 많고, 음란함에서 덕으로 옮겨가는 자는 적다. 마치 물고기가 통발에 들어가는 것과 같아서, 들어갈 때는 쑥 들어가지만 나오는 것은 완전히 거슬러 나와야 해서, 만에 하나도 나올 수가 없다.

淫色者, 如狹口之井也, 入易出難. 初意可暫嘗而後已. 不知, 未試, 發微易敵, 既試, 發猛難敵矣. 故自德墮淫者多, 自淫遷德者寡. 如魚入筍焉, 其入甚順,出乃甚逆, 萬入無一出焉.

　돼지는 더러운 흙탕에 뒹굴다가 돼지 잡는 소리를 듣고는 깜짝 놀라 잠깐 몸을 일으키지만, 소리가 그치면 잊어버리고 다시 뒹군다. 음란함 속에 뒹구는 자들은 음란함이 더럽고 몸을 해치며 천주께서 노하여 지옥의 재앙을 받게 된다는 말을 들으면, 정신이 번쩍 들어 잠시 버려둔다. 얼마 뒤 음란한 욕망이 다시 일어나면 마침내 잊어버리고 다시 뒹군다.

　옛날에 덕이 성대한 현인이 있었다. 보살펴 감화된 자가 매우 많았다. 다만 여색을 좋아하는 한 사람만은 누누이 권유해도 능히 감화시킬 수가 없었다. 어떤 이가 물었다. "악한 사람을 많이 감화시킬 수 있었는데, 이 사람만은 유독 안 되는 것은 어째서입니까?"

　그가 대답했다. "어찌 썩은 물건을 낚아올릴 수가 있겠습니까?"

豕墊於穢泥, 聽庖豕之聲, 則駭然暫起, 聲止則忘而復墊焉. 墊於淫者, 聞淫之汚且害, 天主之怒, 受地獄之殃, 則醒然暫置. 小頃, 淫欲復發, 遂忘而復墊焉. 古有賢人盛德, 顧化者甚衆, 獨一好色人, 累累勸誘, 不能化之. 或問曰: "惡人多可化, 此獨否, 何也?" 答曰: "焉有腐物可以釣致者哉?"

6.5

　사람이 다른 죄를 범할 때는 굳이 함께할 사람이 있을 필요가 없지만, 음란함을 범하는 자는 반드시 함께할 사람이 있어야 한다. 삿된 마귀가 이 때문에 하나를 유혹해서 둘을 얻으므로 이를 하는 것을 몹시 기뻐한다. 다른 정욕은 그저 마음의 덕을 잃을 뿐이다. 하지만 음란한 욕정은 마음의 덕을 다 잃고 또 몸의 복까지 잃게 만든다. 드높던 이름을 무너뜨리고, 굳센 힘을 죽여 없애며, 아름다운 얼굴을 변하게 하고, 몸에 나쁜 병을 불러들인다. 어여쁜 어린 나이의 젊은이를 시들게 하고, 폭삭 늙은 노년을 재촉하며, 심령을 둔하게 하고, 총명을 막아버린다. 마음속 생각에 들어오는 것과 말과 행동으로 드러나는 것이 더럽고 욕스럽지 않음이 없어, 덕행은 말할 것도 없고 일체의 훌륭한 일과 유익한 배움을 모두 그만두게 만들어버린다. 그래서 '몸의 복을 잃는다'고 말하는 것이다. 몸의 복을 잃게 되면 또 집안의 재산도 사라지고 만다.

人犯他罪, 不必有儕侶, 犯淫者, 必有儕侶. 邪魔以此, 誘一得二, 故甚喜爲之. 他情欲, 特喪心德. 淫情旣盡喪心德, 又喪身福. 毁名之高, 殺力之强, 變顔之美, 致躬之惡疾. 槁幼年之丰華, 速耄老之黃耈, 鈍心靈, 閣聰明. 所入於心念, 所發于言動, 無非穢孅, 勿論德行, 一切良業益學悉廢焉. 故曰 '喪身福'也. 旣喪身福, 又消家財.

속담에 "뱃속이 비면 낯빛이 차다"고 했다. 그래서 여색 탐내기를 제멋대로 하는 자는 반드시 먹고 마시는 것에 대해서도 함부로 한다. 스스로 남이 아름다운 것을 기뻐하는지라, 또 남이 나를 아름답게 여겨주기를 원해서 반드시 옷을 곱게 입고 향기로 꾸미며, 단장을 기뻐하고 장식을 다퉈 쓰는 물건마다 틀림없이 사치스럽다. 이 때문에 재물이라는 것은 음란함을 치솟게 하는 땔감이다. 여러 가지 이 같은 종류는 대충 꼽아보더라도 끝이 없다. 재물이 비록 많다고 해도 금방 바닥이 나지 않겠는가? 그래서 '집안의 재물을 없앤다'고 말하는 것이다. 집안의 재물이 소진되고 나면, 또 사람의 위엄과 무게마저 덜어내버린다.

諺曰: "腹虛色寒." 故肆於淫色者, 必肆於食飮也. 自喜人美, 又願人以我爲美, 必將麗服芬芳, 喜妝鬪飾, 用物必奢焉. 故財者, 熾淫之薪. 諸如此類, 遽數不終. 財雖厚, 不速罄哉? 故曰 '消家財'也. 既消家財, 又損人威重.

사람이 한번 음란한 생각을 품으면 반드시 또 눈은 더러운 것을 함부로 보고, 귀는 더러운 소리를 들으며, 코는 더러운 냄새를 멋대로 맡고, 입은 더러운 말과 희떠운 말을 마구 떠들어댄다. 그 웃음은 경박하고 미친 것 같으며, 그 손과 발은 더러운 즐거움과 멋대로 접촉해 움직일 때나 고요할 때나 온통 바른 것에서 어그러지고 만다.

凡人一有淫念, 必且目恣汚視, 耳放汚聽, 鼻縱汚臭, 口肆汚言戱言. 其笑輕狂, 其四體恣觸穢娛, 動靜悉戾於正焉.

6.6

사람의 지혜로운 행동에 방해되는 것 또한 음란한 욕정만 한 것이 없다. 무릇 아는 자의 행동은 반드시 네 단계를 밟은 뒤라야 일이 이루어진다.

妨人之智行, 亦莫如淫情也. 凡知者之行, 必踐四級, 而後成事焉.

첫째는 '명조明照'다. 명조라 함은 행하려 하는 일이 의리에 합당한지를 밝히는 것이다. 음란한 욕정은 느닷없이 와서 마음을 가장 다급하게 뒤흔들어놓고는 웃으면서 가버린다. 마음을 미혹시키는 것이 가장 깊어 참다운 의리를 보지 못하게 만든다.

一謂明照. 明照者, 明所欲行之事, 合義否也. 淫情突如其來, 撼心最急, 逌爾而往. 迷心最深, 不使見實義矣.

둘째는 '양의量議'다. 양의라는 것은 의리에 합당함을 밝히고 나서, 인하여 가늠해 여기로 나아가는 것이다. 음란한 욕정이 안에 붙어 있으면 다시 다른 마음을 먹지 못하게 만든다. 다급하게 내닫는 것이 마치 제방이 무너져서 물이 넘치는 것과 같아, 천천히 의논할 겨를이 없다. 대개 음란한 마음은 절로 절도가 없으니, 어찌 절도를 가지고 이를 다스리겠는가?

二謂量議. 量議者, 旣明合義, 因而斟酌就之. 淫情著中, 不容更出他念. 急急赴之, 如隄崩水溢, 不遑徐議也. 蓋淫心自無節度, 安能以節度御之?

셋째는 '결정決定'이다. 결정이라 함은 참작하여 헤아린 뒤에 실제를 살펴서 알맞게 하는 것이다. 음란한 마음은 더러운 즐거움으로 급히 몰고 간다. 의리를 보지 못하는데 어찌 의리를 행하는 것을 결정할 수 있겠는가?

三謂決定. 決定者, 酌議以後, 審實應作. 淫心急趣汚樂, 旣不見義, 安能決定于行義哉?

넷째는 '명령命令'이다. 명령이라는 것은 의리에 편안하여 명을 펴서 일을 행하는 것이다. 음란한 마음은 마음의 굳셈을 기울여 녹여서 부녀자처럼 여려터지게 만든다. 그래서 그 항심恒心을 모두 빼앗아간다. 음란한 욕망은 덕을 손상시키고, 지혜를 막으며, 좋은 일을 그만두게 만들고, 몸을 손상시킨다. 용모를 어지럽게 하고, 재물을 탕진하게 하는데도 사람이 피할 줄을 모르니, 슬프다!

四謂命令. 命令者, 旣安於義, 申命行事也. 淫情傾消心剛, 令柔脆如女婦, 故悉奪其恒心也. 夫淫欲喪德, 坊智, 廢良業, 損身, 亂容, 匱財, 而人不知避, 哀哉!

6.7

음탕한 생각과 음란한 행실이 진실로 크게 더럽고 지극히 추한 것이 아니라면, 어째서 사람마다 부끄럽게 여긴다고 말하는가?

성 베르나르도가 여자를 좋아하는 한 사람에게 권면했다. "어찌 우리가 장차 감히 행하지 못할 짓을 천주와 천사 앞에서 행하겠는가? 네가 장차 음란한 짓을 행하려고 하면 반드시 가려져 감춰진 곳을 찾아서 내가 알지 못하게 할 것이다. 만약 내가 너를 엿보고 있는 줄 안다면 틀림없이 몹시 부끄러워 그만두고 말 것이다. 네가 설령 천주를 못 보고 천사를 못 본다 하더라도, 어찌 천주와 천사가 능히 너를 볼 수 있다는 것을 분명히 알지 못한단 말인가? 어찌 더욱 부끄러워하며 이를 그만두지 않는단 말인가?"

淫念淫行, 苟非大穢極醜, 云何人人以爲恥乎? 聖百爾納勸一好內者曰: "何我甫且弗敢行, 向天主及天神前, 曷敢行哉? 爾將行淫, 必求隱屏, 不令我知. 若知我伺爾, 必甚羞而舍之. 夫爾縱不見天主, 不見天神, 豈不明知天主及天神能見爾乎? 奚不尤羞而舍之哉?"

옛날에 어떤 음탕한 여자가 한 현인을 유혹하니, 이렇게 대답했다. "굳이 하려거든 함께 저자 가운데로 향해가서 하자."

여자가 의아하게 여겨 말했다. "저자 가운데서 뭇사람이 보면 부끄럽지 않을까요?"

현자가 말했다. "네가 저자 가운데서 뭇사람이 보면 부끄럽다고 염려하는 것이냐? 그러면서 어찌 어둠 속의 천주께서 죄를 보고 벌줄 것은 염려치 않는단 말이냐? 능히 부끄러움을 참지 못하면서, 죄에 대한 벌을 참을 수 있겠는가?"

여자가 또한 뉘우치고 깨달아 음란함을 버리고 정조를 지켰다.

古有淫女, 蠱一賢人, 答曰: "必欲爾, 共向市中作之." 女訝曰: "市中衆見, 不恥乎?" 賢者曰: "爾慮市中衆見, 恥之乎? 曷不慮冥中天主, 見罪罰之乎? 不能忍耻, 而能忍罪罰乎?" 女亦悔悟, 棄淫守貞焉.

6.8

요한은 서양 나라의 이름난 현인이었다. 천주께서 큰 능력을 내려, 삿된 마귀를 능히 복종시킬 수 있었다. 사방 먼 곳에서 마귀 씐 사람들이 와서 건져내 구원해주기를 빌었고, 삿된 마귀가 따르지 않음이 없었다. 한 사람이 마귀에게 씐었는데, 현인이 여러 차례 떠날 것을 명했지만 듣지 않았다. 얼마 뒤에 한 젊은이가 왔다. 마귀가 그를 보더니 몹시 두려워하면서 구슬퍼하며 떠나갔다. 이상하게 여겨 그가 누구인지와 지금 찾아온 뜻에 대해 물었다.

若盎, 西國名賢也. 天主賜之大能, 能服邪魔. 四遠被魔者, 來祈拯援, 邪魔無不聽之. 一人爲魔所憑, 賢屢命之去, 弗聽. 俄有一少年來, 魔見之甚怖, 悲哀而去. 異之, 問其爲人及今來意.

그가 대답했다. "제자에게는 아무런 덕이 없습니다. 다만 어린 나이에 뜻을 세워, 세상을 피해 숨어 살면서 순수한 마음으로 도를 닦아 천주를 섬기고자 했습니다. 스스로 이 일이 육신의 즐거움을 사절하지 않고는 할 수 없음을 알았기에, 정욕을 굳게 끊고 동정의 몸을 온전히 간직했습니다. 그러고 나서 아버님이 억지로 혼례를 올릴 것을 명하셨는데, 결혼 첫날밤에 신부에게 나와 뜻을 같이하자고 권면했습니다. 10여 년간 함께 살면서 서로를 형제같이 보았으므로 속에서 더러운 생각이 일어나지 않았고 밖으로 더러운 행실을 짓지도 않았습니다. 근래에는 서로 떨어져서 각자 도를 닦기로 약속해 제자가 오게 되었습니다. 처음 먹은 뜻에 따라 세상을 버리고 가르침을 구하렵니다."

答曰: "弟子無德. 獨早歲發志, 欲遁世隱居, 純心修道, 事天主. 自知非謝形樂不能也. 故矢絶情慾, 保完童身矣. 既而親命强醮焉. 初婚之夕, 勸化新婦, 與我同志. 幷居十餘載, 相視如兄弟. 內不起汚念, 外不作汚行也. 近約分別各脩, 弟子乃來. 從初志, 棄世求敎矣."

현인이 탄식하며 말했다. "젊은 부부가 함께 살면서도 마음과 육신이 모두 깨끗한 것은, 사나운 불이 타오르는데 불붙지 않은 것보다 훌륭하다. 이처럼 깨끗한 사람이니 저 더러운 마귀가 마땅히 피하지 않을 수 있겠는가?"

賢者嘆曰: "夫婦少年共居, 而心形俱淨, 勝居猛火聚而不焚也. 若此潔士, 當彼汚魔, 能無避乎?"

6.9

새나 짐승은 영혼은 없어도 정욕을 절제한다. 암컷과 수컷은 교합하여 새끼를 낳아 제 종류를 번식해 기른다. 이 때문에 다만 순종만 쓰고, 못생기고 예쁜 것은 따지지 않는다. 교미해 번식할 때는 1년 내내 한 번뿐이고, 그것도 정결하게 한다. 유독 인간만은 천주께서 영혼을 주시고 이성을 더해, 그로 하여금 육신의 욕망을 제어하게 하셔서, 의리에 합당하면 이를 따르고 합당치 않으면 내던지게 했다. 돌아보건대 스스로 뒤집어서 육체의 욕망으로 하여금 도리어 다스려 주인으로 삼아 영혼이 여기에 복종하게끔 하니, 안타깝다!

鳥獸無靈, 而情慾有節也. 雌雄牝牡, 交合以生子, 繁育種類. 故特用正色, 不論孅姸. 孳尾之時, 浹歲一過, 猶爲貞潔矣. 獨人類者, 天主予之靈心, 付之理衡, 使御形欲, 合義則縱之, 否則控之. 顧自倒置, 使形欲反御而爲主, 靈心服從之. 嗟夫!

물은 본래 불을 끈다. 불이 맹렬하고 물이 미약하면 불을 끌 수 없을 뿐 아니라, 불길만 더 타오르게 해서 물이 도리어 땔감 구실을 한다. 신령스러운 마음은 스스로 능히 음란함을 막아 다스릴 수가 있다. 다만 음란함이 깊어서 신령스러운 정신의 위로 올라타면, 이 마음의 총명과 지혜가 모두 더러운 행실과 악한 덕을 꾸미는 데로 합쳐지게 된다. 이미 음란함을 막지 못하게 되면 도리어 음란함에다 지혜와 꾀를 보태주고 만다. 이는 마치 사나운 매가 빨리 날수록 더 잘 낚아채는 것과 한가지 이치다.

水本滅火. 火猛水微, 不惟不滅, 乃益其熾, 水反爲薪焉. 靈心自能以理坊淫, 第淫深, 駕之靈神之上焉, 則此心之聰明智慧, 悉合以籌策其穢行惡德也. 既不坊淫, 反益智巧於淫焉, 如鷙鳥愈捷, 愈善搏矣.

아! 너는 존귀하고 아름다운 정신은 천사와 비슷하고, 미천하고 비루한 육체는 땅의 짐승과 똑같다. 저 덕과 의리의 맑고 즐거움을 버리고서 이 죄의 더러운 즐거움과 접촉하니, 천주께서 네게 천사가 될 수 있게 하셨는데, 너 스스로 기꺼이 새나 짐승이 되겠다고 함이 아니겠는가? 새나 짐승이 비록 보잘것없지만 위험이 있을까 의심해 반드시 그 즐거움을 버린다. 굶주린 범은 먹이를 보면 함정일까 의심해 반드시 그 먹이를 버린다. 배고픈 새는 그물을 의심해서 낟알을 보고도 내려앉지 않는다. 사람은 큰 위험이 도사린 지옥의 영원한 재앙인 함정이 뻔히 보이는데도 그 음란함의 미끼를 버릴 줄 모른다. 여색을 좋아하는 사람이 새나 짐승보다 어리석지 않은가?

嗚呼! 爾有尊貴美懿之靈神, 與天神類, 有賤微鄙陋之形軀, 與地獸類. 舍彼德義之淸樂, 而取此觸罪之穢娛, 非天主賜爾能爲天神, 而爾自甘爲禽獸乎? 禽獸雖蠢, 疑有險, 必舍其樂. 餒虎見餌, 疑阱, 必棄餌矣. 饑鳥疑羅, 見粒不下. 人明見大險地獄永殃之阱, 不知舍其淫餌. 好色之人, 不愚於禽獸乎?

바닷가 나라에서 원숭이를 잡는 사람은 야자열매에 구멍 하나를 뚫어 손이 간신히 들어가게 만든다. 야자열매의 속은 몹시 달아서 원숭이가 이를 특별히 좋아한다. 그 속에다 손을 넣고서 한 줌 가득 움켜쥐면, 쥔 손이 빠져나올 수가 없다. 그런데도 끝내 손을 놓지 않으므로, 이 틈을 타서 잡는다. 음란한 즐거움을 좋아하는 자는 스스로 손에 가득 재앙을 쥐고서 죽을 때까지 깨닫지 못한 채 놓지 않는 것이다. 이 또한 야자열매 속을 쥐고 있다가 마귀에게 붙잡히게 되는 것이 아니겠는가?

海國捕猴者, 鑿椰一孔, 裁容入手. 椰瓢甚甘, 猴特嗜之. 入手其中, 握取滿握, 握不可出, 終不釋手, 乘是獲之. 好淫樂者, 以滿握自禍, 至死不悟不舍焉. 斯亦握椰瓢之類, 而遺魔獲者乎?

6.10

사람은 덕이 아름답고 유익한 줄을 모두 안다. 다만 즐거움은 없다고 여기기 때문에 이를 두려워하고 피한다. 또한 음란함이 추하고 손해가 되는 줄도 다 안다. 다만 즐거움이 있다고 여기는지라 달게 여기고 따라간다. 이것이 다시금 바로 삿된 마귀가 세상을 속여 사람을 온갖 죄에 빠뜨리려는 교활한 꾀임을 알지 못한다.

육체라는 것은 사람의 비천한 부분으로 그 즐거움은 새나 짐승의 즐거움이다. 영혼이라는 것은 사람의 존귀한 부분이라 하늘의 천사와 비슷하다. 육체는 더러운 일을 행하는데도 즐거움이 있으니, 영혼이 덕을 행하는데 즐거움이 없겠는가? 과연 그렇다면 이것은 분명히 사람으로 하여금 욕망에 빠져 덕을 싫어하게 만드는 것이다. 어찌 천주의 지극히 공평한 의리겠는가?

人盡知德之美且益, 第以爲無樂, 故畏之避之. 亦盡知淫之醜且損, 第以爲特有樂, 故甘之從之. 不復知此正邪魔欺世, 陷人於萬罪之巧計矣. 形軀者, 人之卑分, 其樂鳥獸樂也. 靈心者, 人之尊分, 類天之神. 形軀行汚有樂, 而靈心行德無樂乎? 果爾, 是明使人淪欲厭德, 豈天主至平之義哉?

아리스토텔레스亞利斯가 말했다. "사람의 마음은 저마다 좋고 즐거운 데로 향하게 마련이다. 특별히 육체의 즐거움은 보기도 쉽고 얻기도 쉬워서 사람들이 마침내 이를 향해가면서 망령되이 즐겁다고 말한다. 그러면서 다시 영혼의 즐거움이 있는 줄은 알지 못한다."

달고 쓴 것을 맛볼 때는 마땅히 몸이 건강한 사람의 말을 들어야지, 어찌 몸에 병이 든 사람의 말을 듣겠는가? 오직 선한 사람만이 능히 세상의 모범이 되니, 즐거움의 크고 작음과 진짜인지 거짓인지를 분별하려면 또한 마땅히 착한 사람의 말을 들어 이를 결정해야 한다. 착한 사람은 음란함을 즐거움으로 여기지 않고, 다만 마음이 병들어 음란함을 향해가는 사람들만이 즐거움으로 여기니, 어찌 족히 믿겠는가?

亞利斯曰: "人心各向于吉樂. 特形軀之樂, 易見亦易得, 人遂向之, 而妄謂樂, 不復知有靈心之樂矣." 夫審味之甘苦, 宜聽之身强者, 豈宜聽之身病者? 惟善人能爲世儀, 欲辨樂之大小眞僞, 亦宜聽善人定之. 淫者, 善人不以爲樂, 獨心病趣淫之人以爲樂, 何足憑哉?

배가 고프고 목이 마른 것은 육신이 빈 것이고, 덕과 지혜가 부족한 것은 정신이 빈 것이다. 몸은 먹고 마셔서 배가 부르고, 정신은 덕을 쌓고 지혜가 늘어나면 또한 배가 부르다. 마음이 덕과 지혜로 향하는 것이, 몸이 먹고 마시는 것에 향하는 것보다 깊다. 덕과 지혜라는 물건은 또한 육신보다도 맑고 알차다. 몸은 망가지고 천한 것에 배부른데도 오히려 즐겁다고 하니, 마음은 맑고 아름다운 것에 배가 부른데 즐겁지 않겠는가?

饑渴, 形虛也. 德與智乏, 神虛也. 身食飮而飽, 神心積德增智亦飽. 夫心向德智, 深於身向食飮. 德智爲物, 亦淸且實於形物也. 身飽於敝賤猶樂, 心飽於淸美, 不樂乎?

다른 즐거움은 차치하고라도, 천주를 위해 음란한 즐거움을 끊어버리는 영광은 음란한 즐거움보다 더더욱 크다. 하물며 어짊과 의로움을 실천하는 즐거움과, 마음이 깨끗하고 몸이 정결한 즐거움, 천당을 바라보고 천주를 뵙고 천사와 여러 성현을 만나는 즐거움과, 천주께서 경건하게 수행하는 자에게 날마다 주시는 말로는 다 할 수 없는 큰 즐거움은, 진실로 세상에서 말하는 즐거움과는 만에 하나라도 견줄 수 있는 것이 아니다.

그래서 이렇게 말한다. "세간에 즐거움이 있더라도, 깨끗한 마음으로 이를 얻어야 한다. 이 즐거움을 맛본 사람은 마침내 세상의 즐거움을 큰 고통으로 여겨서 모두 싫다 하며 버릴 것이다."

無論他樂, 爲天主絶淫樂之榮, 尤大於淫樂矣. 矧蹈仁義之樂, 與夫心淨身貞之樂, 與夫望天堂, 見天主, 接天神及諸聖賢之樂, 與夫天主日所賜虔修者不可言之大樂, 固非世所謂樂者, 可擬其萬一也. 故曰: "世間有樂, 獨淨心得之. 得嘗此樂者, 遂以世樂爲大苦, 悉厭棄焉."

세네카가 일찍이 여색을 좋아하는 자에게 말했다. "내가 당신에게 여색을 끊고 정결을 지키라고 권하는 것이 어찌 당신에게 즐거움이 없게 하려는 것이겠습니까? 당신이 보잘것없고 더러운 즐거움을 버려, 크고 깨끗한 즐거움과 맞바꾸게 하려는 것입니다. 바로 즐거움이 당신으로부터 생겨나 언제나 영원히 끝이 없게 하여, 밖에서 찾다가 사물과 더불어 함께 없어지지 않게 하려는 것입니다. 맑은 샘에서 이를 마시고, 더러운 고인 물에서 마시지 못하게 하려는 것일 뿐입니다. 하물며 음란함을 따르는 자는 반드시 죄가 있고, 죄가 있으면 근심과 번민이 반드시 따라올 것입니다. 그래서 비록 세간 사람들이 앞다퉈 선망하는 것을 모두 얻은 자라도 또한 그 즐거움을 편안히 누릴 수는 없을 것입니다. 덕에는 절로 큰 즐거움이 있는데, 당신이 이를 깨닫지 못하는 것은 어째서입니까? 육체의 즐거움과 덕의 즐거움은 서로 반대가 되고 서로를 없앱니다. 당신이 육체의 더러운 즐거움에 빠져 있다면 어찌 능히 덕의 맑은 즐거움을 알 수가 있겠습니까? 또 세상의 행위는 처음에 잠깐 달다가 나중에 영원히 괴롭고, 덕스러운 행동은 처음엔 잠시 괴로워도 나중에는 영원히 답니다. 당신이 한번 처음 덕을 행하는 작은 괴로움을 맛보고는 마침내 괴롭다고 여겨 이를 두려워하고 이를 피해, 용맹하게 나아가지 않는다면 어찌 능히 그 경지에 이르러 그 몹시 달고 영원한 즐거움을 누릴 수 있겠습니까?"

옛 현인이 이렇게 말한 것이 있다. "네가 참다운 즐거움을 얻고자 한다면, 기한을 늦춰 수고롭게 고생한 뒤에 따라오게 해야지, 수고롭게 고생하기 전에 급히 취해와서는 안 된다."

色揶加嘗謂好色者曰: "我勸爾絶色守貞, 豈欲爾無樂? 正欲舍爾微且汚之樂, 易爾大且淨之樂也. 正欲樂生自爾, 常永無涯, 勿索於外, 與物同盡. 正欲食之於淸泉, 勿食之於汙潦耳. 況狗淫者必有罪, 罪在, 憂薀必隨之. 故雖備得世間人所爭羨者, 亦不能安享其樂焉. 夫德自有大樂, 爾不覺焉. 何也? 形樂德樂, 相反相滅也. 爾溺於形之穢樂, 焉能知德之淸樂乎? 且世行初蹔甘, 後永苦. 德行初蹔苦, 後永甘. 爾一嘗初行德之微苦, 遂以爲苦也, 畏之避之, 不猛於進, 安能至其境, 享其甚甘永樂哉?" 古賢有言: "爾欲得實樂, 期緩隨在勞苦後, 勿亟取在勞苦前."

6.11

몸이 정결하고 마음도 정결해야 정결함은 덕이 된다. 몸은 정결한데 마음이 음란하면 정결한 덕이 아니라 정결한 체하는 것이고, 또 음란함을 가린 것이다.

《성경》에 말했다. "무릇 부녀자를 보면서 그를 원했다면 마음으로 이미 간음을 범한 것이다."[5]

여색을 끊는 것이 어찌 바로 덕이 되겠는가? 여색을 끊는 것은 자기를 극복하는 데 뜻을 두고 육신의 즐거움을 덜어내 천주를 감동시키며, 마음을 깨끗이 하고 도를 닦아 천주를 섬겨서 앞서 지은 죄의 책임을 되갚는 것이니, 정결한 덕의 큰 공적이다. 천주와 천사가 이를 중히 여기고 삿된 마귀는 이를 두려워한다.

身貞心貞, 貞乃爲德. 身貞心淫, 非貞德, 乃貞貌矣, 且淫翳矣. 經曰: "凡視婦女而願之, 其心已犯奸矣." 絶色豈遽爲德乎? 絶色者志克己, 減形娛, 以感天主. 潔心脩道, 事天主, 還償前罪之責, 乃貞德大績也. 天主及天神重之, 邪魔畏之.

여색을 끊어 수명을 다하고 몸을 보전하는 데 기약을 두는 것은 설령 죄는 아니더라도 또한 덕이 아니니, 그저 자신을 아끼는 마음일 뿐이다. 이 때문에 여색을 끊는 것은 음란한 행위야 끊었다 해도 어찌

---

5 무릇 …… 범한 것이다: 〈마태오의 복음서〉 5장 28절, "누구든지 여자를 보고 음란한 생각을 품는 사람은 벌써 마음으로 그 여자를 범했다."

음란한 마음까지 끊은 것이겠는가? 음란한 마음이 남아 있으면 음란한 죄 또한 남아 있다. 만약 여색을 끊어 명예를 낚고 재물을 도모한다면 하나의 악으로 다른 악을 공격함이니, 예전 악을 없애지 않은 채로 새로운 악을 더하는 것이다. 또 어떤 사람이 마음으로는 정결의 덕을 사모하면서도 항상 음란한 생각이 일어나 다 억제할 수 없다고 하자. 이미 그 빈번하게 일어남을 견디지 못해서, 정결의 덕은 자기가 능히 지킬 수 있는 것이 아니라고 여겨 돌아서 다시금 스스로를 포기해 음란한 욕망에 복종한다면, 이것은 더더욱 잘못이다.

若絶色以期盡年保身者, 縱非罪, 亦非德也, 特自愛之情耳. 以此故絶色者, 即斬淫行, 豈斬淫心? 淫心在, 淫罪亦在. 若絶色釣名圖財, 則以一惡攻他惡, 舊惡不除, 而新惡加矣. 又有人焉, 心慕貞德, 而恒起淫念, 未能悉制. 既不勝其繁興, 以爲貞德非己所能守, 旋復自棄, 服於淫欲, 此尤非也.

처음에 생각이 일어나는 것은 내 탓이 아니다. 비록 성현이라도 이를 다 면하기는 어렵다. 또 내가 미리 막을 수 있는 것도 아니니 죄가 되지는 않는다. 음란한 생각이 일어났을 때 내가 혹 즐겨 이를 떠올리거나 혹 이를 따르려 했다면 그때는 죄가 된다. 만약 즐거워하지도 않고 따르지도 않고서 이를 미워하고 이를 적대시했다면, 어찌 다만 정결의 덕을 손상하지 않을 뿐이겠는가? 정결의 덕을 더욱 굳세게 하고, 정결의 공을 더욱 크게 할 것이다.

夫初發之念, 是不在我. 雖聖賢難悉免之. 又非我所能豫坊, 不爲罪也. 淫念動, 我或樂想之, 或欲從之, 乃成爲罪焉. 若不樂不從, 而惡之敵之, 豈惟不損貞德? 其貞德彌堅, 貞功彌大焉.

옛날에 도를 배우는 사람이 있었다. 뜻으로는 정결함을 지키려 했지만 음란한 생각이 빈번하게 일어났다. 현자인 그의 스승이 물었다. "너는 내가 천주께 기구하여 이 마음을 없애주기를 바라느냐?"

그가 대답했다. "아닙니다. 이를 없애달라고 기도하지 마십시오. 다만 제게 막아 이기는 덕의 힘을 내려주시도록 기도해주시면 충분합니다." 까닭을 묻자, 이렇게 대답했다. "덕으로 받지 않으면 공격해도 이루지 못할 것입니다. 장차 싸우려 들지 않는 것은 공을 세워 상을 받고자 하지 않는 것입니다."

古有人學道, 志欲守貞, 淫念繁生. 其師賢者問之曰: "爾願我祈天主除此念否?" 對曰: "否. 勿祈去之. 惟祈賜我坊勝之德力足矣." 問故, 答曰: "德不受, 攻不成. 將不欲鬪者, 不欲建功受賞矣."

6.12

다른 욕망은 나를 원수처럼 공격하지만, 음란이라는 욕망은 나를 친구처럼 맞아준다. 다른 욕망은 괴롭지만, 음란의 욕망은 달콤하다. 그래서 대적하기가 힘들고, 그 해로움은 깨닫기가 어렵다. 다른 욕망은 밖에서 오지만, 음란함은 안에서 나온다. 나의 이 몸뚱이가 절로 그 매개가 되므로 그 공격이 가장 빈번해서, 밤에 잠잘 때조차 그치지 않는다. 남을 유혹하기는 지극히 쉽고 방법도 많다. 정결의 덕을 간직하려는 자는 먼저 본래의 육신을 원수처럼 보아야 한다. 만약 정결을 지킨다면서 몸을 두터이 기르려 한다면, 이는 개를 때리면서 고기를 던져주는 격이다.

他情攻我如讐, 淫情要我如友. 他情以苦, 淫情以甘. 故于敵爲勁, 其害難悟也. 他情外來, 淫情內出. 我此身形, 自爲其媒. 其攻最繁, 夜眠不已. 誘惑于人, 極易極衆. 欲保貞德者, 先須讐視本形. 若欲守貞而厚養身, 是歐犬而投以肉也.

샷된 마귀가 교만과 질투, 탐욕 같은 여러 욕망을 가지고 공격해서 이기지 못할 경우, 음란함의 욕망을 가지고 공격하면 이기지 못하는 경우가 거의 없다. 세상 사람들 가운데 다른 악에 물들지 않은 사람은 그래도 흔히 있지만, 음란함에 물들지 않은 사람이야 얼마나 되겠는가? 그래서 음란함은 샷된 마귀의 큰 그물이 되고, 세상 사람들이 거의 모두 이 그물에 걸려 있다.

凡邪魔以傲妬貪諸情, 攻而不勝, 以淫攻, 鮮不勝焉. 世人不染他惡者, 尙多有之, 不染於淫者幾乎? 故淫爲邪魔巨網, 世人幾爲羅盡也.

6.13

여색을 향하는 마음은 나와 더불어 함께 살아간다. 나의 이 육신은 천주께서 내려주신 것으로, 이것으로 자손을 길러 전하여 인류를 낳는다. 천주께서 하신 바는 일마다 반드시 절도가 있다. 절도를 따르면 선하고, 어기면 악하다. 한 사람의 남편에 한 사람의 아내라야 바르다. 이것을 벗어난 온갖 형상은 모두 다 샷되고 음란하다. 만약 마음으로 즐겨 이를 떠올리며 몸소 행한다면 바름을 어겨 죄를 범한 것이니, 하늘나라의 즐거움을 얻지 못하고 지옥의 괴로움을 면치 못할 것이다.

夫向色之心, 與我生俱. 我此本身, 天主所賜以育子孫, 傳生人類. 天主所爲, 事必有節. 從節則善, 違則惡矣. 一夫一婦, 正也. 外此萬狀, 悉皆邪淫. 若心樂想之, 身行之, 則違正犯罪也. 上天之樂不得, 下獄之苦不免焉.

《성경》에 말했다. "음란함을 행하는 자는 천주의 나라에 자기의 몫이 없다."**6**

그뿐만이 아니다. 부부의 욕망에도 또한 절도가 있어야 한다. 자식을 낳는 데 뜻을 두어, 행위가 마땅함을 넘지 않아야만 바르니, 쾌락에 뜻을 두었다면 삿되다.

어떤 이가 말했다. "나는 아내가 있으므로 감히 밖에서 음란한 짓을 하지 못합니다." 한 현자가 이렇게 말했다. "당신의 집에서 빚은 술은 당신을 취하게 할 수가 없습니까?"

經云: "行淫者, 無分於天主之國也." 不特爾也, 夫婦之欲, 亦有節焉. 志爲生子, 行不過當則正. 志爲樂, 邪矣. 或曰: "我有正妻, 弗敢外淫." 一賢者謂曰: "爾家釀, 不可醉爾乎?"

6.14

음란의 죄는 단서가 많지만 남색男色이 가장 크다. 우리 서양 나라에서는 무릇 죄마다 모두 그 죄에 이름을 붙였는데, 유독 이 죄에 대해서만은 '말로 할 수 없는 죄'라고 부른다. 이 죄를 행하는 자는 마음을 더럽히고 말하는 자 또한 입을 더럽힘을 나타낸다. 죄악은 천주께서 모두 미워하시지만 이 죄를 미워함이 특히 심하다. 《성경》에서는 "사람을 죽이고 남색을 행한 두 가지 죄는 언제나 하늘에 외쳐 벌을 구하라"[7]고 했다.

淫罪多端, 男淫最大. 我西國凡罪皆名以其罪, 獨此罪者, 名爲不可言之罪. 示此罪行者汚心, 言者亦汚口矣. 罪惡, 天主悉惡之, 而惡此罪尤甚. 經云: "殺

6 음란함을 …… 못이 없다: 〈에페소인들에게 보낸 편지〉 5장 5절, "음행하는 자와 더러운 짓을 하는 자와 탐욕을 부리는 자는 그리스도와 하느님의 나라에서 상속을 받지 못한다는 것을 명심하십시오."

7 사람을 죽이고 …… 벌을 구하라: 〈고린토인들에게 보낸 첫째 편지〉 6장 9~10절, "잘못 생각하면 안 됩니다. 음란한 자나 우상을 숭배하는 자나 간음하는 자나 여색을 탐하는 자나 남색하는 자나 도둑질하는 자나 탐욕을 부리는 자나 술주정꾼이나 비방하는 자나 약탈하는 자들은 하느님의 나라를 차지하지 못합니다."

人,淫男二罪,恒呼天求罰也."

대개 남자가 하늘이 되고 여자가 땅이 되는 것은 타고난 이치고, 한 남편과 한 아내는 사람의 도리다. 여자와 간음한 것은 사람의 도리를 없앤 것이니 죄다. 남자와 간음한 것은 타고난 이치에 반한 것이라 죄 중의 죄다. 여자와의 간음은 사람이 돼지를 배운 것이고, 남자와의 간음은 돼지도 하지 않는 바니 훨씬 더 아래가 된다.

蓋乾男坤女, 是爲生理. 一夫一婦, 是爲人道. 淫女者, 滅人道, 罪矣. 淫男者, 反生理, 罪中之罪矣. 女淫, 以人學豕, 男淫, 豕所不爲, 更下焉.

《성경》의 기록에 예전 소돔瑣奪馬이라는 나라가 있었다. 땅이 풍요로워 그다지 힘을 들이지 않고도 생산이 넉넉했다. 그 나라 사람들이 부유하고 풍족하며 편안하고 한가했으므로 남색을 멋대로 즐겼다. 천주께서 오래도록 기다리셨지만 고치지 않았고, 여러 번 경계했어도 듣지 않았다. 그래서 그 악을 미워하여 이를 벌주기로 약속하셨다. 《성경》에서는 "소돔 사람이 천주 앞에 극악했다"고 했고, 천주께서도 또한 "소돔의 악한 소문이 날로 커져서 그 죄가 특별히 무거우니, 내가 내려가 살펴보아야겠다"[8]고 하셨다.

풀이하는 자가 말했다. "이 죄가 몹시 큰데, 듣는 자가 괴이하게 여겨 믿기 어려워했다. 때문에 천주께서 의심스러워 믿지 못하겠기에

---

8 소돔 사람이 …… 살펴보아야겠다: 〈창세기〉 18장 20~21절, "야훼께서 그에게 말씀하셨다. '소돔과 고모라에서 들려오는 저 아우성을 나는 차마 들을 수가 없다. 너무나 엄청난 죄를 짓고들 있다. 내려가서 그 하는 짓들이 모두 나에게 들려오는 저 아우성과 정말 같은 것인지 알아보아야 하겠다.'"

내려가서 과연 그러한지 살펴보려 한다고 말씀하신 것이다.”

經記昔有瑣奪馬國, 地豐饒, 用力微而生産裕. 其人富厚優閑, 恣于男色. 天主久坱之, 不悛, 屢戒之, 不聽, 故厭惡而約罰之. 經曰: “瑣奪馬人, 劇惡於天主前.” 天主亦曰: “瑣奪馬惡聲日大, 其罪特重, 吾欲降視之.” 釋者曰: “此罪甚大, 聞者怪異難信, 故天主之言, 疑而未信, 欲降觀果否也.”

이 나라에 한 어진 사람이 있었는데 이름을 롯落德이라 했다. 천주께서 천사를 보내 서둘러 그 지경을 벗어나라고 명하시고, 마침내 큰 불을 내리셨다. 초목과 가옥, 사람과 가축, 새와 짐승 등 온갖 물건이 순식간에 재로 변해버렸다. 이때부터 지금까지 3천여 년 동안 땅에서는 한 치의 풀도 돋아나지 않고, 산의 바위에는 지금도 불탄 흔적이 남아 있다. 불을 만나 문득 타버려서, 악취는 맡을 수가 없다. 바다에는 작은 물고기도 살지 않아 이름을 사해死海라고 한다. 그 바닷바람을 사람이 쐬면 문득 여러 가지 병이 생긴다. 우리 서방에서는 이로부터 남색의 죄를 천주께서 깊이 미워하여 중한 벌을 내리심을 전하여 알게 되었다.

此國之中, 有一賢士, 名曰落德. 天主遣神, 促令出境, 遂降大火. 草木室屋, 人畜鳥獸諸物, 頃刻煨燼. 從此至今, 三千餘載, 地不生寸草, 山石尙存火跡. 遇火輒燃, 惡臭不可聞. 海不生纖鱗, 名爲死海. 海風中人, 輒生諸疾. 我西方從此傳知男淫之罪, 天主深惡重罰焉.

너희가 죄를 범했는데도 천주께서 아직 재앙을 내리시지 않았다면 어찌 너희 죄를 너그럽게 보시는 것이겠는가? 바로 너희가 깨달아 고치기를 기다리시는 것일 뿐이다. 깨닫지도 못하고 고치지도 않으면 쌓인 분노가 깊어질 것이다.

《성경》에 말했다. "'내가 이미 죄를 범했거늘 지금 근심이 어디에 있단 말이냐?'라고 말하지 말라. 천주께서 비록 잠시 참고 계시지만, 반드시 때가 되면 응보를 내려 지금 당장은 더뎌도 끝내는 무겁게 채워주실 것이다."[9]

爾犯之, 而天主未遽降殃, 詎寬爾罪? 正竢爾悟改之耳. 不悟不改, 積怒甚矣. 經云: "'勿謂我已犯罪, 今患何在乎?' 天主雖蹔忍. 必有時而報, 目下之遲, 卒重補矣."

6.15

음란한 생각이 처음 일어나면 힘이 미약해서 착한 마음으로 급히 막으면 이기기가 쉽다. 두 가지 생각은 서로 반대여서, 사람의 마음은 두 가지를 아울러 품을 수가 없다. 착한 생각이 있으면 음란한 생각은 들어올 수가 없다.

어떤 현인이 말했다. "나는 한 번이라도 이 더러운 것들이 내 마음의 문을 두드리려는 것을 깨달으면, 급히 마음속으로 들어가 대문을 닫고 방문에 빗장을 질러 기다리면서 착한 생각을 불러와 도움을 받아서 막아 버틴다. 저들이 와서 문을 두드리면 이렇게 대답한다. '방 안에 다른 손님이 있어서 함께 들일 수가 없소.' 오랫동안 두드려도

---

9 내가 이미 …… 채워주실 것이다: 〈집회서〉 5장 4~7절, "'내가 죄를 지었지만 아무 탈도 없지 않느냐?'고 말하지 말아라. 주님께서 오래 참아주시는 것일 뿐이다. 하느님의 용서만 믿고 방심하면 죄를 짓고 또 짓게 된다. '주님의 자비가 크시니 내가 아무리 많은 죄를 지어도 용서하시리라'고 말하지 말아라. 주님은 자비도 베푸시지만 노하시기도 하신다. 한번 노하시면 죄인들이 남아나지 못하리라. 하루하루 미루지 말고 한시바삐 주님께로 돌아오너라. 주님의 진노가 언제 떨어질지 모르며 징벌하시는 날에는 네가 멸망하리라."

열어주지 않으면 떠나버린다."

淫念初發力微, 以善念亟坊之, 易勝也. 兩情相反, 人心不能兼懷之. 善念
在, 淫念無自入矣. 有賢者曰: "我一覺此汚類, 欲扣我心門, 亟入心内, 闔戶扃
牡待之, 援善念爲輔, 枝柱之. 彼來扣, 答曰: '室中有他客, 不并容也.' 久扣不
闢, 去矣."

다른 욕망이 우리를 공격해 이를 맞아 대적할 때는 그 힘이 줄어들
수록 이기기가 쉽다. 이를 피하면 그 힘이 더욱 커져서 이기기가 어렵
다. 음란의 욕망은 이와 반대다. 이를 맞아 대적하면 이기기가 어렵고,
도리어 피할 때 이기기가 쉽다. 왜 그런가? 음란한 생각이 불이라면,
사람의 마음은 땔감과 같다. 서로 가까이하면서 불이 붙지 않는 것이
가능하겠는가? 적으로 와서 나를 공격하는 자가 온몸이 불결할 경우,
내 힘이 이를 능히 이길 수 있더라도 또한 더불어 대적하지 않는 것
은, 그 더러운 것이 묻을까 염려해서다. 음란한 욕망은 온통 모두 더러
운 것이니, 여기에 나아가서 물들지 않는 이가 거의 없다. 어찌 더불어
가까이 대적할 수 있겠는가?

夫他情攻我, 迎敵之, 其力愈消, 易勝. 却避之, 其力益大, 難勝. 淫情反是. 迎
敵之, 難勝. 却避之, 易勝. 何故? 淫念如火, 人心如薪, 相邇而不熾, 得乎? 敵來
攻我者, 遍體不潔, 我力能勝之, 亦不與敵, 恐染其汚也. 淫欲者, 渾皆穢饞, 即之
而不染者鮮矣, 豈可與近敵乎?

다른 욕망이 사람을 공격할 때는 그 나쁜 점을 곰곰이 생각할수록
더욱 증오하는 마음이 일어난다. 음란한 욕망이 사람을 공격할 경우
에는 곰곰이 생각할수록 더욱 사랑하는 감정이 생겨난다. 그래서 정
결을 지키는 사람은 음란한 생각이 싹트면 서둘러 착한 마음으로 등

을 돌려서, 감히 그 악에 대해 천천히라도 생각해서는 안 되니, 그 맹렬함을 더하게 할까 염려하기 때문이다. 진을 벌려놓고 장차 싸우려는데, 혹 사졸 중에 모반한 자가 있어 싸움이 붙을 경우 창을 거꾸로 잡을 것을 안다면, 틀림없이 다시 북을 쳐서 나아가지 않을 것이다. 음란이라는 적을 다스릴 때, 음란함이 와서 나를 공격하면 내 마음은 싸우고자 해도, 육체가 장차 나를 배반해 바깥쪽을 향해서 똑같은 힘으로 나를 붙잡으니, 내가 어찌 함께 싸울 수 있겠는가?

他情攻人, 更諦思其惡, 更起人憎. 淫情攻人, 更諦思之, 更起人愛. 故守貞者, 淫念裁萌, 亟以善念背之, 弗敢徐思其惡, 恐以增其烈焉. 列陳將鬪, 知或士卒有謀叛者, 交綏將倒戈, 必不復鼓行矣. 理淫敵也, 淫來攻我, 我心欲鬪, 形軀將叛我外向, 同力以扼我, 我豈宜與鬪乎?

6.16

한 현자가 그 제자들을 훈계해 말했다. "음탕한 욕정이 너희를 공격할 때, 자기 덕의 힘을 믿는다면 반드시 대적하기가 어려울 것이다. 천주의 권능을 믿고 묵묵히 도와주시기를 기구하면서 또 마음의 공부를 더해야 대적할 수가 있다."

제자들이 물었다. "마음의 공부는 어찌해야 합니까?"

현자가 말했다. "천주의 도우심을 항상 간절히 구하고, 제 마음의 공부에 음탕한 생각이 막 싹트면 문득 이렇게 생각하거라. '내 마음은 천주께서 즐겨 사시는 곳이고 도덕의 집이다. 내가 음란한 욕망으로 이를 더럽히면 천주의 마음이 떠나가고 도덕도 모두 없어져서, 이제 껏 선을 행한 공적이 모두 허탕이 될 텐데, 내가 어찌 더러운 즐거움과 헐값으로 이 지극히 보배롭고 귀중한 물건을 맞바꾸겠는가?'

有賢者箴其徒曰: "淫情攻爾, 恃己德力, 必難敵之. 恃天主之能, 祈求默佑,又加心功, 乃能敵焉." 問: "心功如何?" 曰: "天主之佑, 恒切求之, 自心之功, 淫念方芽, 輒思曰: '我心則天主所樂居之處, 道德之宇也. 我以淫欲汚之, 天主心去之, 道德盡亡, 而向來行善之功績悉虛, 我曷堪以穢樂微賈, 易此至寶貴重物乎?'

그래도 식지 않거든 내 영혼이 천당에 올라 저 휘황찬란하고 밝고 깨끗한 것을 살피며 천주를 뵙고 천사와 여러 성현을 만나, 크게 영광스럽고 몹시 즐거울 것을 묵상하고 나서 혼자 이렇게 말하거라. '내가 음행을 행하면 천주와 여러 천사가 모두 나를 미워하고 나를 악하게 보아, 이곳에 들어가서 이것을 누리지 못할 것이다. 음란한 욕망이 내게서 이렇듯 큰 복을 빼앗아가거늘, 어찌 몹시 미워하지 않을 수 있겠는가?'

不息, 則默想我神升於天堂, 視彼光耀鐲潔, 見天主接天神暨諸聖賢, 大榮甚樂, 自謂曰: '我行淫, 天主暨諸神, 俱厭我惡我, 不得入此享此. 淫欲奪我此大福, 豈不甚可憎哉?'

그랬는데도 또 식지 않거든 묵묵히 내 마음을 지옥으로 내려보내, 눈으로 저곳의 거센 불길과 큰 재앙을 살펴보고 귀로 저들이 음란한 죄로 인해 받는 슬픔과 원망의 부르짖음을 듣고 나서 이렇게 물어보거라. '이 죄를 받게 만든 즐거움이 지금 어디에 있소?' 그러면 그들은 틀림없이 이렇게 말할 것이다. '음란한 즐거움은 한순간에 없어지고, 음란한 죄에 상응하는 고통은 영겁이 지나도록 없어지지 않습니다.' 그러고 나서 혼자 이렇게 말하거라. '내가 이 즐거움을 사절하지 않고는 저 고통을 면할 수가 없겠구나.' 이 지옥불을 깊이 생각한다면 음란의 불길을 잡아 끄기가 쉬울 것이다.

又不息, 則默以我心下於地獄, 目視彼處猛火巨殃, 耳聽彼受淫罪之悲哀忮懩, 問之曰: '所以受此罪之樂, 今何在?' 必曰: '淫樂一息而亡, 應淫罪之苦, 永劫不消.' 自謂曰: '我不辭此樂, 不能免彼苦.' 深思此地獄之火, 甚易撲滅淫火也.

옛날의 어떤 현자는 음탕한 마음이 건잡을 수 없이 일어나자, 제힘으로 대적할 수 없을까 염려해 스스로 제 몸에게 이렇게 말했다. '네가 음란한 즐거움을 행하려 한다면, 마땅히 먼저 스스로 지옥불을 능히 감당할 수 있는지 시험해보아라.' 그러고는 손을 불 속에 넣고서 잠깐 태우자, 아픔을 견딜 수 없었다. 그제야 말했다. '이 작은 고통도 견디지 못하면서 어찌 음탕한 즐거움을 행하려 드는가?' 이렇게 하면 음란한 생각이 싹 사라질 것이다.

古有賢者淫念勃發, 恐力不能敵之, 自謂其身曰: '爾欲行淫樂, 先當自試能當地獄之火否也.' 以手置火中蹔炙, 不堪痛楚. 曰: '既不堪微苦, 豈宜行淫樂乎?' 淫念頓亡矣.

그래도 식지 않거든 스스로 제 몸이 나중에 죽음에 나아갈 때를 살펴보며 말한다. '죽는 날은 분명히 온다. 지금은 즐거워도 죽을 때는 틀림없이 걱정이 될 것이다. 장차 다가올 날에 반드시 후회할 일을 오늘 어찌 행할 수 있겠는가?' 또 정신으로 죽은 사람의 묘에 가서, 네가 예전에 알고 지내던, 세상의 즐거움을 꽤나 누렸던 사람이 지금은 모두 더러운 먼지와 탁한 진흙이 된 것을 생각해보고, 다시 너 자신에게 이렇게 말하거라. '이 사람은 예전 세상에 살아 있을 적에는 나와 같았는데, 내가 내일에는 저 사람처럼 무덤에 있겠구나. 육체와 그 아름다움과 편안한 즐거움의 온갖 형상도 모두 다 이와 같을 뿐이니, 어찌 중하다 하겠는가?'

又不息, 自視己身, 次及于死, 曰: '死期有時至矣. 今樂, 死時必憂, 將來之日 所必悔之事, 今日豈可行哉?' 又神徃故人之墓, 思爾徃日所識, 頗享世樂者, 今 皆臭塵濁泥, 復自謂曰: '此人徃日, 在世如我, 我來日在墓如彼. 身形及其美懿 逸樂萬狀, 悉若是而已, 何足重哉?'

그렇게 했는데도 가라앉지 않고 육체가 이치를 따르지 않거든, 마 땅히 절뚝거리는 노새에게 채찍질하듯 통렬하게 스스로를 나무라서, 먹고 마시는 것을 줄이고 수고로움을 더하며 원하고 바라는 것을 떨 어내서, 이를 통해 강한 것을 억누르고 삿된 것을 막아야만 한다.

又不息, 身形不從理, 則宜視如蹇驢, 鞭策之, 痛自刻責, 減疏其食飮, 增其勞 苦, 拂其願欲, 用以抑强坊邪矣.

이레네오가 젊었을 때 음탕한 생각이 이따금 일어나면 스스로 제 몸뚱이에 성을 내며 말했다. '이 노새야! 가지도 않고 먹지도 않으려 들면, 네게 콩이나 보리를 먹이지 않고 꼴을 먹여 기르고, 더 무거운 짐을 얹어 너를 배고프고 힘들게 해서, 먹고 싶고 쉬고 싶게 만들겠 다. 배불러 편히 쉬면서 날뛰다가 짐을 내던질 생각을 하지 못하게 하 겠다.' 이로부터 항상 무거운 짐을 지고 다녔다. 어떤 사람이 괴상하 게 여겨 그 까닭을 묻자, 이렇게 대답했다. '내가 나를 고생시키는 것 입니다.'

意辣少時, 淫念時起, 自怒其身曰: '此驢也! 欲不切蹄囓, 不養爾以菽麥, 養 爾薦草, 加爾重任, 使爾饑疲, 思食思憩, 勿令飽佚, 而思騰擲矣.' 自此恒負重任. 或怪之, 問故. 答曰: '我勞勞我者.'

성 프란치스코가 젊었을 때 스스로 정결을 지키기로 맹세했다. 하루는 음탕한 생각을 견디지 못해 눈덩이를 뭉쳐서 벗은 몸 위에 올려 놓고 제 몸에게 이렇게 말했다. '이 큰 것은 너의 아내고, 작은 것은 너의 자식이다. 이제 이후로는 마땅히 부지런히 노동해서 이를 길러 먹여살려야 한다.' 대개 찬 눈을 가지고 음탕의 불꽃을 끈 것이다. 이후로는 음탕한 생각이 일어나지 않았다. 어떤 이가 물었다. '선생님은 다칠 것은 염려하지 않으십니까?' 그가 말했다. '해로움을 택할 때는 가벼운 쪽을 취해서 큰 해로움을 면하는 법이지요.'"

聖法蘭濟, 少時自矢守貞. 一日不堪淫念, 搏爲雪丸, 裸體置之, 謂其身曰: '此大者爾妻也, 小者爾子也. 今而後, 當勞勤育養之.' 蓋以雪之寒, 滅淫之熾也. 從是以後, 淫念不生焉. 或問之曰: '夫子不慮傷生乎?' 曰: '擇害取輕, 以免大害.'"

6.17

보리스祓理斯[10]는 서양 나라의 어진 사람이었다. 하루는 천사가 어떤 일로 형상을 드러내 그와 함께 길을 갔다. 길에서 죽은 말을 만나자, 어진 사람은 코를 막고 지나갔다. 천사가 까닭을 묻자, 그가 대답했다. "냄새를 못 견디겠습니다." 천사가 말했다. "나는 이것을 못 느꼈다."

조금 더 앞으로 가서 한 사람을 만났는데, 고운 옷으로 예쁘게 꾸몄고 좋은 향기가 물씬 풍겼다. 천사가 코를 막고서 빠르게 지나가므로, 어진 사람이 까닭을 물었다. 천사가 말했다. "음탕한 사람이다. 그 마음의 악취를 견디지 못하겠다."

---

10 보리스Boris: 미상.

祓理斯, 西國賢也. 一日天神以事顯象, 與同行. 道遇死馬, 賢者掩鼻過之. 神問故, 曰: "不勝其臭." 神曰: "我此不覺也." 小前, 遇一人, 鮮衣美飾, 芬香郁然. 神掩鼻速過之, 賢者問故. 神曰: "淫人也, 不勝其心臭."

6.18

서양에 풍모가 몹시 훌륭한 소년이 있었는데, 음탕한 여자가 자기를 좋아하는 것을 깨달았다. 가만히 생각하며 말했다. "내 모습이 아름다워 언제나 남에게 음란함을 생각하는 죄를 범하게끔 유혹하니, 어찌 스스로 이를 없애지 않겠는가?" 마침내 천주께 이를 없애달라고 간절히 기도했다. 얼마 뒤에 병으로 눈 하나를 잃었다. 사람들이 다시는 그를 돌아보지 않게 되자, 혼자서 몹시 기뻐했다.

아름다운 자태와 외모가 훌륭하지 않은 것은 아니나, 또 나 스스로 만든 것이 아니고, 이것은 천주께서 내려주신 것일 뿐이다. 어진 사람은 자기의 정결함을 해쳐서 남에게 미치는 것을 염려해 몹시 두려워하고 미워한다. 하물며 거짓 아름다움을 더해 남이 보도록 꾀어서 사람의 음탕한 마음을 여는 것이겠는가?

西有少年, 風貌甚都, 覺淫女之說己也, 私念曰: "我貌美, 恒誘人思淫犯罪, 何自得去之乎?" 遂懇祈天主去之. 頃之以病, 眇一目. 人不復顧之, 甚自喜焉. 夫姿貌之美, 非不善也. 又非我所自爲也, 是天主之賜耳. 賢者恐害己之貞, 以及人, 甚畏之惡之. 矧增僞美以誘人視, 啓人淫心哉?

6.19

옛날에 어떤 수사修士가 있었다. 하루는 성대하게 꾸민 미녀를 보았는데, 그 뒤로 그 모습과 얼굴이 항상 가슴속에 들러붙어 떨칠 수가 없었다. 몇 해가 지나 그 여자가 죽었다. 급히 가서 보기를 구했다. 시신에서는 이미 썩은 냄새가 나는데 아직 염은 하지 않은 상태였다. 수건으로 그녀의 썩은 피를 적셔서 간직해두었다가, 매번 음란한 생각이 일어날 때마다 바로 그 냄새를 맡으면서 혼자 말하곤 했다. "너는 예전에 볼 때는 아름다운 여인이었는데, 지금은 이처럼 썩은 냄새가 나는구나." 그렇게 하면 음탕한 생각이 문득 사라졌다.

성 그레고리오가 말했다. "무릇 음탕한 욕정을 막는 것은, 사랑하던 사람이 죽은 뒤에 어떠한가를 깊이 생각해보는 것보다 나은 것이 없다."

古有修士, 一日見美女盛飾者, 後其象貌恒著胷中, 不能遣之. 越數年, 女死, 遽徃求見之. 尸已臭腐, 而未殮. 以巾染其腐血藏之, 每淫念動, 即齅其臭, 自謂曰: "爾昔所視美女, 今者臭腐若此." 淫念頓息矣. 聖厄勒臥略曰: "凡能坊淫欲者, 莫若深思所愛人死後何如矣."

6.20

성을 지키는 사람은 문을 지키는 것보다 다급한 일이 없다. 정결을 지키는 사람은 귀와 눈을 지키는 것보다 급한 것이 없다. 귀와 눈의 문이 문득 열리면 내면의 덕이 쉬 새어나가 바깥의 악이 쉽게 들어온다. 삼가 이를 지켜야만 내면의 아름다움이 절로 새어나갈 까닭이 없고 바깥의 더러움이 절로 들어올 이유가 없어진다. 덕을 어지럽히는 생각은 보는 것을 경솔하게 하는 데서 들어온다. 여러 해 쌓은 공이 한 번 보는 것에 말미암아 무너지는 것을 이루 헤아릴 수 있겠는가?

守城者, 無急於守門. 守貞者, 無急于守耳目. 耳目門輒闢, 内德易泄, 外惡易入. 謹守之, 内美無由自泄, 外汚無由自入焉. 亂德之念, 由輕視而入. 累年之績, 由一覽而墮者, 可勝計哉?

사람의 정리가 서로 물드는 것은 대부분 보는 데서 말미암는다. 저 사람이 노한 것을 보면 나의 분노가 일어난다. 저 사람의 근심을 보면 나의 근심이 움직인다. 상대의 음란한 모습을 보자 나의 음탕한 마음이 흔들린다. 상대가 높은 것을 보니 내가 낮은 것을 편안히 여기기가 어렵다. 저 사람이 부자인 것을 보면 나의 가난을 견디기 어렵다. 저 사람이 편안하고 즐거운 것을 보니 나의 수고로움과 괴로움이 유감스러워지는 것들이 다 그러하다. 사람이 자신이 지닌 삿된 정도 오히려 감당할 수 없거늘, 하물며 또 보는 것으로 인해 다른 사람의 사악한 정을 더하는 것이야 말해 무엇 하겠는가?

人情相染, 多緣於視. 見彼怒, 動我怒. 見彼憂, 動我憂. 見彼淫貌, 動我淫心. 見彼尊, 難安我卑. 見彼富, 難忍我貧. 見彼安樂, 恨我勞苦, 類然. 夫人所自有之邪情, 猶不可當, 矧又以視因增他人之邪情哉?

6.21

예전에 한 현인이 있었다. 보는 것을 가볍게 하는 것의 해로움을 자주 느끼고, 이렇게 말했다. "내 눈이 내 정신과 마음을 빼앗아가는구나." 성 욥도 이렇게 말했다. "나는 어린 여자를 보지 않기로 내 눈과 약속했다."

이것은 무슨 말일까? 보는 것을 가볍게 한 뒤에는 본 것을 굳이 즐기려 하게 될까 염려한 것이다. 또 보는 즐거움을 사양하여, 보는 것을 가볍게 한 죄와 근심을 면할 것을 기약한 것이다. 그러므로 욕심내서 안 될 것은 마땅히 보지 않아야 한다. 보지 않는 것은 그래도 쉽지만, 보고 나서 욕심내지 않기는 더욱 어렵기 때문이다. 내가 스스로 내 눈이 보지 말아야 함을 금할 수 없어서 이미 보았다면, 어찌 능히 생각을 금하고 떠올리지 못하게 해서, 마음이 이를 하려 들지 못하게 할 수 있겠는가?

古有賢, 屢覺輕視之害, 曰: "我目奪我神心." 聖若白亦曰: "我與我目自期
矣, 勿視童女." 此言何謂? 恐輕視之後, 强嗜所視焉. 又期辭視之樂, 免輕視之罪
憂矣. 故所不當欲, 俱不當視. 不視之尙易, 視而不欲之尤難. 我不能自禁己目勿
視, 旣視, 安能禁念勿思, 心勿欲與?

6.22

킨더斤達[11]라는 사람이 젊어서부터 도를 닦아, 뜻을 세우고 정결을
지켜서 눈으로 여인을 쳐다보지도 않았다. 어떤 이가 비웃으며 말했
다. "그대가 마침내 여인을 보지도 않으니, 한번 보기라도 하면 바로
더러운 데로 휩쓸리게 될까 염려된다."

그가 대답했다. "그렇지 않소. 내게 있는 것을 다하여 경솔히 보지
않고 죄의 실마리를 스스로 끊어야만, 천주께서 반드시 내가 벗어날
수 있도록 도와주실 것이오. 내게 있는 것을 다하지 않고서 스스로를
위험한 곳에다 넣는다면 천주께서 나를 버리실 테니, 스스로 죄에 빠
지는 것이 또한 마땅치 않겠소?"

斤達者早歲修道, 矢志守貞, 目不視女人. 或譏之曰: "子竟不視女人, 恐一視
卽流汚行乎." 答曰: "否. 盡其在我, 不輕視, 自絶罪端, 天主必佑我免之. 不盡其
在我, 而自納於險, 天主乃棄遺我. 自陷於罪, 不亦宜乎?"

6.23

데머德默[12]라는 사람은 임금이었다. 두 명의 총애하는 신하가 있었

---

11 킨더Kinder: 미상.

으나 그 마음을 알지 못했으므로 왕후에게 말을 전하게 했다.

한 사람이 돌아오자, 왕이 물었다. "네가 왕후를 보니 어떻던가?"

그가 대답했다. "온 나라를 기울게 할 만큼, 세상에 둘도 없는 미인이셨습니다."

또 한 사람이 돌아오자, 왕이 전처럼 물었다. 그는 이렇게 대답했다. "왕께서 신에게 말을 전하라 명하셨지, 살펴보라고 명하지는 않으셨습니다. 그저 말씀만 들었사온데, 또한 온화하고 은혜로우셨습니다." 왕이 크게 기뻐하며 상을 후하게 주고 그를 임용했다.

먼젓번 신하에게는 이렇게 말했다. "네 눈은 정결치 못하고, 너의 마음 또한 그렇다." 급히 그를 쫓아냈다.

德默者, 國王也. 有兩寵臣, 未旣其心, 令傳語其后. 其一還, 王問曰: "爾視后何若?" 對曰: "傾城傾國, 絶世獨立." 其一還, 王問如前, 對曰: "王命臣傳語, 弗命視也. 徒聞其言, 亦溫惠矣." 王大喜, 厚賞任用之. 謂先一臣曰: "汝目不貞, 汝心亦爾矣." 遽遣之.

6.24

한 소년이 일찍이 여색에 빠져 있다가 뒤늦게 이를 뉘우쳤다. 그 실마리를 끊으려고 숨어 살며 열심히 수련하다가 몇 년 만에 돌아왔는데, 앞서 알고 지내던 여자를 길에서 만났다.

여자가 괴상하게 여겨 물었다. "나는 옛날의 아무개인데 나를 아는 척도 하지 않으니 어찌 된 일인가요?"

그가 대답했다. "나는 옛날의 그 아무개가 아니오."

---

12 데머Demmer: 미상.

뒤돌아보지도 않고 떠나가버렸다.

一少年嘗淫於色, 後悔之. 欲絶其端, 屛居精修, 數年而歸. 有先所識女遇之途. 怪問曰: "我昔年某, 不顧我, 何也?" 答曰: "我非昔年某矣." 不顧也而去之.

6.25

현자 사바撒拔[13]는 가르치는 무리가 매우 많았다. 언제나 마음을 깨끗하게 간직하고 음탕한 생각을 줄이며, 반드시 경솔하게 보지 말라고 가르쳤다.

하루는 문하의 한 소년과 함께 길을 가다가 한 미녀를 만났다. 사바가 제자를 시험해보려고, 갑자기 말했다. "이 여자가 애꾸만 아니었다면 최고의 미인이었을 것을!"

문인이 말했다. "이 여자는 본래 애꾸가 아닌데요."

"네가 자세히 보지 않아서 그렇다."

문인이 말했다. "제가 아주 자세히 보았는데, 홀리는 눈길이 특히나 아름다웠습니다."

그러자 이를 꾸짖으며 말했다. "네가 능히 눈도 막지 못하거늘, 어찌 마음을 간직할 수 있겠느냐?"

그에게 두 해 동안 문밖으로 나오지 못하게 금해, 그로 하여금 경솔하게 보지 못하게끔 했다.

賢者撒拔, 授徒甚衆. 恒訓之欲保心潔, 減淫念, 必勿輕視. 一日偕門下一少年同行, 遇一美女. 撒拔欲試之, 遽曰: "此女若不眇者, 國色矣!" 門人曰: "女故不眇." 曰: "爾未諦視耳." 門人曰: "我視最審, 流眄特美焉." 乃責之曰: "爾未能

---

13 사바Sava: 미상.

禁目, 安能保心?" 禁不使出戶者兩朞, 使隷不輕視焉.

6.26

여인을 보고 음탕한 생각을 일으키면 곧은 덕을 해치고 만다. 하물며 가까이 곁눈질하는 것이겠는가? 소금은 물에서 만들어져 물에 담그면 녹아버린다. 남자는 여자가 낳으므로 여자를 가까이하면 미혹되고 만다. 비와 흙은 둘 다 깨끗한 물건이지만 합치면 더러운 진흙이 된다. 남자와 여자가 모두 착하더라도 서로 가까이하면 더러운 생각과 지저분한 행실이 모두 쉽게 일어난다.

夫視女人, 動淫念, 害貞德. 況狎昵之哉? 鹽以水出, 沈水則消. 男以女生, 狎女則迷. 雨與土兩淨物, 合則成汚泥. 男女俱善, 相近則汚念穢行, 俱易發焉.

6.27

성 아우구스티노는 그 누이와 함께 살려고 하지 않았다. 어떤 이가 괴이하게 여겨 까닭을 물었다. 그가 대답했다. "내 누이를 찾아온 사람이 내 누이를 비난할 것이다."

곧은 사람은 한갓 음탕한 행동을 잘라낼 뿐 아니라, 또한 음란하다는 의심마저 잘라낸다.

聖亞吾斯丁不肯與其妹同居, 或怪問故, 答曰: "來訪我妹者, 非我妹也." 貞士非徒須斬淫行, 亦須斬淫疑.

6.28

옷을 어지럽게 입는 것은 교만의 깃발이요, 음란함의 방이다. 무엇보다 마음의 덕이 가볍지 않다면, 반드시 몸을 꾸미는 것을 무겁게 하지 않을 것이다. 그러므로 겉을 꾸미는 것은 내면이 교만하다는 분명한 증거요, 복장이 아름다운 것은 마음이 음탕하다는 틀림없는 증명이다. 아름다운 옷은 내게 음탕한 생각을 일으키는 데 그치지 않고, 나를 보는 사람의 음탕한 생각을 일으킨다. 나로 하여금 범죄케 하는 데 멈추지 않고, 또 나를 보는 자가 죄를 범하게끔 유혹한다. 남의 죄가 나에게서 말미암았으니, 모두 내 잘못이 아니겠는가? 이 때문에 옷을 곱게 입고 성대하게 꾸미는 자를 《성경》에서는 마귀라고 말하는 것이다.

眩服者, 傲之旗, 淫之室也. 非先輕心德, 必不重爲身飾矣. 故外飾明徵内傲, 服美明徵心淫. 美衣者不止動我淫念, 亦動視我者之淫念. 不止令己犯罪, 又誘視我者犯罪. 人罪由我, 不悉我負乎? 故鮮衣盛飾者, 聖經謂之鬼魔.

6.29

어떤 사람이 고운 옷으로 성대하게 꾸미고서 안토니오暗弟卧에게 도를 물었지만 대답하지 않았다. 까닭을 묻자, 이렇게 대답했다. "네가 너와는 아무 관계 없는 일을 물으니, 대답해서 무엇 하겠느냐?"

또 한 소년이 고운 옷을 입고서 도에 대해 물었다. 그가 대답했다. "나는 네가 남자인지 여자인지도 모르겠거늘 어찌 대답을 하겠느냐? 천주께서 너를 귀히 여기시건만, 너는 스스로 천하게 구는구나. 천주께서 너를 남자가 되게 하셨는데, 너는 스스로를 꾸며 여인이 되었구나."

一人鮮衣盛飾, 而問道于暗弟卧, 不應. 問故, 答曰: "爾問無與爾事, 何應爲?" 又一少年鮮衣問道, 答曰: "我尚未知爾男耶女耶, 何用答爾? 天主貴爾, 爾自賤. 天主賜爾爲男子, 爾自飾爲女人."

6.30

서양의 임금 우스파치勿斯罷則[14]가 한 소년에게 벼슬을 내렸다. 그가 사례하러 들어왔는데, 입은 옷이 곱고도 화려한 데다 훈향으로 꾸밈을 더했다. 왕이 크게 괴이하게 여겨 그에게 고하여 말했다. "일찍이 훈채葷菜의 누린내만도 못하다."

즉각 그 벼슬을 빼앗으며 말했다. "네 몸을 몹시 꾸몄으니, 네 마음은 반드시 몹시도 더럽고 악할 것이다. 게다가 여리고 약하기가 아녀자와 같으니, 족히 내가 맡긴 일을 감당하겠는가?"

西王物斯罷則官一少年. 入謝, 被服鮮華, 加薰香之飾. 王大怪, 詫之曰: "曾不如葷臭." 遽奪其官, 曰: "爾身甚飾, 爾心必甚穢惡也. 且柔弱如婦女, 足當我任使耶?"

6.31

현인 토마스多瑪가 한 여자를 보니 꾸미는 데 무척 애를 썼다. 그가 말했다. "천주께서 만약 너의 수고를 생각지 않고 네게 지옥으로 갚아 주신다면 참으로 너를 저버린 것이다. 너는 몸을 꾸미느라 큰 수고를 해서 지옥을 산 셈이다. 그 절반만 써서 마음을 닦는다면 천국을 얻을 수 있을 것이다."

賢人多瑪見一女子, 勞於修飾. 曰: "天主若不念爾勞, 而報爾以地獄, 眞負爾矣. 爾飾身以大勞, 顧市得地獄. 肯用其半以修心, 乃可得天國矣."

14 우스파치: 미상.

1. 정결의 덕貞德

6.32

정결이란 무엇인가? 음란한 욕망에 대한 바람을 끊는 것이다. 그 등급에는 세 가지가 있다. 하등은 한 지아비와 한 지어미의 정결이다. 부부는 다만 바른 태도를 행하여 절도를 넘어서지 않아야 하니, 몸과 마음과 말과 행실로 모두 분수가 아닌 삿된 욕망에 대해 끊어버리는 것이 이것이다. 중등은 홀아비와 과부의 정결이다. 한 배우자가 세상을 떴을 때 한 사람이 절개를 지켜 다시 결혼하지 않고, 이후에 몸과 마음과 말과 행실에 바른 욕망조차 없는 것이 이것이다. 상등은 동정의 몸을 지키는 정결이다. 태어나서부터 죽을 때까지 시시각각 마음에서 여색에 대한 바람을 깨끗이 하고, 육신이 여색을 탐하는 행동에서 깨끗한 것이 이것이다.

貞者何? 絶淫慾之願也. 其級有三. 下則一夫一婦之貞也. 夫婦特行正色, 而不過節, 身心言行, 皆絶於非分之邪欲, 是也. 中則鰥寡之貞也. 一配既圽, 其一守節, 不復嫁娶, 向後, 身心言行, 并無正欲, 是也. 上則童身之貞也. 從生迄死, 時時刻刻, 心潔於色願, 形清於色行, 是也.

《성경》에서는 그 공로의 보답을 이렇게 열거했다. "한 지아비와 한 지어미의 정결을 지키는 것은 그 응보가 하나를 뿌려서 30개를 거두는 것과 같고, 홀아비와 과부의 정결을 지키는 것은 그 응보가 하나를 뿌려서 60개를 거두는 것과 같으며, 동정의 정결을 지키는 것은 그 응보가 하나를 뿌려서 100개를 거두는 것과 같다."[15]

聖經列其功報曰: "守一夫一婦之貞者, 其報如種一而收三十. 守鰥寡之貞者, 其報如種一而收六十. 守童身之貞者, 其報如種一而收百."

6.33

정결한 덕의 아름다움을 이미 맛본 사람은 말하기가 어렵고, 아직 맛보지 않은 사람은 알기가 어렵다. 벌꿀의 달콤한 맛을 한 번도 맛보지 않은 사람이 어찌 알겠는가? 하지만 혼인의 수고롭고 괴로움을 생각해본다면 정결함의 편안함과 즐거움을 헤아릴 수가 있다.

《성경》에 말했다. "혼인이 좋지 않은 것은 아니나, 다만 혼인하는 사람은 반드시 육신의 큰 괴로움을 받아들여야 한다."[16]

옛 현인은 이렇게 말했다. "우리는 어리석다. 내가 아직 혼인하지 않았을 때는 혼자 생각에 혼인이 설령 다른 즐거움은 없더라도 육신에는 반드시 즐거움이 있을 것으로 여겼다. 결혼을 하고 나자 육신에도 많은 괴로움과 많은 염려만 더 얻게 되니, 오히려 어떤 즐거움이

---

15 한 지아비와 …… 거두는 것과 같다: 〈마태오의 복음서〉 13장 18~23절, "이제 너희는 씨 뿌리는 사람의 비유가 내포한 뜻을 들어보아라. 누구든지 하늘나라에 관한 말씀을 듣고도 깨닫지 못할 때에는 악한 자가 와서 그 마음에 뿌려진 말씀을 빼앗아간다. 길바닥에 떨어졌다는 것은 바로 이런 사람을 두고 하는 말이다. 또 돌밭에 떨어졌다는 것은 그 말씀을 듣고 곧 기꺼이 받아들이기는 하지만 그 마음속에 뿌리가 내리지 않아 오래가지 못하는 사람을 두고 하는 말이다. 그런 사람은 그 말씀 때문에 환난이나 박해가 닥쳐오면 곧 넘어지고 만다. 또 가시덤불에 떨어졌다는 것은 말씀을 듣기는 하였지만 세상 걱정과 재물의 유혹이 말씀을 억눌러 열매를 맺지 못하는 사람을 두고 하는 말이다. 그러나 좋은 땅에 떨어졌다는 것은 그 말씀을 듣고 잘 깨닫는 사람을 두고 하는 말이다. 그 사람은 백 배 혹은 육십 배 혹은 삼십 배의 열매를 맺는다." 《성경》의 뜻을 조금 바꿔서 적용한 내용이다.

16 혼인이 …… 받아들여야 한다: 〈고린토인들에게 보낸 첫째 편지〉 7장 28절, "남자가 결혼한다고 해서 죄를 짓는다거나 처녀가 결혼한다고 해서 죄를 짓는다는 것은 아닙니다. 다만 결혼한 사람들은 세상 고통에 시달릴 터이므로 여러분을 아끼는 마음에서 이 말을 하는 것입니다."

있었던가?"

貞德之美, 已試者難言, 未試者難悟. 蜜味之甘, 未嘗者豈知之? 然思婚媾之勞苦, 聊可測貞之安樂也. 經云: "婚姻非不善, 第婚姻者, 必須膺肉身之大苦也." 古賢有言: "我儕愚矣. 我未婚時, 竊意婚姻縱無他樂, 形軀必有其樂. 既試之, 乃更得形軀之多苦多慮, 尙有何樂乎?"

사람이 한번 장가들면 마침내 붙들리고 얽매여서 자신의 주인이 될 수 없고, 처자의 하인이 되어버린다. 어진 아내는 만나기가 가장 어려우니, 가까이하면 버릇이 없어지고 멀리하면 원망을 한다. 중국의 성인 또한 이에 대해 말했다. 자식을 낳을 때가 되면 어머니는 반드시 여러 번 큰 고통을 받아야 한다. 자식을 낳다가 어미가 죽으면, 이는 아내 잃은 근심 때문에 자식 얻은 즐거움이 사라지는 셈이다. 자식을 얻고 나면 자식 없는 근심은 끝나고 자식 얻은 수고로움이 시작된다. 기르고 보호하며, 다만 병을 만나고 근심을 만나 다시 잃게 될까 염려한다. 이렇다 보니 자식을 둔 즐거움과 자식을 둔 괴로움이 항상 반반이다. 만약 죽기라도 하면, 몇 년간 애써 노력한 일로 근심과 고통만 더욱 더하게 된다.

人一娶, 遂拘攣, 不能爲自身之主, 而爲妻子之僕役. 賢婦最難遇, 近之不遜, 遠之則怨. 中國聖人亦言之矣. 當其生子時, 母必屢膺大痛, 子生母死, 是失妻之憂消得子之樂. 子既得, 則乏子之憂已, 而得子之勞始矣. 養之護之, 惟恐其遇病遇患, 而復失之. 于是乎有子之樂, 與有子之苦, 常參半焉. 若其偶死, 則數載劬勞, 愈增憂痛矣.

어떤 사람은 자녀가 이미 많아, 먹이고 입히고 시집장가 보낼 재물이 없음을 근심한다. 어떤 사람은 큰 재물을 쌓아두고, 또 이를 줄 자식이 없음을 걱정한다. 이 사람의 바람이 저 사람에게는 고통과 근심이 된다. 어떤 이는 어진 아들을 얻었으나 일찍 죽는 것을 근심하고, 어떤 이는 못난 아들이 태어나 또 오래 살까 봐 걱정한다. 혼인에 따른 근심을 어찌 다 헤아릴 수 있겠는가? 결혼한 사람은 직접 목격하고 몸소 겪었을 테니, 내가 다시 수고롭게 헤아리기를 기다리겠는가?

사람이 천주를 위하고 도덕을 위해 수고로움을 감당하니, 수고로운 가운데서 큰 기쁨이 끼어들기도 하고, 수고한 뒤에는 또 큰 보답을 얻기를 바란다. 그래서 그 괴로움을 가볍게 여긴다. 만약 그 노고가 몸과 세상을 위한 것이라면, 노고가 온전해서 또 보답을 바랄 것이 없으니, 너무 무겁지 않겠는가?

或子女既多, 患無資以衣食之, 嫁娶之. 或積得大財, 又患無子以遺之. 是此之願望, 爲彼之苦患也. 或得賢子, 患其蚤死. 或生不肖子, 又患久生. 隨婚娶之患, 豈可盡計哉? 婚娶者, 自目擊之, 身負之, 待我更僕數乎? 夫人爲天主, 爲道德, 負勞苦, 勞苦之中, 參有大樂, 勞苦之後, 又望得大報, 故其苦輕焉. 若夫勞苦爲身世, 勞苦純全, 又無所望報, 不甚重耶?

정결을 지키는 자가 멀리할 것은 더럽고 하잘것없는 육신의 즐거움이고, 벗어나는 것은 몸의 큰 괴로움과 마음의 큰 근심이다. 이러한 하잘것없고 더러운 즐거움을 사절하고, 또 마음이 맑은 즐거움과 정결한 덕의 편안함을 누리며, 또 스스로 주인이 됨을 얻는다. 가난하다 해도 또한 한 몸일 뿐이어서 구하기가 쉽다. 근심이 있더라도 한 몸일 뿐인지라 맡기기가 쉽다. 또 큰 보답의 바람이 있기까지 하니, 이것이 복이 됨이 어느 쪽이 더 크겠는가? 그래서 먼저 정결의 즐거움을 맛본 뒤에 혼인하는 사람은 드물고, 혼인하고 나서 그에 앞서 동정을 잃은 것을 유감으로 여기는 사람은 몹시 많다.

守貞者所辭, 則身穢且微娛也. 所免則身之大苦, 心之大憂. 旣辭此微且穢之樂, 又享心淸之樂, 貞德之安, 且自得爲主. 貧亦一身耳, 易救. 有患, 一身耳, 易任. 而又有大報之望, 斯其爲福孰大歟? 故先嘗貞樂, 而後娶嫁者, 鮮矣. 娶嫁, 而後憾其先失童貞者, 甚多其人也.

6.34

무릇 사람의 정신을 가려서, 참된 덕을 엄하게 닦는 것을 싫어하게 만드는 것은 여색만 한 것이 없다. 사람의 위에는 천사가 있고, 사람의 아래에는 땅의 짐승이 있다. 사람은 신령스러운 마음은 천사와 같고, 육신은 짐승과 같다. 내가 그 가운데 살면서 행동하는 바가 신령스러운 정신을 따르면 천사와 비슷해지고, 육체의 욕망을 따른다면 짐승과 비슷해진다.

凡蔽人之性靈, 令厭眞德之嚴修, 莫女色若也. 人上有天神, 人下有地獸, 人有靈心如神, 有形軀如獸. 吾居其中, 其所行動, 順靈神則類神, 順形欲則類獸矣.

육체의 욕망 중에서도 색욕은 특히나 더럽고 천하니 새나 짐승, 하찮은 벌레마저도 모두 지닌 것이다. 그런 까닭에 사람이 욕망을 행하면 행할수록 인성의 존귀하고 신령스러움을 더욱 떠나게 되어, 새나 짐승의 어리석고 천한 것에 점점 가까워진다. 이 마음을 가지고 도덕의 이치를 밝히기를 구하고, 큰일을 깨닫기를 구하는 것은 올빼미의 눈으로 태양 빛을 보는 것과 한가지다. 삿된 음욕만 그런 것이 아니라 바른 관계에서도 또한 그러하다. 이는 비유하자면 분노가 의리에 합당한지 여부를 따지지 않고 사람의 고요한 마음을 어지럽게 하는 것과 같다. 여색이 삿되고 바름을 떠나서 사람의 심령을 어지럽게 하는 것 또한 똑같다. 이 때문에 혼인의 바른 예법을 가지고, 특별히 사람으로 하여금 행하더라도 음란함을 범하는 것을 면할 수 있게 한 것이다. 하지만 욕정의 불은 바른 부부 사이의 행함도 능히 눌러 막을 수가 없어, 장차 그 불꽃이 더욱 타오른다. 비록 행한 뒤에 잠깐은 가라앉지만, 다시 일어나면 더욱 사납다.

形欲之中, 色慾尤穢賤, 鳥獸微蟲, 俱有之. 故人彌行慾, 彌謝人性之尊靈, 而彌近禽獸之蠢賤矣. 以是心也, 求明道德之理, 求悟大事, 如鴟鳥之目, 以視日光. 非獨邪淫, 正色亦然. 譬如忿怒, 不問合義與否, 其淆人靜心, 埒也. 色無論邪正, 其昏人靈心, 亦埒也. 是以婚姻正禮, 特令人可行而免犯淫. 然慾情之火, 以正色之行, 不能抑遏, 將彌益其熾焉. 雖行後暫伏, 其再發尤猛矣.

아리스토텔레스가 말했다. "욕정을 향하는 마음은 끄기 어려우니, 이를 따르면 따를수록 더욱 더해만 간다. 그 허물이 미치는 것이 이치를 따지는 마음을 흐리멍덩하게 해서, 선을 행하려는 노력을 빼앗아 간다."

그러므로 설령 아내에 대한 욕망도 스스로 잠자리에서 힘을 더 쏟아 점차 삿된 데로 내달리게 된다. 이는 사람마다 매일 눈으로 보는 것이니, 어찌 논의를 기다리겠는가?

亞利斯多曰: "向慾之心難熄, 彌狗之, 彌益之. 迨其既衍, 即懵昧理心, 侵褫行善之力矣." 故縱慾于正, 自寢增力, 而漸趨於邪也. 此人人日所目見, 何待論哉?

정결을 지키는 자는 바르거나 바르지 않거나 여색을 모두 끊어야 하니, 이는 욕망의 뿌리를 자르는 것이다. 욕망의 마음이 우연히 움직이더라도 즉각 따르지 않고, 결단코 이것을 써서 무거움을 펴고 욕망을 가라앉히기가 어렵지 않을 것이고, 이로 말미암아 더욱 가볍고 더욱 그치기가 쉬울 것이다. 삿된 욕망 중에서도 욕정만큼 이기기 어려운 것이 없다. 사람이 정결로 이겨냈다면, 다른 욕망 이기기를 구하는 것은 어렵지 않다. 여러 가지 욕망의 때를 씻어내면, 속마음이 찬연하게 순수하고 환해진다. 그래서 도덕의 정밀하고 미묘함과 하늘 일의 오묘함을 함께 비춰볼 수가 있어 환하고 깨끗하다. 이 가운데가 하나의 작은 천당이 되니, 천주께서 이곳에서 지내기를 가장 좋아하신다.

《성경》의 진복팔단 중 첫 번째에서 말했다. "마음이 깨끗한 사람은 참으로 복되니, 자신이 직접 천주를 만나보게 될 것이다."[17]

守貞者, 正邪色俱絶, 是斬慾根. 慾心偶動, 不即狥, 決不用此發重難熄, 乃緣是益輕益易止焉. 夫邪情之中, 莫如慾情難勝. 人旣以貞勝之, 求勝他情, 有餘矣. 諸情之垢旣滌, 內心乃燦然粹朗. 故道德之精微, 天事之奧妙, 俱能洞照, 瑩然釂潔. 此中爲一小天堂, 天主最喜居之. 聖經中眞福八端, 其一曰: "心淨者乃眞福, 爲其已得見天主也."

6.35

혼인이란 마음을 많은 바람으로 끌어가고 여러 근심 속에 나누게 만들어서, 도덕에 대한 일 같은 것은 모두 헤아릴 겨를이 없게 하고 또 싫어하게 만든다. 정결이라는 것은 마음이 세상의 즐거움이나 세상의 근심에서 온통 떠나게 하고, 한 마음으로 덕을 닦아 천주를 섬기게 하므로 쉽게 성현의 경지에 이르게 한다.

---

17 마음이 …… 만나보게 될 것이다: 〈마태오의 복음서〉 5장 8절, "마음이 깨끗한 사람은 행복하다. 그들은 하느님을 뵙게 될 것이다."

성 아우구스티노가 말했다. "정결의 덕은 사람으로 하여금 많은 것을 버리고 하나로 돌아가게 만든다. 이 하나는 바로 천주다. 그 아름다움과 선함은 끝이 없고, 그 복은 가이없다. 내가 지금 마음을 다하고 사랑을 쏟아서 섬긴다면 선함이 가장 클 것이다. 뒤에 이를 보더라도 누릴 복락이 이보다 더할 나위가 없을 것이다."

婚姻者, 心牽於多願, 析於多慮, 道德之事, 俱不暇計, 且厭之. 貞者, 心盡竣世樂世慮, 一心以修德, 事天主, 故易造聖賢之域. 聖亞吾斯丁云: "貞德令人辭多歸一. 此一者, 則天主也. 其美善無極, 其福無涯. 我今盡心力愛事之, 善莫大矣. 後得見之, 所享福樂, 蔑以加焉."

6.36

성 암브로시오가 말했다. "혼인한 사람은 세상에 가득하고, 동정의 몸은 천당에 가득하다."

아들을 낳는 것은 사람의 수를 늘리지만, 정결을 지키는 것은 성현의 수를 더한다. 세상에 유익됨이 과연 어느 것이 더 크겠는가? 혼인은 사람의 일이고, 정결의 덕은 사람 이상의 일이다. 천주의 도우심이 아니면 사람의 힘으로 스스로 할 수가 없다.

현자 솔로몬이 말했다. "나는 정결의 덕이 천주께서 내게 내리시지 않고는 나 스스로 이를 할 수 없다는 것을 잘 안다. 그래서 항상 기도하며 구한다."

聖盎薄削曰: "婚姻滿世界, 童身滿天堂." 生子者, 增人之數, 守貞者, 增聖賢之數. 其益於世果孰大乎? 婚姻人事, 貞德人上之事, 非天主之佑, 人力不能自造焉. 賢者撒辣滿云: "我自知, 貞德非天主賜我, 我自不能造之, 是故恒祈求焉."

성 아우구스티노亞斯丁가 말했다. "원수를 사랑하고, 마음이 겸손하며, 동정의 몸을 지키는 것, 이 세 가지 덕목은 다만 우리 천주의 참된 가르침 속에만 있다. 이 외에 여러 나라에서 성현의 책으로 일컫는 것들을 두루 살펴봐도 결단코 이러한 자취가 없으니, 하물며 그런 사람이겠는가?

聖亞斯丁云: "愛謇心謙及童身, 此三德者, 獨我天主眞教中有之. 外此, 徧閱諸國所稱聖稱賢之書, 決無此蹤跡也, 况其人哉?

천주께서 아직 강생하시지 않아 세상 사람들과 얼굴을 맞대고 가르침을 주시기 전에는, 세상 사람들은 다만 혼인이 있는 줄만 알았지 정결이 있음은 알지 못했다. 자식을 얻으면 하늘의 복이라고 여기고, 자식이 없을 경우 하늘의 재앙으로 생각했다. 천주께서 세상에 강생하셔서 동정의 몸을 지니신 어머니에게서 태어나, 자신도 또 동정의 몸을 지켰고, 또 정결한 덕의 아름다움을 드러내 보이시자 정결의 덕이 비로소 세상에 일어났다.

天主未降生面諭世人之前, 世上人特知有婚, 不知有貞. 得子爲天祥, 無子爲天殃. 天主降生於世, 以童身之母而生, 已又守童身, 且宣貞德之美, 貞德始興于世.

천주의 거룩한 가르침을 높여 따르는 곳에는 동정의 몸을 지키는 남녀가 마침내 많이 있게 되었다. 그들은 정결의 덕을 목숨보다도 중하게 보았다. 만약 정결을 지키다가 목숨을 잃을 경우를 만나면, 목숨을 잃을지언정 반드시 정결을 지켰다. 만약 천주의 거룩한 가르침을 버리고서 다른 가르침을 따르는 사람의 경우는 결단코 평생 마음을 지키면서 몸도 함께 정결한 자가 없었다. 다른 증거는 따질 것도 없이, 바로 이것만으로도 천주의 거룩한 가르침이 홀로 참됨을 증명하기에 충분하다."

凡尊從天主聖敎之地, 守童身之男若女, 遂多有之. 其視貞德, 重於身命也. 若遇守貞而當失命, 寧失命, 必守貞矣. 若舍天主聖敎, 而從他敎之人, 決無生平守心與身俱貞者也. 勿論他徵, 即此足證天主聖敎之獨眞矣."

6.37

성 마르티노瑪爾丁[18]가 그의 무리와 함께 들판 가운데를 가고 있었다. 먼저 돼지떼가 짓밟아 파헤친 땅을 지나고, 다음엔 양과 소를 치던 땅을 지나갔다. 마지막으로 화초가 덤불을 지어 무성한데 땅을 해치는 것이 전혀 없었다.

성인이 말했다. "돼지가 파헤친 것은 음탕한 사람을 사악한 마귀가 온전히 빼앗아가버린 것에 견준다. 양과 소를 기르는 것은 결혼한 사람이 아내를 잃은 것에 견주겠다. 화초가 무성한 것은 동정의 몸을 지닌 사람이 천주께 받은 것을 온전히 간직해 손상하지 않아서 아름다움을 보전한 것에 비교한다."

聖瑪爾丁與其徒, 同行野中. 先過羣豕踐扣之土, 次過畜牧羊牛之土. 最後花草叢茂, 無物害土焉. 聖人曰: "豕扣者, 比淫人, 邪魔全奪之矣. 畜牧者, 比婚娶人, 女婦消之矣. 花草盛者, 比童身人, 所受於天主者, 全存不傷, 故全美焉."

---

18 성 마르티노Martinus(?~655): 이탈리아 중부 토스카나의 토디 출신으로, 로마에 온 뒤 학덕과 신심이 널리 알려졌다. 부제 때 교황 테오도로 1세의 교황대사로 콘스탄티노플에 갔고, 649년 7월 21일 그를 승계해 착좌했다. 즉위한 해에 라테라노Laterano 공의회를 소집해 이단인 단의설을 단죄하고, 헤라클리우스 황제 칙령을 견책했다.

6.38

《성경》에 말했다. "천당에는 서로 결혼함이 없다. 그래서 사람이 하늘나라에 올라간 뒤에는 천사처럼 깨끗해진다."[19]

다른 사람은 환한 하늘로 올라간 뒤에야 이를 얻지만, 정결한 사람은 어두운 세상에 있으면서 이미 이를 얻는다. 육신의 집에 살면서 육신의 욕망에 물들지 않으니, 이미 이 세상을 벗어나서 천국에 옮겨가 사는 것과 무엇이 다르겠는가? 더러운 세상에 살면서 욕망으로 향하는 몸뚱이를 짊어진 채, 욕망을 꾀는 일을 보고 들으면서 언제나 삿된 마귀의 욕망의 유혹에 맞서 마음을 정결하게 하고 육신을 맑게 지니니, 천사와 어찌 다르겠는가? 하물며 천사는 형상이 없는지라, 그 정결한 성품이 곧은 것은 덕이 되기에 충분치 않다. 환한 하늘에 살면서 언제나 천주를 대하니, 그 정결은 더불어 적이나 원수가 됨이 없다. 그래서 공이라 하기에는 부족하다.

聖經云: "天堂無交婚, 乃人旣升天域之後, 蠲潔如天神也." 夫他人升明天而後得之, 貞者在幽世, 而即已得之. 居于肉室, 而不染于肉慾, 何異已出此世, 而移居天域哉? 居于汙世, 負向慾之軀, 視聽誘慾之事, 恒當邪魔之慾惑, 而心潔形清, 與天神曷異耶? 矧天神者無形, 其貞性貞也, 不足爲德. 寓於明天, 恒對天主, 其貞無與爲敵讐, 故不足爲功.

정결한 사람은 반드시 본성을 이기고, 세속을 범하며, 삿된 마귀와

---

19 천당에는 …… 깨끗해진다: 〈마태오의 복음서〉 22장 30절, "부활한 다음에는 장가드는 일도, 시집가는 일도 없이 하늘에 있는 천사들처럼 된다." 〈마르코의 복음서〉 12장 25절, "사람이 죽었다가 다시 살아난 다음에는 장가드는 일도 없고 시집가는 일도 없이 하늘에 있는 천사들처럼 된다."

대적해야만 정결의 덕이 이루어진다. 그러니 이것이 공이 됨이 크지 않겠는가? 다만 큰 공은 큰 수고가 아니고는 이루지 못한다. 정결은 가장 아름다운 덕이 되니, 하느님과 천사가 모두 중하게 여기고 삿된 마귀는 모두 이를 두려워한다. 하지만 지키기가 어렵다.

夫貞人必克本性, 犯世俗, 敵邪魔, 貞德乃成焉. 斯之爲功, 不以大乎? 但大功 非大勞不成, 貞爲德最美, 天帝及天神俱重之, 邪魔俱畏之. 然而難守焉.

몸이 정결하다 해서 어찌 정결의 덕이 되기에 충분하겠는가? 마음이 정결하고, 귀와 눈이 정결하고, 말과 모습이 정결하며, 옷이 정결하고, 침상과 이부자리가 정결해야 정결의 덕이 되기에 족하다. 한 가지라도 빠지면 나머지도 모두 위험하다. 항상 천주께 기도하고, 자신의 몸을 원수로 보고, 삿된 생각을 공격하며, 삿된 욕망을 틀어막고, 여인을 끊으며, 음탕한 사람을 멀리하고, 때때로 유익한 일을 붙들어 편안하고 한가롭도록 하지 않음이 아니고는 반드시 오랫동안 정결할 수가 없다. 그래서 정결의 덕은 장미꽃과 같다. 향기가 가장 아름답지만 가시 속에서 나는지라, 그 향기를 누리려면 그 가시를 피해서는 안 된다.

身貞, 豈足爲貞德? 心貞, 耳目貞, 言貌貞, 衣貞, 牀蓐貞, 乃足爲貞德. 缺其 一, 餘俱險矣. 非恒祈之天主, 讐視本身, 攻邪念, 窒邪欲, 絶女人, 遠淫人, 時操 益業, 不使優閑, 必不能久貞也. 故貞德如玫瑰花, 香味最美, 而生棘中, 欲享其 味, 勿避其刺.

6.39

정결은 비록 지키기가 어렵지만, 사람이 천주께서 정결에 대해 갚아주려고 마련해두신 보답을 생각한다면 또한 지키기가 어렵지 않다. 목숨은 비록 길다 해도 반드시 한정이 있게 마련이다. 수명을 연장해서 지키려는 소원이 세상 사람들로 하여금 욕망을 사절하고 정결을 지키게 하니, 천상에서 끝없이 오래 사는 소원이 능히 도를 닦는 사람으로 하여금 욕망을 끊고 정결을 지키게 할 수 없겠는가?

貞雖難守, 第人思天主所備酬貞之報, 亦不難守矣. 身命雖長, 必有限際. 保延壽命之願, 令世人辭慾守貞, 而天上壽無彊之願, 不能令修士絶慾守貞哉?

《성경》에 천주께서 정결한 사람에게 말씀하셨다. "너는 너 자신을 마른 나무라고 말하지 말라. 내가 내 성 안에 너의 보좌를 마련해두었다. 네게 자식을 둔 사람보다 훨씬 아름다운 이름을 내려주겠다."[20]

이것은 하늘나라에서 정결이 혼인보다 높고, 정결한 사람의 보답이 혼인한 사람의 보답보다 크다는 것이다.

經中天主謂貞者曰: "爾勿言我枯樹矣. 我定爾寶座於我城中, 賜爾名甚美於有子者." 是天上國貞尊於婚, 貞者報大於婚者報矣.

천주께서 일찍이 성 요한에게 천당에서 복을 받는 이들을 보게 하셨다. 천주 가까이에 있는 사람은 그 아름다움과 광채가 찬란하기 짝이 없었다. 성인이 이상하게 여겨, 저들이 어떤 사람이냐고 물어보았다. 갑자기 대답하는 말이 들려왔다. "이 사람은 동정의 몸을 지켜서, 여자의 더럽힘을 받지 않고 언제나 천주를 따랐다."

정결한 사람의 아름다움과 광채는 천당과 성신聖神 가운데서도 환

---

20 너는 너 자신을 …… 내려주겠다: 〈지혜서〉 3장 14절, "고자로서 자기 손으로 죄를 짓지 않으며 주님을 거슬러 악한 생각을 품지 않는 사람은 행복하다. 주님은 그의 믿음을 보시고 큰 상을 내리실 것이고 주님의 성전 안에 제일 좋은 자리를 주실 것이다."

하게 드러난다. 하물며 어두운 세상, 죄인들 속에서야 어떻겠는가?

聖若盎, 天主曾令見天堂受福人. 有近天主者, 其懿美光耀, 燦朗無比. 聖人異之, 問爲何人. 忽聞答曰: "是者童身, 不受女汚, 恒從天主." 夫貞士懿美光耀, 天堂之域, 聖神之中, 燁然顯著矣. 矧於暗冥之世, 罪人之中哉?

6.40

정결의 덕은 영혼이 하늘에서 환히 빛나게 하고, 또한 능히 육신이 죽은 뒤에도 향기로워 땅에서 썩지 않게 할 수 있다. 이는 내가 천주의 거룩한 가르침을 믿는 서양의 여러 나라에서 자주 본 것이다. 죽은 뒤 며칠뿐 아니라, 또한 수백수천 년 동안 썩지 않는 동정의 몸도 있었다.

貞德者, 旣令靈神光昭於天, 亦能令形軀死後, 馨香不朽於地. 我太西從天主聖敎諸國所屢見焉. 不獨死後數日, 亦有數百千年不朽之童身耳.

정결의 덕은 신체의 수명을 늘려주고 육신의 강함을 지켜줄 뿐 아니라, 죽은 몸이 향기로워 썩지 않게 해준다. 마음이 항상 깨끗하고 즐거우며, 공덕을 더하여 하늘의 보답을 더 받게 만들어준다. 또 사람으로 하여금 천주에게 사랑받고, 천사에게 친애와 존중을 받으며, 세상 사람에게 존경받게끔 해준다. 보답치고는 또한 무겁지 않은가? 그런데 어째서 정결을 지키는 정직함을 가지고 맞바꿔 이것을 취하지 않을 수 있겠는가?

夫貞德, 不啻延身壽, 保身之強, 且令死軀馨香不朽, 令心恒保淨樂, 增功德, 益天報, 令人見愛於天主, 親重於天神, 尊敬於世人. 爲報, 不亦重乎? 而何得不以守貞之直易取之?

6.41

어떤 사람이 말했다. "사람이 저마다 정결을 지켜 혼인하지 않으면, 인류가 멸망하지 않겠는지요?"

내가 말했다. "어떤 사람에게 한 사람을 아내로 맞으라고 권하는 것도 오히려 많은 말을 해야 하는데, 어찌 번거롭게 지나친 염려를 하십니까? 설령 세상 사람들이 모두 정결을 지켜서 인류가 장차 사라지게 되면, 천주께서 오히려 이를 살리시려고 반드시 조처함이 있을 것입니다. 또 인류를 내실 때 태어남이 있으면 반드시 죽음이 있게 하였으니, 또한 처음과 끝, 이루어지고 무너지는 일정한 이치입니다. 만약 이것으로 마치고 이것으로 무너진다면 몹시 다행이요 큰 소원이겠지요. 한갓 그렇게 될 수 없을까 염려할 뿐입니다."

或云: "人俱守貞不婚, 人類不滅乎?" 曰: "勸人娶一, 猶費說詞, 何煩過慮耶? 倘世人俱守貞, 而人類將滅, 天主猶欲生之, 必有以處之. 且生人之類, 有生必有滅, 亦始終成毀之常也. 若得以此終, 以此毀, 幸甚大願. 徒恐未可幾耳."

6.42

정결한 사람은 사악한 마귀가 몹시 성내며 유감스러워한다. 이 또한 정결의 덕이 지극히 아름답고 또 큰 공임을 증명하기에 충분하다.

서양에 이름난 선비가 있었는데, 어려서부터 정결을 지켜 사악한 마귀가 몹시 꺼려했다. 40년을 쳐서 공격했어도 능히 이를 이기지 못했는데, 나중에 가서 조금 변했다.

이때 어떤 사람이 성에 들어왔는데 날이 저물자 길가의 사람이 살지 않는 집에 들어가서 잠을 자게 되었다. 밤이 깊자 마귀떼가 집 안으로 들어왔다. 한 큰 마귀가 높은 자리를 차지하고 앉았더니, 여러 따르는 마귀의 공적을 심판해 상과 벌을 내렸다.

貞人者, 邪魔甚瞋恨之, 此亦足徵貞德之至美, 且大功也. 西有名士, 自幼守
貞, 邪魔深忌焉. 四十年攻伐, 弗克勝之. 後乃稍變. 爾時有人入城日暮, 就路傍
廢宅宿. 深夜有羣魔入中. 一巨魔據高坐, 覈諸從魔功績, 賞罰之.

한 마귀가 말했다. "제가 지난번 아무 곳에 있는 어떤 사람을 시켜
난을 일으켜서 서로 죽이게 했습니다."

또 한 마귀가 말했다. "저는 매서운 바람을 일으켜 바다에 떠 있던
배를 부서뜨리고, 타고 있던 사람을 빠뜨렸습니다."

다른 마귀가 말했다. "일찍이 사람을 꾀어 도둑질해 훔치고 을러서
물건을 빼앗는 일을 하게끔 했습니다."

저마다 자신이 행한 악행의 내용을 진술했다. 큰 마귀는 모두 게으
르다며 몹시 나무랐다.

마지막으로 남은 한 마귀가 말했다. "저는 일찍이 음탕한 마음으로
정결한 선비 아무개를 유혹했지만, 이제껏 40여 년이 되도록 이기지
못했습니다. 어제는 어리석은 꾀를 다해 유혹해서 마침내 얻었습니다.
집안의 한 동녀童女를 유심히 보더니, 손으로 그녀의 등을 어루만지더
군요."

或曰: "我曾令某所人作亂相殺." 或曰: "我曾鼓烈風, 壞海舟, 沈其人." 或
曰: "曾誘人行盜竊刼掠." 各陳所行惡狀. 巨魔俱以爲懈怠切責之. 最後一魔曰:
"我曾以淫念, 誘某貞士, 逮今四十餘年不克. 昨更竭愚計誘惑之, 乃得. 視家中
一童女, 手拊其背也."

큰 마귀가 뛸 듯이 크게 기뻐하며 그 공을 칭찬하고, 있는 힘을 다
하도록 권면하면서 일을 성사시키면 풍성한 상을 주겠다고 했다.

잠자던 사람이 두려움을 이기지 못했는데, 심판을 마치자 마귀들

은 흩어졌다. 이튿날 아침 이른바 정결한 선비라는 아무개를 찾아가서 만나보고, 자세히 알려주었다. 정결한 선비는 깊이 뉘우치고 다시금 정진을 더하려고, 마침내 집을 떠나 감히 여인과 함께 살지 않았다.

巨魔踊躍大喜, 獎其功, 勸令盡力, 事成有豐賞. 宿者不勝怖懼, 審畢魔散. 厥明往見所謂貞士某, 具告之. 貞士乃深悔, 更加精進, 遂辭家, 弗敢與女人借居焉.

6.43

체칠리아則祭理亞 [21]는 서양 나라의 성녀다. 어려서 죽을 때까지 동정의 몸을 지키기로 맹세했는데, 나중에 부모가 시집갈 것을 명했다.

결혼한 첫날밤에 그 남편에게 말했다. "저는 어려서부터 동정의 몸을 지니기로 맹세하여, 천주께서 한 천사를 내려보내 엄하게 지켜주십니다. 당신이 나를 무너뜨리려고 한다면 반드시 죽음을 당할 것입니다."

남편이 말했다. "나는 천사를 본 적이 없어 당신을 믿지 못하겠소."

성녀가 말했다. "당신이 보고자 한다면 마땅히 순수한 정성으로 천주를 받들어 공경해야 합니다. 거룩한 가르침을 좇아 귀의해서 마음의 허물을 씻어 없앤다면 바로 보일 것입니다."

남편이 모든 것을 그 말과 같이 하자, 천주께서 보이게 해주셨다. 남편은 그 훌륭하고 아름다운 것을 기이하게 여겨 이렇게 말했다. "천

---

21 체칠리아Caecilia: 3세기 초 기독교 성인으로, 음악의 수호성인이다. 로마 원로원 가문에서 태어나, 어릴 때부터 기독교를 믿었고, 결혼 후에는 남편을 개종시켜 함께 동정의 서약을 지키다 순교했다. 참수형을 당했는데, 칼을 세 번 맞고도 생명을 지탱해 재산을 교회와 극빈자에게 나눠주고 3일 후에 죽었다고 한다.

주께서 명령을 내려 존귀한 천사에게 세상에 내려와 정결한 사람을 보호하도록 하셨으니, 정결의 덕을 대단히 무겁게 여기시는 것이다."

마침내 아내와 함께 죽을 때까지 정결을 지키기로 약속했다. 그 뒤로는 천사가 항상 기묘한 꽃으로 관을 만들어 씌워주었는데, 1년 내내 향기가 사라지지 않고 색이 마르지 않았다. 다만 부부 두 사람만 그 향기를 맡고 그 꽃을 볼 수 있었고, 다른 사람은 맡지도 보지도 못했다.

則祭理亞, 西國聖女也. 少時矢志, 終保童身, 既而親命嫁焉. 初婚之夕, 謂其壻曰: "我自幼誓存童身, 天主賜我一天神嚴守之. 爾欲壞我, 必被戮矣." 壻曰: "我不見天神, 不爾信也." 聖女曰: "爾欲見, 當純誠奉敬天主, 歸從聖教, 滌除心慾, 即見矣." 夫悉如其言, 天主賜見焉, 異其懿美, 曰: "天神之尊, 天主遣令下世, 以保護貞人, 其重貞德甚矣." 遂與婦共約終身守貞也. 自後天神恒以奇妙花爲冠冠之, 終歲香不滅, 色不槁. 獨夫婦兩人能聞見之, 他人莫聞見焉.

2. 결혼에 대한 바른 논의婚娶正議

6.44

어떤 사람이 내게 물었다. "귀국의 혼례는 어떠한지요?"

내가 말했다. "우리 고장 모든 나라의 풍속은 모두 부부를 바른 법도로 여깁니다. 위로 국왕으로부터 아래로 일반 백성에 이르기까지 한 남편은 다만 한 아내를 배필로 얻어, 혹시라도 감히 어기지 않습니다. 아내가 세상을 뜨면 다시 정처正妻와 혼인하고, 첩을 들일 수는 없지요."

그가 말했다. "첩을 취하는 것을 금하는 것은 반드시 분명한 근거가 있을 테니, 그 뜻에 대해 듣고 싶습니다."

或問余日: "貴國婚禮如何?" 曰: "敝鄉千國之俗, 皆以伉儷爲正. 上自國主, 下至小民, 一夫特配一婦, 莫或敢違. 婦沒, 得更娶正妻, 不得娶妾也." 曰: "禁娶妾, 必有明據, 願聞其義."

내가 말했다. "무릇 곧은 사물은 스스로를 자기의 법도로 삼아 길이를 잽니다. 양끝과 가운데가 서로 마주 보이면 곧은 것이고, 그렇지 않으면 굽은 것입니다. 다른 물건의 경우는 곧은 자로 재어보아야 그것이 곧은지 굽었는지를 알게 됩니다. 천주께서는 절로 바르고 곧아서 굽은 데가 없습니다. 만물은 천주께서 지으신 것이라 모두 그 본성과 같아서, 또한 바르고 곧아 굽은 데가 없습니다. 영혼이 없는 사물도 저마다 그 성품의 타고난 곧음을 간직하고 있지요. 하늘은 언제나 돌고, 땅은 항상 고요하며, 불은 늘 불타니, 모든 종류가 다 그렇습니다. 그래서 언제나 그 정밀하고 아름다움을 보존하는 것입니다.

曰: "凡直物自爲己之繩也, 猶尺度焉. 兩端與中, 參相望則直, 否者曲矣. 若他物, 絜之直尺, 乃知其直曲焉. 天主自正直無曲, 萬物天主所造, 皆如其本性, 亦正直無曲焉. 夫不靈之物, 各存其性之本直. 天恒旋, 地恒靜, 火恒熱, 萬類盡然. 故恒保其精美.

유독 우리 사람만은 그렇지가 않습니다. 천주께서 우리를 만물 위에 드러내셨고, 우리에게 이성을 주셨으며, 우리에게 본래 마음을 저울질하게 해주셔서, 우리로 하여금 스스로 육체의 욕망을 누르고, 선을 따르고 악을 피하며, 천주를 섬겨 공덕을 세워서 아름다운 보답을 받을 수 있게 해주셨습니다. 그런데 도리어 그 본성의 신령스럽고 밝음을 바탕으로 욕망에 따라 명을 범하고 있으니, 천주께서 내려주신 곧은 본성을 온통 어그러뜨리는 것이 아니겠습니까?

獨我人否矣. 天主表我於萬物之上, 賜我理性, 付我本心之權衡, 令自能伏形欲, 循善避惡, 事天主建功德, 以蒙美報. 乃反據其本性靈明, 用以縱欲而犯命, 即天主所賜直性, 不悉悖乎?

　　모든 나라, 만고의 일체 성현의 교훈과 제왕의 법령은 그 굽은 것을 깎아 펴서 본래의 곧음으로 돌아가게 하려는 것이 아님이 없습니다. 그렇다면 교훈과 법령은 반드시 천주께서 사람을 내신 원래의 법도에 맞아야만 훌륭하고 아름답지, 그렇지 않을 경우 추하고 악합니다. 천주의 《성경》에는 천지만물을 창조하신 참된 이야기가 모두 실려 있습니다. 개벽할 때에 천주께서 이미 만물을 조성하시고 나서 아담亞當이라는 이름의 한 남자를 만드시고 이브厄襪라는 이름의 한 여자를 만드셔서 인류의 조상으로 삼으시고는 말씀하셨습니다. '너희는 부부니 두 사람이 한 몸이니라. 천주께서 짝지어주신 것을 사람이 나누지 못한다.'**22**

　　萬方萬古, 一切賢聖教訓, 帝王法令, 無非削揉其曲, 令歸本直也. 即教訓法令, 必也合天主生人之原規, 乃善美, 否則醜惡矣. 夫天主經典, 悉載創造天地萬

22　개벽할 때에 …… 나누지 못한다: 〈마태오의 복음서〉 19장 4~6절, "예수께서는 '처음부터 창조주께서 사람을 남자와 여자로 만드셨다는 것과 또 그러므로 남자는 부모를 떠나 제 아내와 합하여 한 몸을 이루리라 하신 말씀을 아직 읽어보지 못하였느냐? 따라서 그들은 이제 둘이 아니라 한 몸이다. 그러니 하느님께서 짝지어주신 것을 사람이 갈라놓아서는 안 된다' 하고 대답하셨다." 〈마르코의 복음서〉 10장 6~9절, "천지창조 때부터 하느님께서는 사람을 남자와 여자로 만드셨다. 그러므로 사람은 그 부모를 떠나 자기 아내와 합하여 둘이 한 몸이 되는 것이다. 따라서 그들은 이제 둘이 아니라 한 몸이다. 그러므로 하느님께서 짝지어주신 것을 사람이 갈라놓아서는 안 된다."

物之眞説云. 開闢之時, 天主既造成萬物, 乃造一男名亞當, 一女名厄襪, 爲人類
宗祖. 謂之曰: '爾夫婦二人一身. 天主所配, 人不分之.'

개벽할 때 인류가 처음 생기니, 자식을 낳아 기르는 것이 가장 급
했는데, 어찌하여 한 남편에게 여러 아내를 맞게 해서 자식을 빨리 낳
게 하지 않으셨겠습니까? 그런데도 천주께서 다만 한 남편에게 한 아
내를 배우자로 정해준 것은 부부가 바른 예법이 되는 분명한 증거고,
이것이 바로 천주께서 사람을 내신 곧은 도리입니다. 그 밖의 온갖 것
은 모두 삿되고 음란하니, 이는 사람이 스스로 만든 굽은 것들입니다.
그래서 천주께서 이를 몹시 미워하십니다. 사람이 처음 나왔을 때 세
계는 텅 비었고, 천주께서 장차 한 남편과 한 아내의 바름을 범하지
못하게 하시려고, 지금 사람이 세계에 가득하게 하셨습니다. 그런데도
도리어 한 남편이 많은 아내를 배필로 맞는 것이 바름을 범하지 않았
다고 여기니, 잘못되고 미혹한 것이 아니겠는지요?"

夫開闢時, 人類之始, 生育最急, 何不以一夫配多婦, 令速生? 乃天主特以一
夫配一婦者, 明徵伉儷爲正禮, 此卽天主生人之直道. 其外萬狀, 悉皆邪淫, 卽人
自生曲矣, 故天主甚惡之. 夫人生之初, 世界空虛, 天主且不使犯一夫一婦之正,
今人充滿世界. 而反以一夫配多婦爲不犯正, 不大謬惑乎?"

6.45

사물이 생겨나는 성질은 절로 정력에 이끌린다. 정력이 부족하면
태어나는 것이 조금 열등하다. 사람은 남자가 여자보다 정력적이다.
그래서 사람이 태어나는 성질을 논할진대, 남자가 여자보다 많다. 설
령 많지 않더라도 반드시 여자보다 적지는 않다. 이제 한 남자에게 두
여자를 짝짓게 한다면, 반드시 태어나는 사람의 비율이 셋으로 나뉘

어, 남자 하나에 여자 둘이 된다고 보아야 할 것이다. 둘 이상을 넘어가면 남자가 태어나는 것은 마땅히 점점 줄어들고, 여자가 태어남은 점점 많아질 것이다. 진실로 그렇지 않을 경우, 장차 세상에 많은 사내가 있다 해도 배필로 삼을 만한 여자가 없는 경우가 많아지지 않겠는가? 한 사람의 바른 배필을 잃을 경우 많은 자녀를 잃게 될 테니, 이것은 인류를 해치는 일이다.

夫物生之性, 自向於精. 力不足, 生者稍劣矣. 人類男精於女, 故論生人之性, 男多於女. 縱不多, 必不少矣. 今使一男配二女, 必也三分生人之率, 而男一女二, 可也. 過二以上, 即男生當愈少, 女生當愈多矣. 苟爲不然, 不將使世有曠夫, 而無女可配乎? 失一正配, 即失多子女, 是害人類也.

게다가 남자는 저마다 자식이 있기를 바랄 테고, 또 저마다 여색에 쏠리는 마음이 있게 마련인 점은 사람마다 다를 게 없다. 능히 바른 배필을 얻을 수 없다면 반드시 함부로 간음하게 될 것이다. 함부로 간음할 경우, 틀림없이 다툼과 싸움이 일어나 형벌이나 죽음을 당하는 죄를 범하게 될 것이다. 사람으로 하여금 멋대로 간음하게 해서 다툼과 싸움을 일으키고 형벌과 죽음을 범하는 길을 바르다고 말할 수 있겠는가?

且凡男各望有子, 又各有向色心, 人人不異. 不能得正配, 必恣奸淫. 恣奸淫, 必生爭訟鬪亂, 而犯刑僇. 夫令人恣奸淫, 生爭訟鬪亂, 而犯刑僇之道, 可謂正乎?

어떤 이가 말했다. "만약 모든 남자가 저마다 두 여자를 취한다면 그렇겠지요. 다만 이제 두 여자를 취하는 이는 몇 사람에 지나지 않습니다. 어찌 크게 어지럽기야 하겠습니까?"

내가 말했다. "내가 어찌 두 여자를 취하는 사람이 많은지 적은지를 논한 것이겠습니까? 다만 논리의 옳고 그름을 논했을 뿐입니다. 진실로 한 남자가 여러 여자를 취하는 것이 과연 이치를 범하지 않았다면, 여러 사람이 행하나 한 사람이 행하나 차이가 없지요. 진실로 여럿이 행해서 어지러워졌다면 이치를 범했다는 명확한 증거입니다. 이치를 범하는 것이라면, 한 사람이 행한다고 해서 괜찮은 걸까요?"

或曰: "若每男各娶二女則然. 但今娶二女者, 不過數人耳. 何足大亂哉?" 曰: "我豈論娶者多寡? 第論理之是否. 苟一男娶多女, 果不犯於理, 衆人行之, 一人行之, 等耳. 苟衆行而生亂, 明徵犯理矣. 犯理, 一人行之, 可乎?"

6.46

여성이란 쉽게 분노하고 쉽게 질투하며, 의심이 많고 욕심도 많다. 네가 이미 아내가 있는데 또 첩을 맞이했다고 하자. 만약 첩을 처보다 더 아끼면 질투와 싸움과 계략과 모함이 쉴 새가 없을 것이다. 설령 처보다 더 아끼지 않더라도, 처로서는 사랑이 나누어져서 줄어드니, 사랑이 줄어들더라도 또한 질투가 생긴다. 이렇게 되면 첩과 첩의 자식, 그리고 너까지 모두 처의 증오를 입게 된다.

夫女性易忿易妬, 多疑多慾. 爾旣娶妻, 又娶妾. 若愛之勝於妻, 妬争計謀不息矣. 縱不勝於妻, 而妻愛以分故減, 愛減亦生妬. 即妾及妾之子及爾, 俱被妻憎焉.

이것은 처로 하여금 증오와 질투의 죄를 범하게 하고, 첩과 그 자식이 함께 질투하는 처의 해침을 받아 복수할 뜻을 기르게 하는 것이다. 처는 지위가 높은 것을 믿고 첩은 총애를 믿어 둘이 서로 낮추려 하지 않으니, 그 어지러움이 그치지 않는다. 두 지어미가 원수가 되니,

두 지어미의 자식이 어찌 서로 화합할 수 있겠는가? 이는 온 집안사람에게 죄를 범하게 하는 것이니, 죄가 모두 너로부터 나온 것이다. 네가 죄를 짊어진 것이 이미 무겁지 않겠는가? 네가 한 사람의 첩을 들이는 바람에 부자와 부부와 형제의 세 가지 큰 윤리가 모두 폐하여진다. 그런데도 곡해하여 바른 도리를 범하지 않는다고 말하겠는가?

是令妻犯憎妬之罪, 令妾及其子俱受妬妻之害, 畜復讐之志也. 妻恃尊, 妾恃寵, 兩不相下, 其亂不已. 兩婦爲讐, 兩婦之子, 豈得相合? 是一家犯罪, 罪悉由爾. 爾之負罪, 不已重乎? 爾娶一妾, 而父子夫婦兄弟三大倫俱廢, 尙曲解爲不犯正道哉?

6.47

부부를 맺는 것은 진실로 벗과 우정을 맺는 것보다 더 가깝다. 두 사람이 우정을 맺을 때 체모가 걸맞지 않으면 친구가 되지 못한다. 하물며 부부야 말해 무엇 하겠는가? 그래서 "아내는 나란하다"고 말하는 것이니, 대등한 몸임을 밝힌 것이다. 첩을 두려면 둘 수 있겠지만, 이 여자는 너의 아내가 아니라 너의 여종이다. 너는 그의 남편이 아니라 그의 주인이다. 나란하지도 않고 걸맞지도 않음이 또한 이미 심하다.

夫結夫婦, 固密於結友. 兩人結友, 體貌不敵, 不成爲友, 矧夫婦哉? 故曰: "妻者, 齊也." 明敵體也. 欲妾則妾, 是婦非爾婦, 乃爾婢. 爾非其夫, 乃其主也. 不齊不敵, 亦已甚矣.

천주의 《성경》에 이런 말이 있다. "아내는 자신의 주인이 되지 못하고, 남편이 주인이 된다. 남편 또한 자신의 주인이 되지 못하고, 아내가 주인이 된다."[23]

아내가 남편 아닌 사람을 따른다면 혼배의 예를 어긴 까닭에 간음

죄를 범한 것이 된다. 남편이 아내 아닌 여자를 따른다면 또한 어찌 혼배의 예를 어기고 간음죄를 범한 것이 아니겠는가?

天主經中有言: "婦不爲自身之主, 夫爲其主. 夫亦不爲自身之主, 婦爲其主." 婦從非其夫, 則悖婚配之禮, 故犯奸罪. 夫從非其婦, 詎不亦悖婚配之禮, 而犯奸罪哉?

6.48

천주께서 사람으로 하여금 결혼을 하게 한 것은 부부가 서로 사랑하고 돌봐주는 유익함을 얻고자 해서다. 그 하나는 병이 났을 때이고 하나는 섬기는 것이니, 근심스러울 때 위로해주고 자식이 있을 경우 함께 기르고 가르친다. 남편은 돈을 벌어오고, 아내는 간직해서 자손에게 이를 물려준다. 가령 한 남편에게 여러 명의 아내가 있을 경우, 어찌 돌보지 않겠는가마는 나뉘면 반드시 줄어들게 마련이다. 아내들은 각기 사적으로 모아서 그 자식에게 줄 테니, 장차 반드시 훔치게 될 것이다.

夫天主令人結婚, 欲夫婦得相眷顧之益也. 其一病, 其一事之, 憂則慰之, 有子共養之教之. 夫積婦藏, 有子孫以遺之. 假使一夫而有多婦, 豈不眷顧, 分則必消. 婦各私聚, 以遺其子, 將必竊.

무릇 어린아이를 가르치는 것은 태반이 어미를 통해서다. 여러 첩

---

23 아내는 …… 주인이 된다: 〈고린토인들에게 보낸 첫째 편지〉 7장 4절, "아내는 자기 몸을 자기 마음대로 할 수 없고 오직 남편에게 맡겨야 하며, 남편 또한 자기 몸을 자기 마음대로 할 수 없고 오직 아내에게 맡겨야 합니다."

에게서 난 자식은 가르침 또한 폐하여진다. 어린아이의 마음은 새로 구운 질그릇과 같다. 처음 담은 음식이 달거나 쓸 경우, 한결같이 담은 대로 되어 씻어내기가 몹시 어렵다. 너의 아들과 딸이 어려서부터 어른이 될 때까지 귀에 익고 눈에 익은 것이 다시 무슨 일이 있겠는가? 아버지는 오직 여색만 좋아하고, 어머니는 그저 여색 때문에 다툰다. 그러니 마음을 정결하게 하려 해도 또한 어렵지 않겠는가?

凡教孩幼, 太半由母. 衆婦之子, 教亦廢焉. 幼稚之心, 如新瓦器. 初盛之味, 或甘或苦, 一爲所入, 洗滌甚難. 爾子若女, 從幼至壯, 習耳習目, 更有何事? 父好惟色, 母爭惟色. 欲其貞心, 不亦難乎?

6.49

암컷이 능히 스스로 새끼를 기를 수 없는 경우 반드시 수컷이 이를 도와주게 마련이니, 모두 하나는 하나의 배필을 가질 뿐이다. 시험 삼아 새가 새끼를 낳는 것을 보면, 한 마리는 날개로 덮어주고 한 마리는 먹이를 구해, 다시금 그 책임을 나눈다. 오직 스스로 새끼를 기를 수 있는 암컷만이 일정한 배필이 없을 뿐이다.

凡牝不能自養子者, 必牡佐之, 皆以一配一而已. 試觀鳥生子, 一覆翼, 一求食, 更分其任焉. 惟牝自足養子者, 乃無定配耳.

사람이 자식이 있을 경우, 추우면 옷 입히고 배고프면 밥 먹이며 필요한 물건을 갖춰둔다. 의로운 방향으로 이를 가르치고 아프면 치료해주며, 못난 경우 독려하여 나무란다. 다 자라 세간을 내주고 짝을 맺어주는 것은 모두 아버지가 할 일이지, 어머니가 할 수 있는 것이 아니다. 이것은 다만 아들에게만 해당하지 않는다. 아울러 아내를 부양하는 것 또한 남편이 해야 한다. 남편은 자식에게 아버지의 책임이 있고, 아내에게는 남편으로서의 책임이 있다. 한 사람을 배필로 정한 뜻이 여러 사물의 종류에 견줘볼 때 더욱 절실하지 않은가?

夫人有子, 衣寒食饑, 備其用物, 敎之義方, 疾則療之, 不肖督責之, 壯而家之 室之, 皆父事也, 母不能及. 此非獨子矣. 幷妻之養, 亦待于夫. 是夫于子, 有父之 責. 於妻, 有夫之責. 其配一之義, 視物類不尤切哉?

6.50

여인은 질투와 분노 같은 여러 가지 삿된 감정을 분출함이 너무도 사나워서, 이를 풀어주기가 가장 어렵다. 억지로 이치에 합당하게 하기는 더 어렵다. 그래서 "사나운 아내를 배필로 삼느니, 차라리 범과 이리를 배필로 삼겠다"고 말하기까지 한다. 한 여자가 한 나라를 족히 어지럽게 하니, 하물며 한 남자가 여러 여자를 거느린 것이야 말해 무엇 하겠는가?

옛 현인이 이렇게 말했다. "사람이 한 번 바다를 건너는 것은 이상할 것이 없지만, 두 번 건너는 것은 이상하다. 사람이 한 번 혼인하는 것은 이상한 일이 아니지만, 두 번 혼인하면 몹시 이상하다."

그러므로 여자가 위험한 것은 풍파와 다를 게 없다.

현인 가단은 또한 이렇게 말했다. "만약 여인에게서 벗어날 수 있다면, 사람의 염려와 행동은 천사조차 본받을 수 있을 것이다."

그래서 여인은 참으로 벗어나기 힘든 해로움이 된다. 하나인데도 심하다고 하는데, 둘을 감당할 수 있겠는가? 그래서 만국의 성현 가운데 도덕에 밝아 세상의 모범이 되는 사람들은 동정의 몸을 간직하지 않으면 대략 먼저 여자를 끊어 그 마음을 맑고 곧게 지닌다. 이는 천주에게 사랑받음이 가장 깊고, 도를 알고 덕을 행함이 천사와 같으며, 사람을 감동시키고 교화시켜, 만세의 공을 비춰 임하여 완성시킨다.

夫女人嫉妬忿怒諸邪情, 其發最猛, 解之最難. 欲强其合理又難. 故曰: "與配悍婦, 寧配虎狼." 一女足亂一國, 矧多女一男哉? 古賢有言: "人一度海不足異, 再度異矣. 人一婚不足異, 再婚甚異矣." 故婦之險, 無異風波也. 加當賢人亦曰: "使女人可免, 則人之念慮動行, 可效天神矣." 故女人正爲難免之害. 一之謂甚, 而可再乎? 是以萬國聖賢明於道德爲世表儀者, 非存童身, 大約先與女絶, 其心清貞. 是其見愛於天主最深, 其見道行德如神, 其動人化人, 照臨萬世之功乃成焉.

6.51

어떤 이가 말했다. "사람이 자식이 있는데 두 아내를 얻는다면 음란한 죄를 면치 못하겠지요. 만약 정처正妻에게 자식이 없어서 장차 제사가 끊어지는 불효를 염려해 후사를 구하려고 다시 맞이하는 경우는 도리에 어긋나는 것이 아닐 듯싶습니다만……."

或曰: "人有子, 娶二婦, 淫罪不免矣. 若正妻無子, 將恐滅祀不孝, 爲求後而再娶, 似未悖也."

내가 말했다. "그렇지 않습니다. 남편이 죽었는데 아내가 다시 시집가지 않으면, 비록 자식이 없더라도 나라의 임금이 정문旌門을 세워주고, 나라 사람들이 이를 칭송합니다. 아내가 비록 자식이 없다 해도 남편이 다시 여자를 취해오지 않는다면, 사람들이 또한 의로운 남편이라고 칭찬하겠지요. 어떤 사람이 정결의 덕을 사모해 동정의 몸을 간직해서 맑은 마음으로 도를 닦고 천주를 섬기려 하는데도, 장차 그것이 불효라고 헐뜯을까요? 아니면 그가 능히 자신을 극복해 정결을 지킨다고 탄복할까요? 그의 정결함을 탄복할 것이 틀림없습니다.

曰: "否. 夫死, 婦不復嫁, 雖無子, 國主旌之, 國人誦之. 婦雖無子, 夫不復娶,

人亦稱爲義夫焉. 有人因慕貞德, 欲存童身, 以淸心修德, 事天主, 將訾其不孝
耶? 抑歎其能克己守貞耶? 嘆其貞必矣.

참된 덕은 갈래가 많지만 모두 절로 묶여 화합하지, 서로 어긋나지
않습니다. 정결한 덕을 지키려다가 불효의 죄를 범한다는 것은 있을
수 없는 이치입니다. 지금 사람들이 정결을 지키지 않는 것이 어찌 효
를 구하기 위해서겠습니까? 다만 도덕의 힘이 정결함을 지키기에는
부족한지라, 효도의 명분을 훔쳐와 음란한 마음을 꾸미고, 불효의 죄
를 빌려와서 욕망을 멋대로 채우는 죄를 사절하려는 것입니다. 하물
며 사람이 자식을 얻는다고 해서 그것이 꼭 복인 것은 아닙니다. 못난
자식 때문에 재앙에 떨어지거나 집안이 엎어지는 사람을 어찌 다 헤
아릴 수 있겠습니까?

夫眞德萬端, 皆自相結和, 不得相反. 因守貞德, 而犯不孝之罪, 必無之理也.
今人不守貞, 豈爲求孝? 正惟德力不足守貞, 故竊孝名, 以餙淫心, 假不孝罪, 以
辭恣慾之罪. 況人卽得子, 未必是福, 因不肖子而陷於禍且覆宗者, 何可勝數?

그래서 《성경》에서는 이렇게 말했습니다. '못난 자식을 남기느니,
차라리 죽을 때까지 자식이 없는 것이 더 낫다.'[24] 당신의 자식이 현명
한지 어리석은지는 당신이 미리 정할 수 있는 것이 아닌데, 어찌 이를
바라기를 이처럼 다급하게 한단 말입니까? 또 자식이 있고 없고는 당
신이 선한지 악한지에 대한 증거가 되지 못하고, 또한 당신이 능히 벗

---

24 못난 자식을 …… 더 낫다: 〈집회서〉 16장 3절, "한 아들이 일천 아들보다 나을
수 있고 불경스러운 자식들을 갖기보다는 자식 없이 죽는 편이 낫다."

어날 수 없는 물건도 아닙니다. 자식을 얻는 것은 재물을 얻거나 목숨을 얻는 것과 마찬가지로 세상의 복일 뿐입니다. 바른 도리로 이를 얻어야 훌륭하고 아름다워 내게도 영광이 되는 것이지요. 삿된 도리로 억지로 얻을 경우, 바로 나를 욕되게 할 것입니다.

故經云: '與其遺不肖子, 無寧終而無子也.' 爾子賢不肖, 爾既不能豫定, 而何望之若是急急乎? 且子之有無, 不徵爾之善惡, 亦非爾不能免之物也. 得子猶得財得命, 世福而已. 以正道得之, 乃善美, 而爲我榮也. 以邪道强得之, 正爲我辱焉.

속담에 '작은 악을 행하여 큰 선을 이룰 수는 없다'고 했습니다. 하물며 자식을 얻는 작은 이익을 위해 음란한 욕망이라는 큰 죄를 범한단 말입니까? 사람이 자식이 없는 것이 어찌 반드시 모두 아내의 탓이겠습니까? 또한 남편 때문일 수도 있습니다. 여인의 성품은 남자보다 여려서, 아들을 얻어 돌보고 지키려는 바람이 남자보다 심합니다. 이제 남편이 자식이 없다고 해서 아내가 다른 남자에게 시집가려 한다면, 반드시 괴이하게 여길 것입니다. 아내가 자식이 없다고 해서 남편이 마침내 다른 아내를 얻어온다면, 어째서 그것만 괴이하게 여기지 않는 것인지요? 몸이 하나인데 머리가 둘이거나, 머리가 하나인데 몸이 둘인 것이 다 괴물인 것과 무슨 차이가 있겠습니까?"

語曰: '不可爲小惡, 以成大善.' 矧因得子之小益, 犯淫欲之大罪哉? 人無子, 豈必皆由婦? 亦或由夫. 女人之性, 弱於男, 其望得子顧護之, 深於男. 今因夫無子, 而婦欲嫁他夫, 必以爲怪. 因婦無子, 而夫遂娶他婦, 獨不以爲怪乎? 一身而兩首, 一首而兩身, 其爲怪何殊之有哉?"

6.52

옛날 어떤 현자가 이 때문에 한 사람에게 아내는 남겨두고 첩은 내보내라고 권했다. 그 사람이 말했다. "이치야 비록 바르지만, 첩을 내가 능히 내보낼 수가 없습니다."

현자가 말했다. "당신이 능히 첩을 내보내지 않는다면, 또한 천당에서 당신을 내보낼 것입니다."

古賢以是勸人存妻去妾, 其人曰: "理雖正, 妾我弗能免之." 賢者曰: "爾弗能免妾, 天堂亦能免爾."

6.53

어떤 이가 말했다. "이 이치는 참으로 바르군요. 다만 처와 첩을 나란히 대접하는 것은 우리나라 옛사람이 많이 행했습니다. 내가 그 옛자취를 실천하는 것은 또한 괜찮겠는지요?"

내가 말했다. "중국에서 성현으로 일컬어지는 사람 중에 설령 여러 아내를 둔 분이 있다 하더라도, 또한 중국의 성현이 아닌 것이지요. 성현이 되는 까닭은 성현으로 일컬어지는 덕업 때문인데, 다만 여러 아내를 얻은 것만을 일컬으니, 이것이 과연 성현의 행실을 본받는 것이겠습니까? 아니면 욕망을 멋대로 행하는 허물을 꾸미는 것이겠습니까? 중국에서 성현으로 일컬어지면서 한 아내를 얻은 사람도 많을 것입니다. 어찌 이들의 정결을 살펴서 나의 정결을 더하지 않고, 저들이 여러 아내를 둔 것만 살펴 욕망만 늘리려 하는 것입니까?

或曰: "此理實正. 第妻齊妾接, 我國古人多行之. 我踐其故轍, 亦可乎?" 余曰: "中國所稱聖賢, 縱有多娶者, 亦非中國之聖賢. 所以爲聖賢也, 置其所由稱聖賢之德業, 而特稱其多娶, 斯果慕聖賢之行耶? 抑餙爾恣欲之愆耶? 中土稱聖賢, 而娶一婦者, 亦多其人. 盍視此之貞, 以益爾貞, 而獨視彼之多, 以增慾乎?

우리 서양 나라에도 아주 예전에는 성인 중에 두 아내를 얻은 사람이 또한 두어 분 있었습니다. 이때에는 사람이 적었기 때문에, 천주께서 그 가문을 일으키고 그 자손을 번성케 하여, 널리 세상에 거룩한 가르침을 전하려 했던 것입니다. 또 그의 덕이 맑고도 몹시 굳세서, 틀림없이 아내가 많다고 하여 음란해지지 않을 것을 알았기 때문에, 한 아내를 취하는 법을 너그럽게 해서 둘을 취할 수 있게 했던 것일 뿐입니다. 이렇게 옛 성인이 배필을 여럿 두었던 것은 법도는 아니었지만 어쩔 수 없는 권도權道였던 것이지요. 그들이 그렇게 한 까닭 또한 지극히 무거워, 가볍지가 않았습니다. 게다가 자기의 사사로운 뜻이 아니라, 천주의 명령을 받든 것이었지요. 참 성인이 여러 아내를 취한 것은 모두 이 때문입니다. 지금 사람은 이 같은 덕도 없고, 그럴 만한 이유도 없는데, 어찌 권도를 행할 수가 있겠습니까? 이를 행하고도 천주께 죄 얻음을 면할 수 있겠습니까?

我西國上古, 聖人娶二妻者, 亦有二三輩. 緣爾時人少, 天主欲興其家, 蕃衍其子孫, 以廣傳聖教於世. 又知其德, 淸且堅甚, 必不因多而淫, 故寬娶一之經, 使得娶二耳. 是古聖配多, 非經也, 權也. 其所以然之故, 亦至重不輕矣. 且非己私意, 乃奉天主命焉. 眞聖娶多妻, 皆以此. 今人無此德, 無其故, 無其命, 詎可行其權哉? 行之, 免得罪於天主乎?

상고시대 이후로 성인은 더욱 많아졌고, 모두 정결의 덕을 숭상하여 이것으로 자기를 지키고 남을 가르쳤습니다. 그들의 덕은 앞선 사람에 견주더라도 더욱 두드러졌고, 사람들 또한 그 가르침을 믿고 따르지 않음이 없었습니다. 천주께서 강생하신 뒤로는 사방 만국에서 배출한 성현이 더욱 많아졌습니다. 그들이 정결의 덕을 사모함은 더욱더 깊어져서 다만 한 남편과 한 아내의 정도를 지키는 것뿐 아니라,

아울러 결혼도 하지 않고 죽을 때까지 동정의 몸을 지켰습니다. 그래서 그들의 맑은 덕과 큰 공훈이 자기에게만 그치지 않고, 또 남에게까지 미쳤습니다. 한 시대 한 지방에 그치지 않고, 만세와 만방에 미치게 되었습니다."

上古以後, 聖人更多, 皆尙貞德, 以是守己, 以是訓人. 其德比前人尤著, 人亦無不信從其訓焉. 至天主降生後, 四方萬國, 所出聖賢尤多. 其慕貞德尤深, 不獨守一夫一婦之正, 乃幷不嫁娶, 終保童身. 故其淸德茂勳, 不止於己, 又及於人. 不止一世一方, 乃曁及於萬世萬方焉."

7

DE SEPTEM VICTORIIS

나태함을 채찍질함

七克

DIEGO DE PANTOJA

나태는 둔마가 지친 것과 같아

부지런함으로 채찍질해야 하므로, 〈책태〉를 짓는다.

怠如駑疲, 以勤策之, 作策怠.

〈책태〉 소서策怠小序

심하도다, 서양 선비의 학문을 좋아함이여! 시간을 아끼느라 종이 있고, 시각을 알리려고 시계가 있다. 자다가 일어나려 할 때는 풍경이 있어서 이를 깨운다. 밤중에 잠자리에 들 때면 침묵으로 이를 알려준다. 아침 미사나 낮 공부에 이르러서도 공손하게 마치 천주가 임하여 지켜주는 것같이 한다.

甚矣, 西土之好學也! 惜時有鐘, 誌刻有晷. 寐而將興, 有鐸以醒之, 宵而就寢, 有黙以告之. 乃至朝祀晝考, 儼乎其若臨若翼也.

어두울 때나 밝을 때나 참선을 반복해 흔들림 없이 자신들의 규칙을 스스로 증명한다. 이처럼 덕을 향해 나아가고 이처럼 학업을 닦으면서도 참으로 이를 잃을까 봐 염려하는 마음이 있단 말인가? 저들 또한 우리 공자의 학문을 배우는 사람들일까? 어찌 이리 비슷하단 말인가! 일찍이 또한 우리 공자께서 좋아하던 것을 좋아하는 것인가? 또 어찌 이다지도 똑같을까!

晦明禪復, 確乎其自規自證也. 如是進德, 如是修業, 眞有惟恐失之之心乎? 彼亦學吾孔子之學者耶? 何其似也! 曾亦好吾孔子之好者耶? 又何其類也!

아! 산을 만들고 우물을 파는 일을 이루려 한다면 이를 고무시켜서 백성으로 하여금 지치지 않게 해야만 한다. 대개 우리 희황義皇과 공자와 맹자 씨로부터 지금에 이르기까지 가르침을 남긴 것은 천하 후세의 게으른 자를 채찍질함이 지극하고 또 정성을 다한 것이다. 여기에 판토하가 다시금 그 뜻을 끌어와 종류대로 구분해서 말했으니, 그 단서를 생각해볼 만하고 뜻을 궁구할 수가 있다. 이는 보탬이 되지 않는 말이 아니다.

嗟乎! 爲山掘井, 要於有成, 鼓之舞之, 使民不倦. 蓋自吾義皇孔孟氏, 垂訓至今, 所以策天下後世之怠者, 至矣盡矣. 乃龐子復引申而觸類言之, 緒可思而意可繹. 此非言之無補者也.

《도덕경》에서는 "천릿길도 발아래에서 시작한다"[1]고 했다. 가만 앉아 있는데 저절로 오는 것은 없다. 정말 그림자만 채찍질해도 단숨에 천 리를 가는 좋은 말이 있을까? 그렇다면 번거롭게 채찍질을 하지 않

---

1 천릿길도 …… 시작한다: 노자의 《도덕경道德經》 64장에 "아름드리나무도 털끝만 한 데서 나오고, 9층의 누대도 쌓인 흙에서 일어나며, 천릿길도 발아래에서 시작된다(合抱之木, 生于毫末. 九層之臺, 起于壘土. 千里之行, 始于足下)"라 했다.

아도 괜찮을 것이다. 하지만 만약 절룩이는 말이거나 피곤해 지친 말이라면 어찌할 것인가? 짐을 진 채 올라타거나 훔쳐서 모는 경우라면 어떨까? 물풀을 따라가고 벼를 밟거나 사람과 물건을 다치게 한다면 어찌하나? 이와 비슷한 상황에서는 즉각 채찍을 잡아 시간에 맞춰 아프게 채찍질을 하더라도 무슨 문제가 있겠는가?

語曰: "千里之行, 始於足下." 未有坐而至焉者. 果有良馬鞭影, 一息千里者乎? 卽不煩策可矣. 如其蹇乎, 疲乎? 負乘而竊御乎? 逐水草蹈禾稼而傷人物乎? 似此類者, 卽操箠而時刻痛策之, 咄咄何傷哉?

강동 최창이 쓴다

江東崔淐撰

나태라는 악은 무엇과 비슷하던가?	怠惡知何似
노둔한 말 주인 은혜 등짐과 같네.	駑駘負主恩
몸 있어도 길러줌을 편안히 여겨	有軀安豢養
고마워 높이 오름 바랄 뜻 없네.	無志望騫騰
주님 사업 정돈함 기약이 없고	神業難期頓
흐르는 세월만 달려가누나.	流光欲若奔
어이해 부지런히 자신을 이겨	爭如勤自克
채찍 떨쳐 수행문에 듦만 같으랴.	振策入修門

어산漁山 오력吳歷

7.1

게으름이란 무엇인가? 덕행을 싫어하고 근심하는 것이다. 여러 욕망을 멋대로 행하면서, 스스로 할 수 없다고 핑계를 댄다. 선은 변함없는 굳셈이 없으니, 모름지기 틈만 나면 한가롭게 노닐며 잠을 많이 자는 것이 모두 그 갈래다. 음탕한 욕심, 게걸스레 먹는 것, 도둑질하는 것, 질투하는 것, 희롱하는 말, 함부로 막 웃기, 못된 음모, 헐뜯고 비방하기 등 여러 가지 마음이 모두 그 부류다.

怠者何? 德行之厭憂也. 恣諸欲, 自諉不能. 善無恒毅, 須暇閑遊多寐, 皆其支也. 淫慾, 饕餐, 盜竊, 妬嫉, 戲言, 浪笑, 惡謀, 訕誹諸情, 皆其流矣.

7.2

무릇 물건 중에는 해처럼 생명이 없고 감각마저 없는 것이 있고, 초목같이 생명은 있지만 감각은 없는 것이 있다. 혹 생명이 있고 감각도 있지만 새나 짐승처럼 영혼은 없는 것도 있다. 일반 백성들처럼 영혼은 있지만 덕이 없는 경우도 있고, 성현처럼 덕이 있어 모두 나의 게으름을 채찍질하고 나를 부지런하게끔 격동시키는 경우도 있다.

해는 생명도 없고 감각도 없다. 처음 개벽할 때에 천주께서 명하시어, 낮에는 동쪽으로부터 서쪽으로 가게 하고, 밤에는 서쪽으로부터 동쪽으로 가게 하니, 해는 예로부터 어기지도 않고 쉬지도 않는다. 오늘 온종일 운행하고, 내일도 똑같이 되풀이한다.

凡物, 或有無生無覺如日, 或有生無覺如草木, 或有生有覺而無靈如鳥獸, 或有靈而無德如凡民, 或有德如聖賢, 皆是策我怠, 激我勤也. 日, 無生無覺. 當開闢之初, 天主命之, 晝自東而西, 夜自西而東, 日終古不違不息也. 今日盡日行, 明日復然.

성 아우구스티노가 수사에게 일러 말했다. "날이 이미 밝았는데, 너는 아직도 잠자리에 있구나. 해로 하여금 말을 할 수 있게 한다면 틀림없이 이렇게 말할 것이다. '어제는 내가 너보다 힘들고 피로했다.

이제 나는 일하는데 너는 쉰단 말이냐, 부끄럽지도 않은가?'"

聖亞吾斯丁謂修士曰: "日已興, 爾尙寢寐. 使日能言, 必曰: '昨者我勞疲於爾也. 今我作, 爾息耶, 不媿歟?'"

7.3

생명은 있지만 감각은 없는 물건은 풀과 나무 같은 것들이다. 풀과 나무는 처음 나올 때는 아주 작은데, 마침내 아주 크게 된다. 혹 추위와 더위를 겪으면서 꺾이기도 하고, 비바람에 마구 흔들리기도 한다. 혹 꽃을 따가고 열매를 주어가며, 가지와 줄기를 찢거나 꺾기도 한다. 하지만 때가 되면 싹이 트고 잎이 돋고 꽃이 피어 열매 맺는 것이 완연히 예전과 똑같고, 오히려 더하기도 하여 일찍이 본분의 일에 게으르지 않다. 그 작은 말단의 것만 보고 누가 그 큰 것을 믿겠는가? 그 싹을 간직한 것만 보고서야 누가 이처럼 곱고 무성할 줄 믿겠는가? 하지만 그렇게 되는 것을 미처 깨닫지 못하는 것은 조금씩 점차 쌓아나갔기 때문이다.

有生無覺之物, 如草木. 草木者, 初生微眇, 竟致鴻鉅. 或經寒暑摧折, 風雨飄搖. 或采掇華實, 剝斲條幹. 迨至其時, 芽葉華實, 宛然如昔, 且有加焉, 未嘗怠于本事矣. 覩其眇末, 孰信鴻鉅? 睹其孼藏, 孰信鮮茂? 然而不覺致然者, 積漸故也.

사물은 진실로 느닷없이 지극함에 이르는 경우란 없다. 무릇 천주께서는 큰일이나 훌륭한 공적을 갑작스레 이루려 하시지 않고, 반드시 어려움을 잇따르게 하신다. 일을 이루는 것이 어려울수록 사람들은 이를 더욱 소중하게 보고, 이를 더욱 조심해서 지킨다. 서둘러 이룬 것은 좋지가 않고, 좋은 것은 반드시 빨리 이루어지지 않는다. 짐승은 클수록 더 오래 새끼를 품고, 성장도 더욱 더디다. 큰일을 이루는 사람은 작다고 해서 우습게 여기지 않고, 편안함을 이루는 사람은 위험을 가볍게 보지 않는다.

夫物固未有忽然底極者. 凡大事嘉績, 天主不欲忽成之, 必繼之艱難. 事成彌艱, 人視之彌重, 守之彌謹矣. 亟成者弗良, 良者必弗亟成也. 獸逾大, 孕逾久, 成長逾遲. 致大者, 蔑弗小, 致安者, 蔑弗危.

게으른 사람이라 하여 어찌 큰 공적을 세우고 큰 아름다움을 이루고 싶지 않겠는가? 다만 그 욕심은 똑같지만 이를 하려고는 하지 않으면서, 장차 가지 않고 도달하고, 싸우지 않고 이기며, 씻지 않은 채 깨끗해지고, 만들지 않고 이루며, 구하지 않은 채 얻으려고만 드니 어찌 능히 성취하겠는가? 덕을 행하려는 사람은 반드시 적과 원수를 만나고, 박해와 시련을 만난다. 만약 너희가 용감한 사람이라면, 어려움과 괴로움을 만나 담력을 키워서 이를 이겨내야만 한다. 일은 그저 처음에만 어렵고, 조금 익숙해지면 쉽다. 단단한 씨를 쪼개야 씨 속에 든 달콤한 알맹이를 먹는다. 이 때문에 세간의 착한 일은 속마음이 넉넉하고 굳센 자가 아니면 모두 능히 이룰 수가 없다.

怠者, 豈不願豎丕績, 成大美? 第幷其欲, 且不欲之, 將不行而至, 不鬪而勝, 不滌而浄, 不造而成, 不求而得, 豈能就哉? 欲行德者, 必遇敵讐, 必遭窘難. 若爾勇者, 遇艱苦, 增膽力以勝之可也. 事惟初難, 稍習則易. 剖核之堅, 食仁之甘. 是以世間善事, 非中心優裕强毅者, 悉不能成之.

하물며 자기를 극복하고 덕을 쌓아 천국을 두드리는 가장 어려운 일이야 말해 무엇 하겠는가? 무릇 일이 이루어짐을 해치는 것은 마음이 조급한 것만 한 것이 없다. 속담에 "해마다 한 가지 욕망을 극복한다면 일찍 마음의 정결함을 이루게 된다"고 했다. 마음이 조급한 사람은 천천히 기다려 차츰 쌓아갈 수가 없다. 아직 시작도 안 해놓고 문득 끝을 보려고 한다. 급히 만들어 결과를 얻지도 못한 상태에서 스스로 안 된다고 단정지어, 이 때문에 게으름이 생겨나버리는 통에 일이 전부 어그러지고 만다.

矧克己積德, 攻天國最難事哉? 凡害成事者, 莫心亟若也. 語曰: "歲克一欲, 夙致心浄." 心亟者, 不能徐竢漸積. 尙未肇始, 輒欲見終. 亟造弗獲, 自議不能, 因生怠棄, 事全廢矣.

7.4

이시도로意西鐸[2]는 서양 나라의 이름난 성인이다. 젊어 배움을 좋아했으나 타고난 성품이 노둔해서 이를 근심했다. 한번은 우물 난간의 단단한 바위를 보니 두레박줄 자국이 아주 깊게 나 있었다.

혼자 이렇게 말했다. "돌은 성질이 대단히 단단하고 두레박줄은 몹시 가는데, 오랜 세월 쌓이면 점점 깊어질 수가 있다. 빗방울이 힘이 없지만 집중해서 떨어지면 바위를 뚫는다. 내 성품이 비록 둔하지만 천주의 도우심을 믿고서 나태함을 버리고 부지런함을 붙잡는다면 어찌 단련하여 정밀해질 수 없겠는가?"

이 같은 일념으로 스스로를 아프게 격동시켜서 점차 성대한 덕성과 큰 학문에 도달하니, 당세에 그를 능가할 사람이 없었다.

---

2 이시도로Isidorus(560~636?): 스페인 세비야의 성인. 명문가 태생으로, 아리우스파의 침공으로 피난간 곳에서 태어났다. 부모와 사별 후 수도원에 들어가 형 레안데르St. Leander의 보호를 받았다. 세비야의 주교가 되어 학교와 수도원을 건설하는 등 신앙 전파에 힘썼다.

意西鐸, 西國名聖也. 少年好學, 而資性魯鈍, 以爲憂. 俄視井幹堅石, 綆踪甚
深. 自謂曰: "石性甚堅, 綆甚細, 以積漸能深之. 雨滴無力, 密落鑿石. 我性雖鈍,
恃天主之祐, 祛怠執勤, 豈不能練精之?" 以此一念, 痛自激發, 漸致盛德大學, 當
世莫或勝之.

7.5

감각은 있어도 영혼이 없는 것은 개미다.

《성경》에 말했다. "너 게으른 자야! 어찌 개미를 보지 않고, 어찌
그 도로道路를 생각하고 그 지혜를 본받지 않는가? 임금도 없고 스승
도 없고 장수도 없건만, 여름철에는 거두어 간직할 줄 알고, 여름이 지
난 뒤에야 먹는다."[3]

有覺無靈者, 如蟻. 經云: "爾怠者! 盍視蟻, 盍思其道路, 法其智慧? 無主無
師無帥, 夏時知歛藏, 夏後之食."

사람의 정리는, 어른이 되어서는 어린 사람을 스승 삼는 것을 욕스
럽게 여기니, 하물며 하잘것없는 벌레겠는가? 《성경》에서 개미를 본
받으라고 한 것은 어째서인가? 개미의 행동은 온통 게으른 자를 부끄
럽게 하기에 족하고, 부지런하고 민첩한 자의 모범이 된다. 여름철에
거두어 보관하는 것은 일에 힘쓸 기미를 놓치지 않음을 보여준다. 훗
날에 쓸 것을 먼저 준비하는 것은 먼 일을 염려해 모자람이 없게끔 하

---

3 너 게으른 …… 뒤에야 먹는다: 〈잠언〉 6장 6~8절, "게으른 자는 개미에게 가서
그 사는 모습을 보고 지혜를 깨쳐라. 개미는 우두머리도 없고 지휘관이나 감독관
이 없어도 여름 동안 양식을 장만하고 추수철에 먹이를 모아들인다."

는 지혜를 보여준다. 개미라는 것은 너무나 하잘것없지만, 겸손에서 의리를 취해 겸손하면 할수록 더욱더 지혜로워진다. 뜨내기 잡풀은 버리고 정미精美한 알곡만 받으니, 그 정결하고 순수한 것에 걸맞게 능히 알찬 것과 쭉정이를 발라내 버리거나 취한다.

夫人情長老師穉幼以爲辱, 矧微蟲耶? 聖經令師蟻者何? 蟻行悉足愧怠者, 爲勤敏者儀也. 夏時收藏, 示不失營業之機也. 先備異日之用, 示遠慮無匱之智也. 爲物微眇, 取義於謙, 愈謙愈智也. 棄浮葳, 受精鑿, 稱其净潔粹精, 能剔實虛, 棄取之也.

개미의 무리가 서로를 도움은 어짊과 사랑을 실천으로 행하여 빈말이 아님을 보여준다. 쉴 새 없이 왕래하는 것은 언제나 강인해 작업을 쉬지 않음을 보여준다. 곡식의 싹을 뜯어먹어 싹이 터서 썩지 않게 하는 것은 미리 위험의 기미를 끊을 수 있음을 보여준다. 사람도 자신을 극복하고 사욕을 없애 덩굴 뻗어나가지 않게 해야 함을 가르쳐준다.

群蟻相助, 示其實行仁愛, 非虛言也. 徃來不絶, 示其恒毅, 作業不息也. 囓穀之芽, 俾不萌生朽壞, 示能豫絶險機. 訓人克己去私, 無滋蔓也.

흐린 날에는 곡식을 감춰두니, 이로움이 없을 때는 덕과 아름다움을 거둬 간직해서 잃어버리거나 무너지는 것을 피해야 함을 보여준다. 갠 날에 볕을 쬐어주는 것은, 유익할 때는 그 선한 덕을 밝게 드러내서, 이를 통해 뭇사람을 교화하여 그들로 하여금 천주를 찬양하고 섬기게 해야 함을 보여주는 것이다. 몸소 짐을 지고 길 위에 있는 것은, 그들이 사랑하고 근심하여 힘들어 지치는 것을 마다하지 않음을 보여준다. 함께 거두고 함께 쓰는 것은, 그들이 공적으로 공유해서 탐욕스럽지도 인색하지도 않음을 보여주는 것이다. 개미의 행실은 이처

럼 온전하고 아름답다. 그들이 이를 행할 때는 따를 만한 임금이나 장
수도 없고 익힐 만한 사부도 없으며, 두려워할 만한 형벌도 없고 권면
할 만한 상도 없다.

陰時匿穀, 示無益之時, 歛藏德美, 以避失墮也. 晴時曬曝, 示有益時, 顯明其
善德, 用以觀化衆人, 令讚事天主也. 身負道在, 示其慈愍, 不辭勞罷也. 共收共
用, 示其公共, 不貪不吝也. 蟻行若此全美矣. 其行之也, 無主帥可從, 無師傅可
習, 無刑戮可畏, 無賞齎可勸.

우리는 쓸 만한 본성의 영혼이 있고, 기댈 만한 천주의 묵묵한 인
도가 있다. 듣고 따를 만한 앞선 성현의 가르침과 실천이 있고, 두려워
할 만한 지옥의 영원한 재앙이 있으며, 바랄 만한 천당의 영원한 보답
이 있다. 하지만 무너지듯 스스로를 폐하고서, 그저 앉아 지금 세상에
서 덕을 쌓고 공을 세울 기회를 놓치고는, 장차 올 근심은 생각지도
않는다. 지금 당장 눈앞에서 잠깐의 아무것도 아닌 수고로 죽은 뒤의
영원한 고통을 면하려 하지 않으니, 너무 어리석지 않은가!

我儕有本性之靈可用, 有天主之默牖可據, 有先聖賢訓箴實行可聽從, 有地
獄之永殃可畏, 有天堂之永報可望. 而頹然自廢, 坐失今世積德立功之機, 不思
將來之患. 不欲當目下暫時之微勞, 以免身後永世之苦, 不甚愚哉!

《성경》에 말했다. "게으른 자들아! 너희의 잠은 언제 그치며, 누운
것은 언제 일어나려느냐? 잠깐 눕고 잠깐 자는 사이에 가난은 문득 우
체부처럼 닥치고, 궁핍은 마치 무기를 갖춘 군사들처럼 너에게 미칠
것이다."[4]

게으른 자는 안이든 밖이든 덕과 재물이 모두 부족하고, 지금 세상
에서나 뒷세상에서나 궁핍이 빨리 오는 것이 마치 우체부처럼 신속해

서 능히 피할 수가 없으며, 또 다시금 강포하게 이르는 것이 무기를 갖춘 갑옷 입은 군사와 같아서 능히 대적할 수가 없음을 말한 것이다.

經云: "怠者! 爾寐何時止, 臥何時興? 暫臥暫寐, 而貧匱輒迄, 如郵置, 窮乏逮汝, 如嚴裝之士矣." 蓋言怠者, 若內若外, 德財俱乏, 今世後世, 窮匱速至, 有速如郵置, 不能避之, 且復強至, 如嚴裝介士, 不能敵之.

7.6

세상 사람들은 속된 일에 부지런하고 민첩하니, 또한 우리가 천주의 일에 게으른 것을 부끄러워하기에 충분하다. 세상 사람들은 명예와 이익에 부지런하고, 편안함과 즐거움을 도모하느라 가지 않는 데 없이 노고를 아끼지 않고 세월을 헤아리지 않는다. 덕을 행하고 도를 이루며 천주를 섬기는 데 이르러서는, 작은 수고와 만나도 그만두고, 다른 일이 생기면 이를 빼앗아버린다. 너무 한가하거나, 본래의 욕망이 없어지거나, 다른 일을 영위할 수 없는 날이 아니고는 속된 일을 내려놓지 않는다.

世之人, 勤敏於俗事, 亦甚足媿我之怠於天主事也. 世人勤名利, 圖安樂, 靡所弗至, 不惜勞苦, 不計歲月. 至其行德致道, 事天主, 遇微勞, 輟之. 遇他務, 奪之. 非甚暇本欲廢, 不能營他業之日, 不舍之.

장사꾼은 사다리로 올라가거나 배를 타고 산과 바다를 누비며, 물

---

4 게으른 자들아! …… 미칠 것이다: 〈잠언〉 6장 9∼11절, "그런데 너 게으른 자야, 언제까지 잠만 자겠느냐? 언제 잠에서 깨어 일어나겠느냐? '조금만 더 자야지, 조금만 더 눈을 붙여야지, 조금만 더 일손을 쉬어야지!' 하겠느냐? 그러면 가난이 부랑배처럼 들이닥치고 빈곤이 거지처럼 달려든다."

과 불을 건너고 하늘 끝까지 달려가서라도 가난에서 벗어나 부를 얻어 목숨을 지키려 한다. 이 때문에 목숨을 잃는 자가 너무 많다. 바다를 건너가는 배는 아홉은 가라앉고 하나만 뜨는데도, 저 아홉이라는 것이 두려워 가로막을 만한 것이 못 되고, 이 하나라는 것은 돌아보아 유혹하여 움직이게 하기에 충분하다. 큰 수고로움을 가지고 작은 즐거움을 이루고, 작은 즐거움을 가지고 또 자주 영원한 고통을 불러들인다. 오랫동안 온 힘을 다 쏟아서 재물을 모아 얻고는 갑자기 죽어버리니, 마침내 잠시도 이를 누리지 못한다.

商賈梯航遍山海, 蹈水火, 走天際, 逃貧趨富, 求以護命. 因而失命者甚衆. 度海之舟, 九沈一浮. 彼九者不足懼沮之, 此一者顧足誘動之. 以大勞致微樂, 以微樂又屢致永年之苦. 殫竭旣久, 得聚財. 忽死, 遂不獲蹔享之.

우리는 작은 수고로 영원한 즐거움을 이룰 수 있다. 하나를 써서 만을 얻고, 힘은 조금 드는데 공은 크며, 잠깐의 수고로 영원히 누리는데도 오히려 여기에 힘쓰는 데 게으르다. 저 장사꾼은 죽음에 나아가면서도 부지런하고 또 즐겁건만, 나는 목숨에 나아가는데도 게으르고 싫증을 낸다. 저들은 손해에 부지런하고 나는 이익에 게으르니, 너무 부끄럽지 않은가!

我儕以微勞, 能致永年之樂. 費一而得萬, 力微功鉅, 勞蹔享永, 尙懶營之. 彼就死而勤且樂, 我就命而怠且厭. 彼勤於損, 我怠於益, 不甚羞歟!

성 아우구스티노가 말했다. "내가 모든 수도자의 심지를 격발시켜, 그들로 하여금 영원히 남을 생명의 편안함을 아끼고 소중히 여기기를, 세상 사람들이 잠깐 사이에 빨리 지나가버리고 말 생명의 편안함을 아끼고 소중히 여기듯 하게 할 수 있다면 정말 다행이겠다."

사람들의 정리는, 목숨을 잃느니 차라리 바탕을 잃더라도 목숨을 간직하려 한다. 부자로 일찍 죽는 것보다 누구나 구걸하며 구차하게 사는 것을 택하지 않겠는가? 지금 바다를 건너면 죽지 않을 수 있다는 말을 듣고도 그 누가 꾸물대겠는가? 죽지 않으려거든 일을 하고 물건을 만들어서 수고롭고 힘든 것을 견뎌내야 한다고 말한다면 그 누가 기꺼이 이를 하려 하지 않겠는가? 천주께서 명하신 바를 그대로 따라 행하면, 이것으로 천국을 얻고 생명이 영원히 평안하며, 그에 드는 공력은 미약하고 또 하기가 쉬운데도, 내가 그 명령을 따르는 데 게으르다면 나태하다고 하지 않겠는가?

聖亞吾斯丁云: "吾能激發一切修士之心志, 令愛重永存之命安, 猶世人愛重暫且速過之命安, 甚幸矣." 人之人情, 與其失命, 寧失其所由存命者. 與其富而速死, 誰不擇爲丐而且生? 疇聞此時渡海, 可不死, 而須暇之? 疇語之欲不死, 須營業造作, 任勞歷苦, 而不甘心爲之? 天主所命遵行, 以得天國, 常命永安, 其功力微且易造, 而我惰從其命, 猶不謂怠乎?

7.7

고금의 성현과 덕스러운 선비는 천주를 섬겨 공을 세우고 덕을 쌓는 근면함과 민첩함과 노고, 그리고 사특한 감정과 맞서는 용기와 강인함으로 나의 게으름을 일깨우고 나를 부지런히 힘쓰게 하기에 충분하다. 무릇 성현과 덕을 닦는 사람은 모두 날마다 사악한 마귀가 감정으로 꾀고 유혹으로 부추기는 것에 맞서고 소인의 시기와 질투, 비방과 나무람을 참아내며 질병과 가난의 근심과 마주하면서도, 성품의 욕망을 이겨내 자기의 수고로움을 따르지 않았다.

古今聖賢德士, 事天主, 建功積德之勤敏勞苦, 敵邪感之勇毅, 甚足警我怠, 勵我勤也. 凡聖賢修德者, 皆日敵邪魔之誘感煽惑, 忍小人之忌妬, 謗誹, 譙譏,當疾病匱乏之患, 克性欲, 不從己之勞苦.

　　천주께서 시험하심에 미쳐서도, 세속을 가볍게 여기고 먹고 마시
는 것은 박했으며 적게 자고 늘 깨어 있었다. 웃음은 적고 울음이 많
으며, 병들어서도 스스로를 각박하게 꾸짖어 그 몸뚱이를 원수처럼
보았다. 세상의 오락을 사절하고 목숨을 가벼이 여기며 도덕을 무겁
게 보아, 항상 자신이 범한 과실을 울면서 뉘우치고 미처 행하지 못한
선행에 대해 부끄러워했다. 그래서 참되게 수행하는 사람은 그들의
노고를 그만두는 때가 없다.

　　《성경》에 말했다. "어진 마음으로 천주를 섬기려는 자는 반드시 고
난과 박해를 받을 것이다."[5]

及天主之嘗試, 輕世俗, 食飮薄陋, 少眠多醒, 少笑多哭, 病自刻責, 仇視其
身, 謝世娛樂, 輕身命, 重道德, 恒泣悔所犯過, 羞媿所未行善. 故實修之士, 其勞
苦無輟時. 經云: "凡欲以仁心事天主者, 必受苦難窘迫也."

7.8

　　중서中西 지역 페르시아罷爾西라는 나라에 한 대신이 있었다. 매우
부유해서 부리는 하인이 일천 명이었고, 국왕은 그를 특별하게 총애
했다. 다만 왕은 신불神佛을 몹시 믿었고 이 신하는 천주를 깊이 믿어
서로 맞지 않았다. 왕이 그에게 천주를 배교하고 신불을 예로써 공경

5　어진 마음으로 …… 박해를 받을 것이다: 〈디모테오에게 보낸 둘째 편지〉 3장
　12절, "그리스도 예수를 믿고 경건하게 살기를 원하는 사람은 누구나 박해를 받
　게 될 것입니다."

할 것을 강요했으나 따르지 않으며 이렇게 말했다. "신이 오늘 천주께 충성치 않으면서, 내일 어찌 대왕께 충성할 수 있겠습니까?"

왕이 크게 노해 그 재산을 적몰하고 그 벼슬을 박탈해, 더러운 방에 놓아두고 사슴과 낙타를 지키게 했다. 그 아내를 빼앗아 마구간에서 말 기르는 병졸에게 시집보내버렸다. 그래도 그는 끝내 흔들림 없이 천주를 위해 편안하게 참고 이를 받아들였다.

中西罷爾西國有大臣, 甚富, 僕役千人, 國王寵異之. 但王甚信神佛, 此臣甚信天主, 不相入也. 王强之背天主, 禮敬神佛, 不從, 曰: "臣今日不忠天主, 明日安能忠大王乎?" 王大怒, 藉其財, 褫其爵, 置於溷室, 使守鹿駝. 奪其妻, 嫁厮養卒. 竟不爲動, 爲天主安然忍受之.

몇 해 후, 국왕이 우연히 그를 만나고는 불쌍한 생각이 들어 옛 직위를 되돌려주고 영화와 복락을 예전의 배가 되게 해주었다.

왕이 말했다. "내가 이처럼 너를 두터이 예우해주었으니, 반드시 내 명령대로 해야 한다." 그러면서 또 처음처럼 그에게 강요했다.

신하는 문득 그 보배로운 옷을 벗어 임금 앞에 내놓으며 말했다. "이 옷을 위해 천주를 버리는 것은 신이 반드시 할 수가 없습니다. 신은 임금께 옷을 돌려드립니다. 임금께서는 신을 사슴과 낙타에게로 돌려보내주십시오."

왕은 더욱 노해서 다시 그를 폐해버렸다.

越數年, 國王偶遇憐之, 還其舊職, 榮福倍昔也. 王曰: "我厚遇之若爾, 必若我命矣." 又强之如初. 臣輒解其寶衣, 捐之王前, 曰: "爲此衣也, 以棄天主, 臣必不能. 臣還王衣. 王還臣鹿駝矣." 王益怒, 復廢之.

7.9

옛날에 대왕 느부갓네살納部郭[6]이라는 이가 있었다. 실로 교만한
덕이 있어서 서울 도심 가운데에다 황금을 부어 자기의 상像을 만들
게 했다. 정한 기일에 서울에 사는 사민士民들로 하여금 상을 세우는
지역에 모이도록 했다. 음악이 연주되자, 다들 엎드리거나 땅에 엎디
어 이마를 조아리며, 한결같이 그 나라에서 하늘을 섬길 때의 예법과
똑같게 했다. 이 뜻은 바로 스스로를 천주로 대우하려는데 나라 사람
들이 모두 따르지 않을까 염려했다는 의미다.

上古有大王納部郭者, 實有傲德, 於京都中范黃金爲己象. 定期日, 令都下士
民, 萃於象設之地. 樂作, 皆伏抑投地稽顙, 一如彼國事天之禮. 此意直以天主自
待, 恐國人不盡從也.

곁에다 큰 구덩이를 파고 그 속에 불을 타오르게 하고는 명령에 따
르지 않는 자를 급히 던져버리니, 나라 사람이 감히 따르지 않음이 없
었다. 다만 다니엘達尼[7], 하나니야亞納[8], 아자리야亞雜[9] 등 소년으로서
덕이 성대한 인사들만 듣지 않았다.

---

6 느부갓네살Nebuchadnezzar(BC 605?~562?): 바빌론제국 2대 왕인 느부갓네살 2세
를 말한다. 바빌론의 창설자인 부왕父王 나보폴라살이 앗수르를 공격할 때 왕자
로서 니느웨를 함락하고 앗수르제국을 멸망시켰으며, 바빌론을 명실상부한 중근
동 최고의 강대국 자리에 올려놓았다. 느부갓네살은 군사적으로 중근동을 완전히
제패해, 포로로 잡아간 많은 이민족 노예를 동원해 바빌론 각처에서 성벽과 왕궁,
신전 및 공중정원을 세우고 여러 개의 대운하를 건설했다. 부인 아미티스Amytis를
위해 고향 메대에 지은 '공중정원Hanging Garden'은 오늘날까지 세계 7대 불가사의
가운데 하나로 꼽힌다. 함무라비 이후 바빌론 최고의 위대한 군주로 꼽히는 그는
정신질환을 앓아 7년 동안 소처럼 들에서 풀을 뜯어먹고 살기도 했다. 〈다니엘〉
에 전후 이야기가 자세히 나온다.

왕이 불러서 까닭을 묻자, 이렇게 대답했다. "우리의 천지와 인물의 주인이시고 무리가 마땅히 가장 존귀하게 여길 바는 오직 천주뿐이십니다. 대왕께서 이를 하신다면 바로 그 높은 자리를 참람하게 차지하는 것이어서 죄가 큽니다. 신들이 감히 왕의 어지러운 명령을 따르지 못하겠습니다. 왕께서는 어찌하시렵니까?"

왕이 크게 노하며 말했다. "내가 네 목숨을 불구덩이에 던지라고 명하더라도 누가 다시 너를 구해주겠는가?"

그들이 대답했다. "천주께서 건져내 구해주실 것을 믿습니다. 설령 저를 구해주시지 않더라도, 또한 감히 왕께서 천주를 참칭하는 명령에는 따르지 않겠습니다."

於旁作大穽, 熾火其中. 有不如命者, 遽投之. 國人莫敢不從. 獨達尼, 亞納, 亞雜三少年盛德之士, 弗聽也. 王召問故, 答曰: "我輩天地人物之主, 衆所宜最尊者, 惟天主而已. 大王爲此, 正僭其尊位, 罪大矣. 臣不敢從王之亂命. 王何恠焉?" 王大怒, 曰: "我命投於火穽, 誰復爾救耶?" 答曰: "恃天主欲得拯救. 縱不我救, 亦不敢從王于僭天主之命矣."

---

7 다니엘Daniel: 구약시대 4대 선지자의 한 명이자 구약성서 〈다니엘〉의 주인공이다. 느부갓네살 2세 치하의 바빌론에 포로로 잡혀가 왕의 시동이 되었다가 후에 높은 지위에 올랐다. 우상을 숭배하지 않아 불구덩이에 던져지고 모함을 받아 사자굴에 던져졌으나 신의 가호로 무사했다.

8 하나니야Ananias: 사드락이라는 이름으로도 불린, 느부갓네살이 만든 황금 신상에 경배하기를 거부한 구약시대의 선지자다. 아자리야와 함께 불속에 던져졌으나 죽지 않았다. 이에 느부갓네살이 회개했다.

9 아자리야Azaria: 다니엘, 하나니야와 함께 느부갓네살의 우상숭배 요구를 거부한 구약시대의 선지자. 아벳느고라는 이름으로도 불린다.

왕이 급히 명하여 그들을 던져 큰 불구덩이 가운데로 나란히 들여보냈다. 가고 서는 것이 편안했고, 신체와 의복이 모두 불타지 않았다. 왕이 몹시 기이하게 여겨 스스로 그 죄를 받들어서 급히 자신의 상 설치하는 일을 파하고, 천주께 귀의해 경건한 정성으로 공경하여 섬겼다. 또 명하여 이제 이후로는 속국의 신하와 백성이 모두 귀의해 받들어 공경하게끔 하였다.

王遽命投之, 並入大火中. 行立自如, 身體衣服, 悉無燉焉. 王甚異之, 自承其罪, 遽毀其象設, 歸依天主上帝, 虔誠敬事. 且命自今以後, 屬國臣民, 皆歸依奉敬之.

성현은 대적하기 힘든 용기와 선을 닦는 부지런함, 천주를 향한 충성으로 그 도력이 굳세고 견고하기가 이와 같다! 오늘날 도덕을 닦는 선비로 일컬어지는 자로서 약하게나마 박해를 받거나 조금만 험한 데 막히면, 마침내 그만둬버리고 도덕에 게을러지니, 천주를 거스름이 너무도 크다!

聖賢敵難之勇, 修善之勤, 忠於天主, 道力堅固若此矣! 與今稱修道德士者, 遇微窘難, 小阻險, 遂廢然而怠於道德, 違天主, 星淵哉!

7.10

산 사람의 지극한 보배로 시간만큼 귀한 것이 없다. 사물은 모두 나의 물건이 될 수 없지만, 시간만은 실로 나의 물건이 된다. 게으름은 능히 나의 시간을 빼앗아가니, 어찌 작은 일이나 가벼운 해로움이라고 하겠는가?

《성경》에 말했다. "내 아들아, 너의 시간을 잔혹한 원수에게 주지 마라."[10] 시간을 헛되이 써버리는 사람이, 의롭지도 않고 마음의 덕에 보탬도 되지 않는 일에다 시간을 쓰니, 그 시간을 모두 사람의 원수인 사악한 마귀에게 줘버린다는 말이다. 시간이 무거운 보배가 되는 것은 무엇 때문인가? 그 물건이 드물어 귀하기 때문이다.

生人至寶, 無貴于時. 凡物皆不可爲我物, 獨時實爲我物也. 怠能奪我時, 豈細故淺害哉? 經云: "我子爾時勿付之酷仇." 謂空費其時者, 用之非義無益心德之事, 皆以其時, 付予人仇之邪魔也. 夫時爲重寶者, 何故? 物少爲貴.

시간은 한번 지나가면 돌이킬 수가 없고 아직 오지 않은 것은 구할 수가 없어, 오직 눈앞의 이 짧은 순간을 얻을 뿐이니 너무 적지 않은가? 하물며 물건 중에 시간처럼 빨리 지나고 금방 가버리는 것은 없다. 이미 지나간 일백 년은 한 시간과 맞먹는다. 장차 올 시간이 앞에 있을 때 사람들이 보기에는 가장 길지만, 지나가버려 뒤에 있으면 반드시 너무 짧았다고 생각할 것이다. 또 비록 일백 세의 장수를 누렸다 해도, 죽은 뒤의 무한한 시간으로 본다면 오히려 한순간이라 하기에도 부족한데 하물며 길다고 하겠는가? 물건 값의 비싸고 싼 것은 마땅히 이 시간이라는 물건에 근거할 줄 알아야 하니, 마치 성현과 덕스러운 선비가 모두 시간을 지극한 보물로 본 것과 같다.

時已過不可返, 未來不可求, 惟得目下此微息耳, 不甚少乎? 況物無有疾過迅行如時者, 旣過百年, 一刻埒焉. 將來之時在前, 人視之最長, 旣過而在後, 必視之甚短矣. 且雖百歲之壽, 以死後無限年視之, 尙未足一息, 況爲長哉? 物價貴賤, 宜憑識此物者, 若聖賢德士, 皆視時爲至寶矣.

---

10 내 아들아, …… 주지 마라: 〈에페소인들에게 보낸 편지〉 5장 16절, "이 시대는 악합니다. 그러니 여러분에게 주어진 기회를 잘 살리십시오."

세네카가 말했다. "시시각각 죽음에 가까워짐을 알아서, 하루의 시간을 가지고 값을 논할 수 있게 된다면 어찌 지혜롭지 않겠는가?"

옛 현인은 매번 정해진 시간에 종소리를 들을 때마다 바로 자신을 되돌아보며 말했다. "천주께서 내게 살날을 정해주셨는데, 이제 다시 한 시간이 지나버렸다." 이 같은 마음으로 그 게으름을 스스로 채찍질하고 착한 행실을 격려했다.

色搦加曰: "知時時近死, 而以一日之時, 爲可論價者, 豈智哉?" 昔賢每聽定時鍾聲, 即反諸己曰: "天主定我生期, 今復過一時矣." 以此念自策其怠, 激於善行也.

또 성현과 덕스러운 선비는 말할 것도 없고, 다만 지옥 가운데서 고난을 받고 있는 사람만 따져보기로 하자. 그들로 하여금 세상에 살아 있을 때 망령되이 허비한 조각조각의 시간을 얻어서, 그 악을 고쳐 뉘우치고 용서를 구하여 저들이 받고 있는 영원한 고통을 면하게 해주기를 바랄 수만 있다면, 비록 세간의 온갖 진귀한 보물과 다 바꾸고 세간의 갖은 고난을 다 받는다 해도, 반드시 너무 쉽고 크게 즐거운 일이라고 여길 것이다.

且勿論聖賢德士, 惟論地獄中受難人. 使可望得在世時, 所妄費片時, 以悔改其惡求赦之, 以免彼所受永苦, 雖盡易諸世間珍寶, 盡受世間諸苦難, 必以爲甚易大樂矣.

지금 사람이 천하게 여기는 것은 시간보다 더한 것이 없다. 시간을 헤아려 일을 꾀하지 않고, 다만 일을 찾아 시간을 죽인다. 죄악은 고쳐야 하고 선한 덕은 행해야만 한다는 것을 깨닫지 못하니, 천당에는 큰 갚음이 있고 지옥에는 영원한 재앙이 있을 뿐이다. 슬프도다!

今人所賤, 莫過于時. 不計時以營事, 惟求事以消時. 惟不悟罪惡須改, 善德須行, 天堂有大報, 地獄有永殃耳. 哀哉!

세네카가 말했다. "설령 수명이 대단히 길다 해도, 몹시 아껴쓰지 않으면 반드시 마땅히 해야 할 일에 힘쓰기에도 부족하다. 하물며 함부로 써서 덕을 어그러뜨리는 일이나 아무 도움이 안 되는 일에 힘쓰는 것이야 말해 무엇 하겠는가? 그러므로 재물에 인색한 것은 소인의 잘못이고, 시간에 인색한 것은 군자의 덕이다."

色搦加云: "縱年歲甚長, 非甚嗇用之, 必不足營所當營之業, 矧侈費之以營悖德之事, 無益之學哉? 故嗇財小人之罪, 嗇時君子之德也."

7.11

옛 현인이 직접 남긴 기록에서 말했다. "하루는 묵묵히 죽은 뒤의 일을 생각하는데, 갑자기 너무나 구슬픈 사람의 목소리가 들려왔다. 누구냐고 물었더니, 그가 대답했다. '지옥 가운데서 고통받는 영혼입니다. 짊어진 고난이 너무도 많지만, 특히 몸이 살아 있을 때 망령되이 낭비한 것이 지극히 아프고 한스럽습니다. 이 생각이 저를 가장 심하게 괴롭히는군요. 천주께서 제게 시간을 주셔서 선을 행하고 악을 고치며 공을 세워, 천당에서 성현과 천사와 나란히 설 수 있게 하시고, 지옥에서의 이 같은 큰 고통을 면할 수 있게 해주셨건만, 저는 온통 헛되이 낭비하고 함부로 써서, 이제 와서는 짧은 시간이라도 얻고자 하나 절대로 얻을 수가 없습니다.'

古賢自記云: "一日默思死後之事, 忽聞人聲最悲. 問之爲誰, 答曰: '地獄中受苦之靈神也. 所負苦難甚衆, 獨妄費生身之時, 至爲痛恨. 此念苦我最甚矣. 天主賜我時, 以行善改惡建功, 可並聖賢天神于天堂, 可免此大苦於地獄, 我悉空

費浪用之. 今欲得片時, 萬萬不可得焉.'

아! 저 사람은 바라고 바라도 능히 얻을 수가 없고, 우리는 얻고서
도 이것이 소중한 줄 알지 못한 채 망령되이 써버리고 있다. 훗날 쓰
고자 하나 능히 얻을 수 없을 것을 어찌 두려워하지 않는단 말인가?
소중한 보배를 얻고서 자갈돌처럼 버려두고 잃고 나서야 이를 알아차
리니, 또한 늦지 않겠는가?"

《성경》에 말했다. "무릇 네 손이 할 수 있는 것은 바로 하여라. 네가
달려가는 곳은 무덤이니, 그곳에는 공도 없고 지혜도 없으며 계획도
없다."**11**

嗚呼! 彼冀望而不能得之. 我輩得之, 弗知重之, 妄用之. 盍畏異日欲用, 而不
能得乎? 得重寶, 棄置如礫, 旣盡失, 乃識之, 不亦晚乎?" 經云: "凡爾手所能爲,
卽爲之. 爾所奔赴塋域, 無功無智, 無計也."

7.12

시간은 모두 천주께서 너희에게 베푸신 것이니, 죽을 때까지 힘써
섬겨도 오히려 갚기에 부족하거늘, 하물며 이것을 의롭지 않은 일을
행하고 주님의 명령을 어기는 데 쓰겠는가?

夫時悉天主惠爾, 終身罷勉事之, 尙不足酬, 矧卽用之以行非義, 悖主命哉?

성 베르나르도가 말했다. "짧은 시간도 삼가서 헛된 말과 헛된 행

---

11 무릇 네 손이 …… 계획도 없다: 〈전도서〉 9장 10절, "무슨 일이든 손에 닿는 대로
하여라. 저승에 가서는 할 일도 생각할 일도 없다. 깨쳤던 지혜도 쓸데없어진다."

동에 가볍게 써버리지 말라. 시간은 날아가버려 돌아오지 않는다."

천주께서 선을 행하고 공을 세우라고 주신 시간을 허비해버리면, 천주께서 반드시 엄하게 신문하여 벌을 내리실 것이다. 맡은 일에 마음과 힘을 다 쏟아도 오히려 부족한데, 하물며 오늘 할 일에 게을러 여유를 부리고는 다른 날 할 일에 합쳐 함께 하려 드니, 도리어 충분하겠는가?

聖百爾納曰: "時刻愼勿輕費之, 虛言虛行. 時蜚不還." 天主所賜以行善建功, 虛費之, 天主必嚴鞠致罰焉. 職業, 盡心力爲之, 猶不足, 矧怠於今日之業, 須暇之, 幷他日之職業並圖之, 反足乎?

사람의 목숨은 짧은 시간일 뿐이어서, 시간을 잃는 것은 목숨을 잃는 것이다. 삶이란 죽음으로 향해가는 길이니, 나이가 많을수록 길은 더 짧아진다. 이를 모두 써서 천주를 섬기고 실다운 덕을 행하며 바른 도리를 배운다면, 지금 세상의 목숨을 가지고 죽은 뒤의 목숨을 이어, 목숨이 영원히 다하지 않을 것이다. 선에 게으른 사람은 죽은 뒤의 목숨을 누릴 수가 없건만, 이제 또 망령되이 그 시간을 써버리기 때문에 천주께서 이를 빼앗으신다. 마치 나무를 가꾸는 사람이 오래 기다려도 열매를 맺지 않으면, 반드시 "이 나무는 너무 오래 땅을 차지하고 있구나"라고 말하는 것과 같으니, 이를 꺾어 땔감으로 쓰지 않겠는가? 이 때문에 게으른 사람은 지금 세상과 뒷세상의 목숨을 함께 잃고 만다.

人之命, 時刻而已. 失時者, 失命也. 生也者, 逝死之道, 年歲愈長, 道愈短. 盡用之事天主, 行實德, 學正道, 則以今世之命, 續身後之命, 命永永不既矣. 怠於善者, 身後之命不能享, 今又妄用其時, 故天主奪之. 如栽樹者, 久待不實, 必曰: "此久妨地矣." 不摧之爲薪乎? 是以怠人者, 今世與後世之命并失焉.

7.13

온갖 일을 성취하는 것은 언제나 굳센 마음일 뿐이다. 게으름은 능히 이를 빼앗아가므로, 일이 실패하고 공이 사라지며 앞서의 업적이 모두 폐하여진다. 바다의 배가 험하고 먼 곳을 지나와서 언덕에 이르러 물에 가라앉아버렸다면, 지금까지의 노고는 전부 소용없게 된다. 사람의 공덕은 시작이 좋다고 좋은 것이 아니라, 끝이 좋아야만 좋은 것이다. 평생의 영예가 죽는 날 단 하루의 욕됨을 이기지 못하고, 죽는 날 하루의 욕됨이 죽을 때까지의 영예를 이기기에 충분하다. 평생 동안의 악은 끝 날 단 하루의 선행으로 녹이기에 충분하고, 평생의 선행도 끝 날 단 하루의 악으로 잃어버리기에 충분하다.

夫成就萬事者, 恒毅心而已. 怠能奪之, 故事敗功滅, 前業悉廢矣. 海舟經歷險遠, 及岸而沈, 向者之勞, 全歸無益也. 人之功德, 善始未善也, 善終善也. 終身之榮, 不勝一卒日之辱. 一卒日之辱, 足勝終身之榮. 終年之惡, 足消于一末日之善. 終年之善, 足喪于一末日之惡.

일생의 사업 중에 어느 것이 급한 일이겠는가? 마치는 날의 사업이 아니겠는가? 일을 마치지 않고는 덕을 무너뜨리고 공을 버리는 것뿐 아니라 욕됨이 더욱 심해질 것이다. 네가 집을 짓다가 절반쯤 공사를 하고 나서 그쳤다면, 사람들이 "이 사람은 시작할 줄만 알았지, 마치지는 못하는구나" 하고 나무라지 않겠는가?

《성경》에 말했다. "무릇 물러터져서 사업에 실패하는 것과 스스로 그 사업을 허무는 것은 형제간이다."[12] 무슨 말인가? 여린 사람은 일

---

12 무릇 물러터져서 …… 형제간이다: 〈잠언〉 18장 9절, "제 일을 게을리하는 사람

이 미처 끝나기도 전에 멈추고 마니, 스스로 일을 무너뜨리는 것과 어찌 다르겠는가?

一生之業, 孰爲急? 非終日之業乎? 事不竟, 微獨隳德棄功耳, 辱乃滋甚焉. 爾刱室, 工半而止, 不令人譏曰: "此夫能始之, 不竟之." 乎? 經云: "凡柔折於業者, 與自毀其業者, 兄弟也." 何也? 柔者業未訖而止, 以與自毀業, 曷異哉?

게으른 사람은 길을 가더라도 끝까지 가지 않고, 씨를 뿌려도 거두지 않으며, 싸우지만 이기려 들지 않고, 먹어도 배불리 먹지 않으며, 애를 써놓고도 완성함이 없다. 삿된 마귀가 다른 악으로 사람을 유혹할 때는 반드시 알차고 달콤한 것을 잔뜩 늘어놓아서 미끼로 삼아야만 능히 낚아챌 수가 있다. 게으른 사람은 그렇게 하지 않는다. 포승줄 없이 묶으려 들고, 걸쇠도 없는데 빗장을 건다. 길이 평탄해서 아무 걸림이 없는데도 모두 가시밭길로 여긴다. 다만 헛된 두려움의 그림자를 가지고 스스로 움츠러든다. 경계할 것도 없건만 그저 두려워하고, 쫓아오는 것도 아닌데 공연히 달아난다. 그래서 자주 있지도 않은 적에게 해를 입고 만다.

怠者, 行而不底, 種而不獲, 戰而不勝, 食而不飽, 勞而無成. 邪魔誘人於他惡, 必或陳列實甘以爲餌, 乃能鉤致之. 怠者否, 無繩而拘之, 無鐍而扃之. 途平無阻, 視皆荊棘矣. 獨以虛怖之影自局焉. 無警而徒畏, 莫逐而空走, 故屢被克於無有之敵也.

은 일을 망치는 사람과 사촌간이다."

7.14

게으른 사람의 마음은 몹시 나뉘어 있다. 그래서 그 바람과 생각과 사업은 항구하게 한결같을 수가 없다. 마음을 다스리는 데 조금 힘들다 생각되면 이를 버려, 하고 싶은 대로 마음껏 놀며 거들떠보지도 않는다. 비유하자면, 바다 위 배에서 뱃사공이 잠들어 키를 잃어버리는 통에 바람에 따라 움직여가서 한시도 편안할 수 없는 것과 같다.

夫怠者之心, 甚分, 故其願慮事業, 不能恒久如一也. 覺御心有微勞, 則遺之, 隨欲肆游無顧焉. 譬如海舟, 舟師寐而失舵, 隨風行動, 無刻可同.

게으른 사람이 마음과 일을 하나로 조화롭게 하려는 것은, 깨진 질그릇을 아교로 붙여도 견고하지 않아 다시 부서지고 마는 것과 같다. 너희가 부지런하고 덕스러운 사람이 되고 싶거든, 모름지기 먼저 악을 멀리하고 선을 향해 나아가야 한다. 그다음은 설령 일이 악하지 않더라도 작은 것을 버리고 큰 것에 나아가야 한다. 그다음에는 일이 설령 선하다 해도 많은 것을 버리고 한 가지에만 힘써야 한다. 그 한 가지가 무엇인가? 바로 천주시다.

怠者之心業, 欲和于一, 猶膠破瓦器, 不得堅固, 隨復散焉. 爾欲爲勤德士, 先須遠惡就善. 次縱事不惡, 須離小就大. 次縱事善, 須離多務一. 一者何? 天主也.

세네카가 말했다. "뜻 같은 일이든 뜻 같지 않은 일이든, 모두 불평스러운 마음으로 하게 되면 마음을 경박하게 하는 깃발일 뿐이다."

종일 한 가지 일만 하고 평생 한 가지 방면에만 힘쓰는 사람은 참으로 지혜롭다. 특별히 한 가지에 힘쓰면서 멈추는 자는 더욱 아름답다. 큰 지혜가 아니고서야 누가 이를 능히 하겠는가?

色搦加云: "凡如意不如意事, 皆以不平心遇之, 則輕心之旗耳." 終日一額,生平一面者, 正智也. 特務一而止者, 甚美矣. 非大智, 疇能之?

　우리가 너무나 게으르기 때문에 변고가 많다. 어제 알고 지내던 사람이 오늘은 오히려 누구냐고 한다. 이틀간 한결같은 사람도 드물다. 너희가 도를 닦아 실제로 얻은 바가 있는지 시험해보려거든, 네가 너 자신과 합치되는지 여부를 살펴보고, 오늘 한 생각이 어제 한 생각과 더불어 같고 다른지 여부를 살펴보아라. 안정된 자는 옮겨가지 않고, 금방 쌓았다가 금세 허무는 자는 갑자기 네모진 것을 고쳐 둥글게 만들고 둥근 것을 고쳐 네모나게 만든다. 게으름과 나태가 선에 대해서는 야물지 못하다는 분명한 증거다.

　我儕無不怠, 故多變. 昨日所識人, 今日尙誰何之. 兩日如一者, 鮮矣. 爾修道, 欲試實有所得, 視爾合己與否, 視今日之念, 與昨日之念, 異同與否. 安者不移, 倏積倏毀者, 倏改方爲圓, 改圓爲方者, 明徵怠惰不固於善也.

　의원의 처방에 말했다. "처음 복용해 효과가 있을 경우, 나아가 이를 복용하면 틀림없이 낫는다."

　날마다 새로 선해질 것이라고 맹세하는 것은, 이미 선해지겠다고 한 맹세를 지키는 것만 못하다. 굳세게 선을 시작한 곳에 나아가는 것은 천주의 은혜다. 날마다 방향을 바꾸는 것은 바로 삿된 마귀의 계략이니 마음의 항상됨과 굳셈, 덕행의 유익함을 빼앗아갈 뿐이다. 군자는 선택에 신중해야 하고, 선택해서 얻었거든 붙잡기에 힘써서 이를 굳세고 항상되게 지켜야 한다. 부지런히 수양하는 선비라면 어찌 다만 한 가지 일에 마음을 정하고 또한 마땅히 한 곳에 몸을 고정시키지 않겠는가? 몸을 한 곳에 고정하지 못한다면, 마음을 한 가지 생각과 한 가지 바람에 고정시키기가 어려울 것이다.

醫方云: "始服有效, 進用之, 必瘳." 曰誓新善, 不如守已誓之善. 毅然進于所始之善, 天主之惠也. 曰易方, 正邪魔之計, 奪心之恒毅, 及德行之益耳. 君子慎擇, 擇而得, 務握固恒守之. 勤修之士, 豈惟定心於一業, 亦宜定身於一所也? 身不定於一所, 心難定於一念一願矣.

게으른 사람은 기운을 떨쳐서 자신을 극복해 마음의 안정을 이룰 수가 없다. 그래서 처지를 바꿔 마음의 안정을 구하는 것은, 바로 몸에 병이 난 사람이 장소를 바꿔가며 낫기를 구하려다 병만 더 도지는 것과 같을 뿐이다. 너희가 편안함을 구한다면 마음을 바꿔야지, 어째서 장소를 바꾸려 드는가? 여러 장소를 직접 끌고 다녀도 바꿀 장소가 끝내 있으니, 무슨 보탬이 되겠는가?

怠者, 不能奮然克己, 以致心安. 而易處求心安, 正猶身疾者, 易處而求愈, 祇益疾耳. 爾求安, 在易心, 豈在易所? 諸所自携, 易所終在, 何益哉?

이제 이곳에 너희를 얽매이게 하는 것은 무엇인가? 너희로 하여금 저곳을 버리고 이곳으로 바꾸게끔 하는 것이 이것이다. 사는 곳에서 마음이 편안함에 대해 감사하지 않는다면, 어찌 능히 너희의 즐거움을 이룰 수 있겠는가? 방향대로 가서 마음의 책임을 없애려 해도, 마음의 책임은 쉽게 흔들리고 더욱 무거워진다. 비유하자면, 배 가운데 둔 물건이 고정되어 있으면 문제가 되더라도 약간 기울고 말지만, 일정함이 없는 것은 쌓인 채로 굴러다니다가 물에 가라앉게 되는 것과 같다.

今此所累爾者何? 令爾舍彼所, 易此所者, 是也. 非謝心所居而安焉, 豈能致爾樂邪? 行方以消心任, 而心任以搖易更重也. 譬舟中物定在者, 爲累微傾倚, 無常者, 展轉積聚, 使垂沈焉.

너희가 장소를 바꾸려고 하는 이유는 병들었기 때문이다. 장소를 자주 바꿔 병이 더해지는 것을 돌보아 능히 마음의 병을 없앨 수 있다면, 가는 곳마다 모두 편안하고 즐거울 것이다. 나무는 자주 옮겨심으면 무성해지지 않는다. 네모난 바위는 절로 편안하고, 참된 덕은 절로 고요해서 몸을 한 장소에 고정시키니, 바로 덕이 알차고 마음이 고요하다는 증거다. 이 때문에 이 사람이 편안한지 여부를 알고 싶거든, 그가 사는 곳이 어떤지를 묻지 말고 그 사람이 어떤지를 물어야 한다.

爾所由易所者, 病故耳. 以數易所, 顧增病, 能除心之病, 隨所皆安樂矣. 木數移不茂. 方石自安, 誠德自靜, 定身於一所, 正實德謐心之印證矣. 是以欲知此人安樂與否, 勿問其所何如, 惟問其人何如.

7.15

이미 몸이 있을 곳을 정했거든, 마땅히 또 혼자 살아가는 것을 차분히 익혀야 한다.

세네카가 말했다. "너희가 마땅히 어디를 급히 피해야 하느냐고 묻는다면, 나는 뭇사람 가운데라고 말하겠다. 나는 내 정신이 여리고 약해서, 나갈 때 얻은 것을 돌아올 때는 혹 온전히 간직하지 못하는 것을 잘 알고 있다. 먼젓번 장소에서는 고요했는데 다시 어지러워지는 곳도 있고, 먼젓번 장소에서는 이겼는데 다시 되돌아가는 곳도 있었다. 인색함과 음란함, 잔혹함과 교만함 같은 여러 감정에 대해 모두 더욱 깊어진 것은 오직 뭇사람 가운데서 살았기 때문일 뿐이다."

덕이 부족해서 도를 향하는 마음이 군세지 않다면, 모름지기 따로 무리에서 떨어져 지내야 한다. 사람의 정리는 진실로 무리가 있는 곳이라면 덮어놓고 이를 따르게 마련이니, 남의 음란함과 인색함을 살피는 것은 모두 크게 해로운 점이 있다.

既定身所, 又宜謐肆獨居. 色搦加曰: "爾問何當亟避, 余曰衆也. 吾實知我性靈薄弱, 出時所獲, 旋時未或全存也. 先所已靜, 有所復淆. 先所已克, 有所復旋. 嗇淫酷傲諸情, 皆尤深, 惟居於衆人中故耳." 鮮德未固於道心, 須別異之於流衆矣. 人之情, 苟衆所在, 則超越而從之, 視人之淫咨, 皆大有所害.

부드럽고 나약한데 잔치의 즐거움을 좋아하는 벗은 나의 용기와 굳셈을 점차 사그라뜨리고, 부유한 이웃은 나의 탐욕을 부채질한다. 설령 마음을 깨끗이 하더라도 한 사람의 악한 벗과 사귀면 반드시 그 악에 물들고 만다. 하물며 부딪치고 거스르는 마음이 많다면 또 어찌하겠는가? 너희가 이를 본떠 본받을 것이 아니라면 반드시 성을 내며 미워할 것이니, 모름지기 이 양자를 함께 피해야 한다. 그들이 수가 많다고 해서 이를 본받아서는 안 되고, 너와 다르다고 해서 이를 증오하거나 분노해서도 안 된다. 큰 거리를 달리는 사람은 반드시 많은 사람과 부딪친다. 혹 나를 엎어지게도 하고, 길을 막기도 하며, 내 옷을 더럽히기도 한다. 많은 이와 사귀는 사람은 의심스러운 장애가 반드시 많게 마련이다. 혹 허물을 불러오고, 내가 바라던 바를 허무하게 만들며, 가는 곳을 가로막고, 얻는 것을 더디게 하여, 일이 모두 뜻대로 되지 않는다.

柔靡好燕樂之友, 漸消我勇毅, 富隣煽我貪. 縱令心浄, 交一惡友, 必染其惡. 況衆所衝逆之心, 又何如乎? 爾非效法之, 必憎怒之, 兩者須并避焉. 勿因其衆而效之, 亦勿因其異爾, 而憎怒之也. 走通衢者, 必觸多人. 或俾隕越, 或尼其行, 或點汚我衣. 交于衆者, 疑礙必多. 或招尤, 或虛我所望, 或阻所之, 或遲所得, 事悉非如意也.

7.16

《성경》에 말했다. "땅을 경작하는 사람은 음식을 배불리 먹고, 한가로움을 따르는 자는 가난 속에 산다."**13** 또 말했다. "게으른 사람은 손을 굽혀 그 고기를 씹으며, '마음으로 괴로워하면서 두 손에 가득 채우느니, 한번 먹어치워 편안해지는 것만 못하다'고 말한다."**14**

게으른 자가 작은 수고로 필요로 하는 것을 구해서 스스로를 구하려 하지 않고, 배고프고 목마르다고 그 살을 없애는 것은 스스로 그 살을 먹는 것과 같을 뿐이다.

나라에 외적이 쳐들어와서 공격할 경우, 사람들은 언제나 맞서서 싸울지언정 즐겨 굴복하려 들지 않는다. 게으른 자는 삿된 마귀의 유혹에 대적할 용기가 없고 욕망을 막는 것을 괴롭게 여겨서, 뜻을 굽혀 삿된 마귀의 유혹에 따르고 여러 욕망에 굴복해 편안하게 여기니, 어찌 온갖 죄악의 노예가 아니겠는가?

經云: "治其地者, 飽其食. 狗其閑者, 居其貧." 又曰: "怠者, 曲手而齷其肉, 曰: '與心苦而兩握盈, 不如一喂而靖安也.'" 怠者, 不欲以微勞求得所須自贍, 而以饑渴消其肉, 猶自食其肉耳. 國有敵寇來攻, 人寧恒鬪, 不甘屈服. 怠者, 無勇以敵邪魔之惑, 遏欲爲苦, 而以曲從邪魔之誘感, 屈于諸欲爲靖安, 豈非諸罪惡之奴哉?

---

13 땅을 …… 가난 속에 산다: 〈잠언〉 28장 19절, "밭을 가는 사람은 배불리 먹고, 헛된 꿈만 꾸는 자는 배를 곯는다."

14 게으른 사람은 …… 말한다: 〈잠언〉 26장 15절, "게으른 자는 숟가락을 밥그릇에 넣고도 입으로 가져갈 생각을 않는다."

7.17

한가함은 게으름과 나태의 가까운 짝이고 모든 악의 어미여서 삿
된 마귀와 삿된 유혹, 더러운 욕망의 표적이다. 새는 날면서 살아가고
사람은 일하면서 살아간다. 조물주가 새에게 두 날개를 달아주고 사
람에게 두 손을 붙여준 것은 똑같다. 주살 쏘는 사람이 나는 새를 어
찌 바라겠는가? 깃들어야만 활을 당겨 이를 쏜다. 물이 끓으면 파리는
떠나가고, 따뜻하거나 차면 달려든다. 흐르는 물에는 좋은 고기가 살
고, 고인 물에는 개구리와 뱀이 산다. 집이 넓으면 더러워지기 쉽고,
술잔에 좋은 술이 채워지면 나쁜 것이 능히 들어오지 못한다. 만물은
다 그렇다.

夫閑暇, 怠惰之密侶, 諸惡之母也, 邪魔邪感穢欲之鵠也. 鳥生以飛, 人生以
勞. 造物之主, 鳥傳之兩翼, 人傳之兩手, 一也. 飛鳥, 弋人何慕焉? 棲乃援弓射
之矣. 水沸, 蠅去之. 溫且寒, 則就之. 流水生嘉魚, 潦水生蛙蛇. 室曠易汚, 罇充
於美液, 惡者莫能入之. 萬物盡然.

사람들이 일할 때는 삿된 생각이 들어올 틈이 없다. 그래서 삿된
마귀가 떠나간다. 한가할 때는 다시 나아와서 부추겨 유혹한다. 그 마
음과 목숨을 상하게 하고, 그 공덕을 텅 비게 만들며, 하늘의 보답을
없앤다. 성 예로니모協落尼가 말했다. "삿된 마귀가 왔을 때 항상 네가
일하는 것과 만나게 하여라."

옛 현인은 이렇게 말했다. "일에 힘쓰는 사람은 다만 힘든 것을 꺼
리는 한 가지 삿된 유혹이 있을 뿐이다. 한가롭게 지내는 자는 삿된
유혹 일백 가지가 한꺼번에 와서 공격한다."

人營業時, 邪念無所自入, 故邪魔去之. 暇時, 乃就而煽惑焉. 傷其心命, 虛其
功德, 亡其天報矣. 聖協落尼曰: "使邪魔來時, 恒遇爾營業." 古賢有言: "務業

者, 特有忌勞, 一邪感而已. 閑居者, 邪感百種, 并來攻之."

소돔은 옛날 중동 지역의 이름난 성이었다. 천주께서 일찍이 불을 내려서 그곳 사람과 물건을 모두 재로 만들어버리셨다. 《성경》에서는 이 같은 큰 재앙을 불러들인 원인이, 하나는 배불리 먹었기 때문이고 다른 하나는 한가했기 때문이라고 풀이했다.[15]

瑣奪馬, 中西國上古名城也. 天主嘗降火, 悉爐其人物. 聖經解所致此大殃之緣, 一爲飽飫, 一爲閑暇.

베이아被阿[16]는 작은 나라의 임금이었다. 한가하게 지내는 몇 사람을 만나자, 불러서 말했다. "너희는 심을 곡식이 없느냐, 밭을 갈 소가 없느냐? 내가 너희에게 줄 테니, 그저 한가롭게 지내지는 말아라."

어떤 이가 이유를 묻자, 왕이 대답했다. "그들의 삿된 마음을 막으려는 것이다." 왜 그럴까? 너무 한가롭게 지내면 악이 끼어들고 어지러움이 들어올까 걱정돼서다.

被阿, 小國王也, 遇數人閑居, 招之曰: "爾儕無穀以種乎, 無牛以耕乎? 我予汝, 勿肄閑也." 或問故, 答曰: "以遏其邪心." 何者? 居多暇, 恐有惡謀亂略也.

속담에 말했다. "사람이 하는 일이 없으면 나쁜 짓 하는 것을 배운다. 그래서 한가한 사람은 악한 사람과 한가지다."

---

15 이 같은 큰 재앙을 …… 풀이했다: 〈에제키엘〉 16장 49절, "네 아우 소돔의 죄가 무엇인지 아느냐? 거만을 떨고 실컷 먹고 마시며 태평세월을 즐기면서 천하고 가난한 자들의 손을 붙잡아주지 않은 것이 바로 소돔과 그 딸들의 죄였다."

16 베이아Vaia: 미상.

야즈드라는 나라의 법은, 악한 일은 무릇 뿌리를 캐봐도 주인의 이름이 없는, 일 없이 노는 자가 감당케 했다. 하나는 사람으로 하여금 한가롭게 놀지 말라는 것이고, 하나는 한가함에 익숙한 자들은 여러 죄를 모두 의심할 만함을 보여주려는 것이었다.

語曰: "人無所造, 則學造惡. 故閑人惡人一也." 辣則德國法, 凡惡事, 根究無主名, 游閑者當之. 一以令人勿閑, 一以示習閑暇者, 諸罪皆可疑焉.

7.18

게으른 자는 한가한 것을 좋아하면서도 한가로움을 못 견뎌한다. 그래서 한가로워 즐겁고, 다시 한가로워서 근심스럽다. 즐거워하고 또 근심하다가는 마침내 온갖 욕망에 휩쓸리고 만다.

《성경》에서는 이렇게 말한다. "게으른 자는 손으로 작업하려 들지 않는다. 그래서 종일 욕망에 대해서만 생각한다. 눈은 헛일을 살피려 들고, 입은 먹고 마시는 것을 욕심낸다. 혀는 많은 말을 좋아하고, 귀는 헐뜯고 비방할 대상을 찾고, 몸은 음탕한 욕망을 사랑한다."**17**

怠者好閑, 又不耐閑, 故以閑爲樂, 復以閑爲憂. 既樂且憂, 遂蕩於萬欲. 經云: "怠者手不欲作業, 故終日戀欲. 目欲視虛事, 口饕食飲, 舌好多言, 耳貪讒誹, 體戀淫慾矣."

한가로운 사람은 반드시 궁핍하게 되고 만다. 욕심을 멋대로 마구

---

17 게으른 자는 …… 욕망을 사랑한다: 〈잠언〉 21장 25~26절, "게으른 사람은 손하나 까딱 않고 포부만 키우다가 죽는다. 그런 사람은 날마다 욕심만 내지만, 착한 사람은 남에게 아낌없이 내어준다."

부리려면 반드시 비용이 많이 들게 마련이니, 어찌 능히 탐욕스레 훔치는 데로 흐르지 않겠는가? 또 반드시 멋대로 잠을 자는데, 그 잠이라는 것이 일을 해 피곤해서가 아니라 한가하게 실컷 배불리 먹고 스스로 드러누운 것일 뿐이다. 이 때문에 게으른 자가 쉬는 자리가 아니라 죽은 사람이 들어가는 관인 셈이다.

《성경》에 말했다. "일에 힘쓰는 사람은 먹는 것이 많든 적든 그 잠이 반드시 달다. 부자의 배부름은 잠이 들지 못하게 한다."**18**

夫閑者必致匱乏. 恣欲必須厚費, 詎能不流於貪婪竊盜哉? 又必恣寢寐, 其寐非作業致疲, 乃閑厭飽飫自廢耳. 故非勒者所憩之席, 乃死者所藏之棺也. 經云: "營業無論食多寡, 其寐必甘, 富者之飽, 不使寐矣."

귀와 눈, 입과 코는 모두 듣고 보고 먹고 냄새 맡는 데 절도가 있어서, 잠자리에 들어서도 또한 절도에 맞고 꿈 또한 청결하다. 게으른 자의 귀와 눈 등의 여러 기관은 모두 제멋대로 행하므로, 잠잘 때 하는 생각과 형상이 능히 더럽지 않을 수 있겠는가?

夫耳目口鼻, 皆節於聽視食齅, 即寢寐亦節其中, 念象亦清潔矣. 怠者之耳目諸官, 皆恣於行, 其寐中之念慮形象, 能無穢汚乎?

7.19

어떤 사람이 말했다. "제가 일이 너무 많아 한가할 틈이 없는데도,

---

18 일에 힘쓰는 …… 못하게 한다: 〈전도서〉 5장 11절, "막일을 하는 사람은 많이 먹든 적게 먹든 단잠이나 자지만 부자는 아쉬운 것 없어도 뒤척이기만 하며 제대로 잠을 못 이룬다."

삿된 생각과 더러운 욕망이 시들거나 멈추질 않으니 어째서일까요?"

내가 말했다. "세상에서 번잡하고 힘든 것을 천주께서는 몹시 한가하다고 여기십니다. 눈이 밝은 사람이라도 참다운 이치를 보지 못하면 장님이라고 말하지요. 세상에서 지혜롭다는 사람을 천주께서는 어리석게 여기십니다."

세상일에 번잡하고 힘든 사람을 천주께서는 지극히 한가하다고 생각하신다. 어린아이에 비유하자면, 대나무를 가지고 말이라 하고, 진흙으로 집을 만들며, 말에 올라타 집을 지으면서 스스로 너무 힘들어 쉴 틈이 없다고 여기는 꼴이니, 남들이 이를 본다면 몹시 한가롭다고 하지 않겠는가?

或曰: "我事甚繁, 無暑刻暇, 而邪念穢欲, 不獲衰止, 何故?" 曰: "世之煩勞, 天主以爲甚閑. 明目人不見實理, 謂之瞽. 世之智慧, 天主以爲愚." 煩勞於世事之人, 天主以爲至閑也. 譬諸兒童, 以竹爲馬, 泥爲室, 跨馬造室, 自視甚勞, 不獲閑. 人視之, 不甚閑乎?

사업을 하는 것은 천주와 천주의 영예로운 이름을 드러내는 것과, 죽은 뒤의 영원한 목숨과 관계된 것이 아니라면, 자기의 덕에는 유익함이 없고 다른 사람의 덕에만 도움이 된다. 비록 세속에서는 큰일이요 급한 일이라 여겨도, 참으로 지혜로운 사람이 본다면 또한 모두 어린아이가 대나무를 타고 노는 종류일 뿐이다. 하물며 천주와 천사야 말해 무엇 하겠는가?

凡造作事業, 非向于天主及顯天主之榮名, 及身後之永命, 非益己德, 乃益他人之德. 雖世俗以爲大事急事, 眞智人視之, 亦皆兒童跨竹之類耳. 矧天主及天神乎?

7.20

사람이 직업을 선택할 때 모름지기 살펴야 할 것이 세 가지다. 하나는 선善이다. 선한 일이 비록 많아도, 다만 사람의 욕망을 이겨내고 바른 도리를 닦으며 천주를 섬겨서 죽은 뒤 영원한 일을 미리 대비하기에 힘쓰는 것을 지극히 급하게 여긴다. 하나는 유익함이다. 한가한 일에 힘을 쓰면서 한가로움을 없애려 한다면 몹시 웃을 만한 일이 아니겠는가? 이날의 근심을 능히 해소하고 이날의 즐거움을 이룰 수 있어도 갑작스레 유익한 일이 되는 것은 아니다. 일을 마치고 나서 반드시 마음의 덕에 보탬을 주고, 내 실다운 배움을 더해주어야만 그제야 한가로움에 대적하는 유익한 일이 될 수 있을 뿐이다.

人巽術, 所須視者三. 其一, 善也. 善業雖多, 但以克人欲, 修正道, 事天主, 務豫備身後永年之事, 至爲急也. 其一, 有益也. 務閑事以除閑, 不甚可笑乎? 能消此日之憂, 致此日之樂, 未遽爲益業也. 業旣畢, 必遺益於心德, 增我實學, 乃足爲敵閑之益業耳.

하나는 마음을 빼앗기지 않는 것이다. 안의 일은 본업이니, 덕스러운 선비는 환하고 정밀하게 이를 도모한다. 그 바깥일에 있어서는 마음을 빌리기만 하고, 마음을 부치지는 않는다. 바깥일에 힘써도 속마음은 해침이 없고, 언제나 천주를 향하고 도덕을 향하는 참된 염려를 품을 뿐이다. 비록 바깥일을 쉬더라도 착한 생각을 그치지 않는 것을 조용하다고는 해도 한가하다고는 말하지 않는다. 이것이 바깥일을 그만두는 것의 지극한 일이 된다.

其一, 不奪心也. 內業者, 本業, 德士瑩精圖之. 其于外事, 借心不寄心. 卽務外行, 無傷內心, 恒懷向天主向道德之眞慮耳. 雖息於外務, 不已於善慮, 謂之靜謐, 弗謂閑暇也. 此則息於外務之爲至務矣.

성 아우구스티노가 말했다. "홀로 있을 때 한가한 사람은 능히 천주를 알 수가 있다." 게으르다는 의미의 한가함이 아니라 고요하다는 의미의 한가함이다. 지혜로운 사람은 마음의 힘을 쪼갤수록 더 작아지고 더 전일함이 없게 됨을 안다. 그래서 언제나 바깥일을 줄여서라도 안의 일을 더 하려고 꾀한다.

聖亞吾斯丁云: "獨暇者, 能識天主." 非懈怠之暇也, 靜謐之暇也. 智者知心力愈析愈微愈無專, 故恒圖減外業, 以增內業.

성 베르나르도가 말했다. "나는 혼자 있을 때 가장 고독하지 않다." 무슨 말인가? 혼자 지내면 바깥일이 없어서 착한 생각과 도에 대한 바람이 더욱 가까워지고 더욱 순수해진다. 내 마음이 항상 천주와 함께 있으니, 어찌 고독하겠는가?

聖百爾納曰: "我獨居時, 乃最不獨." 何也? 獨居則寂於外務, 善慮道願, 益密益純. 我心恒偕天主, 詎獨乎?

7.21

삿된 유혹은 갑자기 찾아와 내 마음의 문을 두드린다. 이때 대적하면 없애기가 몹시 쉽고 공덕도 더욱 늘어난다. 그다음은 조금 마음을 기울여 즐기기는 해도 따르지는 않는 것이다. 이때는 큰 죄가 되지는 않지만, 과실이 됨을 면치 못한다. 그다음은 기뻐하며 따르는 것이니, 큰 죄가 된다.

夫邪感猝至, 扣我心門. 此時敵之, 其去甚易, 更增功德. 次則稍向樂之, 未從也. 此時未成大罪, 不免爲過失矣. 次則喜而從之, 乃成大罪焉.

부지런한 사람은 마음 지키는 것을 몹시 급하게 여겨서, 삿된 유혹이 문에 이르면 문득 문을 닫아걸어 맞아들이지 않고, 이것에 힘껏 대적한다. 삿된 욕망은 불똥과 같아서, 우연히 한차례 일어났을 때 바로 완전히 꺼서 불이 치솟게 하지 않아야 한다. 이 때문에 나의 이 마음이 도리어 삿된 생각과 삿된 욕망에서 깨끗해진다. 게으른 사람은 마음의 문을 지키지 않아서, 문이 항상 열려 있다. 삿된 유혹이 한차례 문득 들어오면 그 위험을 깨달아 그제야 대적하지만 너무 늦었다. 수고로움은 배나 되지만 이기고 지는 것은 기필하지 못한다.

勤者甚急於守心, 邪感至門, 輒閉不待, 輒力敵之. 邪欲如燼, 偶爾一發, 輒撲滅之, 不及于熾. 故我此心, 反淨於邪慮邪欲也. 怠者不守心門, 心門恒闢. 邪感一至輒入, 覺其險, 乃始敵之, 甚遲矣. 勞苦旣倍, 勝負莫必.

적이 대문에 이르렀을 때 바로 문을 닫아 거부하면 막아 지키기가 쉽다. 문에 들어올 때까지 기다려서 이를 몰아내려고 들면 더욱 어렵지 않겠는가? 큰 바위가 산꼭대기에 있을 경우, 놓아두기가 매우 쉽다. 무너져 떨어지기 시작한 뒤에 이를 멈춰세우려 들면 한층 어렵지 않겠는가? 이 때문에 게으른 사람의 마음은 큰 죄를 면키가 어렵다. 설령 죄를 범하지 않았다 하더라도 삿된 생각과 더러운 욕망이 틀림없이 빼곡할 테니, 과실이 너무 많다.

如敵至門, 輒閉拒之, 防守則易. 竢旣入門, 圖欲毆之, 其不尤難乎? 巨石在巓, 安置甚易. 旣始崩隕, 後欲止之, 不尤難焉? 是故怠者之心, 大罪難免. 縱或不犯, 邪念穢欲, 將必甚稠, 過失甚多矣.

7.22

게으른 사람의 손해 가운데 하나는 선으로 옮겨가는 것이 너무 느리다는 것이다. 《성경》에 말했다. "너무 느릿느릿 천주께 귀의하지 말고, 여유를 부려 그분의 분노가 갑자기 이르기를 기다리지도 말라. 벌을 행하는 날 너희를 무너뜨릴 것이다."[19]

사람의 수명은 모두 천주께로부터 말미암는지라, 사람이 할 수 있는 것이 아니다. 게으른 사람은 선을 행하는 데 느긋해서, 훗날에다 잠시 미뤄둔다. 흡사 저들의 수명을 천주께서 모두 맡아 관리하도록 맡기신 것처럼 군다.

夫怠者之害, 遲遲遷善, 其一也. 經云: "勿遲遲歸依天主, 勿須暇, 竢其怒輒至, 行罰日壞爾矣." 人壽之期, 悉由天主, 非人可爲. 怠者須暇爲善, 姑諉於異時. 似彼年壽, 天主悉託令典司之.

성 베르나르도가 말했다. "어리석은 사람아! 아직 오지 않은 시간은 천주께서 너희 스스로 주장하지 못하게 하셨거늘, 무슨 까닭으로 망령되이 미리 분배해서, 마치 너희에게 속한 물건처럼 구는가? 내려주신 시간을 망령되이 쓰면 시간의 주인에게 죄를 얻을 것이다. 그런데도 오히려 수명이 길기만을 바라니, 너희의 바람이 너무 허망하지 않은가? 어째서 속히 끊어질 것을 더욱 두려워하지 않는가?"

《성경》의 기록에 나오는 이야기다. 어떤 사람이 매우 부유했다. 하루는 혼잣말로 그 영혼에게 말했다. "내 영혼아! 사업으로 큰 재물을 모아 여러 해 동안 쓰기에 충분하다. 이제는 조용히 지내면서 먹고 즐기자." 갑자기 어떤 목소리가 들려왔다. "어리석은 사람아! 오늘 저녁

---

19 너무 느릿느릿 …… 무너뜨릴 것이다: 〈집회서〉 5장 7절, "하루하루 미루지 말고 한시바삐 주님께로 돌아오너라. 주님의 진노가 언제 떨어질지 모르며, 징벌하시는 날에는 네가 멸망하리라."

네 목숨을 가져간다면, 네가 마련한 것을 누가 얻겠느냐?"**20**

聖百爾納云: "愚人! 未來之時, 天主旣不令爾自主之, 何故豫妄分排, 如屬爾物乎? 所賜時, 妄用之, 以得罪於時主. 而尙望其長, 爾望不甚虛耶? 盍尤畏其速絶乎?" 經記有人甚富, 一日自謂其靈神云: "我靈神! 業聚得大財, 足多年之用. 今靜矣, 食矣, 樂矣." 或聞有聲曰: "愚人哉! 今夕取爾命, 爾所備, 誰得之?"

그래서 《성경》에 말했다. "너희는 너희 주인이 올 때를 알지 못하니, 너희가 항상 기다리는 것이 마땅치 않으냐?"**21**

세네카도 이렇게 말했다. "너희는 죽음의 시각이 어디서 너희를 기다리는지 알지 못한다. 너희가 어디서든 기다린다면 몹시 편안하지 않겠는가?"

수행하는 사람은 먼저 가야 할 길을 마치고, 잠깐 사이에 죽음의

---

20 어떤 사람이 …… 누가 얻겠느냐?: 〈루가의 복음서〉 12장 16~20절, "어떤 부자가 밭에서 많은 소출을 얻게 되어 '이 곡식을 쌓아둘 곳이 없으니 어떻게 할까?' 하며 혼자 궁리하다가 '옳지! 좋은 수가 있다. 내 창고를 헐고 더 큰 것을 지어 거기에다 내 모든 곡식과 재산을 넣어두어야지. 그리고 내 영혼에게 말하리라. 영혼아, 많은 재산을 쌓아두었으니 너는 이제 몇 년 동안 걱정할 것 없다. 그러니 실컷 쉬고 먹고 마시며 즐겨라' 하고 말했다. 그러나 하느님께서는 '이 어리석은 자야, 바로 오늘 밤 네 영혼이 너에게서 떠나가리라. 그러니 네가 쌓아둔 것은 누구의 차지가 되겠느냐?' 하셨다."

21 너희는 …… 마땅치 않으냐?: 〈마르코의 복음서〉 13장 32~35절, "그날과 그 시간은 아무도 모른다. 하늘에 있는 천사들도 모르고 아들도 모르고 오직 아버지만이 아신다. 그때가 언제 올는지 모르니 조심해서 항상 깨어 있어라. 그것은 마치 먼 길을 떠나는 사람이 종들에게 자기 권한을 주며 각각 일을 맡기고 특히 문지기에게는 깨어 있으라고 분부하는 것과 같다. 집주인이 돌아올 시간이 저녁일지, 한밤중일지, 닭이 울 때일지, 혹은 이른 아침일지 알 수 없다. 그러니 깨어 있어라."

때가 이르기를 기다린다면 좋을 것이다. 항상 준비하여 죽을 때를 기다린다면, 죽을 때가 비록 갑작스레 이르더라도 근심하지 않을 것이다. 우리는 생명의 태반을 빈둥거리는 데다 그저 써버린다. 그래서 한창 일을 하는 중에 갑자기 죽음을 맞이한다.

故經曰: "爾不知爾主來時, 爾恒便候之, 不宜乎?" 色搦加亦曰: "爾不知死刻何處候爾, 爾處處候之, 不甚寧乎?" 修士先竟其路, 而片時竢死期至, 則善矣. 恒備以待死時, 死時雖忽至, 不爲不虞也. 我曹生命, 大半空消於須暇, 是以當事業中, 而忽屆死矣.

7.23

알츠亞爾色는 옛날 이름난 성인이었다. 천주께서 남몰래 세상 사람의 정리를 살펴보게 해주셨다. 처음에는 한 사람이 금 간 항아리에 물을 채우는 것을 보았다. 물이 이쪽으로 들어가서 저쪽으로 흘러나와 조금도 남지 않았다. 천사가 풀이해주었다. "이는 이쪽에서 선을 행하고 저쪽에서는 악을 짓는 자다. 선행으로 쌓은 공덕을 곧바로 악행으로 무너뜨리는구나."

그다음에는 두 사람이 길고 큰 나무를 가로로 끌어안고 천주대전에 들어가려 하면서, 앞다퉈 뒤처지지 않으려다가 둘 다 들어가지 못하는 것을 보았다. 남에게 교만한 사람은 모두 천당에 들어갈 수 없음을 보여주신 것이다.

亞爾色, 古名聖也. 天主賜之冥觀世人之情. 初見一人盛水於壨罍, 此入彼出, 纖悉不存. 天神解之曰: "是爲行善於此, 造惡於彼者. 善行所積功德, 旋以惡行毁敗之." 次見兩人橫抱一長大木, 欲入天主殿也, 而爭先莫肯後進, 並不能入焉. 示傲人者, 皆不能入天堂也.

다음으로는 다시 한 사람이 땔감을 모아 포개쌓는 것을 보았다. 다 쌓고는 등에 지고 가려다가, 힘이 미치지 않음을 알고 잠시 이를 놓아 두고는 다시 땔감을 해와서 더 보탰다. 천사가 풀이해 말했다. "이는 게으른 사람의 삿된 마음이다. 죄악이 몹시 많아 지금은 극복하기 어렵고 고치기 어려운 줄을 알아, 잠시 내년을 기다렸다가 이를 고치려 하지만, 그 사이에 또 다른 죄를 더하고 다른 악을 보탠다. 나중에는 고치려 하더라도 더욱 어렵지 않겠는가?"

그래서 '내일'이라는 한 마디는 바로 귀신과 마귀의 말이다. 너희가 악을 아직 고치지 않았고 선을 미처 행하지 않았다면, 그 즉시 일을 시작해야 성공하기가 매우 쉽고, 훗날을 기다리면 더 어렵게 된다. 왜 그런가? 한 가지 죄의 무거움이 반드시 다른 죄에 마음을 기울이게 하기 때문이다. 오늘 할 수 없는데, 내일 어찌 잘하겠는가?

次復見一人, 採薪累積之. 既積, 欲負以行, 覺力不及, 姑置之, 復採而益之. 天神解曰: "此則怠人之邪情. 罪惡甚多, 覺今難克難改, 姑待來年改之. 而其間又益他罪, 增他惡. 後欲改, 不愈難哉?" 故明日一言, 正鬼魔之言也. 爾有惡未改, 有善未行, 立時肇業, 成功甚易, 須後更難也. 何者? 一罪之重, 必垂心於他罪. 今日不能, 明日安能?

오래되면 천성처럼 되고, 습관이 되면 자연스러워지게 마련이다. 병도 오래 끌면 고치기가 어렵고, 악도 오래되면 쫓아내기가 어렵다. 죄에 빠진 것이 깊을수록 천주의 도우심은 더욱 끊어지고, 천주의 노여움은 더욱 무거워진다. 선을 행함이 더딜수록 의심과 장애는 점점 많아진다. 죄악이 마음에 흘러들면 항상 해치는 것이 있게 된다. 마음의 힘은 나날이 쇠약해지고, 마음의 밝음은 날로 어두워진다. 마음의 욕심은 날로 방자해지고, 마음의 기억은 나날이 둔해질 것이다. 여러 해 동안 겹쳐서 맺힌 것은 큰 수고가 아니고는 풀지 못하고, 세월이 쌓여 따랐던 욕망은 큰 고통이 아니고는 벗어나지 못한다. 해묵은 빚을 당장 갚을 수 있는데도 훗날을 기다림은 갚지 않으려는 분명한 증거다. 즉시 행할 수 있는 일인데도 한가한 때를 기다리는 것은 하고 싶지 않다는 명백한 증좌다.

久成若性, 習貫自然. 疾老難瘳, 惡舊難竄. 溺罪彌深, 帝祐彌絶, 帝怒彌重. 行善彌遲, 疑礙彌多. 罪惡注心, 恒有所害. 心力日衰, 心明日昧. 心欲日恣, 心記日鈍. 累年重結, 非大勞不釋. 積歲順欲, 非大苦不脫. 宿負能即償, 而須異日者, 明徵不肯償也. 事能即行, 而須暇者, 是明徵不欲行耳.

7.24

선한 덕을 닦는 것은 다만 처음이 어려울 뿐이다. 그것이 어려운 것 또한 덕이 어려워서가 아니라 내 성품의 삿된 욕심이 어렵게 만드는 것이다. 조금씩 자기를 극복하는 데 힘쓰면 삿된 욕심은 점차 녹아서, 덕으로 가는 길이 날마다 열리고 덕스러운 행실로 날마다 즐거울 것이다. 젊은 나이에 이를 닦아서 도달한 사람은 정욕의 뿌리가 아직은 깊지 않아서, 이를 뽑아버리기도 매우 쉽다. 선을 행하여 즐거움을 누림이 더욱 영구할 것이고, 수명이 몹시 길고 더욱 마땅히 선할 것이다. 너희는 술을 더욱 많이 간직할수록 그것이 맛있기를 더 바라게 된다. 불행하게도 상할 경우 많을수록 더 애석해할 것이다. 이른 나이에 선을 행하여 천주를 섬긴다면, 너희의 가장 굳세고 아름다운 것을 가지고 천주를 섬기는 것이니, 천주께서 더욱 가상히 여겨 두텁게 갚아주실 것이다.

夫善德之修, 特其初難. 其難也, 亦非德難之, 我性邪情難之也. 稍務克己, 邪情漸融, 德路日開, 德行日樂矣. 早年修詣者, 情欲之根, 尙爲未深, 擢之甚易. 爲

善享樂, 尤永久焉. 壽命甚長, 愈宜善也. 爾藏酒愈多, 愈願其嘉. 不幸而敗, 愈多
愈惜. 早年爲善, 事天主, 則以爾最强美奉天主, 帝益嘉之, 厚報之.

젊었을 적에는 에돌아 삐뚠 길을 가다가 다 늙은 뒤에 선을 생각하
고, 세상에서 쓸모가 없어지고 나서야 덕을 따르려 한다면, 맑고 아름
다운 것을 가지고 세상을 받들고 마귀를 섬기다가, 그 남은 찌꺼기를
가지고 천주를 섬기는 격이다.

속담에 말했다. "한 번 가는 데 일천 리, 한 번 돌아오는 데 일천
리다." 오래 도에서 떨어져 있었다면, 오랜 시간이 아니고는 돌아오기
가 어렵다.

어린 시절의 행실은 온통 덕을 등지고 도를 어기다가, 다 늙어 능
히 다닐 수 없을 때 돌아오려 하니, 어찌 이를 수 있겠는가? 장년에 악
을 행하면서 선 행하는 것을 늙었을 때로 미뤄두는 것은, 아름다운 술
을 따르려고 진귀한 그릇을 구해놓고, 먼저 여러 해 동안 더러운 것을
담는 데 쓰는 격이니, 너무도 어리석지 않은가?

幼壯回遹, 老耄而後思善, 旣廢于世, 始思循德, 則以淸美奉世事魔, 以渣滓
奉事天主. 語曰: "一往千里, 一返千里." 久離於道, 非久難還. 幼壯年之行, 悉背
德違道, 老耄不能行時, 欲卽還之, 曷能迄歟? 壯年行惡, 而行善推遺於老時, 猶
得珍器, 將貯美液, 先且多年, 用貯穢汚, 不甚愚乎?

세네카가 말했다. "덕을 닦는 것은 마땅히 길을 가는 것과 같다. 느
지막이 문을 나설 경우, 빨리 가지 않으면 이르지 못한다. 한밤중에 여
관에 도착하더라도 모든 편의가 다 부족하다."

나무를 옮겨심거나 줄기를 곧게 세우는 것, 말을 조련하고, 병을 다
스리며, 적을 처음 상대하고, 술을 거르는 등의 여러 가지는 때에 맞게

끔 해야 하는 일이다. 조금만 다른 때를 기다리면 반드시 어그러지고 만다. 작은 나무는 옮겨심기 쉽고, 가는 줄기라야 곧게 하기가 쉽다. 다 자라기를 기다린 뒤에 옮겨심거나 곧게 하려 한다면 망령된 것이 아니겠는가? 늙은 말을 가르치고, 고질병에 약을 쓰며, 적이 성에 들어오기를 기다려 몰아내고, 술이 시어 꼬부라진 뒤에 거르는 격이니, 너무 늦지 않겠는가?

色搦加曰: "修德宜如行路者. 出門遲, 非疾行不詣也. 夜臻旅舘, 諸便悉乏." 夫移樹, 矯幹, 調馬, 治疾, 初敵, 沚酒, 諸凡及時須作之事. 稍待他時, 必廢之. 小樹易移, 細幹易直. 待既成長, 而後思移之矯之, 非妄耶? 教老馬, 藥痼疾, 待敵入城毆之, 酒既酸而沚之, 不甚遲乎?

7.25

큰 바다를 건너는 사람이 순풍이 장차 불어올 것은 알지만 또 언제 올지는 모른다면, 아직 오지 않았을 때 필요한 물건을 미리 준비해두는 것이 옳다. 이미 온 뒤를 기다려 돛을 올리고 키를 들어올려 준비하기 시작하면 늦지 않겠는가? 적을 막는 사람이 적이 이미 이를 때까지 기다렸다가 갑옷을 입고 칼날을 간다면 해를 입지 않을 수 있겠는가? 장차 임금에게 조회하려 하면서 자리에 오르기를 기다려 조복朝服을 짓는다면 능히 임금을 뵐 수 있겠는가?

涉大海者, 知順風將至, 又不知何時至, 即於未至時, 豫備所用物, 可也. 待既至, 揚帆捩舵, 乃始備之, 不晚耶? 防敵者, 待敵既至, 屬甲礪刃, 得不受傷? 將朝王, 竢登座而製朝服, 能及見王哉?

죽은 뒤의 영원한 일을 준비하는 것은 산 사람에게는 지극히 급한 일이니, 미리 준비하는 자는 크게 지혜롭다. 죽음의 기약이 이미 이르러서야 정신이 들어 행하려 하면, 삿된 마귀가 와서 마구 공격할 것이다. 천주께서 임하여 듣고서 신문하고 국문할 적에 비로소 바른 도리를 구해, 선을 행하고 덕을 갖추며 악을 이기고 죄를 뉘우쳐 천주께 빈다면 어찌 대단히 어렵지 않겠는가? 일을 잘하는 사람은 급한 일을 먼저 하고, 천천히 해도 될 일은 나중에 한다. 마음의 덕과 죽은 뒤의 일은 가장 시급한데도 맨 뒤에 하니, 지혜롭다 말할 수 있겠는가?

備死後永年之事, 生人至急矣, 豫備者, 爲大智. 死期已至, 靈神欲行, 邪魔來肆攻. 天主涖聽訊鞫, 始求正道, 行善備德, 克惡悔罪, 祈天主, 豈不甚難哉? 善營事者, 事急先之, 事緩後之. 心德及身後之事, 最急矣, 最後之, 可謂智乎?

7.26

죽을 때가 가까워지면 가로막아 장애가 되는 것이 특히 많다. 몸에 고통을 주는 질병과 처자에 대한 생각, 세상일과의 이별, 저지른 죄악에 대한 두려움, 죽은 뒤의 신문과 영원한 재앙에 대한 공포 등이 내 마음을 온통 깊숙하게 뒤흔들 것이다. 임종할 때가 되면 삿된 마귀의 공격이 더 굳세져서 마음이 더욱 어두워진다. 선으로 돌아가 악을 고치려는 마음이 어찌 쉬 이르겠는가? 하물며 사람은 반드시 뿌린 대로 거두게 되어 있다. 살아서 죄악을 심어놓고 죽을 때 고요함과 위로를 거두기란 지극히 어렵다. 살아서 세속의 즐거움을 멋대로 누리고서 죽은 뒤에 안락을 거두는 이치란 절대로 없다. 살아서 천주를 잊었으니 죽을 때 천주께서도 문득 나를 잊으실 것이고, 살았을 때 천주를 소홀히 대했으니 죽을 때 천주께서도 반드시 소홀히 여기실 것이다.

近死之時, 阻碍尤多. 身之疾病楚痛, 妻子之依戀, 世事之別離, 所犯罪惡之畏慮, 死後訊鞫及永殃之怖懼, 皆擾我心最深. 臨終之時, 邪魔之攻伐更堅, 心慮更昧, 歸善改惡之意, 豈易至哉? 況人隨所種, 必以是收. 生種罪惡, 死時收靜慰,至難矣. 生恣世樂, 死後收安樂, 必無之理也. 生忘天主, 死天主便忘己. 生時簡忽天主, 死時天主必簡忽之.

《성경》에 천주께서 직접 말씀하셨다. "내가 너희를 불렀건만 너희는 나를 거슬렀고, 나의 권고와 꾸짖음을 우습게 보고 소홀히 여겼다. 너희가 죽을 때 나 또한 너희를 비웃을 것이다. 재앙이 빠르게 찾아와서 너희가 빌더라도 나는 듣지 않겠다."[22]

그래서 스스로 기약을 늦추고 잠시 욕망을 따라 세상의 즐거움을 누리고는, 그 뒤 세상을 떠날 때 도 닦기에 부지런하여 이것으로 천당에 가려는 사람은, 비유하자면 이렇다. 무더위에 길을 가던 사람이 나무 그늘을 만나 그곳으로 달려가서 짐을 풀고 잠깐 쉬려다가 얼핏 잠이 드는 바람에, 마땅히 빨리 가야 하는데 저도 모르게 늦도록 깨지 못했다. 이때에야 부지런히 달려가서 성에 들어갔지만, 문은 이미 닫혀버리고 말았다.

經中天主自云: "我招爾而爾逆我, 輕忽我勸責. 爾死我亦笑爾, 災禍倏至, 爾求而我不聽矣." 是以自下期暫徇欲, 享世樂, 而後棄世, 勤於修道, 以是天堂者, 譬猶猛暑際行路者, 逢樹蔭, 赴就之, 解囊暫憩, 稍寐, 當速行, 不覺迄晚不寤, 此時奔走入城, 門已闔矣.

---

22 내가 너희를 …… 듣지 않겠다: 〈잠언〉 1장 24~26절, "너희는 불러도 들은 체도 않고 손을 내밀어도 아랑곳하지 않는구나. 나의 온갖 충고를 물리치고 훈계도 받아들이지 않아 너희가 참변을 당할 때 내가 웃을 것이며, 너희에게 두려운 일이 닥칠 때 내가 비웃으리라."

7.27

우리나라의 한 상인이 여러 해 동안 부지런히 모아서 쌓은 재물이 매우 많았다. 어떤 사람이 무슨 수로 모았느냐고 묻자, 그가 대답했다. "의롭지 않은 재물은 내 문에 들어오지 못하게 하고, 오늘 할 수 있는 일은 내일을 기다리지 않았소. 그리고 스스로 능히 할 수 있는 일은 다른 사람에게 맡기지 않았지요."

능히 이 세 가지 경계로 스스로를 닦을 수만 있다면, 틀림없이 얼마 못 가서 큰 덕으로 나아갈 수 있을 것이다.

敝國一商人, 鳩聚數載, 積財甚豐. 或問何法致之, 答曰: "非義之財, 不使入我門. 今日所能造, 不待明日. 自所能造, 不委他人也." 能用此三箴自修, 必於暫時, 可就大德矣.

7.28

지금 세상 사람들은 세속 일에는 몹시 부지런하지만, 선한 덕에는 매우 게으르다. 그 까닭은 세 가지가 있다. 하나는 마음에 공경하여 따를 만한 주인이 없어서고, 하나는 실천할 만한 도가 없기 때문이며, 하나는 두려워할 만한 벌과 바랄 만한 상이 없어서다.

今世人甚勤於俗事, 甚怠於善德, 其故有三. 一則心無主可敬從, 一無道可履蹈, 一無罰可畏, 無賞可望也.

무엇을 두고 주인이 없다고 하는가? 천지에는 으뜸가는 주인이 있으니, 사람이 능히 알아 공경하여 섬긴다면 선이 나아가 향하는 바가 있고 의거하는 바가 있게 된다. 그래서 크고 작은 선을 행하는 뿌리가 모두 하늘과 땅 가운데 주인이 있음을 믿어 알아, 경건한 정성으로 받들어 높이는 데 달려 있다. 만세의 성현의 도덕을 행하는 가르침은 만물의 참된 주인을 섬기는 것을 근본으로 삼는다. 선을 행하려 해도 이 참된 주인을 버린다면 선에 근본이 없게 되어, 비슷하지만 실제로는 아니고 혹 너무나 하찮아 하늘에서 보답을 받지 못한다.

何謂無主? 天地有宗主, 人能識之, 敬事之, 卽善有所趨向, 有所據依. 故行大小善之根, 悉在信識天壤中有主, 虔誠奉尊之. 萬世聖賢, 行道德之箴, 以事萬物眞主爲本. 欲行善而舍此眞主, 善無根本, 似而實非, 或則微眇, 無報於天矣.

사람의 마음에 주인이 없다면, 하늘에 축이 없고 배에 키가 없는 것과 같아서, 나아가고 물러남에 법도가 없고 행동이 뒤죽박죽 어지러워 기준이 없어진다. 그래서 참된 주인을 알지 못하는 것은 바로 모든 악의 근원이 된다.

《성경》에 말했다. "어리석은 자는 마음속으로 천지에는 주인이 없다고 하면서, 마침내 몸이 썩도록 한 사람도 선을 행하는 이가 없으니 몹시 안타까워할 만하다."[23]

人心無主, 如天無樞, 舟無舵, 進退無度, 行動淆亂, 無準焉. 故不識眞主, 正爲諸惡之根原也. 經曰: "愚者云於心中, 天地無主, 遂朽腐, 甚爲可恨無有一爲善者."

7.29

실천할 만한 도가 없다는 것은 무슨 말일까? 바른 도리는 반드시

---

23 어리석은 …… 안타까워할 만하다: 〈시편〉 14장 1절, "어리석은 자들, 제 속으로 '하느님이 어디 있느냐?' 말들 하면서, 썩은 일 추한 일에 모두 빠져서 착한 일 하는 사람 하나 없구나."

천주에게서 나왔고, 또한 절로 천주께로 향한다. 좇아 나온 바를 알지 못한다면 향해갈 바를 어찌 능히 알겠는가? 산 사람이 급히 힘쓸 것은 바른 도리를 구함만 한 것이 없다.

너희가 아내를 얻으려 하면 어진 여인을 구하고, 밭을 살 때는 비옥한 땅을 찾는다. 온갖 세상 물건과 사무에 있어서는 정밀하고 좋은 것을 찾지 않음이 없고, 그 신령한 지혜와 계획을 다 쏟아 노고를 마다하지 않고 시간과 비용을 아끼지 않으면서 이를 얻기를 바란다.

何謂無道可履蹈? 夫正道必出於天主, 亦自趨向於天主也. 弗知所從出, 所趨向, 安能知道乎? 夫生人之亟務, 莫如求正道. 爾娶妻, 求賢女, 買田, 求沃土. 百凡世物事務, 亡不求精良, 盡其靈智計畫, 不辭勞苦, 不惜時與費, 冀得之.

하지만 유독 도를 구하는 데에는 그렇게 하지 않으니, 선악은 말할 것도 없고, 바르고 삿됨도 따지지 않고 문득 이를 취한다. 물건에 진짜와 가짜가 있을 경우 뜻을 다해 진짜를 찾으면서, 도에는 더구나 삿되고 바름이 있는데 어째서 뜻을 다해 바름을 찾지 않는단 말인가? 가짜 물건을 사는 것은 얼마 안 되는 비용만 잃지만, 거짓 도리를 따르면 천주를 잃고 참된 덕을 잃으며 하늘의 보답과 공훈을 잃고 만다. 그래서 마침내 반드시 천주의 노여움을 면치 못하고 영원한 재앙을 받고 마니, 잃는 것이 어느 쪽이 더 큰가?

獨求道即否, 無論善惡, 不辨正邪, 輒取之. 物有眞贋, 盡意求眞, 道更有邪正, 何不盡意求正焉? 市贋物, 則失微價, 循僞道, 則失天主, 失眞德, 失天報, 失功勳. 而終必不免天主之怒, 受永年之殃, 所失孰大乎?

7.30

두려워할 만한 벌과 바랄 만한 상이 없다는 것은 무슨 말인가? 삿된 마귀는 우리의 극악한 도적이다. 그들의 계획이 향하는 바는 온전히 사람의 덕을 손상시키고 사람을 죄악에 빠뜨리는 데 있다. 그들이 쓰는 계책 중 가장 독한 것은, 사람으로 하여금 선한 덕도 죽은 뒤에는 응보가 없고 죄악도 죽은 뒤에는 벌과 재앙이 없다고 잘못 믿게 만드는 데 있다.

何謂無罰可畏, 無賞可望? 邪魔者, 我輩之劇寇也. 其計慮所向, 全在喪人德, 淪人於罪惡. 其所用籌策至酷者, 在令人誤信善德身後無應報, 罪惡死後無罰殃也.

성 예로니모가 말했다. "우리는 모두 작은 일에는 부지런하고 삼가면서, 큰일에는 게으르고 나태하다. 그렇게 하는 까닭은 참목숨과 참된 복이 있는 곳을 알지 못해서일 뿐이다."

《성경》에 세상 사람의 말을 이렇게 기록해놓았다. "사람과 짐승은 끝에 가면 똑같으니, 양자의 형세가 한가지다. 무릇 사물이 숨이 끊어지는 이치는 한가지라 사람이라고 해서 짐승보다 나을 것이 없고, 모두 흙으로 빚어서 만든 것이라 마침내 흙으로 돌아간다. 누가 아담천하 종조의 이름의 영혼은 위로 올라가고, 짐승의 혼은 아래로 내려가는 것을 알겠는가?"**24**

聖協落尼曰: "我輩皆勤愼於小事, 怠惰於大事. 所以然者, 惟不知實命實福

---

24 사람과 짐승은 …… 알겠는가?: 〈전도서〉 3장 19~21절, "사람의 운명은 짐승의 운명과 다를 바 없어 사람도 짐승도 같은 숨을 쉬다가 같은 죽음을 당하는 것을! 이렇게 모든 것은 헛되기만 한데 사람이 짐승보다 나을 것이 무엇인가! 다 같은 데로 가는 것을! 다 티끌에서 왔다가 티끌로 돌아가는 것을! 사람의 숨은 위로 올라가고 짐승의 숨은 땅속으로 내려간다고 누가 장담하랴!"

所在也." 聖經記世人言曰: "人與獸, 至竟如一, 兩者之勢均矣. 凡物絶息之理一
也, 人無加於獸, 皆以土搏抏而成, 卒歸於土. 誰知亞當^{天下宗祖之名}子之神上陟, 而
獸魂下降?"

세상 사람들이 이 같은 말을 잘못 믿은 까닭에 온갖 죄를 멋대로
짓고 여러 가지 선에 게으르다. 죄인이 법을 범하는 것만 보고 벌을
받는 것은 보지 못했기 때문에 "천지에는 주인이 없으니, 악을 행해도
손해날 것이 없다"고 말한다. 천주께서 기다리시면서 서둘러 벌을 주
지 않는 것은, 바로 넓은 도량과 큰 자비로 벌을 행하는 것을 급히 하
지 않고 내가 회개하기를 기다리시는 것일 뿐이지, 전혀 돌아보지도
않고 벌주지도 않는 것이 아님을 깨닫지 못한다. 덕은 큰 수고가 아니
고는 닦아지지 않고, 인간의 욕망은 큰 괴로움이 아니면 극복하지 못
한다. 응보에 대한 바람은 힘을 더하여 괴로움과 수고로움을 이겨내
게 하니, 이것이 다스림을 닦고 덕에 나아가는 길이 된다. 응보에 대한
바람을 없앤다면 다시 어떤 법이 있어 여러 사람으로 하여금 선에 힘
쓰게 하고 게으름을 경계시킬 수 있겠는가?

世人誤信此言, 故恣於萬罪, 怠於諸善也. 見罪人犯科, 不見即受罰. 故曰:
"天地無主, 爲惡無損." 不覺天主之待不亟罰, 正爲其弘量大慈, 不急行罰, 待我
悔改耳, 非全不顧不罰也. 夫德非大勞不修, 人欲非大苦不克. 應報之望, 增力以
勝苦勞, 此爲修治進德之途也. 除應報之望, 更有何法以勵衆善, 警衆惰乎?

목수가 먹줄과 도끼를 지고서 저자를 어슬렁거릴 때, 어떤 이가 어
째서 일을 하지 않느냐고 물으면 틀림없이 "나를 찾는 이가 없소"라
고 말할 것이다. 화물을 쌓아두고 있어서, 이 물건을 왜 팔지 않느냐고
묻게 되면 반드시 "내가 제값을 기다리고 있다오"라고 할 것이다. 사

람들은 한가롭게 놀며 덕에 힘쓰지 않고, 자기를 이기는 데 게으르다. 오직 덕을 짓고 자기를 이기는 것에 큰 수고가 있더라도 죽은 뒤에는 보응의 대가가 없다고 잘못 말한다. 이 때문에 게으름과 거친 것에 빠져서, 덕을 짓고 자기를 이기는 괴로움과 수고로움을 참아 받는 것을 미치고 어리석은 것으로 여긴다.

工人負繩墨斧斤, 游行於市. 問曷不作務, 必曰: "莫我鳩矣." 居貨物, 問此物曷不售, 必曰: "我待價也." 人游閑不務德, 怠於克己. 惟誤謂作德克己有大勞, 身後無報應之價, 故沈溺怠荒, 視忍受作德克己之苦勞者, 顧爲狂愚也.

7.31

세상에 지혜로운 사람이 있어서, 마귀가 혹 능히 덕행에 대해 죽은 뒤의 응보가 없음을 믿게 할 수 없을 경우, 또 한 가지 계책을 꾸며 속여서 이렇게 말한다. "선을 행하고 하늘의 보답을 바라는 것은 덕이 아니고 이익이다. 네가 덕을 행하고 하늘의 보답을 바라지 않는다면 더더욱 훌륭하지 않겠는가?"

世有智者, 魔或不能令信德行, 無身後之應報, 則又設一策誑之曰: "行善而望天報, 此非德乃利矣. 爾行德, 不冀天報, 不尤精美乎?"

이 말은 높고도 아득해서 사람을 지극한 덕으로 나아가도록 이끄는 듯하지만, 사실은 사람으로 하여금 진실한 덕에서 벗어나게 만들고, 사람을 꾀어 여러 가지 악을 멋대로 행하게끔 만드는 것이다. 어째서 그런가? 덕을 행하고 덕을 위하는 것, 이 일과 이 뜻은 참으로 아름답다. 다만 성인이 아니고는 여기에 미칠 수가 없다. 성인이 덕을 행하는 것은 그 큰 뜻이 모두 천주를 위하고 덕의 아름다움을 위한 것이니, 또한 어찌 죽은 뒤의 보답을 바라지 않겠는가? 하물며 보통 사람들이야 말해 무엇 하겠는가?

此言似高遠, 引人進於至德, 其實使人離於實德, 誘人恣行諸惡者也. 何者? 行德爲德, 此物此志, 洵美矣. 第非聖人, 弗及此也. 即聖人之行德也, 其大意悉爲天主, 爲德美, 亦何嘗不望於死後之報? 況衆人乎?

유익함을 바람이 아니라면 어찌 능히 게으름을 채찍질하겠는가? 덕을 행하는 수고로움을 감당하고 세상을 따르는 즐거움을 사양하는 것이 해를 두려워함이 아니라면, 어찌 악을 떠나 자기를 극복할 수 있겠는가? 이제 주님이 있고 보답이 있음을 믿는 사람도 정밀하게 닦기가 가장 어렵거늘, 하물며 주님을 떠나고 보답을 떠나는 것임에랴? 이 때문에 덕행이 꺼리는 것은 다만 세상의 보답을 바라는 것일 뿐이다. 덕을 가지고 세상에서의 보답을 바란다면 덕성은 마침내 텅 비게 될 테니, 이것이야말로 참으로 덕이 아니요 이익이다.

非望益, 安能策怠? 當行德之苦, 謝隨世之樂, 非畏害, 安能去惡克己哉? 今信有主有報者, 猶難最于精修, 況去主去報歟? 是以德行所忌, 惟世報之望而已. 以德望報於世, 德性遂虛, 此眞非德乃利矣.

천당은 바로 뭇사람의 본향이고 영원한 생명의 장소요, 천사와 성현의 지경이 된다. 사람이 이곳에 올라가면 능히 천주의 본체를 뵐 수 있고, 선에 고정되어 해를 받지 않을 수 있다. 무릇 사람이 마음으로 소원하는 아름답고 좋은 것들을 이곳에서 모두 얻는다. 천주께서 사람을 내실 때 선을 행하는 자로 하여금 이를 바라고, 이를 얻기 원하며, 나아가 구하게 하였으니, 그것은 바로 큰 덕일 뿐이다. 하지만 도리어 이익을 위해서라고 하니, 참으로 삿된 마귀가 사람을 악에 빠뜨리고 선에 게으르게 만들려고 속여서 하는 말일 뿐이다.

若天堂正爲衆人之本鄕, 永命之所, 天神及聖賢之境界. 人昇之, 能見天主之本體, 定於善, 不能受害. 凡人心所願美好, 悉得於此所. 天主生人, 令行善者冀望之, 願得之, 求就之, 正大德耳. 而反以爲利, 眞邪魔欲令人溺惡怠善之誣語耳.

7.32

삿된 마귀의 음험한 그물은 하나만이 아니어서, 사람으로 하여금 저기에서 벗어나더라도 여기에 다시 걸리게 만들고는 이렇게 말한다. "죽은 뒤 천당의 보답이 설령 실제로 있다 해도, 내가 선에 힘을 쏟는다면 틀림없이 올라가 이를 받을 것이다. 이제 어찌 반드시 있고 없고를 논하며, 어째서 굳이 이를 믿어서 바란단 말인가?"

내가 말했다. "천당의 보답은 있으니, 참으로 선을 행하는 사람과 부지런한 마음으로 천주를 섬기는 사람은 반드시 올라가 이를 받는다. 다만 정말로 있는지를 참으로 믿지 못한 채로 받기를 바란다면, 반드시 천주를 섬기는 참된 선이 될 수 없으니, 또 무엇으로 능히 올라가 보답을 받을 수 있겠는가? 삿된 마귀가 사람의 정리가 죽은 뒤의 보답을 굳게 믿어 바라지 않을 경우 선한 덕을 반드시 굳세게 간직하여 지킬 수 없음을 알아서, 비록 사람으로 하여금 선을 하게 하는 듯이 하면서, 이렇듯 믿고 바라는 것을 버리고 선한 덕도 반드시 함께 버리게끔 하는 것이다."

夫邪魔陰網非一, 使人或脫於彼, 復絓於此, 曰: "死後天堂應報, 縱實有, 我黽勉于善, 必昇受之. 今何必論有無, 何必信望之?" 余曰: "有天堂之報, 眞爲善者, 勤心事天主者, 必昇受之. 但不實信果有, 而望受之, 必不能事天主, 爲眞善矣. 又何以能昇受之耶? 邪魔知人之情, 不堅信望死後之報, 即善德必不能毅然保存. 故雖似令人爲善, 第令棄此信望, 善德必幷棄焉."

죽은 뒤에 영원한 보답이 없다면, 천지 또한 주인이 없을 것이다. 만약 정말로 천지와 사람과 사물의 주인이 있다면, 죽은 뒤에 틀림없이 선악의 영원한 보답이 있을 것이니, 이는 만세의 성현이 마음에 똑같이 지녔던 말이다. 천지에는 천주가 있으니, 만물 모두의 주인이 되셔서 전능하고 지극히 선하시니, 뉘라서 이를 의심하리오? 그럴진대 죽은 뒤에 영원한 응보가 있음 또한 어찌 의심할 만한 이치에 속하겠는가? 하물며 이 믿음과 소망은 능히 사람의 게으름을 채찍질해서 사람을 격동시켜 정진하게 할 수 있는데, 또 무슨 까닭으로 성실한 마음으로 믿고 바라지 않는단 말인가? 만약 "반드시 죽은 뒤에 직접 뵙기를 기다려서 내가 믿겠다"고 한다면, 먼저 천당의 영원한 복을 잃고 지옥의 끝없는 괴로움에 떨어진 다음에 가서야 실로 천당과 지옥이 있음을 비로소 믿겠다는 것이니, 어찌 너무 늦지 않겠는가? 믿는다 한들 무슨 유익이 있겠는가?

夫死後無永報, 天壤亦無主. 若果有天地人物之主, 身後必有善惡之永報矣, 此則萬世聖賢共心語也. 夫天地有天主, 爲萬物共主, 全能至善, 誰疑之? 則死後有永年之應報, 亦豈屬可疑之理哉? 矧此信望, 能策人怠慢, 激人精進, 又何故不誠心信望之? 若曰: "必待死後既親見, 吾則信焉." 則先失天堂之永福, 墮地獄之永苦, 而後始信實有天堂地獄, 豈不甚晚? 信何益耶?

7.33

천주께서 착한 사람에게 보답으로 마련하신 것은 말로 다 할 수 있는 것이 아니다.

천주의 《성경》에 말했다. "지금 세상의 몹시 짧은 순간 아주 작은 수고가 천당의 한도 없고 끝도 없는 복락을 가져다준다."[25]

또 말했다. "눈에는 안 보이고, 귀로는 안 들리며, 마음으로 헤아리지도 못하는 것이 천주께서 사랑의 보답으로 마련해두신 것이다."**26**

어떤 이가 현자에게 물었다. "천주는 어떤 분이신지요?"

현자가 하루 동안 곰곰이 생각하고 대답해주마 약속했다. 그러고 나서 또 이틀 뒤로 약속하고, 그다음엔 또 나흘을 달라고 했다. 이처럼 매번 곱절로 늘려나가자, 까닭을 물었다.

그가 대답했다. "이 일은 생각할수록 너무나 사람의 힘을 넘어서는 것임을 깨달아, 말하기가 어렵다."

천당의 일 또한 이와 같다. 다만 한 부분의 큰 것을 알면 한 사람의 큰 것을 헤아릴 수가 있는 법이다. 눈앞의 세상일을 깊이 생각해보면 또한 천당의 즐거움을 만에 하나라도 가늠할 수가 있을 것이다.

夫天主所備善人之酬報, 非言可罄. 天主聖經云: "今世瞬息微眇之勞, 所致天堂之福樂, 無量數, 無期限矣." 又云: "目未見, 耳未聞, 心未思, 天主所備以酬愛之者." 或問一賢者: "天主何物?" 賢者約締思一日對之. 既又約二日, 次求四日. 如是每倍之, 問故, 答曰: "此事愈思, 愈覺甚超人力, 故難言也." 天堂之事, 亦若此矣. 但知一節之大, 可測一人之大, 諦思目下世事, 亦略可測天堂樂之萬一也.

성 아우구스티노가 말했다. "우리 주께서 나의 이 미천한 몸뚱이를

---

25 지금 세상의 …… 가져다준다: 〈고린토인들에게 보낸 둘째 편지〉 4장 17절, "우리는 지금 잠시 동안 가벼운 고난을 겪고 있지만 그것은 한량없이 크고 영원한 영광을 우리에게 가져다줄 것입니다."

26 눈에는 …… 마련해두신 것이다: 〈고린토인들에게 보낸 둘째 편지〉 4장 18절, "우리는 보이는 것에 눈길을 돌리지 않고 보이지 않는 것에 눈길을 돌립니다. 보이는 것은 잠시뿐이지만 보이지 않는 것은 영원하기 때문입니다."

위해 이처럼 많고 큰 은혜를 내려주심이 한결같이 이에 이르다니!"

하늘과 땅, 공중과 바다, 어둠과 밝음, 추위와 더위, 서리눈과 비이슬, 새와 짐승, 물고기와 자라, 풀과 나무 같은 것까지 지극히 갖춰져 있다. 그러니 하늘나라에서 성현이 너와 대면하게 될 장소에 갖춰진 것은 또 어떠하겠는가? 사는 곳 안에도 이처럼 많고 또 두터우니 하늘나라의 뜨락은 마땅히 어떠하겠으며, 눈물의 골짜기에서도 이와 같이 크게 즐겁다면 여러 낙원의 광경은 어떠하겠는가? 지금은 원수에게나 벗에게나 함께 내려주시는 것이 이처럼 풍성해도, 죽은 뒤에는 다만 벗에게만 내려준다면 어떠하겠는가? 당신의 말을 믿지 않고 당신의 도리를 따르지 않는데도 하늘과 땅 사이의 여러 가지 복을 이와 같이 누리게 내려주시니, 당신의 말을 믿는 자와 당신의 명령을 높이는 자, 당신의 도리를 따르는 자에게 보답으로 예비하신 것이야 어찌 비할 데 없이 더욱 성대하지 않겠는가?

聖亞吾斯丁云: "吾主爲我此賤軀, 與以多且大恩賜, 一至於此!" 如天地氣海, 晦明寒暑, 霜雪雨露, 鳥獸魚鱉, 草木, 至備矣. 所備於天境, 聖賢面爾之所, 又何如? 圈牢中, 若此多且厚, 帝庭當何如? 涕谷若此大樂, 諸樂之境何如? 今所并賜仇者友者, 若此豊隆, 身後所特賜友者何如? 不信爾言, 不從爾道, 賜享天地間諸福若此, 所豫備以報信爾言者, 尊爾命者, 從爾道者, 豈不尤盛大無比乎?

지혜로운 사람은 세속의 즐거움을 만나도 거기에 끌려가거나 동요하지 않는다. 다만 이를 통해 천상의 복을 미루어 생각할 뿐이다.

부유한 상인이 돈을 가지고 시장에 갔는데, 보잘것없는 싼 물건을 샀을 경우 바로 그 값을 치르겠지만, 만약 가장 비싼 물건이어서 가져간 돈으로는 부족할 경우 집에 가서 갚아주겠다고 약속할 것이다.

세상 사람들의 선한 덕은 너무도 작아서 그 값이 너무 싸니, 천주께서 쓴 것에 따라 세상 복으로 갚아줄 뿐이다. 진실한 마음으로 천주의 덕을 사랑하여 섬기면 그 값이 무겁고 커서, 세상 복만으로는 갚아주기에 부족하다. 덕스러운 사람은 또한 그것을 가볍고 천하게 보아, 얻기를 원하지도 않을 것이다. 결국 그 값은 천주께서 죽은 뒤에 천당에서 전부 갚아주기로 약속하실 것이다.

智者遇世之樂, 不爲牽動. 但用以推思天上福也. 富賈齎錢入市, 或粥微賤物, 且下輒償其値矣. 若最貴物, 所齎錢不足, 約到家償之. 世人之善德肦小, 其直輕微, 天主隨用世福酬之耳. 誠心愛事天主之德, 其直重大, 總世福不足酬之. 德士亦視爲簡賤, 不願得之, 其直則天主約死後全償於天堂焉.

7.34

어떤 이가 말했다. "앞서 천당과 지옥에 대한 이야기를 듣고 나서, 혼자서 이는 실로 지극한 이치여서 절대 의심할 수가 없다고 말했습니다. 또 천주의 지극한 말씀이, 게으름에 대해 사람을 지극히 능히 채찍질하시고, 선에 대해 사람을 이끌어주시니 감히 사실임을 믿지 않을 수가 없습니다. 지금 세상에서 의심을 일으키는 까닭은, 다만 천당은 여러 복락의 장소가 되고 지옥은 여러 고난의 장소가 된다는 말만 들었지, 그 복락과 고난의 모습이 어떠한지는 알지 못하기 때문입니다. 세간의 복락이나 고난과 같습니까, 아니면 다른지요?

或曰: "向聞天堂地獄之説, 竊謂此實至理, 萬不可疑. 又聞天主至言, 極能策人於怠, 迪人於善, 弗敢不實信之. 今世所由致疑者, 爲其特聞天堂爲諸福樂所, 地獄爲諸苦難所, 未知其福樂苦難之態云何. 與世間福樂苦難, 是同是異?

세상에서는 또 능히 괴로움과 즐거움을 느끼는 것은 오관이 있기 때문인 줄만 알고, 몸 안의 영혼이 육체를 떠나고 나면 보고 듣고 냄새 맡고 맛보고 깨닫고 알 수가 없는 줄은 모른 채, 어찌 능히 다시 괴로움을 받고 즐거움을 받을 수 있느냐고 말을 합니다. 또 이 몸이 죽은 뒤에도 오히려 영혼과 함께 복락과 고난의 장소로 돌아갈 수 있고, 한번 땅으로 내려가면 영구히 다시 일어날 수 없는 것도 알지 못합니다. 만약 이 같은 이치를 풀어주어, 사람들로 하여금 그 실지를 명확히 깨달아 천당과 지옥의 상과 벌을 믿게 하고, 이를 통해 선을 행하고 허물을 고치며 이단을 버리고 천주를 섬기게 한다면, 너무 쉽지 않겠습니까?"

世又特知能覺苦樂者, 爲有五官故, 未知身內神靈, 既離本形, 不能視聽齅啖覺知, 云何復能受苦受樂. 又未知是身死後, 尙能與神靈同歸福樂苦難之境, 抑既降於地, 永久不能復作. 若開釋此理, 使人明悟其實, 信天堂地獄之賞罰, 因而行善改過, 棄異端, 事天主, 不甚易歟?"

7.35

내가 말했다. "무릇 천주께서 만물을 지으실 때는 저마다 위하는 바가 있습니다. 위한다는 것은 사물이 향해 나아가는 바이고, 얻기를 바라기에 다급한 것입니다. 이를 얻으면 그 본래 지닌 성품의 온전한 복을 이미 얻은 것입니다. 시험 삼아 농부에게 무엇을 위해 밭을 가느냐고 하면, 틀림없이 사람들을 배부르게 하려 한다고 말할 것입니다. 그렇다면 그가 1년 내내 부지런히 움직이는 것은 반드시 성에 찰 정도가 된 뒤에야 그만둘 것입니다. 성에 차야만 밭 가는 일이 끝나는 것이지요. 천주께서 사람을 지으신 것은 무엇 때문입니까? 그로 하여금 지금의 생에서 내려준 이치와 마음에 바탕을 두고 천주를 잘 섬기다가, 이후에 하늘나라로 돌아와 천주의 본체를 뵙고 그 복락을 누려, 이것으로 그 성품의 온전한 복을 얻게 하려는 것입니다."

余日: "凡天主造物, 各有所爲. 爲者, 諸物所趣向, 所急願望得也. 得之, 即其本性之全福已獲矣. 試如農夫耕田何爲乎, 必曰爲欲令人飽也, 則其終歲勤動, 必趨於饜足而後已. 饜足, 斯耕之事畢矣. 天主所以造人, 何爲乎? 則使之今生, 據所賜理心, 善事天主, 而後歸於天境, 得見天主本體, 享其福樂, 以是得其性之全福焉."

7.36

무릇 영물인 사람에게 즐거움이 위로가 되지 못하는 것은, 이루지 못한 바람이 있고 얻고자 하는 것이 있는데 얻을 수가 없기 때문이다. 얻고 나면 즐거움의 위로를 더 크게 얻어, 즐거움은 더욱더 확장된다. 그 성품이 얻고자 하는 바를 온전히 얻어, 담을 수 있는 용량을 터럭까지 꽉 채우고 바라는 마음을 남김없이 이룬다면, 이것이야말로 위안을 온전히 하고 복락을 온전히 한 것이 될 것이다.

凡靈物所不慰樂者, 有願不遂, 有所欲得, 弗能得也. 既得, 則慰樂, 得彌大, 樂彌廣. 迨既全得其性所欲得, 含容之量, 絲毫悉滿, 冀望心, 絲毫悉遂, 斯爲全慰安, 全福樂矣.

만약 얻은바 복락이 비록 크더라도, 이 밖에 아직도 아름답고 훌륭한 복락이 있어 얻을 수 있고 누릴 수 있다면, 이미 얻은 것에 아직도 부족함이 있음을 깨달아, 이를 함께 가지려 하여 만족을 얻지 못할 터이니, 얻은바 안락이 순전하다고 말하지 못할 것이다.

若所得福樂雖大, 此外尙有美好福樂, 可得可享, 即覺所得尙有虧歉, 欲兼得之, 未獲滿足, 所得安樂, 不謂純全矣.

7.37

사람은 정신과 육체가 있어, 둘이 서로 얽혀 전체를 이룬다. 다만 정신과 육체는 본체와 성질이 다르고, 작용 또한 차이 난다. 누리는 복락도 각자 그 종류에 따른다. 몸은 육체를 쓰는지라 정신의 일을 깨닫거나 알 수가 없어, 그 복락은 모두 육체의 복락이니 굳이 정신과 통할 필요가 없다. 정신은 정신을 쓰므로 그 복락도 정신의 복락이라, 또한 육체와 다 맞을 필요가 없다.

夫人有神靈, 有形軀, 兩相締結, 成爲全體. 惟神與形, 體性既異, 作用亦殊. 所享福樂, 各從其類. 身以形用, 不能覺知神物, 其所福樂, 皆形福樂, 不必盡暢於神靈也. 神者神用, 其所福樂, 亦神福樂, 亦不必盡適於形矣.

정신이라는 것은 한 몸의 으뜸가는 주인이다. 그 작용에는 명오明悟와 애욕愛欲이 있으니, 이 두 가지 능력이 실로 정신의 손과 발이 된다. 명오란 사물의 이치를 살피고 일의 타당성을 판단하며 선악의 단서를 구별해서, 사람으로 하여금 나아가고 피할 바를 알아 즐겁고 기쁘게 본받아 움직여서 참다운 이치를 구하게끔 하는 것이다. 이는 마치 물이 흘러가며 늘 움직여 마지않는 것과 같다. 그래서 정신의 다리라고 말하는데, 운동하는 것을 두고 하는 말이다. 이것은 산 사람에게 가장 중요한 기능이요, 가장 우선 가는 쓰임이 된다. 이 때문에 사람의 성품이 원하는 것으로 참다운 이치를 분명하게 깨치는 것보다 급한 것은 없다. 이미 분명하게 깨닫고 나면 바람도 채워질 것이니, 밝음이 넓을수록 즐거움도 더 커진다.

夫靈神者, 一身之宗主. 其作用則有明悟愛欲, 此二能者, 實爲神靈之手足也. 明悟者, 審物理, 辨事宜, 別善惡之端, 使人知所趨避, 欣樂效動, 以求實理. 如水流行, 常運不已. 故稱神靈之足, 運動之謂也. 此爲生人最要之能, 最先之

用. 故人性所願欲, 無急於明悟實理矣. 旣已明悟, 願欲乃愜, 所明彌廣, 所樂彌
大也.

애욕이란 사랑하고 미워하고 바라고 소망하며 기뻐하고 노하는 것
이다. 이미 얻고자 하는 것을 얻었다면 조용히 즐기면서 이를 누리니,
산이 우뚝 솟아서 다시 움직이지 않는 것과 같다. 그래서 정신의 손이
라고 일컫는데, 단단히 쥔 것을 두고 하는 말이다. 애욕이라는 것은 본
래 아름답고 순조로움을 향하게 마련이다. 이미 이를 얻고 나면 마침
내 편안한 즐거움이 생겨나니, 얻은 것이 클수록 즐거움 또한 깊어진
다. 사랑하고 미워하는 작용은 언제나 명오의 뒤에 있다. 명오가 아름
답고 순조롭다고 여긴 것을 가지고, 애욕은 마침내 마음에 두고 좋아
하여 이를 얻으려고 한다. 만약 더럽거나 비루하게 여기는 것이라면,
바로 더 미워하고 싫어해서 이를 빨리 피하려 들 것이다.

이 두 가지 능력이 만족되고 두 가지 바람이 채워진 상태에서, 여
기에 더해 끝없이 이어지게 한다면, 정신이 얻으려는 것을 온전히 얻
게 되어 길한 복이 어찌 완전히 채워지지 않겠는가?

愛欲者, 愛惡冀望喜怒也. 旣獲所欲獲, 則安靜慰樂享受之, 如山屹峙, 不復
移易. 故稱神靈之手, 握固之謂也. 愛欲者本向于美好順便. 旣獲之, 遂生慰樂,
所獲彌大, 樂亦彌深. 愛惡之用, 恒居明悟之後. 明悟者, 以爲美好順便, 愛欲者,
遂眷戀慕悅, 幾欲獲之. 如以爲穢惡鄙陋, 卽增疾厭惡, 趨欲避之. 二能旣滿, 二
願旣足, 加之綿亘不已, 則靈神所欲得者, 旣全得矣, 吉福豈不完滿乎?

7.38

만물의 참다운 이치와 아름다움에는 모두 한계가 있게 마련이다.
하지만 명오와 애욕의 두 가지 능력이 바라고 기약하는 것은 대단히

넓어서, 명오가 능한바 참다운 이치를 깨달아 아는 것과 애욕이 능한 바 아름다운 것을 안아 누리는 것은 모두 끝이 없다. 어떻게 해야 온전히 원만함을 얻을까? 만물을 받아서 누림을 자세히 깨닫지 못한 채로 무궁한 실리實理의 아름다움으로 올라갈 경우, 만물의 참다운 이치를 이미 자세히 깨치고 아름다움을 모두 누려 받았다 해도, 어찌 그 바람과 용량의 큰 것을 실컷 달래고 채워줄 수 있겠는가? 만물이 달래고 채워줄 수 없는 것은 다만 만물의 주인만이 오직 달래고 채워줄 수 있다. 이 때문에 무릇 영혼을 지닌 인간의 온전한 복은 천주를 뵙고 누리지 않고는 완전하지 못하다.

夫萬物之實理與其美好, 咸有限際. 而二能之期願寬廣, 明悟所能, 洞知實理, 愛欲所能, 享抱美好, 悉無窮竟. 何由全得圓滿? 不及該洞享受萬物, 以上無窮之實理美好, 即萬物之實理既該洞, 美好盡享受, 曷能饜足慰滿其冀望容量之大哉? 夫萬物不能慰滿者, 獨萬物之主, 惟能慰滿焉. 是以凡靈物之全福, 非見享天主, 不全完矣.

성 아우구스티노가 천주께 말했다. "저의 주인이시여! 당신께서는 제 마음이 당신을 따르도록 만드셨습니다. 당신에게 돌아가지 않고는 제가 편안할 수 없습니다."

《성경》에서도 천주께 이렇게 말했다. "당신과 당신이 보내신 예수 그리스도耶穌契利斯督세상에 내려오신 천주의 이름을 알아야만 이 사람이 항상 살 것입니다."[27]

<hr />

27 당신과 …… 살 것입니다: 〈요한의 복음서〉 17장 3절, "영원한 생명은 곧 참되시고 오직 한 분이신 하느님 아버지를 알고 또 아버지께서 보내신 예수 그리스도

대개 천주의 거룩하신 성품이 비록 순수하고, 온갖 이치의 정묘함
과 만물의 아름다움이 이미 남김없이 자세히 갖춰져 있더라도, 만물
의 위에 펴는 것은 오히려 다함이 없을 것이다.

聖亞吾斯丁謂天主曰: "我主! 爾造我心于爾, 非及歸爾, 不能安靖矣." 聖
經謂天主亦曰: "識爾及爾所使耶穌契利斯督天主降生之名號, 此則常生矣." 蓋天
主之聖性雖純一, 而萬理精妙, 萬物美好, 既已該備無餘, 其伸於萬物之上者,
猶無窮焉.

영혼이 이미 인간 세상을 떠나 하늘나라로 올라가서, 영혼의 눈으
로 우리 천주의 무궁한 성체와 지혜와 능력을 환히 비춰보아, 이를 사
랑하여 그대로 하고자 한다면, 이는 우리 천주의 무궁한 아름다움을
받아 누리는 것이다. 그렇게 되면 그 참다운 이치를 밝히고, 아름다운
역량을 누림을 온통 다하고, 무릇 그 성품이 원하는 명오와 기약하는
아름다움을 이미 다 얻어서, 자세히 깨달아 누리게 될 것이다. 사람이
이에 이르면 지혜와 복이 온전히 갖춰져서 근심과 고통, 궁함과 슬픔
같은 여러 가지 재앙과 수많은 삿된 정은 모두 다 멀리 떠나가고, 염
려와 바람이 온통 천주의 뜻과 같아질 것이다. 그러므로 천주를 뵙고
누림에 시간이 한정 없고 크게 안정되어 바뀌지 않을 것이니, 그 복락
과 편안함이 지극하고도 온전히 갖춰진 것이 아니겠는가?

靈神既離下土, 趨登天域, 以神目照洞吾天主無窮之性體智能, 以愛欲之, 是
爲享受吾天主無窮之美好. 則其明實理, 享美好之量悉盡, 而凡其性所願明悟,
所期美好者, 既悉得該洞享受焉. 人至于此, 智福俱全, 愁痛窮悲, 種種禍災, 種

를 아는 것입니다."

種邪情, 悉得離逖, 念慮願欲, 悉若帝旨. 故其見享天主, 無量時限, 大定不易矣, 其爲福樂安靖, 不至極全備乎?

7.39

정신이 참된 복에 배부르면, 그 광휘와 즐거움의 끝이 육신에 이르게 된다. 육신의 복은 그 본성에 근거해 또한 넉넉하게 갖춰진다. 이것은 말로는 자세히 설명할 수 있는 것이 아니지만, 이제 잠시 세상에서 말하는 복을 가지고 대략 설명해보겠다. 바깥의 육신은 정신이 굳세면 어떤 병도 침범하지 못한다. 기운과 풍도가 편안하고 조화로우면 모습마저 아름다워진다. 안쪽에 자리한 정신은 영혼이 총명하고 지혜로우면 사물의 온갖 이치를 환히 꿰어 두루 통하게 되므로, 보고 듣고 말하고 행동하는 것이 사물에 끌려다니지 않는다. 능히 덕을 쌓아서 선에 대해 크게 안정되어 있는데, 여기에 부유함과 존귀함, 높은 지위와 안락함까지 더했다면, 이는 세상에서 말하는 몸 안이나 몸 밖이나 길하고 상서로워 일을 잘하는 사람일 것이다.

靈神旣飽飫於眞福, 其光輝吉樂之末, 因達於肉身. 肉身之福, 據其本性, 亦備足矣. 此非口舌可詳, 今姑以世所謂福者略喩之. 夫外身精神强固, 百疾不侵, 氣度舒和, 體貌麗美. 內之神心, 靈明睿智, 事物萬理, 澄徹會通, 視聽言動, 不爲物引. 克積於德, 大定於善, 加以富厚尊貴, 顯榮安樂, 此則世所謂身中身外, 吉祥善事者.

이 같은 온갖 복은 이 티끌 세상에 있는지라 잠시의 복일 뿐이지만, 세상에 사는 사람은 또 그마저도 겨우 터럭만큼만 얻을 뿐이다. 하늘에 있는 것은 영원히 천당에 사는 사람들이 바로 그 참되고 온전함을 얻는다. 대개 육신이 한번 이 같은 경계에 들어가면 손해를 받지 않고 영원히 살아 죽지 않는다. 온몸이 굳세고 온전히 갖춰져서, 사지가 서로 조화를 이뤄 남음도 모자람도 없게 된다. 큰 광명을 발함이 태양의 일곱 배나 되고, 천지 사방을 주선함에 잠깐도 기다리지 않으며, 산을 뚫고 바위에 들어가는 것조차 마침내 머뭇대거나 막힘이 없어진다. 지금의 육신이 배고프면 먹을 것을 생각하고, 목마르면 마실 것을 떠올리며, 추우면 옷을 생각하고, 힘들 때는 편안함을 그리는 것처럼, 반드시 기다려서 그렇게 되는 것이 아니다. 만약 그 영혼이 천주의 끝없는 능력과 성품을 직접 보아 모두 깨닫게 된다면, 다시는 의심하거나 가로막힘이 없을 것이다. 선이 크게 정해지면 다시 바뀜 없이 고요한 하늘에서 살게 된다.

夫此種種諸福, 在此塵世, 則暨福也, 居世之人, 又僅獲其纖毫耳. 在天, 則永居天堂者, 正得其眞與全矣. 蓋肉身一入此境, 無受損害, 常生不死. 百體强固全備, 四肢相稱, 無餘無虧. 發大光明, 七倍於日, 周旋六合, 不待俄頃, 透山入石, 了無留礙. 非若今之肉身, 饑思食, 渴思飮, 寒思衣, 勞思逸, 必有待而然也. 若其靈心親見天主無窮能性, 悉得洞曉, 無復疑碍. 大定於善, 無復更易, 寓於靜天.

고요한 하늘의 경계는 높고 가파르고 성대하고 화려해서, 진실로 세상 임금의 보배와 노리개, 멋진 궁궐과 누대로는 만에 하나도 비슷하다 할 만한 것이 못 된다. 천사와 만세의 성현이 서로 벗이 되고 서로 형제가 되어, 서로를 돌보고 서로 사랑함이 마치 한 몸과 같아, 옳고 그름을 함께하고 사랑과 미움을 공유한다. 사람이 바라는 바는 오직 천주께서 원하시는 바여서, 분수 밖의 바람은 스스로 다시 용납하지 않고 스스로 다시 일으키지도 않는다. 크고 작은 바람을 이루지 못할 것이 없고, 하고자 하는 것이 있을 경우 천주의 전능하심에 힘입어 하지 못할 것이 없다. 이는 그 부가 편안하기에 충분함을 훨씬 넘어서는 것이다. 천당에 사는 사람은 모두 천주께서 몹시 사랑하는 아들이요 천사가 사모하는 벗이니, 존귀하고 영예롭기가 또 누가 더 크겠는가?

靜天之境, 高峻盛麗, 固非世主珍寶玩好, 瓊宮瑤臺, 所可彷彿其萬一. 與天神及萬世之聖神, 相爲伴侶, 相爲昆弟, 相視相愛, 如一身心, 共是共非, 共愛共惡. 人所願, 惟天主所願, 分外之願, 自不復容, 自不復起. 凡巨細願, 無或不遂, 有所欲爲, 賴天主之全能, 無不能爲. 此其富足安逸, 尙矣. 居天堂者, 皆是天主鍾愛之子, 天神契慕之交, 尊與榮, 又孰大焉?

7.40

어떤 이가 말했다. "사람은 육신이 죽어서 관에 들어가고 무덤에 들어가면 썩어버려 알지 못할 텐데, 어찌 능히 또 이 같은 복을 받겠습니까?"

내가 말했다. "피와 살로 된 몸뚱이는 이제 비록 금방 썩어서 다시 흙으로 돌아가나, 또한 다시 살아날 날이 있습니다. 그래서 본래의 영혼과 더불어 함께 천당에 올라가서 즐거움과 복을 받게 됩니다. 이것은 천주께서 친히 말씀하셨으니 다른 말이 필요 없고, 마땅히 급히 참되게 믿어야만 합니다. 이론으로 논한다 하더라도 또한 확실한 이치와 근거가 있습니다.

曰: "凡人形軀既死, 入棺入墓, 腐朽無知, 安能又受若此之福耶?" 曰: "血肉之軀, 今雖速朽, 歸復於土, 亦有日復生, 而與本神靈俱升於天堂, 受慶福也. 此則天主親言, 不必他論, 遽當實信. 即以理論之, 亦有確然義據.

정신과 육신은 둘이 서로 묶여야만 비로소 하나의 사람이 됩니다. 무릇 두 물건이 서로 합쳐짐은 정신과 육신보다 더 가까운 것이 없습니다. 결합해 있을 때는 오로지 서로 떨어질까 염려하다가, 서로 떨어지게 되면 다시 결합해 온전한 사람이 되기를 몹시도 바랍니다. 이 때문에 정신이 외로이 떨어져 혼자 서서 육신과 미처 결합하지 못했을 때에는 비록 천당의 영화와 복을 누린다 해도 그 성품의 자연스러움이 오히려 다 즐겁고 만족스러움을 얻지는 못합니다. 천주께서 어느 날 여러 신성한 정신으로 하여금 원래의 몸과 다시 결합할 것을 허락하셔서, 그 성품의 소원을 채워주시고 온전한 성품의 영화와 복을 받게 하심이 또한 마땅하지 않겠습니까?

蓋靈神肉身兩相締結, 始成一人. 凡二物相合, 莫如靈神肉身, 最爲親切也. 當其結合, 惟恐相離, 迨旣相離, 甚欲復結, 以成全人矣. 故靈神方子然獨立, 未合肉身之時, 雖享天堂之榮福, 然其性之自然, 猶未悉得慰滿焉. 天主許令一日, 諸神聖之神靈, 與原身復結, 滿其性願, 受全性之榮福, 不亦宜乎?

선과 악에 대해 말하는 사람은 반드시 사람이 선과 악을 행한다고 하지, 그저 정신이 선과 악을 행한다고 말하지 않습니다. 그러므로 비록 선을 택하거나 악을 행하는 것이 원래 정신에 속하여 스스로 주관하더라도, 바야흐로 결합되었을 때는 정신 혼자 능히 할 수 없고, 반드시 육신에 기대어 도움을 받습니다. 온갖 종류의 선행과 갖은 갈래의 악행은 정신과 육신이 함께 짓지 않음이 없으니, 상을 주어 칭찬하고 벌을 주어 깎는 것을 마땅히 함께 받게 됩니다. 그래서 육신은 반드시 때가 되면 다시 태어나 정신과 더불어 결합해서 온전한 사람이 되고, 그런 뒤에 혹 밝은 하늘에 올라가 선을 행한 복과 영화를 입거나, 혹 지옥에 떨어져서 악을 행한 재앙과 꾸지람을 받게 됨을 알아야 합니다.

凡謂善惡者, 必曰人爲善惡, 不僅曰靈神爲善惡也. 故雖擇善蹈惡, 原屬靈神, 自爲主持, 方結合時, 獨一靈神, 不能自作, 必藉肉身爲助. 故凡種種善行, 種種惡行, 莫非靈神肉身, 所共造作, 褒貶賞罰, 宜與受之. 故知肉身必有時復生,而與靈神合爲全人, 然後或升明天, 蒙爲善之福榮, 或墮地獄, 受行惡之殃咎也.

하물며 정신은 본래부터 저절로 선을 향하는데, 다만 피와 살로 된 육신과 결합되면서, 비로소 유혹에 끌려다니며 그 더러운 욕망을 달게 여겨 죄악에 빠져듭니다. 그러므로 육신이라는 것은 정신과 더불어 똑같이 악할 뿐 아니라, 다시 유혹을 부추긴 매개가 됩니다. 만약 정신으로 하여금 벌을 받게 하면서 육신이 용서를 입는 것은, 천주의 지극히 공정하고 지극히 공평한 의리에서 절대로 이런 일이 나오지 않을 것입니다."

況靈神本自向善, 惟締結於血肉之身, 乃始誘役, 而甘其穢欲, 沉淪罪惡. 故肉身者, 微獨與靈神均惡, 而更爲煽惑之媒. 若使靈神受罰, 肉身蒙宥, 天主至公至平之義, 必不出此矣."

7.41

이른바 다시 살아난 육신이란, 천주께서 다시 하나의 육신을 만든 것이 아니고 정신과 더불어 원래 결합되어 있던 육신이다. 대개 사람은 살아 있을 때 정신과 육신이 함께 선이나 악을 행한다. 그래서 천주께서 다시 태어나는 날 함께 그 응보를 받게끔 약속하셨다. 이 선악의 응보를 받는 사람은 바로 그 선악을 행한 사람이다. 본래의 육신이 정신과 함께 선악을 행했으니, 이제 응보를 받는 것은 반드시 그 원래의 육신이라야 마땅하다. 진실로 원래의 몸을 떠나 다시 한 몸을 만들어, 여기에다가 원래 몸이 행한 선악의 응보를 더한다면, 이는 죄 없는 이에게 벌을 내리고 죄 있는 이를 용서해주며, 공도 없는데 상을 주고 공이 있건만 내치는 격이니, 어찌 천주의 지극히 공평한 의리겠는가?

所謂復生之肉身, 非天主更爲造一肉身, 乃與神靈原結合之肉身也. 蓋人生時, 靈與身共爲善惡, 故天主約令復生之日, 共受其報. 是受善惡之報者, 則其爲善惡者也. 本來肉身, 與靈神同爲善惡, 今受報者, 必當以其原身. 苟離于原身, 更造一身, 而加之以原身所爲善惡之報, 此猶罰無罪, 宥有罪, 賞無功, 棄有功, 豈天主至公至平之義哉?

이러한 까닭에 눈앞의 육신이 비록 불에 타서 재가 되거나 혹 썩어서 뜬 먼지가 되어 흙으로 바뀌어 돌아가더라도, 천주께서는 스스로 전지전능하셔서 애초에 아무것도 없는 가운데서 능히 천지만물을 조성해내셨으니, 이제 또한 없는 가운데서 뭇사람의 영혼을 조성할 수 있을 것이다. 후에 다시 태어날 때 재와 뜬 먼지를 가져다가 사람의 원래 몸으로 변화시키는 것을 어찌 할 수 없다고 말하겠는가? 불은 사람을 태워 재가 되게 할 수 있고, 흙은 사람을 삭혀 먼지가 되게 할 수 있지만, 어찌 조물주가 재와 먼지를 다시 원래의 몸이 되게끔 변화시킬 수 없겠는가?

是以目下形軀, 雖或焚成灰燼, 或朽成浮塵, 化歸於土, 天主自有全智全能, 初能于無中造成天地萬物, 今亦能於無中造成眾人之靈神. 後于復生之際, 取灰燼浮塵, 變成人之原身, 何謂不能乎? 夫火能焚人, 使爲灰, 土能蝕人, 使爲塵, 豈造物者不能以灰塵復變爲原身耶?

7.42

육신이 다시 살아나면, 그 이후의 일은 모두 천주께서 직접 만드신다. 천주께서 일을 직접 만드시기 때문에 정밀하고 갖추어지지 않음이 없다. 이에 지금 생에서 빠지거나 덜어낸 일체를 모두 채우고 보태주셔서, 부족한 것을 더하여 꼭 알맞게 해주심을 입게 된다. 기력과 외모도 온전히 건강함을 얻고 단정하면서도 아름다워진다.

夫肉身復生, 向後之事, 悉天主自造之事. 事由天主自造者, 莫不致精致備矣. 於是今生所闕損一切, 皆蒙補益, 增減適中, 氣力狀貌, 全獲壯盛, 端嚴美好.

천주께서 또 큰 능력과 큰 덕으로 윤색하여 꾸며주시니, 그 가운데 가장 큰 것이 네 가지 있다. 하나는 '무손無損' 즉 손상함이 없으니, 일체의 질병과 물과 불, 칼날과 톱 같은 사람을 해치는 물건들이 이를 상하게 할 수 없고, 여섯 가지 욕망과 일곱 가지 본능이 절대로 가까이 오지 못한다. 이 때문에 다시 죽을 수가 없다. 하나는 '명광明光' 즉 빛이 밝음이니, 쏘는 빛의 밝게 빛남은 태양으로도 짝지을 수가 없다.

天主又以大能大德潤餙之, 其最大者有四. 一曰無損, 謂一切病患, 水火刃鋸, 損人之物, 不能傷之, 六欲七情, 絶無所攖. 是故不能復死. 一曰明光, 所發光明照燿, 日不能儷.

하나는 '신속神速' 즉 너무도 빠른 것이다. 육신이 다시 살아나도 지금의 무겁고 탁한 몸이 아니어서, 날개 없이도 날고 가지 않았는데 이른다. 영혼과 정신이 하고자 하는 바는 위와 아래, 멀고 가까운 것 할 것 없이 육신도 따라 이르러서 잠깐도 기다리지 않는다. 하나는 '신투神透' 즉 정신으로 통과하는 것이다. 어떤 단단한 사물도 모두 통과해서 도달할 수 있어, 걸리고 막히는 것이 없다. 산을 뚫고 바위에 들어가는 등 할 수 없는 것이 없다.

《성경》에 기록된 것이 대개 이와 같다.[28] 그 나머지 천주께서 주시

---

28 《성경》에 …… 이와 같다: 부활한 육체에 관한 이야기다. 《성경》에서 부활한 몸이 어떤 것도 다 통과한다는 맥락의 이야기는 〈요한의 복음서〉 20장 19절, "안식

는 성령의 능력과 덕, 은혜와 베푸심은 이루 헤아릴 수조차 없다.

一日神速, 肉身復生, 非若今時重濁之體, 無翼而飛, 不行而至. 靈神所欲, 無論上下遐邇, 肉身隨至, 不待瞬息. 一日神透, 一切堅實之物, 悉能透達, 無有滯礙. 穿山入石, 無之不可. 聖經所記, 大槩如此. 其他天主所惠聖神之能德恩施, 莫可數計.

7.43

어떤 이가 말했다. "세상 사람의 공덕에 반드시 작고 큼이 있다면, 하늘이 보답하는 복락도 마땅히 가볍고 무거움이 있을 것입니다. 복을 받는 사람이 만약 저마다 가득 채워 따라서, 조금도 덜 채운 것이 없다면 어떻게 등급을 나누겠습니까? 만약 나눠야 한다고 할 경우, 아랫사람의 부족함은 윗사람의 족함과 같지 않을 테니, 원하고 바라는 감정을 어떻게 능히 없애주겠습니까?"

내가 말했다. "성령의 공덕은 크고 작은 것이 같지 않아, 하늘의 보답도 여기에 말미암게 됩니다. 다만 그 공덕이 클수록 포용하여 담는 것도 그만큼 더 커집니다. 성령이 보답을 주는 것은 저마다 그 용량에 알맞게 합니다. 그러므로 품계와 등급은 비록 달라도 문제 될 것이 없고, 모두 다 가득 차게 됩니다.

曰: "世人功德, 必有小大, 天報福樂, 宜有輕重. 受福者, 若各飮滿斟酌, 毫無缺欠, 曷分等級耶? 若曰有分, 則下者不足, 不如上者之足, 願望之情, 奚能悉

일 다음 날 저녁에 제자들은 유대인들이 무서워서 어떤 집에 모여 문을 닫아걸고 있었다. 그런데 예수께서 들어오셔서 그들 한가운데 서시며 '너희에게 평화가 있기를!' 하고 인사하셨다"와 같은 대목을 두고 한 말이다.

謝?"日: "聖神功德, 巨細不同, 天報因之. 但其功德愈宏, 容含愈大. 聖神受報, 各稱其容. 故品級雖殊無傷, 爲悉皆充滿也.

큰 집에 비유해봅시다. 그 집에는 여러 아들이 있고, 모두 귀한 비단을 가지고 그들의 고운 옷을 짓습니다. 짧고 길고 넉넉하고 좁은 것을 그 몸에 꼭 맞게 재단해 만듭니다. 큰아들의 옷은 길고 또 품이 넉넉해서 그 값이 반드시 비쌀 것입니다. 하지만 그 옷은 큰아들의 몸에만 맞지, 만약 다른 아들에게 입힌다면 어떻게 입을 수 있겠습니까? 또한 반드시 다른 아들들이 원하거나 바라는 바도 아닐 것입니다."

譬之巨室, 家有多子, 皆以寶錦, 爲其鮮衣, 短長寬窄, 合稱其體, 而裁製之. 長子之衣, 既長且寬, 其價必重. 然其衣止合長子之身, 若移于他子, 豈堪著哉? 亦必非他子所願望也."

7.44

지옥과 천당 같은 것은 정반대다. 천당은 고요한 아홉 겹의 하늘 위에 놓여 있어서 가장 맑고도 환하다. 지옥은 땅속 가장 낮은 곳에 있어서 가장 더럽고 어둡다. 그 괴롭고 어려운 모습은 진실로 말로는 그 만에 하나도 다 할 수 있는 것이 아니다. 무릇 천주께서 직접 만드신 하늘과 땅과 바다 같은 것들은 모두 대단히 크고 몹시 잘 갖춰져 있어 한없는 지혜와 권능을 드러내 보이기에 충분하다.

若地獄與天堂, 正相反也. 天堂安於靜天九重天之上, 最爲清朗. 地獄置於地中最下之處, 最汚暗也. 其苦難之態, 固非口舌可罄其萬一也. 凡天主所自造之物, 如天如地如海, 皆甚大甚備, 皆足顯無涯之智能也.

지옥의 고통 및 몹시 많은 의로운 분노의 형벌 또한 그 무량한 능력이 너무도 크고 너무도 갖춰져 있음을 알게끔 해준다. 지옥의 괴로움은 종류가 많아도, 총괄하면 두 가지로 돌아간다. 하나는 느끼는 괴로움을 말하고, 하나는 잃어버리는 괴로움을 말한다.

느끼는 괴로움이란 추위와 더위, 배고픔과 목마름, 더러운 냄새와 캄캄한 어둠, 근심과 번민 등 고통을 안겨줄 수 있는 일체의 형벌이니, 이런 종류의 괴로움은 지옥에 두루 갖춰져 있고 너무도 크다. 무릇 세간에서 말하는 괴로움이라는 것은 이 고통에 견주면 모두 고통이라 할 것이 못 된다. 이는 바로 그림으로 그린 물건과 진짜 물건의 차이와 같다. 이 때문에 천주께서 자주 사람들에게 잠깐이라도 지옥의 고통을 살펴보게 하여, 그 사람이 이후에 세상의 큰 괴로움을 만나더라도 몹시 기쁘게 이를 참아 견뎌 괴롭다고 말하지 않게 하시는 것이다.

地獄之苦, 及甚盛義怒刑罰, 亦用呈其無量之能, 即甚大甚備, 可想知已. 地獄之苦多種, 總歸於二, 一謂覺苦, 一謂失苦. 覺苦者, 寒火饑渴, 臭穢暗冥憂懣, 與凡一切能致痛楚之刑, 此類之苦, 地獄甚備甚大. 凡世間所謂苦者, 以是苦視之, 悉不爲苦, 正如畫物與眞物也. 是以天主屢使人暫視地獄之苦, 其人後遇世之大苦, 甚樂忍之, 不謂苦矣.

7.45

잃어버리는 고통이란 천주와 천당의 여러 상서로움과 복을 잃어, 그것을 영원히 다시 얻지 못하는 슬픔과 근심을 말한다. 느끼는 괴로움과 잃어버리는 괴로움 두 가지가 모두 크지만, 잃어버리는 괴로움이 더욱 크다. 비유하자면 이렇다. 한 사람이 오늘 모두 이겨서 그의 적을 복종시키고 장차 서서 큰 나라의 왕이 되려다가, 생각지 않게 작은 변고를 만나서 일의 형세가 갑작스레 뒤바뀌어 적이 서서 왕이 되고, 자기는 또 적에게 묶임을 당하고 여기에 더해 큰 고통과 무거운 형벌을 받게 되었다고 하자. 이 사람이 느끼는 고통이 비록 무겁겠지만, 다만 큰 복을 갑작스레 잃고 말았다는 근심과 분노가 더욱 깊을 것이다.

失苦者, 則失天主及天堂諸慶福, 永不復得之悲憂也. 兩苦並大, 失苦更深. 譬之一人, 今日盡勝服其敵, 將立爲大國之王, 不虞偶以微故, 事勢忽易, 敵立爲王, 己又被敵束縛, 加之大苦重刑. 斯人之覺苦雖重, 但其忽失大福之憂懣更深矣.

세상의 괴로움이 비록 크다고는 해도 가끔씩 다른 위로가 있다. 달리 위로됨이 없더라도 오히려 끝이 있으리라는 위로라도 있다. 지옥의 괴로움은 사납고 큰 데다 또 기한이 없다. 들어간 사람은 나올 수가 없기 때문에, 다시 벗어나리라는 위로는 아예 없고 영원히 벗어날 수 없다는 괴로움과 근심만 있을 뿐이다. 천주로 하여금 개미 한 마리가 매년 바닷물을 한 모금씩 마시게 허락하도록 해서 바닷물을 다 먹어치울 때를 기다려서야, 지옥 가운데 있는 사람과 귀신에게 지옥의 괴로움이 또한 끝난다고 하자. 이 같은 바람은 비록 아득히 멀지만, 그래도 또한 때가 되면 이를 수 있으니, 그 괴로움을 가볍게 줄이기에 충분하다. 다만 이처럼 실낱같은 희망조차 다 끊어진다면, 그 괴로움과 근심이 어찌 더할 나위 없이 크지 않겠는가?

괴로움을 함께하는 사람이 많다면 그래도 조금 위로가 되겠지만, 지옥의 괴로움은 홀로 그렇지가 않다. 괴로움을 함께하는 자가 서로 사납게 미워해 원수처럼 본다. 그래서 저 사람의 괴로움과 슬픔이 모두 나의 근심을 더하게 만들어, 많으면 많을수록 더욱더 괴로워진다.

夫世苦雖大, 或有他慰. 即無他慰, 尚有有限之慰. 地獄之苦, 既猛且大, 而又無限. 入者知不能出, 故悉無復脫之慰, 而有永永不能脫之苦憂. 地獄中人與鬼,使天主許之一蟻, 每年食海水一口, 待海水食盡, 地獄之苦亦殫. 此望雖甚遐, 然亦有時而至, 亦足輕減其苦. 但此微望悉絶, 其苦憂豈不甚大無比哉? 同苦者多, 尙足微慰, 獄苦獨否. 同苦者, 相狠惡視如寇仇, 故彼之苦悲, 皆增我憂, 而愈多愈苦也.

이곳에서 형벌을 관장하는 것은 귀신과 마귀다. 그들의 악함은 너무도 크고, 몹시도 강해 힘이 있으며, 잔혹하기 짝이 없다. 그것들은 우리 인간을 가장 깊이 미워해 터럭만큼도 자애롭거나 불쌍히 여기는 일이 없다. 무릇 능히 더할 수만 있다면 오직 힘으로 이것을 보여주니, 그 더해지는 고난이 또 더할 나위가 있겠는가?

세상에서 고통을 받는 것은 어떤 이가 나를 불쌍히 여김을 알게 되면 또한 작은 위로가 될 것이다. 지옥 가운데서 괴로움을 받는 것은 천주의 한없는 자비는 말할 것도 없고, 천사와 여러 천당의 성령도 모두 다시 슬퍼하거나 불쌍히 여기지 않는다. 여러 천사와 성령은 천주의 지극히 의롭고 지극히 합당한 영원한 벌을 지켜보면서 몹시 즐거워할 것이다.

此處之掌戮, 則鬼魔也. 其惡劇大, 甚强有力, 酷虐無比. 其恨我人類最深, 無絲髮慈愍. 凡所能加, 惟力是視. 其所加苦難, 又孰尙乎? 受世苦者, 知或憐我, 亦當微慰. 地獄中受苦者, 無論天主無涯之慈, 及天神與諸天堂之聖神, 悉不復哀愍之, 卽諸神聖, 視天主至義至當之永罰, 甚爲樂矣.

괴로움을 받는 자가 다시 앞서 세상에 있을 때 기꺼이 마음을 비워 바른 도리를 구하고 천주를 섬기며 그 사소한 계율을 지키고 잠시의 노고를 참았더라면 능히 이 같은 큰 어려움을 면할 수 있었으리라고 헤아려, 다시 천당을 올려다보면서 세상에 있을 때 알고 지낸 사람들이 작은 수고로 천당의 한없는 즐거움과 복과 편안함과 위로를 누리는 것을 본다면, 더더욱 사납게 질투함이 더할 것이다. 이처럼 그 괴로움과 어려움, 근심과 번민이 온통 지극해서 터럭만큼의 위로와 즐거움도 없다. 이처럼 슬퍼하고 탄식하며, 천주께 성내고 원망하는 마음과 말이 영원토록 끊이지 않을 것이다.

受苦者復計前在世時, 肯虛心求正道, 事天主, 守其微戒, 忍其暫勞, 則能免此大難, 復仰天堂, 視在世所識人, 以微苦致天堂無量之慶福安慰, 更增其懊恨. 是其苦難憂懣至純, 無纖毫慰樂焉. 是其哀悲吁嗟, 恚懟天主心言, 永永不間焉.

7.46

어떤 이가 말했다. "지옥 가운데서 괴로움을 받는 자의 육신 또한 다시 살아나는지요?"

내가 말했다. "뭇 거룩하고 신령스러운 육신이 다시 태어날 때 지옥에 있는 사람 또한 같이 그 원래의 육신을 되찾습니다. 다만 거룩하고 신령한 이의 육신은 다시 태어나 마침내 하늘나라에 올라가서 본래의 정신과 더불어 함께 복락을 누리게 되니, 거룩하고 신령스러운 이의 복락은 이로써 만족스러워집니다. 악인은 그렇지가 않아서, 그 몸을 다시 만들어 원래의 정신과 함께 영원한 벌을 받으니, 그 괴롭기가 앞서에 비해 더욱 심합니다. 정신이 받는 고통을 견뎌낼 수 없어서 그저 빨리 없애달라고 빌어도 얻을 수가 없다가, 여기에 육신의 고통까지 더해 실제로는 또 더한 셈이 되었으니, 어찌 살았다고 말할 수 있겠습니까?

曰: "地獄中受苦者, 其肉身亦復生否?" 曰: "衆聖神之肉身復生時, 地獄之人, 亦同復其原身. 但聖神之肉身復生, 遂升天庭, 偕與本神靈同享福樂, 而聖神之福樂, 從是滿足. 惡人不然, 其身再作, 更與原神靈, 同受永罰, 其爲痛苦, 較前

更甚. 神靈受苦, 旣不能堪, 惟求殄滅, 而不可得, 加以肉身之苦, 實又更益之, 安
可謂生耶?

　살아 있다는 것은 움직이면서 스스로 즐거워하는 것을 말합니다.
샘물의 근원이 끊이지 않아 밤낮 쉬지 않는 것을 활수活水라 합니다.
땅을 파서 물을 대면 다시 바뀌거나 옮겨가지 않으니 사수死水, 즉 죽
은 물이라 합니다. 성령은 하늘나라에 있고, 무릇 하고자 하는 바를 하
지 못함이 없으며, 크고 작은 욕심을 반드시 이루지 못함이 없습니다.
이처럼 한도 없이 세월을 헤아리지 않는 것을 일러 상생常生, 즉 언제
나 살아 있다고 하지요. 만약 어질지 않은 사람이 지옥에 들어가면, 온
갖 고통 가운데 속박되어 조금도 돌아 움직일 수가 없고, 스스로 고통
을 지고서 간절하게 숨이 끊어지기만을 구해도 그마저 얻을 수가 없습
니다. 원하고 바라는 것이 비록 사소하나 하나도 이룰 수가 없고 영원
히 이와 같으니, 비록 육신이 있다 하나 없앨 수 없는 것이 실로 상사
常死, 즉 영원한 죽음이 됩니다. 어찌 영원히 산 것이 되겠습니까?”

　生者, 動而自適之謂也. 原泉混混, 不舍晝夜, 謂之活水. 掘地而注, 更無改
移, 謂死水矣. 聖神旣在天域, 凡所欲爲, 無弗能爲, 大小之欲, 無不必遂. 如是無
量, 不計歲月, 謂之常生. 若夫不仁之人, 旣入地獄, 束縛於萬苦之中, 曾無轉動,
自負痛楚, 懇求滅息, 又不可得. 願欲雖微, 無一能遂, 永永如是, 雖有形質, 不能
滅亡, 實爲常死, 曷爲常生耶?”

1. 근면의 덕을 논함 論勤德

7.47

사람의 마음은 땅과 같아서 오래도록 갈고 김매지 않으면 반드시 가시덤불이 생겨난다. 《성경》에 말했다. "내가 게으른 사람의 땅을 지나왔는데, 가시덤불로 가득하였다."[29]

이 때문에 극기의 공부는 잠시라도 놓아두어서는 안 된다. 잠깐만 내버려두면 삿된 생각과 더러운 욕망이 수많은 싹으로 돋아 덤불져서 나온다. 세상에 있을 때는 마음의 삿된 욕망을 누가 능히 이미 다 이겨내고 모두 뽑아냈다고 말할 수 있겠는가?

夫人心如地, 久不耕耘, 必生荊棘. 經云: "我經怠人之地, 荊棘充滿之." 是以克己之業, 須臾不可置. 稍置之, 則邪念及穢欲, 群芽叢生焉. 夫心之邪情, 方在世之時, 誰能言已盡克之, 悉拔之耶?

너희는 스스로를 속이지 말라. 끊어진 것이 다시 싹트고, 물러났던 것이 되돌아오며, 꺼졌던 것이 다시 불붙고, 굽었던 것이 다시 펴지며, 깨끗하던 것이 다시 더러워지고, 잠들었던 것이 다시 깨어나니, 한결같이 뽑아낼 뿐 어찌 만족하겠는가? 반드시 항상 뽑아주어야 한다.

나쁜 나무는 비록 좋은 가지를 접붙인다 하더라도, 그 뿌리와 그루는 오히려 원래의 성질을 간직하고 있으니, 어찌 능히 그 원래의 성질

---

29 내가 …… 가시덤불로 가득하였다: 〈잠언〉 24장 30~31절, "내가 지나가다가 게으름뱅이의 밭과 생각 없는 사람의 포도원을 보니, 가시덤불이 우거지고 엉겅퀴가 덮이고 돌담이 무너져 있었다."

에서 터나온 싹과 같지 않겠는가? 이 때문에 수행하는 사람의 공부는 오직 그 본성을 거슬러서 그 싹을 뽑아 끊어버리고, 그 염려를 바르게 하고, 그 바람을 깨끗이 하며, 그 오관을 지켜야만 한다. 이것은 정말로 최선을 다하는 자가 아니라면 어찌 이룰 수 있겠는가?

爾勿自欺, 絶者復芽, 退者復返, 滅者復熾, 曲者復伸, 淨者復汚, 寐者復醒, 一拔而已, 豈足乎? 必須恒拔矣. 惡樹雖以美枝接之, 第其根幹尚存原性, 豈能不如其原性發芽乎? 故修士之業, 惟逆其性, 拔絶其芽, 正其念慮, 淸其願欲, 守其五官, 此非甚最於善者, 豈能就哉?

7.48

세간에서 말하는 경사스러운 복은 부귀와 안락, 재지才智와 도덕할 것 없이 반드시 사람이 직접 구해 찾아야만 비로소 이를 얻을 수 있다. 스스로 능히 남에게서 구해 찾을 수 있는 것은 없다. 이 때문에 반드시 부지런히 애를 써야 이것이 내게로 온다. 게으른 자는 힘든 것을 싫어해서 부지런함을 피하므로, 행하는 바가 이미 경사스러운 복을 얻을 원인을 잃고 마니, 무슨 수로 여러 기쁘고 복된 일을 얻을 수 있겠는가?

夫世間所謂慶福, 無論富貴安樂, 才智道德, 必須人自求索, 乃始得之, 無有自能求索人者也, 故必由勤勞致之. 怠者憎勞避勤, 已失所爲得慶福之因, 何由得諸慶福邪?

비유하자면 이렇다. 어떤 성에 다만 문이 두 개 있는데, 저쪽은 여러 가지 복이 들어오고 이쪽은 여러 종류의 재앙이 들어온다고 하자. 네가 언제나 저쪽은 닫아두고 이쪽은 열어두어서 온 성이 온통 재앙으로 가득 차게 한다면, 그 모습이 마치 지옥과 같아져서 유감스럽고 피하고 싶은 곳이 되지 않겠는가? 게으른 자는 여가를 좋아한다. 이것은 여러 사특한 생각과 잘못된 행위가 들어오는 문을 여는 것이다. 부지런함을 증오하고 수고로움을 미워하는 것은 여러 가지 경사스러운 복이 통해 들어오는 문을 닫아거는 것이다. 이 때문에 여러 가지 재앙과 화가 모두 이를 따르고, 여러 경사스러운 복은 이를 온통 피한다.

譬之一城, 特有二門, 彼爲諸福所入, 此爲諸禍所入. 汝恒閉彼關此, 不令滿城皆禍災, 狀若地獄, 爲可恨可避之處乎? 怠者好暇, 是闢諸邪念回行所由入之門也. 憎勤惡勞, 是闔諸慶福所由入之門, 故諸災禍悉隨之, 諸慶福悉避之.

7.49

《성경》에 말했다. "너는 사람들이 사업에 힘 쏟는 것을 보았다. 반드시 왕 앞에 서려 하고 소인의 줄에 서지 않으려 한다."[30]

일천 년 전 서양의 여러 나라가 아직 모두 천주의 거룩한 가르침에 들어오지 않았을 때, 한 국왕이 신불神佛을 받들었지만 신하와 백성들은 대부분 천주를 공경하여 믿었다. 한 왕이 새로 즉위해서 명령을 내려 말했다. "여러 신하 중에 나와 함께 부처를 섬기는 사람은 벼슬이 전과 같을 것이고, 그렇지 않으면 모두 쫓아내서 내가 다만 너희 목숨을 살려주는 것으로 만족해야 할 것이다."

經云: "爾見人暠於事業者, 必當王而立, 不小人伍也." 千歲之前, 大西諸國, 未盡入天主聖教. 有國王奉事神佛, 而臣民多敬信天主者. 有一王新卽位, 令曰: "諸臣偕我事神佛者, 官位如故, 否悉逐去, 我特貰爾命, 足矣."

---

30 너는 사람들이 …… 서지 않으려 한다: 〈잠언〉 22장 29절, "제 일에 능숙한 사람은 임금을 섬긴다. 어찌 여느 사람을 섬기랴."

여러 신하 중에 천주를 배반하지 않은 사람은 모두 벼슬을 버리고 떠나갔다. 벼슬자리에 연연하는 사람은 속으로는 천주를 믿으면서 겉으로는 왕의 명령에 따라 부처를 향해 절하고 예배했다.

왕이 갑자기 떠나간 자는 모두 돌아와 벼슬을 하게 하고 겉으로만 왕의 명령에 따른 자들은 모두 쫓아내라고 명했다. 그러고는 말했다. "너희가 천지의 큰 주인에게 충성하지 않으면서 내게 충성하겠는가? 이제 작은 이익을 향해 큰 주인을 버렸으니, 이익을 만난다면 어찌 작은 주인인들 버리지 않겠는가?"

諸臣中有不背天主者, 皆棄位去. 有戀官位者, 內信天主, 外若王命, 向神佛拜禮之. 王遽命去者悉還, 官之, 其外順王命者, 盡逐之. 曰: "爾曹不忠於天地大主, 而忠我乎? 今向微利, 棄大主, 遇利, 豈不棄小主乎?"

7.50

천주께서는 선에 힘쓰는 한 사람 보기를, 착하지만 힘쓰지는 않는 사람보다 일천 배나 중히 여기신다. 《성경》에 말했다. "한 죄인이 실로 그 죄를 통회해서 바뀌어 선하게 변할 경우, 천상의 즐거움이 아흔아홉 명의 선인으로 통회함이 없는 자들보다 클 것이다."[31]

어째서 그런가? 저 죄인은 스스로 죄인 됨을 인정했으므로 통회에 절박하고 고치는 것에 다급해서, 부지런하고 민첩하게 선을 행하여 앞선 허물을 속죄하려 한다. 그래서 천주께서 가장 중히 여기신다. 선

---

31 한 죄인이 …… 클 것이다: 〈루가의 복음서〉 15장 7절, "잘 들어두어라. 이와 같이 회개할 것 없는 의인 아흔아홉보다 죄인 한 사람이 회개하는 것을 하늘에서는 더 기뻐할 것이다."

한 사람은 혹 스스로 선하다고 하면서 큰 잘못을 범하지는 않더라도 정진함에 있어서는 다급하지가 않으니, 비록 선하다고는 해도 천주께서 보시기에는 오히려 가볍다.

天主視一黽勉於善之人, 亦千倍重於善人而不黽勉者. 經云: "一罪人實悔痛其罪, 轉化爲善, 天上之樂, 大於九十九善人, 而無須痛悔者." 何故乎? 彼罪人自承爲罪人, 故切於痛悔, 急於悛改, 勤敏善行, 用贖前譽, 故天主最重之. 善者或自謂善, 未或大犯, 不急於精進, 雖善, 帝視之猶輕焉.

비유컨대, 한 병사는 앞서는 적에게 겁을 먹어 갑옷을 버리고 병장기를 끌며 달아났지만, 문득 되돌아와서 힘껏 싸워 적에게 승리했다. 또 한 병졸은 두려워 달아나지는 않았지만, 그렇다고 힘껏 싸우지도 않았다. 그렇다면 너는 누구에게 상을 주겠는가?

여기에 가시덤불이 무성한 땅이 있다고 하자. 가시덤불을 뽑아내고 다시 오곡을 심었더니 생산 또한 풍성했다. 또 다른 한 땅은 가시가 나지는 않았지만 몹시 메마르고 척박해서 곡식 또한 얼마 나지 않았다. 그렇다면 너는 어느 쪽을 귀하게 여기겠는가?

이 때문에 한때 부지런하고 민첩한 것이 여러 해 동안의 선함보다 낫다. 천 명, 백 명의 착한 사람이 정진에는 힘쓰지 않으면서 힘을 모아 기도하더라도 천주의 마음을 감동시키지는 못한다. 선에 부지런하고 민첩한 사람은 다만 한 번만 기도해도 능히 즉시 감동시켜, 접수한 것을 받아들여 허가해주실 것이다.

譬有一卒, 先怯敵, 棄甲曳兵而走, 忽返而力戰勝敵. 又一卒焉, 不怖走, 亦未嘗力戰, 爾孰賞乎? 有地於此, 荊棘叢茂. 荊棘旣拔, 復種五穀, 生産亦豐. 又有地焉, 不生荊棘, 而甚磽瘠, 生穀亦薄, 爾孰貴乎? 是以一時勤敏, 勝多年之善. 千百善人, 不務精進, 幷力祈禱, 未感主心. 勤敏於善人, 但一祈禱, 卽能感動, 聽

受開可焉.

비유컨대, 네게 일백 명의 하인이 있다고 하자. 그중 아흔아홉 명은 주인이 화를 낼까 염려하고 주인의 형벌을 두려워해 감히 큰 죄를 범하지는 않지만, 작은 허물이나 사소한 잘못을 굳이 피하지 않는다. 큰 명령을 감히 행하지 않는 것은 아니지만, 다만 작은 명령은 가볍게 보아 소홀히 여긴다. 한 사람은 그 주인을 더욱 사랑해, 비록 작은 허물이라도 감히 일부러 범하지 않고 아무리 사소한 명도 감히 따르지 않음이 없다. 이 밖에도 또 주인이 마음으로 기뻐할 만한 일을 살펴, 비록 크게 힘들더라도 모두 힘써 이를 행한다. 지혜로운 주인으로 하여금 이 한 사람의 종을 보게 한다면, 아흔아홉 명의 하인보다 무겁게 대하지 않겠는가? 이 한 명의 종이 기도하여 청하는 것이 있다면, 지혜로운 주인의 마음을 감동시킴이 또한 다른 여러 하인보다 깊고도 빠르지 않겠는가?

譬爾有百僕, 其九十九者, 慮主怒, 畏主刑, 弗敢犯大罪, 但小過微疵, 不務避之. 大命不敢不行, 但小命輕忽之. 一者媚茲其主, 雖小過, 弗敢故犯之, 雖微命, 弗敢不遵之. 自此之外, 又伺主心所喜, 雖大勞, 悉務行之. 使主智者, 視此一僕, 不重於九十九僕乎? 此一僕者, 有所祈請, 其感動智主之心, 不亦深且速於他諸僕乎?

7.51

사람이 착하지만 선에 부지런하거나 민첩하지 않다면 어찌 구하는 바를 얻지 못할 뿐이겠는가? 천주께서 이를 가장 깊이 미워하실 것이다.

《성경》에 천주께서 말씀하셨다. "나는 너희가 뜨겁거나 차기를 원한다. 그저 미지근해서 차지도 뜨겁지도 않으면 가장 먼저 뱉어버릴 것이다."[32] 뜨거운 것은 덕에 부지런하고 민첩한 것을 말하고, 찬 것은 죄에 흘러 빠지는 것을 말한다. 미지근한 것은 악한 건 아니어도 또 선행에 부지런하지 않은 것이다.

善人而不勤敏於善, 奚翅不能得所求? 天主最深厭之. 經中天主云: "願爾或熱或寒, 但溫不寒熱, 始唾爾." 熱謂勤敏於德, 寒謂流溺於罪也. 溫者不爲惡, 又不勤於善行.

물에다 비유해보자. 차거나 뜨거운 것은 모두 먹을 만하다. 차지도 않고 뜨겁지도 않은 미지근한 물은 먹기가 어려워 뱉어버리게 만들 뿐이다. 다만 미지근한 것에도 두 종류가 있다. 뜨거운 데서 찬 데로 향하는 것과 찬 데서 뜨거운 데로 향하는 것이니, 모두 미지근한 것을 거쳐야만 한다. 한번 지나간 뒤에는 더 뜨거워지지 않고 반드시 차게 되니, 미지근한 것은 오래가지 못한다. 사람이 날마다 마땅히 해야 할 선에 나아가지 않는다면 이미 행했던 선이 반드시 나날이 사라져버릴 것이다. 만약 "내가 여기서 멈추려 하니, 선이 나아가지 않았지만 또한 물러나지도 않았다"라고 한다면, 이러한 이치란 없다. 나아감에 한 차례 잃을 경우, 마침내 먼저 물러나게 된다.

取譬於水, 或寒或熱, 皆可食, 溫水不寒不熱, 難食, 令唾耳. 但溫者有二, 從熱向寒, 從寒向熱, 皆經於溫. 一過之後, 非向熱, 必向寒, 不久溫也. 人不日進于

---

32 나는 너희가 …… 뱉어버릴 것이다: 〈요한의 묵시록〉 3장 15~16절, "나는 네가 한 일을 잘 알고 있다. 너는 차지도 않고 뜨겁지도 않다. 차라리 네가 차든지, 아니면 뜨겁든지 하다면 얼마나 좋겠느냐! 그러나 너는 이렇게 뜨겁지도 차지도 않고 미지근하기만 하니 나는 너를 입에서 뱉어버리겠다."

所當爲之善, 即所已爲之善, 必且日消矣. 若曰: "吾莫止於此, 善不進亦不退." 無是理也. 一失於進, 遂始退矣.

천주께서 어찌 사람이 악하기를 바라고, 사람이 선하기를 원하지 않으시겠는가? 사람이 선하더라도 정진함에 게으르다면 틀림없이 악에 가깝다. 선을 따르다가 악에 떨어진 뒤 다시금 선으로 일어나는 것은 한 번도 선을 행하지 않는 것보다 더 어렵다. 그래서 천주께서 이를 몹시 미워하신다. 만약 죄인이 스스로 그 악함을 알고 그 위험을 알며 큰 벌을 두려워할 경우, 오늘은 비록 악하더라도 오히려 고칠 것을 바라 선행에 힘쓰고 정진을 급히 하게 되니, 천주께서 이를 버리지 않으신다.

夫天主豈願人惡, 不願人善乎? 善人而怠于精進, 必近於惡. 從善墮惡, 其復起於善, 難於未嘗爲善者也. 故天主甚厭之. 若罪人自識其惡, 知其險危, 畏恐大罰, 今日雖惡, 尙冀悛改, 黽勉善行, 急於精進, 故天主不之棄焉.

《성경》에 말했다. "게으른 자를 부리는 것은 마치 이가 시리고 눈에 백태가 낀 것과 같아서 불끈 성내며 미워하여 노하지 않음이 없다."[33]

하물며 너희가 설령 다른 악을 행하지 않더라도 그저 선에 게으르다면 절로 악함이 되기에 충분하다. 너희에게 하인 하나가 있다고 하자. 그는 물건을 훔치지도 욕을 하지도 않았고, 음란하거나 남을 속이

---

33 게으른 자를 …… 않음이 없다: 〈잠언〉 10장 26절, "게으른 종을 부리는 사람은 이에서 신물이 나고, 눈에 연기가 들어간 것 같으리라."

지도 않았다. 여러 죄를 범하지는 않았지만, 다만 온종일 느긋하게 놀면서 해야 할 여러 가지 일을 모두 걷어치운다면 너희가 그를 좋은 종이라고 말하겠는가? 너희가 나무라며 성내지 않겠는가? 무슨 죄로 꾸짖을까? 어찌 하던 일을 그만두게 하는 정도에 그치겠는가? 그래서 다른 죄를 범하지 않더라도 홀로 선에 게으르다면, 반드시 천주로 하여금 성을 내게 하여 상서롭지 않은 일을 크게 내리실 것이다. 이 때문에 근근이 악을 행하지 않는 것은 선하다고 일컫기에는 부족하니, 먼저 여러 가지 악을 끊고 다시금 선을 행하기에 힘써야만 선하다고 일컫기에 충분하다.

經曰: "怠使於使之者, 如酸於齒, 烟於目也, 亡不艴然厭怒之." 矧爾縱不爲他惡, 特怠於善, 自足爲惡也. 爾有一僕, 不竊不罵, 不淫不誑. 諸罪不犯, 第終日游閑, 諸務悉廢, 爾謂善僕乎? 爾不責怒之乎? 責以何罪? 豈止營業已乎? 故他罪不犯, 獨怠於善, 必能令天主憒怒, 大降不祥也. 故僅不爲惡, 不足稱善, 先絶諸惡, 復勉爲善, 乃足稱善焉.

7.52

천주는 나를 만드신 바른 주인이다. 그 지혜와 능력, 어짊과 자애로움, 아름답고 존귀함은 모두 한이 없다. 이 때문에 우리가 마땅히 공경하고 사랑하며 받들어 섬겨야 하는 것 또한 한정이 없다. 내 힘이 마땅히 해야 할 것을 능히 하지는 못하더라도, 다만 힘을 다해 계명을 지키고 능히 해야 할 작은 선에 게으르지 않다면 또한 괜찮지 않겠는가? 하물며 우리가 얻은 성품, 성품과 연결된 좋은 것들, 그리고 몸 안과 몸 밖의 복들도 모두 다 천주께서 내려주신 것이니, 마음과 힘을 다해 받들어 섬겨야 하거늘, 오히려 만에 하나 감사드리지는 못할망정 능히 할 수 있는 작은 선에 게으르겠는가?

夫天主者, 造我正主也. 其智能仁慈, 美好尊大, 皆無限際. 是以我儕所宜敬愛奉事之者, 亦無限際也. 我力既不克爲所宜爲, 第竭力守其誡命, 不怠於所能爲之微善, 不亦可乎? 矧我儕所得性, 及繼性之美好, 與身內身外之福, 悉皆天主惠賜, 殫心力奉事, 猶不能謝其萬一, 況怠於所能爲之微善哉?

우리의 죄와 허물은 날마다 많아지고 무거워지는데, 우리의 공훈은 이를 다 갚기에 부족하다. 천주께서 마련해두신 죄악의 재앙을 갚는 것 또한 지극히 무겁고 크다. 게으름을 채찍질하는 데 최선을 다해 천주를 감동시켜야 죄를 사하고 재앙을 면해주실 터이니, 그 마련을 대충대충 할 수 있겠는가? 천주께서 마련해두신 선을 행한 데 대한 하늘의 보답 또한 너무도 커서 끝이 없으니, 나의 공덕으로는 감당하기에 부족하다. 이제 공을 쌓고 덕을 닦는 데 게으르다면 또 어찌 능히 이를 받아 받들겠는가?

我儕罪過, 日多且重, 我功勳未足盡贖之. 天主所設報罪惡之殃, 亦極重大. 策怠最善, 以感動天主, 赦罪宥殃, 設可泄泄哉? 天主所備爲善之天報, 亦宏大無境, 我功德不足當之. 今怠於積功修德, 又安能承受之?

하늘나라로 가는 길은 멀고도 아득한데 그 도중에 도적이 몹시 많으니, 이를 이겨내야만 한다. 삿된 유혹도 너무나 많아서 모름지기 이를 막아야 한다. 계명을 지키고 박해도 참아내야 한다. 사람의 목숨은 너무나 짧아서, 오늘이 온전히 모두 내 것인지 아닌지조차 알 수가 없다. 길 가는 도중에 어깨를 쉬며 눕는다면, 죄악의 용서와 천당의 안락함에 어떻게 미칠 수 있겠는가? 높은 산을 오르는 것도 피곤하지 않을 수 없는데, 하물며 천당에 오르는 것임에랴? 천당은 천주께서 공덕의 보답으로, 고난을 참아 받은 데 대한 보답으로 마련해두신 곳이다. 공덕에 게으르고 고난을 참아 받지 않았다면 그 보답을 얻지 못한다.

天路遐逖, 其中寇敵甚多, 須克之. 邪感甚繁, 須遏之. 戒命須守之, 窘難須忍之. 人命遒短, 今日盡爲我有邪否邪, 不可知. 半途息肩而臥, 罪惡之赦, 與天堂之安, 何由施及歟? 升高山者, 不得不疲, 何况升天堂? 天堂者, 天主所備, 以報功德, 以報苦難之忍受. 怠於功德, 不忍受苦難, 則不得其報.

《성경》에 말했다. "하늘나라가 공격을 받으면, 오직 강한 자만이 능히 빼앗을 수가 있다."[34] 게으른 자는 기름처럼 부드러워서 작은 고통의 불씨로도 문득 뒤집혀 녹아버려서 사라진다. 또 어찌 힘을 다해 싸워서 이기기를 바라겠는가?

經云: "天國受攻, 惟强者能劫之." 怠者柔如脂膏, 以微苦之火, 輒傾融化消之. 又安望悉力戰勝哉?

7.53

사람이 최선을 다해 부지런히 천주를 섬긴다면, 마음에 문득 응보에 대한 바람이 생겨나게 마련이다. 몸이 괴롭고 즐겁고를 떠나 그 마음에는 항상 즐거움이 간직되어 있다. 이는 죽은 뒤 영원한 보답의 맛을 지금 세상에서 처음으로 본 것이나 같다. 부지런한 사람의 바람이 어찌 세상 사람이 얻은 것보다 귀하지 않겠는가? 이렇게 하면 죽음이 두렵지 않고, 또 이를 바라게 된다. 죽을 때가 임박해도 유감이 없고

---

34 하늘나라가 …… 빼앗을 수가 있다: 〈마태오의 복음서〉 11장 12절, "세례자 요한 때부터 지금까지 하늘나라는 폭행을 당해왔다. 그리고 폭행을 쓰는 사람들이 하늘나라를 빼앗으려고 한다."

즐겁게 이를 받아들인다. 그것이 고향으로 돌아가는 것이고 항상 바라던 영원한 기쁨의 문으로 들어가는 것일 뿐임을 알기 때문이다.

人最于善, 勤事天主, 應報之望, 輒生於心. 無論身苦樂, 其心恒保樂焉. 是則身後永報之味, 今世已始嘗之. 勤人之望, 豈不貴於世人之得哉? 是用不怖死, 且願望之. 死期迄, 無憾, 且樂受之. 知爲歸鄕, 入所恒望永慶之門耳.

게으른 사람은 이와 달라서, 공덕도 없고 하늘의 보답을 바랄 만한 즐거움도 없다. 입으로 허물을 만들었기 때문에 언제나 영원한 재앙을 두려워해 잠시도 편안할 때가 없다. 지금 세상에서 벌써 죽은 뒤의 영원한 재앙의 괴로움을 맛본 것이다.

어떤 사람이 말했다. "짐승 중에 말과 소와 양 같은 경우는 끌고 가면 따라가지만, 돼지만은 그렇지 않고 더구나 크게 슬픈 소리를 질러 대는 것은 어째서인가?"

내가 말했다. "말은 장차 나를 타려는구나 하고, 소는 나를 밭 갈게 하려는구나 하며, 양은 내 털을 깎으려는 모양이군 한다. 모두 쓰이는 바가 있기 때문에 해를 입을 것을 의심하지 않는다. 유독 돼지만은 종일 배불리 먹고 편안히 놀기만 해서, 탈 수도 없고 밭 갈게 할 수도 없으며 입을 만한 털도 없는데 끌고 가니, 장차 나를 죽이려는구나 하지 않겠는가? 그래서 몹시 슬퍼하며, 붙잡기만 하면 성을 내면서 벗어나려고 하는 것이다."

怠者異是, 無功德, 無天報可望之樂也. 有口以造訧, 故恒怖永殃, 無刻可安. 今世已始嘗死後永殃之苦矣. 或曰: "凡獸如馬牛羊, 牽之則從, 豕獨否, 且大作悲聲, 何故?" 曰: "馬謂將我乘, 牛謂將我耕, 羊謂將剪我毳. 皆有所用之, 故不疑受害耳. 獨豕終日饛而游閑, 不可乘, 不可耕, 無毳可衣, 而牽之, 不謂將我殺歟? 故甚悲, 拘怒欲脫矣."

선을 행하는 데 부지런하고 민첩한 사람은 세상 복 얻기를 바라지 않기 때문에, 잃어버리는 것 또한 두려워하지 않는다. 마음속에 공덕을 안고서 죽은 뒤의 영원한 보답의 희망을 품었으므로 험난한 중에도 매우 편안하다. 게으른 사람은 온종일 욕심을 따르므로 믿을 만한 공덕은 없고 두려워할 만한 죄악만 있다. 그래서 즐거운 중에도 즐겁지가 않고, 편안한 가운데서도 해를 입을까 의심하며, 아무것도 아닌 병에 죽을까 봐 두려워하니, 참으로 상서롭지 못한 사람일 뿐이다.

勤敏于善者, 世福不望得之, 故亦不畏失之. 心抱功德, 懷身後永報之望, 故險中甚安也. 怠者終日狥欲, 無功德可恃, 有罪惡可怖. 故樂中不樂, 安中疑害, 微疾畏死, 正不祥人耳.

7.54

너희는 덕에 부지런히 힘써서 힘든 일을 만나더라도 멈추지 말아야 한다. 천주께서 너희에게 싸우라 명하시고, 너희의 승리를 축복하며, 너희의 나약함을 도와주고, 너희의 공적을 갚아주실 것이다. 삿된 욕망이 너희를 공격하더라도, 눈앞의 덕행이 근심겹고 힘들다 하여 삿된 욕망에 따르는 즐거움에 견줘서는 안 된다. 오직 지금 선을 행하는 근심을 가지고 욕망에 따라 죄를 지은 뒤의 근심과 견주고, 지금 욕망에 따르는 즐거움을 가지고 죽은 뒤 천당의 즐거움에 견준다면, 도덕의 즐거움이 크고 영원하며 정욕의 즐거움에 따르는 것은 잗달고 짧은 것인 줄을 알게 될 것이다.

爾勤於德, 遇勞勿止. 天主令爾鬪, 祚爾勝, 輔爾弱, 報爾勤. 邪情攻爾, 勿以目下德行之憂勞, 比狥邪情之樂. 惟以今行善之憂, 比狥情罪後之憂, 以今狥情之樂, 比身後天堂之樂, 乃知德樂大且永, 狥情欲之樂, 小且短矣.

너희가 싸워서 이겼다 해도 스스로 안주해 병장기를 풀어서는 안 된다. 승리를 거뒀다 해서 자주 게으름을 부리면 패배를 부르게 된다. 한 차례 승리를 거뒀더라도 반드시 숫돌에 칼날을 갈아서 다시금 싸워야 한다. 큰 바다에는 반드시 풍랑이 많게 마련이고, 이 세상에는 틀림없이 삿된 유혹이 많다. 싸워서 상처를 입더라도 마음까지 잃어서는 안 되며, 병장기를 끌고 달아나서도 안 된다. 모름지기 용맹한 전사처럼 앞서의 욕됨과 상처의 아픔을 입고서 힘을 더해 다시 싸워야 한다. 만약 상처를 가지고 용기를 더한다면, 반드시 너를 내쫓은 자를 쫓아내고 너를 이긴 자를 이길 것이다.

鬪勝, 勿自安而釋兵. 紐勝, 屢生怠致負. 旣得一勝, 必礉于礪刃以復鬪. 大海必多浪, 此世必多邪感矣. 鬪而被傷, 勿失心, 勿曳兵而走. 須如勇士, 被比之辱與傷之痛, 益力而復鬪. 若以傷增勇, 必逐逐爾者, 必勝勝爾者.

다시 싸워서 또 상처를 입더라도 또한 마음마저 잃어서는 안 된다. 싸움을 잘하는 것은 상처를 입지 않는 것에 있지 않고, 적에게 굽히지 않는 데 달려 있다. 상처를 많이 받았다고 해서 지게 되는 것이 아니고, 상처를 받고 마음까지 잃어서 적에게 굴복하는 것이 바로 지는 것이다. 유혹이 이르면 한갓 따르지 않는 데 그치지 말고, 이를 통해 덕을 더 보태야만 한다. 삿된 욕망과 식탐이 너를 유혹할 경우, 너는 먹고 마시는 것을 조금 줄임으로써 욕망을 바로잡고, 인색함과 탐욕이 너를 공격하거든, 너는 남에게 베풀기를 더 늘려라. 이 같은 것은 삿된 유혹을 가지고 덕을 보탬으로써 삿된 유혹을 저절로 그치게 하는 것이다.

復鬪復傷, 亦勿失心. 善戰者, 不在不受傷, 正在不屈於敵. 多受傷, 不爲負, 受傷失心, 而屈服於敵, 斯爲負焉. 誘感至, 勿徒不狥而止, 因而益德可也. 邪

慾饕誘爾, 爾因稍減食飲正慾, 吝貪攻爾, 爾增捨施. 若此者, 以邪感益德, 邪
感自止.

7.55

무릇 덕행에는 절로 나의 정욕이 불러들이는 어려움이 있게 마련인
데, 마음을 부지런히 하여 이를 닦으면 여러 어려움은 절로 사라진다.
《성경》에 말했다. "네가 일을 할 때 부지런히 빨리 하기에 힘쓴다
면 어떤 병도 만나지 않게 된다."[35]
이 때문에 선을 닦는 것은 수레를 미는 것과 같다. 수레에 기름칠
을 하지 않으면 땅이 평탄하고 수레가 가볍더라도, 힘껏 밀어봐야 나
아가지 않는다. 기름칠을 해주면 비록 무거워도 실은 것이 쉽게 앞으
로 나아간다. 실행하기 어려운 덕도 마음이 부지런하면 쉬워지고, 행
하기 쉬운 일도 마음이 게으르면 하기가 어렵다.

凡德行自有我情欲所致之難, 勤心修之, 諸難自消. 經云: "爾營業, 務勤速,
諸病不逢爾." 是以修善如推車, 不脂其牽, 縱地夷車輕, 窮力不進. 脂之, 雖重,
載易前矣. 難行之德, 勤心易之. 易行之事, 怠心難之.

7.56

수도자는 반드시 어려움과 외적을 만나게 되어 있다. 그래서 부지
런한 사람은 여러 덕을 지키기 위해 안에다 용맹의 덕을 갖춰서 이를

---

35 네가 …… 만나지 않게 된다: 〈집회서〉 31장 22절, "너는 내 말을 가볍게 듣지 말
아라. 언젠가는 내 말을 깨닫게 될 것이다. 네가 여러모로 절도를 지킨다면 아무
병에도 걸리지 않을 것이다."

이겨낸다. 용맹의 덕이란 무엇인가? 망령되이 위험에 나아가지 않고, 위험 피하는 것을 두려워하지 않는 것이다. 평온한 마음과 기쁜 낯빛으로 큰 모욕과 업신여김을 참아낸다. 목숨과 여러 가지 세상의 길한 복을 가볍게 보고, 천주를 섬기는 덕과 죽은 뒤의 영원한 일을 중히 여긴다. 세상의 재앙을 두려워하지 않고, 허물과 과실을 두려워할 만한 것으로 여기는 것이 바로 용맹의 덕이다.

夫修士必遇艱阻寇敵, 故勤者欲護諸德, 須內備勇德以勝之. 勇德何也? 不妄就險, 不畏逃險. 以平心愉色, 忍大辱嫚, 輕忽身命及諸世之吉福, 而重事天主之德, 及身後永年之事. 不畏世禍, 而特以譽訿過失爲可畏者, 斯正勇德也.

밖으로 드러나는 용력은 사람이 짐승에 미치지 못하니, 어찌 덕이 될 수 있겠는가? 정욕과 대적하고 어려움을 참아내는 것이 내면의 용기니, 덕이 되기에 충분하다. 군자는 용기 없이는 공덕을 보호하기 어려운 줄을 알아야 한다. 그래서 항상 두려움을 막을 생각을 갖춰야 세상의 근심과 두려움의 뜻이 사라진다.

外勇力, 人尙不及獸, 豈足爲德? 惟敵情欲, 忍艱難, 是則內勇, 足爲德也. 君子知無勇, 功德難以保護, 故恒備防怖之慮, 消世患畏之義也.

7.57

세네카가 한 제자에게, 덕으로 나아갈 때는 마땅히 세상 변고에 대한 헛된 두려움을 버려야 한다고 권면하며 말했다. "우리는 가까운 것에 대해 스스로 대비할 줄은 모른 채, 오직 먼 일에 대해서만 망령되이 염려한다. 일이 생기기 전에 하는 염려는 천주께서 사람에게 주신 큰 은혜건만, 사람들은 스스로 바꿔서 큰 해가 되게 만든다. 새나 짐승은 위험이 닥치기 전에 피할 줄 알고, 그것도 피해서 도움이 될 때 피한다. 우리는 이미 지나가버린 것과 아직 오지 않은 것에 함께 얽매여 있다. 염려가 지나친 나머지 자주 복을 가지고 해로움을 불러들인다. 이미 지나간 괴로움은 마음으로 기억해서 잊지 않고, 아직 오지 않은 괴로움은 미리 생각해서 먼저 불러들이니, 당장의 상황을 이유로 복이 없다고 여기는 사람은 드물다.

色撮加勸一徒進德, 當置世變之虛怖, 曰: "我曹不知自備於邇者, 惟妄慮於遠者. 未然之慮, 天主賜人類之大恩也, 人自轉用爲大害焉. 險逮前, 禽獸知避, 避而有益時, 乃避之. 我曹已過者, 未來者, 併累焉. 過慮之極, 屢以福致害焉. 已過之苦, 心憶不忘, 未來之苦, 豫慮先致, 緣日前而爲無福者鮮矣.

나를 두렵게 하는 것은 많아도, 막상 내게 손해를 끼치는 것은 적다. 마음으로 의심할 때는 괴로움이 커도, 실제 닥친 일은 괴로움이 크지 않다. 실재의 것은 헤아리면서 오직 허상의 것을 헤아리지 못해 어지럽게 되는 경우가 대단히 많다. 무릇 나의 원수 중에서 가장 난폭한 것은 무엇일까? 내가 마음으로 조심하고 두려워하는 것을 통해서, 그가 힘을 더하고 용기를 늘려가는 것이다. 일에 대해서 정도에 지나치게 근심하는 사람도 있고, 걱정하지 않아도 되는데 걱정하는 사람도 있으며, 일이 닥치기도 전에 미리 근심하는 사람도 있다. 모름지기 두려워하는 것이 장차 이를 것이라는 조짐이 사실인지 아닌지를 분명하게 따져보아야 한다. 아무 근거 없이 두려움을 불러들이고, 명확하게 분별하지도 않고 용기 있게 밀쳐내지도 않으면서 공연히 두려워한들 무엇 하겠는가?

怖我者多, 損我者寡. 疑心苦大, 實事苦小. 實者有度, 惟虛者無度, 其擾滋多. 凡我仇中最狠者誰? 緣我小心懼心, 致渠益力增膽矣. 事有憂之過當者, 有不當憂而憂者, 有非其時而先憂者, 須明揣所畏將至之兆實否, 無憑致畏, 不明辨, 不勇排, 空顗何爲乎?

네가 두려워하는 것이 끝끝내 오지 않는 경우가 너무도 많지 않은가? 설령 틀림없이 온다고 하더라도, 오기를 기다린 뒤에 이를 맞이해도 또한 늦지 않다. 또 반드시 정말로 재앙이 되지 않고, 내게 복을 가져다주고, 나로 하여금 잠깐 괴롭다가 여러 해 동안 즐겁게 해줄지 어찌 안단 말인가? 우리는 얼마 뒤에는 죽지 않을 수가 없다. 그 잠깐의 이전에 도덕을 위해 죽는다면, 능히 벗어날 수 없는 근심을 통해 큰 공과 큰 보답을 이루게 될 것이니, 큰 다행이 아니겠는가?"

爾所畏終不見至者, 不甚多歟? 縱必至矣, 待旣至而後迓之, 亦不遲矣. 且未必果爲災也, 安知不致我福, 使我此暫苦, 貽多年之樂乎? 我曹須臾之後, 不得不死, 須臾之前, 爲道德死, 則因所不能免之患, 致丕功宏報, 不大幸乎?"

《칠극》서문 七克序

정포거사 양정균楊廷筠[1]이 명단재에서 쓴다

鄭圃居士楊廷筠書於明旦齋中

　　자사子思가 성품의 도리를 밝힘을 천명에 바탕을 두면서부터, 후세
에 도술을 말하는 자들이 이를 기준으로 삼아 천하의 지극한 성인이
라 일컫기에 이르렀다.[2] 덕을 베풂이 큰 바다처럼 넘쳐흘러 비추어 드

---

1 양정균(1557~1627): 명나라 말기의 학자, 천주교 신자. 자는 중견仲堅, 호는 기원
淇園이다. 세례명이 미카엘彌格爾이라 필명을 미격자彌格子로 썼다. 절강성 항주 인
화仁和 사람이다. 1592년 진사시에 급제해서 감찰어사를 지냈다. 젊은 시절 양명
학과 불교를 공부하다가, 뒤에 이지조李之藻의 소개로 천주교에 귀의해 세례를 받
았다. 서광계徐光啓, 이지조와 함께 중국 천주교의 3대 기둥으로 일컬어진다. 《칠
극》의 출판과 교정이 그의 솜씨로 이루어졌다.

2 자사가 성품의 …… 이르렀다: 《심경부주心經附註》 1권에 "도의 본원이 하늘에서
나와 바뀔 수 없다는 것과 그 실체가 우리 몸에 갖추어져서 잠시도 떨어질 수 없
다는 것을 자사가 맨 먼저 밝혔다[子思首明道之本原出於天而不可易, 其實體備於己而不可
離]"는 주희朱熹의 말이 나온다. 《중용장구中庸章句》에 자사가 천도와 인도의 뜻을
설명하기 위해 "성誠함으로 말미암아 밝은 것을 '성性'이라 하고 밝아짐을 말미암

리우기에 이르자 이름하여 배천配天 즉 하늘과 나란하다 하였는데, 그 뜻을 헤아려 가늠하기란 쉽지가 않다.

自子思子發明性道, 原本天命, 後世言道術者準焉, 至謂天下之至聖. 德施洋溢, 及乎照墜, 命曰配天, 殆未易揆測也.

지금 임금께서 천하를 다스리실 때 먼 곳의 사람이 손님으로 왔다. 바로 태서泰西의 여러 군자가 배로 바다를 건너서 온 것이다. 그 길을 헤아려보면 8만여 리나 되고, 햇수로 3년이 걸려서야 비로소 중국에 도착하였다. 옛날의 월상越裳과 숙신肅愼,[3] 기굉奇肱과 신독身毒[4] 같은 한 번도 가보지 못한 나라도 있었으니, 이 또한 비추고 드리움을 다한

아 성誠한 것을 '교敎'라 하니, 성하면 밝아지고 밝아지면 성하게 된다(自誠明, 謂之性, 自明誠, 謂之敎, 誠則明矣, 明則誠矣)"고 했는데, 성誠은 성실히 하는 것으로 행行에 해당하고 밝음(明)은 이치를 밝히는 것으로 지知에 해당하며, 성性은 배우지 않고 본성대로 하는 것으로 성인을 이르고, 교敎는 가르침을 받아야 비로소 선행하는 현인을 이른다.

3 월상과 숙신: 월상씨는 교지交趾의 남쪽에 있던 옛 나라의 이름이다. 주周나라 성왕成王 때 주공周公이 섭정하여 천하가 태평해지자, 월상씨가 와서 주공에게 '흰 꿩(白雉)'을 바치며 "우리나라 노인들이 말하기를 '하늘에 풍우가 거세지 않고 바다에 해일이 일지 않은 지 지금 3년이 되었다. 아마도 중국에 성인이 계신 듯한데, 어찌하여 가서 조회하지 않는가(天之不迅風疾雨也, 海不波溢也, 三年於玆矣. 意者中國殆有聖人, 盍往朝之)'라고 하기에 조공을 바치러 왔다"고 했다는 말이 《한시외전韓詩外傳》 권5에 나온다. 숙신은 고대 중국 동북쪽의 나라로, 만주 지역에 해당한다. 주나라 무왕武王 때 숙신에서 호시楛矢와 석노石砮를 가지고 와서 조공으로 바쳤다는 기록이 있다.

4 기굉과 신독: 바람을 타고 날아다니는 전설 속의 수레를 말한다. "기굉씨가 비거飛車를 잘 만들어서 멀리 바람을 타고 다녔다(奇肱氏能爲飛車, 從風遠行)"는 말이 진晉나라 황보밀皇甫謐의 《제왕세기帝王世紀》에 나온다. 신독은 인도의 옛 이름이자 천축天竺의 별칭이다.

것이다.

今上在宥天下, 遠人來賓. 乃有泰西諸君子航海而來. 計其途八萬餘里, 閱三
年始抵中國. 有古越裳肅愼, 奇肱身毒, 所未經涉著, 此亦盡乎照墜矣.

기린이 놀러 오고 봉황새가 이르는 것은 모두 성스러운 상서로움
이라고 일컫는다. 귀한 손님이 먼 데서 온 것도 물건의 상서로움이니,
과연 어느 것이 사람에게 더 상서로운 일이 되겠는가? 아득히 거룩한
덕이 하늘과 나란하나, 우리 황제의 부류에 해당하는 것은 아니다. 이
들 여러 군자는 관광하면서 손님으로 지내는데, 대부분 정결하게 수
양함을 스스로 좋아하였다. 그 사람됨은 시대의 취향에 어긋나지 않
았고, 그 학문은 뜬 주장을 답습하지 않았다. 틈틈이 중국말로 그 책
속의 가르침을 번역하니, 모두 앞선 성인의 은미한 뜻이었다. 그들의
평소 행동과 생활을 살펴보면 수행이 꼼꼼하고 증명함이 정밀한 데다
모두 확실하여 듣던 바에 어긋나지 않았다.

夫麟遊鳳至, 皆稱聖瑞, 貴來遠也, 物之瑞, 孰與人爲瑞乎? 洋洋乎聖德配天,
非我皇上疇當之. 諸君子觀光用賓, 大都潔修自好. 其爲人不詭時向, 其爲學不
襲浮說. 間用華言譯其書敎, 皆先聖微旨也. 察其燕私屋漏, 密修密證, 皆鑿鑿不
背所聞.

그들의 언어와 문자는 내가 자세히 알기가 더더욱 쉽지가 않다. 하
지만 큰 뜻은 한 분이신 천주를 만물의 위에 흠숭하라는 것과 남을 자
신처럼 사랑하라는 것에서 벗어나지 않았다. 천주를 흠숭한다 함은
바로 우리 유가에서 상제上帝를 섬기는 것과 같고, 남을 자신처럼 사
랑하라는 것은 우리 유학에서 백성은 나와 한 형제라고 말하는 것과
마찬가지다. 또 '하나'라 하고 '위'라고 하여 주재자의 권한이 지극히

높아 마주할 수 없음을 보이고, 일체의 귀신에게 제사 지내는 것이 모두 불경스러운 일에 속한다고 나무란 것은, 바로 공자께서 말씀하신 '하늘에 죄를 얻으면 빌 곳이 없다'고 하신 뜻에 다름 아니다. 그 지론이 지극히 크고 바르며, 지극히 알차다고 말할 만하다. 텅 빈 것을 추구하고 아득함을 숭상함이 아득하여 가없어도, 자세히 살피기에 어찌 어렵겠는가? 요컨대 진실과 진리를 가지고 사람으로 하여금 믿고 이해할 수 있게 하고 바꿀 수 없게끔 하기가 어려울 뿐이다. 그렇다면 이는 화가가 귀신을 그릴지 개나 말을 그릴지의 이야기인 셈이다.

其言語文字, 更僕未易詳, 而大指不越兩端, 曰欽崇一天主, 萬物之上, 曰愛人如己. 夫欽崇天主, 卽吾儒昭事上帝也. 愛人如己, 則吾儒民吾同胞也. 而又曰一, 曰上, 見主宰之權, 至尊無對, 一切非鬼而祭, 皆屬不經, 卽夫子所謂獲罪于天, 無所禱也. 其持論可謂至大至正, 而至實矣. 夫課虛崇玄, 洸洋無際, 要眇何難? 要以眞實世諦, 使人可信可解, 而不可易, 此爲難耳. 則畵師圖鬼物, 圖狗馬之說也.

또 확장하여 하늘을 섬김에 대해 말해보자면, 이마를 조아려 찬양하는 것은 모두 섬기는 것이다. 반드시 사람을 사랑해야 하늘을 섬김이 참되다. 넓혀서 사람을 사랑함에 대해 말해보자. 두려워 슬퍼하며 노파에게 따뜻하게 대하는 것 등이 모두 사랑이다. 반드시 자기를 이겨내야만 남을 사랑하는 실지가 있게 된다. 이 때문에 이른바 굶주린 자에게 밥을 먹이고, 목마른 자에게 마실 것을 주며, 벌거벗은 자에게 옷을 입히고, 나그네에게 머물 집을 주며, 병든 자를 치료해주는 것에서, 갇혀 있는 자를 돌봐주고, 포로로 붙잡힌 사람을 풀어주며, 죽은 자를 장사지내는 것에 이르기까지가 모두 사람을 사랑하는 일이다. 또 이른바 선을 행하는 칠극에는 교만을 누르고, 분노를 가라앉히며,

탐욕에서 벗어나고, 음란함을 막으며, 질투를 멀리하고, 먹고 마시는 것을 맑게 하며, 게으름의 미혹에서 깨어남이 있다. 그 마음속 죄의 뿌리를 이겨, 그 마음에 덕의 씨앗을 심는 것이다. 무릇 사랑을 베푸는 것은 순수한 도의 마음이고, 도의 마음은 다름 아닌 천심天心 곧 하늘의 마음이니, 걸음마다 채찍질하여 가깝게 밀착시켜야 한다. 이러한 학문은 또 알게 모르게 우리 유가에서 자기를 위하는 공부의 뜻과 맥맥히 서로 부합된다. 배우는 자는 이를 따라 수행을 닦아서, 순리를 간직해 편안함을 멀리한 채 오고 감을 빠르게 해야 한다. 이미 그저 사는 것이 아닌데, 또한 어찌 죽음을 두려워한단 말인가?

又以泛而言昭事, 稽顙對越皆事也, 必愛人乃爲昭事之眞. 泛而言愛人, 怵惕煦嫗皆愛也, 必克己乃有愛人之實. 故有所謂食饑者, 飮渴者, 衣裸者, 舍旅者, 醫病者, 及顧囹圄者, 贖虜者, 葬死者, 皆愛人事也. 而又有所謂伏傲, 熄忿, 解貪, 防淫, 遠妬, 淸飮食, 迷醒懈惰于爲善之七克. 克其心之罪根, 植其心之德種. 凡所施愛, 純是道心, 道心, 卽是天心. 步步鞭策, 着着近裏. 此之爲學, 又與吾儒闇然爲己之旨, 脉脉同符. 學者循此繕修, 存順沒寧, 來去翛然. 旣不徒生, 亦何畏死也?

다만 이 책《칠극》에 실린 것은 대부분 속된 정을 멀리하는 것이다. 부귀와 영예와 총애를 돋은 사마귀처럼 여기고, 빈궁과 고초를 복과 은택으로 생각한다. 갑작스레 보면 학문이 놀랄 만하고 괴이한 듯하지만, 천천히 음미해보면 훌륭한 이치와 오묘한 뜻이 마음을 깨어나게 하고 눈을 열어준다. 기쁘게 정신이 활짝 열려 책을 손에서 놓지 못하게 한다. 이 책은 지혜롭고 깨달은 선비에게는 빠른 일깨움을 촉발시켜, 읽으면 절로 정신으로 만나게 된다. 그다음은 저울질에 지친 무리가 미루어 헤아릴 길이 막막할 때, 마치 가난한 이가 집안에서 보배를 보거나 목마른 자가 단 이슬을 얻는 것과 같아서 다시금 진진하게 증명해 들어갈 곳이 있다. 다만 일종의 세상 재미가 너무 진하여, 끝없이 즐김을 향해서만 나아가는 사람의 경우에는 그 영혼에 찌꺼기가 많아서 더불어 은미하게 말하기가 어렵다. 그래서 이 책을 보더라도 밀랍을 씹는 듯 아무 맛을 못 느낌을 면치 못할 것이다. 혹 이곳 문자의 견해를 가지고 이를 헤아리려 들면 더욱 엉겨 통하지 않을 것이다. 그렇게 되면 책을 다 마치지 못한 상태로 드러눕게 되고 말 터이니, 이것은 이 책의 잘못이 아니다.

惟是七克所載, 大率遠于俗情. 如以富貴榮寵爲綴疣, 貧窮苦楚爲福澤. 驟閱之, 學可駭可異. 而徐玩之, 名理妙趣, 醒心豁目. 未有不躍然神解, 而卷不釋手者. 此書在慧悟之士, 機警觸發, 見之自有神契. 其次則困衡之輩, 推勘路窮, 如貧見家珍, 渴得甘露, 更有津津證入處. 惟一種世味濃郁, 嗜進無已之人, 靈府多滓, 難與微言, 視此不免嚼蠟. 或以此方文字見解測之, 更泥不通, 則不終卷而臥, 此非書之罪也.

방룡龐 공은 호가 순양順陽이다. 나는 그와 일면식이 없다. 들으니 장안에 사는데, 큰 관리가 음식을 주어 거룩한 천자가 예우하는 바가 되고, 명류들이 많이 그와 더불어 교유한다고 한다. 이 책에 써준 여러 말은 사람마다 다 바라고 향하는 것이 달라, 입에서 나온 말로 그 사람을 알 수 있는 것에 지나지 않는다.

龐公號順陽, 予未與一面. 聞其居長安, 大官授餐, 爲聖天子所禮遇, 名流多與之遊. 諸題語言, 人人殊率企嚮, 不啻口出, 卽其人可知矣.

《칠극》 서문 七克序

상요 사람 정이위鄭以偉[5]가 짓다
上饒鄭以偉撰

　사람이 천지[6] 한가운데서 살아가는 것은 사람의 뱃속에 마음이 자리 잡고 있는 것과 같다.[7] 그럴진대 사람이란 움직임과 함께 오는 존재다. 그래서 세상에 태어나면 '으앙' 하고 울다가, 얼마 가지 않아서 배시시 웃는다. 이는 마음에 맞거나 어긋났기 때문이다. 마음에 맞거

---

5 정이위(1570~1633): 명나라 말기의 학자. 자는 자기子器, 호는 방수方水다. 강서江西 상요 사람이다. 1594년 진사시에 급제해서 예부상서, 동각대학사東閣大學士에 이르렀고, 서광계徐光啓와 함께 내각에서 활동했다. 그가 임소에서 세상을 뜨자 숭정崇禎 황제가 "정사를 보필함에 부지런히 애썼고, 관직에 복무함은 삼가고 신중했다(輔政勤勞, 服官愼恪)"라고 일컬었던 충직한 인물이었다.

6 천지: 원문 '함개函蓋'는 '땅은 싣고 하늘은 덮어준다(地函天蓋)'는 말을 줄여서 한 표현이다. '천지'의 의미로 쓴다.

7 사람의 뱃속에 …… 것과 같다: 토마스 아퀴나스는 "영혼이 육체 안에 깃드는 것은 선원이 배 안에 있는 것과 똑같다"고 말한 바 있다.

나 어긋나서 일어난 것 때문에 세상에 나온 자기만을 자기로 생각하고, 자아가 없는 상태의 자기에 대해서는 다시금 알지 못한다. 자아가 없는 상태의 자기는 고요하다. 자기에게 맞으면 좋아하고, 자기와 어긋나면 싫어한다. 이로 말미암아 육신의 껍데기에 따라 식견을 일으켜 나이가 들어가면서 교만과 질투, 탐욕과 분노, 욕심과 음란, 나태를 행하게 되니 대략 엮어 일곱 종류다. 다만 이를 따져보면 울고 웃는 것의 변화에 지나지 않는다. 하지만 그 성품에 애초부터 어찌 자기란 것이 있었겠는가?

人處函蓋中央, 如人腹内有心. 則人之與動也俱來哉. 故墮地啞然而啼矣, 亡何夭然而笑矣. 則順違之故也. 順違所起, 以認墮地之己爲己, 而不復知無己之己. 無己之己, 靜也. 順己成好, 違己成惡. 由是從殼漏子起見識, 與年長, 爲傲, 爲妬, 爲貪, 爲忿, 爲饕, 爲淫, 爲怠, 大約撰爲七種, 而究之不過啼笑之變. 然其性, 初豈有己哉?

시험 삼아 비유해보자. 잔잔한 것은 물인데, 바람에 물결이 일면 물방울이 튀고 비늘 같은 물결이 생기며 우레처럼 소리가 난다. 그렇다고 물의 본성이 손상되는 것은 아니어서, 조금 있으면 맑아진다. 이렇게 잔잔해진 것은 또 바깥으로부터 얻은 것이 아니다. 그럴진대 자기 본성도 원래는 고요한 것이다. 이 때문에 바람이 물을 움직였다고 말할 수는 있어도, 바람이 물의 본성을 무너뜨렸다고 할 수는 없다.

常試譬之. 湛然者水乎, 波於風, 則跳如沫, 蹙如鱗, 吼如雷, 水體非損也. 少焉而澄. 此湛然者, 又不從外得, 則己性原靜也. 故謂風動水則可, 謂水體爲風所壞則不可矣.

또 시험 삼아 비유해보자. 흙은 사람에 대해 아끼거나 미워함이 없다. 하지만 흙을 빚어 미녀 맹추孟姒로 만들면 송옥宋玉이 구슬퍼하고, 빚어서 추녀 농렴隴廉으로 만들면 나무꾼조차 이를 추하게 여긴다.[8] 또 혹 빚어 귀신으로 만들면 마침내 여러 집안의 사당에 놓이고, 또 빚어 병이나 사발로 만들면 사람이 얻어 그릇으로 쓰면서도 정작 이것이 지난날에 흙이었던 줄은 알지 못한다. 그러다가 그 빚은 것을 부숴버리면 아끼거나 미워하거나 공경하는 마음 또한 없어지고 만다.

又試譬之, 土與人無愛憎也. 或埏爲孟姒, 則宋玉惆悵, 埏爲隴簾, 則負薪者醜之矣. 又或埏以爲鬼神, 遂走百家之社, 其埏以爲缾盂, 人得而器用之, 而不知即前日之土. 使解其埏, 則愛憎敬又亡矣.

세간의 모든 기뻐할 만하고 미워할 만하며, 괴이하다거나 통상적이라 할 만한 경계도 모두 흙으로 빚어내는 것과 같은 일이다. 그렇다면 사물의 성질 또한 고요한 것이다. 이 때문에 흙을 두고 빚어낸 물건과 다르다고 말하는 것은 괜찮지만, 그 본질 자체가 다르다고 해서는 안 된다. 오직 고요한 가운데서 하나의 사사로운 자기만을 고집하며, 이에 분명하게 잠가두고 단단히 붙여서 스스로 벗어날 수가 없다. 그래서 《예기禮記》〈악기樂記〉에서는 "사람이 나면서 고요한 것은 하

---

8 흙을 빚어 …… 추하게 여긴다: 맹추는 고대 미녀의 이름이고, 농렴은 옛날 못생긴 여인의 이름이다. 《초사楚辭》〈엄기嚴忌 애시명哀時命〉에 "구슬(璋珪)이 시루 구멍에 섞임이여! 농렴과 맹추가 궁宮을 함께하도다(璋珪雜於甑窒兮, 隴廉孟姒同宮)"라고 했다. 또한 송옥은 사마천의 기록에 의하면 시인이자 굴원의 제자였다고 한다. 《초사》 가운데 〈구변九辯〉과 〈초혼招魂〉이 그의 작품으로 알려져 있는데, 문사가 화려하고 아름다워서 매우 뛰어난 작품으로 평가된다. 그는 미녀의 자태를 묘사하는 데 뛰어나 중국 시, 사, 소설 등에 나타나는 통속적인 풍류재자의 상징이 되었다.

늘의 성품이고, 사물에 감응하여 움직이는 것은 성품의 욕망이다. 사물이 내게 이르러 지각하여 알게 된 뒤에야 좋아하고 미워하는 것이 드러난다"고 하였다.

世間一切可喜可惡可恠可常之境, 皆揑土之類. 則物性亦靜也. 故謂土有異埏則可, 謂有異質則不可矣. 惟於靜中執一私己, 於是熠熠鈎瑣, 膠固而不能自脫, 故樂記曰: "人生而靜, 天之性也. 感於物而動, 性之欲也. 物至知知然後, 好惡形焉."

좋아하고 미워함은 내가 행하는 울음이나 웃음이니, 움직임에 감응한 뒤에야 있게 되는 것이다. 다만 '정의 욕망'이라 말하지 않고 '성품의 욕망'이라고 말해, 움직임의 본체가 원래 고요함을 밝혔다. '사물에 감응하여 지각함이 있다'고 말하지 않고, '사물이 이르러서 앎을 안다'고 하여, 고요함의 작용이 바로 움직임임을 밝혔다. 좋아하고 미워함이 성품의 병통은 아니지만, 자기에게 일단 붙고 나면 사물이 이르러 와서 물건에 의해 사람이 바뀐다. 사물이 이르렀는데도 사람이 변화하지 않는다면, 좋은 것을 좋다고 하거나 미운 것을 밉다고 하지 않게 된다. 이는 마치 갓난아이가 날마다 울고 날마다 웃으면서도 오히려 자아가 있음을 알지 못하는 것과 같다. 앎에 어찌 마음에 맞고 거스르는 것이 있겠는가? 단지 세상에 태어남으로써 자아가 있게 되는 것이다.

好惡者, 吾之所爲啼笑也, 感於動而後有者也. 第不曰情之欲而曰性之欲, 明動之體原靜也. 不曰感物有知, 而曰物至知知, 明靜之用即動也. 好惡非性病也, 附于己則物至而人化物矣. 物至而人不化, 則以無好好無惡惡, 如嬰兒日嗄日笑, 尙不知有己. 何知有順違? 只爲墮地有己.

이러한 자아가 한번 생겨나면 일곱 가지 욕망이 나란히 일어난다. 비유하자면 나방이 불로 뛰어드는 것은 나방의 자아가 있기 때문이다. 쉬파리가 식초에 꼬이는 것은 쉬파리의 자아가 있어서다. 나방이 불로 뛰어들지 않음은 나방의 자아가 없어서고, 쉬파리가 식초에 꼬이지 않는 것은 쉬파리의 자아가 없는 까닭이다. 진秦나라와 월越나라가 서로를 비방하거나, 육식하는 사람과 소식素食하는 사람이 서로를 조롱하는 것도 각자 자아를 지녔기 때문이다. 자아라는 것은 욕망의 뿌리여서 도적의 우두머리와 같다.

此己一生, 七欲並作. 譬蛾之赴火, 以有蛾己故. 蚋之聚醯, 以有蚋己故. 蛾不赴火, 以無蛾己故. 蚋不聚醯, 以無蚋己故. 以至秦越相非, 肉素相嘲, 各以己故. 己者, 欲之根也. 如賊帥然.

공자께서는 "자기를 극복하여 예로 돌아간다〔克己復禮〕"고 했다. 자기를 이긴다는 것은 고요함을 위주로 한다는 말이다. 고요함을 위주로 하면 자기가 머물 곳이 없어져서 저절로 욕심을 이기게 된다. 이는 마치 아주 작은 벌레가 곳곳에 다 있어 불꽃 위에다 태워버릴 수는 없어도, 불을 가지고 능히 이를 이길 수는 있는 것과 같다.

吾夫子曰: "克己復禮." 克己者, 主靜之謂也. 主靜則己無泊處而欲自克. 如太末蟲, 處處皆泊, 而不能緣於火燄之上, 以火能克之也.

무릇 군대가 적을 이기는 것을 '극克'이라 하고, 굳센 것을 꺾고 진陣을 무너뜨리는 것을 '과果'라고 한다. 깨끗이 쓸어 잘라 없애는 것은 '의毅'라고 하고,[9] 쳐서 꾀하여 근심을 없애는 것을 '예豫'라고 한다. 생각건대, 장수가 고요하지 않으면 적을 이길 수가 없다. 만약 적이 있는 곳을 찾아가서 친다면, 싸웠다고 할 수는 있어도 이겼다고 하지는 못한다. 이는 극벌원욕克伐怨欲[10]을 행하지 않았을 뿐 인仁은 아닌 것이다. 비록 그러나 활과 화살을 활집 속에 넣어둔다면 메마른 그루터기와 다를 것이 없다. 그러나 활과 화살을 활집에 넣어두는 것은 활집을 텅 비운 사람이 애초에 아무 걸림이 없는 것만은 못하다. 이에 천하의 화살로 남을 죽이려는 적지 않은 사람들이 마른 그루터기가 되려 하더라도 또한 어찌 얻을 수가 있겠는가?

凡師之勝敵曰克, 摧堅陷陣者果也, 廓淸剪除者毅也, 伐謀銷患者豫也. 顧帥不靜, 則敵不可得而克矣. 卽求賊所在而撲之, 可名曰戰, 而不名克. 此克伐怨欲不行, 而非仁也. 雖然, 弓矢弢則與枯株無異, 弢弓矢不若弢空虛者之無觸也. 乃天下不少矢之殺人者, 求其爲枯株亦何可得哉?

순양順陽의 방자龐子가 세상 사람들이 욕심 많은 것을 슬퍼하여, 《칠극》을 지어서 깨우치니, 교만을 누르는 복오伏傲와 질투를 가라앉히는 평투平妬, 탐욕에서 벗어나는 해탐解貪과 분노를 가라앉히는 식분熄忿, 식탐을 막는 색도塞饕와 음란함을 막는 방음防淫, 나태함을 채찍질하는 책태策怠가 그것이다. 읽다 보면 마치 과녁 아래에 서 있는 것만 같아서 저도 모르게 사람을 공손하게 만들어 게으름과 어리석음

---

9 무릇 군대가 …… '의'라고 하고:《서경書經》〈태서 하泰誓下〉에서 "너희 병사들의 과의果毅를 숭상하라(爾衆士, 其尙果毅)"고 했는데, 주석에서는 "적을 죽이는 것을 '과果'라 하고, 과를 이루는 것을 '의毅'라 한다"고 했다.

10 극벌원욕:《논어》〈헌문憲問〉에서 제자 원헌이 "극벌원욕을 행하지 않으면 '인仁'이라 할 수 있느냐"고 묻자 공자가 "어렵다고 할 수 있지만, 그것이 '인'인지는 모르겠다"고 대답한 데서 나온 말이다. 극벌원욕은 이기기 좋아하고 교만하여 뽐내며 원망하고 탐욕을 부리는 것을 말한다. 앞에서 말한 '극과의예克果毅豫'에 상대되는 개념으로 썼다.

을 꺾어버릴 수가 있으니, 마치 꾀꼬리가 더욱 크게 울고,[11] 청당青棠이 환하게 일어나며,[12] 도철饕餮이 탐욕을 눌러주고,[13] 폐구敝笱가 음란함을 꾸짖는 것[14]과 한가지다. 〈책태〉 한 편에 이르러서는 비뚤어진 사내를 바로잡는 채찍이 될 수 있어, 한번 읽기만 하면 환하게 깨닫지

11 꾀꼬리가 더욱 크게 울고: 창경鶬鶊은 꾀꼬리의 별칭으로, 양기楊夔의 〈지투론止妬論〉에 "양무제의 극후郤后가 질투가 심했는데 창경을 요리로 만들어 먹게 했더니 과연 질투가 절반으로 줄어들었다(梁武帝郤后性妬, 令倉為膳, 妬果減半)"고 한 내용이 보인다. 위 7죄종 가운데 질투를 가라앉히는 〈평투〉에 호응해서 화답하는 의미로 말한 것이다. 《시경詩經》〈주남周南 갈담葛覃〉에 "꾀꼬리 날아와 관목 위에 보이니, 그 울음 맑고 곱다(黃鳥于飛, 集于灌木, 其鳴喈喈)"고 한 대목이 있다.

12 청당이 환하게 일어나며: 청당은 자귀나무로, 부부의 금슬을 상징하는 합환수合歡樹로 불린다. 진晉나라 최표崔豹의 《고금주古今注》에 "청당은 일명 합환이니, 합환하면 분노를 잊는다(靑堂, 一名合懽, 合懽則忘忿)"고 했다. 여기서는 7죄종 중 분노를 가라앉히는 〈식분〉에 호응한다.

13 도철이 탐욕을 눌러주고: 도철은 중국 신화에 등장하는 전설의 동물이다. 사흉四凶이라 불리며 두려움의 대상이었던 네 마리의 괴물 가운데 하나다. 몸은 소나 양, 뿔은 굽어 있으며 호랑이의 이빨에 사람의 얼굴과 손톱을 가졌다. 중국 대륙 서남쪽 황야에서 용의 아홉 자식 중 하나로 태어났고, 야만적인 성격에다 엄청난 식욕의 소유자로 무엇이든지 먹어치우며, 자기보다 강한 자에게는 굽실거리고 자기보다 약한 자는 괴롭힌다고 한다. 7죄종 중 〈색도〉에 대응하는 비유로 끌어왔다.

14 폐구가 음란함을 꾸짖는 것: 폐구는 《시경》〈제풍齊風〉의 한 편명이다. "해진 통발 어살에 대자, 물고기들 신이 났네. 제나라 임금 딸이 돌아가니, 물처럼 따르누나(敝笱在梁, 其魚唯唯. 齊子歸止, 其從如水)"라는 구절이 나온다. 주희는 이 시를 문강이 양공을 만나러 제나라로 오는 모양을 읊은 것이라고 했는데, 모서毛序에 "폐구는 문강을 풍자한 것이다. 노나라 환공이 미약해서 문강을 막아 제어하지 못한 나머지 음란한 짓을 행하게까지 한 결과 두 나라의 환란을 빚어낸 것을 제나라 사람들이 미워해서 노래한 것이다(敝笱刺文姜也. 齊人惡魯桓公微弱, 不能防閑文姜, 使至淫亂, 爲二國患焉)"라는 구절이 보인다. 여기서는 7죄종 중 음란함을 막는 〈방음〉과 호응한다.

못하는 자가 거의 없을 것이다. 진실로 활과 화살은 활집 속에 넣어두어야 사람을 죽이는 데 쓰는 것을 그만두게 할 수 있으니, 세상의 교화에도 큰 보탬이 되지 않음이 없을 것이다.

順陽龐子 哀世人之多欲, 作七克以覺之, 曰伏傲, 曰平妬, 曰解貪, 曰熄忿, 曰塞饕, 曰防姪, 曰策怠. 讀之若立射候之下, 不覺令人恭, 可以折慢憧. 若鵖鳩之愈慎, 靑棠之蠲怒, 饕餮之懲貪, 敝笱之刺淫. 至策怠一篇, 又可以爲窳夫之枉策, 一寓目鮮有不憬然悟者. 苟可以弢弓矢, 而止其殺人之用, 於世教不無大補也.

《춘추春秋》에서 사柤에서의 모임을 누르고 황지黃池에 나아간 것[15]은, 그 관冠을 단정히 쓰고서 주나라에 기댄 것이 존왕尊王의 체통을 얻게 됨을 좋게 보았기 때문이다. 오吳나라 왕 부차夫差가 "훌륭한 관이 왔구나! 훌륭한 관이 왔구나!"라고 한 것[16]은 중국의 관을 사모해서인데, 공자께서 오히려 이를 칭찬하였다. 하물며 의로움을 사모하여 와서 성인의 말씀을 보탠 사람이겠는가? 비록 정靜을 위주로 하는 것에 합당한지의 여부는 알지 못하겠으나, 또한 선善에 보탬이 된다고는

15 사에서의 …… 황지에 나아간 것: 황지는 황정黃亭으로, 지금의 하남성河南省 봉구현封邱縣 서남쪽에 있는 지명이다. 오왕 부차가 이곳에서 제후들과 회합했는데, 이때 진晉나라 정공定公과 더불어 맹주 자리를 놓고 서로 다퉜다.

16 오나라의 왕 부차가 …… 한 것: 《곡량전穀梁傳》〈애공13년哀公十三年〉의 기록에 따르면, 오왕 부차가 "훌륭한 관이 왔구나(好冠來)"라고 말한 것을 두고 공자는 "위대하도다! 부차는 관冠을 말했으나 관을 갖고자 하지는 않았다(大矣哉! 夫差未能言冠而欲冠也)"고 했다. 주석에 따르면, 부차의 오나라는 이적의 국가인지라 축발祝髮하고 문신文身을 했지만, 노나라와 진나라를 따라 이들을 계승하려 했기에 공자가 높이 평가했다고 기록했다.

말할 만하다. 그래서 부족한 내가[17] 기꺼이 이를 위해 서문을 쓴다.

春秋抑粗之會, 而進黃池, 嘉其冠端, 而藉乎成周, 爲得尊王之體耳. 夫吳王夫差曰: "好冠來! 好冠來!" 慕中國之冠, 尙猶予之. 況慕義而來, 藉聖人之言者耶? 雖不知有當于主靜與否, 亦可謂善藉矣. 故不穀樂爲之弁其端.

---

17 부족한 내가(不穀): '불곡'은 '불선不善'의 뜻으로 자신을 낮춰 일컫는 겸사謙辭다.
《노자老子》제39장에서 "제후왕들이 하나를 얻어서 천하의 올바른 기준이 된다
…… 이 때문에 제후왕들은 스스로 고孤, 과寡, 불곡不穀이라 일컫는다(侯王得一以
爲天下正 …… 是以侯王自謂孤寡不穀)"고 했다.

《칠극》인 七克引

남주 사람 웅명우熊明遇[18]가 쓰다
南州熊明遇題

    서쪽 끝에 있는 나라에서 별난 사람들이 왔다. 서태西泰 이씨利氏[19]가 가장 먼저였고, 그다음이 순양順陽 방씨龐氏이고, 유강有綱 웅씨熊氏[20]가 있었다. 함께 온 무리의 벗이 열 명가량이었다. 끊어진 바다

---

18 웅명우(1579~1649): 명나라 말기의 문인, 정치가. 자는 양유良孺, 호는 단석壇石이다. 강서江西 남창南昌 사람이다. 시문에 능해 당대에 명망이 높았다. 성품이 강직하여 시정의 폐단을 간하는 글을 많이 올렸다. 1601년 진사시에 급제해 병부시랑, 형부상서 등의 벼슬을 거쳤다. 당대의 간신 위충현魏忠賢과 갈등이 있어 여러 번 귀양 가고 쫓겨났다. 명나라가 망한 뒤에 세상을 떴다.

19 서태 이씨: 명나라 말 중국에 온 이탈리아인 예수회 선교사 이마두利瑪竇, Matteo Ricci(1552~1610)를 말한다. '서태'는 그의 호다. 중국에 천주교를 전파한 최초의 개척자 중 한 사람이다. 그는 서양 승려의 신분으로 한문 저술을 통해 천주교의 교리를 전파했고, 중국인 관리나 학자들과 폭넓게 교유해 서양의 천문학과 수학, 지리학 등의 과학기술을 전했다. 중서교류에 지대한 공헌을 한 그의 저술은 조선과 일본에서도 폭넓게 읽혀 서양 문명을 인식하는 계기가 되었다.

9만 리를 지나 중국을 구경하러 왔으니, 이 또한 부지런하다 하겠다.

西極之國, 有畸人來, 最先西泰利氏, 次順陽龐氏, 有綱熊氏. 偕徒友十數. 絶海九萬里, 觀光中國, 斯亦勤已.

가지고 온 그림은 정교하게 제작되었고, 자세하게 들려주는 바다 밖 가요의 풍속과 노랫소리는 듣기에 기이하여, 마치 한나라 박망후博望侯가 허공을 뚫어 길을 낸 것만 같았다.[21] 다만 천마天馬와 대지팡이를 말한 것은[22] 이야기꾼이 길거리에서 하는 이야기일 뿐이었다. 이 여러 사람은 몹시 우아하고 식견이 통달한 데다 견문이 대단히 넓어, 천관天官과 일력日曆, 산수算數의 학문에 정심했다. 거기에다 이름난

20 유강 웅씨: 명나라 말 중국에 온 이탈리아인 선교사 웅삼발熊三拔, Sabbatino de Ursis(1575~1620)을 가리킨다. '유강有綱'은 그의 자다. 수리과학자로 1606년 중국에 와 북경에서 마테오 리치의 일을 도왔다. 1611년 서광계, 이지조 등과 함께 서양 역법을 번역했다.

21 한나라 박망후가 …… 같았다: 한나라 때 장건張騫이 무제의 명을 받아 서역을 쳐서 큰 공을 세워, 이후로 한나라와 서역의 교통이 처음으로 이뤄졌다. '박망후'는 장건의 봉호다. 《천중기天中記》에는 한나라 박망후 장건이 한무제의 명을 받고 대하大夏에 사신으로 가서 황하의 근원을 찾을 적에 뗏목을 타고 달포를 지나 운한, 즉 은하수 위로 올라가서 견우와 직녀를 만나고 왔다는 전설이 실려 전한다.

22 천마와 대지팡이를 말한 것은: 《사기史記》에서 대완국大宛國의 천마天馬가 험난한 곤륜국과 석지국을 손바닥 뛰어넘듯 평지처럼 잘 달린다고 말한 대목에서 따왔다. 옛날 대완국의 고산高山에 말이 한 마리 있었는데, 아무리 해도 잡을 수가 없자, 다섯 가지 털 색깔의 어미 말을 가지고 유인하여 교미토록 해서 망아지를 얻었다. 그런데 그 망아지가 피 같은 땀을 흘리는 명마라서 사람들이 '천마의 새끼〔天馬子〕'라고 불렀다 한다. 또한 대지팡이는 공죽으로 만든 지팡이를 말하는데, 공죽은 대나무의 일종으로 마디가 높고 속이 꽉 차서 지팡이를 만들어 쓰기에 가장 좋다고 한다. 여기서는 듣도 보도 못한 희한한 이야기라는 의미로 썼다.

진리를 말하기 좋아하여 천제天帝를 섬기는 것을 으뜸으로 삼았다. 중국말을 익히고 중국 문자를 배워서 등불을 밝혀가며 힘들게 공부하니, 유생과 다름이 없었다. 참으로 저 이른바 호걸의 인사였다.

所携圖畫巧作, 及陳說海外謠俗風聲, 異哉所聞, 如漢博望鑿空. 第云天馬筇竹, 特稗師之街談耳. 諸公大雅宏達, 殫見洽聞, 精天官日曆算數之學, 而猶喜言名理, 以事天帝爲宗. 傳華語, 學華文字, 篝燈攻苦, 無異儒生, 眞彼所謂豪傑之士也耶.

《칠극》이라는 한 권의 책은 순양이 지은 것이다. 욕망을 누르고 이치를 간직하여 근본으로 돌아가 하늘을 섬기는 것이니, 담박하면서도 들뜨지 않고 질박하면서도 속되지 않으며 화려해도 지저분하지가 않다. 서방 성현의 언행을 일컬어 끌어온 데 이르러서는,《홍보鴻寶》나 《논형論衡》[23]의 새로움은 있을지언정 정포鄭圃와 칠원漆園[24]의 허탄함은 없으니, 높은 벼슬아치가 집집마다 전함이 바로 농부와 장사꾼일 뿐이었다. 이른바 천문天門과 화택火宅의 이야기[25] 또한 무서운 것 같다. 같은 문자를 쓰는 조정에서 크게 거두어 책으로 엮어야지, 어찌 오

---

23 《홍보》나《논형》:《홍보》는 도술道術에 관한 서적을 말한다. 한나라 회남왕淮南王 안安이 베개 속에 남몰래 감춰두었던 홍보원비서鴻寶苑祕書로 보통 침중홍보枕中鴻寶라고 한다.《논형》은 중국 후한시대의 철학자 왕충王充이 지은 책이다. 당시 자연과학적인 성과를 많이 흡수해서 그 시기에 성행하던 참위설이나 천인감응설에 대항해, 만물을 하늘과 땅이 기氣를 합쳐 진화해서 이루어진 것이라고 주장하고 사람과 자연, 정신과 육체의 관계를 설명했다.

24 정포와 칠원: 정포는 열자列子가 살았던 땅 이름으로 열자를 가리킨다. 칠원은 몽蒙 땅 칠원의 관리가 되었던 장자莊子를 말한다.

25 천문과 화택의 이야기: 천당과 지옥에 관한 이야기를 일컫는다.

도五都의 저자에 캄캄하게 묻혀 있게 할 수가 있겠는가?[26]

七克一書, 順陽所著, 大抵遏欲存理, 歸本事天, 澹而不浮, 質而不俚, 華而不穢. 至稱引西方聖賢言行, 有鴻寶論衡之新, 無鄭圃, 漆園之誕, 薦紳先生, 家戶傳之, 即耕父販夫耳. 所謂天門火宅, 亦凜凜如也. 同文之朝, 大收篇籍, 詎可令沈冥五都之市哉?

공자는 인仁에 대해 논하면서 보고 듣고 말하고 움직이는 네 가지 조목[27]에서 예로써 자신을 이겨야 한다고 했다. 맹자는 성性에 대해 논하면서 입과 코, 귀와 눈과 사지의 오관五官에 대해 명命으로 이겨내야 한다고 했다.[28] 공자와 맹자가 서로 전하여서 도리의 미미함을 드러내고 사람의 위태로움을 편안케 한 것은 천고에 해와 달이 하늘

---

26 오도의 저자에 …… 있겠는가?: '오도'는 중국 고대의 대표적인 큰 도시를 가리키는 관습적 표현이다. 다섯 도시의 명칭은 시대마다 달랐다. 한나라 때 오도는 낙양洛陽, 한단邯鄲, 임치臨淄, 완宛, 성도成都였고, 당나라 때는 장안長安, 낙양, 봉상鳳翔, 성도, 태원太原이었다. 여기서는 '전국적으로 널리 읽혀야지, 도회지에서 조금씩 읽혀 파묻히게 해서는 안 된다'는 의미다.

27 보고 듣고 …… 네 가지 조목: 제자 안연顔淵이 인仁에 대해서 묻자, 공자가 "극기복례가 바로 인이다. 하루라도 극기복례를 할 수 있게 되면, 온 천하 사람들이 그인에 귀의할 것이다(克己復禮爲仁, 一日克己復禮, 天下歸仁焉)"라고 대답하면서, 구체적인 조목으로 "예가 아니면 보지 말고, 예가 아니면 듣지 말고, 예가 아니면 말하지 말고, 예가 아니면 동하지 말아야 한다(非禮勿視, 非禮勿聽, 非禮勿言, 非禮勿動)"고 시청언동視聽言動의 사물四勿을 제시한 대목이 《논어》〈안연〉에 나온다.

28 맹자는 …… 이겨내야 한다고 했다: 《맹자》〈진심 하盡心下〉에 "입이 맛에 있어서와 눈이 색깔에 있어서와 귀가 음악에 있어서와 코가 냄새에 있어서와 사지가 안일에 있어서는 본성本性이기는 하나, 명命에 달려 있기 때문에 군자는 이것을 성性이라 이르지 않는다(口之於味也, 目之於色也, 耳之於聲也, 鼻之於臭也, 四肢之於安佚也, 性也, 有命焉, 君子不謂性也)"고 한 것을 가리킨다.

을 지나가는 것과 한가지인데, 서방의 인사가 또한 우리 소왕素王 공
자의 공신이 되리라고는 생각지도 못하였다.

孔子論仁, 於視聽言動之四目, 而以禮克. 孟子論性, 於口鼻耳目四肢之五
官, 而以命克. 鄒魯相傳, 所以著道之微, 安人之危, 千古如日月經天, 不意西方
之士, 亦我素王功臣也.

《칠극편》 서문七克篇序

진사시 급제 출신으로 흠차대신의 칙명을 받아
무덕장군으로 군대 일을 맡은 산동안찰사의 부사 진량채陳亮釆[29]가 짓다

賜進士第出身, 欽差整飭武德兵備, 山東按察司副使 陳亮釆撰

예전 내 나이가 아직 어렸을 때, 천주와 예수의 가르침에 대해 나아가 들은 적이 있다. 대개 내 고향에서 바다로 배를 타고 나갔던 사람이 태서 사람과 사귀고 돌아와, 나를 위해 천주와 예수의 가르침을 말해주었다. 하늘과 땅의 주인을 주인으로 삼고, 어짊과 사랑으로 천주를 믿고 소망하는 것을 종지로 삼으며, 사랑으로 사람을 길러 교화하는 것을 공용功用으로 삼고, 죄를 뉘우치고 참됨으로 돌아오는 것을 입문入門으로 여기며, 살고 죽는 큰일에 대해 채비를 갖춰 근심이 없게 하는 것을 목표로 삼았다.

---

29 진량채(생몰 불명): 명나라 말기의 정치가, 문인. 자는 혜보惠甫, 호는 희당希唐이다. 1595년 진사 출신으로 산동참정山東參政, 절강안찰사浙江按察使 등을 지냈다. 서광계와 가깝게 지내《칠극》에 서문을 써주었다.

曩余年方垂髫, 即於天主耶穌之教, 竊有聞也. 蓋吾鄉之舶於海者, 與大西人遊, 歸爲余言天主耶穌之教. 以事天地之主爲主, 以仁愛信望天主爲宗, 以愛養教化人爲功用, 以悔罪歸誠爲入門, 以生死大事有備無患爲究竟.

내가 그 주장을 듣고 나서 마음이 쏠렸었다. 그 뒤 20여 년이 지나 도문都門에서 벼슬이 내리기를 기다리다가, 서태 이마두 군과 사귀게 되었다. 예전 들었던 것을 가지고 질문하자, 이 군이 문득 매우 놀라더니 인하여 그 이야기를 마저 들려주었다. 이른바 《천주실의天主實義》와 《기인십편畸人十篇》을 매번 읽어 모두 마치자 나 또한 다시금 크게 놀라, 주공周公과 공자의 가르침과 합치된다고 말하였다.

余聞其說, 而心嚮焉. 其後二十餘年, 以待次都門, 得交西泰利君. 持所聞質之, 利君輒大詫, 因得畢聞其說. 所謂天主實義畸人十篇者, 每閱卒篇, 余亦復大詫, 謂與周孔教合.

그 뒤 다시 이 군을 통해 순양 방적아 군과 사귀었는데, 한번 만나보자마자 막역한 벗이 되었다. 하루는 방 군이 내게 들러 이렇게 말했다. "동방의 인사는 재주와 지혜가 몹시 뛰어나 학문에 종사하는 자가 적지 않은데, 유독 본령本領에 대해서만은 어둡더군요. 배움을 하늘에서 받지 않고 오직 마음만을 스승으로 삼습니다. 비유하자면, 드넓은 바다에 배를 띄웠는데 키를 잃어버린 격이라 하겠습니다. 그 폐단은 도적을 제 자식으로 여기고 사특한 마귀를 천사로 여기는 것이니, 아! 위태롭습니다."

其後復因西泰, 以交順陽龐君, 一覿而稱莫逆. 一日龐君過余曰: "東方之士, 才智絶倫, 從事於學者非乏也, 獨本領迷耳. 夫學不稟於天, 而惟心是師. 譬泛舟洪洋, 而失其舵也. 其弊方且認賊爲子, 認邪魔而爲天神也. 嗚呼! 殆哉."

내가 말했다. "그렇기도 하고 그렇지 않기도 합니다. 경계하고 삼가며 염려하고 두려워하면서 하늘이 내려준 성품을 따르고, 높은 하늘의 위에 이르는 것이 우리 유자儒者의 본령이요 참 학문이지요. 다만 어리석은 속인들은 대체 하늘이 어떤 물건인지도 모르면서, 저 푸르고 아득하며 캄캄한 위에 있는 무엇이라 여기니 걱정입니다. 그래서 어쩔 수 없이 이를 불러 하늘이라고는 하지만, 사실은 내 마음에 있는 것이지요. 그러나 후세의 학자들은 마침내 마음이 하늘이라고 인식하여 멋대로 다니며 되는대로 행동해, 참된 기미機微는 흩어지고 규율의 조문은 내던져버린 채, 멋대로 기쁘게 즐깁니다. 그래서 마침내 아무 거리낌 없는 소인이 되고 말았으니, 이 어찌 주공과 공자의 가르침이 그런 것이겠습니까?"

余曰: "唯唯否否. 夫戒愼恐懼, 以率其天命之性, 而達於上天之載. 此吾儒眞本領, 眞學問也. 但恐愚俗不知天爲何物, 而以爲在於蒼茫窮冥之表, 故權而詔之曰天, 卽在吾心是也. 而後之學者, 遂認心爲天, 以爲橫行直撞, 眞機旁皇, 擺落規條, 快樂自在, 而卒流爲無忌憚之小人, 是豈周孔之敎則然哉?"

방 군이 내 이야기에 크게 탄복하고는, 자신이 지은 책《칠극편》을 가져와 내게 보여주었다. 내가 모두 읽어보았더니, 그 책이 정밀하고 알찬 데다 절실하게 와닿아 우리 유자들이 훌륭하다고 일컬을 내용이 많았다. 그 한 마디 한 마디와 글자 하나하나에 이르러서도 뼈를 찌르고 마음을 뚫는 것이 우리 유가의 북과 나팔이었다. 모든 생각과 호흡마다 하느님께 귀의하여, 하늘의 보답을 누리고 영원히 지옥에 잠기는 것을 면하고자 한 것은 우리 유가의 날개라 하겠다.

龐君殊擊節余説, 因持其所論著七克篇示余. 余卒業焉, 其書精實切近, 多吾儒所雅稱. 至其語語字字, 刺骨透心, 則儒門鼓吹也. 其欲念念息息, 歸依天主,以冀享天報, 而永免沈淪, 則儒門羽翼也.

　게다가 극克이 의로움이 됨은 공자와 안연이 말하였다. '하루라도 자기를 이기면 천하가 어짊으로 돌아온다'[30]고 했으니, 함께 길러 나란히 감은 성신聖神의 지극한 일이다. 그리고 그 공부는 오직 '예가 아니면 보지도 듣지도 말고, 말하지도 움직이지도 말라'는 것일 뿐이다. 고원高遠한 말도 없고, 거만한 주장도 없다. 참됨이 쌓여 오래되면, 위로 하늘과 통한다. 이 때문에 공문孔門의 가르침은 하늘에 도달함에 기약을 두었고,[31] 안연의 학문은 이를 건도乾道라고 말했다.[32] 그러므로 사물四勿과 칠극七克은 그 뜻이 하나다.

　且夫克之爲義, 孔顔稱之矣. 一曰克己, 天下歸仁, 並育並行, 聖神極事. 而其工夫, 惟曰非禮勿視聽與言動而已. 無高詞, 無侈説. 眞積既久, 上與天通, 是故孔門之教, 期於達天, 顔子之學, 謂之乾道. 故四勿也, 七克也, 其義一也.

30　하루라도 …… 돌아온다: 《논어》〈안연〉에 "사욕을 이기고 예로 돌아가는 것이 인이다. 하루라도 사욕을 이기고서 예로 돌아가면 천하가 그 인을 허여할 것이다. 인을 행하는 것은 자기에게 달려 있다. 어찌 남을 통해서 하는 것이겠는가〔克己復禮爲仁, 一日克己復禮, 天下歸仁焉. 爲仁由己, 而由人乎哉〕"라고 했다.

31　공문의 …… 기약을 두었고: 《중용장구》 제32장에 나오는 "만일 참으로 총명하고 지혜로워서 하늘의 덕을 통달한 자가 아니면 누가 이것을 알겠는가〔苟不固聰明聖知達天德者, 其孰能知之〕"라고 한 구절을 가리킨다. 주석에서 정현鄭玄은 "오직 성인만이 성인을 알 수 있다〔唯聖人能知聖人也〕"라고 했는데, 이때의 성인은 공자를 가리킨다.

32　안연의 …… 건도라고 말했다: 《논어》〈안연〉에서 주자는 "극기복례는 '하늘의 도〔乾道〕'이며, 경敬을 주로 하고 서恕를 행하는 것은 '땅의 도〔坤道〕'이니, 안자顔子와 염유冉有의 학문의 높고 낮음 및 깊고 얕음을 여기에서 볼 수 있다〔克己復禮乾道也, 主敬行恕坤道也, 顔冉之學, 其高下淺深, 於此可見〕"고 했다.

어떤 사람이 말했다. "배움이 하늘에 도달함을 귀하게 여기는 것은 훌륭하다. 하지만 어찌해야 하늘의 보답을 바라겠는가?"

내가 말했다. "그렇지가 않다. 농부가 씨를 뿌려놓고 익기를 도모하지 않겠는가? 장인이 물건을 만들면서 잘 만들려고 하지 않겠는가? 형편없는데도 잘 익었다고 하고, 그릇이 몹시 찌그러졌는데도 좋다고 말하면 되겠는가? 바라는 것 중에서 미워하는 바는 세상에서의 보답을 말하는 것일 뿐이다. 하늘의 덕은 끝이 없고, 하늘의 보답은 다함이 없다. 하늘의 보답을 꾀하며 애를 써 날마다 부지런히 하면서도 다만 날마다 부족하게 여긴다. 이것이 문왕文王을 두고 '순수함이 또한 그치지 않았다'³³고 한 까닭이고, 공자가 '늙음이 이르는 것도 알지 못한다'³⁴고 한 연유다. 어찌해야 보답을 말함을 꺼리겠는가? 주공과 공자는 인간 세상의 보답을 물리쳐서 그 마음을 비웠고, 서양에서는 하늘로 올라가는 보답을 바라 그 증거를 채웠다. 동서남북의 성인과 성인은 법도가 한가지일 뿐이니, 어찌 그렇지 않겠는가?"

或曰: "學貴達天, 固也. 奈之何其覬天報爲也?" 余曰: "否否. 稼不圖熟乎, 工不圖良乎? 鹵莽而稱熟, 器苦窳而稱良, 其可乎? 所惡於覬者, 謂人世之報耳. 天德無際, 天報無涯, 圖天之報, 俛焉日有孶孶, 惟日不足. 此文所以純亦不已, 而

---

33 순수함이 또한 그치지 않았다: 《중용장구》 제26장에 "《시경》에 이르기를, '아 뚜렷하지 않은가, 문왕의 덕이 순수함이'라고 했으니, 이는 문왕이 문왕(文)이 되신 소이가 순수함이 또한 그치지 않아서임을 말한 것이다(詩云: '於乎不顯文王之德之純.' 蓋曰: 文王之所以爲文也, 純亦不已)"라고 한 데서 따왔다.

34 늙음이 이르는 것도 알지 못한다: 《논어》〈술이述而〉의 "진리를 터득하지 못하면 발분하여 먹는 것도 잊어버리고, 진리를 터득하면 즐거워서 걱정도 잊어버린 가운데, 늙음이 장차 이르는 것도 알지 못한다(發憤忘食, 樂以忘憂, 不知老之將至)"는 공자의 말에서 발췌했다.

孔所以不知老至也, 奈之何其諱言報也? 周孔黜人世之報, 以虛其心, 大西希生天之報, 以實其証. 東西南北, 聖聖一揆, 豈非然哉?"

방 군이 내게 서문을 부탁하는데, 내가 글이 안 되는지라 그 말을 그저 정리만 해서 서문으로 삼는다.

龐君以序屬余, 余不文, 特次第其語, 而爲之序.

《서성칠편》 서문 西聖七編序

탕군 사람 팽단오彭端吾[35]가 쓰다
碭郡彭端吾

서양 사람 방적아 군이 《칠편》을 지었는데, 〈복오〉에서 시작해 〈책태〉에서 끝마쳤다. 내게 보여주므로 내가 이를 아껴서 읽어보았다. 대개 마음을 씻어주는 거룩한 물이요, 병증에 대응하는 중요한 처방이다. 옛날에 나라에 광천狂泉이라는 샘이 있었다. 나라 사람이 이를 마시면 모두 미쳐버렸다. 지금 시대에도 지금의 풍속을 물어보아, 자기에게 헤아려보고 남에게 대어보면 맞지 않음이 없을 듯하다. 이 일곱 가지 병통은 샘물 먹고 미친 나라 사람에 거의 가깝다. 방 군은 실로 그 나라의 학문을 와서 전해, 실로 이곳을 위해 일곱 가지 약을 처방하였다.

---

35 팽단오(생몰 불명): 명나라 말기의 관리. 자는 숭라嵩蝶, 강서江西 여릉廬陵 사람이다. 진사시에 급제했고, 1558년 양회순염사兩淮巡鹽使로 선정을 베풀었다.

西洋龐君迪我著七編, 始于伏傲, 終于策怠. 示余, 余愛而讀之. 蓋洗心之聖水, 對證之要方也. 古者國有狂泉, 國人飮之, 皆狂. 當今之時, 問今之俗, 絜已方人, 似無不中. 此七病者, 幾于以國狂. 而龐君實來傳其國學, 實爲此方七藥.

방 군은 비록 중국 사람과 함께 살지만 종종 부딪쳐 어긋날 경우 바로 중국 사람의 성품을 기억해두었다. 속마음을 바로 드러내 보이지 않고 모두 다 마음속에 쌓아두었으므로 하는 말마다 이치에 합당했다. 진晉나라에서 바위가 말한 것은 혹 빙자해서 말한 것이라지만,[36] 방 군의 말은 기대어 빌린 바가 없다. 내 생각에는 천주가 이를 시킨 것이 아닐까 한다. 특별히 기쁜 마음을 내세워서 놀라움을 크게 폈을 뿐이다. 경계하는 가르침은 꿈을 깨뜨려주고, 절묘한 비유는 입을 벌려 웃게 한다.

龐君雖與華之人處, 往往交臂而失, 卽諳華性, 不應徹見腑肝, 窮悉底蘊, 言言當也. 石言于晉, 或憑之言, 龐君之言, 無所憑假. 意者天主使之耶? 特揭開心, 鴻宣驚耳. 警策破夢, 妙喩解頤.

천지의 재해와 육신의 깊은 병은 모두 골수와 심장으로부터 나온다. 그 음란하고 사특한 벌레의 독을 도려내고 발라내서, 정신이 돌아오는 향을 태우고, 몸을 붙여주는 연고를 발라주니, 그 신통한 풀이가 진화秦和와 편작扁鵲[37]보다 윗길에 있었고, 그 쉽고도 간결함은 육경

---

36 진나라에서 바위가 …… 것이라지만: 바위가 진나라 위유魏楡에게 말을 거니, 진후晉侯가 돌이 어떻게 말을 하느냐고 묻자, 사광師曠이 돌은 말을 못하지만 혹 귀신이 붙어 대신 말하게 하는 수가 있다고 대답했다는 고사에서 나온 표현이다. 《춘추좌씨전春秋左氏傳》〈소공昭公〉 8년조 기사에 나온다.

과 사서의 위에 있었다. 한나라에서는 송운宋雲 등을 보내 서역으로 가게 해서 42장을 얻었다.[38] 녹원鹿苑의 앞뒤 안 맞는 이야기와 취봉鷲峯의 쭉정이 논의[39]를 거쳐, 이를 난대蘭臺와 석실石室에 보관케 했으니, 보배로 간직함이 너무 지나쳤다.[40] 나는 지금 사람들이 방 군을 볼 때 오래 중화의 지역에 있었지만 중용에 자취를 뒤섞어, 뜻을 맑게 해서 멀리 바라보고 정을 갈라 홀로 정돈하지 않음이 무겁게 여길 만한 것임을 알지 못함이 의아하다.

天地之淫厲, 人身之膏肓, 皆從骨髓心絡. 刳剔其淫邪蟲毒, 薰以反魂之香, 塗以合體之膏, 其神解, 在秦和扁鵲之上, 其易簡, 在六經四子之表. 漢遣宋雲等, 往西域得四十二章. 經鹿苑之厄譚, 鷲峰之粃論, 而藏之蘭臺石室, 過甚珍藏. 余訝時人, 見龐君久在華域, 溷跡中庸, 不澄意遠觀, 割情獨繕, 不知其可重也.

근세의 학자는 다만 즉심卽心의 학문[41]만 믿어 하늘에 근원을 두는

37 진화와 편작: 두 사람 모두 고대의 전설적인 명의다. 편작은 전국시대의 명의로 인체를 투시하는 능력이 있었다고 한다.

38 한나라에서는 …… 42장을 얻었다: 송운은 북위北魏 때 돈황 사람이다. 518년 호태후胡太后의 명을 받아 숭립사崇立寺 승려 혜생惠生과 함께 서역으로 가서 522년 대승경론大乘經論 170부를 구해 낙양으로 돌아왔다.

39 녹원의 …… 쭉정이 논의: 녹원은 석가모니가 처음 설법한 곳이고, 취봉은 인도 마갈타국摩竭陀國 왕사성王舍城에 있는 영취산靈鷲山을 가리킨다. 석가모니가 이곳에서 《법화경》을 강설했다고 한다. 따라서 이는 모두 불교의 가르침을 의미한다.

40 난대와 …… 너무 지나쳤다: 난대와 석실은 한나라 궁중에서 서적을 보관하던 곳이다. 한나라 때 불교를 숭상함이 과도했다는 의미다.

41 즉심의 학문: 사람의 양심이 도덕의 주체가 됨을 강조하는 육왕陸王의 심학心學을 말한다. 도덕 실천의 주체성이 자신이 결정하는 도덕 법칙과 윤리 규범에 바

마음을 이해하지 못한다. 평소 차분히 정돈된 공력이 없다 보니 망령되이 욕망을 따르는 것조차 모두 선이라고 말한다. 그렇지 않으면 종종 자비의 배를 타다가[42] 목숨을 잃거나, 지극한 보배를 손에 쥐고서 집을 잃고 만다. 어리석은 스승과 벗이 이를 이끌어, 독과 말린 고기를 함께 섞어서 내온다. 일곱 가지 덕을 써서 일곱 가지 욕심을 이겨냄은 이치로 욕심을 다스리는 것이니, 실로 마음으로 마음을 다스리는 것이다. 그 방법을 얻은 사람은 약이 다른 지방 먼 구역에 있더라도 울타리와 담장 사이의 물건으로 이를 대신할 수 있을 것이다.

近世學者, 祇信卽心之學, 不解原天之心. 素無止定之功, 妄言隨欲皆善. 往往駕慈航而殞命, 握至寶而喪家. 無明師友以導之, 和毒腊其雜進矣. 夫用七德, 克七情, 以理治欲, 實以心治心也. 得其道者, 藥在殊方絶域, 可以籬壁間物代之.

방 군의 책을 읽는 사람은 유럽임을 가지고 머니 가까우니 하는 마음을 먹지 말아야 한다. 또한 사서육경을 가지고 다르네 같네 하는 생각도 가져서는 안 된다. 그저 시대의 병통을 절실하게 구하기를 기약하고, 나라를 낫게 함이 있기를 바라야 할 것이다. 비록 그렇긴 해도 그의 저술 사업은 이미 나라 문에 내걸려 있다. 혹 병을 꺼려 의원을 멀리하고, 다시금 그 병든 마음을 더 자라나게 하면서, 이를 재난으로 여긴다면 장차 어찌하겠는가? 군은 이곳 사람들과 더불어 어깨를 나

탕을 두므로 마음이 곧 하늘이라고 생각한다.

42 자비의 배를 타다가: 자항慈航, 즉 자비의 배를 탔다는 말은 중생을 번뇌의 바다에서 건지는 불교를 믿었다는 뜻이다.

란히 하여 주인을 섬기거나, 호적을 같이하여 녹을 나누지도 않는다. 또 서술한 것은 천주의 말인지라 하늘이 그로 하여금 말하게 한 것이고 보면, 그를 두고 논난하는 자는 없을 것이다. 만약 있다 하더라도 능히 《칠편》의 말을 들어 이것이 옳지 않다고 함은 없을 것이다. 그렇다면 이 또한 군을 위해 논난할 거리가 못 된다.

讀龐君書者, 毋以歐邏巴生遠近想, 亦毋以六經四子, 生異同想. 期于切救時病, 庶于國有瘳乎. 雖然, 君書業已懸之國門, 或諱疾而忌醫, 復增長其病心, 與君爲魔難, 將奈何? 君不與此土人比肩事主, 同籍分祿. 且所述者, 天主之言. 天使言之, 度無爲君難者, 卽有之, 度無能擧七篇之言, 而非是之也. 則亦不足爲君難矣.

《칠극》 서문 七克序

진인 조우변曹于汴[43]이 짓다
晉人曹于汴撰

옛날 공자와 맹자가 가르침을 세워, 하늘을 알고 사람을 아는 것에
대한 주장을 자주 말하였다. 배움은 하늘을 아는 것보다 중요한 것이
없다. 하늘을 알아야 사람을 알게 되고, 사람을 안다는 것은 그 성품을
아는 것이니, 함께 한 하늘을 이고, 함께 한 목숨을 붙들며, 함께 한 성
품을 갖춘 것을 알 수가 있다.

昔者魯鄒之立訓, 知天知人之說, 蓋屢言之. 學莫要於知天矣. 知天斯知人,
知人者, 知其性也, 共戴一天, 共秉一命, 共具一性, 可知也.

---

43 조우변(1558~1634): 명나라 말기의 관리. 산서山西 해주解州 사람으로, 자는 자량
自梁 또는 정여貞予다. 1592년 진사시에 급제해서 회안추관淮安推官과 좌도어사左
都御史, 이과급사중吏科給事中의 벼슬을 거쳤으며, 강직한 성품과 고결한 행실로
존경받았다. 문집 《앙절당집仰節堂集》 14권과 《공발편共發編》이 전한다.

태서는 중화와 8만 리 떨어진 먼 곳이다. 순양 방 군이《칠극》을 지었는데 각각 1권이다. 중화의 선비들이 그의 정채로운 말을 외우다가 기뻐하며 웃는데, 이것은 어째서일까? 그 성품이 똑같기 때문이다. 교만, 질투, 인색, 분노, 음식과 여색에 미혹됨, 선을 행하는 데 게으름 등 일곱 가지는 정이 흘러간 바여서, 상제께서 내려주신 성품에는 원래 있지 않던 것이다. 하늘이 내려준 내 성품을 이끌어, 되는대로 내맡겨 두기를 즐기지 않는 것은 중화나 태서가 다를 수가 없다. 교만과 질투가 자랄 수 있고, 인색과 분노가 믿을 만하며, 음식과 여색이 미혹될 만하고, 선을 행함을 게을리해도 된다고 한다면, 하늘이 내려준 성품이 서로 다르단 말인가?

泰西距中華八萬里, 逖矣. 龐君順陽著七克, 各一卷. 中華之士, 諷其精語, 爲之解頤, 此何以故? 其性同也. 傲妬慳忿迷食色惰善七者, 情之所流, 上帝降衷之性所無有也. 率吾天命之性, 未肯任其流者, 中華泰西之所不能異也. 謂傲妬之可長, 慳忿之可恃, 食色之可迷, 善之可惰, 豈天之降性爾殊哉?

평탄하면 기분이 좋아지고, 군자를 보면 흡족하며, 착한 말을 들으면 상쾌해진다. 기분이 좋아지고 흡족하며 상쾌한 것은 성품이 정情을 바르게 하고 듣기를 순하게 하기 때문이다. 성품은 화려한 집과 같아서, 하인들이 멋대로 하지 못하는 바다. 성품이 주인 노릇을 하지 못하면, 잡스러운 마음이 솟구친다. 집에 주인이 없으면 하인이 위로 올라간다. 성령性靈을 한번 깨닫고 나면 잡스러운 마음은 깨끗이 씻긴다. 집주인이 한번 집에 오르면 여러 하인은 죽은 듯이 고요해진다. 그래서 사람의 성품을 아는 것은 사람의 성품을 다하였다고 할 수 있으니, 사람의 성품을 다하는 것은 그 정을 변화시키는 것이다. 그러니 사람의 정을 변화시키는 것은 스스로 그 성품을 다하는 것일 뿐이다. 스스로 그 성품을 다하는 것은 스스로 그 정을 변화시키는 것이므로, 그 정을 변화하는 것은 상제를 따르는 것일 뿐이다.

平旦而憬然, 見君子而厭然, 聞善言而快然. 其憬然厭然快然者, 性爲政情順聽矣. 性如堂皇, 僕隷之所不得擾也. 性不爲主, 雜情熾. 堂皇無主, 僕吏登矣. 性靈一覺, 雜情濯濯. 堂主一升, 群僕寂寂. 故知人之性者, 可以盡人之性矣. 盡人性者, 化其情者也. 化人之情者, 自盡其性而已矣. 自盡其性者, 自化其情者也. 化其情者, 率上帝而已矣.

높은 하늘에 실린 것은 소리도 없고 냄새도 없다. 하늘을 아는 사람은 아주 작은 욕망도 함께 끊어버린다. 어찌 일곱 가지로 하여금 몰래 숨어 있다가 그 흐름을 넘치게 할 수 있겠는가? 그래서 이를 이겨내야지, 어찌 자기에게 그것을 용납하겠는가? 이에 방 군이 그 책을 출판하면서 내게 서문을 청하므로 애오라지 여기에 써서 답장한다.

上天之載, 聲臭且無. 知天之人, 纖欲俱絶. 詎令七者之潛伏, 之流溢也乎哉? 而克之烏容以己? 於是龐君梓其編, 索序於余, 漫書此以復之.

《칠극진훈》재판 서문 重鑴七克眞訓序

구세주 강생 1857년 정사년 2월 초순,
태서 성 빈첸시오회 선교사 사베리오沙勿略**44**가 삼가 쓰다

救世主降生一千八百五十七年歲在丁巳仲春之上浣, 泰西聖味增爵會士沙勿略顧

귀하게 여길 만한 말은 성인을 사모하는 것으로 사람의 마음을 열어주어 영원히 후세에 남기기에 족하다. 우리 천주교 안에도 그 같은 말을 담은 책은 없지 않다. 다만 말이 간결하면서도 뜻이 갖춰져 있고, 표현이 맑으면서도 담긴 뜻이 깊은 것은 막상 그다지 많지가 않다.

言之可貴, 足以迪人心於希聖, 垂後世於不朽者. 吾教中不乏其書. 第求其言簡而意該, 詞淸而旨深者, 蓋不多覯.

병진년(1856) 봄에 내가 머물던 곳에서 이 책을 얻었는데, 이름이 《칠극진훈七克眞訓》이라 하였다. 펼쳐보자마자 바로 하나하나가 황금

---

44 사베리오Xaverius: 1857년 당시 이 책을 펴내고 이 글을 쓴 성 빈첸시오회 소속 서양 선교사의 자세한 인적은 알 수 없다.

의 보슬비요 구절구절이 옥가루임을 깨달아, 사람으로 하여금 차마 손에서 놓지 못하게 하였다. 만약 사람마다 이 책을 보게 된다면 누구든 진실로 내가 좋아한 것과 똑같을 것이다. 하지만 이 책은 처음부터 누락된 곳이 많아 공식적으로 세상에 널리 배포하여 전할 수 없는 것이 몹시 애석했다.

丙辰春, 予乃獲斯編於豫邸, 名曰七克眞訓. 展玩之下, 直覺在在金霏, 句句玉屑, 有令人不忍釋手者. 倘使人人見此, 諒無不有同我之所好也. 奈書本多缺, 不能廣布流傳, 以公宇內, 甚爲惋惜.

이 가르침은 끝도 없는 수만 마디의 말을 끌어와 친절하게 비유한 것이어서, 사람의 몸과 마음과 정신에 유익함이 있다. 단지 우리 천주교의 주교나 신부, 그리고 교우들뿐 아니라 위로는 군왕에서부터 아래로 일반 선비와 백성에 이르기까지 모두가 마땅히 새기고 따라 자기를 닦고 남을 다스리는 보배로운 거울로 삼아야만 할 것이다.

夫以是訓之亹亹數萬言, 旁引曲喩, 其有益於人之身心性命者. 蓋不祗吾教中之鑑牧鐸德教友等, 卽上自君王, 下逮士庶, 靡不均當佩服, 以作脩己治人之寶鑑.

왜 그런가? 원조 아담이 천주의 명을 거스른 뒤로부터 사람들이 선을 좇음은 산을 오르는 것 같고, 악을 따름은 무너져내리는 것 같게 되었다. 이는 모두 일곱 가지 죄악이 몸을 괴롭히기 때문이다. 진실로 몸을 괴롭히지 않고 마음으로 하여금 태연하게 스스로를 편안케 하려 한다면, 이겨냄이 아니고는 보람을 거두지 못한다. 하지만 이기더라도 이 일곱 가지 덕목의 좋은 처방을 버린다면 어찌 능히 그 병을 낫게 하고, 죄를 물리칠 수 있겠는가? 질병이 치료되지 않는다면 몸은 장차 죽게 될 것이다. 죄가 떠나가지 않았는데 영혼이 어떻게 되살아날 수 있겠는가?

何則? 人自原祖亞當背命後, 凡所以從善如登, 從惡如崩者, 皆爲七罪之困於身耳. 苟欲身之不困, 而使心君泰然以自慊者, 要非克不爲功. 然克而捨此七德之良方, 何能見其疾之瘳, 而罪之去乎? 夫疾不瘳, 則身將斃. 罪不去, 則靈何甦?

하물며 집안을 가지런히 하고 나라를 다스리는 도리는《대학》과《중용》같은 여러 책에 실려 있어서, 정성스럽게 바른 마음으로 몸을 닦는 것을 급선무로 삼지 않음이 없다. 그렇지 않다면 초나라 영왕靈王이 교만과 뻐김을 이기지 못해 그 몸을 잃고,[45] 주나라 목왕穆王이 거칠고 문란함을 극복하여 그 나라를 보전할 수 있었던 것[46] 같음이 어찌 그 명백한 효과요 큰 징험이 아니겠는가?

而況齊家治國之道, 載在大學中庸諸書, 無非諄諄敎人以正心脩身爲急務. 不然若楚靈王之驕矜, 以不克而喪其身, 周穆王之荒亂, 以能克而保其國者, 豈

---

45 초나라 영왕이 …… 그 몸을 잃고: 영왕은 초나라 공왕共王의 둘째 아들로, 조카를 죽이고 왕위에 올랐다. 기원전 541년에 스스로 초나라의 국군國君이 되었다. 그는 사치가 심하고 탐욕이 많은 폭군이었다. 기원전 530년에 군대를 보내 서徐를 포위하여 오나라를 위협했는데, 529년 초나라 사람들이 들고일어나, 도망가다가 교외에서 목매 죽었다.

46 주나라 목왕이 …… 보전할 수 있었던 것: 목왕은 기원전 1026~922년 즈음에 활동했다. 성은 희姬, 이름은 만滿이며, '목천자穆天子'라는 애칭으로 일컬어졌다. 주나라 소왕昭王의 아들로 서주西周의 5대 군주다. 55년간 재위했는데, 서국徐國 정벌과 오랜 전쟁으로 천하를 다니느라 나랏일은 돌보지 않았다. 하지만《목천자전穆天子傳》같은 소설에서 그는 지혜가 충만하고 사방을 통치해 천하에 이름을 떨친 임금으로 그려졌다.

非其明效大驗耶?

공자는 "자신을 이겨 예를 회복하는 것을 인이라 한다"고 했고, 《주역》의 〈계사繫辭〉는 "군자는 분노를 참고 욕심을 막아, 선한 일을 보면 옮겨가고 허물이 있으면 고친다"고 했다. 또 《상서尙書》에서는 "다만 성인도 생각하지 않으면 미치광이가 되고, 미치광이라도 능히 생각하면 성인이 된다"고 했다. 이로 말미암아 생각해보면, 유가의 서책 속 지극한 덕과 중요한 도리가 진실로 이 책의 가르침과 합치되는 곳이 한둘이 아님을 충분히 알 수가 있다.

孔子曰: "克已復禮爲仁." 易辭云: "君子懲忿窒慾, 見善則遷, 有過則改." 尙書曰: "惟聖罔念作狂, 惟狂克念作聖." 由是思之, 可見儒書之至德要道, 誠有合於斯訓者, 不一而足矣.

선유先儒가 말하기를, "성정에 나아가 이치로 만나는 것을 함양涵養이라 하고, 염려를 통해서 끌어당기는 것을 성찰省察이라고 하며, 기질에 나아가 녹여 용해시키는 것을 극치克治라 한다"고 했다. 이런 까닭에 공자와 맹자는 하학下學을 했고, 탕왕과 무왕은 몸을 돌이켜 살폈으며, 안연은 보고 듣고 말하고 행하는 네 가지를 하지 않았고, 증자는 날마다 세 번씩 반성했으니, 이 몇 사람은 모두 중국에서 성현으로 일컫는 분들이다. 애초에 극복하는 것을 유자儒者의 수신脩身으로 삼았다는 한 가지 증거가 아닐 수 없다.

先儒云: "就性情上理會, 謂涵養. 就念慮上提撕, 謂省察. 就氣質上銷鎔, 謂克治." 是以孔孟下學, 湯武反身, 顔子四勿, 曾子三省之數子者, 皆中國所稱之聖賢. 初非不以克爲儒者脩身之一證也.

그래서 나는 말한다. "일곱 가지 죄는 육신의 정에 속하고, 일곱 가지 덕은 영성靈性에 포함된다. 영성은 천주를 향해 귀의한 뒤라야 일곱 가지 죄를 제어하기가 쉽고, 성현의 경지에 이르기가 어렵지 않다." 나는 이 책이 잘 간추렸으면서도 상세한 것을 아끼면서, 동시에 이 가르침이 흩어져 파묻히게 될 것을 염려한다. 장차 원본에 따라 비교하여 바로잡고, 상하 두 권으로 나누어 인쇄에 맡겨서 그 전함이 빠르고 널리 퍼지게 하려 한다.

我故曰: "七罪屬肉情, 七德屬靈性. 靈性向天主爲依歸, 而後七罪易制, 聖賢之域不難至矣." 予愛斯編之約而詳, 又慮是訓之湮以沒, 逐將原本較訂, 分爲上下兩卷, 付之剞劂, 速廣其傳.

바라건대 옥을 품어 산을 빛나게 하고, 구슬을 머금어 시내를 아름답게 하는 보배로 하여금 다만 우리 천주교 안쪽을 비출 뿐 아니라, 실로 군신과 부자, 부부와 형제가 그 지위를 편안하게 하고, 활짝 하늘 아래 오래도록 편안하고 길이 다스려질 도리를 열어주게 했으면 한다. 이를 서문으로 삼는다.

庶使玉蘊山輝, 珠含川媚之寶, 不惟燭我教中, 實以迪君臣父子夫婦昆弟朋友之安其位, 而開天下久安長治之道也. 是爲序.

《칠극진훈》 서문 七克眞訓序 [47]

　　약에 관한 책에 이르기를, "한 가지 병은 한 가지 약으로 조절함이 있고, 백 가지 병은 백 가지 처방으로 다스림이 있다. 뜨거운 성질의 약으로 찬 것을 공격하고, 시원한 약으로 열을 이겨낸다. 꽉 찬 것은 쏟아내게 하고, 약한 것은 보완하게 한다"고 했다. 이것은 바로 의원의 비결이다. 사람의 마음속 병은 대략 일곱 가지 큰 것이 있다. 증세에 대한 처방 또한 반드시 일곱 가지가 있다. 그것은 겸손으로 교만함을 이기고, 사랑으로 질투를 변화시키며, 희사喜捨함으로써 인색함을 치고, 인내로 분노를 막으며, 절제로 욕심을 다스리고, 곧음으로 음란함을 막으며, 부지런함으로 게으름을 채찍질하는 것이니, 이것이 바로 신통한 조제의 처방이다.

47　이 글은 지은이가 밝혀져 있지 않다.

藥書云: "一病有一藥以調之, 百病有百方以治之. 熱藥以攻寒, 凉藥以克熱. 實者用瀉, 弱者用補." 此乃醫者之訣也. 人心之病, 約有七宗. 對症之方, 亦必有七樣. 卽謙以克傲, 愛以化妒, 捨以攻吝, 忍以防怒, 節以治饕, 貞以杜淫, 勤以策怠, 此乃神劑之方也.

이 작은 책자 안에 일곱 가지 병의 해악을 상세히 논하고, 아울러 일곱 가지 증세에 대한 처방을 실었다. 병을 알아도 처방을 모른다면 병이 나을 수 없고, 처방을 알더라도 병을 알지 못하면 처방 또한 쓸모가 없다. 그래서 지금 병을 싣고 또 처방을 실어서, 독자로 하여금 일목요연하게끔 했다. 이미 병든 사람이 이 처방을 복용하면 건져내 병을 낫게 하고, 또 건강을 회복하는 효과가 있다. 아직 병들지 않은 사람이 이 처방을 복용할 경우 정밀하고 상쾌함을 보전할 수 있으니, 장차 받아 물드는 해로움을 면할 것이다.

此小帙內, 細論七病之害, 幷載七症之方. 識病不知方, 病不見瘳, 知方不識病, 方亦無用. 故今載病又載方, 使讀者一目了然. 已病者服此方, 能濟病愈, 且有復健之效. 未病者服此方, 能保精爽, 且免受染之害.

약의 효능은 지금 당장의 병을 다스릴 수 있어야 좋은 처방이라고 말할 만하다. 만약 능히 몸을 단단하게 해서 병들어 앓지 않게 할 수만 있다면, 오히려 신통한 처방이라 말할 수 있다. 이 책은 사람의 과거와 현재의 악을 치료할 뿐 아니라, 또한 능히 사람이 아직 앓지 않은 병을 예방하게 해주니, 신묘하다고 말할 만하다. 무릇 악을 고쳐서 선으로 옮기고자 하는 사람이라면 먼저 마땅히 악의 추함을 알고 선의 아름다움을 알아야만 한다. 그렇지 않으면 악을 능히 고치지 못하고 선을 능히 닦지 못하니, 몸의 병이 없다 해도 어찌 치료할 수 있겠는가?

藥能治現時之病, 可謂良方. 若能固體, 能使病不患, 猶謂神方. 此書不惟治
人已往現時之惡, 且能使人預防未患之編, 可謂妙矣. 凡欲改惡遷善者, 先當識
惡之醜, 知善之美. 否則惡不能改, 善不能修, 身病日無病, 焉能求治乎?

이 책은 일곱 가지 죄악의 추함을 상세히 해설하고, 또 일곱 가지
덕의 아름다움을 펴서 밝혔다. 읽는 자로 하여금 추함을 버리고 아름
다움에 투신케 한다면 마침내 성현의 지위에 다다를 것이다. 참으로
자기 죄의 뿌리를 제거하고 덕을 닦으려는 자라면, 이 책을 어찌 소홀
히 여길 수 있으랴!

此書詳解七罪之嬙, 又發明七德之妍. 使誦者棄嬙投妍, 終至聖賢之位也. 所
以眞欲芟已罪根而修德者, 是書何可少哉!

《칠극》후발 七克後跋

만력 갑인년 6월, 신도의 후학 왕여순汪汝淳[48]이 적는다

萬曆甲寅季夏, 新都後學汪汝淳識

예전 내가 마테오 리치의 책이 흥미로워, 이를 위해 책으로 펴내 널리 전한 일이 있었다. 마테오 리치는 이미 세상을 떴고 다시금 판토하가 있어 예수의 가르침을 부연하여 마테오 리치의 말이 더욱 환히 드러났다. 지난번 양기원楊淇園 선생을 통해 《칠극》을 얻어 보았는데, 앞선 성인께서 남긴 말과 이름난 학자의 정묘한 논의가 성대했다.

往予有味乎利子之書, 爲之殺靑而廣其傳矣. 利子旣沒, 復有龐子, 衍耶穌之敎, 而利子之言益彰. 頃從楊淇園先生所獲觀七克, 駸駸乎先聖遺言, 名儒眇論也.

---

48 왕여순: 명나라 말기 안휘성 흡현歙縣 사람. 신도는 흡현의 별칭이다. 자는 맹박孟樸. 《천주실의》와 《기인십편》, 《중각이십오언重刻二十五言》에 그가 쓴 발문이 남아 있다. 내용 중에 양기원과의 왕래 사실을 밝혔는데, 《칠극》의 서문을 쓴 양정균을 가리킨다. 생애와 관직은 특별히 알려진 것이 없다.

'극克'에 대한 주장은 공자로부터 시작되었다. 그 이긴다는 것은 다만 하나의 자기 자신일 뿐인데, 그 조목에 네 가지가 있었다.[49] 그러니 어찌 판토하의 이김(克)이 일곱 가지나 되고 갈래가 또 수십 가지인 것에 견주겠는가? 대개 상등의 사람은 정서와 식견이 닫히지 않아 본체를 곧바로 본다. 이를 통해 곧장 본체를 깨끗이 씻어내므로 사방에 대한 이해가 상쾌하다. 그리고 여러 가지 인연이 기대거나 따라붙는 바가 없어서 자기를 한번 이겨서 천하를 어짊으로 돌아오게 한다. 더불어 이에 대해 말하는 것은 안연顏淵이 아니고는 어렵다. 하등의 사람은 사사로운 욕심이 얽혀 있어서, 온갖 종류의 여러 가지 악이 서로 붙어서 생겨난다. 비유하자면, 원기元氣가 다 삭아 여러 가지 병이 생기고 나서 병으로 인해 처방을 짓는 것과 같다 하겠다.

夫克之說, 肇自宣尼, 其所克惟一己, 而目有四. 何居乎龐子之克有七, 而支且數十也? 蓋上根之人, 情識未封, 直見本體. 即從本體滌除, 爽然四解, 而諸緣無所依附, 己一克而天下歸仁, 非顏子難與語此. 下根之人, 私欲糾結, 種種諸惡, 相附而生. 譬之元氣消鑠, 是生諸病, 因病製方.

7이라는 숫자는 뭉뚱그려 말한 것이다. 갈라서 말한다면 교만과 질투, 인색함과 분노, 식욕과 색욕, 게으름이 되고, 이를 합치면 하나의 나일 뿐이다. 아! 쌀겨가 눈에 들어가면 천지가 뒤집어진다. 사사로운 욕심에 마음이 홀리면 옳고 그름이 뒤죽박죽된다. 저 사람이 또 살펴

---

49 조목에 네 가지가 있었다:《논어》〈안연〉 편에서 "예가 아니면 보지를 말고, 예가 아니면 듣지도 말며, 예가 아니면 말하지 말고, 예가 아니면 움직이지 말라(非禮勿視, 非禮勿聽, 非禮勿言, 非禮勿動)"고 한 가르침을 두고 한 말이다.

보아 좋은 그늘로 여겨서 함부로 친한 듯 굴지만, 자기에게 해가 되는 것을 누가 알겠는가? 반드시 길을 나눠 서로 공격할 것인데, 평탄하여 숨은 도적이 없기를 바라겠는가? 그러니 판토하의 말을 또 어찌 우습게 볼 수 있겠는가?

七者其大凡也. 別而言之, 則爲驕傲, 爲嫉妬, 爲慳悋忿怒, 爲食色懈惰, 摠之則一己而已. 嗟夫! 秕糠眯目, 則天地易位, 私欲熏心, 則是非溷淆. 彼且視爲美蔭, 狎而親之, 孰知己之爲害? 必分道交攻, 庶幾垣無伏寇. 龐子之言, 又曷可少哉?

예전 매생枚生이 〈칠발七發〉[50]을 짓자, 문인들이 서로 솜씨를 뽐내 앞다퉈 〈칠계七啓〉와 〈칠명七命〉, 〈칠계七契〉와 〈칠려七勵〉를 지었다.[51] 무릇 수십 명의 학자가 오히려 본떠 흉내 내기를 그치지 않았다. 이제 판토하의 《칠극》이 완성되어, 한번 문인의 누습을 씻어주었다. 이를 써서 마테오 리치의 책과 나란히 판목에 새겨서 세상 사람의 약석藥石이 되게 하려 한다.

昔枚生爲七發, 文人相矜, 兢爲七啓七命七契七勵. 凡數十家, 猶效顰未已也. 今龐子之七克成, 一洗文人之陋, 用是與利子之書並刻, 以爲世人藥石云.

---

50 〈칠발〉: 한나라 때 매승枚乘이 지은 글. 일곱 가지 일을 말하면서 태자에게 일깨움을 주려고 한 내용이다. 《초사楚辭》에도 〈칠간七諫〉이라는 글이 있다. 《칠극》의 일곱 가지 항목 제시가 과거의 문학 전통에 뿌리를 두었다고 말하려 한 것이다.

51 앞다퉈 …… 지었다: 매승의 〈칠발〉 이후 역대로 많은 사람이 일곱 항목으로 된 글쓰기의 형식을 본떴는데, 왕찬王粲과 조식曹植이 각각 〈칠계七啓〉를 남겼고, 장협張協은 〈칠명七命〉을 지었다. 또 남조 때 소역蕭繹이 〈칠계七契〉를 짓고, 양나라 간문제簡文帝 소강蕭綱도 〈칠려七勵〉를 남긴 바 있다. 이를 묶어 '칠체七體'라고도 한다.

《서성칠편》 발문 西聖七編跋

정양태수 번정우樊鼎遇[52]
旌陽令樊鼎遇

직지사直指使 팽공彭公이 정양旌陽 현령으로 있을 때, 내가 일찍이 유럽의 마테오 리치와 알고 지냈다. 그의 벗인 판토하가 지은 책 7편을 꺼내 보여주는데, 지금의 병통에 꼭 맞아 마음을 깨어나게 하고 눈을 시원하게 했다. 그가 징험하여 토론하고 샅샅이 뒤져 되풀이해서 정성을 다한 것을 살펴보니, 장자의 〈인간세人間世〉가 도리어 얕음을 깨달을 정도였다. 마침내 정양에서 책으로 출판할 것을 청해, 향기로운 금강錦江의 대나무를 가져와 1만 부를 인쇄해서 만나는 사람마다

---

52 번정우: 명나라 말기의 관리. 황강黃岡 사람이다. 덕양 현령을 맡아 성을 수선하고 제방을 쌓고, 의창義倉을 운영해 선정으로 이름이 높았다. 봉급을 털어 책 4천여 권을 구입해 제생을 가르쳤다.《칠극》의 서문을 쓴 팽단오와 젊어서부터 인연이 깊어, 정양 현령 팽단오에게 요청해 당시 현에서 비용을 대《칠극》을 출간하고, 그 인연으로 이 글을 썼다.

주어, 속세의 정을 널리 깨우치고 성인의 가르침을 널리 펴게 하자고 했다.

直指使彭公臨旌陽, 以鼎遇曾識歐邏巴利瑪竇也. 出其友龐迪我所著書凡七編, 切中時病, 醒心豁目. 察其徵討窮搜, 反覆致意, 覺莊生人間世爲淺耳. 遂請鏤簡于旌陽, 將馨錦江之竹, 繕印萬部, 逢人輒送, 以廣喩俗情, 普闓聖諾.

팽 선생이 머리를 끄덕이며 말했다. "육자정陸子靜[53]이 '동방이나 서방이나 성인이 나오는 것은 이 마음과 이 이치가 똑같기 때문'이라고 말했었지. 방 공은 몇 만 리 바다를 건너와서 그 나라의 가르침을 이와 같이 번역했는데, 비록 천하의 밖에 다시금 천지가 있지만 또한 두 가지 마음이 있음을 용납하지 않는 듯하네그려."

내가 선생의 말씀에 바탕을 두어 가만히 이름을 붙여서 '서성칠편西聖七編'이라 했다.

先生首肯曰: "陸子靜有言: '東方西方有聖人出焉, 此心此理同也.' 龐公越海幾萬里, 而譯其國敎如是, 雖六合之外, 復有天地, 似亦不容有兩心." 鼎遇本先生語, 竊名之曰: '西聖七編.'

어떤 이가 말했다. "'성聖'이라는 표현은 공자께서도 받지 않으셨는데 대체 어떤 사람이 가져간단 말인가?"

들으니 《공총자孔叢子》에서는 마음의 정신을 '성聖'이라 했고,[54] 자

---

53 육자정(1139~1193): 남송의 학자 육구연陸九淵을 가리킨다. 자정은 그의 자고, 호는 상산象山이다. 주자의 성즉리설性卽理說에 반대해 심즉리설心卽理說의 심학을 제창했다.

54 《공총자》에서는 …… '성'이라 했고: 《공총자》는 공자의 8대손인 진秦나라 때 공

사자子思子는 사람의 마음을 생각지도 않고 힘쓰지도 않는 하늘에게
로 이끄는 것을 '성인聖人'이라고 말했다.[55] 동방에서는 사람과 하늘이
합치되는 것을 일러 '성'이라 하였으니, 서방 사람을 통해 하늘의 말
을 서술한 것을 '서성西聖'이라 말하지 않고 무어라 하겠는가? 하늘에
대해 말했고, 그 사람은 성인이니, 성인이 여기서 갖춰지게 되었다. 동
쪽 사람인지 서쪽 사람인지는 또 어찌 따지겠는가?

　或曰:"聖孔子不居, 何許人之汰也?" 聞之孔叢子, 心之精神謂之聖, 子思子
挈人心不思不勉之天, 謂之聖人. 東方言合人天卽爲聖, 經西方人述天言, 不謂
西聖而何? 天其言卽聖其人, 聖具此矣. 東西人又奚辯?

　　부孔鮒가 지은 것으로 알려진 책의 이름. 공자와 자사子思, 자상子上과 자고子高 등
　　여러 사람의 언행을 기록한 책이다. 책의 진위 여부를 둘러싸고 많은 논쟁이 있
　　었다. 마음의 정신을 일러 '성聖'이라 한다는 말은 《공총자》 제5장 〈기문記問〉에
　　서 자사의 질문에 공자가 대답한 대목에 나온다.

55　자사자는 …… 말했다:《중용》에서 "성誠이라는 것은 힘쓰지 않고도 맞고 생각지
　　않았는데 얻는 것이니, 조용히 도에 합치하는 것이 성인이다(誠者, 不勉而中, 不思而
　　得, 從容中道, 聖人也)"라고 한 대목을 두고 한 말이다.

천국으로 가는 사다리,
일곱 가지 승리의 길

　《칠극》은 명말 예수회 선교사로 중국에 건너온 스페인 출신 판토하가 한문으로 지은 종교 수양서다. 같은 시기 함께 활동한 마테오 리치의 《천주실의》와 함께 중국뿐 아니라 조선과 일본 등 동아시아 지식인들에게도 광범위한 영향을 미친 대표적인 서학서다. 이 책은 1614년 북경에서 총 7권으로 처음 간행되었다. 14년 뒤인 1628년에 《천학초함天學初函》에 수록되면서 더욱 폭넓은 독자층을 확보했다. 이후 청대와 근대에 이르기까지 지난 300년 동안 판을 바꿔가며 꾸준히 간행되었고, 1857년에는 축약본 《칠극진훈七克眞訓》 2책이 출간되기도 했다.

　이 책에 대해 근대의 지식인 영렴지英斂之는 1915년에 쓴 〈재론입수공부再論入手工夫〉라는 글에서, 자신이 평생 많은 책을 읽어왔지만 덕을 쌓고 허물을 고치는 데 유용하기로는 《칠극》만 한 책이 없었다면서, 책 속의 한 마디 한 마디가 뼈를 찌르고〔語語刺骨〕 한 글자 한 글

자가 마음에 콕콕 박히는(字字透心) 것처럼 통렬하고 절실하다고 평가
했다. 또 서양인의 문장임에도 간결하면서도 예스러운 문체가 제자백
가서를 읽는 느낌이 들어, 마음을 차분히 가라앉혀 한 차례 읽어보면
정신을 놀래고(驚心動魂) 신묘한 맛이 무궁하다(神味無窮)고 격찬했다.[1]

　　영렴지뿐 아니라《칠극》간행 당시 책에 서문을 쓴 양정균, 정이위,
웅명우, 진량채, 팽단오, 조우변 같은 인물들도 한결같이 이 책의 편집
과 내용에 탄복했다. 양정균은 이 책에 담긴 훌륭한 이치와 오묘한 뜻
이 마음을 깨어나게 하고 눈을 열어주어 절로 깨달음으로 이끌어준다
고 칭찬했고, 정이위는 공자의 극기복례 가르침과 하나도 다를 것이
없는 책이라면서 보유적補儒的 관점에서 이 책이 지닌 유용성을 평가
했다. 웅명우가 서문에서 "서방의 인사가 공자孔子의 공신功臣이 되리
라고는 생각지도 못하였다"고 쓴 것도 같은 맥락에서다.

　　이 글에서는 저자인 판토하의 생애와 인간, 7죄종의 개념 연원,《칠
극》의 구성과 체재,《칠극》이 조선에 미친 영향 등에 대해 차례로 살
펴보겠다.

저자 판토하의 생애와 인간

　　판토하는 중국 이름이 방적아龐迪我고, 자가 순양順陽이다. 그는 선
교사로서는 드물게 스페인 국적의 예수회 선교사로, 1571년 4월
24일 스페인 마드리드 인근의 발데모로에서 태어났다. 18세 나던
1589년 톨레도로 와서 예수회에 가입했고, 빌라레지오Villaregio 수도

1　방호方豪,《중국천주교사 인물전》(중국 종교문화출판사, 2007) 중 99면,〈방적아龐迪
　我〉조 참조.

원에서 엄격한 훈련 과정을 시작했다. 27세 때인 1596년 4월 10일 동방 선교의 꿈을 안고 18명의 신부와 함께 리스본을 떠난 그는, 7개월에 걸친 긴 항해 끝에 1596년 10월 25일 인도의 고아Goa에 도착했다. 이때 불교의 학설에 대해 공부할 기회를 가졌다. 1597년 4월 23일, 같은 예수회 선교사 롱고바르디龍華民, Nicholas Longobardi(1559~1654) 등과 인도를 출발해 그해 7월 20일 마카오에 첫발을 디뎠다.

마카오의 성바오로총원에 적을 두고 신학 공부를 계속하던 판토하는 1598년 7월 1일 최종 시험에 통과해 일본 선교의 명을 받았다. 하지만 이때 일본에서 발생한 교회 탄압에 발이 묶여 한동안 마카오에 머물다가, 당시 원장이었던 발리냐노의 판단에 따라 중국 남경에 있던 마테오 리치의 보좌역으로 파견되었다.

그는 1599년 10월 말 포르투갈 상인들 틈에 섞여 중국에 잠입했고, 중국인 복장으로 변장해 1600년 3월에야 간신히 남경에 도착할 수 있었다. 이후 마테오 리치의 조수로서 그를 보좌하다가, 1601년 1월 24일, 마침내 마테오 리치를 따라 북경으로 가서 명나라 신종 황제를 알현했다. 그사이에 궁정 악사들에게 음악을 가르치기도 했다.

1610년 마테오 리치가 세상을 뜨자, 1606년에 중국으로 온 이탈리아 선교사 우르시스熊三拔, Ursis(1575~1620)와 함께 흠천감의 관원 자격으로 북경에 머물렀다. 판토하는 마테오 리치가 진행하던 일을 그대로 이어받았는데, 그는 마테오 리치보다 15세 어렸고, 중국에 온 것은 28년이 늦었다.

1616년 중국에서 천주교에 대한 첫 번째 공식적 박해로 기록되는 남경교난이 발생했다. 이때 판토하는 동료 우르시스와 함께 박해의 부당함을 호소하는 상소문 〈변계辨揭〉를 올렸다. 하지만 1617년 3월 그는 우르시스와 함께 북경에서 광주를 거쳐 마카오로 추방되었다.

그리고 마카오에서 재입국을 기다리던 중, 1618년 7월 9일 47세의 비교적 젊은 나이로 병사했다.

판토하가 중국에 체류한 기간은 고작 19년이었지만, 그는 언어 능력을 타고나 중국어 구사력이 탁월했다. 마테오 리치가 세상을 떴을 때, 그의 묘지를 하사해달라고 청원하는 상소문도 판토하가 직접 작성했다. 마테오 리치의 후광과 탁월한 중국어 문장 능력과 식견을 바탕으로 그는《칠극》을 저술해 높은 평가를 받았다.《칠극》외에도《천주실의 속편》 등 여러 종류의 저술을 남겼다. 중국의 사대부들은 그에 대해 최고의 존경을 담아 '방 공' 또는 '방자龐子'라고 불렀다.

방호方豪의 정리에 따르면, 1552~1779년 중국에 파견된 예수회 선교사 456명의 국적은 포르투갈 153명, 프랑스 62명, 이탈리아 62명, 벨기에 14명, 독일 12명, 스페인 6명 등이었다. 스페인 출신은 전체 파송 선교사 중 1.3퍼센트밖에 안 되는 낮은 비율이었다. 판토하는 그 6명 중 한 명이었고, 그럼에도 그는《칠극》저술로 스페인 출신의 가장 위대한 한학가漢學家라는 평가를 받았다.[2]

판토하가 남긴 한문 서학서는 다음과 같다.

1. 《칠극》7권
2. 《천주실의天主實義 속편續篇》1권
3. 《인류원시人類原始》1권
4. 《천신귀신설天神鬼神說》1권
5. 《천주야소수난시말天主耶穌受難始末》1권

---

2 방호, 앞 같은 책, 100면.

6. 《방자유전龐子遺詮》 4권

7. 《구게구게具揭》 1권

8. 《해외여도전설海外輿圖全說》 1권

9. 《일구도법日晷圖法》 1책

10. 〈수위야소회신부입화기우급진문기실數位耶穌會神父入華奇遇及珍聞紀實〉
    1편

그의 저술은 크게 교리서와 과학서로 구분할 수 있다. 각 저작에 대한 자세한 설명은 생략하겠다.[3]

판토하는 예수회 선교사로서 전교활동에 헌신한 것 외에 동서 문화교류 방면에도 크게 공헌했다. 그는 중국 내지로 들어가 전교활동을 진행하면서, 타자의 시선에서 명말 중국 사회를 관찰하고 진단했다. 그는 빠른 어학 습득 능력을 바탕으로 신속하게 중국어를 익혔고, 자신의 저작을 통해 16~17세기 중국의 각종 문화와 정치, 종교와 궁정생활에 이르기까지 백과전서적 정보들을 담아내, 유럽 각국의 언어로 번역·소개되는 데 크게 기여했다.

또한 풍부한 지리 지식을 바탕으로 중국인들에게 세계 지리를 소개하는 한편, 서구 지리학의 오류를 바로잡기도 했다. 이에 못지않게 과학 지식, 특히 천문학 지식의 보급에도 중요한 역할을 담당했다. 만명晩明 시기 책력 수정 작업의 선두에서 활약했고, 이는 이후 중국 사

---

3 판토하의 생애와 저작에 대한 정리는 섭농葉農이 쓴 〈與巨人同行者─西班牙籍耶穌會士龐迪我及其著作〉, 《야소회사방적아저술집耶穌會士龐迪我著述集》(중국 광동인민출판사, 2019)를 참조했다.

회에서 선교사들이 흠천감에서 중요한 지위를 갖는 계기가 되었다.

그리고 《칠극》을 통해 《이솝 우화》뿐 아니라 《성경》과 서양 철학자, 현인, 교부, 성인들의 어록을 한문으로 번역해서 대거 소개함으로써, 서구 문화에 대한 중국인의 이해도를 높이고 거부감을 없애, 천주교 신앙이 중국 사회에 스며드는 데 큰 역할을 했다.

《칠극》과 7죄종

1614년 북경에서 총 7권으로 처음 간행된 《칠극》은 14년 뒤인 1628년 이지조李之藻가 엮은 《천학초함》에 수록됨으로써, 대표적인 한역 서학서의 하나로 확고한 명성을 지니게 되었다. 이후 근대 시기까지 꾸준히 판을 바꿔가며 지속적으로 출간되었다. 1643년에는 북경에서 4권 편집본이 간행되었고, 1798년 경도京都 시태대당始胎大堂 각본刻本과 1843년의 사경각본泗涇刻本, 1849년 상해 2권본이 간행되었다. 1857년에는 2권으로 간추린 축약본 《칠극진훈》이 별도로 출간되었다. 또 1873년 상해 토산만인서관土山灣印書館 4권본, 1931년 상해 토산만인서관 연인본鉛印本, 광동 조경부肇慶府 진원당眞原堂 중간본 등이 꾸준히 간행되었다. 이 밖에도 1910년본과 1922년 상해 중인본重印本, 1962년 대만 중인본 등이 더 있다. 첫 출간 이후 근 350년 동안 이 책이 중국에서 이처럼 꾸준히 출간되면서 독자를 보유할 수 있었던 것은 무엇보다 이 책의 가르침이 주는 보편적 공감력 때문이었을 것이다.

책의 분량 또한 상당한데, 전 7권 433면에 달하는 거질이다. 전체 본문은 한자로 무려 82,590자에 달한다. 서문과 권1이 총 128항목 17,636자로 가장 많고, 권2가 53항목 8,044자, 권3은 65항목 9,024자, 권4는 94항목 11,859자, 권5가 56항목 10,963자, 권6은 53항목

10,345자, 권7은 57항목에 발문을 포함해서 14,719자다. 《논어》의 전체 본문이 11,750자고 《맹자》가 30,685자니, 《칠극》은 《논어》의 7배, 《맹자》의 2.7배에 가까운 방대한 분량이다.

권1부터 권7까지 각 권은 권1 '복오伏傲', 권2 '평투平妒', 권3 '해탐解貪', 권4 '식분熄忿', 권5 '색도塞饕', 권6 '방음坊淫', 권7 '책태責怠'라는 제목이 달려 있다. 교만pride과 질투envy, 탐욕greed/avarice과 분노wrath, 식탐gluttony과 음란lust, 나태sloth/laziness 등 인간의 일곱 가지 죄종罪宗, 즉 으뜸가는 죄악을 막아내는 처방을 권별로 담아냈다. 책 제목 '칠극'은 이 일곱 가지 죄종을 극복하는 방법을 제시한다는 뜻이다. 다만 판본에 따라 7죄종의 배열 순서는 조금씩 바뀌기도 한다. 이 책에서는 초간본과 《천학초함》 본의 차례에 따랐다.

7죄종seven cardinal sins에는 그에 맞서는 7추덕七樞德/seven cardinal virtues, 즉 중추가 되는 덕성이 있다. 교만에 맞서는 겸손humility, 질투를 이기는 인애仁愛/kindness, 탐욕을 없애는 관용generosity, 분노를 가라앉히는 인내patience, 식탐을 누르는 절제abstinence, 음란의 불길을 식히는 정결chastity, 나태를 깨우는 근면diligence이 그것이다.

《칠극》이 제시하는 이 같은 7죄종과 7추덕은 《성경》에 직접 등장하는 개념은 아니다. 인간이 본능적 욕망을 제어해서 도덕적·윤리적 선을 지향하는 과정을, 정신과 육체 사이의 내적 투쟁으로 이해하는 데서 온 이 같은 사유는 그리스 철학의 영향 아래 형성된 뒤, 동방의 점성술사나 신비주의자 또는 이집트 사막 은수자들의 수양론과 스토아철학의 개념 속에 배태되어오다가, 중세 기독교 수도원의 고행과 극기 규율로 적용되기 시작했다. 6세기 후반 그레고리오 교황 재위 (590~604) 당시, 중세 수도원의 수도자들에게 요구되던 수덕修德 생활의 실천을 위한 지침으로 적용되었던 이 같은 개념들이 이후 점차 일반 교인들의 삶 전체로 확장 적용된 것이다.

이 개념이 자리 잡기까지는 중세 알렉산드리아의 클레멘스Clement가 제출한 수죄首罪/capital sin와 사죄死罪/deadly sin 개념과, 요한 클리마쿠스John Climacus가 《천국으로 오르는 사다리》에서 제시한 8죄종 개념이 있었다. 이후 스콜라학파 토마스 아퀴나스Thomas Aquinas가 《신학대전神學大全》에서 명시적으로 7죄종과 7추덕의 개념을 제시한 뒤 비로소 체계화되었다.

판토하는 이 개념들을 유가적 술어를 빌려 서술했다. 신유학의 사단칠정론 같은 윤리학의 기본 범주와 연결지음으로써, 천주교의 수양 및 윤리서가 중국의 유교적 지식인에게 큰 거부감 없이 접속되는 통로를 확보할 수 있었다. 이 같은 전략은 당시 지식인들에게 호의적인 반응을 이끌어냈고, 천주교를 보유론적 관점에서 이해할 수 있는 가능성을 열어주었다.

판토하는 토마스 아퀴나스가 《신학대전》에서 설명한 방식의 딱딱함을 벗어나, 중국어로 수많은 예화와 인용을 끌어와 중국인들에게 익숙한 제자백가서를 읽는 느낌을 주었다. 이를 위해 그리스 로마의 철학자부터 《성경》과 여러 성인들의 잠언, 심지어 여러 편의 《이솝 우화》까지 끌어왔다. 이로써 독자들은 매 단락의 이야기가 주는 흥미와 화법에 빠져드는 동안 자기도 모르게 천주교 신앙의 얼개가 내재화되도록 만드는 힘이 있었다.

책의 편집과 구성

판토하는 〈칠극자서〉에서 이 책의 집필 의도와 구성에 대해 다음과 같이 설명했다. 인생의 방향은 '소구적신消舊積新' 네 글자에 담겨 있다. 그것은 묵은 악업을 없애고 새로 덕업을 쌓는다는 의미다. 악은 욕심으로 인해 생긴다. 욕심이 죄와 허물을 만들어 마음에 악의 뿌리를 내린다. 악의 뿌리에서 부富와 귀貴, 일락逸樂의 세 큰 줄기가 움튼다. 줄기 끝에서 다시 가지가 돋아나는데, 부의 줄기에서는 탐욕이, 귀의 줄기에서는 교만이, 일락의 줄기에서는 식탐과 음란과 나태의 가지가 각각 돋아난다. 여기에 다시 기본 세 줄기와 나의 관계 설정에 따라 질투와 분노의 죄악이 더 추가된다. 정리하면, 악의 뿌리에서 부와 귀와 일락의 세 줄기가 돋고, 교만·질투·탐욕·분노·식탐·음란·나태의 7죄종이 가지 친다. 그리고 그 가지 끝에 온갖 죄와 허물과 불의한 언행이 열매와 잎으로 달린다는 것이다.

지옥의 불길은 이 죄악의 나무를 땔감으로 쓴다. 그러므로 우리가 7죄종을 끊어버리면 지옥불은 절로 꺼진다. 세상의 질병과 근심과 환난은 이 나무의 열매를 먹음으로 인해 생겨난다. 이 죄악의 나무를 뿌리째 뽑아버리지 않고는 결코 하늘나라의 백성이 될 수 없다.

하지만 이것을 방해하는 세 가지 폐단이 있다. 첫째는 본원을 생각지 않음이고, 둘째는 지향이 맑지 않음이며, 셋째는 절차를 따르지 않기 때문이다. 모든 것이 천주께로부터 나오는데, 이를 모르고 자신의 능력으로 얻었다고 여겨 인간은 교만에 빠진다. 뜻이 천주에게로만 향하지 않고 부귀영화 같은 세상 복락에만 놓여서, 덕을 닦지 못하고 욕망만 닦게 된다. 낡은 집을 허물 때는 지붕부터 기둥에 이르는 차례를 지켜야 손쉬운데, 한꺼번에 하려고 욕심을 부리다가 자칫 무너지는 집에 깔리고 만다.

이렇게 해서 판토하는 악의 세 줄기에서 나온 7죄종을 하나하나 차례로 단계를 밟아 격파해나가는 일곱 가지 승리의 도정을 이 책을 통해 제시하고자 했다. 마치 증세에 따라 처방약을 내놓듯이, 단계별로 죄악의 성격을 이해하고 이를 극복해나가는 과정을 친절하게 설명한 것이다.

또 쓴 사람을 알 수 없는 〈칠극진훈 서문〉에서는 질병과 약제의 관계로 악업과 덕업의 관계를 설명했다. 모든 질병에는 그 병증에 꼭 맞는 약제가 있으니, 찬 것은 뜨거운 성질로 공격하고, 열은 시원한 약을 써서 이겨낸다. 꽉 찬 것은 쏟아내야 하고, 약한 것은 보완해주어야 한다. 이와 마찬가지로 마음에는 일곱 가지 큰 병이 있고, 이에 따른 처방 또한 반드시 일곱 가지가 있다고 했다. 사람이 병을 알아도 처방을 모르면 병이 나을 수 없고, 처방을 알아도 병을 잘 모르면 그 처방이 쓸데가 없다. 그래서 병에 맞춰 각각의 처방을 낸 것이 바로 이 책이니, 병든 사람은 병의 성질을 알아 처방에 따라 치료할 수가 있고, 아직 병들지 않은 사람은 건강한 상태를 더 강화시킬 수 있어 장차의 해로움을 면하게 된다고 보았다.

각 권의 제목 바로 아래에는 한 줄로 해당 권의 핵심 내용을 밝혔다. 다음과 같다.

권1 〈복오伏傲〉: 교만은 사자의 사나움과 같아 겸손으로 복종시켜야 한다〔傲如獅猛, 以謙伏之〕.

권2 〈평투平妬〉: 질투는 파도가 일어남과 같아 용서로 가라앉혀야 한다〔妬如濤起, 以恕平之〕.

권3 〈해탐解貪〉: 탐욕은 손에 단단히 쥔 것과 같아서 은혜로 이를 푼다〔貪如握固, 以惠解之〕.

권4 〈식분熄忿〉: 성냄은 불이 타오르는 것과 같아 인내로 꺼야 한다〔忿如火熾, 以忍熄之〕.

권5 〈색도塞饕〉: 식탐은 골짜기가 받아들임과 같은지라 절제로 이를 막는다〔饕如壑受, 以節塞之〕.

권6 〈방음坊淫〉: 음란함은 물이 넘치는 것과 같아서 정결함으로 이를 막는다〔淫如水溢, 以貞坊之〕.

권7 〈책태策怠〉: 나태는 둔마가 지친 것과 같아 부지런함으로 채찍질해야 한다〔怠如駑疲, 以勤策之〕.

사자처럼 사납게 날뛰는 교만은 겸손으로 복종시키고, 파도같이 일어나는 질투는 용서로 가라앉혀라. 손에 꽉 쥐고 놓지 않는 탐욕은 은혜로만 풀 수가 있고, 치솟는 분노의 불길은 인내라야 끌 수 있다. 골짜기처럼 끝없이 받아들이는 식탐은 절제 없이는 막을 수가 없다. 또 홍수처럼 휩쓰는 음란의 물결은 정결함의 방패로 막고, 지친 둔마 같은 게으름에 대해서는 부지런함이라는 채찍질이 꼭 필요하다는 것이다.

이렇게 《칠극》은 7죄종의 병든 상태를 치유하는 7추덕의 처방을 대증으로 제시한 책이다. 처음엔 각 죄종의 성질과 속성에 대해 자세히 설명하고, 이어서 이를 복종시키고, 가라앉히고, 풀고, 끄고, 틀어막고, 가로막고, 채찍질하는 방법을 다양한 일화와 예시를 가지고 친절하게 설명을 더했다.

각 권별 단락 수는 권1이 128항목으로 다른 권의 2배에 달하고, 권4가 94항목으로 두 번째로 많다. 항목별 비중이 다른 것은 관련 논의별로 단계 설정이 차이 나기 때문이다. 예를 들어, 권1 〈복오〉를 보면 하위 항목으로 1. 교만을 이기는 일의 어려움〔克傲難〕, 2. 육신의 행복으로 교만해짐을 경계함〔戒以形福傲〕, 3. 마음의 덕을 뽐냄을 경계함〔戒以心德伐〕, 4. 다름을 좋아함을 경계함〔戒好異〕, 5. 이름을 좋아함을 경계함〔戒好名〕, 6. 선행으로 속여 명예 낚음을 경계함〔戒詐善釣名〕, 7. 칭찬 듣기를 경계함〔戒聽譽〕, 8. 귀함을 좋아함을 경계함〔戒好貴〕, 9. 겸손의 덕을 논함〔論謙德〕, 10. 자신을 알아 겸손을 지킴〔識己保謙〕 등 무려 10개를 두었다. 인간을 교만에 빠지게 하는 경우를 다양하게 구분해 해결책을 제시한 것이다.

권2 〈평투〉에도 1. 남의 악을 헤아려 따짐을 경계함〔戒計念人惡〕, 2. 헐뜯는 말을 경계함〔戒讒言〕, 3. 헐뜯는 말 듣기를 경계함〔戒聽讒〕, 4. 남을 아끼고 사랑함〔仁愛人〕 등 4개의 하위 항목이 있다. 비중이 높은 항목의 경우, 다시 세분해서 맞춤형 가르침을 제시하는 심화 방식을 끌어온 것이다.

또한 설득력을 높이기 위해《성경》과 그리스 로마시대의 철학자와 현인의 육성을 끌어오고, 중세 교회의 교부와 성인들을 잇달아 호명해, 그들의 말을 통해서 근거를 제시했다. 여기에 낯익은 중국 고전과 《성경》의 인용을 교차해 곁들임으로써, 중국 독자들에게는 천주교의 가르침이 보유補儒, 즉 유학을 보완하는 도덕적 수양론임을 강조하고, 읽는 사이에 알게 모르게 천주교의 교리에 무젖어들게 하는 전략적 배치를 보여준다.

특별히 빈번하게 인용한 것은《성경》(154회)이 가장 많다. 그중에서도 지혜문학의 성격을 띤 〈잠언〉, 〈전도서〉와 〈마태오의 복음서〉, 〈루가의 복음서〉, 〈로마인들에게 보낸 편지〉의 인용이 두드러진다. 그밖에는 성 아우구스티노(34회), 세네카(28회), 성 그레고리오(25회), 성 베르나르도(22회), 성 프란치스코(15회) 등의 인용이 특별히 자주 나타난다. 인용 빈도로 볼 때《성경》과 세네카를 제외하면 중세 교부철학의 핵심 인물들이어서, 판토하가《칠극》을 저술하면서 무엇을 염두에 두고 있었는지를 짐작케 한다. 이에 대한 신학적 해석은 역자가 가늠할 수 있는 범위 밖이다.

또 중간중간 맥락과 관계없이 끼어드는 이론적 담론도 집필의 전략적 의도를 드러낸다. 앞쪽 권1에서 권4까지는 대부분 수양론에 가까운 격언풍의 소개로 일관하다가, 권5에서는 '식탐에 대한 경계'라는 주제를 이탈해서 불교의 윤회설과 인과응보설에 대한 비판적 논의를 상당히 길고 장황하게 끌고 갔다. 마지막 권7에서는 초반 게으름에 대한 경계 이후로는 천당지옥설에 대한 본격적 설명으로 종교적 색채를 강렬하게 드러냈다. 특별히 천당지옥설의 경우는 당시 중국에서 천주교를 불교의 아류로 보는 배척의 근거였으므로, 이 부분의 차이를 명확히 설명함으로써 불교와의 차별성을 강화하고, 나아가 천주교가 유학을 보완하는 상보적 관계에 있음을 확인하고자 했다. 특별히 끝 부분은 기술의 어조가 앞쪽과는 확연히 달라져서, 이 책의 집필을 수양론으로 시작해서 천주교의 교리 전교로 마무리 짓고자 한 판토하의 기술 전략을 분명하게 보여준다.

조선에 미친 영향

《칠극》은 유몽인柳夢寅(1559~1623)의 《어우야담於于野談》에 허균許筠(1569~1618)이 처음으로 조선에 들여왔다는 주장이 실려 있다고 알려져 있으나, 실제로 해당 기록은 나오지 않는다. 이후 여러 학자가 《칠극》을 읽었겠지만, 구체적인 언급을 남긴 것은 성호星湖 이익李瀷(1681~1763)이 처음이다. 그는 《성호사설星湖僿說》의 〈칠극〉 항목에서 판토하가 쓴 〈칠극자서〉의 한 단락을 비교적 길게 인용한 뒤, 이렇게 썼다.

《칠극》은 서양 사람 판토하가 지은 것이니, 바로 우리 유가의 극기克근의 주장이다. 일곱 개의 가지 중에는 절목이 더욱 많고, 조리와 차례가 있는 데다 비유가 절실하다. 사이사이에 우리 유가에서 미처 펴지 못한 것이 있어, 예禮로 돌아가는 공부에 크게 도움이 된다. 다만 천주와 귀신에 대한 주장을 섞은 것은 해괴하다. 만약 모래와 자갈을 체질하고 고명한 논의만 가려 뽑는다면 바로 유가의 부류일 뿐이다.

七克者, 西洋龐迪我所著, 即吾儒克己之說也. 七枝之中, 更多節目, 條貫有序, 比喩切已, 間有吾儒所未發者, 其有助於復禮之功大矣. 但其雜之以天主鬼神之說, 則駭焉. 若刊汰沙礫, 抄採名論, 便是儒家者流耳.

남인 학맥의 큰 스승이었던 성호가 《칠극》을 이렇게 높게 평가하자, 그 문하의 제자들 또한 이 책을 거부감 없이 접하게 되었고, 이후 이 책의 깊은 매력에 빠져든 사람이 속출했다.

《칠극》을 통해 천주교를 신앙으로 받아들인 인물은 조선 최초의 수덕자修德者로 일컬어지는 홍유한洪儒漢(1726~1785)을 꼽을 수 있겠다. 그는 성호 이익의 제자로, 30대 초반이던 1757년 천주교 교리서를 처음 접했다. 특히 《칠극》을 읽고 크게 감동해, 이후 이 가르침을 평생 실천하는 삶을 살았다. 그는 《천학초함》에 《칠극》과 함께 수록된 《천주실의》와 《이십오언》 같은 마테오 리치의 책도 구해 읽었다. 1785년 그가 세상을 떴을 때, 같은 성호의 제자였던 권철신權哲身(1736~1801)과 이기양李基讓(1744~1802)이 제문을 지었는데, 두 사람 모두 홍유한의 일생 행적을 《칠극》의 가르침을 준행遵行한 것으로 묘사하고 있어 주목을 끈다. 이중 이기양의 글만 소개하면 이렇다.

아! ①식욕과 ②색욕은 사람이 크게 욕망하는 바다. 하지만 선생은 자신에게 있어 담박하기가 고목과 같았고, 막아 억제함은 원수와 적을 대하듯 했다. ③해침과 ④요구함은 사람이 누구나 병통으로 여기는 바다. 하지만 선생은 남에 대해 혹 다치기라도 할까 봐 아껴 보호하였고, 능히 하지 못하는 듯이 베풀어주었다. 치우치기 쉬운 것이 ⑤오만인데, 선생은 스스로를 볼 때 언제나 남과 어울리기에 부족한 듯이 한 사람이다. 가라앉히기 어려운 것이 ⑥분노지만, 선생은 남을 살핌에 있어, 항상 어디를 가든 덕이 아님이 없는 것처럼 한 분이다. 잠시 동안은 능해도 오래가는 이가 드문 것은 ⑦게으름이 틈타기 때문이다. 그런데도 선생은 세상에 사는 60년 동안 여기에 한결같아서 줄을 그은 것처럼 반듯하였다.

嗚呼! 食色, 人之所大欲也. 而先生之於身, 淡泊如枯木, 防制如仇敵. 忮求, 人之所同病也, 而先生之於人, 愛護如恐傷, 施與如不克. 易辟者傲也, 而先生自視, 常如無足以齒人者. 難平者怒也, 而先生視人, 常如無往而非德者. 能於暫而鮮於久者, 惰乘之也. 而先生之於生世六十年, 一於是而如畵也.

중간에 매겨둔 번호가 《칠극》의 7죄종과 정확하게 일치한다. 겉으로 드러나지 않게 썼지만, 홍유한이 '칠극'을 실천하는 삶으로 평생을 일관했음을 역설했다. 글을 통해 볼 때 이기양의 《칠극》에 대한 이해가 7죄종의 상호 관계성에 대한 인식에까지 닿아 있는 것이 눈길을 끈다. 권철신의 제문 또한 홍유한의 일생을 칠극의 틀에 맞춰서 설명하고 있어, 《칠극》이 홍유한과 그를 추종했던 남인 학자들에게 끼친 큰 영향을 가늠할 수 있다.

한편, 1762년에 사도세자가 자신이 읽은 중국 소설의 삽화 중에 교훈이 될 만한 것을 화원을 시켜 베껴그리게 해서 《중국소설회모본中國小說繪模本》이라는 책으로 묶은 일이 있다. 이 책의 서문에 사도세자는 자신이 읽고 답답한 마음을 풀었던 93종 서책의 목록을 나열했는데, 놀랍게도 이 목록에 《성경직해》와 《칠극》이 등장한다. 1760년대 이전부터 《칠극》은 이익, 홍유한, 심지어 사도세자까지 가까이에 두고 아껴 읽은 책이었던 셈이다.

이후 1779년 권철신이 주어사 겨울 강학에서 이벽李檗(1754~1785)과 함께 공부한 종교 서적에 대한 설명 중에, "7죄종을 그와 반대되는 덕행으로 극복함으로써 행실을 닦는 방법을 다룬 책", 즉《칠극》이 포함되어 있음을 본다. 성호학파 내부에서 신서파信西派로 분류되며 조선 교회 창설 주역들이었던 이들이 처음 천주학을 접하게 된 유력한 경로가 바로《칠극》이었다.

안정복安鼎福(1712~1791)은 권철신에게 보낸 편지에서, 이기양이《칠극》을 빌려가 읽은 사실을 적고 나서, "《칠극》은 〈사물잠四勿箴〉의 주석일 뿐이다. 비록 간혹 뼈를 찌르는 이야기가 있긴 하나, 어찌 여기에서 취한단 말인가?"라고 하여, 한편으로 인정하고 또 비판했다. 〈천학문답天學問答〉에서도 "천주학이 동정童貞을 귀하게 여겨,《칠극》이라는 책에도 혼인을 금한다는 말이 있으니, 그렇다면 부부의 윤리가 끊어지고 만다"고도 했다. 안정복은 권철신 등과는 반대로 천주학을 공박하기 위해《칠극》을 열심히 읽었던 것이다.

이가환李家煥(1742~1801)은 다산이 쓴 〈정헌묘지명貞軒墓誌銘〉에서, 이벽과의 토론에 앞서 "《천주실의》와《칠극》은 나도 예전에 보았다. 비록 고명한 비유가 있긴 해도 끝내 정학은 아니다"라는 말을 남겼다.

정약용丁若鏞(1762~1836)도 〈선중씨묘지명先仲氏墓誌銘〉에서, 1784년 이벽에게서《천주실의》와《칠극》등 몇 권의 서학서를 빌려 탐독한 일을 고백했다. 실제로 다산의 글에서는《칠극》에서 따온 내용들이 적지 않게 발견된다. 심지어 배교 이후인 강진 유배지에서 쓴 글에서도《칠극》에서 끌어온 표현이나 비유를 즐겨 쓰곤 했다.

한 가지만 예로 들면 이렇다. 〈두 아들에게 써준 가계(示二子家誡)〉에서 다산은, "재화를 비밀스럽게 감춰두는 것은 남에게 베풀어주는 것만 함이 없다. 단단히 잡으려 하면 할수록 더욱 미끄럽게 빠져나가니, 재화라는 것은 메기와 같은 것이다〔凡藏貨祕密, 莫如施舍. 握之彌固, 脫之彌滑, 貨也者鮎魚也〕"라고 했는데,《칠극》1.67에서는 "너무 쉽게 흘러가 옮기는 것으로는 귀한 지위만 한 것이 없다. 굳게 붙잡으려 해도 진흙탕의 미꾸라지를 잡는 것과 같아 단단히 잡으면 잡을수록 빨리 놓치고 만다〔至易遷流, 莫如貴位. 欲固得之, 如握泥鰍, 握愈固, 失之愈速〕"고 했다.

문체의 유사성뿐 아니라 비유나 예시도《칠극》에 뿌리를 둔 것이 많다. 다산뿐 아니라 천주교와 무관한 연암 박지원이나 조선 후기 다른 문장가의 글에서도《칠극》에서 끌어온 비유나 표현들이 심심찮게 등장한다. 그만큼 이 책이 신앙 차원을 떠나 일종의 수양서나 지혜문학의 일종으로 폭넓은 독자층을 확보하고 있었음을 입증한다.

박해시기에《칠극》은 〈십계〉와 함께 천주교 교리를 대표하는 가르침으로 인식되었다. 1791년 윤지충尹持忠(1759~1791)은 진산사건으로 체포되어 전주에서 신문을 당하면서, 천주교도로서 실행할 일이 〈십계〉와《칠극》속에 다 포함되어 있다면서, 10계명과 7극의 일곱 항목을 제시한 후, "이 모든 것이 덕을 닦는 데 도움이 됨이 명백하고, 정확하고 용이하다"고 진술해, 이 책의 가치를 밝혔다. 1801년 12월 22일에 임금이 발표한 〈토사반교討邪頒敎〉 중에 "십계명과《칠극》 조목의 허망함이 마치 부적과 유사하다"고 특정해서 말한 것에서도 당시《칠극》을 조정에서 어떤 시선으로 보았는지 짐작할 수 있다.

또 1801년 신유박해 때 경상도 흥해 땅에 유배간 최해두崔海斗의 《자책》에도 〈십계〉와《칠극》을 언급한 것이 보인다. 그는《칠극》의 6.7과 6.24, 6.25 세 가지 예화를 친절하게 번역해 소개하기까지 했다. 〈십계〉의 제6계인 '사음을 행치 말라'는 항목을 설명하면서《칠극》의 예화를 적극 활용한 것을 보면, 당시 이 두 책을 연계해 신자 교리교육의 구체적 지침으로 삼았음을 확인할 수 있다.

이는 1835년 12월 20일자《충청감영계록忠淸監營啓錄》에 실린 김윤오의 공초 내용에서도 확인된다. 그는 아버지 김청금이 살아 있을 때, "내가 배운 것이 좋은 글이니, 사람들이 만약 이것을 익힌다면 반드시 좋은 일이 있을 것이다. 너는 꼭 보고 익히도록 하라"면서 〈십계〉와《칠극》을 베껴써주며 가르쳤으므로, 열심히 배우고 익혔노라고 진술했다.

한편, 명도회장을 지낸 김기호金起浩(1824~1903) 요한은《소원신종溯源愼終》,《봉교자술奉敎自述》,《구령요의救靈要義》등의 저술을 남겼다. 그중《구령요의》에서 상당 부분을 할애하여《칠극》의 7죄종과 7추덕의 내용을 일반 신자들이 이해하기 쉽도록 친절하게 설명을 덧붙이고 있다.《칠극》에 대한 해설로는 이 글이 가장 자세하다.

실제로《천주실의》나《영언여작》같은 책은 천주교의 교리를 딱딱한 논리로 설명하고 있는 데 반해,《칠극》은 짧은 단락 속에 옛사람의 격언과 이에 대한 설명을 예화를 곁들여 풀이해, 귀에 쏙쏙 들어왔다. 천주교 모임에서 예화로 활용하기에도 맞춤했다. 그리하여《칠극》은 교회 창립 초기 신자들의 필독서로, 신자들의 신심과 윤리생활을 견인하는 기본교리서의 역할을 톡톡히 했다. 이것이 초기 교회 당시부터《칠극》이 한글로 번역되어 널리 읽히게 된 이유기도 하다. 현재《칠극》의 한글 번역본은 절두산순교자기념관과 한국교회사연구소, 그리고 원주 배론성지 내 문화영성연구소 등지에 7책본부터 12책본까지 다양한 필사본이 전하고 있다.

일반 신자들은《칠극》의 가르침이 가장 쉽고 구체적이어서 책 속의 가르침에 영향과 자극을 크게 받았다. 권6에 집중적으로 나오는 동정을 지키는 공덕과 특히 6.8에 보이는 동정 부부의 이야기 같은 것은 초기 신자집단에서 동정을 지키는 남녀와 여러 쌍의 동정 부부 탄생을 이끌기도 했다.

《칠극》은 조선뿐 아니라 일본에도 전파되어, 1700년 천주교 박해 당시 이미 금서목록에 올라 있었다.

다시 《칠극》을 묻는다

언필칭 세계화시대에 문화의 장벽은 더 높아지고, 국가 간 이해충돌은 끊임없는 분쟁과 다툼을 낳고 있다. 개인과 사회의 불화는 깊어지고, 사람 간 단절의 벽은 점점 높아만 간다. 물질의 삶이 나아지는데 정신의 풍경은 점점 더 황폐해졌다. 유토피아의 꿈은 디스토피아의 악몽으로 바뀐 지 오래다. 목하 코로나19 바이러스가 전 지구촌을 초토화시키고 있다. 사람들의 관계는 단절되고 소통은 끊겼다.

이 같은 상황에서 우리에게 《칠극》은 어떤 의미의 책일까? 시효가 이미 끝난 고리타분한 도덕수양서거나, 과거 천주교 신앙의 자취를 이해하는 데 도움을 주는 역사기록일 뿐인 것일까? 책 속의 이야기는 우리의 무뎌진 가치기준을 회복하고 균형 잡힌 삶의 자리를 돌아보는 차원을 넘어, 통찰과 회오悔悟로 이끄는 힘 있는 정문일침이요, 죽비소리가 아닐 수 없다.

항목별 인도에 따라 점검목록을 두고 자신의 삶에 투영해 읽으면, 몽롱하던 정신이 화들짝 돌아오고, 방향을 놓쳐 비틀대던 발끝에 힘이 생긴다. 분절된 하나하나의 단락들은 그 자체로 지혜문학의 성격이 짙다. 여기에 우리 옛 신앙 선조들의 신심을 겹쳐 읽으면, 더 이상 이 책은 낡고 해묵은 가르침에 머물지 않는다.

이 책은 17세기 초에 스페인 선교사 판토하가 정리·편집한 책이지만, 정작 서양어권에는 애초에 똑같은 책이 없다. 거꾸로 이 책을 서양 언어로 번역해 소개한다면, 그들의 반응이 어떨까 궁금해진다.

참고문헌

1 —— 龐迪我 著,《七克》, 上海土山灣印書館, 1931.

2 —— 龐迪我 著,《七克眞訓》, 上海土山灣印書館, 1922.

3 —— 張鎧 著,《龐迪我與中國》, 中國大象出版社, 2009.

4 —— 葉農 著,《耶穌會士龐迪我著述集》, 廣東人民出版社, 2019.

5 —— 李之藻 編,《天學初函》, 上海交通大學出版社, 2013.

6 —— 韓思藝,《從罪過之辯到克罪改過之道》, 中國社會科學出版社, 2012.

7 —— 馬達欽,〈吳漁山神父"七克"詩賞析〉,《葡園文藝》, 中國天主教 2005年 第5期, 40-41면.

8 —— 朱幼文,〈析龐迪我的《七克》〉,《宗敎學研究》, 2002年 第1期, 92-99면.

9 —— 李翠萍,《七克眞訓》研究—《七克眞訓》與《七克》的比較〉, 華東師範大學 碩士學位論文, 2013.

10 —— 陳德正,〈《畸人十篇》和《七克》中的希臘羅馬古典文化〉,《歷史敎學》2008年 第20期(總第561期), 110-111면.

11 —— 빤또하 저, 박유리 역,《칠극》, 일조각, 1998.

12 —— 판토하 저, 박완식·김진소 공역,《칠극, 일곱 가지 승리의 길》, 전주대학교출판부, 1999.

13 — 金勝惠, 〈《칠극》에 대한 硏究〉, 《교회사연구》 제9집, 한국교회사연구소, 1994. 10, 177-190면.

14 — 동국역사문화연구소 편, 《조선시대 서학 관련 자료집성 및 번역 해제》 전 7책, 경인문화사, 2020. 3.

15 — 샤를르 달레 저, 안응열·최석우 역, 《한국천주교회사》 3책, 한국교회사연구소, 1979.

16 — 정중호, 〈17~18세기 한국 선교와 지혜문학〉, 《선교와 신학》 39집, 장로회신학대학교 세계선교연구원, 2016, 297-326면.

17 — 최해두 저, 김영수 역, 《자책》, 흐름, 2016.

18 — 정민, 《파란》 2책, 천년의상상, 2019.

인물

용어

七克